纪念孙中山先生创办中山大学90周年校庆丛书编委会

总策划：李　萍　陈春声　黎孟枫
主　任：梁庆寅
成　员：李　萍　李宝健　陈汝筑　梁庆寅
　　　　黄天骥　邱　捷　程焕文　丘国新

纪念孙中山先生创办中山大学90周年校庆丛书
Publications to Celebrate the 90th Anniversary of the Founding of Sun Yat-sen University by Dr. Sun Yat-sen

孙中山与近代中国的觉醒
（增订本）

林家有 ◆ 著

中山大学出版社
·广州·

版权所有　翻印必究

图书在版编目（CIP）数据

孙中山与近代中国的觉醒/林家有著. —增订本. —广州：中山大学出版社，2014.12

ISBN 978 - 7 - 306 - 05050 - 2

Ⅰ. ①孙…　Ⅱ. ①林…　Ⅲ. ①孙中山（1866～1925）—人物研究　Ⅳ. ①K827 = 6

中国版本图书馆 CIP 数据核字（2014）第 230800 号

出 版 人：	徐　劲
策划编辑：	邹岚萍
责任编辑：	黄燕玲
封面设计：	曾　斌
责任校对：	赵　婷
责任技编：	何雅涛
出版发行：	中山大学出版社
电　　话：	编辑部 020 - 84110283，84111996，84111997，84113349
	发行部 020 - 84111998，84111981，84111160
地　　址：	广州市新港西路 135 号
邮　　编：	510275　传真：020 - 84036565
网　　址：	http://www.zsup.com.cn　E-mail：zdcbs@mail.sysu.edu.cn
印 刷 者：	广州中大印刷有限公司
规　　格：	787mm×1092mm　1/16　30 印张　602 千字
版次印次：	2014 年 12 月第 1 版　2014 年 12 月第 1 次印刷
定　　价：	80.00 元

如发现本书因印装质量影响阅读，请与出版社发行部联系调换。

总　序

李　萍

今年是孙中山先生创办中山大学 90 周年。90 年来，中大人秉承中山先生"天下为公"的精神，在人才培养、科学研究、服务社会、文明传承与创新上砥砺前行，形成了中山大学的优良办学传统，为实现建设世界一流大学的战略目标奠定了坚实基础。

为纪念和庆祝建校 90 年，学校以"学术与校友"为主题开展了一系列活动，建立了学校的顾问董事会，举办了全球中大校友会会长论坛等等，出版"纪念孙中山先生创办中山大学 90 周年校庆丛书"就是这次校庆活动中的一个重要部分。这套丛书包括《孙中山研究丛录》、《孙中山社会建设思想研究（修订版）》、《孙中山与近代中国的觉醒（增订本）》、《中山手创　巍巍上庠》、《声振神州：孙中山在中山大学及前身院校的演讲》、《辛亥革命与新中国》、《中山大学与现代中国学术》、《中大童缘》、《岭南记忆》、《思华年——中山大学外语人的故事》、《康乐芳草：中山大学校园植物图谱》、《泽惠翰林　德铭千秋：1978—2014 年中山大学受赠建筑集萃》、《校园歌曲 30 年》、《中山大学外语学科 90 年（1924—2014）》共 14 部。这 14 部著作，有的通过深入挖掘史料，对中山先生的思想、精神和伟大贡献作出了新的阐发，进一步深化了孙中山研究；有的打开尘封已久但依然鲜活的记忆，讲述了中大的人、中大的事、中大的草木、中大的建筑，呈现了一个个动人的中大故事；有的把笔触投向中大与现代中国学术的关系，从多个视角阐述了中山大学在现代中国学术形成、发展过程中的地位和重要贡献。为完成这套丛书，各书的作者花费了许多精力和心血，丛书的字里行间饱含着他们热爱中大、心系中大的赤诚之情。我们相信，这套丛书的出版必将在凝聚中大精神、传播中大文化方面起到推动作用。

撰写、出版有关中山大学的历史和当前发展的书籍，校庆自然是合适的契机，但是这项工作当然不止于校庆期间。我们希望"书写中大"成为中大师生、校友的常态，在书写中寄托爱校的情怀，寄望学校的发展，让中大精神发扬光大，让中大文化薪火相传。

是为序。

2014 年 12 月 1 日于康乐园

目 录

孙中山与国立广东大学的创办 …………………………………………… 1
孙中山爱国革命和建设国家思想的形成及其贡献 ……………………… 14
孙中山与毛泽东两位伟人的共和国追求 ………………………………… 28
孙中山改造国民性思想对中国社会建设的影响 ………………………… 40
孙中山的民族主义思想与世界和平 ……………………………………… 51
孙中山的民族主义思想与中国的现代化建设 …………………………… 71
孙中山对中国国情的认识 ………………………………………………… 84
孙中山国权与民权并重的思想对中国民主建设的贡献 ………………… 94
孙中山与清末慈禧"新政" ……………………………………………… 100
孙中山与华侨在反清革命中的互动关系 ………………………………… 107
香港、澳门对孙中山振兴中华思想形成的影响 ………………………… 125
孙中山与中国新民主主义革命 …………………………………………… 135
论孙中山晚年革命思想发展的问题 ……………………………………… 145
孙中山与中山舰 …………………………………………………………… 168
孙中山思想的重大变化与中国国民党"一大"的召开 ………………… 179
中国国民党"一大"宣言和孙中山的三民主义讲演 …………………… 188
从国共两党两次合作看孙中山在国共关系中的地位和作用 …………… 200
共产国际与吴佩孚和孙中山 ……………………………………………… 206
从共产国际、联共(布)与中国革命的档案,看鲍罗廷与
　　孙中山政治理念的歧异与磨合 ……………………………………… 222
孙中山对袁世凯的斗争 …………………………………………………… 239
孙中山与梁士诒的政治异向 ……………………………………………… 247

何香凝为捍卫孙中山思想和事业所进行的斗争 ………………………… 259
从对孙中山思想和事业的分野,看宋庆龄与蒋介石的决裂 …………… 271
宋庆龄的中国梦 …………………………………………………………… 281
宋庆龄《广州脱险》一文史事考
　　——兼谈宋庆龄对姚观顺的记述 …………………………………… 297

评康有为由上而下体制内的渐进革新思想 ………………………… 305
梁启超由拥袁到反袁思想的演变 ………………………………… 316
论严复的"三民"思想 …………………………………………… 324
论张之洞的功利主义思想 ………………………………………… 333
论容闳的报国心 …………………………………………………… 343
论杰出的教育家蔡元培 …………………………………………… 354
论雷沛鸿的伟大人格 ……………………………………………… 367
论李大钊的伦理观 ………………………………………………… 377
评陈序经的"全盘西化"文化观 ………………………………… 386

鸦片战争对中华民族自觉意识产生、发展的影响 ……………… 394
近代中华民族的觉醒与民族凝聚力的增强 ……………………… 407
维新与觉醒 ………………………………………………………… 418
辛亥革命与百年中国的社会变迁 ………………………………… 425
五四运动与上海商人 ……………………………………………… 436
香港的回归与中国的未来
　　——内地学者对香港回归中国研究的综述 ………………… 451

后　记 ……………………………………………………………… 470

孙中山与国立广东大学的创办

1924年1月20日至30日，中国国民党第一次全国代表大会在广州国立高等师范学校礼堂举行，标志着国民党改组的完成和国共第一次合作的形成。这是一起影响后来中国历史发展进程的重要事件。

过去我们研究国共第一次合作的历史重点是从政治的角度去研究其分合的原因及其对国家的影响，这是必要的，但它对中国文化、教育的影响如何？则少有研究。由孙中山主持、国共两党参加的中国国民党第一次全国代表大会的召开和国共第一次合作在广东形成，不仅对广东的社会影响很大，而且对全国的政治、军事、文化和教育的意义也非常深远。国共第一次合作的态势一形成，孙中山就主张在广州创办国立广东大学和中国国民党陆军军官学校，培养军事、政治、经济、文化、管理各种人才。这两所学校都是国民党第一次全国代表大会和国共第一次合作的产物，而且对中国的政治、军事、文化和教育都产生巨大的深远的影响。

本文是想通过对孙中山主持的中国国民党第一次全国代表大会所形成的国共第一次合作与国立广东大学（中山大学前身）创办的关系和影响的研究和陈述，说明孙中山思想的深层意识，以及孙中山对培养人才，创立广东大学对革命救国救民和建设国家的重大意义。

一

孙中山创办国立广东大学，有其思想渊源和具体的历史条件，不是他临时的决定。

1923年2月15日，孙中山偕陈友仁等离开上海回广州，重建政权。21日从香港回到广州，当天就在东郊设立大元帅府，就大元帅职。3月1日，陆海军大元帅大本营正式成立，孙中山便广泛开展军事、经济、文化各方面的工作，为建立国民政府、发动新的国民革命、北伐统一中国做准备。

在孙中山离沪赴粤前的1月1日新年元旦，孙中山发表《中国国民党宣言》，宣布建国主张，强调：建国必须"以三民主义为立国之本原，五权宪法为制度之纲领，俾民治臻于极轨，国基安于磐石。"他指出：今日革命与昔日的革命不同，过去是英雄革命，现在是民众革命。今日的革命目的在树立民众之地位，以民众为向导,"所关切者民众之利害,所发抒者民众之情感。"因此,于"民众之未喻,则劳心焦思,瘏口哓音,以申儆之;且不恤排万难,冒万险,以身为之先。"正因为"革命事业由民众发之,亦由民众成之",因此,《中国国民党宣言》的宗旨是强调民众起来革命,建立民众的政府,并确立未来国家建设的计划及现时所将采取的政策。这个宣言提到国民党当时政策中的第一项第一条便是"励行教育普及,增进全国民族之文化"。① 孙中山在上海接见北京大学王昆仑等人的谈话中又说:"中国的革命事业,是要全国的人民跟我们国民党一起来干才能成功的。""党要改组,就要是革命党再年轻起来,所以必须要你们青年来加入,来续党的新生命。"孙中山对王昆仑等四人说:"你们北方学生五四运动的精神很好。可是专研究新思潮是不够的。学生要读书,也要懂得政治,因为政治不好,使你们读不成书"②,要让全国青年都能读书必须改良政治。这都说明孙中山早就酝酿怎么样造成政治的大好形势,让青年安心读书长知识为国服务。孙中山回到广州建立陆海军大元帅府后,日理万机,军事、政治、经济、外事、财经的困扰一个接一个,他除了联络各方人士、合力共济、排除困难外,还利用各种机会与各界人士座谈、演说,劝诫各界人士起来支持他改组国民党和进行国民革命的工作。8月15日,孙中山在广州参加全国学生评议会。该会于1919年6月16日在上海成立,总会原设于上海,因该会作出"打倒国际帝国主义侵略者"、"打倒国内军阀"的决议,被北方军阀吴佩孚授意沪当局将总会封闭。该会第五次评议会只好转移到广州举行。这次评议会于8月15日在广州高等师范学校礼堂召开,孙中山亲自出席,并在开幕式上作了长篇讲演。他号召学生要做先知先觉者,发明真理,引导群众,引导社会,并鼓励学生集会讨论补救国家的方法。他说:"学生宜顾大体,宜努力革命。……大家同心协力……提起个人自信力",学生要勇于"担当革命的重任",下定决心,在十年以内,将中国建设成为"世界最强的国家"。可见,孙中山对于大学、中学培养学生做救国救民的大事寄予殷切的期待和希望。

12月21日,孙中山视察广州岭南大学,在学生欢迎会上孙中山发表演说,希望学生学好本领,担负起建设国家的责任。他说:"古今人物之名望的高大,不是在他所做的官大,是在他所做的事业成功。"他希望学生要立志做大事,不可立志做大官。什么叫作"大事"?他说:"无论哪一件事,只要从头至尾,彻

---

① 孙中山:《中国国民党宣言》,《孙中山全集》第七卷,中华书局2006年版,第1~4页。

② 王昆仑:《我初次谒见中山先生》,载《中苏文化》"孙中山先生逝世十五周年纪念特刊",1940年3月。

底做成功,便是大事。"① 要求学生立志做大事,就是要求学生为民为国去求学读书,所以他指出是为己去求学,还是为国家为民族去求学,是旧教育与新教育的最大区别。

孙中山强调大学要培养学生做大事的精神,就是要大学担当培养救国救民学生的责任。1921年6月,孙中山在广东省第五次教育大会上就说过:救国从何处起?改良政治又从何处起?"其责任固在政府,亦在人民,更在众'伙计'肩上!"因民生主义昌明,人民衣食得所,"成为庄严璀璨世界第一之国家,其责任仍在众'伙计'也。"② 所谓"众伙计"就是教育工作者。在这次教育大会的闭幕式上,孙中山又鼓励教育家们要成为"政治的教育家"。他说,如果教育家不谈政治,学生不谈政治,为农者亦不谈政治,为工为商者亦不谈政治,试问中华民国是谁之国?而人人不负责任,还算什么人民的国家?所以,孙中山指出,所谓教育家不谈政治,是一种"盲导盲者"。"教育家须记提倡政治,实行改良政治。使四万万国民同心协力改良政治。"③

孙中山说:学校者,文明进化之泉源。教育"为国家根本大计"④。人才的培养,文明的发达,主要靠学校。孙中山指出,广州的岭南大学是造就人才的好学校,但广东不能仅有一个岭南大学,"广东省必要几十个岭南大学,中国必要几百个岭南大学,造成几十万或几百万好学生,那才于中国有大利益。"孙中山还指出,岭南大学虽好,但它的教育是美国式的教育,中国要有中国式的教育。什么叫中国式教育?那就是中国的教育必须符合中国的国情。中国的国情是什么呢?那就是"民国自开创以自今日,已经有了十二年。这十二年内,无日不是在纷乱之中。从前有南北的分裂,现在有各省和各部分的分裂,干戈相见,糜烂不堪。""中国的一切事业,到了今日,可说是腐败到了极点","中国是世界上最穷的国家","弄到全国人民俯首下心,不敢振作"、"不愿振作",因此他要求学生立大志、学好本领、做大事、救国救民、"救贫救弱",使中国"转弱为强,化贫为富","帮助国家变富强"。⑤

---

① 孙中山:《在广州岭南学生欢迎会的演说》,《孙中山全集》第八卷,中华书局2006年版,第535页。

② 孙中山:《在广东省第五次教育大会上的演说》,《孙中山全集》第五卷,中华书局2006年版,第561~562页。

③ 孙中山:《在广东省第五次教育大会闭幕式的演说》,《孙中山全集》第五卷,中华书局2006年版,第203页。

④ 孙中山:《致政务会议函》,《孙中山全集》第五卷,中华书局2006年版,第166~167页。

⑤ 孙中山:《在广州岭南学生欢迎会的演说》,《孙中山全集》第八卷,中华书局2006年版,第533~542页。

孙中山认为，学生求学便是求知识。因为世界上有很多的事情，很多的道理，都是我们不知道的。又因为世界的文明，要有知识才有进步；有了知识，才进步得快。因为我们人类是求文明进步的，所以人类只有掌握知识，社会才能文明，经济才能发展，人民才会幸福。所以，孙中山强调，我们必须重视教育，多办学校，必须用正确的方法去教育青少年，让这班青少年成为有用的人才，可以继承前辈的事业，去建设国家。如果他们失去了教育，以后的人才，"便新旧不相接，以后的事业便没有人办。"① 在这次讲话中，孙中山是强调要培养新时代需要的人才，并要求普及教育，让贫苦的人都可以读书。读书人多了，文化素质提高了，中国就会变强变富，否则"民众蠕蠕，不知所向"，不但中国的革命无成，建设也没有希望。

综上可见，孙中山在晚年是要求全民重视办教育，多办学校培养革命和建设所需的各类人才。人才的培养靠学校，教育的发展关系到国家和民族的前途和命运。所以，教育是建国的基石，教育不仅须与政治理想、改革社会、发展经济相结合，还必须与中国的国情相结合，才能造就国家需要的具有崇高理想和国格、人格及有真本领办大事的人才；也只有这样，中国的一切兴革、振兴之事乃有可言。

就是在这种思想指导下，孙中山在国民党第一次全国代表大会闭会、实现国共第一次合作后便着手创办"武学堂"——中国国民党陆军军官学校（即黄埔军校）和"文学堂"——国立广东大学（即今中山大学），培养军事、政治和科学文化建设人才，为他发动新的国民革命、统一中国、实现辛亥革命的未竟事业、建设真正的共和国家，为振兴中华、复兴伟大的中国创造条件。由此可见，国立广东大学的创办是中国国民党第一次全国代表大会和国共第一次合作的产物。

二

中国国民党第一次全国代表大会的召开和国共第一次合作，为国民革命统一国家确立了方向和前景。为了适应时代和国家的未来发展，孙中山深谋远虑，除了决定在广州黄埔创办中国国民党陆军军官学校以培养军事、政治人才外，还在广州文明路旧贡院（当时为国立广东高等师范学校旧址）筹备创办"国立广东大学"，以培养各种科学技术和经济、文化建设人才，为未来的国家建设服务。

1924年2月4日，孙中山以陆海军大元帅名义发布命令——将国立广东高等

---

① 孙中山：《孙总统对桂林学界之演说》，载上海《民国日报》1922年2月6、7日。

师范学校、广东法科大学、广东农业专门学校合并，改为国立广东大学。① 从此，国立广东大学的筹办工作即正式开始。2月4日，孙中山又下令委派当时广东高等师范学校的校长邹鲁为国立广东大学筹备主任②。2月9日，孙中山以大元帅的名义同时给当时的广东省省长廖仲恺和国立广东大学筹备主任邹鲁发布训令。他给廖仲恺的训令是："照得国立高等师范、广东法科大学、广东农业专门学校三校业明令合并，改为国立广东大学，并派邹鲁为国立广东大学筹备主任在案。除训令该筹备主任即日将各该校接管、从速筹备成立外，仰该省长即分别转饬各该校遵照。嗣后所有用人、行政，悉由该筹备处主管办理，以归划一，而促进行。"③ 孙中山在给邹鲁的训令中，除说明将国立广东高等师范学校、广东法科大学、广东农业专门学校三校合并改为国立广东大学外，还告知邹鲁，他已训令广东省省长廖仲恺"嗣后所有用人、行政，悉由该筹备处主管办理，以归划一，而促进行。"指令邹鲁从"即日将各该校接管，以速筹备成立具报。"④ 国立广东大学筹备委员会除主任邹鲁外，筹备委员由全国的政治家、教育家组成，计有胡汉民、汪精卫、廖仲恺、伍朝枢、孙科、许崇清、马君武、蒋梦麟、李大钊、胡适、王星拱、王世杰、周览（周鲠生）、皮宗石、顾孟余、石瑛、郭秉文、吴敬恒（吴稚晖）、李石曾（李煜瀛）、易寅村（易培基）、杨庶堪、陈树人、熊希龄、范源濂、任鸿隽、杨铨（杨杏佛）、胡敦复、黄昌谷、关恩助、徐甘棠、程天固、梁龙、陈耀祖、何春帆、邓植仪等35人。⑤ 这35人中有31人是从海外留学归来，他们都是通晓国际先进教育和学科建设的专家。

从1924年2月开始至8月止，邹鲁共主持过29次筹备会议（按，规定每周开筹备会议一次，有一说共开27次，但《邹鲁年谱》根据邹鲁的文集统计实开29次），每次出席筹备会议的仅为在穗的一些筹备委员，外地的筹备委员参加较少，会议除了讨论办校经费的筹集、学科的设备、教授的聘任、招生的数量、招

---

① 孙中山：《着创建国立广东大学令》，据《大本营公报》第四号《命令》，见《孙中山全集》第九卷，中华书局2006年版，第433页。

② 孙中山：《委派邹鲁职务令》，据《大本营公报》第四号《命令》，见《孙中山全集》第九卷，中华书局2006年版，第433～434页。

③ 孙中山：《给廖仲恺的训令》，据《大本营公报》第五号《训令》，见《孙中山全集》第九卷，中华书局2006年版，第452页。

④ 孙中山：《给邹鲁的训令》，据《大本营公报》第五号《训令》，见《孙中山全集》第九卷，中华书局2006年版，第452页。

⑤ 易汉文主编：《中山大学编年史（1924—2004）》，中山大学出版社2005年版，第2页；又见冯双编著：《邹鲁年谱》上卷，中山大学出版社2010年版，第180页。

考的方式外,还讨论新校园的造择和建设等各类问题。①

孙中山逝世后,1925年11月23日,邹鲁与谢持、林森、居正、张继等十余人,在北京西山碧云寺召开了非法的"国民党一届四中全会",会议做出了取消共产党员在国民党内的党籍、解除苏联顾问鲍罗廷、取消国民党政治委员会等决议,故人们称出席这次会议的人为"西山会议派"。邹鲁也承认,因他主张"清共",败坏了名声,遭各界质疑,而被迫离开了广东大学。②但坦白而言,邹鲁在筹划广东大学的过程中,还算尽忠职守,为完成孙中山指令的任务,克服诸多困难,为学校的创立做出了贡献。

广东大学的前身——广东高等师范学校、广东公立法科大学、广东公立农业专门学校、广东公立医科大学都有悠久的历史,但校舍简陋陈旧,学科设置也不全。广东高等师范学校的前身为两广优级师范学堂。在清光绪三十一年(1905年)六月,广州曾开办过一间两广速成师范馆,继办初级师范简易科,旋又改为两广师范学堂,翌年再改为两广优级师范学堂,建新校舍于今广州文明路中山图书馆内旧贡院,分设文学、史舆、数理化、博物四科,学生四年毕业。民国元年(1912年)该学堂始改为国立广东高等师范学校,分设文史、英语、数理化、博物四部,1919年8月又增设社会科学部。1924年9月,广东高等师范学校归并于国立广东大学时,作为文、理两科设置。

广东公立法科大学的前身为广东公立法政专门学校,在光绪三十一年(1905年),广东课吏馆改为广东法政学堂,初办即为二年毕业的速成科,随后又办别科,学生改为三年毕业。至民国元年(1912年)始改为广东法政专门学校,分设法律、政治经济两系,学生四年毕业。至民国十二年(1923年)八月改为广东公立法科大学,民国十三年(1924年)九月归并于国立广东大学作为法科。

广东公立农业专门学校的前身为广东农林试验场,成立于清宣统元年(1909年)间,附设农业讲习所及林业讲习所,为两年制,至民国六年(1917年)八月才改为广东公立农业专门学校,设农学科,学生四年毕业,民国十年(1921年)八月,又增设林学科,1924年9月归并于国立广东大学作为农科。

广东公立医科大学的前身为广东公立医科专门学校。于清宣统元年(1909年)间,由广州医生四十余人所创立,校址初设于广州城西,翌年迁广州南堤,立案后,称广东公立医科专门学校,学生四年毕业。1924年8月改称广东公立医

---

① 沈祥龙、莫擎天:《中山大学前身——国立广东大学》,原刊《广东文史资料》第三十三辑,又见广东省政协文化和文史资料委员会编:《广东文史资料精编》下编第四卷,中国文史出版社2008年版,第97~102页。每次筹备会议讨论和决定的内容,可参考冯双编著:《邹鲁年谱》上卷,中山大学出版社2010年版,第183~210页。

② 邹鲁:《办理国立中山大学(下)》,邹鲁著:《邹鲁自述》,人民日报出版社2013年版,第233页。

科大学,学生六年毕业,至 1925 年 7 月归并于国立广东大学作为医科。①

邹鲁说:当他接受筹办广东大学任务后,"第一个难题,就是经费没有着落。我面陈总理,申明在目前的情形之下,知道政府财政困难,对于原有财政收入,我不敢有所要求,但是希望另外找出财源的时候,允许拨充教育经费。"孙中山满口答应。邹鲁说,广东大学开办前广东高师教职工的工资都发不出,他只好通过熟人借了一笔款项,发给教职员两个月的欠薪,先使大家安心教书办事。其他学校看见高师复课,也就相继开学。邹鲁当时任广东财政厅长,接办高师,是他重新投身教育界的开始,他说:"教育事业本来是我所欢喜的,于是便辞了财政厅长的职务,预备专心在教育方面努力。"②孙中山命令邹鲁创办广东大学,不仅仅是因为他办广东高师有成效,更在于组建一所有规模、高水平的大学,必须要有威信,又要有资历和懂得教育的人主持。无论是跟随孙中山先生革命,还是从政,邹鲁都不负众望,而且又有办教育的经验,所以孙中山给他委以重任。邹鲁明白广东大学有双重使命,一是广东的最高学府,一是培养国民革命人才的大本营。他懂得办好广东大学的重要性,所以他在筹办广东大学时遇到种种问题都会向孙中山报告,争取孙中山的指令和支持。比如,1924 年 3 月 6 日,邹鲁呈文孙中山说:"教育为神圣事业,人才为立国大本,故国家设立大学,实振兴教育之总键,陶冶人才之巨炉。……我大元帅有鉴及此,将本省高师、法大、农专三校合并,改为国立广东大学。现当筹备期内,首须顾及经费为第一入手办法。大学为最高学府,经费尤应充裕。原来之费既少,新拨之费无多,盼厥成功,相差尚远。"为解决经费困难,邹鲁提议"省外各属开办之筵席捐,以三分之二拨为国立广东大学经费,以三分之一拨为各该地教育经费,……并由大学荐人由财政厅委任,随时分赴各属监提,自可照办。"他呈请孙中山批准作为定案,颁令各属遵照执行。③又比如,广东大学正式开学后,9 月 16 日,邹鲁又呈文孙中山说:"奉令指拨之开办费及经常费各基金,如省外筵席捐、业佃保证照金暨税契带征各款,均以地方多故,或为各征收机关所挪用,或为驻防军队所截留,甚或人民抗征不能开办。故月来经费之收入,除九(龙)、拱(北)两关厘费而外,余均畸零无几,殊不足以支持终日,无如校长摘要删繁,务求节俭。然职校为国家最高学府,若果太事简陋,则徒冒大学虚名,无以副钧座育才之本意。"为此,

---

① 参见沈祥龙、莫擎天:《中山大学前身——国立广东大学》,原刊《广东文史资料》第三十三辑,又见广东省政协文化和文史资料委员会编:《广东文史资料精编》下编第四卷,中国文史出版社 2008 年版,第 98~99 页。

② 邹鲁:《创办广东大学与读校三民主义》,邹鲁著:《邹鲁自述》,人民日报出版社 2013 年版,第 129~130 页。

③ 《邹鲁呈孙中山文》,桑兵主编、敖光旭编:《各方致孙中山函电汇编》第八卷,社会科学文献出版社 2012 年版,第 14 页。

邹鲁拟具《省河盐税带收广东大学经费章程》一纸呈孙中山备文鉴核,并恳转饬两广盐运使通令所属及分谕各盐商征收盐税作为广东大学经费开支。① 他还请孙中山训令两广盐运使邓泽如遵照将所收经费按比例交付广东大学使用。孙中山指令驻粤各军将领,"无论军饷如何困难,各机关不得挪移截收","各县亦不得以抵纳券及一切债票抵解,以维教育。"由此可见,邹鲁为了备足广东大学的开办经费已经到了捉襟见肘的地步。而孙中山对此也忧心如焚,不断指令各方人士支持邹鲁的工作。据统计,自1924年2月4日孙中山任命邹鲁为广东大学筹备主任时起至11月11日广东大学举行成立典礼的9个月,孙中山给邹鲁的指令有21件,训令5件,除了经费、校园、用人、教授的聘用、学科的设计外,连新生如何招收都有指示。此外,孙中山还给广东省省长廖仲恺、杨庶堪,湘军总司令谭延闿、中央直辖第三军军长卢师谛等,也下达命令,要他们将所部占住的番禺学宫之堂屋腾出,移驻郊外,将番禺学宫交由广东大学作为学生宿舍之用。孙中山还训令大元帅府大本营财政部长叶恭绰、广东省省长廖仲恺将士敏土厂(即水泥厂)收为省署管理,所得余利连同前拨北江石矿收入,悉数拨充广东大学经费。② 邹鲁则发动广东各县捐款,并通电荷、英、美、法、俄、日、比、意等国驻华公使退回部分庚子赔款作为广东大学的教育经费。

邹鲁说:"当民国十三年,国父命我创办广东大学的时候,他就觉得学院散在各处,管理上十分不方便,而且校舍毗连市区,车马喧阗,也不适于修养及求学,就命我另觅新校址。"邹鲁接受孙中山选校址的指令后,便多次查勘,最后选定了广州东郊外的石牌,即今广州市石牌华南理工大学的校址。自决定以石牌为广东大学新校址之后,邹鲁就有建筑新校舍以完成孙中山办校的决心。但由于当时军事倥偬,财政困难,无法进行建筑事宜,只在那儿建立了一个农场,先行垦殖。然后孙中山北上,忧劳成疾,旋即逝世,又因邹鲁支持蒋介石"清共",破坏国共合作,被迫离开中山大学。但不管如何,邹鲁决定以石牌为广东大学的新校址,为后来中山大学的发展奠定了永久的基础。③

要办好一所大学除了经费筹集和校舍的建设外,教授如何聘用、学科如何设计、学生如何招考、学校如何管理都是重大问题。

1924年6月9日,孙中山以大元帅府名义任命邹鲁为国立广东大学首任校长。邹鲁与其他筹备委员一起将原高师、法大、农专的各校教授聘用外,还在全

---

① 《国立广东大学校长邹鲁呈孙中山文》,桑兵主编、刘斌、孙宏云编:《各方致孙中山函电汇编》第九卷,社会科学文献出版社2012年版,第57页。
② 参见中山大学档案馆编:《孙中山与中山大学——孙中山关于中山大学(原名国立广东大学)的命令、训令、指令、题词及演讲》,中山大学出版社1999年版,第29页。
③ 邹鲁:《办理国立中山大学(下)》,邹鲁著:《邹鲁自述》,人民日报出版社2013年版,第233页。

国各地物色人才聘为各系科的教授和主任。7月15日至27日，邹鲁主持召开国立广东大学全体筹备委员大会，对29次筹备会议通过的88件议案分别进行审查，并做出决议。8月13日，孙中山公布《大学条例》共八条，明确规定大学的旨趣，"以灌输及讨论世界日新之学理、技术为主，而因应国情，力图推广其应用，以促社会道义之长进，物力之发展副之。""大学之规模、实质须相称。其只适于设一单科者，得以一单科为大学；其适于并设数分科者，得合数分科为一大学。""大学得设研究院。""大学除国立外，并许公立及私立。"① 孙中山公布的《大学条例》是从《广东大学之宏规》中录用，这是广东大学筹备委员会制订的文件。从这个文件中可知，国立广东大学，自经筹备主任邹鲁悉心筹划数月以来，创办广东大学诸事已大致就绪，并预定下学期9月开学。广东大学置总长、学院长、教授、副教授、讲师、秘书学监、干事员、助理员、缮校员等职员。总长由大元帅特任，掌理国立广东大学一切事务、统率所属职员；学院长由总长荐请大元帅委任，承总长之监管，掌理所管学院事务；教授专任、由总长聘任分属各学院担任讲座教授学科，及指导学生之研究。副教授以下教师也有明确的聘用和职责制度。② 刚成立时的广东大学是一所含有文科、法科、理科、农科的多科综合性大学。1925年又增加医学科。8月15日，已完成聘任广东大学各科学长、各系主任的任务。文科学长：杨寿昌；中国文学系主任：杨寿昌；英国文学系主任：陈长乐；哲学系主任：黄希声；史学系主任：萧鸣籁；法科学长：梁龙；法律系主任：卢兴源；经济系主任：梁明致；政治系主任：黄季陆；理科学长：徐甘棠；数学系主任：徐甘棠；物理系主任：柳金田；化学系主任：陈宗南；生物学系主任：费鸿年；地质学系主任：黄著勋；农科学长：邓植仪；农艺系主任：欧华清；农艺化学系主任：利寅；推广部兼林学系主任：黄植。广东大学虽已于9月创立③，但没有举行开办典礼大会，因为孙中山于11月13日即离广州北上，故广东大学在11月11日补行成立典礼大会。这也是早期中山大学的校庆纪念日。新中国成立后，许崇清校长请示孙中山先生的夫人宋庆龄及有关单位，将孙中山先生的生日11月12日作为中山大学的校庆纪念日并延续至今。广东大学成立典礼大会分四地隆重举行，大学各科在广东大学大礼堂，附设中学在致公堂，附设师范学校在雨操场、附属小学在中华路。上午9时半，教职员五百余人，大学各科学生二千余人齐集大操场，举行升旗礼后，即鱼贯进入大礼堂。

---

① 孙中山：《公布〈大学条例〉令》，《孙中山全集》第十卷，中华书局2006年版，第530页。
② 《广东大学之宏规》，载《广州民国日报》1924年6月6日。
③ 莫耀焜：《本校十年大事记》，见《国立中山大学九周年纪念大会日刊》1933年11月12日；《教职员表》，《国立广东大学概览》，广东大学1925年版，第1～14页。

10时，成立典礼开始，首先由邹鲁报告国立广东大学的筹备经过和开会的理由。接着由广东省省长、孙中山大元帅代表胡汉民致训词。孙中山因忙于北上准备事宜，不能到会，除特派胡汉民代表致辞祝贺外，还亲书训词："博学、审问、慎思、明辨、笃行"①，该训词后来成为中山大学的校训。其后，汪精卫、廖仲恺、许崇清、刘震寰等人发表演说。② 苏联顾问鲍罗廷、日本驻广州总领事天羽英二、德国代表白仁德以及广东党、政、军及工商、外交各界委员出席。③

在1919年，全国的国立大学只有北京大学、北洋大学和山西大学。国立广东大学的成立便标志着广东的教育发展进入一个新的阶段，结束华南没有国立综合性大学的历史，为南中国、为广东的经济和文化教育事业的发展与振兴，提供了客观条件。

1925年3月12日，孙中山先生在北京病逝。此后，国民政府为了纪念孙中山先生，遂于1926年10月将国立广东大学改名为国立中山大学，以示景仰。由于国民革命的开展，以及孙中山先生的逝世，学校出现了分化。学校不少教师是从法国、英国、美国和日本等留学归国，对当时政局的看法不一，便产生各种派系，为此广东大学和中山大学便数易其长。1925年12月，国民党中央党部以邹鲁没有及时打击进步青年周文雍等为首组织的新学生社、毕磊等组织的民权社，深怕广东大学受到"赤化"为由，迫使邹鲁离开广东大学。12月，国民政府任命顾孟余任校长，顾未到任，以陈公博为代理校长。由于陈公博以所谓查办名义和以代校长的姿态出现，引起了邹鲁派系教师的反感，他们纷纷离职，以示抵制。国民党中央为缓和矛盾，将"查办"广东大学改为"调查"广东大学，以图转圜。但尽管如此，陈公博在这种僵局下难以治校，不数月，他便知难而退，一走了之。

陈公博走后，改由汪精卫系的褚民谊代理广东大学校长（当时褚系医学院院长）。1926年7月校长一职又由国民党中央改派戴传贤（戴季陶）接充，戴因病未上任，实际上由朱家骅代理，也有一说是由经亨颐暂行代理。其后，广东大学将领导制改为委员制，仍以戴季陶为委员长，以顾孟余副之，徐谦、朱家骅、丁惟汾为委员。1927年"四一二"反革命政变后，6月改国立中山大学委员制为校长制，以戴季陶为校长，朱家骅为副校长，变国立中山大学任务以培养文职干部为主为为国民党统治服务、"党化教育"培养人才。1931年6月，戴季陶调任南京政府考试院院长，中大校长改由许崇清担任。后许调任广东省教育厅厅长，1932年邹鲁重回中大任校长掌管学校。他克服各种困难，分期分批地完成石牌

---

① 该训词原件保存于中山大学图书馆。
② 《广大举行成立典礼记》，载《广州民国日报》1924年11月12日。
③ 陈锡祺主编：《孙中山年谱长编》下册，中华书局1991年版，第2058页。

中山大学校园的建设。所以，尽管学校领导的演变，也反映出当时国民党内部的派系斗争，却不会因派系斗争而影响中山大学的不断发展和进步。因邹鲁原系胡汉民的心腹人物，汪精卫与胡汉民相互倾轧，国民政府便乘机派汪精卫的亲信陈公博、顾孟余等掌控中山大学，以打击胡汉民。不久，这一职务又由蒋介石的亲信戴季陶接任，①为蒋介石的专制独裁效命。1931年中山大学设有文、法、理、农、医五个学科，同年将学科改称学院。此外，1934年增设工学院、1935年增设研究院，至1937年中山大学已发展为文、理、法、工、农、医、师范7个学院和1个研究院，在全国高校中是一所学科比较齐全、具有一定影响力的综合性大学。

由此可见，国立广东大学创办后，国民党的各派人马都想控制之以培植自己的势力，为争权夺利创造条件。但广东大学是国家的大学，也是广东人民乃至全国人民办的大学，随着广东大学的发展，广东乃至全国的学子在孙中山思想和魅力的鼓舞下进入广东大学读书，因此尽管国民党"右派"和国民党"左派"在争夺办校权中相互斗争，但孙中山的"博学、审问、慎思、明辨、笃行"校训，一直在鼓舞和启导广东大学学生的成长，并成为后来中山大学办学的指南，培养和造就了数以万计，在各条战线和国内外做大事的各种人才，使孙中山先生亲自创办的广东大学——中山大学名扬海内外，成为华南一所具有国际影响、国内一流的多科性的综合性大学。

三

孙中山先生创办国立广东大学除因当时广东教育的危机，以及青年未能接受孙中山的三民主义、支持和参予他的革命的原因外，其最根本的原因是为了培养人才同他一起进行国民革命，统一国家，达到救国救民的目标，完成他的三民主义任务，实现中国的独立、民主和富强。为了实现救国救民的目标，孙中山确立了"教育为神圣事业，人才为立国大本"的思想，他主张从基层做起，从对青少年的培养做起，他期盼青少年从小立大志、做大事，形成健康向上的社会氛围，万众一心，团结一致，为建设中国的美好未来努力奋斗。

邹鲁说过："要革命不能不读书"，要革命非有"学问不可"。"重视学术、讲求科学性"是广东大学的灵魂，也是广东大学的本色和精神。

1926年10月，国立广东大学改名为国立中山大学后，又一度改名为国立第一中山大学，1928年2月正名为国立中山大学并至今不变。此后国内经历国共分裂、内战、日本侵略，中山大学迫于时势四处搬迁，但也锻造了中大人的顽强精

---

① 沈祥龙、莫擎天：《中山大学的前身——国立广东大学》，原刊《广东文史资料》第三十三辑，又见广东省政协文化和文史资料委员会编：《广东文史资料精编》下编第4卷，中国文史出版社2008年版，第100～102页。

神和务实作风。中大人在极其困难的环境下坚持办学,凝聚了一种团结、拼搏和奋斗的精神,为中山大学的发展、壮大奠定了一种巨大的无形的内聚力。

孙中山先生手创民国,手创广东大学。广东大学时形成的校风、学风,都深受孙中山先生的影响。大学是做学问的地方,是培养人才的地方。一所大学的学术地位,决定这所大学的地位。所以以什么样的思想去指导办学,由什么人来办学和如何教授学生都是一所大学的灵魂。广东大学是国民革命的产物、国共第一次合作的产物,这便决定这所大学跟中国的民主革命和建设美好的中国的未来有关。中山大学是由孙中山创办的广东大学发展而来,它也一直都秉承着孙中山亲笔题写的校训和他的教育思想办学。孙中山的"海纳百川,有容乃大;天下为公,世界大同;立志做大事,救国救民、忧国忧民"的办学主张,逐步成为中山大学的校风、学风,以及中山大学精神的源头。

孙中山为广东大学制订和题写的校训:"博学、审问、慎思、明辨、笃行",寄托了孙中山对中大人的殷切期望。"博学"是要求学生多读书、多积累知识;"审问"就是对知识、真理的追求,只有不断地疑、不断地问,才能发掘真理、坚持真理,这是学生求学、问学的过程,是学生学术积累的过程;"慎思、明辨"是培养学生独立思考的能力、判断是非的能力,是完善个人人格的过程;"笃行"是"博学、审问、慎思、明辨"的行动和目的。学、问、思、辨都是为了行,要把自己的学问、理论付诸实践,转化为现实。九十年来,中大人都遵循孙中山提倡的办校精神在奋斗,这也是中大人努力钻研学问、培养人才、爱国家、爱人民、为民族为社会做贡献的思想源泉。

孙中山说:"革命是非常事业,不是寻常事业,非常事业决不可以寻常的道理一概而论。"① 又说:"革命之建设者,非常之建设也,亦速成之建设也","革命有非常之破坏",也不可没有"非常之建设"。所以,"革命之破坏与革命之建设必相辅而行,犹人之两足,鸟之两翼也。"② 革命靠主义和精神,建设靠学问(即学科)靠人才,要人类和国家进步不能不革命,要改造国家、建设国家,"造成新世界"、"去旧更新"、"图民生之幸福",谋国家之富强,不能不重视建设,不能不重视教育。这便是孙中山晚年举办教育、成就未来的基本理念,也是他遗留给我们的一笔重要精神遗产。

按照孙中山这种新思维新观念创办的国立广东大学(中山大学)便负有双重的任务,一是灌输新思想新观念,让学生立大志做大事,为革命和国家建设勇

---

① 孙中山:《在陆军军官学校开学典礼的演说》,《孙中山全集》第十卷,中华书局 2006 年版,第 297 页。

② 孙中山:《建国方略之一:孙文学说——行易知难(心理建设)》,《孙中山全集》第六卷,中华书局 2006 年版,第 207 页。

于担当历史重任,"去旧更新",造就一个新的中国和新的世界;二是通过创办一所新型的大学,招揽各方人才,研究为人类服务的各种学问、新学理和新技术,培养和造就人才,因应时代发展和国情的变化,促进社会物质文明和精神文明的进步和发展,实现中华民族的伟大复兴。①

广东大学(中山大学)没有辜负孙中山的殷切期望。自广东大学创建以后,虽国家多事、人事沧桑,但广东大学(中山大学)没有因此而停办和消失,反而在磨难中不断发展、壮大,关注社会,关注人类与自然,关注中国与世界,为民族为国家培养了大批人才,成为全国人才培养的重要基地。广东大学(中山大学)之所以有这样的地位,主要是因为有孙中山精神的启导,全国各界人士和华侨华人的关注以及广东大学(中山大学)教职员工的共同努力。许多国内著名的学者教授都先后在广东大学(中山大学)任教和从事研究工作,他们不仅全身心地奉献,付出了他们的汗水和智慧,为广东的教育和学术的发展做出巨大的贡献,而且对广东大学(中山大学)学科的建立和教学、研究条件的改善也都勇于担当和奉献。现今中山大学成为包括人文科学、社会科学、自然科学、工学、技术科学、医学和管理科学等在内的综合性重点大学,跟我国许多老前辈以及各学科著名学者对广东大学、中山大学的贡献分不开。中山大学从它的前身广东大学算起已经走过 90 个春秋,当今中大人在把中山大学建设成为居于国内一流大学前列、在国际上有较大影响的高水平研究型综合性大学整体目标的指导下,中山大学的全体师生员工,继往开来、团结奋斗、开拓创新、与时俱进,新的中山大学正在向它的百年华诞迈进,它必将继续继承孙中山的意志和精神,为社会主义新中国作育造就各种人才努力奋进,从胜利走向胜利,从辉煌走向辉煌,为国家的繁荣富强,为人民的幸福安康,为实现中华民族的伟大复兴中国梦贡献更大的力量,做出更伟大的贡献。

(2014 年)

---

① 林家有:《"博学"与"笃行"——从孙中山创建广东大学,看他的育才思想》,《政治·教育·社会——近代中国社会变迁的历史考察》,天津古籍出版社 2004 年版,第 282~294 页。

孙中山爱国革命和建设国家思想的形成及其贡献

一

孙中山的爱国主义思想、强烈的民族意识是他走上革命道路的思想基础。

孙中山一生奔走革命,为中国之自由、平等、博爱,为中华民族的统一、振兴和屹立于世界民族之林而奋斗。孙中山的爱国主义思想是历史与现实的统一,是民族性和时代性结合的产物。由于他为近代中国的爱国主义注入了许多新的内容,所以,他把近代中国历史上的爱国主义推上一个崭新的阶段。

孙中山出生于19世纪60年代,这是清朝大吏、封疆大臣以及一些地方督抚为维护风雨飘摇的清政府的封建专制主义统治,借助洋人的枪炮来镇压太平天国农民革命运动,大兴洋务的时期。太平天国农民革命运动被镇压后的第二年即1866年,孙中山诞生于广东省香山县(今中山市)一个农民家庭。先生自述:"文之先人躬耕数代。"① 孙中山的父亲达成公(1813—1888)勤劳忠厚,但生活极度艰难,为了养活妻儿,除高价租耕2.5亩祖尝田外,还趁农闲在村中替别人补鞋,收点工钱;晚上又为村民打更报时,每月赚取稻谷一石,以帮补家用。后来,达成公长子孙眉出洋到了檀香山做工,经过勤力劳动,稍有积蓄转做生意,后经营大型牧场而发迹。自此,侨汇源源不断地寄回家中,达成公的家境也由贫苦农民上升为农村富裕人家,家境逐日好转。达成公的妻子、孙中山的母亲杨氏,虽是缠足女子,但识大体,勤劳慈祥,懂得用道德教育儿女,孙中山的成长,尤其是在为人方面得益于母亲的影响较大。②

如同中国农村许多贫苦人家的小孩一样,孙中山自幼就参加劳动。由于家贫,孙中山一直到1876年,即10岁时才入塾读书。③ 孙中山在书塾中修习的都是一些灌输封建伦理道德、教人为人做事的功课,启蒙识字课本如《三字经》、《千字

---

① 孙中山:《上李鸿章书》,《孙中山全集》第一卷,中华书局1981年版,第18页。
② 参见李伯新撰:《孙中山的亲属和后裔》,政协广东省中山市委员会文史委员会编:《中山文史》第27辑,1993年印,第1~2页。
③ 参见黄彦、李伯新著:《孙中山的家庭出身和早期事迹》,政协广东省委员会文史资料研究委员会等合编:《孙中山史料专辑》,《广东文史资料》第二十五辑,广东人民出版社1979年版,第27~28页。

文》、《幼学故事琼林》以及四书五经选读等。这些书他虽读不懂，但毕竟开始了读书识字，从小受到传统文化的熏陶。"幼读儒书，十二岁毕经业"，为他"复三代之规"，了解中国"古先圣贤王教化文明"奠下重要的基石。孙中山说："早岁志窥远大，性慕新奇，故所学多博杂不纯。于中学则好三代两汉之文。"① 他的中学基础知识无疑是青少年时代在家乡和香港、广州十余年求学期间奠定的。孙中山虽"生于晚世，目不得睹尧舜之风，先王之化"，但他愤于"鞑虏苛残，生民憔悴，遂甘赴汤火，不让当仁，纠合英雄，建旗倡义"，明显是接受儒家经典的春秋大义。"夷夏之辨"的民族意识对孙中山早年的影响非常深刻。他的民族主义思想得益于幼读经籍和中外时人反对民族压迫、争取独立和自由思想的陶冶。由于孙中山的童年是在家乡度过的，是在地主和农民存在着尖锐的阶级对立的社会环境中度过的，这就使得他有机会亲身体验到劳动群众的贫穷疾苦和地主官吏的凶狠残暴，这一点对于成年的孙中山投身革命关系极大。如果看不到这一点，把他的反清思想看成是来自西方的启蒙，也是不真实的。人们知道，1896年11月，英国著名的汉学家翟理斯（H. A. Giles）要为孙中山写传记，他写信给孙中山，要他提供材料。孙中山在给翟氏的复函中，谈到他为什么要进行反清革命，以及革命后准备实施的内外政策时，作了如下解释：

  自清虏入寇，明社丘墟，中国文明沦于蛮野，从来生民祸烈未有若斯之亟也。中华有志之士，无不握腕椎心！此仆所以出万死一生之计，以拯斯民于水火之中，而扶华夏于分崩之际也。独恐志愿宏奢，力有不逮耳。故久欲访求贵国士大夫之谙敝邦文献者，以资教益；并欲罗致贵国贤才奇杰，以助宏图。足下目睹中国之疮痍，民生之困楚，揆之胞与仁人义士，岂不同情？兹叨雅眷，思切倾葵，热血满腔，敢为一吐。更有恳者，仆等今欲除虏兴治，罚罪救民，步法泰西，揖睦邻国；通商惠工各等事端举措施行，尚无良策。②

孙中山的这个陈述，不仅具体地说明了他由于对清朝政府统治不满而立志革命推翻清朝的过程，也说明了他立志反清是为了"拯斯民于水火之中"，真实地反映了孙中山早年反对压迫和剥削的革命思想，当然，这个复函也反映了他对自身力量不足的担忧。

  由上述可知，孙中山救国思想的产生有两方面的原因：一方面是由于清政府

---

① 孙中山：《复翟理斯函》，《孙中山全集》第一卷，中华书局1981年版，第46～48页。

② 孙中山：《复翟理斯函》，《孙中山全集》第一卷，中华书局1981年版，第47页。

"政治不修，纲维败坏，朝廷则鬻爵卖官，公行贿赂"，造成"官府则剥民刮地，暴过虎狼。盗贼横行，饥馑交集，哀鸿遍野，民不聊生"。① 另一方面，是由于资本帝国主义的侵略造成"堂堂华国，不齿于列邦；济济衣冠，被轻于异族"，"方今强邻环列，虎视鹰瞵，久垂涎我中华五金之富、物产之繁。蚕食鲸吞，已效尤于踵接；瓜分豆剖，实堪虑于目前"。② 反清即反封建；反对异族侵略，维护民族主权，正是反帝，这就自觉地承担了近代中国民主革命的两大任务，使孙中山成为中国民族民主革命的先驱。

1840年以来一百多年的近代中国，因落后而不断挨打，因不断挨打而越来越落后、越来越贫穷、越来越衰弱。既然是因为落后而挨打，而落后的根本原因又是由于封建政权的腐败和帝国主义的掠夺，那么，就只有通过革命，才能彻底改变中国落后的局面，才能通过发展工业、发展教育、发展科学技术来改变中国的命运。近代中国的民族危机是逐步加深的，孙中山的爱国革命思想也是不断发展的。

自从1840—1842年鸦片战争，通过中英《南京条约》及其后续各条约，以及中美《望厦条约》、中法《黄埔条约》，当时世界上最先进的几个资本主义强国都开始侵略中国，并迫使中国与它们分别建立起有限度的国家关系，为它们在中国一定范围的活动提供了有利条件，开始把古老的中国纳入近代世界，并由此改变了中国社会发展的进程及方向，使中国由一个完全的封建社会走向半殖民地半封建社会。此后，英、法、美、俄、日及其他一些东西方列强，通过战争强迫中国签订种种不平等条约③，割占领土、勒索赔款、强迫开放通商口岸、协定关税、公使干政与夺取领事裁判权、实施片面最惠国待遇、控制中国海关、划分势力范围、输入资本、控制经济命脉、进行广泛的文化侵略等。在这个过程中，中国人民经受了种种屈辱，产生了极大的悲愤。鉴于当时的情况，孙中山同大多数中国人一样，认为在半殖民地半封建社会的旧中国，在保留封建专制统治和帝国主义压迫的前提下改变不了旧中国的落后局面，旧中国只有一条出路，那就是通过革命救中国。

孙中山不愧是中国伟大的民族民主革命的先驱者，他看问题比同时代的许多

---

① 孙中山：《香港兴中会章程》，《孙中山全集》第一卷，中华书局1981年版，第21页。
② 孙中山：《香港兴中会章程》，《孙中山全集》第一卷，中华书局1981年版，第21页。
③ 近代中国同列强一共签订了多少不平等条约，中国学术界说法不一，据梁为楫、郑则民主编《中国近代不平等条约选编与介绍》一书统计，清政府统治时期签订了500多个，北洋军阀统治时期签订300多个，国民党政府统治时期签订200多个，总计签订了1000多个不平等条约（见该书"前言"，第9页）。张振鹍在《论不平等条约——兼析〈中外旧约章汇编〉》一文对不平等条约作了非常清楚的解析，他认为其总数大约有三四百个（见中国社会科学院近代史研究所主办《近代史研究》1993年第2期，第1～19页）。

人都深刻和广阔得多。他说:"我中国衰败至今,亦已甚矣!用兵未及经年,全军几至覆没,丧师赔款,蒙耻启羞,割地求和,损威失体,外洋传播,编成谈笑之资,虽欲讳之而无可讳也。"作为一个爱国者,"今值国家多难,受侮强邻",就应学习古人范文正"先天下之忧而忧,后天下之乐而乐"。① 要有忧患意识,要有革命意识,更要有为国家民族献身的精神。1897年8月,孙中山在日本横滨与日本友人宫崎寅藏、平山周交谈,当他谈到他为什么要立志革命时,又作了如下说明:由于清政府的残酷摧残,"致民间无一毫之反动力,以酿成今日之衰败。沃野好山,任人割取,灵苗智种,任人践蹈,此所以陷于悲境而无如何也。方今世界文明日益增进,国皆自主,人尽独立,独我汉种每况愈下,滨于死亡。于斯时也,苟非凉血部之动物,安忍坐圈此三等奴隶之狱以与终古?"他说:不能。我们应该即时奋起"推翻逆胡,力图自主"。又说:"今举我国土之大,人民之众,而为俎上之肉,饿虎取而食之,以振其蛮力,雄视世界。……余为世界之一平民,而人道之拥护者,犹且不可恝然于此,况身生于其国土之中,尝直接而受其苦痛者哉!……而当此千钧一发之秋,不得不自进为革命之先驱,而以应时势之要求。若天兴吾党,有豪杰之士慨来相援,余即让渠独步,而自服犬马之劳;不然,则唯有自奋以任大事而已。余固信为支那苍生,为亚洲黄种,为世界人道,而兴起革命军,天必助之。"他并认为"惟有成就我国之革命",才能实现"救支那四万万之苍生,雪亚东黄种之屈辱"。②

由此可见,孙中山由爱国而立志革命是由于近代中国封建主义与人民大众、帝国主义与中华民族(当然也包括满汉民族之间的民族矛盾)这两对基本矛盾的激化而造成的。孙中山革命是为中华民族遭受侵略之屈辱昭雪,是为了救贫救弱、振兴中华,使中国走上独立、民主、统一、富强的近代化之路。所以,爱国主义思想是孙中山立志革命、为中华民族献身的出发点,也是归宿点。

二

孙中山生活在19世纪末20世纪初。就世界范围来看,这个时代是资本主义向帝国主义阶段过渡的时代,也是西方列强在世界各地瓜分殖民地、划分势力范围的时代。从这方面来看,当时的西方是侵略的西方、是掠夺的西方。但从中国方面来看,西方属资本主义生产方式的国家,中国则是以小农经济为主的封建专制主义国家。从这方面看,中国是落后的,西方则是先进的。因此,生活在这个

---

① 孙中山:《拟创立农学会书》,《孙中山全集》第一卷,中华书局1981年版,第24~25页。

② 孙中山:《与宫崎寅藏平山周的谈话》,《孙中山全集》第一卷,中华书局1981年版,第172~174页。

时代的先进中国人都面临双重的挑战，即既要反对侵略的西方，又要学习先进的西方；既要反对落后的中国封建专制主义统治，又要维护中国的尊严和优秀的文化传统。所以，这个时代中国先进的思想家的政治思想必然都带有民族性和时代性的明显特征。

所谓民族性，就是说，中华民族的每一个爱国者都必须自豪地认同"我是中国人"，必须有我们的中国心。

1896年9月23日，孙中山由纽约赴英国，30日到达伦敦。10月11日，当孙中山走到伦敦清政府驻英使馆附近时，遇到清使馆译员邓廷铿，邓问孙："你是中国人还是日本人？"孙说："我是中国人。"正是因为这样，孙中山被囚于清驻英使馆，差点被送回中国正法。孙中山无所畏惧地承认自己是中国人、是"中国广东人"，"姓孙名文，叫孙文"。其行为十分感人。

在近代中国，从民族英雄林则徐的"苟利国家生死以，岂因祸福避趋之"，到维新志士谭嗣同的"我自横刀向天笑，去留肝胆两昆仑"，再到民主革命先驱孙中山的"中国非革命不兴"、"非革命不足以救亡"，汇聚成一股气吞山河的爱国主义历史潮流。它是历史与现实的统一、历史与时代的统一。在孙中山的时代，爱国主义就是"我爱我的国家"，不允许别国侵略，也不允许民族压迫；就是要维护祖国的统一，振兴中华，为建设一个具有中国特色的独立、统一、民主和富强的共和国而不惜献出自己的一切（甚至生命）的伟大精神和行动。

爱国与卖国，历来都是中国人区分良善与邪恶的标准之一。一切爱国者，无论其来自哪一个民族、哪一个阶级，无一例外，他们都是首先针对卖国者的行径进行揭露、批判而表达他们的爱国情怀的，表现在这个层面的爱国主义思想就是基于我爱我的国家，决不允许外族侵略，也决不允许任何人出卖民族的利益而产生的。孙中山属于这个层面的爱国者。比如，1907年孙中山在槟榔屿对侨胞发表的演说，就充分体现了他的爱国观和革命观。他说："兄弟是革命者，三句不离本行，自然还是革命的话。兄弟鼓吹革命，已有二十多年。在这二十多年中间，历尽了艰难险阻，经过了好多次的失败，仍是勇往直前，百折不回，无非是要救我们的中国。"[①] 为什么要救中国？孙中山从两个方面去叙述：一方面，是讲清政府实行民族压迫，使得民族不团结。他指出："生杀予夺，都操在他们手里，他们为刀俎，我们为鱼肉；最惨酷者，像嘉定三屠、扬州十日，实为亘古未有的浩劫。至一般知识阶级，偶然有因文字触犯当局之怒，便可以不分皂白地立刻置之死地，像戴名世等文字狱，不但个人要被斩头，还要抄家灭族。……这种惨祸及暴民虐政，真是举不胜举。又如诸君身为海外侨民，辟草莱、披荆棘，筚

---

① 孙中山：《在槟榔屿对侨胞的演说》，见陈旭麓、郝盛潮主编，王耿雄等编：《孙中山集外集》，上海人民出版社1990年版，第42页。

路蓝缕，不避苦辛，自谋生计，自求发展，满清政府不但无力保护，且悬为厉禁，不准人民出国，违者处以死刑，这种苛例，直到最近数十年方才无形取消。诸君想到该禁令未取消以前，恍若无国之人，有家又归不得，怎能不感觉着切肤之痛呢！"另一方面，是讲清政府卖国，使中国"事事不能自立，总是受外国的钳制"。他指出，中英鸦片战争以后，国势日蹙，国本动摇，土地沦于异族者，几达三分之一，如英国之割香港；俄国之割黑龙江东北沿边地、吉林辽东沿边地，占乌梁海与科布多沿边地及布哈尔、浩罕、哈萨克、布鲁特、新疆西北沿边诸地；日本之割台湾及澎湖诸岛；葡萄牙之占澳门；等等。受兵力胁迫而偿外人之款者，如《江宁条约》赔款二千一百万两，《北京条约》赔款一千六百万两，《伊犁条约》赔款九百万卢布，中日（台湾）和约赔款五十万两，《芝罘条约》赔款二十万两，《马关条约》赔款二万万两，《辽东还付条约》赔款三千万两，《辛丑条约》赔款四万万五千万两，统计几达十余万万两。其余如德国的租胶州湾，俄国的租旅顺口、大连湾，英国的租九龙、威海卫，法国的租广州湾；军港要害，可以随便任人强行租去。关税不能自主，总税务司且要归英人充任。列强凭借不平等条约，可在中国内地设立工厂，利用贱价的工值与原料，以牟取厚利。一国的经济权，可以任人操纵。又外国人在中国有领事裁判权、内河航行权、铁路敷设权等，既可以限制我国的司法，又可以管理我国的交通。① 孙中山认为，清政府这样的丧权辱国行为，真是不一而足。中国处于这样极危险的地位，随时可以遭外国瓜分。为了洗刷这种民族的耻辱、免除亡国灭种的威胁，就要赶跑清朝皇帝，推翻清朝专制政府，恢复祖国山河。而要这样，就必须实行革命，不推翻清政府，中国终不得救。

爱国是没有时间先后的，忠诚的爱国者要永远忠诚于自己的国家，谁卖国就反对谁。辛亥武昌起义后，特别是 1912 年 4 月袁世凯从孙中山手中接过临时大总统的权位后，袁氏即开始酝酿和准备复辟封建专制主义统治，他开始集权和废除政党政治、取消议会和废除约法。袁世凯于 1913 年 3 月 20 日指使凶手在上海沪宁车站暗杀资产阶级议会政治的热诚鼓吹者宋教仁，公开与民主共和政制为敌。时孙中山在日本访问，闻耗即中止访日，于 25 日从日本返抵上海，随至黄兴寓所商讨对策。孙中山对黄兴说：宋教仁被刺，我们"失此良友，万分悲痛"，教仁"为党为国，血泪皆枯"。② 7 月，孙中山即发动"二次革命"，在 7 月 22 日发布的讨袁通电中敦促袁世凯辞职，否则"文不忍东南人民久困兵革，

---

① 孙中山：《在槟榔屿对侨胞的演说》，见陈旭麓、郝盛潮主编，王耿雄等编：《孙中山集外集》，上海人民出版社 1990 年版，第 42～43 页。
② 《中山先生之痛言》，载上海《民立报》1913 年 3 月 26 日。

必以前此反对君主专制之决心反对公之一人。义无反顾"①。由于敌强我弱等因素，"二次革命"不二月而失败，但孙中山表示"石烂海枯，而此身尚存，此心不死"。他分析当时形势后指出，袁世凯政权必不能久，革命党人"不特应聚精会神，以去乱根之袁氏，更应计及袁氏倒后，如何对内、如何对外之方策"②。此后，孙中山积极筹划组建中华革命党和准备讨袁事宜。1915年5月，袁世凯同日本政府签订卖国的"二十一条"。孙中山即揭露袁世凯甘心卖国、求僭帝位，号召国人起来反袁，严惩祸首。12月25日，唐继尧、蔡锷等通电各省，宣布云南独立，掀起护国战争。起义爆发当天，孙中山即致电美洲林森、马尼拉薛汉英，26—30日又接连致电旧金山、上海、火奴鲁鲁、香港等地的革命党人和胡汉民等人，对云南起义极表欢欣，望海内外各地速筹款应急。在发给上海革命党人的电函中，孙中山又指出："既有首难，则袁之信用已破。此后吾党当力图万全而后动，务期一动即握重要之势力。"③ 1916年5月1日，孙中山由日本返抵上海。9日，他在上海发表第二次讨袁宣言，回溯袁世凯的窃国行径和几年来中华革命党的反袁斗争，强调"袁氏破坏民国，自破坏约法始，义军维持民国，固当自维持约法始"，又说："今日为众谋救国之日，决非群雄逐鹿之时，故除以武力取彼凶残外，凡百可本之约法以为解决"，最后表示："惟忠于所信之主义，……袁氏未去，当与国民共任讨贼之事；袁氏既去，当与国民共荷监督之责，决不肯使谋危民国者复生于国内。"④ 宣言发表后，上海《民国日报》、《民信报》、《中华新报》，以及外报《上海日日新闻》等纷纷发表社论或文章，盛赞孙中山"凡此诸说，堂堂正正，意为人人心中尽有之意，言为人人口中欲发之言"⑤，"是诚共和国家之原则，而为解决时局之要图也"⑥。黄兴在《复谭人凤电》中亦："中山先生在沪宣言，豁然大公，无任钦仰。"⑦

五四运动以后，由于段祺瑞卖国，北京学生首先掀起爱国运动并迅速波及全国。孙中山在上海即对学生的爱国运动给予支持。1919年5月8日有陈汉明者上书孙中山，报告南京华侨学生代表大会决议电请各方争回青岛，维护国权，请予赞助。孙中山批陈汉明来函云：我们将极力赞助，"此间有一分之力当尽一分之

---

① 《孙中山先生致袁世凯电》，载上海《民立报》1913年7月22日。
② 邓泽如编：《孙中山先生廿年来手札》，广州述志公司1927年影印版，卷2。
③ 陈锡祺主编：《孙中山年谱长编》上册，中华书局1991年版，第969～970页。
④ 孙中山：《讨袁宣言》，《孙中山全集》第三卷，中华书局1984年版，第285页。
⑤ 载上海《民国日报》1916年5月10日。
⑥ 载上海《民国日报》1916年5月11日。
⑦ 黄兴：《复谭人凤电》，见湖南省社会科学院编：《黄兴集》，中华书局1981年版，第433页。

力也"①。5月12日，又复函陈汉明指出："此次外交急迫，北政府媚外丧权，甘心卖国，凡我国民，同深愤慨。幸北京各学校诸君奋起于先，沪上复得诸君共为后盾，大声疾呼，足挽垂起之人心而使之觉醒。"表示："对诸君爱国热忱，极表同情，当尽能力之所及以为诸君后盾"，"尚望诸君乘此时机，坚持不懈，再接再厉，唤醒国魂。民族存亡，在此一举，幸诸君勉力图之"②。这期间，孙中山在上海除了撰写和出版《孙文学说》、《实业计划》等书，从事唤醒国民努力参加救国外，还利用一切机会接见学生和社会各界人士，发表救国和重行革命的言论，指导社会各界人士认清形势，合力救国。10月8日，孙中山在上海青年会举行纪念辛亥武昌起义八周年会上发表演说，指出：救国有各种方案，"教育救国"、"实业救国"、"地方自治"等方案固是改造中国的要件，但还不能认为是第一步的方法。改造中国的第一步方法"只有革命"。他认为："八年以来的中华民国，政治不良到这个地步，实因单破坏地面，没有掘起地底陈土的缘故。地底的陈土是什么？便是前清遗毒的官僚。"而"政客"和"武人"，"也是陈土的一种"。所以如此，则是由于推翻清廷以后，革命党人"相率下野，将政权交与官僚，八年来造成官僚与武人政治的原因，就在这一点。"最后指出："我们既经要改造中国，须造成一灿烂庄严的中华民国。"为此，"须用新的方法去建筑"，那就是要掀掉地底的三种陈土（官僚、政客和武人）。③ 10月18日，孙中山又在上海寰球中国学生会发表关于"救国之急务"的演说，指出："现在中华民国，实处于最危险的地位，内忧外患，交迫而来，八年以来，那班腐败官僚，跋扈武人，无耻政客，天天'阴谋'、'捣乱'、'作恶'、'卖国'，把我们中华民国的领土、利权，不晓得送掉多少。我们国家危亡的景象，就没有如今日之甚了。"他认为救国有两种办法：一是"维持现状"；二是"根本解决"。所谓"维持现状的法子，就是南北议和，赶快把这个国会恢复起来，令他自由行使职权"；而根本解决的办法是"南北新旧国会，一概不要它，同时把那些腐败官僚、跋扈武人、作恶政客，完完全全扫干净它……从新创造一个国民所有的新国家，比现在的共和国家还好得多"。④

此后，孙中山便南下广州，组织第二次护法和1924年后的国民革命运动，发动农民、工人及学生投身革命运动，决心扫除官僚、政客、武人这三种"陈土"，彻底打垮北洋军阀曹锟、吴佩孚势力，统一中国，重新建立国民政府，彻

---

① 孙中山：《批陈汉明函》，《孙中山全集》第五卷，中华书局1985年版，第53页。
② 孙中山：《致上海陈汉明》，载《中央党务月刊》第十二期。
③ 孙中山：《在上海青年会的演说》，《孙中山全集》第五卷，中华书局1985年版，第124～126页。
④ 孙中山：《在上海寰球中国学生会的演说》，《孙中山全集》第五卷，中华书局1985年版，第142～145页。

底实现国家的独立和统一、民主和富强。孙中山的理想虽未能于生前实现，但他直到临终时还念念不忘"和平、奋斗、救中国"。他由爱国而革命、以革命来救国和建国的精神，则永远鼓舞着全中国人民为实现他的理想而忘我奋斗。孙中山的爱国革命和建设国家的思想和行动是中华民族的宝贵精神遗产，全国各族人民都应该继承和发扬他的爱国革命和建设国家的精神。

所谓时代性，就是要追随时代潮流，将中国与世界结合起来，使中国能够适存于世界，超越世界。

孙中山不仅适应时代潮流，而且追随时代潮流。面对世界和近代中国的变革洪流，孙中山"挺生其间，砥柱于革命中流，启后承先，涤新淘旧"[1]，他"以天下为己任"，"但不视天下为私产"，[2] 担负改造中国的重任。他不仅关注世界政治、经济、文化和社会的发展，而且还注意世界的历史和现实，并将所求得的西学知识主动地消化和融汇于自己改造中国的理论、学说之中。孙中山曾经说过："予之于革命建设也，本世界进化之潮流，循各国已行之先例，鉴其利弊得失，思之稔熟，筹之有素，而后订为革命方略。"[3] 孙中山熟悉世界情况，又了解国情，这就使他的革命、建设救国思想带有浓重的乡土气息，又具有时代特性。

孙中山认为，人类社会历史是一个进化发展的过程，人们的认识也应该不断深化和发展。他指出："世界潮流，浩浩荡荡"，文明的进步、发展是自然所致，是不能逃避的，只能顺其自然，尤其是世界政治进化的潮流，更不是人力所能抵抗的。他所说的"顺之则昌，逆之则亡"便是这个意思。可见，孙中山是用世事皆变的观点来审视世界的潮流，构造他的时代观和社会观，展示他的改革思想，而且这一观点在很大程度上又左右着他的行为取向。

早在1890年，孙中山还是香港西医书院的学生时就致书病休居乡、曾任清朝驻外大臣的郑藻如，说：他"留心经济之学十有余年矣，远至欧洲时局之变迁，上至历朝制度之沿革，大则两间之天道人事，小则泰西之格致语言，多有旁及"[4]，说明孙中山从青少年起就把中国看作世界的中国，把世界看作各国的总体。他主动地将世界的历史与中国的现实结合起来，作为思想的有机构成。事实上，孙中山的政治学说与治国理论、方略，除了继承中国固有文化与他的创见

---

[1] 李大钊：《挽孙中山联》，载刘作忠选编：《挽孙中山先生联选》，山西高校联合出版社1994年版，第665页。

[2] 吴忠信1925年3月北京追悼孙中山大会联，见刘作忠选编：《挽孙中山先生联选》，山西高校联合出版社1994年版，第179页。

[3] 孙中山：《建国方略之一：孙文学说——行易知难（心理建设）》，《孙中山全集》第六卷，中华书局1985年版，第204页。

[4] 孙中山：《致郑藻如书》，《孙中山全集》第一卷，中华书局1981年版，第1页。

外，有一些明显是采撷自外国的学说，参酌欧美国家的学理。

从孙中山留下的遗著，我们可以明显地看到，在革命之前，孙中山考察西方的社会、政治历史和礼俗等，主要是为了改革中国社会，使中国能够独立富强。在革命期间，孙中山的注意点在于考察西方政治制度和政治理念来构造自己的政治学说。他的政治思想以变革观作为基点，以实现"主权在民"作为目标，而三民主义、五权宪法、建国方略、革命程序、政党政治、权能区分、地方自治等，都只是他的政治思想包含的具体内容。辛亥革命后，孙中山则将重点放在借鉴西方"科学救国"、"教育救国"、"实业救国"的建国理念上，强调学习西方在于学习科学技术，不在于学习政治哲学，带有将西方科学与中国固有的政治学说有机结合起来治理国家的倾向，这使得他的建国思想具有明显的特色。

年轻的孙中山志在四方，但知识和经验毕竟不足，他承认自己"所学虽有师承，而见闻半资典籍；运筹纵悉于胸中，而决策未尝施诸实事；则坐而言者，未必可起而行"[①]。这是他的弱点，但也是他的优点，知不足而虚心向各方求教并敢于向清政府各级官员上书建议，说明孙中山很自信，也表明他从青年起就把改造家国作为己任。比如他在《致郑藻如书》中，就根据家乡广东"吾邑东南一带之山，秃然不毛，本可植果以收利，蓄木以为薪，而无人兴之"[②]的情况，建议郑藻如劝诫当局应学习泰西兴农之会，为之先导，并借鉴英、印等国，立会劝诫种植、吸食鸦片，设立机构兴学育才。随后，在《农功》篇中，孙中山又根据中国农业社会的实际，强调应从农村着手改良社会。他进一步明确提出中国要学习泰西设立农部，总揽农政，派人出国考察、留学，参仿西法撰写专书，推广科学种田，改革旧式落后的农业和农村。1894 年，孙中山在《上李鸿章书》中又坦诚地说：他"幼尝游学外洋，于泰西之语言文字，政治礼俗，与夫天算地舆之学，格物化学之理，皆略有所窥；而尤留心于其富国强兵之道，化民成俗之规；至于时局变迁之故，睦邻交际之宜，辄能洞其阃奥"[③]。这说明他对西方社会已经有较为全面的了解，并希望李鸿章能参酌他的意见，实施有效的办法，对中国社会实行改良。尽管李鸿章不接纳孙中山的意见，但孙中山此举则为自己奠定了治国大计的大致框架。而且，根据他实践总结出的经验便形成了他指导中国革命的纲领和建设国家的方略。

1894 年孙中山在檀香山成立兴中会后，即于次年在广州发动反清武装起义，事败，孙中山流亡海外。1896 年 9 月 30 日，孙中山抵英国伦敦。10 月 11 日，孙被清吏施计监禁于伦敦清驻英使馆。当孙与清驻英使馆译员邓廷铿谈话时，他

---

① 孙中山：《致郑藻如书》，《孙中山全集》第一卷，中华书局 1981 年版，第 1 页。
② 孙中山：《致郑藻如书》，《孙中山全集》第一卷，中华书局 1981 年版，第 1～2 页。
③ 孙中山：《上李鸿章书》，《孙中山全集》第一卷，中华书局 1981 年版，第 8 页。

虽讲到"我之误处,误在专讲西学,即以西国之规行于中国,所有中国忌禁概不得知,故有今日之祸"①,但这不是实话,明眼人一看便知,这只是一种搪塞之言。此后,孙中山被康德黎和英国各界人士营救出使馆,他便利用留英期间,经常到大英博物馆阅览西方政治、社会及科学技术方面的书籍,并认真地观察英国政治和社会风俗,思想进一步飞跃。正如他在1896年10月24日致伦敦各报主笔函中所透露的:"我对立宪政府和文明国民意义的认识和感受愈加坚定,促使我更积极地投身于我那可爱而受压迫之祖国的进步、教育和文明事业。"② 1897年3月1日,孙中山在伦敦《双周论坛》发表他用英文撰写的《中国的现在和未来——革新党呼吁英国保持善意的中立》一文。他揭露中国官场"贪污行贿,任用私人,以及毫不知耻的对于权势地位的买卖"的大量事实,指出"这种贪污是产生饥荒、水灾、疫病的主要原因,同时也是武装盗匪常年猖獗的主要原因";而决不能把中国积弱和人民受苦难归咎于自然条件不好、"人口过多"或所谓"群众懒惰和无知"。他强调必须"完全打倒目前极其腐败的统治而建立一个贤良政府";由于贪污腐化"是根深蒂固遍及于全国的,所以除非在行政的体系中造成一个根本的改变,局部的和逐步的改革都是无望的"。他批评说,在英国有人以为只要说服李鸿章相信西方文明和输入机器就能使中国新生,"这真是和使吃人的野兽改用银制餐具,想借此把它们改变成素食者是同样的荒唐!"他表示确信中国具有"潜在的恢复力量"和"自力更生的各种可能性",指出"全体人民正准备着要迎接一个变革,有大多数的诚实的人们准备着而且决心要进入公共民主的生活"。③ 同年8月2日,孙中山离开加拿大到日本,16日抵横滨,旋结识日本人宫崎寅藏、平山周等,晤谈革命主张。他认为"人民自治为政治之极则,故于政治之精神,执共和主义",只有以共和制代替君主制,才能避免重蹈历史上"割据"、"纷扰"的覆辙。鉴于西方列强环伺,"今举我土地之大,民众之多,而为俎上肉,饿虎爪而食之,以长养其蛮力,而雄视世界",故决心"自进而为革命之前驱,……为支那苍生,为亚洲黄种,为世界人道而尽力"。④ 可见,到这时为止,孙中山已初步形成他的民权主义思想,以民主共和制代替君主制的思想已经确立,这是他学西方的结果,也是他适应时代要求的结果。从此,他改变以往中国一切变革"以暴易暴"、最终又以保护旧制度而告失败的思路,

---

① 孙中山:《与邓廷铿的谈话》,《孙中山全集》第一卷,中华书局1981年版,第27～28页。

② 孙中山:《致伦敦各报主笔函》,《孙中山全集》第一卷,中华书局1981年版,第36页。

③ 孙中山:《中国的现在和未来——革新党呼吁英国保持善意的中立》,《孙中山全集》第一卷,中华书局1981年版,第87～106页。

④ (日)宫崎寅藏著:《三十三年落花梦》,上海群学社1905年版,第55～57页。

把中国的进步同世界的潮流和进步统一起来,以共和和民主为建国目标,从而使他的思想带有时代和世界普遍的意义。

孙中山在晚年作《民权主义》演讲时,将人类社会历史的发展区分为"洪荒时代"、"神权时代"、"君权时代"和"民权时代"。他认为:"世界的潮流,由神权流到君权,由君权流到民权;现在流到了民权,便没有方法可以反抗。"① 从这个带根本性的时代观出发,孙中山认定,要中国强盛,非实行革命不可,而要革命,又非提倡民权不可。

在《民生主义》讲演中,孙中山又从经济生活的角度来说明人类社会的发展,分为"果实时代"、"渔猎时代"、"游牧时代"、"农业时代"和"工商时代"②。他认为,人类的欲望无穷,"愈有则愈求,愈得则意欲",但农业时代由于农业生产力的发展有限,只有从农业时代向工业时代跨进,才能满足人们对生活的需求,也只有由农业社会向工商业社会发展,才能改变国家贫弱的局面。从孙中山献身革命开始,他便追求"民权时代",向往"工商时代",主张"开放主义",并把这些看作世界潮流和时代发展的方向;从他主张对西方科学采取"取法乎上",以社会革命促进时代发展,以流血牺牲换取"真立宪",以科学知识建设"最文明"的国家,到晚年以阶级合作建立国民政府,都是他对西方共和国的认知。这一切都说明,孙中山是主动地去适应潮流的,他的政治思想是他"适乎时代之潮流,合乎人群之需要"的结果。正如华中兴正确指出的,在中华民国南京临时政府成立前,因他"亲身的接触及目睹政治权威人物的腐败产生恶劣的评价,继之拒绝承认权威当局的合法性,甚至严厉批判整个政治结构与制度;中山先生虽对政治权威具疏离感,但是强烈的政治功效意识又促使他欲积极参与改革,但既无正常的参与渠道,加上其急切的个性,终走向革命一途"③。可见,孙中山的革命思想产生于他自觉对革命道路的选择,他的民主共和思想也是出自于他对西方共和制国家的自觉认知。

三

孙中山的思想体系博大精深、内容丰赡,从政治哲学到经济建设,从内政外交到文化教育,从伦理道德到济世救人,他都有系统的和较为完整的观点和主张。"我们从他传诸于世的'三民主义'、'五权宪法'、'建国方略'、'建国大

---

① 孙中山:《三民主义·民权主义第一讲》,《孙中山选集》,人民出版社 1981 年版,第 706 页。

② 孙中山:《三民主义·民权主义第一讲》,《孙中山选集》,人民出版社 1981 年版,第 808 页。

③ 华中兴著:《中山先生政治人格的解析》,台北正中书局 1992 年 7 月印行,第 180～181 页。

纲'及相关的宣言、文告、讲词中观察,他以宏观的见识拟具了一套解救中国与处理人类问题的理论体系,其中尤其是以三民主义为纲要。"① 在整个革命民主派中,没有任何一个人能有孙中山这样比较完整的民主主义革命的思想体系。孙中山的三民主义,即民族、民权和民生主义,既是他针对当时中国的社会矛盾而提出的革命纲领,又是他解决中国独立统一与民主富强的理论基础。

三民主义中的核心是民权主义,它无疑是近代中国民主主义革命思潮的高峰。作为带有共和制度要求的民主革命政纲——民权主义的出现,"显然是社会政治、思想领域中划时代的变革"②。在这个思想指导下,孙中山领导的伟大辛亥革命达到的成果,不仅是清朝政府的覆灭,更是中国封建帝制的终结。孙中山还依据西方资产阶级国家行政、立法、司法三权分立的体制,结合中国的历史情况,指出在三权之外再加上考选、纠察二权,创立"五权分立"学说,从而丰富了他的"民权主义"内容。③

孙中山的民族主义承接过广泛存在于农民和下层社会中间的种族主义思想,受到中国士大夫传统"夷夏之辨"春秋大义观念的影响,但淘汰了"笼统的排外主义"和"宗法"色彩。他因袭了维新派把民族独立与资本主义化联系起来的观点,但却抛弃了妥协的倾向;同时又吸收了欧美国家资产阶级反对封建主义期间掀起反对民族压迫、争取民族独立和平等、建立民族国家的思想。所以,孙中山的民族主义具有崭新的内容,它以反满作为反封建的手段,通过打击帝国主义的走狗,结束封建帝制实现民族独立;它又通过反对清廷的民族压迫,实现"五族共和",建立民族平等合作、共同参政的共和政体。孙中山的民族主义既反映了近代中国社会的民族矛盾,又集中了人民群众要求摆脱民族压迫的意愿。孙中山的民族主义既概括了民族斗争的任务,又把民族斗争同反封建斗争有机地结合起来,把当时我国的民族运动提高到一个新的水平。

民生主义是孙中山的"社会革命"纲领。它的主要内容是"平均地权",其具体措施是采取"核定地价"、"照价纳税"、"照价收买"和"涨价归公"的手段和步骤,实施"土地国有"——"平均地权"的方案,从而达到预防资本主义的"祸患"、"解放农民自身问题"和造福社会的目的。这些措施实际上不是经过农民革命来废除封建土地所有制,而是采取由国家核定地价、征收土地税的办法来限制地主对于土地的垄断,同时,通过国家收购政策来实现"土地国

---

① 高崇云编:《中山先生与美国》,《国父史迹书画巡回展实录暨中山学术研讨会论文集》,台北国父纪念馆1994年6月编印。
② 张磊:《孙中山与辛亥革命》,中国社会科学院近代史研究所主办《近代史研究》1981年第3期;又见张磊著:《孙中山论》,广东人民出版社1986年版,第60页。
③ 参见张岂之主编:《中国思想史》,西北大学出版社1993年版,第549页。

有"。在中国封建生产关系占支配地位的社会条件下,孙中山的土地纲领反映了广大劳动群众要求根本消灭封建剥削的愿望,为中国资本主义近代化创造条件,并为后人解决中国的农民问题提供了历史借鉴。

  总而言之,孙中山作为中国人,他虽接受中西文化的教育,成年后又长期生活在国外,在外国寻求救国真理,又在外国组织革命团体,研究革命的理论和战术战略,但他的思想既没有完全西化,也不是顽固地坚守中国的传统文化,他的态度是努力地"集合中外的精神,防止一切的流弊"[①]。所以,孙中山为了实现中华民族的独立、统一和中国的民主、富强,在思想意识形态方面进行了不倦的开拓性探索、吸收和融合。他的民主主义革命思想以及其他理论都是中西文化精华的结晶。他不仅以其光辉的革命业绩名垂史册,而且还以其卓越的思想建树丰富了近代中国的思想宝库,这也是他留给我们整个中华民族的一笔重要的精神遗产。孙中山对中国共和民主革命和建设国家的思想不仅从根本上废除了中国君主专制的弊端,而且也为中国的独立、民主和富强确立了努力的方向,他的贡献极其深远和重大。

(1996年)

[①] 孙中山:《三民主义·民权主义第六讲》,《孙中山选集》,人民出版社1981年版,第800页。

孙中山与毛泽东两位伟人的共和国追求

1949年10月1日中华人民共和国的成立,标志着中国共产党领导的新民主主义革命在全国范围内取得了伟大的胜利。这个胜利是伟大的民主革命先行者孙中山的事业的胜利,也是孙中山事业的继承者毛泽东和全国人民的胜利;是中华民族的胜利,也是全世界爱好和平的友好人士的胜利。

孙中山和毛泽东是中国近现代历史上前后相继的旧民主主义革命、新民主主义革命的领袖人物,是20世纪引导时代潮流和促使中国社会变革的两位历史巨人。他们都是自己时代的旗帜,都是近现代中国伟大的革命家。孙中山和他领导的中国旧民主主义革命向毛泽东领导的中国新民主主义革命发展是一个完整的过程,前一阶段革命是后一阶段革命的准备,后一阶段革命是前一阶段革命的继续和发展。没有前一阶段的革命,也就没有后一阶段的革命;没有后一阶段的革命及其胜利,也就没有人民的共和国,更加不会有独立、民主、统一和富强的社会主义新中国。作为中国共产党的伟大代表,毛泽东继承和发展了孙中山的事业。孙中山与毛泽东的思想和活动既有传承的一面,又有着根本的歧异。毛泽东是在继承孙中山事业中超越,又在超越中发展。所以,毛泽东称自己为"孙先生革命事业的继承者",当然,他也是孙中山革命事业的发展者。

一

自1840年鸦片战争以来,中国一步一步沦为半殖民地半封建社会。在这两个"半"的畸形社会中,尽管中国社会的发展受到严重阻碍,但经济结构、阶级关系,以及政治、思想、文化、社会活动、风俗等方面,无疑也都发生了前所未有的巨大的变化。资本帝国主义侵略的加深和封建压迫的加重,使中国民族矛盾和阶级矛盾日趋激化。中国人民为了挣脱资本帝国主义和封建势力的枷锁,振兴中华,改变半殖民地半封建社会的悲惨命运,实现国家的独立、民主、统一和富强,用了整整一个世纪的时间,进行了前仆后继、英勇悲壮的斗争,终于以1949年10月1日中华人民共和国的成立结束了近代中国历史上这痛苦的一章。从整个变革中国的斗争进程看,斗争是异常复杂和曲折的,但它终究又是胜利的。为什么一个贫弱的国家的人民能够打败由世界超级强国支持和武装起来的中国反动政府及其军队?诚如毛泽东在中国人民政治协商会议第一届全体会议的宣言中所指出的，这"是中国人民解放军在中国共产党领导之下，经过长期的英勇奋斗，战胜了美帝国主义援助的蒋介石国民党反动政府之后获得的。100多年以来中国人民的先进分子，其中杰出者有如领导辛亥革命的伟大革命家孙中山先生，为了推翻帝国主义和中国反动政府的压迫，领导广大人民，进行了不断的斗争，百折不挠，再接再厉，到现在，终于达到了目的"①。所以，中华人民共和国的成立是20世纪人类文明史上一个划时代的伟大事件，也是中华民族历史上的伟大事件。这一天的到来，正如美国作家R.特里尔在其所著的《毛泽东传》中，以"我们熟悉的东西有些快要闲起来了"为题所描绘的，从此，中国的历史掀开了新的篇章，中国社会和中国人都发生了巨变。他在书中十分有趣地写道：

> 1949年10月1日，55岁的毛泽东步出他的书房，宣布中华人民共和国的成立并亲自升起了国旗。
>
> 浩浩荡荡的游行队伍缓缓地沿（北京）长安街行进，毛乘坐的小车前面是一辆坦克开路，坦克的编号是"谢尔曼NO. 237438W14"。这辆坦克是美国送给蒋介石的礼物，从底特律运来上海，目的是帮助蒋介石消灭毛。"谢尔曼NO. 237438W14"曾在"自由世界"服役一个时期，现在，它正隆隆地碾过（北京）故宫门前的大道，驶向另一个世界。
>
> 毛穿一身新装高高地站在天安门城楼上，南边，放大了的孙中山画像微笑着向他祝福。成千上万的人聚集在天安门广场——地面石板上的标记告诉他们自己应站的位置——凝神聆听毛总结自己的奋斗历程："中国人民从此站起来了……我们的民族将再也不是一个被人侮辱的民族了。"②

的确如此。这一天，全中国人民都欢欣鼓舞，无比激动。在天安门隆重的开国大典上，阅兵队伍威武雄壮，28响礼炮欢庆胜利，五星红旗鲜艳夺目，30万群众游行队伍更是波澜壮阔。所以，当外国学者称中国革命的胜利是"毛泽东的胜利"时，毛泽东说是"人民的胜利"；当人民群众欢呼"毛主席万岁"时，毛泽东报以"人民万岁"。"新中国，就是在伟大的领袖和伟大的人民的携手苦斗下，在东方的地平线上屹立了起来。它既标志着新民主主义革命的结束和社会主

---

① 毛泽东：《中国人民大团结万岁》，《毛泽东选集》第五卷，人民出版社1977年版，第8页。
② （美）R.特里尔著：《毛泽东传》（修订本），刘路新、高庆国等译，河北人民出版社1994年版，第238页。

义革命的开始,也标志着近代中国的结束和现代中国的开始。"①

"中国人民从此站立起来了",这个胜利来得实在是艰辛和不易。它不仅是三年中国人民解放战争的胜利,也是 30 年中国新民主主义革命的胜利;它不仅是自五四运动以来,中国共产党领导的反帝反封建斗争的胜利,也是自鸦片战争以来 109 年,包括洪秀全领导的农民战争和孙中山领导的中国人民反帝反封建斗争的胜利。当人们在欢庆新中国成立的时候,毛泽东在为天安门广场人民英雄纪念碑撰写的碑文中清楚地说明这场斗争是人民英雄和为反对内外敌人流血牺牲的全中国人民的胜利。他明确指出:

> 三年以来,在人民解放战争和人民革命中牺牲的人民英雄们永垂不朽!
> 三十年以来,在人民解放战争和人民革命中牺牲的人民英雄们永垂不朽!
> 由此上溯到一千八百四十年,从那时起,为了反对内外敌人,争取民族独立和人民自由幸福,在历次斗争中牺牲的人民英雄们永垂不朽!②

早在 1949 年 2 月 2 日,毛泽东和朱德在复抵解放区的民主人士李济深、沈钧儒、马叙伦、郭沫若、谭平山等 56 人电中就明确指出:"中华民族与中国人民的解放斗争,百余年来,前仆后继。无数先烈的鲜血,洒遍了锦绣山河,亿兆后起的人民,表现了英雄气概。此次人民解放战争之所以胜利,是由于全国人民不畏强御,团结奋斗,各民主党派各人民团体一致奋起,相与协力,从而使人民解放军获得各方面的援助,使人民的敌人完全陷于孤立。胜负之数,因以判明。"③ 同年 9 月 21 日,毛泽东在中国人民政治协商会议第一届全体会议的开幕词中再一次强调,1949 年中国的胜利是"全国规模的反对帝国主义、封建主义、官僚资本主义及其集中的代表者国民党反动政府的统一战线"的胜利,这个胜利表明"占人类总数四分之一的中国人从此站立起来了。中国人从来就是一个伟大的勇敢的勤劳的民族,只是在近代是落伍了。这种落伍,完全是被外国帝国主义和本国反动政府所压迫和剥削的结果。一百多年以来,我们的先人以不屈不挠的斗争反对内外压迫者,从来没有停止过,其中包括伟大的中国革命先行者孙中山先生所领导的辛亥革命在内。我们的先人指示我们,叫我们完成他们的遗志。我们现在是这样做了。我们团结起来,以人民解放战争和人民大革命打倒了内外压迫

---

① 李君如著:《毛泽东与近代中国》,福建人民出版社 1997 年版,第 9 页。
② 毛泽东:《人民英雄永垂不朽》,《毛泽东选集》第五卷,人民出版社 1977 年版,第 11 页。
③ 《毛泽东朱总司令复抵解放区民主人士电》,载《人民日报》1949 年 2 月 4 日。

者，宣布中华人民共和国的成立了"①。

由此可见，毛泽东及中国共产党人历来都把1949年中国革命的胜利和中华人民共和国的成立视为一百多年来中国人民团结奋斗，不怕流血牺牲，反抗外国资本帝国主义和本国反动政府压迫和剥削的结果；是中国人民继承孙中山的遗志，历尽艰辛而取得的伟大的胜利。所以，1949年中国革命的胜利既是毛泽东的胜利，也是孙中山事业的胜利。每当中华人民共和国国庆节到来时，天安门南广场就竖起孙中山巨幅画像与天安门城楼上的毛泽东巨幅画像遥相对应，生动而又具体地表现了20世纪的两位中国伟人之间的相互关系。他们都是民族的英雄和时代的旗帜。他们前后相继，起着将中国由半殖民地半封建社会推向独立、民主、统一和富强现代化国家的伟大作用。

二

在半殖民地半封建社会的旧中国，为了实现中国的独立、民主、统一和富强，应该选择一条渐进的温和改革道路，还是采用一条激进的革命的剧变的道路？在毛泽东之前，一批又一批的爱国志士和社会革新家背着历史的重负，积极探索，企图寻找出一条符合中国国情的救亡和发展的正确的道路。从魏源到康有为、梁启超和严复，从林则徐、洪秀全到孙中山和毛泽东，虽然他们的认识有别，志气各异，在改革中国之路的选择上也有很大的不同，但在救亡图存，追求国家独立、民主、统一和富强的旗帜下，他们似乎都有着相同的心路历程。因为在中国一步一步地沦为半殖民地半封建社会的过程中，先进的爱国志士都已经意识到，政治、经济的落后是1945年抗日战争胜利之前中国在外敌入侵面前没有取得过一次彻底胜利的根本原因。所以，尽管康有为、梁启超与严复等人致力于文化启蒙，企图通过传播西学达到改革中国的目的，他们尽力在文化思想的海洋里弄潮，但最终他们还是从"救亡图存"的目的出发，怀着至深的民族主义情结，回归到国家主义立场上，提出了一系列变法维新主张：经济上，要"富国为先"、"以商立国"；政治上，要建立"君民同体"的君主立宪，开国会、定宪法；法律上，要"采罗马及英、美、德、法、日本之律，重定施行"；文化教育上，主张"废八股、兴学校"，"远法德国、近采日本，以定学制"；军事上，要"选编国民为兵，而司其教练"，加强海军、陆军的建设②，最终达到国家"富强"的目标。孙中山、黄兴、章炳麟等人虽然以革命救国作为选择，并把自由、

---

① 毛泽东：《中国人民从此站起来了》，《毛泽东选集》第五卷，人民出版社1977年版，第4～5页。

② 参见殷啸虎著：《近代中国宪政史》，上海人民出版社1997年版，第15页。

平等、博爱精神写在他们的旗帜上,但其归宿还是那个魂牵梦萦的民族复兴大业①,他们举起"振兴中华"的旗号,以达到拯救民族、复兴中国的目标。所以,实现国家"富强"、"救亡图存"是近代中国一切爱国者的共同时代主题。尽管他们的主观自觉能动都受到客观社会条件及其本人的素质和学养的制约,但他们都在客观上为其提供的历史舞台上竭尽全力地施展了自己的才干和能力,尽其所能地解决了他们所面临的历史难题。这里面有成功也有失败,有挫折也有失误,有历史的经验也有实践的教训。无论成功与失败、挫折与失误、经验与教训,都是精神财富,它起码会告诉觉醒了的人们:什么叫作正确,什么叫作不正确或错误,为什么救中国必须这样进行而不能那样进行。所以,重视对历史经验的总结是一切成功的政治家和思想家的一种智慧和气魄。

伟大的民主革命先行者孙中山不仅非常重视对中外历史的研究,而且重视对中国国情的了解,并将其放在世界范围和具体时代去考察。他了解国情的方法是从现在看过去,又从历史联系现在,给人以清晰明白的古今观照。他认为,中国不仅拥有960多万平方公里的陆地,还有面积约320多万平方公里的海洋。中国地大物博,人口众多,这是我们国家发展的优势,但中国仍然贫穷落后,这不是由于中国的自然条件不好或人民不奋发,而主要是政治因素造成的。他指出,我们中国"蹉跎岁月,寸功不展,使此绝好山河仍为异族所据,至今无有能光复",是因为中国人墨守成规、因循守旧,"误于从前不变"。正由于"中国从前不变",致使人们不了解改革之必要,"以为我中国文明极盛,如斯已足,他何所求"。因此,孙中山强调,中国必须通过人的因素来加速中国的进步,必须通过改革将"过代之文明变而为近世的文明",改变我们的思维方式,养成新的价值观和树立重视科学和发扬人文的精神,下定决心"取法西人的文明而用之",建一头等的民主共和国,中国"亦不难转弱为强,易旧为新"。② 他认为,"对此世界上人口最多、历史最悠久的帝国"——中国,"每一精明的观察者,都认为它是一个前程远大的国家"。所以,孙中山重视和参与唤醒中国民众的工作,改变人们的思维方式和思想意识,立志推翻中国的封建帝制,建立民主共和国体,"使中国人民认识到自己的力量和资源并对其加以适当利用,则中国将来定能成为最大的强国"③。在孙中山看来,一个国家不是经济好就一切皆好,相反,他认为,只有政治好,社会才能文明,经济才能发达,国家才能真正强大。孙中山

---

① 参见王人博著:《宪政文化与近代中国》,法律出版社1997年版,第303页。
② 孙中山:《在东京中国留学生欢迎大会的演说》,《孙中山全集》第一卷,中华书局1981年版,第278页。
③ 孙中山:《致麦格雷戈夫人函》,《孙中山全集》第一卷,中华书局1981年版,第225页。

在革命之初就认识到,因为中国人民所受的压迫极其沉重,因此,他们"迟早将要起来革命"。而他们革命的目的是要实现中华民族的独立、人民的民主和国家的富强。1901 年春天,孙中山同美国《展望》(*The Outlook*)杂志记者林奇(G. Lynch)在日本横滨作了一次十分有趣的对话。孙中山问林奇:"你对新式的中国人有些什么想法?"接着孙中山便说:"我料想你没有见过我们当中的许多人,尽管他们在美国和日本比你想象的还要多,他们都被共同的希望和抱负所鼓舞。"并打趣地指出:"当外国人劫掠了京城,亵渎了神明,皇权的威信扫地以尽,位于北京中心的神圣不可侵犯的皇宫遭到侵略者铁蹄的蹂躏的时候,变革的时机就在成熟了。"① 孙中山很明确地告诉林奇,凡是了解中国朝廷、了解包围和影响皇帝的那些人物的人,都应当知道,清朝皇帝没有能力去有效地维护国家的统一和独立,更加不可能实行中国所需要的变革,把中国推上民主共和的近代社会。所以,孙中山指出,在中国要实行近代化的改革,靠的是在外国受过新式教育的青年进行一场民族觉醒的革命,通过革命实现改朝换代的变革,将国权与民权统一起来,使国家和民众的意愿合一,最大限度地发挥国民参政的作用,使国民与国家的利益矛盾得以调适。孙中山强调"革命以民权为目的"②,但革命成功后,只有建立"民族的国家、国民的国家、社会的国家,皆得完全无缺的治理"③。他说:"不但要推翻清政府,并且要建立共和政体",全国的及各省的政府必须有人民选出的代表,"他们为人民所选,代表人民,将为人民的最高利益而工作"④。可见,在中国实现民权作为建立共和政体的基础是孙中山一贯的思想。然而,孙中山也认为国家应该有统一政权,反对国民借口所谓的"充分民权"来分割国权。如果"国家虽然是有政府,和无政府一样",这样的国家便和"从前的君权时代"一样,"皇帝高高在上,便可以为所欲为"⑤,这样的国权便是高度专制独裁。可见,孙中山所追求和为之奋斗的共和民主政制是国权与民权并重,政权与治权分割,国家与社会各司其职,将国家的统一和对社会的有效管理,以及充分发挥民主和调动国民对国家承担责任、义务统一起来,比较圆满地解决了在民主国家中推行民主政治产生的国权与民权、国家与社会的矛盾给国家

---

① 孙中山:《与林奇谈话的报道》,《孙中山全集》第一卷,中华书局 1981 年版,第 211 页。

② 孙中山:《与汪精卫的谈话》,《孙中山全集》第一卷,中华书局 1981 年版,第 289 页。

③ 转引自民意(胡汉民):《纪十二月二日本报纪元节庆祝大会事及演说辞》,载《民报》第十号(东京),1906 年 12 月 20 日版。

④ 孙中山:《中华民国》,《孙中山全集》第二卷,中华书局 1982 年版,第 393 页。

⑤ 孙中山:《三民主义·民权主义第六讲》,《孙中山选集》,人民出版社 1981 年版,第 784 页。

统治和管理带来的困扰。

孙中山是代表中国一个历史时代的伟人。孙中山创立了辛亥革命时期最先进的思想三民主义，成为当时的革命运动领袖。"他的思想和他所领导的运动代表了一个时代的先进潮流，也不能不带有那个时代赋予的弱点。"① 然而，毫无疑问，孙中山的革命思想产生于他自觉的对中国国情的认识和对革命道路的选择，他的民主共和思想也是出自于他对时代潮流的追寻，以及对西方近代化国家政治民主化的了解和自觉认知。中国的国情与外国不同，在外国行得通的东西在中国则不一定行得通，为什么？北京《中国建设》杂志原总编爱泼斯坦先生曾应邀于1986年11月访问日本，在东京和神户，他以"中国现代化的先驱"为题作了讲演。他提出一个非常重要的课题，即"中国只有首先实行革命化，然后才能实现现代化"。这是因为在清朝时代的旧中国，"政治方面，当时中国已经失去了许多主权，帝国主义列强对中国领土的瓜分已经开始。几十年来，清朝统治者不但不去维护民族的生存"与复兴，反而大肆出卖民族利益。在经济方面，中国没有帝国主义列强在现代化前具备的工业乃至商业和资本主义增长，也没有一个相应发达的资产阶级。而帝国主义列强正处于对外扩张的鼎盛时期，它们急需寻求像中国这样巨大肥美的地盘进行剥削，于是它们用枪炮逼迫清政府签订了许多不平等条约。这些都严重地阻碍了中国现代化的发展。上述种种障碍像大山一样挡住了中国人民前进的道路，"在这种情况下，独立的资本主义经济是不可能形成的，更不要说把中国建成资本主义国家了"。所以，"中国的现代化不能走日本的明治维新之路，而只能走乔治·华盛顿式的共和革命之路"。② 也就是说，在半殖民地半封建社会的中国，要解决经济问题，首先必须解决政治问题，也只有解决经济问题，使中国富强起来，才能真正解决中国的长治久安——政治问题。为此，孙中山选择一条革命—共和—建设救中国的道路作为在中国推进现代化建设的道路，说明孙中山的思想反映了中国的国情，体现了时代的主题——救亡与发展。

孙中山领导的辛亥革命推翻了统治中国2000多年的封建君主专制制度，建立了资产阶级民主共和国，为中国的政治民主化奠定了基础，为中国的未来发展开辟了一条跟着世界走向独立、民主、统一、文明和进步的现代化途径。正是从这个角度去审视，毛泽东在《纪念孙中山先生》一文中才高度地评价孙中山领导的革命，他指出：

---

① 参见胡绳：《在孙中山研究述评国际学术讨论会结束时说的话》，见孙中山研究会编：《回顾与展望：国内外孙中山研究述评》，中华书局1986年版，第10~11页。

② 爱泼斯坦著：《中国现代化的先驱》，孟胜德译，中国和平出版社1987年版，第4~5页。

纪念伟大的革命先行者孙中山先生！

纪念他在中国民主革命准备时期，以鲜明的中国革命民主派立场，同中国改良派作了尖锐的斗争。他在这一场斗争中是中国革命民主派的旗帜。

纪念他在辛亥革命时期，领导人民推翻帝制、建立共和国的丰功伟绩。

毛泽东还强调指出："现代中国人，除了一小撮反动分子以外，都是孙先生革命事业的继承者"，还说："我们完成了孙先生没有完成的民主革命，并且把这个革命发展为社会主义革命。我们正在完成这个革命。"①

由此可见，追求独立、民主、统一、富强是孙中山和毛泽东的共同事业和理想，也是全中国大多数人民共同的愿望，如果离开了这个时代的主题和前人的奋斗去奢谈中国的发展问题，这是对历史的不尊重，对前人奋斗史的不尊重。

三

孙中山所追求和奋斗的共和国属于一种什么性质的国体？首先，它是中国式的，是根据中国的国情而确立的。旧中国是一个由多个民族组成的封建专制的国家。中国既然是由多民族共同缔造的，那么，维护祖国的统一和各民族的团结和平等是中华民族的最高利益。所以，从孙中山的思想去审视，他所提出的共和国体，是推翻清朝君主专制政体，建立共和政体，孙中山称之为"汉、满、蒙、回、藏"五族共和政体，也即是"合汉、满、蒙、回、藏诸地为一国，如合汉、满、蒙、回、藏诸族为一人"，实现民族的统一和国家的统一。其次，它又是西方式的民主政体。但是，孙中山的民主政治制度与西方式的民主政治制度又有明显的区别。然而，正如美国费正清和罗德里克·麦克法夸尔在其主编的《剑桥中华人民共和国史》中所指出的，在中国的封建帝国内，"当绅士们获准向当权者请愿时，他们正参与了政治；当普通民众通过暴力起义破坏了一个政权的'天命'并接受了新的后继者时，普遍认为人民已赋予了它以合法性。民主在旧中国的不同含义取决于统治阶级文人和大多数农民所处的地位的不同"②。所以，孙中山的共和民主制度带有中国特色，他一方面赋予人民参与政治的合法权利，但另一方面，他又反对人民无节制的盲目的自由追求，也反对美国式的政党政治。孙中山深刻认识到，人民是国家的主体，所以，他主张"主权在民"。早在1894

---

① 毛泽东：《纪念孙中山先生》，《毛泽东选集》第五卷，人民出版社1977年版，第311页。

② （美）费正清、罗德里克·麦克法夸尔主编：《剑桥中华人民共和国史》(1949—1965)，王建朗等译，上海人民出版社1990年版，第17~18页。

年，他在《上李鸿章书》中就提出"国以民为本"的思想①。南京中华民国临时政府成立之后，孙中山在《临时大总统宣言书》中又明确提出"国家之本，在于人民"，并将"中华民国之主权属于国民全体"写入了《中华民国临时约法》②。此后，孙中山又一再说明他的"主权在民"思想，他指出：民主共和国与君主专制国的本质区别，即在于国家主权的归属不同。"专制国家，其利益全属于君主，共和国家，其利益尽归于国民"③；"专制国以君主为主体，人民皆其奴隶，共和国以人民为主体，政府为之公仆"。④ 也即是说，孙中山所追求的共和国是"人民之国"，它与君主专制国之不同在于，君政时代大权独揽于皇帝一人，共和国的主权则属于国民之全体，即"其利益尽归于国民"⑤。但是，孙中山的民主制度，正如他所强调指出的，"近世各国所谓民权制度，往往为资产阶级所专有，适成为压迫平民之工具。若国民党之民权主义，则为一般平民所共有，非少数者所得而私也"⑥。由此可见，孙中山所追求的共和国与西方资本主义国家的民主制度不同，与中国的君主专制制度也不同。这种制度的核心是以人民作为国家的主体，国家的主权属于人民，但人民必须遵守法律，维护国权，以国家稳定、民族团结和统一为本。

然而，共和国体毕竟是一种新的政治制度，它属于西方资产阶级民主政制。在一个封建主义的中国，要建立与传统不同的政治制度，确立一种新的民主共和制度，必须思想领先，否则，"我们中国多数国民口里虽然是不反对共和，脑子里实在装满了帝制时代旧思想，欧美社会国家的文明制度，连影儿也没有，所以口一张，手一伸，不知不觉都带君主专制臭味"，尽管说要共和的人数不少，但是"说良心话，真心知道共和是什么，脑子里不装着帝制时代旧思想的，能有几人？……如今要巩固共和，非先将国民脑子里所有反对共和的旧思想，一一洗刷干净不可"。⑦ 正是由于这样，孙中山虽构造了中国的民主共和国体，辛亥革命

---

① 孙中山：《上李鸿章书》，《孙中山全集》第一卷，中华书局1981年版，第17页。
② 孙中山：《中华民国临时约法》，《孙中山全集》第二卷，中华书局1982年版，第220页。
③ 孙中山：《在北京蒙藏统一政治改良会欢迎会的演说》，《孙中山全集》第二卷，中华书局1982年版，第429页。
④ 孙中山：《在张家口各界欢迎会的演说》，《孙中山全集》第二卷，中华书局1982年版，第451页。
⑤ 孙中山：《在北京蒙藏统一政治改良会欢迎会的演说》，《孙中山全集》第二卷，中华书局1982年版，第429页。
⑥ 孙中山：《中国国民党第一次全国代表大会宣言》，《孙中山全集》第九卷，中华书局1986年版，第120页。
⑦ 陈独秀：《旧思想与国体问题——在北京神州学会讲演》，陈独秀著：《独秀文存》，安徽人民出版社1987年版，第102～103页。

后还实行过民主共和国政制，但孙中山并没能巩固共和国体，这主要的原因是孙中山固然十分重视清除皇帝思想，但他没有能力和来不及彻底破除封建君主专制国家社会制度的尊卑等级伦理观念，也没有能在国民中真正树立起平等的精神和民主、自由的观念。因此，在社会上存在着一面要行共和政治、一面又要保存君主时代的旧思想的行为。这势必会造成国家"既不共和，又不专制，国家无组织，社会无制度，一塌糊涂而后已！"① 所以，正如陈独秀所说的："我们要诚心巩固共和国体，非将这班反对共和伦理文学等等旧思想，完全洗刷得干干净净不可。否则不但共和政治不能进行，就是这块共和招牌，也是挂不住的。"② 后来的事实正是如此。孙中山虽然领导人民进行民主革命，推翻了君主专制，也建立了共和国，但未能在中国真正实现共和政体，这是他终生的遗憾，所以他只好留下遗嘱"革命尚未成功，同志仍须努力"，对世人作了交代。而在孙中山身后，真正继承、完成孙中山建立人民共和国体，实现孙中山伟大理想的正是毛泽东及其所代表的爱国革命有志之士和各民族热爱祖国拥抱共和的广大民主人士，以及国民党中的爱国民主派。

那么，毛泽东所追求和建立的共和国又属于什么性质的国体？毛泽东将他所追求的共和国称为中华人民共和国，政体称为人民民主专政的联合政府。早在1945年4月，毛泽东就指出："我们主张在彻底地打败日本侵略者之后，建立一个以全国绝对大多数人民为基础而在工人阶级领导之下的统一战线的民主联盟的国家制度，我们把这样的国家制度称之为新民主主义的国家制度。""新民主主义的政治，就是推翻外来的民族压迫，废止国内的封建主义的和法西斯主义的压迫，并且主张在推翻和废止这些之后不是建立一个旧民主主义的政治制度，而是建立一个联合一切民主阶级的统一战线的政治制度。我们的这种主张，是和孙中山先生的革命主张完全一致的。孙先生在其所著《中国国民党第一次全国代表大会宣言》里说：'近世各国所谓民权制度，往往为资产阶级所专有，适成为压迫平民之工具。若国民党之民权主义，则为一般平民所共有，非少数人所得而私也。'这是孙先生的伟大的政治指示。"毛泽东号召"中国人民，中国共产党及其他一切民主分子，必须尊重这个指示而坚决地实行之，并同一切违背和反对这个指示的任何人们和任何集团作坚决的斗争，借以保护和发扬这个完全正确的新民主主义的政治原则"③。显而易见，毛泽东所追求的共和国同孙中山所追求的

---

① 陈独秀：《旧思想与国体问题——在北京神州学会讲演》，陈独秀著：《独秀文存》，安徽人民出版社1987年版，第103页。

② 陈独秀：《旧思想与国体问题——在北京神州学会讲演》，陈独秀著：《独秀文存》，安徽人民出版社1987年版，第104页。

③ 毛泽东：《论联合政府》，《毛泽东选集》第三卷，人民出版社1991年版，第1056～1057页。

共和国大致上是相同的，目的都是为了在中国建立一个独立、自由、民主、统一和富强的新中国。

然而，孙中山所追求的共和国是资产阶级的民主共和国，他所建立的国家称为"中华民国"；毛泽东所追求的共和国是人民民主专政的共和国，他所建立的国家称为"中华人民共和国"。毛泽东说："资产阶级的共和国，外国有过的，中国不能有，因为中国是受帝国主义压迫的国家。唯一的路是经过工人阶级领导的人民共和国。"[①] 所以，孙中山的"民国"只是国民的国家之意；毛泽东的"人民共和国"，即是以工人阶级为领导的人民民主专政的国家。尽管孙中山所建立的中华民国与毛泽东所建立的中华人民共和国都是"共和国"，但两者又有本质的不同。就人民民主专政的国家而言，毛泽东认为，政府的权力来自人民，领导者的权力是人民给的，所以它要保护人民利益，保障人民有充分的民主自由权利，但又要对敌人实行专政、实行独裁；而人民民主专政的国家之所以能作为政治主体进行活动，重要原因就在于它具有强大的"国家机器"，"这主要地是指人民的军队、人民的警察和人民的法庭"[②]。也即是说，毛泽东缔造的人民共和国的最高行政机构是中央人民政府，政府是国家行使政治权力的组织实体，履行着国家的政治统治和政治管理的职能。所以，毛泽东认为，国家是阶级矛盾不可调和的产物，国家是阶级专政的机器，不仅要履行特定的政治管理职能，更要履行阶级统治职能，甚至把政治管理职能的履行看作国家履行阶级统治职能的手段。孙中山则把国家看作人类互助的团体或管理众人之事的力量，视国家为超阶级的机构。由于孙中山把国家看成一个超阶级的全民的社会机构，因此，他对国家职能的认识只能是"服务"与"管理"。正由于孙中山与毛泽东对国家本质的认识存在着差异，所以他们所追求的共和国也有本质的不同。此外，孙中山与毛泽东关于共和国实行的内外政策也有明显的不同。孙中山反帝不坚决不尖锐，而毛泽东则实行一条坚决地、彻底地反对帝国主义侵略和干涉别国主权的路线，主张团结世界上一切平等待我的民族共同反对帝国主义。孙中山与毛泽东都推行"济弱扶倾"政策，但孙中山只停留于一般的理性化认知，没有实际行动，毛泽东则重在务实，给世界被压迫民族力所能及的援助。至于对内方面，孙中山重在反对封建帝制，毛泽东则重在反对卖国的封建主义和官僚资本主义。然而，我们也不能因此就认为，孙中山与毛泽东所追求和为之奋斗的共和国毫无共同之处。它们的共同之处在于：首先，两者都是中国先进人物流血牺牲斗争的结晶，都是

---

① 毛泽东：《论人民民主专政》，《毛泽东选集》第四卷，人民出版社1991年版，第1471页。

② 毛泽东：《论人民民主专政》，《毛泽东选集》第四卷，人民出版社1991年版，第1476页。

近代中国社会发生巨大历史变动的产物。所以，它们是与中国传统封建君主专制制度截然不同的崭新的政治制度。其次，两者都是中国进入新时代的标志。共和国的诞生不仅表明作为一个现代的、独立的和民主的国家开始在中国实践，而且表明中国人民已经觉醒，以石破天惊的勇气撬动帝国主义和封建主义统治中国的根基，并以豪迈的步伐进入建设现代民主政治的新时代。

毛泽东继承了孙中山共和国思想的精髓并在继承中超越和发展。这一切都表明前后相继地站在时代前列的两位伟大人物孙中山与毛泽东，都是封建君主制度的埋葬者和民主制度的奠基者，都是旧中国反帝反封建的革命领袖和民族英雄，也是新中国事业的开拓者和奠基者。

毛泽东在1945年的《论联合政府》一文中说过这样的话：

> 一个不是贫弱的而是富强的中国，是和一个不是殖民地半殖民地而是独立的，不是封建的而是自由的、民主的，不是分裂的而是统一的中国，相联结的。在一个半殖民地的、半封建的、分裂的国家里，要想发展工业，建设国防，福利人民，求得国家的富强，多少年来多少人做过这种梦，但是一概幻灭了。许多好心的教育家、科学家和学生们，他们埋头于自己的工作或学习，不问政治，自以为可以所学为国家服务，结果也化成了梦，一概幻灭了。……解放中国人民的生产力，使之获得充分发展的可能性，有待于新民主主义的政治条件在全中国境内的实现。①

1949年中华人民共和国成立，终结了中国半殖民地半封建社会的历史，实现了中华民族的团结，为中国的社会主义现代化事业奠定了坚实的基础。所以，新中国的成立实现了孙中山和毛泽东所追求和奋斗的伟大理想，它不仅是全中国人民反对帝国主义侵略的胜利，也是全中国人民反对官僚资本主义、封建主义的胜利。

（1999年）

---

① 毛泽东：《论联合政府》，《毛泽东选集》第三卷，人民出版社1991年版，第1080页。

孙中山改造国民性思想对中国社会建设的影响

一

1903年10月,梁启超在《新民丛报》发表《政治学大家伯伦知理之学说》,文中谈到国民与民族之差别及其关系时说道:"民族者,有同一之言语风俗,有同一之精神性质,其公同心渐因以发达,是固建国之阶梯也,但当其未联合以并一国之时,则终不能为人格、为法团,故只能谓之民族,不能谓之国民。"① 梁任公指出这点非常重要,因为民族与国家不同,民族只说明一个人的属性,但它不能说明一个人的国籍,更不能说明作为一个国家的国民所应具有的人格、国格、责任和要求,即国民应具有的国民性。孙中山晚年在作"三民主义演讲"中讲到民族主义时,指出:"用王道造成的团体,便是民族。武力就是霸道,用霸道造成的团体,便是国家。"② 民族是天然进化而成,不是用武力征服得来,所以民族与国家是两个不同的概念,具有不同的内涵。中国由中华民族多个民族共同组成,它代表中华民族的利益,也代表中国,所以中华民族各个民族对自己的国家也具有宪法赋予的权利和义务。中国国民是由中华民族各族的成员所构成,而这种成员必然具有国民性。中国的国民性来源于各族人民的共同生活,来源于他们的创业精神,也即是来源于中国的人文精神,是"专从人类历史文化进展以及人类社会之日常人生与大群共业为出发点,而依然即此为归宿的"③。各民族应是平等的,但民族又是分等级的,所以民族内的成员事实上不可能都是平等的,但成员之间应该是互助的,要"济弱扶倾",要共同进步。作为一国之民,从事的职业和所做的贡献当然大小有不同,但作为国民,应具有一国之民的人文精神,具有一国的传统文化及其所镕铸的人格、国格。所以,国民性是指一个国家的成员的共性,它不是某一个民族的特性。1908年《东方杂志》第5卷

---

① 梁启超:《政治学大家伯伦知理之学说》,《新民丛报》第38~39号合刊(1903年10月4日出版),参见台湾大孚书局有限公司1999年印行《饮冰室全集》卷2,第15页。
② 孙中山:《三民主义·民族主义第一讲》,《孙中山全集》第九卷,中华书局1986年版,第186页。
③ 钱穆:《中山思想之新综析》,参见刘真主编:《中山思想要义》,台湾书店1994年版,第148页。

第6期发表《论中国之国民性》一文,提出国民性就是"各国国民所独具之性质","无论何国,其国民之性质,亦必被其国之位置及境遇浸染而成色"。所谓"独具性"是就世界范围而言,而就一国的国民性而言,它是一国国民在特定的生态环境和社会条件下形成的独有特性。鲁迅在杂文中则经常把国民性与民族性概念等同使用,如果将中国的国民性视为中华民族的特性而言也可作如是说,但具体到中国的国民性,即梁启超所说的"中国人的德性"、"中国人的特点",革命党人所说的"中国魂",均属于中国国民性的内涵,指的是中华民族全体成员的共性。

"中华民族"的称谓始见于20世纪初,"最初用来指汉族,辛亥革命以后,即已用来作中国各民族的总称"[1],它是历史上和现在生活在中国境内的各民族的总称。中国的国民性就是指汉族及其他少数民族经过长期融合、陶冶、凝聚起来的中华各民族的个性而形成的带有普遍性(或称共性)、代表性的特征。孙中山说:"国与民弱且贫矣,不思有以救之,不可也;救之而不得其道,仍不可也。"[2]国家靠国民来维护,国民素质差,国家就贫穷,所以,要救贫,首先要救民,只有采取正确的办法去救民,才能救贫,才能拯救国家。想改良国家,提高国民的素质,关键在于教育发达,在于树立科学发展观,在于树立人的道德观,造就高尚的人格。"有道德始有国家,有道德始有世界"[3]。"我们要人类进步,是在造就高尚人格。要人类有高尚人格,就在减少兽性,增多人性。没有兽性,自然不至于作恶。完全是人性,自然道德高尚;道德既高尚,所做的事情,当然是向轨道而行,日日求进步"。"人为万物之灵"[4]。"天之生人,虽有聪明才力之不平等,但人心则欲使之平等,斯为道德上之最高目的,要达到这个最高目的",人有两种,一种是利己,一种是利人,但人不能专于利己,而要重于利人。孙中山指出:"人人以服务为目的,而不以夺取为目的。聪明才力愈大者,当尽其才力,服千万人之务,造千万人之福。聪明才力略小者,当尽其能力以服十百人之务,造十百人之福。至于全无聪明才力者,亦当尽一己之能力,以服一

---

[1] 陈连开:《关于中华民族起源学说的由来与发展》,参见费孝通主编:《中华民族研究新探索》,中国社会科学出版社1991年版,第53页。

[2] 孙中山:《在桂林对滇赣粤军的演说》,《孙中山全集》第六卷,中华书局1985年版,第29页。

[3] 孙中山:《在东京中国留学生欢迎会上的演说》,《孙中山全集》第三卷,中华书局1984年版,第25页。

[4] 孙中山:《在广州全国青年联合会上的演说》,《孙中山全集》第八卷,中华书局1986年版,第316页。

人之务，造一人之福。"① 人只有树立利人、利国的思想，立志为国家为民族为人民乐于奉献，才能达到现代国家对国民的基本要求。然而，孙中山看到："中国人对于家族和宗族的团结力非常强大，往往因为保护宗族起见，宁肯牺牲身家性命。象广东两姓械斗，两族的人无论牺牲多少生命财产，总是不肯罢休，这都是因为宗族观念太深的缘故。因为这种主义深入人心，所以便能替他牺牲。至于说到对于国家，从没有一次具极大精神去牺牲的。所以中国人的团结力，只能及于宗族而止，还没有扩张到国族。"② 宗族意识是落后的封建时代意识，这种意识教人为小家去大家，为了小团体的利益舍身，而不愿去为国家牺牲。这种意识与近代民族国家对国民的要求是背道而驰的，但由于中国封建意识在国人头脑中根深蒂固，任何人都感到无奈。孙中山为了改造国民性，他做了研究，并向国人指出，为什么中国人只有宗族观念，而无国家思想？他说，那是因为"我国自有历史以来，人民屈服于专制政府之下，我祖我宗，以至于我之一身，皆为专制之奴隶，受君主之压制，一切不能自由。所谓国家者，亦不过君主一人一姓之私产，非我国民所有也。故人民无国家思想，且无国民资格"③。无国民资格便很难建立民国，所以，在中华民国成立后，孙中山为了树立国民的意识和爱国的思想，确立中华民族的国族意识，便反复强调：欲图根本救治中国，"非使国民群怀觉悟不可"④。"根本救国，端在唤醒国民"⑤。"须知中国者中国人之中国"⑥，"今世界文明进化，尚在竞争时代，而非大同时代。处此竞争剧烈之时，人人须以爱国保种为前提"⑦。也即是说，中国由国民所造成，唯有第一等的国民才能造就世界第一等的民国，所以只要"中国同胞发生强烈之民族意识，并民族能力之自信，则中国之前途，可永久适存于世界"⑧。国民整体素质的提高体现了一个国家和社会的进步以及文明的程度，没有高素质的国民，就不可能有高速度的

---

① 转引自钱穆：《中山思想之新综析》，参见刘真主编：《中山思想要义》，台湾书店1994年版，第155～156页。

② 孙中山：《三民主义·民族主义第一讲》，《孙中山全集》第九卷，中华书局1986年版，第184～185页。

③ 孙中山：《在芜湖各界欢迎会的演说》，《孙中山全集》第二卷，中华书局1982年版，第537页。

④ 孙中山：《复廖凤书函》，《孙中山全集》第五卷，中华书局1985年版，第103页。

⑤ 孙中山：《复黄玉田函》，《孙中山全集》第五卷，中华书局1985年版，第116页。

⑥ 孙中山：《中国同盟会革命方略》，《孙中山全集》第一卷，中华书局1981年版，第312页。

⑦ 孙中山：《在南昌军政学联合欢迎会的演说》，《孙中山全集》第二卷，中华书局1982年版，第536页。

⑧ 孙中山：《中国之铁路计划与民生主义》，《孙中山全集》第二卷，中华书局1982年版，第490页。

经济发展，也不可能有高度文明的社会。因此，孙中山便形成有什么样的国民便成就什么样的国家的观念，要建立一个民有、民治和民享的共和国，全赖国民的参与以及国民参与的程度和水平，因此，在全中华民族各民族中树立国民意识便成为孙中山的一项重要的议题。1923年1月1日，孙中山在《中国国民党党纲》中规定三民主义的民族主义"以本国现有民族构成大中华民族，实现民族的国家"[1]。所谓三民主义，就是要"把全国的主权，都放在本族人民手内；一国的政令，都是由人民所出；所得的国家利益，由人民共享"[2]。"三民主义系促进中国之国际地位平等、政治地位平等、经济地位平等，使中国永久适存于世界。所以说三民主义就是救国主义。"[3] 而所谓的"大中华民族"，就是包含全中国境内所有民族在内的56个民族。所谓"民族的国家"即中华民族的共和国家，而"民族主义就是国族主义"[4]，也即是中国各民族的国家主义。

孙中山在有关"民族主义的演讲"中讲到中华民族的国族主义时指出："如果中国人知道自己是受压迫的国民，已经到了不得了的时代，首先把各姓的宗族团体联合起来，更由宗族结合成一个民族的大团体，这个大团体就是中国四万万人的大团体——国族。有了这个大团体，无论什么外国用什么兵力、经济和人口来压迫，我们都不怕他。"可见，国族就是中国各民族团结的意思，就是各民族大联合的意思！它的真正目的在于振奋民族精神，对付帝国主义的侵略和维护民族的地位。中华民族在世界民族中算是唯一的历经数千年而不衰，直至现在"和世界的民族比较，我们还是人口最多最大的民族"。孙中山说这"是我们民族所受的天惠，比较别种民族独厚。故经过天时人事种种变更，自有历史四千多年以来，只见文明进步，不见民族衰微。代代相传，到了今天，还是世界最优秀的民族。"[5] 这是我们中华民族斗天斗地、适应自然和具有团结意志抗击外来民族侵略和创新精神的表现。然而，孙中山认为，中华民族处于今日世界激烈竞争的潮流中，受到列强政治力、经济力的压迫空前严重。此后中华民族如果单受天然力的淘汰，还可以支持一百年，如果兼受政治力和经济力的压迫，就很难度过十

---

[1] 孙中山：《中国国民党党纲》，《孙中山全集》第七卷，中华书局1985年版，第4～5页。

[2] 孙中山：《在广州对国民党员的演说》，《孙中山全集》第八卷，中华书局1986年版，第572页。

[3] 孙中山：《三民主义·民族主义第一讲》，《孙中山全集》第九卷，中华书局1986年版，第184页。

[4] 孙中山：《三民主义·民族主义第一讲》，《孙中山全集》第九卷，中华书局1986年版，第185页。

[5] 孙中山：《三民主义·民族主义第二讲》，《孙中山全集》第九卷，中华书局1986年版，第197页。

年。这十年是中华民族的生死关头。"如果在这十年以内有办法可以解脱政治力和经济力的压迫,我们民族还可以和列强的民族并存。如果政治力和经济力的压迫,我们没有方法去解脱,我们的民族便要被列强的民族所消灭,纵使不至于全数灭亡,也要被天然力慢慢去淘汰。故此后中国的民族,同时受天然力、政治力和经济力的三种压迫,便见得中国民族生存的地位非常危险"①。孙中山在此时强调提倡国族主义,就是要救危,就是要结合四万万中国人组成一个坚固的民族团体,用大中华民族的意志和力量、"用民族精神来救国"② 和建设国家。他希望今日中国的国民大众,"当勉为爱国之国民"③。由此可知,孙中山在此时期强调提升国民的民族意识,目的很明确,就是要通过确立中华民族的国族意识,用意志和决心去抗拒侵略,用和平方法去对抗霸道行动,用全民的力量去捍卫主权和民族的尊严。

二

改造国民性是一个"以人为本",由国民去建设国家的现代化课题。

真正的爱国者,既要发扬民族优良传统,又要勇于发现民族性格中、国民性中的不良性并力求克服它,不断地改造它。

中国是一个文明古国,历史悠久,民风淳朴,国民勤劳、勇敢,崇尚自由,为人谦和,爱好和平。正如孙中山所指出:"中国,由于它的人民性格勤劳和驯良,是全世界最适宜建立共和政体的国家。在短期间内,它将跻身于世界上文明和爱好自由国家的行列。"④ 正由于中国人热爱和平,故孙中山指出:中国"决无帝国派之野心,决不扩张军备。"⑤ 当然,更加不会称霸世界。根据中国的历史和人文环境所造成的中国人的品性,孙中山一再强调一旦革新中国的目标得以完成,不但我们美丽的国家将会出现新的曙光,整个人类也将得以共享更为光明的前景。所以,孙中山指出,中国人要正确地认识自己,也要善待世界各国人民。中国人有许多优良品质,但在一定的历史时期和历史条件下也存在着某些与时代不符的不良习性,所以改造国民性是社会发展所必需,也是人类本身发展所必然。近代中国是帝国主义支持下的封建专制国家,在霸道主义的侵凌和落后封

---

① 孙中山:《三民主义·民族主义第二讲》,《孙中山全集》第九卷,中华书局1986年版,第198页。

② 孙中山:《三民主义·民族主义第一讲》,《孙中山全集》第九卷,中华书局1986年版,第189页。

③ 孙中山:《在广东中国同志竞业社欢迎会的演说》,《孙中山全集》第二卷,中华书局1982年版,第359页。

④ 孙中山:《我的回忆》,《孙中山全集》第一卷,中华书局1981年版,第558页。

⑤ 孙中山:《在欧洲的演说》,《孙中山全集》第一卷,中华书局1981年版,第561页。

建主义的统治下,自然经济和封建意识给中国人的心理和思想意识都带来极其严重的污染,使许多国人具有愚昧、偏私、奴性、苟安、守旧和缺乏自信等弱点。所以,在20世纪,中国人应该认识中国国民性中的缺点,以及如何更快地改造国民性的问题。过去,我们对梁启超的"新民"和新时代中国国民应有的"德性",以及鲁迅的"立人"及其揭露中国人在封建专制和封建文化的遗毒下造成的愚昧落后、麻木不仁、自大好古的"民族劣根性"重视不够,还有人对梁启超、鲁迅的改造国民性的主张提出批评;对于孙中山等革命党人改造国民性的认识也产生误解,致使改造国民性、提高中华民族整体素质的教育一波三折,未能达到改造国民性的效果,不能通过实现人的"近代化",达到工业和社会的"近代化"的目的,这是中华民族在前进中的一大失误。承认中国人落后的一面,不等于妄自菲薄,相反,只有承认落后,才能有决心消灭落后。孙中山在《建国方略之一·心理建设》中就严肃地批评了中国人"素自尊大",不能虚心向先进民族学习,以致社会不能进步。在《伦敦被难记》中,孙中山又指出:"中国之政,习尚专制,士人当束发受书之后,所诵习者不外于四书五经及其笺注之文字;然其中有不合于奉令承教、一味服从之义者,则且任意删节,或曲为解说,以养成其盲从之性。"学者文人尚且如此,平民百姓更可想而知。"此所以中国之政治无论仁暴美恶,而国民对于现行之法律典章,惟有兢兢遵守而已"。① 中国人的这种盲从习性,造成中国人对于"世界之大事若何,人民若何,均非其所知。国家之法律,非平民所能与闻。谈兵之书,不特为禁品之一,有研究者甚或不免于一死。至于新器之创造、新学之发明,人民以惕于死刑,罕敢从事。是故中国之人民,无一非被困于黑暗之中"②。1920年11月,孙中山在上海中国国民党本部会议发表演说,他指出:"试看民国已经成立了九年,一般人民还是不懂共和的真趣。""现在人民有一种专制积威造下来的奴隶性,实在不容易改变。虽勉强拉他来做主人翁,他到底觉得不舒服。""中国奴制已经行了数千年之久,所以民国虽然有了九年,一般人民还不晓得自己去站那主人的地位。我们现在没有别法,只好用些强迫的手段,迫着他来做主人,教他练习练习。这就是我用'训政'的意思。"③ 对此,包括我本人在内,过去也曾批评过孙中山对国民的认识估计过低,批评他通过"训政"来教训国民的做法。现在想起来,要推行民主政治,建设现代文明的社会,人民的素质过低,的确困难重重。现代民主的社

---

① 孙中山:《伦敦被难记》,《孙中山全集》第一卷,中华书局1981年版,第51～52页。
② 孙中山:《伦敦被难记》,《孙中山全集》第一卷,中华书局1981年版,第51页。
③ 孙中山:《在上海中国国民党本部会议的演说》,《孙中山全集》第五卷,中华书局1985年版,第400～401页。

会是竞争的社会,如果国民奴性十足,对什么事情都畏首畏尾,没有新的思维,没有创新精神和敢为人先的意识,这种国民性对中国的振兴的确影响甚大。所以,对国民进行教育、培训或"训政"也是社会进步、推行民主政治所必需。1920年11月5日,孙中山与伍廷芳复函时任北京政府国务总理靳云鹏时又强调"中国通病,在一伪字",这种积习不改,就无法"导人以诚",否则"求统一而去统一愈远,言和平而破坏和平愈甚"。① 孙中山晚年在作"三民主义讲演"时,在谈到修身、齐家、治国时又指出,我们中国人不仅正心、诚意这些内治的功夫做不到,就连修身、齐家、治国的外修功夫也还没有做到,所以本国便不利自治,外国人看到中国人不能治国,便要来共管。孙中山说,别的暂不去管它,仅是从修身一方面来看,我们中国人的功夫就很缺乏。除非来中国住上二三十年的外国人,或像英国人罗素那样有学问的哲学家才可以看出中国的文化优长,才赞美中国。普通外国人总说中国人没有教化,是很野蛮的。孙中山指出,这是因为中国人对于一些平常的举动都不讲究,难怪人家瞧不起。对于某些中国人的鄙陋丑劣行为,孙中山总是不客气地指出来,这是为了引起国人注意改正,提高个人素质。在《三民主义·民族主义第六讲》中,孙中山举出不少例子说明中国人修身功夫欠缺对于中国国格的影响,并对此做出了批评。孙中山说,中国人初到美国时,美国人本来是平等看待的,没有什么中国人美国人的分别。后来美国大旅馆都不准中国人住,大的酒店都不许中国人去吃饭,这就是由于中国人没有自修的功夫。孙中山举例说,有一次在船上他和一位美国船主谈话,船主说:"有一位中国公使前一次也坐这个船,在船上到处喷涕吐痰,就在这个贵重的地毯上吐痰,真是可厌。"孙中山问他:"你当时有什么办法呢?"这船主说:"我想到无法,只好当他的面,用我自己的丝巾把地毯上的痰擦干净便了。当我擦痰的时候,他还是不经意的样子。"即使身为清朝公使,也一样在贵重的地毯上吐痰,普通中国人大都如此。由此可见一端。孙中山又以外国的大酒店都不许中国人去吃饭举例,有一次,一个外国大酒店会餐,男男女女非常热闹、非常文雅,济济一堂,各乐其乐。忽然有一个中国人放起屁来,于是同堂的外国人哗然哄散,由此店主便把那位中国人逐出店外。从此以后,外国大酒店就不许中国人去吃饭了。孙中山又举例说,还有一次上海有一位大商家请外国人来参加宴会,他也忽然在席上放起屁来,弄得外国人的脸都变红了。他不但不检点,反站起来大拍衫裤,且对外国人说:"嗑士巧士米(Excuse me,意思是'对不起')。"孙中山指出:"这种举动,真是野蛮陋劣之极!……或谓有气必放,放而要响,是有益卫

---

① 孙中山:《复靳云鹏电》,《孙中山全集》第五卷,中华书局1985年版,第395~396页。

生，此更为恶劣之谬见。"① 孙中山将吐痰、放屁、留长指甲、不刷牙这些例子举出来教育国人，他不是有意与中国人过不去，而是要大家正视这些丑劣举止的不良，如不重视改正，势必影响对外交往，也有损中国的形象。中华民族不从整体上提高国民的素质，学会文明礼貌，改变中国人粗野的弊端，就人的文明性这一点而言，就很难追赶世界文明国家的进步潮流。孙中山所举的上面一些例子在一些人看来只是小事一桩，好像不足挂齿，但若从只有人的进步才有社会的进步，只有实现人的"近代化"才有社会的近代化的角度来看，这正说明孙中山的"人本"思想初衷是在于教人从小事做起，从提高普通百姓的素质做起。中华民族人口众多，但教育落后，人的综合素质关系到国家未来发展的后劲，只有将人与教育、人与社会发展的关系处理好，我们中华民族才能跟上世界的发展潮流，才能有国家的进步和社会的文明。

概括起来，孙中山改造国民性的思想是以民族自救为出发点，着眼于提高国民的综合素质，追赶世界潮流，实现中国人的现代化和社会的文明进步。发扬优良传统美德，改造某些不良习性，正是中华民族重振雄风、重铸民族精神、改造我们的社会、建设我们的国家所必需。不改造本民族落后的习性，则不复有本民族精神的复兴，而不学习和吸收西方先进的科学文化，则不会有中国人的现代化。孙中山指出：20世纪之世界是科学互竞之世界。因此他对于菲律宾碧瑶华侨成立"爱国学校"表示祝贺，对他们"作育吾国侨菲之青年子弟，由非途轨进，而为他日研钻高深之学科，以与世竞，抑以供献祖国"的行为给予肯定。② 可见，通过发展教育、发展科学，提高国民的综合素质，树立竞争意识，追求中华民族的现代化和社会的文明进步便是孙中山改造国民性的基本主旨。

三

中华民族与世界其他民族不同的是，她虽是中国的"国族"，但她不是单一民族，而是包含了56个民族，大民族包含小民族的"国族"，这是中国的特性和特点。所以中国的"国族"的含义是非常模糊不清的，它不是56个民族的相加，也不是严格"民族"概念上的民族。中华民族是中国公民的集称，各民族居住在中国国境之内，各民族具有不同习俗，但享有共同利益，并在同一领地上承袭共同的文化传统、民族精神与利害关系。然而，中国境内的56个民族，谁也不能代表谁，各个民族只能以自己独立的身份认同中华民族作为"国族"，但不等

---

① 孙中山：《三民主义·民族主义第六讲》，《孙中山全集》第九卷，中华书局1986年版，第248～249页。

② 孙中山：《菲律宾碧瑶爱国学校祝词》，《孙中山全集》第五卷，中华书局1985年版，第458页。

于它已不独立存在。所以,在中国多民族统一体的情况下,很难从概念的层次来讨论中国的"国族",在这里,中国"国族"——中华民族的含义,是中华民族在政治上所彰显的意义。正如英国著名历史学家埃里克·霍布斯鲍姆教授所言:"在当时,'民族'即是国民的总称,国家乃是由全体国民集合而成,是一主权独立的政治实体,因此,国家乃民族政治精神的展现。由此观之,无论民族的组成是什么,公民权、大众的普遍参与或选择,都是民族不可或缺的要素。"[1] 这个现代民族的新义基本符合中华民族——国族的含义。目前,中国境内有56个民族,每个民族都有自己的族名。同时,56个民族又有一个共同的族名,即中华民族。而中华民族所包含的每个民族都存在各自的特性和特点,但作为中华民族的一员又具有许多共同的特征,如文字语言方面除个别民族有自己的文字和语言外,多数民族都共同使用汉语、汉文,由于它们长期共同生活在东亚大陆这个具有完整结构的地理单元中,经济生活和生活习俗也大同小异。正由于它们长期以来杂居在中国各处,共同的生产活动和反对外族侵略的斗争,造成它们相互依存、共同进步的环境,形成你中有我、我中有你、谁也离不开谁的格局。所以,正如我国社会学、民族学著名学者费孝通教授所指出的:中华民族实体是"一个休戚与共的自觉的民族实体","虽则中华民族和它所包含的50多个民族都称为'民族',但在层次上是不同的"。[2] 孙中山作为中国的政治家和思想家,他高瞻远瞩,通过了解世界诸多国家的民族为了追求民族独立可能带来的混乱和思想困扰,以及建立"民族国家"所造成的民族意识的大爆发,造成不同民族社群之间的对立和冲突,及时地指出要发扬民族主义,形成中华民族各民族团结统一的国族意识,通过重构中华民族实体,弘扬传统文化中的道德传统,营造宽松、融洽、相互帮助、共同进步的环境,通过这些方法有意识地削弱中国的宗族、家族政治传统,改善民族关系,改造社会结构,增强社会的稳定性。从分裂的社会和政治多元的格局中运用民族主义理论寻找替代物——国族主义,又通过国族主义对国民提出新的要求,通过思想革新,唤起国民的觉醒,以实现救国和振兴中华的目的。有学者将这种民族主义思潮称为"乱世的潜流"[3],这种比喻大体上说是不错的。因为,近代中国面临救亡任务,所以"用民族精神来救国"是近代中国政治家、思想家和文人学士最唱响的声音,正是这种乱世的民族主义潜流将中国各族人民推向政治的前沿,接受时代和帝国主义侵略的双重挑战。

为了处理好中华民族多元化与一体化可能产生的问题,孙中山在晚年作民族

---

[1] (英)埃里克·霍布斯鲍姆著:《民族与民族主义》,李金梅译,上海人民出版社2000年版,第21页。

[2] 费孝通等著:《中华民族多元一体格局》,中央民族学院出版社1989年版,第33页。

[3] 参见罗志田著:《乱世潜流——民族主义与民国政治》,上海古籍出版社2001年版。

主义的讲演时,将亚洲人与欧洲人相比较,又将中国人与日本人相比较,从而得出结论,即白人能做的事,黄种日本人也可以做,而日本人可以做的事,中国人也可以做。所以,"世界上的人种虽然有颜色不同,但是讲到聪明才智,便不能说有什么分别"①。我们中华民族和世界的民族比较,我们还是有许多优点②。可是近二百多年来,欧洲的科学发达、物质文明进步,中国则不及欧洲,而退步的原因不是中国人愚蠢和不努力,而是因为我们"失了民族的精神",不思进取。因此,孙中山提倡首先除了发展经济、增强政治能力以抵御西方列强的侵凌外,还要在国内除了发展汉族人口,也要增加中国的土人苗、瑶、僚、僮等族人口。其次必须改变中国人一盘散沙没有国家观念的状态,形成"敬宗收族"的国族意识,改变过去"国亡他可以不管,以为人人做皇帝,他总是一样纳粮"的意识③,形成一个极大的国族团体,实现《尚书》所载尧的时候,"克明俊德,以亲九族;九族既睦,平章百姓;百姓昭明,协和万邦。黎民于变时雍"④的"协和"兴邦、御敌保国的局面。最后,孙中山强调要正确地处理中外文化的关系,用继承中国传统文化中优良的东西,作为造就中国民族大团体——国族——的文化基础,树立忠于国家、忠于人民,"为四万万人去效忠"的精神,实现在"恢复我一切国粹之后,还要去学欧美之所长",然后和"欧美并驾齐驱"的目标。⑤

由此可见,孙中山改造国民性、重铸中华民族的精神是基于救亡图存的心理,是基于既要反对西方列强又要学习西方列强先进科学文化的双重挑战而做出的选择。一方面,他生怕中国的落后造成中国人心的涣散,招致民族的分崩离析,所以要通过强化国人的危机感,唤醒国人的强国意识;另一方面,他又担心过多地强调西方科学文化的先进、做出学习西方文化的选择会带来国人心理结构的危机,产生依赖的价值观,使历史的进步付出沉重的代价。在这一态势下,孙中山努力在中国传统文化中寻找作为接受现代西方文化的背景。然而,尽管孙中山作了很多关于维护传统文化和向西方学习的解读,但由此又模糊了他的文化选择,没有能够为中国文化的重构做出明确的导引,他强调弘扬传统文化来对待新

---

① 孙中山:《三民主义·民族主义第一讲》,《孙中山全集》第九卷,中华书局1986年版,第190页。
② 孙中山:《三民主义·民族主义第二讲》,《孙中山全集》第九卷,中华书局1986年版,第197页。
③ 孙中山:《三民主义·民族主义第五讲》,《孙中山全集》第九卷,中华书局1986年版,第239页。
④ 孙中山:《三民主义·民族主义第五讲》,《孙中山全集》第九卷,中华书局1986年版,第239～240页。
⑤ 孙中山:《三民主义·民族主义第六讲》,《孙中山全集》第九卷,中华书局1986年版,第251页。

文化的冲击，但对新的文化应如何调和、如何改造则没有说明。现实中，中国文化在变迁中产生了逻辑对历史的排解和民族性对时代性的抗拒，孙中山没有进行明晰的解读。

总之，孙中山看到中国人的素质、国民性格与国家兴亡的重大关系，因此他提出发扬中华民族精神之华，补以他国民族精神之精粹，以涤除民族的某些劣根性，铸造中华民族的新精神，以奋发图强、大步前进。在孙中山的许多讲演和文章中，他都强调中华民族必须与世界民族平等，要有中国真正的独立。所以，孙中山改造国民性的一个明显特征就是改变"奴性"，树立独立的人格。因为国民没有独立的精神，必然是依赖别人，依赖别人的人一定对别人阿谀献媚。所以，一个强大的中华民族必须具有近代"文明的独立精神"，将独立精神与"济弱扶倾"精神结合起来，形成新时代中国国民的新品质，以适应社会的发展和文明进步，这便是孙中山改造国民性的基本出发点。

改造国民性是时代的主题。社会变迁，以及社会的文明进步，最突出的表现便是人的素质的提高以及物质建设的骄人成就，便是社会的文明、富裕和国民生活水准的提高。社会处于由低级到高级的无穷发展进程中，人类也同历史一样，是在不断地进步和提高，由蒙昧、无知到聪明、觉醒。不断地扬弃劣根性，使自己同时代发展日趋同步，这是人类进步的必然，也是时代的要求。人在改造客观世界的同时，也在改造自己，所以，改造国民性是人类和社会进步的必然。孙中山改造国民性的思想和主张，是他阔步走向世界、追赶时代潮流、祈盼中国社会进步并与"欧美并驾齐驱"的生动体现。

20世纪是中国社会由沉睡到觉醒的时代，是中华民族开始昂扬阔步走向世界、寻求自己未来的时代，也是中国社会发生前所未有的大变动的时代。社会的转型意味着我们的社会既不同于传统社会，也尚未进入现代社会。在这种环境下生长起来的国民，兼具两种文化类型的因素，具有两种对立的价值观，形成一种不稳定的结构，具有不稳定的行动。所以，孙中山、梁启超、鲁迅等知识精英，通过呼唤国民改造国民性来树立新国民的性格，他们呼唤改变旧的价值观，树立新的价值观，就是要导引国民走出精神的迷谷，走向现代社会，为实现美好的理想、建立大同和谐社会而努力奋斗。可见，孙中山改造国民性的思想既具有前瞻性，又具有现实性、时代性，他的人本思想是一个亟待开发的研究课题。

（2005年）

孙中山的民族主义思想与世界和平

孙中山是中国伟大的爱国者和民主革命的先行者，但他的贡献不仅在于中国，而且在于全人类，所以，他既属于中国，也属于全世界。

孙中山的名字在世界上广为人知，但他的伟大思想和崇高人格则不一定人人皆知。

孙中山的民族主义思想与世界和平有何关系？这是一个被人忽视了的重要课题。

时下"世界主义"高倡，民族主义时遭贬斥，但是，只要有民族、国家存在，就不可能没有民族主义。然而，民族主义有不同的内涵和表现，有进步的民族主义，也有保守的民族主义。对孙中山的民族主义应作何评价？回答是肯定的，它属于反对帝国主义侵略、维护世界和平的进步民族主义，所以他的民族主义思想是对世界和平的一大贡献。

一

民族主义是启动近代世界政治运动的重要社会思潮，它的形成同近代民族的形成紧密联系在一起。[①] 在现实的世界仍然存在着民族压迫、民族歧视、民族侵略和扩张，也存在着争取民族的生存和发展、维护民族的尊严和权益的情况下，民族主义思潮是不可能消亡的。

世界分东半球和西半球，生活在地球上的人群由于环境不同，因而具有不同的文化和不同的价值观；具有不同的肤色，又有不同的境遇；具有不同的追求，也铸造了不同的民族精神和特性。所以，不同的民族与不同的文化所陶铸的不同民族的人民具有不同的意识，而形成的民族主义也各有其不同的追求和所要实现的目标。因此，对不同国家和不同地区、不同时间和不同民族产生和形成的民族主义思潮，不能作同一的评价和同样的要求。民族的压迫和战争、政治的风潮和民族的变动、经济竞争的波谲云诡和商战的残酷、观念各异的文化冲撞和交替并兴，造成各地的民族主义千差万别，种类非常多，有开放性民族主义，也有封闭性民族主义；有侵略扩张民族主义，也有反侵略的民族主义；有种族民族主义，

---

① 参见陶绪著：《晚清民族主义思潮》，人民出版社1995年版，第1页。

也有宗教民族主义；有政治民族主义，也有经济、文化民族主义，不一而足。孙中山的民族主义属于东方殖民地范畴，它是在帝国主义的侵略、掠夺下刺激起来的，具有防御性，它同中华民族的救亡图存的历史主题紧密联系在一起。这种思潮不仅深刻地影响了中国的社会历史进程，而且近代中国许许多多的爱国者都是在他的思想作用和造化下而成为历史的风流人物。所以，我们说，孙中山的民族主义思想是近代中国民族主义思潮的主流代表，是近代中国"思想领域的一个强光点，也是摄取并折射那个时代雷电风云的一面聚光镜"①，是影响世界，尤其是影响亚洲的一种最具深邃力、凝聚力和动员力的政治思想。

何谓民族主义？人们通常把它称为个人对本民族的一种自觉的与忠诚的认同，也有人把它视为可以表明个人对民族国家怀有高度忠诚的心理状态。可见，民族主义是一个模糊不清的概念。在中国有各种各样的解释。过去，有人说"合同种，异异种，以建一民族的国家，是曰民族主义"②；而孙中山则说："民族主义就是国族主义"③。

所谓"国族主义"，就是"结合四万万"中国人"成一个坚固的民族"，组成一个民族的国家。④"民族主义这个东西，是国家图发达和种族图生存的宝贝。"⑤ 很显然，这个民族的国家，毫无疑问就是中华民族的国家。所以，孙中山所说的民族主义，不是汉族的民族主义，而是"四万万人"（即中华民族）的民族主义。然而，从当时孙中山提倡民族主义所要解决的民族问题这个视角去审视，他的民族主义虽然不是汉族的民族主义，却包含为汉族及其他民族向满族争取平等权的意义。所以，它具有两个功能：一个是对内，一个是对外。对内的是反对清政府的民族压迫政策，结束一个民族——满族"宰制于上"的地位，实现民族平等、共和和统一；对外是为了洗刷近代以来的民族耻辱，反对以强凌弱、以大欺小，实现"天下为公"、世界大同。对内是为了对外。正如孙中山在晚年作三民主义演讲时明确指出的："三民主义就是救国主义。"据此也可以说，民族主义就是救国主义。既然他将三民主义视为救国主义，也就表明他提倡的三

---

① 唐文权著：《觉醒与迷误——中国近代民族主义思潮研究》，上海人民出版社1993年版，第1页。

② 余一著：《民族主义论》，载《浙江潮》第1期，参见张枬，王忍之编：《辛亥革命前十年间时论选集》第一卷，下册，生活·读书·新知三联书店1960年版，第486页。

③ 孙中山：《三民主义·民族主义第一讲》，《孙中山选集》，人民出版社1981年版，第617页。

④ 孙中山：《三民主义·民族主义第一讲》，《孙中山选集》，人民出版社1981年版，第621页。

⑤ 孙中山：《三民主义·民族主义第三讲》，《孙中山选集》，人民出版社1981年版，第644页。

民主义救中国包含两方面的意义：一方面是反对列强的侵略，维护民族的独立和权益；另一方面是反对以清政府为代表的封建统治。救国是为了建国，建立一个新的、开明的、进步的政府来代替旧的、封闭的、充当帝国主义列强走狗的清朝政府，表明孙中山提倡三民主义所追求的目标是实现国家的独立、民主和富强，建立一个统一的民族国家来维护领土的完整和财富不被掠夺，争取和扩大民族的生存权和发展权。可见，孙中山的民族主义思想具有明显的近代民族国家的性质，他所追求的目标是要实现民族平等、国家自由和社会民主。所以，他的民族主义反对盲目排外，也反对民族复仇主义。我们将孙中山的民族主义视为开放式的、反侵略的和平民族主义，就是基于他提倡民族主义思想所要达到的最终目标而做出的界定。我们认为，这个界定是有充分根据的，也是实事求是的科学结论，这是因为：

第一，孙中山反对帝国主义对中国的侵略和瓜分政策，但他把帝国主义国家的侵略者同这些国家的人民严格区分开来，把帝国主义国家的政治、经济和文化侵略同与这些国家的正常交往区别开来，从而显示了他追求世界和平、社会大同和"天下为公"的理想，以及他具有广阔豁达的胸襟和远大的眼光。

什么是帝国主义？孙中山说，帝国主义"就是用政治力去侵略别国的主义"，又说这种侵略别国的政策，"现在名为帝国主义"①。既然帝国主义是一种主义或一种政策，而且是一种侵略的世界主义和扩张的政策，它就不具有全民性，推行侵略政策的只是侵略国家的统治阶级。既然帝国主义是一种主义或政策，那么它是可以改变的，而改变的办法就是主张和平和正义的人联合起来反对那些主张侵略和战争的人。用孙中山的话说就是用一种"和平的政策"去打破世界的帝国主义和世界的资本主义。为什么反对帝国主义，同时又要反对资本主义呢？孙中山指出，因为现在列强各国表面上的政权，虽由政府做主，但是实际由资本主义者从中把持。近百年来资本帝国主义在中国推行政治经济压迫政策，使中国积弱积贫，所以他告诫国人说："百年以前，满人据有我们的国家，仍是很强盛的。当时英国灭了印度，不敢来灭中国，还恐中国去干涉印度。但是这百年以来，中国便失去许多领土。由最近推到从前，我们最近失去的领土是威海卫、旅顺、大连、青岛、九龙、广州湾。欧战以后，列强想把最近的领土送回，像最先送回的有青岛，最近将要送回的有威海卫，但这不过是中国很小的地方。从前列强的心理，以为中国永远不能振作，自己不能管理自己，所以把中国沿海的地方像大连、威海卫、九龙等处来占领，做一个根据地，以便瓜分中国。后来

---

① 孙中山：《三民主义·民族主义第四讲》，《孙中山选集》，人民出版社1981年版，第656～657页。

中国起了革命，列强知道中国还可以有为，所以才打消瓜分中国的念头。"① 由于东西方列强用政治、经济力量来压迫中国，所以，中国不仅是领土逐渐缩小，而且经济上的损失更加严重，孙中山说："其一，洋货之侵入，每年夺我利权的五万万元；其二，银行之纸票侵入我市场，与汇兑之扣折、存款之转借等事，夺我利权者或至一万万元；其三，出入口货物运费之增加，夺我利权者约数千万至一万万元；其四，租界与割地之赋税、地租、地价三桩，夺我利权者总在四五万万元；其五，特权营业一万万元；其六，投机事业及其他种种之剥夺者当在几千万元。这六项之经济压迫，令我们所受的损失总共不下十二万万元。"② 至于战败的赔款，甲午赔于日本者二万万五千万两，庚子赔于各国者九万万两，是属于政治上武力压迫的范围，当不能与经济压迫同论。其他尚有藩属之损失、侨民之损失，更不知其几何矣。这样看来，此种经济的压迫，真是厉害得很。所以，"今日中国已经到了民穷财尽之地位了，若不挽救，必至受经济之压迫至于国亡种灭而后已！"③ 基于此，孙中山积极提倡民族主义，号召"我们四万万"中国人要联合起来抵抗外国侵略，废除列强同中国签订的一切不平等条约。此外，孙中山还指出，我们要将爱好和平的固有道德恢复起来，同那些不讲道德，随意去侵略和奴役其他国家的帝国主义行为做斗争。他说："现在世界上的国家和民族，只有中国是讲和平；外国都是讲战争，主张帝国主义去灭人的国家。"④ 这个说法不准确，其实，讲和平的国家不只是中国，讲战争的也不是除中国以外的所有国家，但他强调中国人几千年酷爱和平，都是出于天性。对于这种热爱和平的旧道德，孙中山把它视为中华民族的精神，不但要保存，而且要发扬光大。这一切都说明孙中山热爱和平，反对战争。他反复强调："现在世界列强所走的路是灭人国家的；如果中国强盛起来，也要去灭人国家，也去学列强的帝国主义，走相同的路，便是蹈他们的覆辙。"⑤ 所以，孙中山指出"现在欧风东渐，安南便被法国灭了，缅甸被英国灭了，高丽被日本灭了。"中国如果强盛起来，我们不但要恢复民族的地位，还要对于世界负一个大责任。这个责任就是"济弱扶倾"，

---

① 孙中山：《三民主义·民族主义第二讲》，《孙中山选集》，人民出版社1981年版，第632页。
② 孙中山：《三民主义·民族主义第二讲》，《孙中山选集》，人民出版社1981年版，第642～643页。
③ 孙中山：《三民主义·民族主义第二讲》，《孙中山选集》，人民出版社1981年版，第642页。
④ 孙中山：《三民主义·民族主义第六讲》，《孙中山选集》，人民出版社1981年版，第683页。
⑤ 孙中山：《三民主义·民族主义第六讲》，《孙中山选集》，人民出版社1981年版，第691页。

变弱为强，变贫为富，变被压迫为独立自主。如果"中国不能够担负这个责任，那么中国强盛了，对于世界便有大害，没有大利"①。他说：中国必须坚持和平，先决定一种"济弱扶倾"的政策，"对于弱小民族要扶持他，对于世界的列强要抵抗他"。将来弱小民族如果受列强政治经济压迫的痛苦，"我们便要把那些帝国主义来消灭，那才算是治国平天下"。②

由上述可见，孙中山对于帝国主义列强在世界各地分疆割土，尤其是对帝国主义列强对中国的政治经济压迫的事实有清晰的认识，但他的治国平天下的思路不是步帝国主义之后尘，而是反其道而行之。帝国主义推行灭人国家的政策，他则制定"济弱扶倾"的政策，帝国主义以强凌弱，他就以多治少，提出联合全世界被压迫国家及其多数人民同压迫国家的少数侵略者抗衡。然而，孙中山与一般民族主义者所不同的是，他虽然反对帝国主义的欺凌压迫，但又反对盲目排外。

早在1897年年初，孙中山在与《伦敦被难记》俄文译者的谈话中就明确声明："目前中国的制度以及现今的政府绝不可能有什么改善，也决不会搞什么改革，只能加以推翻，无法进行改良。……我希望有一个负责任的、有代表性的政体。此外，还必须使我们的国家对欧洲文明采取开放态度。"③ 他一再对外国朝野人士强调，在中国排外的人是存在的，比如，电报线路初次在湖南架设时，电线杆和电线立刻被百姓拉倒了，于是公开的报道就说中国"人民群众的心情上过于排外，以致不能容忍这样一种革新"。孙中山指出，这是一种误解，其实，中国人民破坏电线杆、拉倒电线的行动是反对清政府，不能据此就认为他们排外。他说：在中国真正"排外的人是官吏而不是群众，是清朝人而不是乡下的中国人"，而且在这些官吏中，有曾经被英国保护过而不曾落在太平天国手中的人，是这些人，"扇起了反基督教的叛乱和屠杀，事后把一切责任归罪于人民"。其中有一个叫周汉的人，就是"著名的排外煽动家"，可他不是平民百姓，而是一个道台，他"在中国受着官府的重视有如伟大的英雄一般"。他又指出：在外国帮助下建立的天津铁路局是受人民重视的，并且运输量也很大，可是它破产了。为什么破产？"因为它在任意胡行的官吏掌握之下，行政人员也争着去拿钱贪污，其结果自然是铁路局破产。"所以，孙中山说，以上事实证明，中国排外是不对

---

① 孙中山：《三民主义·民族主义第六讲》，《孙中山选集》，人民出版社1981年版，第691页。

② 孙中山：《三民主义·民族主义第六讲》，《孙中山选集》，人民出版社1981年版，第682～691页。

③ 孙中山：《与〈伦敦被难记〉俄译者等的谈话》，《孙中山全集》第一卷，中华书局1981年版，第86页。

的，但仅"用输入物质文明的方法不能改良中国，只有用根绝官吏贪污的办法才行"。① 可见，孙中山既反对中国人的盲目排外，也反对将欧洲的物质文明"全盘照搬过来"。这便成为孙中山制定中国对外方针的出发点。正由于这样，孙中山在从事革命、拯救中国的过程中，一方面防止列强各国的干涉及造成战争，避免不必要的牺牲；另一方面，又向文明世界的人民呼吁，要求他们在道义上与物质上给中国以同情和支持。1911年10月革命党人在武昌起义后，11月下旬，孙中山便到欧洲活动，在英法等国频繁地接触朝野知名人士，向报界发表演说。他的主要目的是转告中国的形势，请求他们权衡利弊，对中国的问题做出理性的选择，并反复宣布新的中国政府未来的政策。他指出："武汉起事以来，各省响应，均能维持秩序，保护外人之生命财产。""共和成立之后，当将中国内地全行开放，对于外人不加限制，任其到中国兴办实业；但于海关税则须有自行管理之权柄，盖此乃所以保其本国实业之发达，当视中国之利益为本位"，但他又表示"中国共和政府定能致力平和"，"共和政府之精神，绝无帝国派之野心，绝不扩张军备，但欲保其独立及领土完全而已"。② 在巴黎，孙中山还与《政治星期报》记者谈话，他声明"新政府于各国通商一层，更为注意，当弃除与外人种种不便之障碍物。而新政府应将海关税则重行编订，务使中国有益，不能徒使西商独受其利"，但是，"重订税则亦须与西人和衷商议"，"至于满清政府从前与各国所立条约，新政府仍然承认；虽日俄强逼清政府所订各种不公平之和约，新政府亦依然遵守也"。③ 尽管孙中山在欧洲做了很多与西方列强国家友好的姿态，而且被人们普遍指责为妥协的表示，但"对他所领导的任何政权，包括南京临时政府和广州的护法政府在内，没有一个外国政府予以承认。它们瞩目于袁世凯和南北军阀势力。孙中山及其他革命领袖力图阻止帝国主义向袁世凯政府和其他在北京的政府借款，但是毫无效果。对于孙中山所提出来的各种忠告，外国政府竟然是漫不经心地不予理睬"。④ 对此，后来孙中山虽然表现出不满和一再谴责西方列强对华的错误政策，但他只认为这是西方国家当局一些人的错误所为，并非能代表这些国家包括工商业家和广大国民的意愿。为此，他表示"我们今日要把中国失去了的民族主义恢复起来，用此四万万人的力量为世界上的人打不平，这才算

---

① 孙中山：《中国的现在和未来——革新党呼吁英国保持善意的中立》，《孙中山全集》第一卷，中华书局1981年版，第105页。
② 王耿雄编：《孙中山史事详录（1911—1913）》，天津人民出版社1986年版，第38～39页。
③ 孙中山：《与巴黎〈政治星期报〉记者的谈话》，见上海《民立报》1911年12月15日《巴黎〈政治星期报〉载有孙逸仙之政见》。
④ （美）韦慕庭（C. Martin Wilbur）著：《孙中山——壮志未酬的爱国者》，杨慎之译，中山大学出版社1986年版，第304页。

是我们四万万人的天职"①,所以"在我中华民国实现国际平等之前,我将不遗余力,以一亚洲国家的一个国民代表的身份奋斗不止,即有决心在国家独立实现之前不同(国外)政权接近"②。然而,在制定拯救国家和振兴中华计划的过程中,他一方面主张用民族主义去对抗西方列强的世界主义,一方面又把自己的方针政策同效法这些国家的政治经济制度和利用它们的人才资金结合在一起。这一切都说明,孙中山在看待世界范围内的问题时,总是站在全人类的利益的高度去考虑。他不盲目排外,也不主张闭关自守与列强国家相对抗,而是用一种理性民族主义去同东西方列强较量。所以,我们认为,仅从这个方面去评论孙中山,他比起那些东西方列强的决策者们不知要高明多少倍。这一切既表现了他的自信和理智,也表现了他有全局观念和世界意识。

第二,在处理国与国之间的关系时,孙中山主张讲公理不要讲强权,要用东方的王道主义感化西方的霸道主义,逐渐缩小文化的差距,为人类和平共处寻找共同点。

孙中山认为,帝国主义列强只讲强权,不讲公理,任意侵略弱小国家,随意宰割别国的领土,这是世界存在不公正、不道德、不安宁的根源。为了消除这种不安的战争根源,孙中山在晚年作三民主义演讲时反复强调,国与国之间要讲公理,不讲霸道。所谓讲公理,就是讲文明、讲道德、讲信义、讲和平。专用武力去压迫人,就是"行霸道"。1924年11月孙中山经日本转天津赴北京商谈国是,在日本神户对商业会议所等团体演讲,他说:自从欧洲的物质文明发达、霸道大行之后,世界各国的道德便天天退步。我们东洋人向来轻视霸道文化,尊崇王道文化,所以,我们要用东方怀德的王道文化,去感化西方压迫人的霸道文化。他指出:"东方的文化是王道,西方的文化是霸道;讲王道是主张仁义道德,讲霸道是主张功利强权。讲仁义道德,是由正义公理来感化人;讲功利强权,是用洋枪大炮来压迫人",要想世界和平,就应该用我们东方的文化做基础,"要讲道德、说仁义"。③ 当然,孙中山也不反对讲武力,但要以王道作为基础,然后才去"学欧洲的科学,振兴工业,改良武器",不过,孙中山明确指出:"我们振兴工业,改良武器,来学欧洲,并不是学欧洲来消灭别的国家,压迫别的民族的,我们是学来自卫的。"我们讲王道,就是主持公道,不赞成用少数压迫多数,因为"受压迫的民族,不但是在亚洲专有的,就是在欧洲境内,也是有的。行霸

---

① 孙中山:《三民主义·民族主义第四讲》,《孙中山选集》,人民出版社1981年版,第661页。

② 孙中山:《与高木的谈话》,《孙中山全集》第十一卷,中华书局1986年版,第393页。

③ 孙中山:《对神户商业会议所等团体的演说》,《孙中山全集》第十一卷,中华书局1986年版,第405～407页。

道的国家,不只是压迫外洲同外国的民族,就是在本洲本国之内,也是一样压迫的"。我们以王道为基础,强调讲道德行仁义,"是为打不平"。所以"我们现在所提出来打不平的文化,是反叛霸道的文化,是求一切民众和平解放的文化。"孙中山在这里所讲的虽然是文化问题,但他所言不仅仅是文化问题,而是告诉人们认识真理:那就是以少数去压迫多数,"这是和正义人道大不相容的。反叛正义人道的行为,永久是要失败的。"他还表示,"我们中国人数有四万万,向来虽然爱和平,但是在生死的关头也当然是要奋斗的"。到那时,只要亚洲民族联合起来,用亚洲固有的强悍精神去和欧洲人讲武,那"一定是有胜无败的!"①乍看起来,在这里孙中山讲了那么多不客气的话是在有意跟欧洲列强国家摊牌,但是,他不是在跟列强讲对抗、讲战争,而是在讲和平。不过也很明显,孙中山虽反对战争,但他也不怕战争,只是想"用固有的道德和平做基础",去反对战争,以和平主义"去统一世界,成一个大同之治",达到治国平天下的目的。②战争是政治的继续,只要存在帝国主义,战争就不可避免,但是,国家与国家之间既不可以长久从事战争,也不可以没有和平,更不可以没有正常的交往。而要正常地发展关系,孙中山说:"凡国家之政策既定,必先用外交手段以求达其目的,外交手段既尽,始可及于战争。战争既毕,仍当复于外交之序,故国与国遇,用外交手段与用战争手段,均为行其政策所不可阙者。然用外交手段之时多,用战争手段者之时少。用外交手段者通常之轨则,用战争手段者不得已而用之。不得已云者,外交手段既尽,无可如何之谓也。"③ 就是说,用战争的手段解决国与国之争端是不得已而用之,因为任何时候发生战争,造成的危害和消极影响都很大,而且会在几代人心中造成阴影。为此,孙中山指出:"国家之生存要素,为人民、土地、主权。故苟有害于此三者,可以抗之也。抗之不足,至于宣战,亦有其理由。然不能不审其损害之重轻,而向其重者谋之。"④ 基于此种考虑,孙中山反对战争,尤其反对世界大战。比如1917年,当时北洋政府赞同英国要求加入协约国,参加反击同盟国的第一次世界大战。孙中山站在世界和平国家和中华民族利益的立场上反对中国参战。由他命意、朱执信执笔撰成的《中国存亡问题》一文,全文约四万字,分十部分,从国家与战争的关系、战争的性质、参战的利害、中国自身的地位和实力、外交得失和帝国主义的对华政策诸方面进行分析,论述中国决不能参战。他指出,英国纵横捭阖促我加入协商国(即

---

① 孙中山:《对神户商业会议所等团体的演说》,《孙中山全集》第十一卷,中华书局1986年版,第408~409页。
② 孙中山:《三民主义·民族主义第六讲》,《孙中山选集》,人民出版社1981年版,第691页。
③ 孙中山:《中国存亡问题》,《孙中山全集》第四卷,中华书局1985年版,第40页。
④ 孙中山:《中国存亡问题》,《孙中山全集》第四卷,中华书局1985年版,第44页。

协约国）之种种谋略与原因，着重强调如若加入协商国对德宣战，则"中国终不免于亡"。但孙中山对这种论调不以为然。因为"中国加入惟英国有利，中国既加入，则英国可以中国为牺牲，故加入者召亡之道，中立者求存之术也"，所以孙中山坚定地强调，吾不惮千百次地反复言之曰：中国要"以独立不挠之精神，维持严正之中立"。[①] 到孙中山晚年作三民主义讲演时，还讲到英国领事在广州劝他同意南方护法政府加入协商国、出兵到欧洲参战这个有趣的故事。孙中山说：

"一天，有一位英国领事到大元帅府来见我，和我商量南方政府加入协商国，出兵到欧洲。我就向那位英国领事说：'为什么要出兵呢？'他说：'请你们去打德国，因为德国侵略了中国土地，占了青岛，中国应该去打他，把领土收回来。'我说：'青岛离广州还很远，至于离广州最近的有香港，……现在你们还要来取西藏。我们中国此刻没有收回领土的力量，如果有了力量，恐怕要先收回英国占去了的领土罢……'他受了我这一番反驳，就怒不可遏，便说：'我来此地是讲公事的呀！'我立刻回他说：'我也是讲公事呀！'两人面面相对，许久不能下台。后来我再对他说：'我们的文明已经比你们进步了二千余年，我们现在是想你们上前，等你们跟上来。我们不可退后，让你们拖下去。因为我们二千多年以前，便丢去了帝国主义，主张和平，至今中国人思想已完全达到这种目的。你们现在战争所竖的目标，也是主张和平，我们本来很欢迎的。但是实际上，你们还是讲打不讲和，专讲强权不讲公理。我以为你们专讲强权的行为，是很野蛮的，所以让你们去打，我们不必参加。等到你们打厌了，将来或者有一日是真讲和平，到了那个时候，我们才参加到你们的一方面，共求世界的和平。而且我反对中国参加出兵，还有一层最大的理由，是我很不愿意中国也变成和你们一样不讲公理的强国。如果依你的主张，中国加入协商国，你们便可以派军官到中国来练兵，用你们有经验的军官，又补充极精良的武器，在六个月之内，一定可以练成三五十万精兵，运到欧洲去作战，打败德国。到了那个时候，便不好了。'英国领事说：'为什么不好呢？'我说：'你们从前用几千万兵和几年的时间都打不败德国，只要加入几十万中国兵便可以打败德国，由此便可以提起中国的尚武精神。用这几十万兵做根本，可以扩充到几百万精兵，于你们就大大的不利了。现在日本加入你们方面，已经成了世界上列强之一，他们的武力雄霸亚洲，他们的帝国主义和列强一样，你们是很怕他的。说到日本人的人口和富源，不及中国远甚。如果依你今天所说的办法，我们中国参加你们一方面，中国不到十年便可以变成日本；照中国的人口多与领土大，中国至少可以变成十个日本。到了那个时

[①] 孙中山：《中国存亡问题》，《孙中山全集》第四卷，中华书局1985年版，第90～99页。

候,以你们全世界的强盛,恐怕都不够中国人一打了。我们因为已经多进步了二千多年,脱离了讲打的野蛮习气,到了现在才是真和平。我希望中国永远保守和平的道德,所以不愿意加入这次大战。'那位英国领事,半点钟前几乎要和我用武,听了这番话之后,才特别佩服,并且说:'如果我也是中国人,一定也是和你的思想相同。'"①

我之所以不厌其详地摘录孙中山与英国驻广州领事这番精彩的对话,是因为孙中山真正讲到了中国这个文明古国对战争与和平问题的基本看法。其实,他是在说明中国同帝国主义列强国家的建国理念是完全不同的,列强讲打不讲和,中国讲和不讲打,列强讲强权不讲公理,中国讲公理不讲强权,所以列强是野蛮的国家,中国是讲礼貌讲文明的国家。也即是说明孙中山以及他的护法政府真讲和平,共求世界的和平。诚如蒋纬国先生在美国席勒学会为纪念孙中山先生130周年诞辰,重印孙中山《中国存亡问题》一文的感言中所提到的:"一国之存亡,系于其国家及其国民独立不挠之精神。我中华民族,雄踞东亚,历五千年而不衰,盖我炎黄子孙承袭太极图形所演进之中道文化:以爱为本,以天地立心,讲信修睦,与人为善故也。"②正由于中国是一个文明古国,它便具有优良的道德传统,所以讲仁爱、讲友善、讲公理、讲和平,中国反对以强欺弱、以大欺小,遵奉孙中山的教导"济弱扶倾",主张用王道文化战胜霸道文化,用民族主义反对世界主义(侵略主义),用国际主义(博爱主义)取代霸权主义,用民族自决反对民族压迫,用民族平等反对民族歧视,用共和反对战争。

由此可见,由于孙中山深受中国儒家传统人文主义思想的影响,"他的政治哲学已超越了以自我为中心的民族主义的界限。他深信,将来国际的冲突范围将不会从社会阶级之间垂直的和过渡的战争中出现,而是从帝国主义和被压迫民族之间的横向冲突中出现"。他认为"中国一旦恢复了自主权,进入主要强国之列,将以恢复中国儒家传统外交政策为己任,即扶弱抑强",并指出:"一个强大的中国,应该像过去那样,担负起把其他被压迫民族从帝国主义压迫中解放出来的任务。"③他在三民主义讲演中又一再强调:民族主义的真精神是用固有的道德、和平做基础,去统一世界,成一个大同之治。所以,孙中山认为"和平是

---

① 孙中山:《三民主义·民族主义第四讲》,《孙中山选集》,人民出版社1981年版,第664~665页。
② 蒋纬国:《〈中国存亡问题〉重印感言》,参见孙文著:《中国存亡问题》,美国席勒学会1997年重印,第76页。
③ (德)金德曼:《孙中山学说的特征》,郑竹园主编:《孙中山思想与当代世界》,台北编译馆1996年版,第70页。

政治的永恒的目标，而战争仅仅是达到这个目标的手段"①。孙中山在临终前还告诫他的同志和国人要"和平、奋斗、救中国"，可见他是和平主义战士，他的民族主义带有国际主义倾向。

第三，只有废除帝国主义国家强加给被侵略被压迫国家的一切不平等条约，建立平等的关系，才能为国与国、民族与民族之间的对话和合作创造条件。

要和平不要战争，这是正义国家里人民的普遍愿望，但是，只要讲强权的帝国主义采取武力胁逼的手段，强迫被压迫国家签订的不平等条约不废除，民族主义就必然高涨，战争也不可避免。正如孙中山所指出的：不平等条约像一条缰绳，将被压迫的民族束缚起来，被压迫民族就必然通过振兴民族精神来开展救国斗争。这也是民族主义思想之所以会勃兴的一个重要原因。所以，不要民族主义，首先是不要帝国主义，只要帝国主义存在，民族主义就不可能没有。孙中山以中国为例说明："自鸦片之役以来，再战于甲寅，三战于甲申，四战于甲午，五战于庚子，每战必割地赔款，损失权利，而无功可见。"②"盖自数十年来，中国与外国所结条约，皆陷于侵害中国主权及利益之厄境。此固由中国当局愚弱所致，亦由列强怀抱实行帝国主义，实使之然。"③ 由于帝国主义通过不平等条约，取得领事裁判权、租借地权和关税权，以及其他政治、经济、文化欺压权，对中国进行欺压，故引起中国人民反抗，但"我们所反对的，不是外国，是外国的帝国主义。外国之持帝国主义者，固是我们的敌人，外国之不持帝国主义，或已抛弃帝国主义者，便是我们的朋友"④。列强国家如果放弃帝国主义政策，就必须废除同中国签订的一切不平等条约，只有这样才符合双方平等和互尊主权的原则。所以，在1919年五四运动以后，孙中山一再强调"北政府媚外丧权，甘心卖国，凡我国民，同深愤慨"，希望学生仍能继续坚持"爱国热忱……坚持不懈，再接再厉，唤醒国魂"，收回国权。⑤ 1920年8月5日，孙中山在上海欢迎美国议员团会上发表演说，又指出，解决中国问题的关键就是废除日本强迫袁世凯签订的"二十一条"，因为这"二十一条款，所决定的，差不多完全把中国主权让给日本了"，"我们革命党，一定打到一个人不剩，或者'二十一条款'废

---

① 戴鸿超：《孙中山论战争与和平》，郑竹园主编：《孙中山思想与当代世界》，台北编译馆1996年版，第204页。
② 孙中山：《中国存亡问题》，《孙中山全集》第四卷，中华书局1985年版，第41页。
③ 孙中山：《中国国民党对于中俄协定宣言》，见陈旭麓、郝盛潮主编，王耿雄等编：《孙中山集外集》，上海人民出版社1990年版，第523页。
④ 孙中山：《九七国耻纪念宣言》，见陈旭麓、郝盛潮主编，王耿雄等编：《孙中山集外集》，上海人民出版社1990年版，第532页。
⑤ 孙中山：《致上海陈汉明》，载《中央党务月刊》第12期。

除了，才歇手"。① 1920 年 11 月 30 日，远东共和国驻华代表团向中国南北政府正式宣布，俄国政府决定：（一）废除过去同中国签订的不平等条约；（二）恢复两国领事制度；（三）拒绝道胜银行要求；（四）发展两国商业；（五）恢复邦交，作为中俄谈判的基础。② 1921 年 7 月 3 日，孙中山复函廖仲恺、胡汉民，告诉他俩主持编写《外交政策》一书的目的，在于"求恢复我国以前之一切丧失土地和主权，和恢复人民自由平等"③。这一切都说明，在 1924 年 1 月 23 日中国国民党第一次全国代表大会通过宣言宣布"一切不平等条约，如外人租借地、领事裁判权、外人管理关税权以及外人在中国境内行使一切政治的权力侵害中国主权者，皆当取消，重订双方平等、互尊主权之条约"④ 之前很长一段时间，孙中山就在考虑他领导的南方政府的对外政策。他一方面主张向外国开放，引进外资和外才，另一方面又坚持这种开放不能有损中国的主权，国与国之间正常关系的恢复必须遵循主权平等、互相尊重的原则，凡是从前曾同中国签订过不平等条约的国家必须宣布废除不平等条约，并重新签订"双方平等、互尊主权之条约"，才有合作的基础。他指出，我们中国如果不"争回租界、海关和领事裁判权，废除一切不平等的条约，我们中国便不是世界上的国家，我们中国人便不是世界上的国民。"⑤ 孙中山考虑要建立一种正常的中国与外国的合作关系，作为稳定远东和世界的一种战略。因此，他强调国与国之间首先要建立一种互信关系，只有相互尊重，以及不干涉别国主权和内政，尊重各国人民有权选择自己的生活方式，世界才能有秩序地发展。为此，孙中山指出：在"俄国未革命（指 1917 年列宁领导的革命）之前，国际间只有两种国家，就是压迫人的国家和被人压迫之国家，前者是帝国主义的列强，后者是失了独立能力的弱小民族。直到俄国革命之后，才多一种国家，就是不压迫人也不被人压迫的国家，自己民族解放了，还不安乐，竟抱'己欲立而立人'之宏愿，来扶助弱小民族。要扶助弱小民族了，就公然地反对国际帝国主义。"所以，孙中山说："任何民族、任何阶级，对于真正自由平等与独立之要求，都是一致的"，我们应该同反对民族压迫的民族与国家结成"联合战线，向压迫人的国家攻击，以实现国际革命之成功。"⑥ 上述

---

① 孙中山：《在上海欢迎美国议员团时的演说》，《孙中山全集》第五卷，中华书局 1985 年版，第 300 页。

② 《俄代表向我正式宣言》，载上海《民国日报》1920 年 12 月 7 日。

③ 陈锡祺主编：《孙中山年谱长编》下册，中华书局 1991 年版，第 1363 页。

④ 孙中山：《中国国民党第一次全国代表大会宣言》，《孙中山全集》第九卷，中华书局 1986 年版，第 122 页。

⑤ 孙中山：《在神户欢迎会的演说》，《孙中山选集》，人民出版社 1981 年版，第 981 页。

⑥ 《广州庆祝十月革命盛况》，载上海《民国日报》1924 年 11 月 14 日。

这一切都表明,孙中山是中国的民族主义者,但他又同情被压迫民族的遭遇、关心其他被压迫民族的独立和解放,所以他又是国际主义者。因此,爱国主义同国际主义也不都是对立的,关键在于人们如何理解和如何正确地将两者结合起来。所以,主张建立"世界村"的人反对爱国主义和民族主义,这是一种误解,而且是一种错误的主张。

综上可见,孙中山将其一生奉献给了人类的和平和发展事业。他关于世界和平的思想是人类的宝贵精神财富,不仅在现在,就是在将来,他的和平思想和主张对于世界的和平仍有借鉴意义。

二

如果从中国而言,孙中山所面临的现实问题是如何使中国摆脱资本帝国主义列强的控制,振兴中华,促进中国社会的发展。如果从反帝的角度去考虑,他需要恢复中华民族的民族意识。他认为,只要中国人民意识到国家、民族面临亡国灭种的危险,他们自然会形成一种救国的信仰,形成一种强大的争取民族独立的精神力量。他说:"只有强烈的民族意识才能予中国以对外求生存的力量。中国之生存愈感威胁,中国的民族意识将愈加强。"[①] 如果从振兴中华的角度去考虑,他要对外开放,吸收世界各国发展经济和振兴科学的长处,为我所用。所以,孙中山的民族主义思想具有两面性。正因这样,孙中山"终其一生都摆脱不开名流们对他的偏见"。由于"他生活在外国干涉中国的能力被认为是无限的时代",他"试图通过请求外国的支持"来实现他的救国目的。然而,他倾向请求外国支持绝非权宜之计。因为"他真诚地相信,一个强大的现代化中国的建立,对全世界都有好处",并且"尽最大的努力使外国人也相信这一点"。[②] 既要反对帝国主义侵略争取民族独立,又要请求外国对他的谅解和支持,似乎是二律背反。其实,孙中山这样做是可以理解的,他根据他所处的地位和力量的弱小,采取实用主义的策略,努力达到既能使他改革中国的革命能够成功、又能摆脱帝国主义控制的两个主要目标。这就自然产生了孙中山的具有双重意义的民族主义,即在口头上强调反帝,但在行动上又常常谋求与帝国主义妥协,其中混合了对列强的羡慕和追求,又包含着悲愤和怨恨。一开始,孙中山在革命与反帝问题上就处于两难的选择。所以,"当时,孙中山有两副面孔:软弱的追求者和自负的操纵者。

---

① (德)海法特(H. Herrfahrdt)著:《孙中山传》,王家鸿译,台湾商务印书馆1978年版,第77页。

② (美)史扶邻(H. Z. Schiffrin)著:《孙中山与中国革命的起源》,丘权政、符致兴译,中国社会科学出版社1981年版,第2页。

追求者不得不谋求妥协;操纵者则相信他可以使妥协转过来对他有利"①。

1905年8月,中国同盟会在日本东京成立,标志着以中国爱国革命知识分子为核心的政党组织的形成,以及以孙中山为代表的政治民族主义成为当时中国民族主义的主流。因为孙中山成为当时中国反清反帝政治斗争的统帅,他的民族主义思想也自然成为指导中国民族斗争的基本原则。关于孙中山提倡民族主义的目的,他有各种说法,唯在《〈民报〉发刊词》中,他作了这样的陈述:"余维欧美之进化,凡以三大主义:曰民族,曰民权,曰民生。罗马之亡,民族主义兴,而欧洲各国以独立。"②很明显,孙中山提倡民族主义是借助欧洲的经验实现中国的独立,结束"异种残之,外邦逼之"的困境。然而,由孙中山与黄兴、章太炎等人在日本制定,经孙中山与胡汉民、汪精卫在新加坡增订的《中国同盟会革命方略》所制定的对外宣言则宣布:"中华国民军奉命驱除异族专制政府,建立民国;同时对于友邦各国益敦睦谊,以期维持世界之平和,增进人类之福祉。"③孙中山又强调:"民族主义,并非是遇着不同族的人便要排斥他。"④显然,这是他就中国内部的民族问题而言,但也可以视为孙中山为解决中华民族与世界民族之间关系的一个重要原则。我这样说不是猜想,而是有事实作为依据的。正如人们所知,孙中山有一个想法,那就是中国革命必须取得外国的理解和同情方能成功。而要达到这个目的,首先要向世界各国宣传中国革命的道理,其次又要同世界各国保持友好的关系,同友邦各国"益敦睦谊"。1911年7月16日,孙中山在复日本东亚同文会成员宗方小太郎函时,有过这样的陈述:"近日支那革命风潮飞腾千丈,大非昔年之比,实堪告慰于表同情者。而弟所交游者以贵国人(指日本人)为多,则日本人之对于支那之革命事业必较他国人为更关切,为吾人喜慰者必更深也。他日唇齿之交,将基于是。"并表示"深望结合所识名士,发起提倡日本、支那人民之联络,启导贵国之舆论,游说贵国之政府,使表同情于支那革命事业,俾支那能复立于世界之上,与列国平等,则吾党受日本之赐多矣,汉族子孙百代必永志大德不忘也"⑤。在晚年,他仍强调"联合世

---

① (美)史扶邻(H. Z. Schiffrin)著:《孙中山与中国革命的起源》,丘权政、符致兴译,中国社会科学出版社1981年版,第2页。
② 孙中山:《〈民报〉发刊词》,《孙中山全集》第一卷,中华书局1981年版,第288页。
③ 孙中山:《中国同盟会革命方略》,《孙中山全集》第一卷,中华书局1981年版,第310页。
④ 孙中山:《在东京〈民报〉创刊周年庆祝大会的演说》,《孙中山全集》第一卷,中华书局1981年版,第324页。
⑤ 孙中山:《复宗方小太郎函》,《孙中山全集》第一卷,中华书局1981年版,第523~524页。

界上平等待我之民族，共同奋斗"。所以，求之于外国的同情与支持是反帝的需要，也是弱者反对强者革命不得不采取的一种斗争策略。为此，中国同盟会革命方略将"驱除异族专制政府，建立民国"同"对于友邦各国益敦睦谊，以期维持世界之平和，增进人类之福祉"结合起来，正说明孙中山的革命具有世界的意义，也说明他之所以要从事革命事业，不仅仅是为了拯救中国，也是为了维持世界之平和，增进全人类的福祉。

尽管孙中山的对外政策过去和现在都遭到一些人的非议与指责，认为他对世界列强国家过于讲信义、讲平和，没有采取尖锐的斗争政策，但是，孙中山对他的主张却坚定不移，且表现为固执己见。那是因为他认识到，世界不同的民族和国家，不能也不要时时事事都搞对抗，就是帝国主义侵略国家同殖民地半殖民地被侵略被压迫国家，也不能没有对话和交流。如果只有对抗，只能加剧对立，造成强大的民族仇视。民族的对抗和仇视是民族战争的外在原因。所以，孙中山认为，处理国家与国家、民族与民族之间的关系，首先要尊重对方，其次要理解和相互信任，只有这样才能排除"仇外心理"，也只有这样才能避免战争，维护和平。1912年1月1日，孙中山在《临时大总统就职宣言》中宣布：中华民国南京临时政府的对外政策是使"满清时代辱国之举措与排外之心理，务一洗而去之；与我友邦益增睦谊，持和平主义，将使中国见重于国际社会，且将使世界渐趋于大同"①。由中国同盟会革命方略的"益敦睦谊"，改为"益增睦谊"，除了维护原来的提法外，也有增进与友邦国家友谊的含义。1月5日，孙中山又发表对外宣言书，公布临时政府的对外政策，除宣布对过去中国清政府同外国签订的不平等条约维持不变外，还强调"凡各国人民之生命财产，在共和政府法权所及之域内，民国当一律尊重而保护之"。② 这样做毫无疑义是一种妥协的表示，是孙中山基于"惊动外国人是没有好处"的考虑而做出的抉择。这个抉择的对错很难说，但孙中山坚信"外国人的支持，抑或至少持中立态度"，不仅是中国革命成功的必要条件，而且一旦帝国主义列强给予支持，使中国能够富强起来，"一个现代化的强大的中国，不仅能威慑潜在的侵略者，还可消除侵略的祸根"，维护世界和平。③

上述孙中山的对外政策虽然带有妥协性质，然而，在1911—1912年时有那些想法也是合情合理的，因为当时列强正在纠合起来阴谋瓜分中国，而中国自身又没有充足的力量与帝国主义势力抗衡，避免列强干涉中国革命和内部事务，这

---

① 陈锡祺主编：《孙中山年谱长编》上册，中华书局1991年版，第616页。
② 陈锡祺主编：《孙中山年谱长编》上册，中华书局1991年版，第620页。
③ （美）史扶邻（H. Z. Schiffrin）著：《孙中山：勉为其难的革命家》，丘权政、符致兴译，中国华侨出版社1996年版，第28页。

是不可避免要采取的策略。在对外宣言中,孙中山也宣布"外人有加助于清政府以防害民国军政府者,概以敌视",表现了孙中山对反清与反帝两者关系早有认识。但因为清政府屡求外人支持镇压中国人民的反抗,故孙中山采用先反清后反帝的策略。1911—1912年间,孙中山在外国曾提及要废除不平等条约,但他完全是希望用一种和平的手段达到目的。这个时期孙中山认为,帝国主义是中国革命的主要障碍,但他也认识到,外国人并不都是帝国主义分子。他曾经说过,许多欧洲人都赞赏中国人和古代中国的文明;而喜爱中国文化的日本人也懂得"保全支那即自保也"。因此,孙中山在《支那保全分割合论》一文中继而强调:欲筹东亚治安之策,"惟有听之支那国民,因其势顺其情而自立之,再造一新支那而已"。① 可见,孙中山非常自信,他一直认为只要中国一旦革命成功,建立一个新的共和国家,使中国统一和强盛起来,便能够取消对外国帝国主义的一切不体面的让步,中国定能获得大国的地位。由此看来,孙中山不允许中国永远受任何形式的帝国主义的束缚,但他从事实出发,而不是从理念出发去考虑中国和世界的问题,并善于运用各种政策去化解矛盾。他这样做,既伸张了正义,又照顾到了现实。这一切均显示出孙中山作为"一位世界政治家的远见"②。所以,说孙中山曾对帝国主义妥协过是对的,但指责他不反帝是不对的。他前期反帝虽不太尖锐,但他对帝国主义分割中国领土、造乱中华则采取非常强硬的批评态度。

可见,孙中山是一位理性民族主义者,他坚持只要帝国主义不取消强加给中国的一切不平等条约、不尊重中国的主权和中华民族的独立,中国就一天不会停止斗争;但强加给中国的不平等条约一旦废除,中国就会恢复同世界的正常关系,中国的民族主义情绪也会随之消除,甚至允许外国同中国重新签订互惠互利的政治、经济、文化协约,共同为实现人类的和平和大同理想而奋斗。只要国与国之间能够遵循"益增睦谊"原则去处理各种关系,也就不再存在压迫与歧视,因此和平就有保证。只要不同国家和民族之间能够按照孙中山相互尊重、共同发展的政策去正确处理各种关系,国家与国家之间的冲突便会减少,战争也会停止。人类社会便会出现和平共处、共同进步的大环境,人类便会为世界的文明发展创造新的辉煌。所以,孙中山增进与世界各国相互了解、增加共识、发展友邦睦谊、不搞对抗的思想和主张,虽然未能避免列强对中国政治、经济、军事上的干预,未能消除列强对中国的威胁,但他的和平愿望和艰苦的努力则显示了中国这个文明古国一位杰出政治家的崇高品格和从容大度的风格。孙中山作为一位卓

---

① 孙中山:《支那保全分割合论》,《孙中山全集》第一卷,中华书局1981年版,第224页。

② (美)史扶邻(H. Z. Schiffrin)著:《孙中山的国际主义倾向》,见广州中山大学学报编辑部编:《孙中山研究论丛》1985年第三集,第134~141页。

越的政治家，在对外关系的处理中，他既不激进也不保守；他讲妥协、讲道德、讲信义，又坚持国格与人格相统一；他讲原则，也讲斗争策略，但又不失理智。在他那个时代的中国，能做到这样的确非常难得。他的思想和人格深深地铭刻在中国和世界人民的心中，时刻都在启迪人们去思考和寻索世界和平的路向。

三

展望 21 世纪，世界上真正大的、带有全球性的战略问题仍然是和平问题、经济问题或者说是发展问题。当今世界和平的力量在发展，但战争的危险依然存在。然而，世界大战打不起来。这是由于欧洲人民不希望有战争，亚洲包括中国、日本都不希望有战争，其他各大洲的人民也都希望和平、不要战争。所以，维护世界和平，搞好各自国家的经济建设，提高各自国家人民的生活水平和社会福利，是全球性的战略问题。中国作为维护世界和平的稳定力量，中国的经济越发展，国家越强大，世界和平就越有保证。这是孙中山经常强调并一贯坚持的思想。过去，在国际上有人煽动"黄祸论"，认为中国经济的发展和国力的强大对世界是一种威胁；现在，世界上仍然有人在担心中国的发展会对世界产生什么威胁，甚至出现过围堵中国并借助所谓人权问题反对中国。除了一些别有用心的人有意制造麻烦外，大多数有此看法的人则属于误解。孙中山在 1903 年 9 月发表过一篇《支那保全分割合论》文章，对于那些担心中国"若行新法，革旧弊，发奋为雄，势必至凌白种而臣欧洲，而铁木真、汉拿比之祸，必复见于异日"的观点提出批评。他指出，那完全是一种借"维持文明之福，防塞黄毒之祸，宜分割支那，隶之为列强殖民之地"的理论。他强调：鼓吹这种理论的人不懂得中国的历史，连中国"为地球上最老之文明国"的史实都不了解。他说：中国的"文明道德"不仅胜于人，"且其人民为地球上最和平之种族，当最强盛之时亦鲜有穷兵黩武、逞威力以服人者，其附近小邦多感文德而向化。今虽积弱不振，难以自保，然皆清廷失措有以致之，其汉民之勤忍和平亘古如斯，未尝失德也。"如要"世界和平、维持人道、奖进文明者，不可不保全此老大帝国。"并强调，中国的发展和强大不仅对西人无害反而有益。如果列强联合起来分割中国，"不独有伤天和，实大拂乎支那人之性；吾知支那人虽柔弱不武，亦必以死抗之矣。"到那时，即使"非将支那人屠戮过半，则恐列强无安枕之时矣"。① 在 1904 年 8 月 31 日，孙中山用英文撰写的论文 *The True Solution of Chinese Question: An Appeal to the People of the United States*（中文译为《中国问题的真解决——向美国人民的呼吁》）中，对于当时在西方流行的诋毁中国的言论，孙中山作了解析。他

---

① 孙中山：《支那保全分割合论》，《孙中山全集》第一卷，中华书局 1981 年版，第 218～223 页。

指出，那种认为"中国拥有众多的人口与丰厚的资源，如果它觉醒起来并采用西方方式与思想，就会是对全世界的一个威胁"的言论只是一种假设，它不可能成为事实，因为这种看法跟中华民族的基本精神相违背。至于"如果外国帮助中国人民提高和开明起来，则这些国家将由此而自食恶果"的论调，孙中山则明说无非是在诱说其他各国遵循一种"尽其可能地压抑阻碍中国人"的政策。孙中山指出，上述言论一言以蔽之，就是"所谓'黄祸'论"。这种论调似乎很动听，然而一加考察就会发现，不论从任何观点去衡量，它都是站不住脚的。因为这个问题除了道德一面的原因外，即一国是否应该希望另一国衰亡之外，还有其政治方面的原因，而且政治方面的原因是主要的。孙中山指出，中华民族是一个勤劳的、和平的、守法的民族，而绝不是好侵略的种族，如果他们确曾进行过战争，那只是为了自卫。只有当中国人被某一外国加以适当训练，并被利用来作为满足该国本身野心的工具时，中国人才会成为对世界和平的威胁。如果中国人能够自主，他们即会证明自己民族是世界上最爱好和平的民族，中国的发展不仅不会对任何人发生威胁，而且就经济的观点来看，"中国的觉醒以及开明的政府之建立，不但对中国人、而且对全世界都有好处"①。中国作为维护世界和平的稳定力量，需要发展经济，需要政治和社会的稳定，更需要民族的团结和国家的统一。所以，坚持独立自主的和平外交政策是中国经济发展和社会前进的需要，它是一项长期不变的基本国策。只要我们能够以孙中山的"天下为公"观念去处理世界所面临的各种问题，国家与国家之间不搞对抗，民族与民族之间不相互战争，民族主义思潮必将日益消退，国际上便会出现和平竞赛，共求社会文明进步的亲和大环境。

近代中国并不是近代化的中国，不是一个商品经济发达、教育发达、工业化、民主化的国家。所以，它需要发展工业，并实现民主化，尽快地提高人民的生活水平和综合素质。而要实现这些，孙中山认为首先要解决民族独立的问题，只有解除帝国主义及其在中国的代理人的严重阻力，使中国的社会经济迅速发展，使国家逐步富强起来，才能实现近代中国社会的全面转型。要实现中国富强，孙中山又希望得到列强的帮助。这是弱者对强者不得不采取的对策。孙中山追求民族独立和社会发展的苦心是可以理解的，孙中山设法使帝国主义列强放弃侵略中国，使中国保持统一和加快经济的发展的意图也是应该肯定的。因为如果中国不能独立，远东就不会有和平；中国的社会经济不发展，东亚和太平洋地区的和平安定就没有保证。

中国是世界的中国，而且是世界上人口最多、经济发展又相当缓慢的国家。

---

① 孙中山：《中国问题的真解决——向美国人民的呼吁》，《孙中山全集》第一卷，中华书局1981年版，第253页。

中国的经济不能飞速发展、人民的生活得不到保证便是社会动荡和不安的根源。所以，孙中山非常重视中国的经济发展。早在第一次世界大战甫完前夕，孙中山就开始从事研究国际共同发展中国实业的问题，"盖欲利用战时宏大规模之机器，及完全组织之人工，以助长中国实业之发达，而成我国民一突飞之进步；借以助各国战后工人问题之解决。"唯由于各国人民久苦于战争，无法帮助中国，但孙中山坚信"将来各国欲恢复其战前经济之原状，尤非发展中国之富源，以补救各国之穷困不可也"。"中国富源之发展，已成为今日世界人类之至大问题，不独为中国之利害而已也"。① 所以，中国经济的发展不仅是中国的问题，而且是世界各国共同关注的问题。可见，孙中山不是孤立地以狭隘的民族主义意识去审视社会的发展问题，他是从世界看中国，又从中国看世界，尽量使中国的实业发展与世界发展的趋势相吻合，使中国与外国在发展经济时相得益彰。"为了使中国和世界明达之士了解他的建设主张"，1919年8月1日，孙中山命胡汉民与戴季陶、廖仲恺、朱执信等在上海创办《建设》杂志，作为宣传国际共同开发中国的思想和主张，以及作为指导中国经济建设的舆论阵地。孙中山为《建设》杂志撰写了《发刊词》，说明创办本刊的宗旨为"以鼓吹建设之思潮，展明建设之原理，冀广吾党建设之主义成为国民之常识，使人人知道建设为今日之需要，使人人知建设为易行之事务。由是万众一心以赴之，而建设一世界最富强最快乐之国家，为民所有，为民所治，为民所享者，此建设杂志之目的也。"②《建设》杂志为月刊，以6期为1卷，至1920年7月1日出满第二卷，中间因粤军回粤的军事影响，停刊了4个月，至12月出版第三卷1期而止，共出13期。③《建设》杂志连载孙中山《实业计划》中译稿与《地方自治开始实行法》等。正如傅斯年所指出的：中山先生在上海创办《建设》杂志，实给当时的文化运动以绝大的政治动向。因为孙中山"觉得专是一种文化的革新是不足的，必有政治的新生命，中国才能自立；必有政治的新方案，中国才能动转"。中山先生提倡中国近代化"之功绩是后来中国人所万不当忘的"④。近代化是世界发展的趋向，每一国家都要经过近代化发展阶段，但发展模式又不可能是同一的，所以，每一个国家都有自己的不同发展道路，强求一个模式是不可能的。但如果因此就认为近代化发展只是各自国家内部的事情，与外国无关，这也不符合事实。每一个国家的

---

① 孙中山：《建国方略之二：实业计划（物质建设）自序》，《孙中山选集》，人民出版社1981年版，第212页。

② 孙中山：《〈建设〉发刊词》，载《建设》1919年第一卷第1号。

③ 参见吕芳上著：《朱执信与中国革命》，台北东吴大学"中国学术著作奖助委员会"1978年版，第242页，又见蒋永敬编：《胡汉民先生年谱》，台北商务印书馆1981年版，第240～241页。

④ 参见吴相湘著：《孙逸仙先生传》，台湾远东图书公司1982年版，第1375页。

工业化都必须借助外国的技术，也需要外国的市场，但发展之权正如孙中山所言："操之在我则存，操之在人则亡，此后中国存亡之关键，则在此实业发展之一事也。"① 为了实现人类进化之目的"即孔子所谓'大道之行也，天下为公'，耶稣所谓'尔旨得成，在地若天'……化现在之痛苦世界而为极乐之天堂"，需要全人类共同努力。"近代文明进步，以日加速，最后之百年已胜于以前之千年，而最后之十年又胜已往之百年，如此递推，太平之世当在不远。"② 基于此种认识，孙中山强调要用社会进化的观点去审视世界的进步，今胜于昔，这是历史的必然，也是科学技术经济发展的必然。所以，维护世界和平，发展科学技术，建设一个科学昌明、经济发达、人民安乐、政治修明、社会文明和具有崇高道德的新世界是全人类的共同愿望。

民族主义只能发展为国际主义，不能发展为民族帝国主义、霸权主义，因为后者最终将成为危害人类和世界和平与各国社会安定的乱源。

（1999年）

---

① 孙中山：《建国方略之二：实业计划（物质建设）自序》，《孙中山选集》，人民出版社1981年版，第212页。

② 孙中山：《建国方略之一：孙文学说——行易知难（心理建设）》，《孙中山选集》，人民出版社1981年版，第156～157页。

孙中山的民族主义思想与中国的现代化建设

民族主义是什么？应该如何看待民族主义？这是一个相当旧的课题。然而，由于世界局势的演变，民族主义又成为当今学术界关注的热门话题。本文通过对19世纪末20世纪初年（清末民初）孙中山民族主义思想产生的背景及其内涵、特征的考察，论证民族主义的功能，旨在说明民族主义不能只理解为一种强烈的情绪，而是一种更深层次的精神和意识。通过对孙中山民族主义思想作个案分析，阐明民族主义虽然不像一些人说的那么好，但也不是一无是处。民族主义作为民族文化的积淀，它必然具有不可抹杀的对内和对外两重意义。当然，民族主义也有消极的一面，如果处理不好，就会带来不利的影响。所以，对待民族主义思潮要作具体分析，不能采取简单的方式，要么全盘肯定，要么彻底骂倒。

本文要重点说明的一个问题，就是民族主义与中国的现代化建设的关系。我认为民族主义与现代化建设并不是二律背反。

一

近代中国的民族主义思潮萌发于19世纪末，形成于20世纪初年。民族主义思潮在中国兴起是帝国主义和中华民族矛盾尖锐化的产物，也是国内清朝政府对各族人民实行民族压迫的结果。所以，它是国内各族人民共同反对清政府民族压迫政策的产物，也是中华民族共同"反对帝国主义的副产品"[①]。民族主义作为一种救国的力量，作为民族凝聚的核心和民族振兴的精神，它不仅具有民族的动员作用，而且也具有强烈的民族认同感。

近代中国的民族主义思潮是知识分子在走向革命过程中关心国事、关心民族的前途和命运，通过进步刊物的传播和革命者的宣传逐步形成和鼓动起来的。他们通过各种传媒"述英雄之伟业，借文字为鞭策之资；伤祖国之沦亡，发大声以

[①] （美）史扶邻（H. Z. Schiffrin）著：《孙中山与中国革命的起源》，丘权政、符致兴译，中国社会科学出版社1981年版，第256页。

醒同胞之梦"①，广泛深入地进行"保国保种"的爱国主义宣传。他们在宣传中着重告诉民众说：由于帝国主义的侵略和清政府的衰弱，使"吾数千年神明之胄，也将迫之于山之巅、水之涯，行将尽其类而后已，寰宇虽大竟无容足之区，病将死矣，曾不知其病之所在死之所由"。由此，他们感叹地告诫国人："呜呼，今吾不再拭一掬泪以为吾同胞告，则吾恐终为所噬而永永沉沦万劫不复也。乃言曰：今日者，民族主义发达之时代也，而中国当其冲，故今日而再不以民族主义提倡于吾中国，则吾中国乃真亡矣。"② 可见，民族主义是在救亡的思想指导下，迅速在中国传播开来的。

至于什么叫民族主义，在20世纪初的中国也没有一个明确的概念。

有人说："合同种，异异种，以建一民族的国家，是曰民族主义。"③

有人说："凡民族必被同一之感，蒙具同一之知觉，既相亲比以谋生活矣，其生活之最大者为政治上之生活，故富于政治能力之民族，莫不守形造民族的国家之主义，此之主义名民族主义。"④

有人说：民族主义"是说一族有一族的界限，不该拱手让人，那异族胡儿，妄自称尊的，定要把他一举扫荡的了"⑤。

还有人说："民族主义者，复仇主义也。"⑥

以上这些都是从族类观念去界定民族主义的含义，目的都是在论述民族主义是革命的必要，也是建立和巩固民族国家的必要。

由此可见，20世纪初中国民族主义思潮的兴起，是在"排满"反清这个具体的条件下发生的，但它绝不是孤立的现象，它是20世纪东方政治文化的重要组成部分，是反对帝国主义、殖民主义，为建立和巩固民族国家，争取政治经济独立和发展社会文化的进步思潮。它的发生发展过程，决定了中国各民族在政治上的参与形式和在文化上的结构模式，成为东方社会发展的主要文化因素。⑦

---

① 辕孙：《露西亚虚无党》，载《江苏》杂志第4期，1903年7月，又见张枬、王忍之编：《辛亥革命前十年间时论选集》第一卷，下册，生活·读书·新知三联书店1960年版，第569页。

② 余一：《民族主义论》，载《浙江潮》第1、2期，1903年2、3月，又见张枬、王忍之编：《辛亥革命前十年间时论选集》第一卷，下册，生活·读书·新知三联书店1960年版，第485～492页。

③ 张枬、王忍之编：《辛亥革命前十年间时论选集》第一卷，下册，生活·读书·新知三联书店1960年版，第486页。

④ 精卫（汪兆铭）：《民族的国民》，载《民报》第1、2期，1905年10、11月。

⑤ 弃疾（柳亚子）：《民权主义！民族主义！》，载《复报》第9期，1907年5月。

⑥ 参见民：《伸论民族、民权、社会三民主义之异同再答来书论"新世纪"发刊之趣意》，载《新世纪》第6期，1907年7月。

⑦ 参见彭树智著：《东方民族主义思潮》，西北大学出版社1992年版，第15页。

民族主义如果作为一种思潮，它便包含民族的政治信仰、情感、思维方式和伦理价值观等内容；如果作为民族的文化意识，它就是被一个国家或民族大多数人认同的一种深层的观念：一是表现为对本民族的认同；一是表现为对其他民族的态度。而孙中山的民族主义是东方政治民族主义，它主要的表现是特别重视民族意识，它的主要任务是反对清朝的民族压迫，实现民族平等与反对帝国主义和殖民主义，实现中国与外国民族平等。然而，奇怪的是，作为三民主义政纲和革命学说的创始者孙中山，在1905年宣布他的民族、民权和民生三民主义时，他只是说："罗马之亡，民族主义兴，而欧洲各国以独立"，并没有就民族主义概念作明确界说。他不去强调民族主义的重要性，倒是强调"今者中国以千年专制之毒而不解，异族残之，外邦逼之，民族主义、民权主义殆不可以须臾缓"。①这表明孙中山的民族主义思想不仅不是单纯的"排异族"，而且同建立民主共和政制的民权主义相结合，带有明显的反对内外民族压迫，结束"异族残之"、"外邦逼之"的生存环境，实现民族平等和主权在民的民主共和理想。所以，他反对种族复仇。他说：民族主义"是从种性发出来，人人都是一样的"；"满洲人关到如今已有二百六十多年，我们汉人就是小孩子，见着满人也是认得，总不会把来当作汉人。这就是民族主义的根本。但是有最要紧一层不可不知：民族主义并非是遇着不同族的人便要排斥他，是不许那不同族的人来夺我民族的政权"。他强调，"民族革命的事不怕不成功。惟是兄弟曾听见人说，民族革命是要尽灭满洲民族，这话大错。民族革命的原故，是不甘心满洲人灭我们的国，主我们的政，定要扑灭他的政府，光复我们民族的国家。这样看来，我们并不是恨满洲人，是恨害汉人的满洲人。假如我们实行革命的时候，那满洲人不来阻害我们，决无寻仇之理。"②

由此可见，孙中山的民族主义是反对"满洲民族"主政，从根本上说，是由谁来掌握国家的政权、推行什么政治制度的问题。所以，他鼓动民族主义是为了倾覆清朝政府，"光复我们民族的国家"，这是毫无疑问的。但是，"恢复中华"后，建立"国民政府，凡为国民皆平等以有参政权。大总统由国民公举。议会以国民公举之议员构成之。制定中华民国宪法，人人共守。敢有帝制自为者，天下共击之！"这也是人所共知的事实。然而，什么叫民族主义？在1924年以前，孙中山一直没有界说。这可能与孙中山是从政治学方面去使用民族主义，不是从学理上去理解和阐释民族主义有关系，所以他不太重视概念。但照我的理解，最主要的原因是孙中山不便说，而不是孙中山不能说。如果从1905年8月中国同盟会成立、孙中山开始宣传民族主义算起，直到1924年1月他开始系统

---

① 孙中山：《〈民报〉发刊词》，载《民报》第一号，1905年10月。
② 孙中山：《〈民报〉周年纪念大会上的演说》，载《民报》第十号，1906年12月。

讲演三民主义时，他才开始界说民族主义的概念，其间历经将近20年，说明孙中山对民族主义的态度非常认真，也说明对于同时代的许多革命者乃至学人关于民族主义的界说他不一定同意，但他采取只要有利于动员人民起来反清和反对列强侵略，就让他随便说去的宽容态度，不加任何干预，也不明确表明自己的态度。到了晚年，因为他要系统地宣讲他的民族、民权、民生三民主义思想，让国民党员和国民全面、系统、正确地了解和掌握他的理论，他才不得不对自己的民族主义思想有个阐释。

孙中山说："什么是主义呢？主义就是一种思想、一种信仰和一种力量。""因为三民主义系促进中国之国际地位平等、政治地位平等、经济地位平等，使中国永久适存于世界。所以说三民主义就是救国主义。""民族主义就是国族主义。"什么是国族主义呢？用孙中山的话来说，就是"一个民族造成一个国家"。[①] 这个解说不仅跟中国的历史实际不符，而且也十分模糊，故不能认为是一种科学的界定。

所以，民族主义是一个含义十分广泛，又没有明确界定过的思想（或思潮）。不同的国家或不同的民族有不同的民族主义，不同的民族主义产生于不同的环境，它必然有不同的追求和表现。因此，对不同国家和不同地区，抑或不同民族所提倡的民族主义应有不同的评价标准，不能一概而论。

据高雄中山大学姜新立教授的研究，他认为民族主义的类型非常多。他列举了下列种种，指出：怀庭（W. Whitnen）认为民族主义的类型有"开放的民族主义"（Open Nationalism）和"封闭的民族主义"（Closed Nationalism）。哈斯（Ernst B. Hass）从现代史着手，提出七种民族主义意义类型，其中四种属革命性的民族主义，三种属兼容性的民族主义。埃特（Peter Alter）在 *Nationalism*（1900）一书中又将民族主义分为重生的民族主义、革新的民族主义、集合的民族主义。此外，普拉米那兹（J. Plamenatz）认为，民族主义基本上是一种文化现象，故他把民族主义分为西方型文化民族主义和东方型文化民族主义。而卡明卡（Eugene Kamenka）则把民族主义当作一种政治意识形态，所以，他认为只有政治民族主义，没有其他元类型。相反，约翰逊（Harry G. Johnson）则从经济学出发，认为只有经济民族主义，而无其他元类型。[②] 然而，西北大学的彭树智教授在他的论著《东方民族主义思潮》一书中，从政治文化的概念去界定，认为民族主义可分为西方民族主义和东方民族主义两种类型。他在书中提到，美国威斯康星大学历史系波鲁克·

[①] 孙中山：《三民主义·民族主义第一讲》，《孙中山选集》，人民出版社1981年版，第616～618页。

[②] 参见姜新立：《民族主义的几种类型》，香港中文大学中国文化研究所编：《二十一世纪》杂志，1993年4月号，总第16期。

L. 穆塞尔博士在中国讲学时，以非洲民族主义为例，认为仅是非洲民族主义就有四种：阿拉伯民族主义、种族民族主义、宗教民族主义、本地民族主义。① 正是基于民族主义的种种表现，有的学者便将民族主义分为政治民族主义、经济民族主义、文化民族主义、种族民族主义。总之，在这种类繁多的民族主义中，有一些并不都是排外的、封闭的。而且民族主义，尤其是东方民族主义属于殖民地民族主义范畴，它是在帝国主义的侵略、掠夺下刺激起来的，所以它具有防御性。它为民族或国家的主权而呼喊，强调民族本身的优越，强调民族文化的传统，强调民族的自尊、自信、自豪，具有强烈的凝聚力，这种民族主义显然不是排外的，而是为了防御侵略、维护自己国家的独立和民族的生存权，因而具有明显的合理性和正当性。所以，对待各种民族主义要以一种正常的心态去理解、去审视，采取正确的态度去对待。肯定哪些内容和表现，又否定哪些内容和表现，歌颂哪些民族主义，批评哪些民族主义，都离不开提倡民族主义思潮的具体人的思想倾向。正如清末革命者所言：如果通过鼓吹民族主义达到建立民族国家，这是可以理解的，但如若通过鼓吹民族主义去消灭其他民族的国家，这是必须防止的。因为只有"民族的国家，乃能发挥其本族之特性；惟民族的国家，乃能合其权以为权，合其志以为志，合其力以为力……国家之目的，则合人民全体之力之志愿，以谋全体之利益也"。民族不能统一，"则不能成国"，"国不能统一则不复成国"，所以"民族主义者，对外而有界，对内而能群者也"。"内力不充，自相离乱，而适以处民族膨胀压力最盛之时代，是犹复空杯于水，而欲水之不入其中也，其可得欤！"② 对民族主义作这种申说，我认为是相当理性的。所以，对清末中国民族主义思潮的兴起，应做冷静的思考和分析。此外，民族主义作为国际政治学上最模糊的理论概念，由于各个国家和民族的具体的历史环境和现实追求不同，因此，民族主义的类型和特征也不一样。凡此种种，便"成为民族主义理论研究的新鲜课题"③。因此，加强对近代中国民族主义的研究，并对其做出正确和合理的评估，这不仅是学术的问题，而且也是现实社会的重要问题。

二

孙中山的民族主义属于什么类型？有人说是"革命性的民族主义"；有人说是在外患折辱下，"中国社会亟思摆脱贫弱寻求富强的民族主义"；有人说是与"革命排满"同义；有人说是"传统的民族主义"；有人说是为建立民族国家，

---

① 参见彭树智著：《东方民族主义思潮》，西北大学出版社1992年版，第3～18页。
② 余一：《民族主义论》，载《浙江潮》第1、2期，1903年2、3月。
③ 参见姜新立：《民族主义的几种类型》，香港中文大学中国文化研究所编：《二十一世纪》杂志，1993年4月号，总第16期。

集中全力进行政治斗争和军事斗争的"政治民族主义";有人说是"文化民族主义和近代民族主义的混合物";有人说是混合了对欧洲的羡慕、怨恨和恐惧,具有"双重意义的民族主义";有人说是反对殖民主义、帝国主义的东方民族主义。还有种种,不一而足。为什么会产生这么大的歧异?这主要是因为有的学者只看到孙中山民族主义表层的形式,而没有从他的言论和行动中去窥视它的深层意识。从表面上看,孙中山在开始从事反清革命时,的确提出"驱除鞑虏"、"排满"的口号,而且还讲过满族入关建立清朝政府使中国"亡国","驱除鞑虏"是为了"光复汉族",建立汉族的国家。如果单纯地从这些言论去看,孙中山明显地存在族类民族主义思想。这种狭隘的民族主义虽然具有很强的鼓动性,但鼓吹族类民族主义的消极影响是在民族之间造成情绪化的不信任感,会激化民族之间的矛盾,产生疏离行为。对于这一层面的危害,应该说,孙中山的认识是有一个过程的。因为同盟会成立后,民族主义思潮盛极一时,引起了社会的全面反响,有赞成,有反对,也有不赞成也不反对的。所以,在孙中山发动南方滇桂粤各省国民起来反清起义时,便遇到在这几个民族杂居的省份如何处理各个民族之间关系的突出问题。经过思考,孙中山明白在中国这样一个多民族国家里,宣传民族主义,建立民族国家,绝不能是建立汉族的民族国家,而应该是建立"中华民族"的共和国,用他的话说是建立一个汉、满、蒙、回、藏五族共和的民族国家。所以,正如鲍绍霖先生在他的专著《台独幕后——美国人的倡议与政策》一书中所说:近代中国人目睹自己的国家遭受殖民列强的瓜分。他们鼓吹民族主义的目的是"在于民族图存,最为紧迫的是摆脱外国剥削,实现领土完整,而不是建立众多的民族小国"[1]。民族主义在近代中国兴起,"它意味着在反抗外国侵略中唤起爱国主义和民族精神"。"孙(中山)和中国的其他知识分子都主张民族主义,这不仅因为他们不满于满洲人的统治,而且因为民族主义可以使他们摆脱落后少数民族的专制枷锁,焕发汉人的活力。"[2] 孙中山晚年在民族主义讲演中强烈地指责帝国主义列强推行"世界主义"政策,运用强权政治去侵略别的国家,弄得全世界不得安宁。但他在讲演中又将国家的统一和民族的团结视为民族生存发展的重要前提,并表示要将欧美各国已往的历史作为教材教育全国人民认识:振兴民族主义是为了改变国家的衰弱,我们要振兴中华,但也不能去消灭别的国家和民族。所以,孙中山的民族主义的核心思想是为了实现国家的独立和民族的平等。他不是为了复仇,更不是为了建立一个汉族人的政权,也不是为了

---

[1] 鲍绍霖著:《台独幕后——美国人的倡议与政策》,中华书局香港分局1992年版,第53页。

[2] 鲍绍霖著:《台独幕后——美国人的倡议与政策》,中华书局香港分局1992年版,第51页。

振兴中华去侵略其他国家。所以,孙中山鼓吹民族主义的潜意识是为了结束"满洲以一民族宰制于上"的民族压迫制度,实现汉、满、蒙、回、藏"五族共和",完成祖国的统一和"中国民族自求解放",实现"中国境内各民族一律平等"①。基于此,我认为,孙中山的民族主义思想是中西文化经过复杂化合作用的产物。他是在继承中国传统的民族意识和吸收西方民族主义思想的基础上来创造自己的民族主义学说,并确立建国的目标:实现中华民族的独立、统一、民主和富强。正因为这样,孙中山的民族主义思想不仅反映了当时中国社会的经济、政治和文化的发展情况,也反映了亚洲殖民地反对帝国主义、殖民主义,争取实现民族独立、民主和富强的强烈愿望。所以,孙中山的民族主义属于东方殖民地政治民族主义思想范畴。它是指导中国和东方民族运动和民族国家体系建立的理论基础,是一种具有爱国主义和国际主义倾向的进步思潮。② 这种思潮不仅对内反对大汉族主义和地方民族主义,反对种族歧视,坚持中国境内各民族一律平等,而且对外也坚持"必须唤起民众及联合世界上以平等待我之民族,共同奋斗"③,实现"废除不平等条约",结束被帝国主义侵略之历史,免除"帝国主义加诸中国的半殖民地状况之羁缚"④。

可见,孙中山的民族主义思想反映了近代中国爱国、革命、建设和争取实现民族独立、国家统一和富强的时代主题,因此,它是一种进步的思潮,并发挥了巨大的精神力量,唤醒了中国,鼓舞了几代中国人。⑤ 应该指出,近代中国也曾经存在过族类民族主义的分裂活动,以及文化保守主义的复古倒退行为和经济民族主义的自我保护封闭现象,但它始终都只是近代中国民族主义的支流,成不了主流。只有以孙中山为代表的爱国革命派所代表的中国民族主义思潮,在维护中国的尊严和文化传统爱国主义原则下,坚持改革和开放的方针,为实现振兴中华确立了理论基础,充分展示了近代中国民族运动的时代风貌。毫无疑问,只有这种民族主义才体现了中国人民的意志和愿望,成为近代"中国民族主义的主

---

① 孙中山:《中国国民党第一次全国代表大会宣言》,《孙中山选集》,人民出版社1981年版,第591页。

② 参见林家有著:《论孙中山民族主义思想的特征》,载高雄中山大学中山学术研究所编:《中山社会科学学报》,1994年第八卷第1期。

③ 孙中山:《国事遗嘱》,《孙中山选集》,人民出版社1981年版,第994页。

④ 孙中山:《致苏俄遗书》,《孙中山选集》,人民出版社1981年版,第995页。

⑤ 参见林家有著:《孙中山振兴中华思想研究》,广东人民出版社1996年版,第131～138页。

流"①。

为什么只有孙中山的民族主义才体现了中国人民的意志和愿望呢？那是因为孙中山民族主义思想的理论基础符合中国人的心态，体现了文化调和和交融的实际。谈到孙中山民族主义思想的理论基础，正如一位德国学者所指出的，它有两个方面：一方面是"复古的，保守的"，一方面是"革命的，学西方的"。所以孙中山是孔夫子的信徒，也是基督的信徒。②正因为它是"复古的，保守的"，所以他具有"华夷之辨"的"族类"观念，他坚持汉族文化的优越地位，强调以汉族作为凝聚的中心，不承认在总体上汉族有向其他少数民族学习的必要性。这种华夷等级秩序观念与新时代的国际秩序以及外交准则发生了尖锐的对立和冲突。这种对立与冲突发生在古老的封建帝国——中国与新兴的资本主义殖民帝国——西方列强之间，标志着中国的封建主义文化与西方的资本主义文化之间总决战的开始。然而，孙中山毕竟与中国传统的士大夫不完全相同。孙中山认为，中华民族在几千年的历史发展中，已逐渐形成了自己的文化特点，构成了相对稳定的格局和稳定的体系，所以，他认为应该弘扬自己民族文化的优秀部分，强调要继承中国从孔夫子以来"固有的道德"、"固有的知识"、"固有的能力"，并发扬光大，让其成为中华民族发展的基础。然而，他并不认为，中国所有的传统文化都优于西方的资本主义文化，所以，他认为中国也有向西方先进国家借鉴和学习的必要，这种心态使孙中山对中外文化采取调和择优而取、优优互补的态度。因为它具有"革命的，学西方的"内涵，因此，他又反对极端排外的华夏中心主义，主张开放主义，向外学习，取法乎上，表现出他具有兼容并包的民族文化观，具有主动地积极地将民族性与时代性相结合的特征。他指出，如果一个民族实行自我封闭政策，这等于民族的自杀。正因为过去中国"素自尊大，目无他国，习惯自然，遂成为孤立之性"。由于孤立自大由来已久，"未知国际互助之益，故不能取人之长，以补己之短"③，阻碍了中国的发展。中国要进步，社会要前进，国家和民族要富强，就必须采取"开放主义"政策，改变中国"荒岛孤人"地位，否则，中国的一切振兴都无成功之可能。他指出，只要改变我们的思维方式，举国一致，欢迎"列国之雄厚资本，博大规模，宿学人才，精练技术，为我筹划，为我组织，为我经营，为我训练，则十年之内，我国之大事业必

---

① 参见林家有著：《辛亥革命与民族问题》，中山大学出版社1992年版，第222页；（美）史扶邻（H. Z. Schiffrin）著：《孙中山与中国革命的起源》，丘权政、符致兴译，中国社会科学出版社1981年版，第7页。

② 参见（德）海法特（H. Herrfahrdt）著：《孙中山传》，王家鸿译，台湾商务印书馆1978年版，第75页。

③ 孙中山：《建国方略之一：孙文学说——行易知难（心理建设）》，《孙中山选集》，人民出版社1981年版，第187页。

能林立于国中，我实业之人才亦同时并起"，"若必俟我教育之普及，知识之完备而后始行，则河清无日，坐失良机"。所以，"治本为先，救穷宜急"①，就成为孙中山利用民族主义实现求强求富的基本主旨。孙中山将民族主义视为"救国主义"，既包含救亡图存、振兴中华的意义，又具有发展中国经济和文化教育，"学欧美之所长"与"欧美并驾齐驱"的潜在意识。所以，孙中山的民族主义思想在理论和实践上都有他的突出贡献，它不仅概括了时代的要求和历史的进步，也初步完成了对中国传统族类民族主义思想的破坏性使命和近代中国民族主义的建设性使命，为解决近代中国民族问题提出了不少带有创见的原则和政策。

总之，孙中山作为近代中国民族运动的领袖，他把反映民族情感的民族主义同弘扬中华民族的精神、继承和发扬中华民族的优良传统，以及反对外族压迫的历史事件结合起来宣传民族主义，实现了避免殖民主义瓜分和建立民主共和国的目的，从而为中国的现代化道路奠定了基础。又由于他具有国际主义和"天下为公"的互助思想和精神，也给亚洲人民以极大的鼓舞。孙中山的民族主义思想是他留给中国和亚洲人民的一笔珍贵的遗产，继承这笔遗产不但不会使中国走上文化保守主义的道路、妨碍中国现代化的发展，反而对于重振亚洲雄风、全面振兴中华、实现中华民族的伟大复兴具有重要的现实意义。

三

由于苏联的解体、东欧和中东及其他一些地区民族分裂战争的加剧，1989年以后常被人们称作后"冷战"时期的开始，民族主义再次兴起，并成为当前最令人关注的思想潮流。在中国大陆、台湾和香港，民族主义也成为热门的话题。

应该如何看待民族主义思潮？本文前面通过对19世纪末20世纪初（清末民初）孙中山民族主义思想产生的背景、内涵和特征的考察，论证了孙中山民族主义思想的功能和历史使命，以及它所起的作用和应该注意的问题，给我们很多启示：

第一，应多强调爱国主义，少讲民族主义。民族主义作为一个民族的深层意识，它是团结和维系民族团结和统一的精神纽带，具有不可抹杀的对内和对外两重意义。但是，狭隘民族主义带有分离分裂和盲目排外的倾向，属于一种封闭的、自我阻隔、激化仇外情绪的意识，存在明显的消极影响。所以，在一个多民族的国家里，不宜过多地强调民族主义，只能强调爱国主义。国家和民族是两个不同而又有联系的概念，民族不等同于国家，民族主义也不等同于爱国主义。民

---

① 孙中山：《建国方略之一：孙文学说——行易知难（心理建设）》，《孙中山选集》，人民出版社1981年版，第191页。

族是人民的共同体,国家则是管理人民的统一机构。民族主义是民族的意识和行为,爱国主义是一个国家所有民族对国家所表示出的一种深厚的情感和奉献精神。民族主义与爱国主义有部分与全体之区别。中国除了主体民族汉族之外,还并存有五十多个少数民族,如果用中国各民族认同的中华民族来代替中国,虽然不十分恰当,但从宏观上看,大体上可以说是符合实际的;但以汉族代替中国就不对了。在这个问题上,孙中山的观点是有失偏颇的。比如,他说:"合汉、满、蒙、回、藏而成一家,亦犹是一族",又如,他说:"中国自秦汉而后,都是一个民族造成一个国家",所以他指出,按照中国历史上的习惯情形讲,"民族主义就是国族主义"。[①]他还指出,过去中国人最崇拜的就是家族主义和宗族主义,因此,中国只有家族主义和宗族主义,没有国族主义,而现在国家面临着各种危机,为了救国必须提倡"国族主义"。国族主义,也即民族主义。由此可见,孙中山的民族主义等于"国族主义",等于"救国主义"。这是孙中山从各个民族融合为一个大民族的视角去谈论民族主义,但实际的情况是,中国在近期内不仅不可能融合为一个民族,而且在一个相当长的时期内,中国的各民族也不可能自然融合为一个民族。因此,孙中山的国族主义构想也只是一种虚幻的、缺乏实际意义的东西。所以,他的民族主义如果作为中华民族的主义来说可以解释为国族主义,如果仅就中国的某民族而言,不等于国族主义,但是可以说是救国主义。救国主义当然也可以说是爱国主义,但民族主义也不能等同于爱国主义。因为中国的情况很特殊,对外而言,代表中国的是中华民族,但中华民族又包括许多小民族(如汉、满、蒙、回、藏、苗、瑶、壮、高山等族),汉族有汉族的民族主义,少数民族也有少数民族的民族主义。所以,在中国这个特殊的环境里,民族主义应该是爱国主义,但也不一定都是爱国主义。所以,只讲民族主义,不讲爱国主义,容易造成误解,还会助长狭隘大民族主义和地方民族主义的生成,影响民族的团结和国家的统一。因此,我们只能强调爱国主义,不宜过多地提倡和强调民族主义,只能将热爱本民族与热爱本国各兄弟民族共同缔造的祖国结合起来才是正确的导向。在中国,民族主义不等同于国族主义,也不等同于爱国主义。每一个民族都应有它的民族主义思想,但更加重要的是,要具有深沉的国家意识和爱国的观念,不论哪一个民族的成员都应该有国家的观念,并树立爱国主义精神。我不同意将中国人民的"爱国主义看作是传统民族主义的陷阱"的看法,相反,我倒认为在我们这个多元统一体的民族国家里,必须牢牢地树立爱国主义思想,只有这样才能巩固和维护祖国的统一。所以,爱国主义是永恒的主题,如果在一个多民族的国家里没有爱国主义作为联结各民族的精神纽带,势必会造成

[①] 孙中山:《三民主义·民族主义第一讲》,《孙中山选集》,人民出版社1981年版,第617页。

国民无所依托。国民爱国心重者其国强，反之则弱，国民对生于斯长于斯的国家没有一种深厚的感情，就会有疏离感，产生离心的倾向。我们应该像孙中山一样，在中国确立民族主义，就是要在中国确立统一国家的观念；在中国宣传民族主义，就是在中国宣传爱国精神。孙中山不仅把争取本民族的独立与解放作为自己民族、民主主义革命思想与活动的出发点，而且还把中国的独立解放与保护、扶助邻近国家和弱小民族作为中国义不容辞的责任。所以，孙中山是中国的民族主义者，也是国际主义者。他把民族主义和国际主义结合起来，把国际主义和世界主义区别开来。国际主义根植于民族主义之中，民族主义包含国际主义。这就表明，孙中山充分意识到狭隘民族主义的危险，并在晚年作三民主义讲演时，将民族主义定义为反对帝国主义侵略，收回失去的主权，废除一切不平等条约，实现祖国统一和民族平等。这就把他的民族主义思想升华到一个新的高度，使他的民族主义思想代表了20世纪中国近代民族主义思想的主流。

第二，民族主义与现代化并不矛盾，应正确处理两者的关系。民族主义与现代化建设的关系问题，成为当今人们议论的焦点。有一种观点认为，中国的民族主义与现代化两者在本质上是相互对抗的，要搞现代化就不能有民族主义。[①] 他们担心民族主义盛行会形成文化保守主义的强大势头，造成盲目排外，潜伏着危险的倒退。还有一种看法认为，民族主义势必造成民族自我中心文化滑坡的危险形势，不利于吸收国外的先进文化，促进中国的发展。我认为，现代化建设与民族主义是不矛盾的。因为现代化建设尽管是一种世界性的趋向，但由于各个国家的国情不同，每个国家的现代化建设都必须根据自己的国情，实行符合本国社会的建设计划，创立自己的建设模式。而且每一民族的现代化建设都必须以自己的力量为主，以外力为辅，所以现代化建设必须以我为中心，首先靠自己的努力，同时也要学习一切先进民族的科学技术和文明业绩。只有增强以我为中心的思想氛围，才能产生强大的动员力量，才能形成为保卫民族生存和为民族振兴献身的民族精髓；也只有以我为中心，才能正确地对外开放和吸收外来的先进文化。传统文化不一定都不好，外来文化不一定都先进，也不一定都符合中国的国情。开放不等于不加分辨地将外国的文化照单全收。有些外国的文化可以学，有些则不能学，外国人提倡的有些价值观可以认同，有些则要持保留意见。因此，对一些文化接受与否，首先要有深入的了解，其次要有筛选和选择。但是，选择必须以本民族的优秀文化为坐标，不能盲目拿来。如果放弃以我为中心，必然会无所适从，造成文化的震动和断裂，如是，现代化不仅化不起来，而且还会造成人心的躁动，失去联结和凝聚的中心。所以，我认为，强调搞现代化建设就主张淡化民

---

① 参见（美）白鲁恂（Cucian W. Pye）：《中国民族主义与现代化》，载香港中文大学中国文化研究所编：《二十一世纪》杂志，1992年2月号，总第9期。

族意识、削弱国家观念，这是一种误解，也是一种危险。当然，民族主义也是一种情绪化的意识，如果不能正确对待，也会造成自尊自大的倾向，造成盲目排外的民族主义意识形态，这当然不利于现代化建设。为此，现代化建设的核心不在于要不要保留民族主义，关键在于如何导引民族主义，使它能在维护民族利益的前提下，正确地处理好国内各民族之间以及中国与外国之间的关系，在团结奋进的氛围下从事现代化建设，在互利的国际环境中谋求发展。台北张玉法先生在他的《民族主义在国民党历史上的角色》一文中指出："中国自1950年代以来，大体已摆脱了帝国主义的威胁；中国所急切需要的，不是民族主义，也不是帝国主义，而是一个中外协合、互惠互利、共存共荣的国际主义。"[①] 我原则上同意张先生的意见。但不要民族主义首先是不要帝国主义，只要帝国主义列强不放弃干涉别国内政的霸权主义政策，只要帝国主义在世界事务中不收缩大棒政策、改变围堵战略，民族主义就不可能没有。比如，在今天的"后冷战"时代，以美国为首的一些西方国家为维护自己的国际霸权，大肆宣扬和鼓吹"中国威胁"的论调，采取"围堵中国"的战略，借所谓人权及其他一些文化习俗、宗教等问题，干涉中国内政，诽谤和指责中国人民。在这种态势之下，"中国可以说不"是很自然的。近代中国的民族主义都是在外力的欺侮下激发起来的，带有一定的情绪化，但是民族主义在一定的情势下也是一种强大的力量，是一种强大的反弹力量。

当一个伟大的民族在国际事务中总是不能得到它合理的、正当的地位和权益的时候，民族主义的反弹就势所必然。这种民族主义不是族类的差异，也不是意识形态的对立，而主要是国家和民族利益之间的摩擦。有国家民族之间的利益摩擦就会有压抑和反弹，就会有民族主义。但是，民族主义如果变成狭隘的民族主义意识，变为仇外的情绪，就很可能在国际事务中坚持对抗、排斥始于西方的现代化观念，容易产生狂妄自大、盲目排外的心态。中国的发展离不开世界，闭关锁国是不行的，它必须与全世界联系，充分利用全世界人民的精神财富和物质文明。为此，我认为完全抛弃民族主义在今天的中国是不可能的，也是不现实的，倒是如香港中文大学吴国光先生在他的论文《以理性民族主义抗衡"围堵中国"》中所提出的观点值得注意。他说：面对现在西方对中国实行"围堵"的民族政策，我们中国应该"建设理性民族主义"来抗衡围堵中国的帝国主义。正确的态度是"继续中国的逻辑，正视西方的逻辑；不必有战斗的意愿，但是有战斗的能力；并不寻求对抗，但是有实力进行对抗；学习西方的东西，但并不因此成为西方的附庸。一句话，我们要坚持民族主义，但是这是理性的而非激情的民

---

① 张玉法：《民族主义在国民党历史上的角色》，载香港中文大学中国文化研究所编《二十一世纪》杂志，1993年2月号，总第15期。

族主义,是开放的而非狭隘的民族主义,是以建设与变革本民族为核心的民族主义,而不是以排斥和凌辱他民族为目的"①的民族主义。

总之,在中国由传统社会向现代化社会转型的过程中,西方的自由化观念、中国的民族主义意识,以及其他的各种各样的思想都在中国扩散、流传,多元文化在相互交汇、撞击、选择与吸收,这是一种新气象,但往往也会造成人们的思想游离、失重和失衡。如果抓了现代化建设,就抛弃了民族的精神,淡化了国家的观念和国民的责任感,这样的现代化势必会使我们的国家和民族付出沉重的代价。因此,我认为,不仅在 20 世纪,就是在 21 世纪的中国现代化建设中,都会有民族主义,在坚持民族主义的同时更要坚持国际主义,否则难有精神的凝聚,难有自己的特色。如果只抓物质文明,不抓精神文明的建设,经济发展了,民族的优良文化和价值观丢失了,人的道德伦理观念淡化了,这就失去了理性民族主义的精髓。如果真的如是,在我们这样一个民族和人口众多、发展又很不平衡的国家里进行社会主义的现代化建设,就会失掉以国家为重、以民族利益为重的精神。正如孙中山指出的,"失了民族的精神,所以国家便一天退步一天","从前失去民族精神,好比是睡着觉;现在要恢复民族精神,就要唤醒起来"。② 没有强烈的民族精神,振兴中华就只是一句空话,没有全民族的团结奋进,中国的现代化建设也没有希望,复兴中华更遥不可及。所以,坚持孙中山将民族主义与国际主义结合起来的思想,承认本民族的特殊利益与其他民族利益的冲突和一致性,以一种正常的心态去坚持改革和开放,利用国际和平环境和外资外才来实现振兴中华和现代化的目标,才是中华民族命运之所在。为此,中国的现代化建设不是要不要民族主义的问题,而是如何强化中华民族认同、增进国民的爱国心,以及正确处理中国与世界的关系的问题。正确的态度和做法是,既要防止狭隘民族主义的抬头,又要防止民族虚无主义的产生;既要建构一种理性民族主义去抗衡世界的霸权主义、帝国主义;又要从政治民族主义逐渐转向经济民族主义,从排外、抗击外来侵略与掠夺,转向充分利用世界的文明来发展我们的民族和国家。这才是当今学者和国家领导人应当重点思考的重大课题。

(1999 年)

---

① 吴国光:《以理性民族主义抗衡"围堵中国"》,载香港中文大学中国文化研究所编:《二十一世纪》杂志,1996 年 4 月号,总第 34 期。
② 孙中山:《三民主义·民族主义第六讲》,《孙中山选集》,人民出版社 1981 年版,第 679 页。

孙中山对中国国情的认识

近代史上,英国侵略者发动侵略中国的鸦片战争,导致中国沦为半殖民地半封建社会,也导致中华民族反抗外族侵略、争取民族独立、振兴中华的新的追求和觉醒。孙中山作为先进的中国人,无论是关心国家民族命运的爱国主义精神,或是认识问题的思想深度,都比他同时代的中国人要强烈得多和深刻得多。

孙中山虽然长期生活在国外,并从外国寻求救国真理,但他并没有离开中国的国情。他认为,对于西方资本主义侵略者,既要反对它,又要学习它,只有学习它的一切先进的东西,才能有效地抵御以至战胜它。但他又认为,中国也不是百事不如人,中国比西方强的东西也不少,中国不应自我菲薄。正是基于这种清醒的认识,他才投身到考察西方和中国的社会实际之中,通过认识世情(世界情形)和国情作为他领导中国革命和指导建设的出发点。

一

作为一个政治家、革命家,明了国情、把握国情非常重要。如果离开国情,盲目地引进外国的思想理论,采取不符合中国实际的革命斗争策略,革命必然会失败;如果离开中国国情,盲目地借用别国的经济建设经验,不能为我所用,经济建设也必然会造成失误。这是为无数事实证明了的客观真理。孙中山深知其中的道理,所以在长期的革命实践中,他非常注意研究中国历史情况和现实社会情况,把正确掌握国情列为办事之首,并为此大声疾呼,广为宣传。辛亥革命胜利,中华民国成立,孙中山荣任第一任临时大总统,他在《对外宣言书》中明确宣布:"吾人当竭尽心力,定为一定不易之宗旨,期建吾国家于坚定永久基础之上,务求适合于国力之发展。"[①] 告诫全国同胞要注意国情研究,并根据国情行事。他还根据中国的情况,一再强调:"今日五族共和,天下一家,建设方法非各省联络一气,同舟共济,万不足以建稳固之基础。"[②] 孙中山作为一个民主革命家、思想家,注重观察国情、研究国情,并重视实践调查,反复强调革命和

[①] 孙中山:《对外宣言书》,《孙中山全集》第二卷,中华书局1982年版,第10页。
[②] 孙中山:《在太原各界欢迎会的演说》,《孙中山全集》第二卷,中华书局1982年版,第470页。

建设都要"合乎中国国情",这正是他高明之处,说明孙中山懂得研究国情的重要性。然而,懂得了研究国情的重要性,并不等于已经把握了国情,也不等于真正认识了中国的国情。

国情,极为复杂。国情的复杂,一方面表现为一个国家各方面的情况具有多样性,其发展水平不一致,同时,各方面的问题又相互联系、相互影响;另一方面表现为各省情、市情、县情和各单位的情况千差万别,但同时又表现出它们之间的统一性。因此,要充分认识和把握国情,必须注意全面性、系统性。

所谓全面性,从内容上看,就是要全面地认识分析一个国家内部的经济、政治、文化、自然环境、人口等各方面的情况。内容不全,认识将失之偏颇。从范围来看,就是要注意把省情、市情、县情和本单位情况与国家的情况相结合。没有对具体的国情的充分认识,就不会把握一般的国情。

所谓系统性,就是要用联系的观点来辩证地分析全国各地区、各部门、各方面的情况。只有系统地认识、分析,才能充分认识到中国各方面情况的错综复杂性,既要看到中国各种问题的相互关系,又要看到各地因地区的差异性而导致的各方面发展的不平衡性。只有全面、系统地认识,才能克服狭隘的眼界,避免简单、片面的思想方法。

每个国家都有自己的国情。国情不同,治理国家所采取的路线、方针和政策也不同。中国的事情要按中国的情况来办,要依靠中国人自己的力量来办,对此,孙中山有深切的体会。但由于孙中山长期远离祖国,漂泊、辗转于世界各地,因此,他对中国的情况只能是一知半解,而且他了解国情首先是从乡情开始的,进而探索世情,最后力求了解和认识国情。所以孙中山对国情的了解既不全面,又不系统。在早年,孙中山"籍隶粤东,世居香邑"①,他只看到"农桑之不振,鸦片之为害"②,因此,他只能提出鼓励农功,"讲求树艺农桑",呼吁禁烟为民除害。稍长,由于孙中山有机会到檀香山和中国香港求学,接触西方社会,他留心考察欧美各国"富国强兵之道,化民成俗之规",反瞻祖国贫穷落后,感慨良多。然而,孙中山看到的只是中国的表象,不是中国的本质。他说:"快舰、飞车、电邮、火械,昔日西人之所恃以凌我者,我今亦已有之,其他新法亦接踵举行",中国所缺者只是人才、粮食和保商善法,他认为只要做到"百货畅流,商贾云集",财源就日裕,国势则日强。只要做到"人能尽其才,地能尽其利,物能尽其用,货能畅其流",国家就一定会富强。③ 这种以改革教育、造就人才、发展经济、实现富强的思想,尽管也反映了当时中国人民的强烈愿

---

① 孙中山:《上李鸿章书》,《孙中山选集》,人民出版社1981年版,第1页。
② 孙中山:《致郑藻如书》,《孙中山全集》第一卷,中华书局1981年版,第1页。
③ 孙中山:《上李鸿章书》,《孙中山选集》,人民出版社1981年版,第2页。

望，但是在半殖民地半封建社会的历史条件下，不改变封建的统治基础和上层建筑，决不可能实现国家的富强。然而，当时的孙中山还不可能有这种认识。

二

甲午中日战争后，由于民族危机的日益深重，也由于主张引进外国的科学技术、发展中国的经济、实现国家富强为目的的洋务运动的破产，使孙中山意识到"中国积弱，至今极矣"。其所以如此，乃在于"政治不修，纲维败坏"和朝廷"鬻爵卖官，公行贿赂"。[①] 因此，孙中山的思想发生了新的变化，认识到中国的问题在于清朝的腐败，在于"庸奴误国"，而要"振兴中华"，唯有"联络中外华人"，创立革命团体，立志推翻清朝。革命与改良，起初并非是根本对立的两条路线，而是当时中国的仁人志士对中国国情认识深浅不同而采取的不同救国主张。孙中山认识到要挽救中国的危亡，结束帝国主义"瓜分豆剖"中国的局面，必须首先推翻清朝政府的统治。这个主张毫无疑问比改良派的主张高了一个层次，因为它比较真实地反映了当时中国的实际和人民的愿望。清政府已经变成"洋人的朝廷"，只有推翻这个走狗政府，才谈得上促进中国的国际地位平等，才能使中国适存于世界；也只有推翻清政府，才谈得上解放生产力和发展资本主义经济，实现振兴中华的目的。但是，推翻清朝政府的问题摆在孙中山和其他资产阶级革命者面前，比摆在任何一个西方资产阶级民主革命时期那些革命家面前的问题和任务要复杂得多、尖锐得多和艰巨得多。既然中国是一个半殖民地半封建社会，革命要打倒的敌人，一个是帝国主义，一个是封建主义，革命的任务是要实现中国的民族独立、民主、统一和国家富强，结束半殖民地半封建社会的历史。

所谓帝国主义，不是指某一个帝国主义国家，而几乎是所有帝国主义国家都站在中国革命的对立面，仇视中国的革命；所谓封建主义，是指以清朝政府为代表的封建地主阶级以及依附于这个阶级的一切反革命官僚、封建士绅等反动势力。帝国主义和封建主义两股反动势力相结合，构成中国民主革命的强大反动势力，阻止和破坏中国的革命，维护半殖民地半封建社会的统治。中国的民主革命要完成反帝反封建、终结半殖民地半封建社会历史的任务，就必须联合一切革命的阶级、阶层和一切爱国革命的人士，如资产阶级、小资产阶级、农民、工人、华侨和其他爱国革命的会党、社团，形成强大的革命力量。但是，孙中山所代表的资产阶级是一个不成熟的阶级，由于经济上中国资本主义不发达，革命缺乏强大的经济实力作基础；政治上资产阶级又提不出坚决的反帝反封建的革命纲领；

---

① 孙中山：《香港兴中会章程》，《孙中山全集》第一卷，中华书局 1981 年版，第 21 页。

思想文化上资产阶级又没有能力彻底地批判旧思想、旧道德、旧文化，因此，攻不破帝国主义和封建主义的思想文化坚固联盟；军事上资产阶级更没有能够建立起一支有思想、有奋斗目标的忠于自己的军队，没有能够坚持武装斗争的道路，这些都反映了中国民族资产阶级的局限性。由于孙中山自己的经历比较复杂，看问题比较深刻，站得比别人高，看得比别人远，因此，他同其他资产阶级革命家如黄兴、宋教仁、章太炎等有所不同。这些不同表现在革命思想的系统性、革命的阶段性以及建立共和政权的程序等方面，但在依靠谁去革命、怎么革命等重大问题上，资产阶级革命领导人的看法基本上是一致的。这反映他们对中国国情的认识缺乏深度，也反映他们对半殖民地半封建社会中国面对西方列强侵略的回应缺乏坚定性。

毛泽东讲过："只有认清中国社会的性质，才能认清中国革命的对象、中国革命的任务、中国革命的动力、中国革命的性质、中国革命的前途和转变。所以，认清中国社会的性质，就是说，认清中国的国情，乃是认清一切革命问题的基本的根据。"① 也就是说，所谓认清中国的国情，就是认清中国社会的性质。由于孙中山没有能够认清中国近代的社会性质，因此，他也不能正确地认清中国革命的对象、中国革命的任务和中国革命的动力。孙中山在晚年作三民主义讲演时，虽然讲到中国是"列强的殖民地"，"中国不只做一国的殖民地，是做各国的殖民地；我们不只做一国的奴隶，是做各国的奴隶"。他不同意人们"叫中国做半殖民地"。他说：将中国叫作半殖民地"是不对的"，中国人从前只知道是半殖民地，便以为很耻辱，殊不知实际的地位还要低于高丽、安南。"故我们不能说是半殖民地，应该要叫做次殖民地"。② 所谓"次殖民地"，按孙中山的意思是比殖民地还要殖民地。按照孙中山的意思，中国既然是"次殖民地"，帝国主义与中华民族的矛盾就应该是中国最主要的矛盾，反帝、争取民族独立应该是中国首要的任务。可是在行动上，孙中山并没有将反帝作为主要目标。正由于孙中山"反帝不尖锐"，便削弱了他主观的社会改造手段。正由于革命领导者孙中山理论与实践的脱节、政治实践与思想认识的分离，不仅造成人民群众无所适从，更重要的是革命党人的软弱并没有换来帝国主义和封建势力的任何善意。帝国主义早就认定，中国的任何革命对于他们都是一种严重的威胁，因此，必须用一切办法来扼杀革命、制止革命的深入发展。这就增加了中国革命的难度。辛亥武昌起义后，随着共和国的建立，全新的社会观念便在基本经济结构大体不变的广阔

---

① 毛泽东：《中国革命和中国共产党》，《毛泽东选集》四卷横排合订本，人民出版社1968年版，第596页。

② 孙中山：《三民主义·民族主义第二讲》，《孙中山选集》，人民出版社1981年版，第635页。

农村形成了强烈的反差。共和国的建立并没有带来社会的振兴,民主和自由的观念也没有构成共和国的强大支柱。在帝国主义支持袁世凯窃取辛亥革命胜利果实后,社会反而更加混乱,发展的前景更加黯淡。可是,孙中山未能及时总结"反帝不尖锐"的教训,在"二次革命"和护国护法运动中,仍然未能高举起反帝的革命旗帜,这实在令人费解。人们用"软弱"、"妥协"这类词来形容我们的革命先行者固然有道理,但照我的看法,孙中山等革命先行者不敢明确地提出反帝的口号,主要的原因不在于他不了解帝国主义的威胁,而在于自己思想的局限,是在于其国情观的局限,使他对帝国主义抱有幻想,又看不到中华民族蕴含着巨大的反帝力量,从而妨碍了他的决断。

至于"半封建"一词,在孙中山的文章里找不到。所谓半封建,按照毛泽东在《中国革命和中国共产党》一文中的解析是:由于帝国主义列强侵略中国,"促使中国发生了资本主义因素,把一个封建社会变成了一个半封建的社会"①。半封建可以称之为"半资本主义",但它的实质不是属于资本主义,而是属于封建主义。可是孙中山似乎不太懂得这一点。在他领导辛亥革命期间颁布的许多革命文告中,不仅没有将19世纪末20世纪初中国的社会界定为半殖民地半封建社会,甚至连封建社会也没有界定过,当然,他也没有讲中国是资本主义社会,他只把清朝看作异族人建立的专制政权,是"次殖民地"社会。孙中山既然没有将清政府作为封建统治阶级的统治机构,因此,他反清的目的只是"覆彼政府,还我主权",实现"中国者,中国人之中国;中国之政治,中国人任之。驱除鞑虏之后,光复我民族的国家",建立国民政府,"敢有帝制自为者,天下共击之!"② 正由于有这种看法,孙中山在前期领导的革命带有明显的种族主义色彩。种族主义掩盖封建主义,这是孙中山反封建不彻底的重要原因之一。

三

孙中山在《中国同盟会革命方略》中,将实现革命目标的程序分为三期:第一期为军法之治;第二期为约法之治;第三期为宪法之治。"第一期为军政府督率国民扫除旧污之时代;第二期为军政府授地方自治权于人民,而自总揽国事之时代;第三期为军政府解除权柄,宪法上国家机关分掌国事之时代。"③ 这个革命程序反映了以孙中山为代表的革命党人通过革命实现资产阶级法治的愿望,

---

① 毛泽东:《中国革命和中国共产党》,《毛泽东选集》四卷横排合订本,人民出版社1968年版,第593页。
② 孙中山:《中国同盟会革命方略》,《孙中山全集》第一卷,中华书局1981年版,第297页。
③ 孙中山:《中国同盟会革命方略》,《孙中山全集》第一卷,中华书局1981年版,第298页。

从总体上看，它是一个合情合理的程序。但是，在依靠什么人来实现这个程序时，则反映出孙中山的认识局限。他强调："汉族神灵，久焜耀于四海，比遭邦家多难，困苦百折，今际光复时代，其人人各发扬其精色。我汉人同为轩辕之子孙，国人相视，皆伯叔兄弟诸姑姊妹，一切平等，无有贵贱之差、贫富之别；休戚与共，患难相救，同心同德，以卫国保种自任。"① 这种汉族人人平等，不分阶级、贫富的论调，保存了反动的汉族封建势力，自己为自己留下后患。这种把"排满"看作辛亥革命的主要目标的认识，不利于彻底破除封建主义思想造成的消极影响。有种族主义思想的人，认为清朝满族皇帝等于封建主义，清朝皇帝一垮台，他们就认为封建主义消灭，民族、民权目的俱达。

辛亥革命失败后，袁世凯篡权、复辟帝制，不仅革命之建设无成，而国事更因之而日非。孙中山对于去一满洲专制，转生出无数强盗之专制的现实极为不满。但为什么会出现这种情况，孙中山没有从封建主义的残存势力以及封建文化的影响去寻找原因，只认为是"吾党之士，于革命宗旨、革命方略……信仰不笃、奉行不力之咎"②。五四运动后，孙中山虽然认识到封建遗毒危害的巨大，提出了铲除官僚、政客、军阀三种陈土的必要，但对于封建主义的危害并没有采取措施加以清除。

正由于孙中山对"封建主义在中国的影响将长期存在"这个国情的认识失之偏颇，遂引起一系列不能解决的问题：

第一，是关于近代中国社会的基本矛盾问题。如果近代中国是封建社会，那么，农民阶级和地主阶级的矛盾便是社会的主要矛盾；如果近代中国是半殖民地半封建社会，那么，帝国主义和中华民族的矛盾、封建主义和人民大众的矛盾便是社会的主要矛盾。伟大的近代中国革命是在这些基本矛盾的基础之上发生和发展起来的。孙中山领导的辛亥革命当然不能认为是单纯的"排满"民族革命，但从他"我中国已被灭于满洲二百六十余年，我华人今日乃亡国遗民，无国家之保护，到处受人苛待。……故今日欲保身家性命，非实行革命，废灭鞑虏清朝，光复我中华祖国，建立一汉人民族的国家不可"③ 来看，他具有浓重的种族复仇主义思想，并有把种族矛盾视为当时中国的主要矛盾的朦胧倾向。但从他"将来民族革命实行以后，现在的恶劣政治固然可以一扫而尽，却是还有那恶劣政治的

---

① 孙中山：《中国同盟会革命方略》，《孙中山全集》第一卷，中华书局1981年版，第298页。

② 孙中山：《建国方略之一：孙文学说——行易知难（心理建设）》，《孙中山选集》，人民出版社1981年版，第116页。

③ 孙中山：《在旧金山丽蝉戏院的演说》，《孙中山全集》第一卷，中华书局1981年版，第441页。

根本，不可不去"，要去这"政治的根本"，"不做政治革命是断断不行的"① 来看，他又有将民族革命同政治革命结合起来同时进行的考虑，似乎又有把满汉民族矛盾和人民大众同封建君主专制者的矛盾视为当时中国社会的主要矛盾的倾向。从孙中山强调"我们革命的目的是为众生谋幸福，因不愿少数满洲人专利，故要民族革命；不愿君主一人专利，故要政治革命；不愿少数富人专利，故要社会革命。这三样有一样做不到，也不是我们的本意"② 来看，孙中山又有把民族革命局限于"排满"的意向。正由于孙中山把"排满"作为民族革命的主要目标和手段，便把头号敌人帝国主义放在次要的地位，说明孙中山并不把中华民族同帝国主义的矛盾看作近代中国社会的主要矛盾。正由于孙中山在这一基本问题上缺乏认真深入的考察探讨，使他缺乏明确的基本的反帝认识，因此他不可能主动地指导人民进行反帝斗争。正由于孙中山不能正确地认识中国这一基本国情，所以他也不可能决断通过发动全民族的反帝斗争，领导人民实现他的民族革命、政治革命和社会革命的目的，完成反帝反封建任务。

第二，是关于近代中国革命的主要依靠力量问题。既然近代中国社会是一个半殖民地半封建社会，既然中国革命的任务是推翻帝国主义和封建主义压迫，那么，在中国社会的各个阶级和各个阶层中，资产阶级、小资产阶级、农民阶级和工人阶级是革命的阶级，在旧民主主义革命阶段，农民则是主要的革命力量。

农民问题是近代中国资产阶级民主革命的根本问题。辛亥革命期间，孙中山及其所代表的革命派虽一度依靠广大农民，掀起革命高潮，推翻了清政府，但是，孙中山和革命派始终没有充分发动群众，尤其没有发动广大农民。毛泽东在总结辛亥革命失败的历史教训时指出："国民革命需要一个大的农村变动，辛亥革命没有这个变动，所以失败了。"③ 说辛亥革命没有一个大的农村变动，实质上就是说农村并没有发生真正的革命，除了地方政权形式上的变换之外，农村的社会经济结构、社会秩序、封建上层建筑和意识形态基本上原封未动。这是因为领导这场革命的孙中山及革命党人没有从理论上和实践上认识农村和农民问题的重要性。正由于孙中山对这一基本国情缺乏认识，又影响了他的决断，使他不能采取措施解决农村和农民问题。

农民问题的实质是摆脱封建主义的压迫和剥削的问题。在辛亥革命过程中，孙中山和革命党人虽然在会党和新军中进行了很有成效的革命发动，使之成为多

---

① 孙中山：《在东京〈民报〉创刊周年庆祝大会的演说》，《孙中山全集》第一卷，中华书局1981年版，第325页。

② 孙中山：《在东京〈民报〉创刊周年庆祝大会的演说》，《孙中山全集》第一卷，中华书局1981年版，第329页。

③ 毛泽东：《湖南农民运动考察报告》，《毛泽东选集》四卷横排合订本，人民出版社1968年版，第16页。

数武装起义的主要力量。但是，他只看到会党的勇敢和新军的武装，而没有看到也更不相信会党和新军背后的广大农民群众的力量。他们看不到农民的巨大力量和农民对革命的迫切要求，当然也就谈不上去帮助农民摆脱封建压迫，满足农民切身的利益要求了。孙中山和革命党人正是在这个根本问题上无所作为或无能为力，结果使革命失去了最广大的同盟军和最有力的依靠。

在辛亥革命期间，革命党人发动过士兵暴动、会党暴动，一度发动过商团起义，所动员的都是脱离生产的社会力量。孙中山和革命党人没有动员广大劳动人民参加革命，除了他们对这些所谓的"不知不觉"的劳动者缺乏深切的了解和同情外，更主要的是他们把革命看成只是局限于上层人士的政治活动。因此，孙中山领导和发动的辛亥革命在事实上只有少数社会阶层在活动，知识人士在活动，城乡群众并没有积极参与这场政治事变。代表新兴的社会政治势力的革命党人，既要动用武力，又缺乏强大的后盾，因而客观社会改造力量不足，从而削弱了主观的社会改造手段。

辛亥革命失败后，孙中山本来应该及时总结没有依靠农民等广大民众参加革命的教训，尽快采取措施发动农民、工人及其他反袁的人士参加"二次革命"。然而，由于孙中山思想的局限，也由于孙中山没有能够真正了解农村和农民，以及工人和商人的诉求，所以他发动的护国运动和两次护法运动，都只能是依靠一部分军阀去反对另一部分军阀。这样做的结果，不仅失去了劳动人民的同情和支持，也为自己的彻底失败种下了恶因。晚年，在共产党人的帮助下，孙中山虽然认识到了农工的力量，并采取了扶助农工、依靠农工的政策，这是孙中山思想的进步，但为时过晚。正当国共合作实现，国民革命军在农民、工人的支持下准备发动一场彻底的反帝反封建军阀的国民革命的时候，孙中山由于积劳成疾远离了人间。巨星陨落，伟人永逝，这是国家和人民的巨大损失。孙中山没有能实现国民革命的任务，也是他终生的遗憾。

第三，是关于中国革命发展方向和前途的问题。孙中山把他领导的革命称为"国民革命"。"所谓国民革命者，一国之人皆有自由、平等、博爱之精神，即皆负革命之责任，军政府特为其枢机而已。"① 在辛亥革命时期，孙中山的所谓"国民革命"，就是要推翻清政府，建立国民政府，实现"中国者，中国人之中国；中国之政治，中国人任之"，"由平民革命以建国民政府，凡为国民皆平等以有参政权"，"文明之福祉，国民平等以享之"。② 这种"国民"也可以解释为

---

① 孙中山：《中国同盟会革命方略》，《孙中山全集》第一卷，中华书局1981年版，第296页。

② 孙中山：《中国同盟会革命方略》，《孙中山全集》第一卷，中华书局1981年版，第297页。

"中国人"，正是由于有这种模糊的概念，难怪有的外国人误解辛亥革命为"中国人反对外国人的革命了"。其实，在近代中国，除了全民族起来反抗帝国主义的侵略战争外，其余的反帝反封建革命，除了农民阶级、资产阶级、无产阶级领导，其他革命阶级参加外，不可能是什么全民的革命。洋奴、买办走狗、大资产阶级、封建地主阶级及其代理人始终是中国人民的敌人，均在应打倒的行列。所以，辛亥革命不能称为国民革命。从同盟会的纲领以及孙中山等人所制定的革命方略和民国成立后所颁布的各种方针、政策、法令来看，它所反映的只是建立资产阶级共和国，发展资本主义经济和文化，实现中国的独立、民主、统一和富强。而农民、工人及其他阶层人士作为资产阶级的追随者参加革命，那是为了反对阶级压迫和民族压迫。因此，从它的实质来看，它只能是被压迫的阶级反对压迫阶级的革命，即资产阶级领导的民主革命，毛泽东把它称为"旧式的资产阶级民主主义的革命"[①]。

民国成立后，孙中山一直在为维护民主共和国的制度而奋斗。在1915—1922年将近8个年头里，他以顽强的毅力，先后投入护国运动和护法运动。护国，就是要维护他常说的"共和国体"；护法，就是要维护被他看作"国体之保障"的《临时约法》。护国和护法运动，从本质上说，只是资产阶级在维护自己已经得到但又丢失的权益。护国运动和护法运动都没有发动人民群众参加，只是利用一部军阀反对另一部分军阀的斗争，所以更不能称为国民革命。

每一次革命事业的挫折和失败，孙中山的思想都有一次重大的进步。第一次护法运动失败后，他沉痛地说："顾吾国之大患，莫大于武人之争雄，南与北如一丘之貉。虽号称护法之省，亦莫肯俯首于法律及民意之下。"[②] 不铲除这些军阀势力，什么"法律及民意"都只能是一句空话。五四运动后，孙中山提出了"重新开始革命事业，以求根本改革"的问题，并且具体解释道："根本解决的办法，怎样去做呢？南北新旧国会，一概不要它，同时把那些腐败官僚、跋扈武人、作恶政客，完完全全扫干净它，免致它再出来捣乱，出来作恶，从新创造一个国民所有的新国家，比现在的共和国家还好得多。"[③] 孙中山要"重新开始"的革命是什么样的革命？他要重新"创造一个"比"现在的共和国家"还要好得多的国家，又是什么性质的国家？在五四运动之前，孙中山并没有能够明确地指出来。这样，孙中山企图"重新开始"的革命就没有明确的性质界定，与其

---

① 毛泽东：《中国革命和中国共产党》，《毛泽东选集》四卷横排合订本，人民出版社1968年版，第612页。

② 孙中山：《辞大元帅职通电》，《孙中山全集》第四卷，中华书局1985年版，第471页。

③ 孙中山：《在上海寰球中国学生会的演说》，《孙中山全集》第五卷，中华书局1985年版，第148页。

说是新的革命，还不如说是他领导的旧的革命的继续更加符合实际。可是，孙中山领导的旧民主主义革命，由于辛亥革命运动的失败和护国、护法运动的挫折，已经穷途末路。新的革命应该如何进行？由谁来充当革命的主角？革命胜利后由谁来建立政权？实行什么样的路线？由于孙中山未能深切地了解中国的国情，所以，在国共第一次合作之前，他都没有能够解决上述问题。

　　正由于孙中山国情观的局限妨碍了他的决断，在一个相当长的时期内，他只能走他护法的老路，护法受挫，他又企图革命，但因护法又贻误了革命。孙中山在护法与革命之间的徘徊，正说明他思想的犹豫不决。但孙中山毕竟是忠诚的爱国者，他的一切言行都是为了救国。因此，他光明磊落、豁达大度，每一次挫折都换来了思想的进步。在第二次护法运动失败后，他便决心与中国共产党人合作，由独力革命转变为合力革命，并在革命斗争中逐步完善和发展他的三民主义思想和制定新的救国方略，使自己的思想逐步建立在对中国国情深层了解的基础上，使自己的救国、革命、建设的宗旨更加符合中国的实际。可惜，孙中山离世得太早，正当他对中国国情有了较为系统、全面的认识，并正在积极准备发动一场真正的国民革命来拯救中国时，却离开了人世。所以，孙中山未能实现他的伟大理想，只好留下遗嘱"革命尚未成功，同志仍须努力"，让后人去继续完成他未竟的事业。由此可见，作为一个政治家、革命家，对国情的认识正确与否，对于国家的前途和民族命运的影响关系极大，对于自己事业的成败的关系也极大。

（1992年）

孙中山国权与民权并重的思想对中国民主建设的贡献

一

凡是近代化的民主国家,其法律必须保护人民的民主权利,但也必须维持国家的独立和统一,国家有国家的权利,人民有人民的权利,人民不能通过民权去压制国权,国家也不能通过国权去压制民权。所以,如何处理好国权与民权的关系,是孙中山毕生都在探索、思考和力求解决的重大课题。

所谓国权,可从两个方面去理解:一方面是对外而言,即国家要有独立的主权,不允许别的国家干涉内政;一方面是对内而言,即国民不能以民权去干预国权,人民有权管理国家,但外交、国防、军事权要由国家去掌握,以事统一。孙中山早在《香港兴中会章程》中就强调要"振兴中华、维持国体",就是担心"中国一旦为人分裂,则子子孙孙世为奴隶,身家性命且不保"[1]。因此,要维持国体即维护中国的统一,不是维护腐败的实行高压政策统治的清政府,而是通过推翻清政府,建立新的政体维护国家的统一。孙中山在革命之初就认识到,因为中国人民所受的压迫极其沉重,因此他们"迟早将要起来革命",而他们革命的目的就是要实现中华民族的独立和人民的民主。1901年春天,孙中山同美国《展望》(The Outlook)杂志记者林奇(G. Lynch)在横滨进行了一次有趣的对话。孙中山对林奇说:"你对新式的中国人有些什么想法?我料想你没有见过我们当中的许多人,尽管他们在美国和日本比你想象的还要多,他们都被共同的希望和抱负所鼓舞。"[2] 所以,孙中山指出:同盟会的三大主义,由民族而民权、民生者,进行之时有先后,但都是为了造成圆满纯固之良好国家,"以副其始志者,则必完全贯彻此三大主义而无遗"。[3] 实现这三大主义,就是国家有权,人

---

[1] 孙中山:《香港兴中会章程》,《孙中山全集》第一卷,中华书局1981年版,第22页。

[2] 孙中山:《与林奇谈话的报道》,《孙中山全集》第一卷,中华书局1981年版,第211页。

[3] 孙中山:《中国同盟会意见书》,《孙中山全集》第一卷,中华书局1981年版,第578页。

民民主，国家富强。只有做到这样，中国才是一个共和民主的国家，也只有这样，国家才算有权，人民才有民主。所以，国权与民权是一个问题的两个方面，是相辅相成的，它不是矛盾的，更不是相对的。国家行使国权保护人民、捍卫国家的统一与安全，而"国民蒙共和之福"，国家一旦有难就会"执干戈以卫社稷"，这样国家与国民各有其权，各尽其责，国家就能长治久安，人民就能过上和平安定的生活。在孙中山看来，只有在这样一个共和民主的国家治理之下，中国的社会才算是理想的社会、幸福的社会。

为此，孙中山作了认真的探讨和艰苦的奋斗。1912年2月18日，孙中山在《布告国民消融意见蠲除畛域文》中指出："今中华民国已完全统一矣。中华民国之建设，专为拥护亿兆国民之自由权利，合汉、满、蒙、回、藏为一家，相与和衷共济，丕兴实业，促进教育，推广东球之商务，维持世界之和平，俾五洲列国益敦亲睦，于我视为唇齿兄弟之邦。"并希望国民"而今而后，务当消融意见，蠲除畛域，以营私为无利，以公益为当谋，增祖国之荣光，造国民之幸福"。① 他宣布："中华民国由中华人民组织之"，"中华民国之主权属于国民全体"，②"政府不过一极小之机关，其力量不过国民极小之一部分，其大部分之力量，则全在吾中华民国之国民"③。"专制国之政治在于上，共和国之政治在乎民。将来国家政治之得失，前途之安危，结果之良否，皆惟我国民是赖。"④ 然而，国民也绝对不能侵犯国权。国无法则不立，如果国民犯法，政府必须依法惩治，如果官吏违法，国民不仅有权罢免，同样必须依照法律面前人人平等的原则实行惩处。所以，国之权、民之权都是由人民去争取去捍卫，不能顾此失彼，更不能强调一面又放弃另一面。

二

1912年4月1日，孙中山辞去中华民国临时政府大总统职务后，将主要精力投向中国社会的革新，从事社会的改良和"实业建设"。孙中山认为，他的政治革命的任务已经完成，需要进行并正集中思想与精力去做的工作是从社会、实业与商务几个方面去"重建我们的国家"，但他并不是不过问政治。7月中下旬，孙中山在上海接见纽约《独立杂志》（The Independent）特约代表、美国长老会在华代言人李佳白（R. G. Reid）时有过一个长篇谈话。

---

① 《孙大总统布告天下电》，载上海《民立报》1912年2月20日号外。
② 孙中山：《中华民国临时约法》，《孙中山全集》第二卷，中华书局1982年版，第220页。
③ 《孙总统之解职辞》，载上海《民立报》1912年4月5日。
④ 《孙先生重话旧游》，载上海《民立报》1912年5月16日。

在这个谈话中,孙中山说到在中国要实现建立共和政体是他的计划的一部分,说他"不但要推翻满清政府,并且要建立共和政体"。他认为:"民主的观念在中国一向颇为流行,没有理由要以君主政体来妨害这种民主观念。中国人民不但爱好和平,遵守秩序,而且也浸染了选择自己的代表管理自己事务的观念。我们所需要做的,只是把这种民主观念付诸实行。为此,人民须有自己选出的全国的及各省的代表。他们为人民所选,代表人民,将为人民的最高利益而工作。"[①]孙中山还表示要运用他所有的影响力以努力于国家的统一、人民的民主和福利。可见,在中国实现民权建立共和政体的基础是孙中山一贯的思想,也是他一生为之奋斗的理想。

综观孙中山关于国权与民权的思想,他是坚持国权与民权并重,但在不同时期他强调的侧重点又有所不同。在清政府统治期间,他认为清政府以国权压民权,造成丧权辱国,又由于清政府借专制摧残民主,所以,他强调民权较多,并将实现民权作为发动国民起来反清的主要宗旨。但当清朝皇帝退位、民国政府成立后,他则强调国权与民权并重,将实现国家的统一和民主作为施政的主旨。可是,当袁世凯、段祺瑞篡夺民国政府的权力,借国权以压民权,摧毁政党政治,以专制代替民主时,孙中山又反对借国权反对民权,强调维护民主政治的重要,并全力投身于护国、护法运动,为恢复民国成立时确立的政治体制作不懈的努力和奋斗。然而,在孙中山晚年,由于民主政治一再受挫,无法形成中央政府去制定宪法行使国权时,孙中山又回到革命初期的政治主张:国权与民权并重,强调国权不立,国家难以施治,民权不立,民心难于合一。为了统一民心、合力救国,孙中山一再强调以法治国,运用法律的手段平衡国权与民权,运用法律的程序来规范官与民的行为,正确调处中央与地方、官吏与百姓的关系。

1921年3月20日,孙中山在广东省教育会会议作关于"五权宪法"的报告时,强调建设国家的基础必须要有一部良好的宪法。因为只有一部良好的宪法才可以规范社会的秩序和治人与治于人者的关系,可破治者与被治者的阶级,实行民治。他说:"宪法的作用犹之一部机器","我们现在讲民治,就是要将人民置于机器之上,使他驰骋翱翔,随心所欲"。"从前君主底时代有句俗话叫'造反',造反就是将上头的反到下头,或是将下头的反到上头。"孙中山指出,他创造的"五权宪法就是上下反一反,将君权去了,并将君权中的行政、立法、司法三权提出,作三个独立底权。行政设一执行政务底大总统,立法就是国会,司法就是裁判官,与弹劾、考试同是一样独立的"。[②]他要求广州的国会制定"五权宪法"作为治国的根本法,而这个根本法的明显特征也就是通过法律的程序将

---

① 孙中山:《中华民国》,《孙中山全集》第二卷,中华书局1982年版,第393页。
② 孙中山:《五权宪法》,《孙中山选集》,人民出版社1981年版,第494～495页。

国权与民权区分开来，各司其职，各行其权，使国家政权机关与人民代表大会行使权力有序地进行，这样由国民代表选举产生的国民大会，由国民大会选举产生的官吏组成的中央政府行使统治权，即实行国权，而国民行使选举权、复决权、罢官权和创制权，也就是我们所说的民权。

  1923年12月30日，孙中山在广州发表演说，再次强调："三民主义"和"五权宪法"都是建国方略。他说："国家，是人人生死所在的地方。国家的基础，是建筑在人民思想之上。世界上现在何以多是民国呢？从前何以都成帝国呢？因为人民的政治思想，各有不同。改造国家，并不是要把所有的江山都要改变。……只要改造人心，除去人民的旧思想，另外换成一种新思想，这便是国家的基础革新。"用三民主义去指导建国就是"要把全国的主权，放在本族人民手内；一国的政令，都是由人民所出；所得的国家利益，由人民共享。这三项意思，便可用民有、民治、民享六个字包括起来。'五权宪法'是根据于三民主义的思想，用来组织国家的。好象一个蜂窝一样，全窝内的觅食、采花、看门等任务，都要所有的蜜蜂分别担任，各司其事。""建设一个国家，好像是做成一个蜂窝，在窝内的蜜蜂，不许有损人利己的事，必要井井有条，彼此毫无冲突。"①很明显，孙中山所讲的意思是用三民主义去指导建国，就是将国家的权力交给人民，而"五权宪法"的实行就是将国家的权力采取又分又合的办法，使国权与民权由不同的机构分别担任，各司其职，从而使国家机构能够互相制约、相互协调、相互促进。担任国事的人有权处理本职内的事，但一定要把国家应该做的大事管理好、做好；而人民又要充分认识到"人饥己饥，人溺己溺"，"天下兴亡，匹夫有责"，国家之内一物不得其所，便影响大局。所以，民权不仅仅是一种权力，也是一种责任，必须将权力责任恰当地处理好。从这个层面去看，孙中山的国权是指中央政府的统治权。然而，从孙中山一再强调帝国主义的侵略使中国变为"次殖民地"的危险地位去考虑，国权很重要的是对外的合法权力。所以，在晚年作三民主义讲演时，孙中山强调改变中国人传统的宗族、家族观念，确立国家观念，将全国人民联络起来组成"极大中华民国的国族团体"去兴邦保国，以维持民族的地位，免致民族的灭亡。因此，孙中山指出，民权和国权都是争平等的，讲民权"就是人民同皇帝相争"②，要打破君权，使人人都是平等。"而讲国权就是反对帝国主义侵略，使中国与外国一律平等，'维护民族和国家的长久

---

  ① 孙中山：《宣传造成群力》，《孙中山选集》，人民出版社1981年版，第563～564页。
  ② 孙中山：《三民主义·民权主义第一讲》，《孙中山选集》，人民出版社1981年版，第699页。

地位'使国家能够独立和强盛起来。"① 讲民权便要反对君权，但讲民权不能反对国权，不但不能反对国权，而且还要通过实现民权使国权更加牢固，并在国民中牢固地树立起民族和国家的观念，养成忠于国家和人民的习惯，使国权观念在国民中一代又一代地传承下来。孙中山在《三民主义·民权主义第四讲》中讲到美国独立后，国内虽没有敌人，但分成十三邦，每邦不过二十多万人，不相上下，大家不能统一。国力还是很弱，将来还有可能被欧洲吞灭，前途仍是危险。于是各邦的先进人士想避免危险，使国家永远图生存发展，便主张加强国力，各邦联合起来，建设一个大国家。当时提倡联合的办法，有主张专行民权的，有主张专行国权的。前一派的主张就是地方分权，后一派的主张就是中央集权。限制民权，把各邦的大权力都联合起来，集中于中央政府，这后一派又可以说是"联邦派"。孙中山指出，这两派彼此用口头文字争论，争了很久，并且很激烈。最后是主张限制民权的"联邦派"胜利，各邦联合起来，成立一个合众国，公布联邦宪法。美国自开国一直到现在，都是用这种宪法。这种宪法就是三权分立的宪法，我们叫作《美国联邦宪法》。孙中山说："美国自结合联邦，成立宪法以后，便成世界上顶富的国家；经过欧战以后，更成世界上顶强的国家。因为美国达到了今日这样富强，是由于成立联邦宪法，地方人民的事让各邦分开自治。"然而，孙中山认为中国的国情与美国不同，中国不能实行联邦制，"将本来统一的中国变成二十几个独立的单位，像一百年以前的美国十几个独立的邦一样，然后再来联合起来"②，这是不合时宜，并指出："美国之所以富强，不是由于各邦之独立自治。""所以美国的富强，是各邦统一的结果，不是各邦分裂的结果。""中国原来既是统一的，便不应该把各省再来分开。中国眼前一时不能统一，是暂时的乱象，是由于武人的割据。这种割据，我们要铲除他，万不能再有联省的荒谬主张，为武人割据作护符。"③

由此可见，孙中山不限制民权，但非常强调国权。他认为，国家应该有统一的政权，反对借口所谓"充分民权"来分割国权。他说：如果"国家虽然是有政府，和无政府一样"，这样的国家便是无能的软弱的国家；但如果人民无权管理国家，这样的国权便和"从前的君权时代"一样，"皇帝高高在上，便可以为

---

① 孙中山：《三民主义·民权主义第六讲》，《孙中山选集》，人民出版社1981年版，第679页。

② 孙中山：《三民主义·民权主义第四讲》，《孙中山选集》，人民出版社1981年版，第745页。

③ 孙中山：《三民主义·民权主义第四讲》，《孙中山选集》，人民出版社1981年版，第744～746页。

所欲为"，想干什么便干什么，这样的国权便是高度的专制独裁。① 所以，孙中山关于国权与民权的思想是对民主政治学说的发展，他将国权与民权、政权与治权的关系作了科学的阐释，为解决民主政治实行过程中可能出现的国权与民权的矛盾提供了一个协调和解决的机制，使国家的统一和有效管理，以及充分发扬民主和人民对国家承担责任统一起来，便圆满地解决了民主国家中推行民主政治产生国权与民权的矛盾可能给国家带来的不稳定和弊端。这是孙中山对中国民主政治的重大贡献。

（1999年）

---

① 孙中山：《三民主义·民权主义第六讲》，《孙中山选集》，人民出版社1981年版，第784页。

孙中山与清末慈禧"新政"

时下学术界有一种观点,认为孙中山发动的辛亥革命破坏了清末的"新政",阻滞了中国近代化的进程。他们认为,如果孙中山不搞辛亥革命,中国的近代化早已实现了。由此他们得出结论:"要告别革命",要用文化保守主义代替政治激进主义。这里牵涉一个原则问题,即应如何看待清末慈禧的"新政",以及孙中山发动的辛亥革命对中国近代化的影响问题。我想就这个问题说几句话。首先,我要说的是清末慈禧"新政"是怎么出笼的,她的"新政"新在哪里;其次是要说孙中山对"新政"的态度怎么样,他为什么要进行革命。

一

慈禧于1898年9月21日发动政变,将维新皇帝光绪囚禁,宣布重新训政,开始了她的独裁统治。慈禧倒行逆施,一面铲除维新势力,一面扶植重用顽固守旧势力,以巩固自己的统治,但她无法清除维新运动所造成的深远影响,更不可能阻挡在中国已经和正在形成的民主潮流。

1900年,义和团反帝爱国运动被中外反动派联合镇压之后,清政府已经成为"洋人的朝廷"——帝国主义的走狗。它一方面宣布对外实行"量中华之物力,结与国之欢心"的卖国政策;另一方面,为了强化封建统治,实行自强自救政策,宣称仿照"西法",改行"新政",妄图打着"新政"的幌子达到欺世惑众、拯救清政府的目的。

1901年1月29日,慈禧在一个变法上谕中声称:"不易者三纲五常","而可变者令甲令乙"。又说:"康逆(指康有为)之讲新法,乃乱法也,非变法也。"[①] 在督办政务处的《开办条规》中又规定,变法大纲一为规复好的旧章,二为参用西法。并指出:"维新之极而有康逆之乱,守旧之极而有拳匪之乱"[②],表明其变法路线是在维新派与守旧派两者之间。这就说明慈禧的"新政"不新,基本上又是沿袭洋务派的"中体西用"路线,通过实施一些政治改革的政策来缓和各种矛盾,以挽救清朝统治的灭亡命运。正如一些学者指出的:"如果当时

---

① 朱寿朋编:《光绪朝东华录》,中华书局1958年版,总4601页。
② 沈桐生辑:《光绪政要》,宣统元年崇义堂刊行,卷27。

的中国是一个独立的国家,清政府是一个有能力、有作为的政府,实行'新政'未尝不是一个明智的选择,可惜,早已丧失独立自主,在半殖民地半封建深渊中极度腐朽的清朝统治集团再也没有挽救覆亡的'回天之力'了。清末'新政',其实不过是统治者再也不能照旧统治下去,但是还要继续实行统治的一种垂死挣扎。"① 在近代中国半殖民地半封建社会的历史条件下,要实现中国的近代化,首先就要打掉帝国主义和封建主义架在中华民族颈上的沉重枷锁,推翻压在中国人民头上的"两座大山",实现中华民族的独立和解放。国家不能独立,封建统治者成为洋人的代理人,在这种情况下,所谓的近代化就是殖民主义化。而要实现中华民族的独立,解放生产力,没有"激进"的革命手段是不可能的。从这个意义上说,"激进"的革命正是救亡图存的主要手段。近百年来中国人民为了争取民族独立和解放所进行的斗争事实完全证明了这一点。

二

当然,对清末"新政"也不要全盘否定。孙中山起初不仅不反对"新政",而且还支持"新政"。

1897 年,孙中山在《伦敦被难记》中说:"予在澳门,始知有一种政治运动,其宗旨在改造中国,故可名之为少年中国党。其党有见于中国之政体不合于时势之所需,故欲以和平之手段、渐进之方法请愿于朝廷,俾倡行新政。其最要者,则在改行立宪政体,以为专制及腐败政治之代。予当时不禁深表同情,而投身为彼党党员,盖自信固为国利民福计也。"② 孙中山在这里所讲的"新政",指的是维新派的政治改革,不是指慈禧"新政",但由此可知,孙中山起初并不反对"新政",他所反对的是借"新政"之名行维护清朝政权之实的假"新政"。他指出:中国今日正与各国在专制时代无异,"故中国之人民,无一非被困于黑暗之中。"③ 如果有革新党要废除专制,则概被以叛逆之名,故有志之士欲传播其主义,就不得不慎密。也即是说,清末的"新政"有维新派、革命派的"新政",也有清政府的"新政",这是性质完全不同的两种"新政"。清政府的"新政"尽管有局限,但比起顽固派的因循守旧、闭关锁国毕竟是个进步,正因为这样,"新政"对新式工业、商业、交通运输业、文化教育事业的发展,以及新军队的训练和起步与发展有一定影响。"新政"的施行在中国近代化的路途中毕竟留下了不可磨灭的印迹,特别是政治改革的鼓吹和预备立宪的运作,在 20 世纪

---

① 李侃:《对所谓孙中山"激进主义"的质疑》,载《中山大学学报论丛》1995 年第 5 期。
② 孙中山:《伦敦被难记》,《孙中山全集》第一卷,中华书局 1981 年版,第 50 页。
③ 孙中山:《伦敦被难记》,《孙中山全集》第一卷,中华书局 1981 年版,第 51 页。

初中国政治改革风潮中顿时呈现出一种新的影响,对于生活在漫漫长夜中的中国人民是个鼓舞,使人们在失望中窥见一线曙光。但是,清末慈禧的"新政"不可能冲破封建专制的政治体制。政体不能改变,一切都无从谈起。因为君主专制政治,正如孙中山所指出的:"无论为朝廷之事,为国民之事,甚至为地方之事,百姓均无发言或与闻之权;其身为民牧者,操有审判之全权,人民身受冤抑,无所吁诉。且官场一语等于法律,上下相蒙相结,有利则各饱其私囊,有害则各委其责任。婪索之风已成习惯,官以财得,政以贿成。"① 这种政体不改革,必然极大地限制民主政治的发展和阻碍生产力的提高,妨碍近代化的进程。然而,要改革也很难,这主要是清政府已经失去了驾驭全局的能力,中央官场之间、中央与地方之间的矛盾已经不能通过自身力量加以调控。诚如孙中山所言:"目前中国的制度以及现今的政府绝不可能有什么改善,也决不会搞什么改革,只能加以推翻,无法进行改良。期望当今的中国政府能在时代要求影响下自我革新,并接触欧洲文化,这等于希望农场的一头猪会对农业全神贯注并善于耕作,哪怕这头猪在农场里喂养得很好又能接近它的文明的主人。"② 所以,孙中山认为,要使中国与世界接轨,迅速实现政治、经济、文化教育等方面的近代化,必须要有一个负责任的、有代表性的民主政府。不能"建立起纯洁的政治,那么,实现任何改进就完全不可能"③。此外,孙中山还指出:政体改变后,"还必须使我们的国家对欧洲文明采取开放态度",但不能将欧洲的文明"全盘照搬过来"。因为"我们有自己的文明,但是,因为无法进行比较、选择而得不到发展,它也就停滞不前了。"④ 所以,引进外国文明是必要的,但必须正确处理好内外文明的关系。然而,上述两项清政府都无法做到。可见清末的"新政","除非在行政的体系中造成一个根本的改变,局部的和逐步的改革都是无望的"。但"凡是了解中国朝廷,了解包围和影响皇帝的那些人物的,谁都应当知道,清朝皇帝没有能力去有效地实行中国所需要的激烈改革。"⑤ 为此,孙中山指出:"无论如何,人

---

① 孙中山:《伦敦被难记》,《孙中山全集》第一卷,中华书局 1981 年版,第 50~51 页。

② 孙中山:《与〈伦敦被难记〉俄译者等的谈话》,《孙中山全集》第一卷,中华书局 1981 年版,第 86 页。

③ 孙中山:《中国的现在和未来——革新党呼吁英国保持善意的中立》,《孙中山全集》第一卷,中华书局 1981 年版,第 88 页。

④ 孙中山:《与〈伦敦被难记〉俄译者等的谈话》,《孙中山全集》第一卷,中华书局 1981 年版,第 86 页。

⑤ 孙中山:《与林奇谈话的报道》,《孙中山全集》第一卷,中华书局 1981 年版,第 210 页。

民的起义只不过是一个时间问题而已。"① 除进行一次革命外,中国便没有实现改革的希望。

三

孙中山一直都认为,中国的改革,政治体制的改革是根本,而要改革政体,首先要改革官制,其次是改革政制。

关于官制改革,孙中山认为重要的是要改变贪污行贿、任用私人的弊端。

他说:"在中国有四种进入官场和获得提升的途径:科场出身;兵弁出身;保荐贤才;捐班出身。"这种做官的道路,"第一项是最古老的,而且无论如何也是最纯正和最好的。在多年以前,就是从清朝开国以来,科场考试都是老老实实地实行着的,而读书人在他学习终了考试成功以前总是不会开始他的贪污事业的。但是近年来即使在这些地方,贪污也偷偷地爬进去了。因此现在由有学问而诡诈的老师冒充'学生'下场顶替考试,已经全然不是什么不平常的事了。这些老师们在各色各样的化名下,一次又一次地去经过考试赚钱来生活。主考官们受贿的事也不少见。"② 通过勤修苦练、诚实钻研的科考升迁做官的人尚且如此,那些通过其他不正当的门路而求得官职的人,所要花的费用就更不用说了。孙中山指出,有清一代由军功的提升也许是最快的,但也要花费很多钱,他在《中国的现在和未来——革新党呼吁英国保持善意的中立》一文中举出很多例子说明"在中国军职的迁升,只意味着买官职和买肥缺"。至于进入官场的第三个方法"保荐贤才"那就更糟了。孙中山说:所谓"保荐贤才"必须要有官员的记录,这些官员是毫无例外地贪污,靠受贿为生的。所以,他们除了推荐他们自己的家属和族人外,只能从那些用黄金打开了他们的眼睛的人当中来挑选"贤才"。第四个做官的道路"捐班出身",就是纯粹的购买,这是受到清朝法律认可的,并且一年比一年更普及。所以,孙中山指出:在清代"贪污行贿,任用私人,以及毫不知耻地对于权威地位的买卖,在中国并不是偶然的个人贪欲、环境或诱惑所产生的结果,而是普遍的,是在目前政权下取得或保持文武公职的唯一的可能条件。在中国要作一个公务人员,无论官阶高低如何,就意味着不可救药的贪污,并且意味着放弃实际贪污就是完全放弃公务人员的生活"③。贪污、行贿的弊端改变不了,用人就不可能真正唯贤、唯才,官吏平庸、行为不正,要想治理好国

---

① 孙中山:《与〈伦敦被难记〉俄译者等的谈话》,《孙中山全集》第一卷,中华书局1981年版,第87页。

② 孙中山:《中国的现在和未来——革新党呼吁英国保持善意的中立》,《孙中山全集》第一卷,中华书局1981年版,第95～96页。

③ 孙中山:《中国的现在和未来——革新党呼吁英国保持善意的中立》,《孙中山全集》第一卷,中华书局1981年版,第102～103页。

家根本不可能。既然如此，改革官制，不仅革命派，而且维新派、立宪派，乃至清朝一些开明的督抚都有这种要求。但是，他们要求改革官制的目的明显不同，前者旨在为政清廉，保证官吏的平等竞争，为中国的政治民主化创造条件；后者旨在改革一些选用官吏的弊端，培养亲贵为维护封建专制主义制度效力。1906年9月1日，慈禧宣布预备立宪，在清廷的上谕中规定预备立宪急办的头一件事就是必须从官制入手，"亟应先将官制分别议定"①。9月2日，朝廷下诏进行官制改革，指派载泽等14名满汉大臣会同编纂新官制。这次所谓官制改革最主要是出于加强满汉权贵的中央集权的考虑，当然也包含有欺骗民众的意味。所以，这次官制改革不仅未能克服清朝官制的各种弊端，反而加剧了权力的争夺，内外权臣与满族亲贵，以及汉满督抚之间为此展开了激烈的倾轧。

关于政制改革，孙中山认为中国跟别的国家不同，它的一切进步与更新都必须"以联邦或共和政体来代替帝政统治"才有可能。

经过戊戌维新变法，特别是八国联军侵华以及《辛丑条约》签订后，中国半殖民地化进一步加深。列强改用扶植政府的办法来夺取在华的更大特权，更具欺骗性，而清廷不但不可能采取激进的行动与列强抗衡，维护主权不受侵犯，反而甘为人奴。而各族人民则期望清政府实行重大的政治改革，重振朝纲，加速中国的全面发展来对付列强和挽救社会危机。然而，清政府行将就木，无大作为。经过亲贵们议论多时抛出的政改方案竟是被维新派、革命派批判过的洋务派货色。因此，维新派指斥"新政"的政改方案是"有名无实"、"枝枝节节"，是"以旧人行新政"、"衣裳欲新人欲旧"。革命派则趁机攻击，大肆鼓吹革命实行民主共和。因此，维新派迫切要求清廷在政治上来一番根本改革，争取主动，于是，君主立宪作为一种政治思潮与革命思潮同时在中国兴起了。如果从政治理念去考察，在建立何种类型的民主制度问题上，人们提出君主立宪和民主共和两种方案都是无可非议的。这两种方案从理论上比较，的确也无所谓优劣，亦无所谓进步与落后之分。有学者讲得好，"适合具体国情者为优，不适合具体国情者为劣"。问题就出在具体的中国国情是什么？是不是君主立宪就适合国情，就可以免除中国的无政府状态，能够稳定社会秩序，促进中国的近代化；而民主共和就不符合中国的国情，就会造成中国的军阀混战，招致列强的瓜分，阻滞中国的近代化进程？这是问题之所在。不过这是一个老问题，这个问题早在20世纪初中国的革命派、保皇派与立宪派就曾经争论过，现在学术界的争论，依我之见，基本上没有超出当时争论的范围和水平。争论的焦点归纳起来无非是讲，民主政治的建立是在一定的社会、历史、经济、文化中生长出来的，它有一个由酝酿到形

---

① 故宫博物院明清档案部编：《清末筹备立宪档案史料》上册，中华书局1979年版，第44页。

成，由初级形式到高级形式发展的漫长过程。它不能移花接木，也不能拔苗助长，更不能飞跃，只能渐进，不能激进。基本点是因为中国还没有具备实行民主共和政体的条件，在中国只能行君主立宪，不能行民主共和。在当今条件下，仍然有人在鼓吹君主立宪优于民主共和制，这就不可避免地出现离开历史实际去谈历史，用一种想当然引导人们往后看的方法去研究历史。这是不可取的方法。

四

孙中山指出，中国"自义和团战争以来，许多人为满清政府偶而发布的改革诏旨所迷惑，便相信那个政府已开始看到时代的征兆，其本身已开始改革以使国家进步。他们不知道，那些诏旨只不过是专门用以缓和民众骚动情绪的具文而已。由满洲人来将国家加以改革，那是绝对不可能的，因为改革意味着给他们以损害。实行改革，那他们就会被中国人民所吞没，就会丧失他们现在所享受的各种特权"。①

后来的事实完全证明孙中山一语中的。在革命高潮到来的1906年，清廷最高统治者虽然将实行君主立宪作为"国是"（国策）定了下来，承认君主专制制度有加以改革的必要。但在改革政制以及设立中央资政院和各省咨议局的过程中，清廷虽然多次下诏设置中央资政院和要求各省加紧设立咨议局，但并不准备实行君主立宪，清廷当权者是企图通过这些装饰立宪"新政"的点缀，来搪塞和欺骗舆论，收买人心，以达到拉拢和安抚立宪派，度过危殆的时局难关，进而巩固自己的统治，保证皇位永固。1908年8月27日，清廷公布的《钦定宪法大纲》规定君权神圣不可侵犯，君主总揽清廷一切行政、军事、经济、外交等大权，维护其清朝的万世一系。这就完全撕下了预备立宪骗局的面纱，露出了所谓君主立宪的真面目。是年，专权独裁的慈禧太后死了，3岁的幼帝溥仪接位，醇亲王载沣代幼子摄政。为了巩固皇族大权、防止政柄旁落，载沣打着《钦定宪法大纲》"君上有统帅海陆军及编定军制之权"的合法旗号，自兼代理陆海军大元帅职，并令其弟贝子载洵为筹办海军大臣，载涛掌理军咨府事务，集军权于皇帝。1911年5月8日，清廷又发布内阁官制和任命总理、协理及各部大臣的"上谕"。新内阁大臣计13人，汉族4人，满族9人，而其中皇族占7人。名副其实的"皇族内阁"的产生，标志着立宪派奔走呼吁多年的君主立宪已成为泡影，也表明了依靠清廷自身改革政制、实行资产阶级民主政治根本不可能。所

---

① 孙中山：《中国问题的真解决——向美国人民的呼吁》，《孙中山全集》第一卷，中华书局1981年版，第251页。

以，孙中山严正指出在中国"非革命无以救垂亡，非革命无以图光复"①。可见，孙中山之所以革命，辛亥革命之所以会发生，不是任何人凭主观意志可以制造出来的，它是当时中国国内形势发展的必然，任何人想阻挡也阻挡不了。此次革命的主因，孙中山明确指出："实为改良政治起见，并非单简狭义之问题"。所谓改良政治，就是结束清廷的君主专制，效法美国实行共和政体，"倘以一中国君主而易去满洲君主，与近世文明进化相背，决非人民所欲，故惟有共和联邦政体为最美备，舍此别无他法也"②。由此可见，以革命手段推翻清朝的君主专制政体，创建民主共和制度之后，"将中国内地全行开放"，在保护海关和领土主权完整的原则下，鼓励外商到"中国兴办实业"，发展工商业，"令中国大富"，③这是孙中山建国治国的根本理念和指导思想，也是孙中山谋求实现中国近代化的基本原则和理论基础。孙中山把革命视作"吾人今日保身家性命之惟一法门"和神圣的伟大事业，具有深层的重大意义。所以，不能以文化的保守主义来批判孙中山的所谓"激进主义"，更不能以"告别革命"为名，来诋毁孙中山和他领导的辛亥革命。

（1996年）

---

① 孙中山：《在旧金山丽蝉戏院的演说》，《孙中山全集》第一卷，中华书局1981年版，第442页。

② 孙中山：《与巴黎〈巴黎日报〉记者的谈话》，《孙中山全集》第一卷，中华书局1981年版，第562页。

③ 孙中山：《在欧洲的演说》，《孙中山全集》第一卷，中华书局1981年版，第560页。

孙中山与华侨在反清革命中的互动关系

华侨作为侨居海外的中国国民①，散居世界各地，他们的年龄、经历、职业各别，各地的政治环境也不一样，因此，不同地区和不同的人的心境和政治态度也有别。有清一代，充当"苦力"的华侨占华侨中的大多数，属于华侨社会的下层。这一部分华侨一向期望祖国能够独立、繁荣和富强，成为他们坚强的后盾，支持他们摆脱苦境，他们积极支持孙中山的反清革命。有一部分华侨，尤其是一些富商，或属上层社会的人，由于他们同国内的封建统治者和国外的殖民主义者，以及和所在国的统治集团有诸多的关系，政治态度保守，他们对孙中山的反清革命态度较为冷淡。所以，我们所说的华侨对孙中山革命的态度只是就它的大多数、就它的主体方面来说的，不是说它的全体，这是要首先说明的。其次，华侨对孙中山反清革命的支持和贡献是多方面的，既有人力上的支持，更有物力、财力及其他方面的支持。本文着重就孙中山与华侨各阶层人士的交往、互动，以及华侨在人力与财政上对孙中山反清革命的支持和贡献作具体的叙述，从而揭示孙中山领导的反清革命与华侨的密切关系，至于其他方面的内容，限于篇幅，本文只好从略。

一

在孙中山近40年的革命斗争中，"无不有华侨二字"。正因为这样，孙中山高度评价华侨对中国革命的贡献。他说，华侨"热诚爱国，赞助独先"，或"牺牲头颅，或饮助军实"②，"华侨为革命之母"③。"每次起革命都是得海外同志的

---

① 关于"华侨"的定义，近年有众多的争议，不少学者发表专文，论述"华侨"的称谓。有的学者认为，"华侨"一词与国籍问题有关，已经加入外国籍的华人称为"海外华人"，保留中国籍的海外中国国民称为"华侨"。参见林伟然：《华侨称谓研究》，见广州暨南大学华侨研究所编：《华侨华人研究》第2辑，暨南大学出版社1991年版，第1～19页。台湾学者认为"华侨"一般是指"在海外的中国人"，参见杨建成主编：《华侨之研究》，台北"中华学术院南洋研究所"1984年版，第1页。

② 陈锡祺主编：《孙中山年谱长编》下册，中华书局1991年版，第1335页。

③ 参见陈嘉庚：《追忆孙先生》，见尚明轩等编：《孙中山生平事业追忆录》，人民出版社1986年版，第66页。

力量"①。"华侨不自言功者,盖知救国真为天职,不事矜举"②。

孙中山为了反清革命,足迹由亚洲而美洲,又由美洲而欧洲而亚洲,所到之处他都深入华侨社会,关心他们的生活,鼓励华侨关心国家大事,号召华侨出钱出力,赞助革命;保护华侨的利益,尽力解除华侨的苦境;鼓励华侨勤奋创业;创办侨报侨校,报道祖国情况,维护民族文化。孙中山动员华侨投身反清革命,建设乡邦,造福民众。③ 凡此,都在华侨中广泛流传。

孙中山与华侨心脉相系,骨肉情深,命运与共。他在华侨中具有崇高的威望,为全球华侨所共仰。孙中山热爱华侨,华侨支持孙中山的革命。中国的反清革命没有孙中山,就不会那么快地取得胜利,没有华侨的支持与参与,孙中山领导的革命不仅发动不起来,更不可能取得胜利。

然而,革命毕竟是艰难的事业。华侨对孙中山的反清革命有一个认识的过程,不同阶层的华侨因为对革命的感受不同,因而态度也有别。我们不可能要求全体华侨都支持孙中山的革命,事实上,在孙中山革命之初,华侨的思想未开,华侨中的大多数人不仅不了解革命,也不了解孙中山。因此,在反清革命过程中,孙中山需要华侨的理解,华侨也需要孙中山去开导和启迪。

孙中山的反清革命事业,正如他自己所言,是"至为宏硕"的大业,然而,其"举措又至为艰难",难就难在人心是否归向,难在海内外的中国人是否真正了解他所领导的反清革命的意义。但是,孙中山为了"救中国",势不能不革命。革命就是要"革除腐败者",推翻清朝的统治,这个行动是造反,凡是参与革命的人当时概被统治者赐予"叛逆之名"④,因此,没有"舍得一身剐,敢把皇帝拉下马"的大无畏精神是成就不了伟大的革命事业的。正因为如此,孙中山要实现"革除腐败者",建立新政新国家的伟大目标,他不能不四处出击,物色革命同志,组织革命团体,筹集革命经费。而侨居国外的华侨便是他首先凝聚和工作的重点。不过,孙中山在发动华侨支持革命的过程中,遇到的困难是不少的,但也正因为孙中山有坚韧不拔、以情激情的精神,才使他的工作取得了成功。

据一位曾到过加拿大跟随孙中山革命的老人回忆,孙中山在加拿大发动华侨资助国内反清革命时,遇到了很多困难,甚至有人讥笑他是来骗钱的。这位老人说:有一次,孙先生在加拿大一间华侨餐馆吃饭,其中有一位华侨有意为难孙先

---

① 孙中山:《在广州中国国民党恳亲大会的演说》,《孙中山全集》第八卷,中华书局1986年版,第280页。
② 孙中山:《〈同盟演义〉序》,《孙中山全集》第四卷,中华书局1985年版,第27页。
③ 参见台湾华侨革命史编纂委员会编撰:《华侨革命史》(上),台北正中书局1981年版,第104~105页。
④ 孙中山:《伦敦被难记》,《孙中山全集》第一卷,中华书局1981年版,第82页。

生,他很不礼貌地对孙中山大喊:"孙文!孙文!你说要打倒清朝,请问你用什么兵力去打倒?"孙先生微笑地回答说:"乡里!我们有办法的,打倒清朝很容易,我们的军队多着呢!""哈哈!什么军队?我只见你一个人在这里吃饭!"孙先生说:"是的,我们有很多军队","清朝的军队就是我们的军队,清朝皇帝在给我们训练军队呢!"听完孙先生的话,这个人便放声大笑,"哈哈,真是孙大炮",别的人也在哄笑着。①

我们很难断定这个记录的真实性,但是,这位老人讲到的情况不仅在加拿大的华侨中可能会存在,类似的情况在别的地方也出现过。比如,1910年2月间,孙中山来到美国芝加哥向华侨筹集反清革命经费。孙中山深入该市华侨中做了很多反清革命的宣传,但工作很不顺利。据记载,当时芝加哥市有华侨三千多人,其中姓梅的广东台山人占了一千多,其余为陈姓、李姓和余姓等。华侨在芝加哥市区开有几十家杂货店、几十间酒楼和数百间洗衣馆。该市较大的华侨老板,如芝加哥保皇党负责人梅恭柏,占有较多的财产,属于富商,他投资十万美元开了一间大酒店——琼彩楼大酒店,人们也称它为"十万庄"酒家。这位梅老板拿出不少钱给保皇党人从事各种保皇活动,但他表示决不拿一文钱去支持孙中山的革命。为了打破保皇党控制芝加哥华侨社会的局面,孙中山便深入华侨社会,走街串巷反复向华侨宣传革命道理,指斥清朝的无能与腐败,希望华侨们理解和支持他的反清革命。但是,华侨不了解他,孙中山每到一地,华侨商店均不礼貌地立即将门关起来,将孙先生拒之门外。面对这种情况,孙中山当然很尴尬,然而,他并不责怪华侨,他对陪同者说:"人家不了解革命道理,责备两句是不足怪的!"②孙中山要陪同者不要和一般人见识,应该理解他的行为。以上所说两地华侨的态度虽然不能代表全球华侨大多数人的态度,但我们也不能把它看作绝无仅有,在一定时期它还真正能反映华侨尤其是上层华侨的共同心态。反对或不支持孙中山反清革命的华侨不仅在加拿大、美国存在,在南洋各国也存在。颜清湟教授在《华侨与辛亥革命》一书中就列举新加坡、马来西亚华侨中有十位著名保皇党人或保守人物。③ 这些人有的被殖民当局任命为保良局委员、华人参事局委员或授予太平局绅士,有的被清政府委任为驻新加坡槟榔屿的领事、副领

---

① 胡汉贤:《中山先生的海外革命活动》,见尚明轩等编:《孙中山生平事业追忆录》,人民出版社1986年版,第179页。胡汉贤曾追随孙中山在国内外进行革命活动,到过加拿大。

② 梅斌林:《孙中山在美国芝加哥》,见尚明轩等编:《孙中山生平事业追忆录》,人民出版社1986年版,第207~208页。

③ See Yen Ching Hwang, *The Overseas Chinese and the 1911 Revolution*, Oxford University Press, 1976, pp. 271-275. Name: 1. Khoo Seok-wen. 2. Foo Chee-choon. 3. Tan Hun-ch'iu. 4. Chang Pi-shih. 5. Hsieh Yung-kuang. 6. Liang Pi-ju. 7. Tye Kee-yoon. 8. Goh Siew-tin. 9. Lee Cheng-yan. 10. Wong Ah-fook.

事、总领事，有的从清政府获得官爵，有的在国内投资，政治上、经济上与清政府有着密切关系。正由于这些人与帝国主义、封建主义有各种联系，所以，他们自始至终都对孙中山领导的反清革命持反对态度。还有一些华侨，虽在政治上与殖民当局和清政府不一定有很深的关系，只是一般的富商，但由于有各种顾虑，也没有支持孙中山的反清革命。例如，有一位姓陆的资本家，是新加坡和马来西亚鸦片、赌博、酒店税收承包人，并曾获得英国殖民当局颁给的勋位、绶章，死时财产达七八千万，但他就不愿意支持革命。为什么？他对革命派说："恐怕你们没有成功的把握吧？等到你们有成功的把握的时候，我来帮助好了！"还有一位叫姚东生的华侨资本家，原是支持革命的，但当他发了财之后，却一反常态，改变了态度，他对革命派表示："现在我的身家重了，和从前不同了，要我和从前一样和你们干，这是不行了！你们所提帮助的话，另外设法吧！"还有一位姓卢的做橡胶园发了财，革命党人要他捐款支持革命，可是他鞠躬作揖地说："对不起，请原谅原谅吧！"一毛不拔。① 这也难怪，因为支持不支持孙中山革命，这不是几个钱的问题，而是政治态度问题，要是革命失败了，他不仅要冒经济的风险，更重要的是要冒个人与国内家眷的身家性命的风险。所以，他们不支持孙中山的反清革命也不足为奇。

由此看来，华侨中的上层人物不支持或抵制孙中山的革命，这是全球性的普遍现象。为什么会这样呢？有人认为，这主要是华侨上层人物受保皇党人的影响，希望有朝一日康有为的保皇党在清朝掌握大权，能够得到一官半职，将来回国探亲时，可以穿起官袍顶戴，炫耀乡里。② 有一些华侨可能有这种心态，但就大多数华侨上层人物来看，他们不支持革命，主要的原因恐怕不是想保住清朝政权，然后在清政府中捞到一官半职，重要的原因是怕支持革命而革命又胜利不了会丧失自己的生命和财产。1911 年 6 月 25 日，孙中山在中国同盟会葛仑分会成立大会上演说，他批评一些华侨"各自营其私，无顾大局之观念"，指出："我国人多不知国与己身之关系，每顾个人之私事而不为国出力，不知国与己身之关系如身体之于发肤，刻不可无。"③ 我认为，孙中山在这里真正讲到了要害之所在。正是由于一些华侨不能正确处理个人与国家的关系，怕支持或参加革命，"家眷被朝廷迫害"和丧失在家乡的财产，便对革命采取观望的态度。胡汉民说："大资本家最不革命，最怕革命，拥有巨大资本的人总是想保守固有的资本，

---

① 胡汉民著：《胡汉民自述》，人民日报出版社 2013 年版，第 182～184 页。
② 梅斌林：《孙中山在美国芝加哥》，见尚明轩等编：《孙中山生平事业追忆录》，人民出版社 1986 年版，第 207 页。
③ 孙中山：《在中国同盟会葛仑分会成立大会的演说》，《孙中山全集》第一卷，中华书局 1981 年版，第 523 页。

并扩大资本的势力,革命就好像对于他是大不利。"① 所以,一些华侨上层人物和大资本家等为维护自己的社会地位、财产和人身安全,便对孙中山领导的反清革命采取一种观望的态度,走着看等着瞧、走一步看一步、随机应变是他们共同和普遍的心态。

然而,极其可贵的是,孙中山并不因此就对华侨富商及一些上层人士采取孤立或敌对的态度。他总是对他们的觉醒寄以希望,诚心诚意地希望他们改变态度,同情和支持他的革命大业。1905 年 9 月 30 日,中国同盟会在日本东京成立不久,他就给南洋侨商陈楚楠去信说,他准备 10 月 7 日到越南西贡,与"彼中大商商办举行债券筹款一事。拟筹足二百万,以为革命之资"。孙中山希望陈楚楠在新加坡也劝说"富商认借",并要他届时即到西贡与他面商此事。② 10 月下旬,孙中山抵达西贡,随赴堤岸组织同盟会分会,后与西贡侨商成立广东募债总局,发行千元票面的债券 2000 张,用广东募债总局及中华民务兴利公司等名义发行。③ 后来,经过孙中山及革命党人层层发动,认购债券的人多了,但大多数都是像开设豆芽豆腐小店的黄景南等下层华侨。他们"将收入支持同盟会;有的商人从东方汇理银行取出股份来支持;有的人在华侨以至越南人民中进行募捐支持革命军。各分会的活动都得到华侨和越南人民的热烈响应"④。可见,在越南支持孙中山革命、积极募捐的多数人也都是做小生意的小商贩。他们收入微薄,平日省吃俭用,将积蓄贡献给孙中山的革命事业。越南的富商是"很少支持孙中山先生的。即有,亦只敢暗中支持,不敢公开露面"⑤。因为"其时华侨风气闭塞,闻总理有作乱谋反言论,咸足以破家灭族,虽亲戚故旧,亦多掩耳惊走"⑥。

总之,从各方面的情况看,当时华侨上层比较保守,对孙中山反清革命所持的态度十分谨慎,多数都是持观望的态度,但不能因此就肯定地说,凡是华侨资本家都不支持孙中山的反清革命。支持孙中山革命的工商业资本家和农场主也是有的,比如,在檀香山就有资本家支持孙中山革命,不过这些人充其量也只能是

---

① 莫铿、刘伟森:《国父孙中山先生与金山华侨》,《国父创建兴中会一百周年纪念中山思想学术研讨会论文集》,台北国父纪念馆 1995 年印行,第 57 页。胡汉民述,张振之记:《南洋与中国革命》,见张永福编:《南洋与创立民国》,上海中华书局 1933 年版,第 21 页。

② 孙中山:《复陈楚楠函》,《孙中山全集》第一卷,中华书局 1981 年版,第 287 页。

③ 冯自由著:《革命逸史》初集,中华书局 1981 年版,第 179 页。

④ (越南)章收:《孙中山与二十世纪初越南革命的关系》,政协广东省委员会文史资料研究委员会等合编:《孙中山史料专辑》,《广东文史资料》第二十五辑,广东人民出版社 1979 年版,第 383 页。

⑤ 刘汉翅:《孙中山对越南华侨进行革命宣传记述》,政协广东省委员会文史资料研究委员会编:《孙中山与辛亥革命史料专辑》,广东人民出版社 1981 年版,第 29 页。

⑥ 冯自由著:《中华民国开国前革命史》,商务印书馆 1947 年上海初版,第 26 页。

中小资本家。据 1896 年统计，当时檀香山有华侨 21609 人，其中有实业者 195 名，批地建屋出租者 758 名，"农工商业，蓬蓬勃勃"①。参加檀香山兴中会的成员有名可考者 126 名，其中有农业及畜牧业资本家 6 名，商人 73 名。② 孙中山的胞兄、农场主"茂宜王"孙眉倾家支持其弟干革命。经营粮业于茂宜山、容纳华工数千人、"获资颇丰"的邓荫南，对孙中山的革命也"倾家相助"。夏百子"经营商业"，对孙中山革命也"变产输诚"，并"以身许国"。宋居仁将"西餐馆生意收盘"，挺身随孙中山奔走。卑涉银行经理、檀香山兴中会副主席何宽，宁冒一切风险，竭诚支持孙中山革命。南洋华侨资本家林受之，为支援孙中山革命，"毁家纾难"，其子女因而成为佣工。李卓峰为防城、河口、镇南关起义捐资数万。起义失败后，数百人退走海防，饷食无着，李当时"财力亦竭"，但仍向银行贷款 2 万元接济。③ 所以，凡事都不能一概而论，事物都是相对的，没有绝对的。有人反对革命就有人支持革命，当然，反对革命与支持革命都有其特定的原因。华侨支持革命，我们不能简单归结为他们都是广东籍华侨，更不能归之为他们与孙中山有戚谊，是朋友或同学的关系，重要的是他们明白了孙中山革命的意义，开始领会了祖国危亡，清政腐败，"非从民族根本改革无以救亡"，而改革之任人人有责，因而便初步树立了要救国就要革命的意识和确立了爱国主义的思想。然而，抱着不惜牺牲身家性命、一如既往地支持孙中山反清革命的有钱华侨人家不算太多，这也是事实。因此，我们讲华侨对孙中山反清革命做出重大贡献，严格说来是就华侨中的知识分子和属于中下层的工商业者及其他劳动大众而言。

二

1903 年 12 月，孙中山说过："革命为唯一法门，可以拯救中国出于国际交涉之现时危惨地位。""今日之中国何以必须革命？因中国之积弱已见之于义和团一役，二万洋兵攻破北京。若吾辈四万万人一齐奋起，其将奈我何！我们必要倾覆满洲政府，建设民国。革命成功之日，效法美国选举总统，废除专制，实行共和。"所以，孙中山将革命视为改朝换代的伟大事业。为成就此一事业，他"甚望华侨赞助革命党"。④

---

① 郑东梦著：《檀山华侨》，檀山华侨编印社 1929 年版，第 3～5 页。
② 台北中国国民党党史会编：《革命之倡导与发展——兴中会上》，《革命源流与革命运动》第 9 册，台北正中书局 1969 年版，第 393～411 页。
③ 参见洪丝丝著：《华侨对辛亥革命的巨大贡献》，洪丝丝等著：《辛亥革命与华侨》，人民出版社 1982 年版，第 13 页。
④ 孙中山：《在檀香山正埠荷梯厘街戏院的演说》，《孙中山全集》第一卷，中华书局 1981 年版，第 226 页。

革命是激烈的行动，"没有这个行动，中国将无法改造"①。那么，依靠谁去进行反清革命，实现对中国的改造呢？孙中山首先是依靠青年学生，然后依靠会党和新军。为把国民组织起来参加反清革命，孙中山首先是利用留学外国的学生将革命政党——中国同盟会组织起来，然后在世界华侨聚居的地方成立同盟会分会，开展组织民众、向民众宣传的工作。孙中山认为宣传革命、制造舆论要由侨居国外的青年知识分子来做，而参加革命则靠海内外洪门会党和其他有志之士。因此，在革命之初，孙中山寄希望于侨居海外的青年学生。1905年春，孙中山到比利时首都布鲁塞尔，与中国留比学生就革命方略和依靠力量等问题进行讨论，随后组织革命团体，发动留学生30多人参加。春夏间，又到德国，在柏林向留德学生宣传民主革命主张，吸收20余人加入革命团体。旋赴法国，在巴黎他又发动留法学生10余人加盟。尽管在巴黎旅馆曾发生被留法学生王发科、王相楚割开皮包，偷去德法两国留学生加入革命团体的誓词，向清廷驻法使馆告密的事件，孙中山也曾说过"早知读书人不能革命，不如会党"②的话，但他仍对学生抱有很大的期望。1905年8月13日，孙中山在东京向中国留学生发表演说，他除了谈到留学生思想变化及"中国的文明进步日进一日，民族的思想日长一日"外，更指出："现在中国要由我们四万万国民兴起"。并说，今天学生集会便是最先兴起，"从今后要用尽我们的力量，提起这件改革的事情来"。他希望学生担当起救中国的重任，"要从高尚的下手，万莫取法乎中，以贻我四万万同胞子子孙孙的后祸"。③ 9月30日，孙中山又给南洋华侨陈楚楠去函，告诉陈，他在东京与同志创办《民报》杂志，不日可出版，并指出："近日吾党在学界中已联络成就一极有精彩之团体，以实力行革命之事。现舍身任事者已有三四百人矣，皆学问充实、志气坚锐、魄力雄厚之辈，文武才技俱有之。现已各人分门认担一事，有立即起程赴内地各省，以联络同志及考察各情者。"他认为，如果参加中国同盟会的人陆续增加，"将来总可得学界之大半；有此等饱学人才，中国前途诚为有望"。④

由此可见，这个时期孙中山对侨居国外的留学生寄以极大的希望。他认为侨居国外的留学生之觉醒和奋起参加革命，便奠定了全国革命胜利的基础。1906

---

① 孙中山：《与斯韦顿汉等的谈话》，《孙中山全集》第一卷，中华书局1981年版，第196页。

② 黄季陆编撰：《国父年谱》增订本（上册），台北中国国民党党史委员会1969年版，第191页。

③ 孙中山：《在东京中国留学生欢迎大会的演说》，《孙中山全集》第一卷，中华书局1981年版，第279～282页。

④ 孙中山：《复陈楚楠函》，《孙中山全集》第一卷，中华书局1981年版，第286～287页。

年10月16日,孙中山给新加坡华侨张永福去函高兴地表白:"以弟见内地各省及日本东京留学之进步,若南洋能有如此,则大事不难成矣。"①

然而,侨居国外的留学生,由于所在国的政治环境不同,政治态度也有异。当时,中国留美学生的政治态度就相当保守,他们虽然知道孙中山领导的同盟会"有一项推翻满清,恢复中华的明确纲领",但学生团体"却从未公开提出过这个问题"。正因为如此,1909年秋,孙中山到了美国便设计接触学生做说服工作,希望能改变留美中国学生的政治态度,争取他们同情和支持革命,但始终未能取得预期的效果。据顾维钧回忆,孙中山曾和W. F. 陈一起,到哥伦比亚大学探望了正在攻读国际公法博士学位的顾维钧及其他留美学生。孙在顾的房间里同顾一起聊天,顾说:"孙谈话最多,他的话使我心服。看来他有充分理由来组织一个政党,他相信每一个关心国家幸福的人都应该属于这个党。"他还强调指出:他一旦"得到人民和一支有组织的武装力量的支持,就肯定会胜利"。在这次接触中,孙中山曾"婉转地敦促每一个有思想的中国人都加入革命党,以实现推翻满清,拯救中国",但他并没有能够说服顾维钧等人参加革命党。② 由于中国留美学生对政治冷淡,使孙中山联络留美学生的工作受挫,给他留下很深的印象。事隔九年多,孙中山于1919年11月在上海接见张道藩等12位候船赴法国留学的青年时还谈到:"我国在各国的留学生,应该都是最优秀、最革命的知识分子。可是事实上并非完全如此。许多留学好的,只知道读死书、求知识;其次的只学了外国学术的皮毛;再次的只学得些外国人的生活享受和恶习;最奇怪的是大多数都不知道过问政治。比较起来,还是留日、留法的学生好一点。……最不行的是留英学生,他们多半误解,以为英国人民不管政治,……所以我希望你们到外国去,不要以能读死书、求得一点知识为满足。你们应该除了专门科目而外,随时随地留心考察研究各国的人情、风俗、习惯、社会状况,以及政治实情等等。这些活的知识于你们学成归国之后,对国家、社会会有很大贡献的。"③

不管侨居国外的留学生政治态度如何不同,但他们中的一部分人同华侨知识分子相结合,在宣传民众、制造舆论方面对孙中山的反清革命所起的作用是非常明显的。在孙中山的支持下,各地的华侨报纸纷纷创办,如香港的《中国日报》,檀香山的《檀香山新报》,旧金山的《少年中国晨报》,改组后的《大同日报》,东京的《民报》,温哥华的《大汉公报》,新加坡的《图南日报》、《中兴

---

① 孙中山:《致张永福函》,《孙中山全集》第一卷,中华书局1981年版,第295页。
② 顾维钧著:《顾维钧回忆录》第一分册,中国社会科学院近代史研究所译,中华书局1983年版,第66~68页。
③ 张道藩:《酸甜苦辣的回味》,载《传记文学》(台北)第一卷第六期(1962年出版)。又见孙中山:《与留法学生的谈话》,《孙中山全集》第五卷,中华书局1985年版,第165~166页。

日报》、槟榔屿的《光华日报》、曼谷的《暹华日报》、《觉民报》，仰光的《觉民日报》、《全缅公报》、《光华日报》，爪哇的《泗滨日报》、《前锋报》、《吧城日报》，棉兰的《苏门答腊日报》，加拿大的《新国民报》，等等，都宣传孙中山的反清革命。这些宣传不仅把华侨的爱国思想提升到革命行动上来，而且这些报纸还成为当地华侨革命力量汇聚的中心，对革命起了推波助澜的重要作用。比如《大同日报》改组为革命派的报纸后，它的"革命横议，鼓荡全美。华侨受其感化者日众"。这些都为以后南北美洲同盟会的成立打下了良好的基础。①

不过孙中山所说："读书人不能革命，不如会党"，这个结论虽然有点绝对化，但就武装起义而言，学生与会党相比较，会党无疑是比学生更为重要的革命力量。

会党在国内则称天地会，普遍所称的三合会、三点会都是它的别称。后来的清水会、匕首会、双刀会、钵子会、告化会、小红旗会、小刀会、剑仔会、致公堂、哥老会、青红帮等，都是它的分派。会党原来的总名，对外称天地会，对内则自称洪门。②孙中山非常了解会党。他说："洪门者，创设于明朝遗老，起于康熙时代。盖康熙以前，明朝之忠臣烈士多欲力图恢复，誓不臣清，舍生赴义，屡起屡蹶，与虏拼命，然卒不救明朝之亡。迨至康熙之世，清势已盛，而明朝之忠烈亦死亡殆尽。二三遗老见大势已去，无可挽回，乃欲以民族主义之根苗流传后代，故以'反清复明'之宗旨结为团体，以待后有起者，可借为资助也。此殆洪门创设之本意也。然其事必当极为秘密，乃可防政府之察觉也。"又说：洪门团体"则以博爱施之，使彼此手足相顾，患难相扶，此最合乎江湖旅客、无家游子之需要也。而最终乃传以民族主义，以期达其反清复明之目的焉。……而海外之会党多处于他国自由政府之下，其结会之需要，不过为手足患难之联络而已，政治之意味殆全失矣，故反清复明之口语亦多有不知其义者"。③

洪门会党具有反抗意识，民族观念较强，有一定的会章会规，易于聚集，但因会党成员来源复杂，思想狭隘，纪律不严，自由散漫，带有宗派习性，容易闹矛盾，且具有不欢而散的劣性。为此，孙中山决定利用会党的反抗意识，改良它的不良习气，使它为革命服务。孙中山一面命令革命党人深入两广、福建和长江流域，在国内广泛联络会党，在香港设立机关招待会党，而他自己则在国外深入美洲、南洋各地，在华侨中宣传革命，改组洪门。1895年兴中会广州起义失败

---

① 冯自由：《〈大同报〉之改组》，见冯自由著：《革命逸史》第二集，中华书局1981年版，第112页。

② 萧一山著：《近代秘密社会史料》，岳麓书社1986年版，第4～5页。

③ 孙中山：《建国方略之一：孙文学说——行易知难（心理建设）》，《孙中山选集》，人民出版社1981年版，第195页。

后，孙中山多次访问美洲，起初虽然"劝者谆谆，听者终归藐藐"，拥护革命的华侨很少，每埠不过数人或十余人而已，但他并不灰心，他每次到美洲都深入华侨集中的洗衣店和餐馆，同厨师、工人及其他人士交谈，反复宣传反清革命的必要性，并虚心听取下层华侨的意见和各种呼声，终于使他体会到："泥土下面，我们往往可以找到宝贝。"①

有一位学者说过："古今中外的伟大人物的成就，无不从平凡中修造出来。平凡与伟大的不同所在，不尽在高深的地方去区分，而在人人都可以做得到的事上面。不去做便是平凡，能做得到便是伟大。如果我们要知道总理（指孙中山）如何获得华侨不惜一切支持他的革命号召，除了他伟大精深的革命主义之外，我们应当在他立身为人的诚实、亲切、耐苦、平易诸种美德方面上求之。他是一个学于众人的圣人，他的伟大尤其是在于平凡。"②

这话说得很实在。孙中山在极为平凡的工作中成就了极不平凡的伟大事业，它锻炼了孙中山，也造就了许多伟人。而他之所以有这样伟大的成就，无疑跟他的魄力、智慧，以及人格的高尚、品德的完美和脚踏实地、一切从平凡中开始有很大的关系。

孙中山作为一位革命的领袖，需要接触很多人，需要国内外的支持，尤其是需要国内的广大民众和国外的广大华侨的同情、支持和参与。而关键又最难的问题恐怕是如何使广大的国内劳动大众和海外华侨服从他的领导，参加他的革命。领袖跟一般人不同的是，他不仅要有超群出众的思想和智慧，更重要的是要有领导才能和魄力，如果他没有高深的理论素养和系统完整的思想，自然不能领导革命，如果他的思想不能为人所接受，他的革命行动不能够为国内外广大的中国人所赞同，他也就不可能成为一个出色的领导者。毫无疑问，所有这一切孙中山都有出色的表现。

革命首先需要民众的理解，而要民众真正理解革命的意义，以至于同情和支持革命，宣传工作是极为重要的举动。孙中山等革命党人根据各地华侨的不同情况，采用不同的方式宣传群众，收到了明显的效果。

首先，针对南洋华侨的实际，采用组织阅书报社的办法启导民众。南洋华侨多从事开矿、种植业、小商小贩，因此矿工、农业人员、店员较多。为使这些华侨下层人士了解反清革命，革命党人在南洋组建阅书报社，如在新加坡有同德书

---

① 梅斌林：《孙中山在美国芝加哥》，见尚明轩等编：《孙中山生平事业追忆录》，人民出版社 1986 年版，第 209 页；又见项定荣著：《国父七访美檀考述》，台北时报文化出版事业有限公司 1982 年版，第 141 页。

② 黄季陆：《忆总理、话海外》，见台北中国国民党党史会编：《华侨与中国国民革命运动》，香港时报社 1981 年版，第 15 页。

报社，在槟榔屿有槟城阅书报社，在马来西亚霹雳有益智书报社，在缅甸有觉民阅书报社，等等，仅荷属东印度的阅书报社就有四十多个，缅甸也有十多个。通过阅书报社，组织华侨阅读革命宣传品，广泛传阅邹容的《革命军》、章太炎的《驳康有为政见书》、黄世仲的《洪秀全演义》等书，在宣传反清革命方面起了很大作用。

其次，深入华侨社会做好发动工作。1900 年，孙中山为了营救因康有为诬陷而被英国殖民当局逮捕下狱的日本友人宫崎寅藏，第一次到新加坡和马来西亚，几经周折，才救出宫崎寅藏，但他却被英国殖民当局驱逐出境，并规定 5 年内不得进入海峡殖民地。孙中山利用停留新、马的几天时间，接触了当地华侨林文庆和黄乃裳。孙中山经过与林、黄密商，便志同道合，相与订交，从此林、黄积极拥护孙中山领导的反清革命，成为新、马华侨中坚定的革命派。此后，革命党人黄福、黄耀庭、邓子瑜等在惠州起义失败后避居新加坡，他们利用会党关系，深入华侨下层开展宣传和组织革命活动。1901 年，革命志士尤列自日本到新加坡，以行医为名，深入工农群众，向农民、工人及会党宣传革命排满，经过半年的努力，"颇得农、工人士之信仰"，遂在新加坡设立中和堂。其后，尤列又赴马来半岛活动，在吉隆坡、怡保、埧罗、芙蓉、柔佛和槟榔屿等埠设立中和堂分堂，在联络会党成员和动员广大华侨，特别是鼓动华侨下层支持和参加反清革命方面起了重要作用。①

再次，清除保皇党人对华侨的毒害，帮助华侨认识革命的必要性。针对康有为等保皇党在美洲华侨中散布革命必招瓜分、革命必造成中国内乱的论调，孙中山在 1903 年第五次到达檀香山时，便改组了由保皇党人控制的《隆记报》（又名《檀山新报》），并发表了由他撰写的《敬告同乡书》（1903 年 12 月）和《驳保皇报书》（1904 年 1 月）等文，揭露保皇党人"不可行革命，不可谈革命，不可思革命"的目的在于"保满清奴中华"。他尖锐地指出："革命、保皇二事决分两途，如黑白之不能混淆"，"吾人革命，不说保皇"，彼辈保皇，所言革命其实是假革命真保皇。他号召华侨要"大倡革命，毋惑保皇"。②

1903 年孙中山到达檀香山时，他大哥孙眉的农场和牧场已经破产，只能赠给孙中山少数川资，并以家藏"龙涎香"一枝相送，以备孙在旅途中变卖急用。孙中山利用这次机会深入火奴鲁鲁和希炉华侨社会，向他们发表演说，宣传革命，力辟保皇谬论，并亲自加入洪门会党，发动华侨中下层资助他革命经费。然

---

① 参见林远辉、张应龙著：《新加坡马来西亚华侨史》，广东高等教育出版社 1991 年版，第 274～276 页。
② 孙中山：《敬告同乡书》，《孙中山全集》第一卷，中华书局 1981 年版，第 232～233 页。

后，孙中山由东海岸到了西海岸的旧金山，在致公堂大佬（主盟员）黄三德及出番唐琼昌的同情和支持下借资翻印邹容的《革命军》11000 册，分寄美洲及南洋各地华侨团体。《革命军》一书在美国华侨中广泛流传，华侨得到启导，不到半年观念大变，同情和支持孙中山反清革命的人便大增。这对孙中山是莫大的鼓舞。

三

从 1894—1911 年，即从兴中会成立到武昌起义前的 17 年间，孙中山在国内发动了十次反清武装起义。在这些起义中，国内外的会党起了重要作用，华侨中的会党成员及其他志士不仅参加起义，而且也是财力物力的主要支持者。

首先，华侨积极参加孙中山发动的反清武装起义，抛头颅，洒热血。

1895 年兴中会发动的广州起义，是自太平天国农民反清斗争以后，中国人举行的第一次有组织、有领导的反清起义，也是华侨参与的第一次对清政府的武装进攻。这次起义由孙中山与檀香山华侨主动发起，参加这次起义的人有跟随孙中山由檀香山回国的邓荫南、宋居仁、侯艾泉、夏百子等华侨。这次起义虽然失败，但它是檀香山华侨与中国香港及国内革命志士合力斗争的产物，标志着孙中山革命事业的正式开始，播下了反清革命的种子，奠定了日后反清革命成功的基础。1900 年的惠州起义是孙中山领导的兴中会发动的第二次起义，邓荫南、宋居仁等华侨也参加了起义。1907 年 5 月，潮州黄冈起义由新加坡华侨许雪秋指挥，南洋华侨商人萧竹漪为革命往来奔走，"且尽货其田产，得资数千金，借供运动经费"①。同年 6 月的惠州七女湖起义也是由新加坡华侨邓子瑜、黄耀庭策划的，后因黄返新加坡，便由邓子瑜指挥。参与起义的华侨孙稳由新加坡回香港，后被引渡回广州为清吏所害。9 月 1 日钦州王光山起义、12 月 1 日广西镇南关起义和 1908 年 3 月钦廉起义、4 月云南河口起义，越南华侨不但积极捐款和运输军火粮食，而且还参加了武装起义。河内侨商黄隆生，因替河口起义军运送粮食被法国殖民当局迫令出境。

1911 年农历三月二十九日（阳历 4 月 27 日）的广州起义（史称"黄花岗之役"），不仅得到华侨财力、物力的巨大支持，而且华侨积极参加起义，仅从新加坡、槟榔屿等地回来参加起义的华侨就不下 500 人。越南华侨打石工人石锦泉组织了敢死队回国，缅甸和印度尼西亚等地的华侨也有回国参加起义。这次起义查明的烈士有 86 人，其中明确是华侨的，有的说是 29 名，有的说是 30 名，有

---

① 冯自由著：《革命逸史》第三集，中华书局 1981 年版，第 266 页。

的说是 31 名，其中新加坡、马来西亚的华侨就有 16 名。① 他们为革命捐躯，谱写了一曲曲可歌可泣、英勇悲壮的颂歌，他们真不愧是"中国人民的优秀儿女，是全体爱国华侨的光荣"②。这次起义虽未能取得胜利，但却给清政府以致命的打击，极大地振奋了全国人心，促成了辛亥革命高潮的到来和武昌起义的成功。孙中山在《〈黄花岗烈士事略〉序》一文中，以悲愤的心情写道："是役也，碧血横飞，浩气四塞，草木为之含悲，风云因而变色，全国久蛰之人心，乃大兴奋，怨愤所积，如怒涛排壑，不可遏抑，不半载而武昌之革命以成，则斯役之价值，直可惊天地泣鬼神，与武昌革命之役并寿。"③

1911 年 10 月 10 日武昌起义后，华侨也纷纷回国参加各地武装起义。当武汉军情紧急时，一批归国华侨工人组成的敢死队，由上海赶往武汉参加保卫武汉的斗争。新加坡、马来西亚华侨纷纷回国参加武装斗争，仅 11 月的两个星期，霹雳即有华侨矿工约 2000 人返国参加反清革命。④ 1907 年潮州起义时的东军都督许雪秋，从新加坡偕同陈芸生、陈涌波等，带领一批华侨赶回广东，组织南路进行军，先后光复汕头、饶平、潮安、惠来、大埔等县，设司令部于汕头旧道署，后来三人均为清降将所杀。⑤ 黄乃裳也赶回福建，带领福音、英华、培元书院的百余学生军在福州与清军激战，光复福建后成立临时政府，黄乃裳被举为交通部长，不久又出任筹饷局总办。⑥ 缅甸华侨张文光指挥的缅甸华侨和侨属子弟也于 10 月 20 日在云南腾冲发动反清起义。

总之，在孙中山领导的反清斗争中，许多爱国华侨参加了斗争，他们不惜抛头颅，洒热血，的确"有功于革命"。他们为孙中山的反清革命做出了巨大的贡献。

其次，华侨对孙中山的反清革命给予了巨大的经济支持。

孙中山进行反清革命需要多少钱，似乎没有人做过计算。根据美国斯坦福大学胡佛研究所提供的资料，1910 年 3 月上旬，孙中山到美国加利福尼亚州时曾到

---

① 参见孙健：《华侨与辛亥革命》，载《历史研究》1978 年第 4 期；洪丝丝：《华侨对辛亥革命的巨大贡献》，见洪丝丝等著：《辛亥革命与华侨》，人民出版社 1982 年版，第 7～8 页；蒋永敬编：《华侨开国革命史料》，台北正中书局 1977 年版，第 294～296 页。

② 董必武：《在辛亥革命五十周年纪念大会上的讲话》，载《福建日报》1961 年 10 月 10 日。

③ 革命纪念会编：《广州三月二十九革命史》卷首，上海民智书局 1926 年版。

④ 《南侨日报》1911 年 11 月 14 日，See Yen Ching Hwang. *The Overseas Chinese and the 1911 Revolution*, Oxford University Press, 1976, p.285.

⑤ 林凤文：《新加坡潮侨与开国革命史略》，参见潘醒农著：《马来西亚潮侨通鉴》，新加坡南岛出版社 1950 年版，第 239 页。

⑥ 参见林远辉、张应龙著：《新加坡马来西亚华侨史》，广东高等教育出版社 1991 年版，第 288～289 页。

洛杉矶访问。此间,孙中山与荷马李将军及友人布司(Charles B. Boothe)三人曾在"北长堤"一幢小屋举行过多次会议,并制定了一个在中国发动革命的"长堤计划"。过去在孙中山的文书著述里除讲到荷马李将军以外,没有叙述所谓"长堤计划"的内容。最近十多年来,荷马李与布司的函札文件以及有关书刊的出版,披露了荷马李与中国革命的关系,"长堤计划"的内容才为人所知悉。实施计划所需要的经费预计为三百六十多万美元。①"长堤计划"的内容,因事涉革命的秘密,并没有正式留下记录。以上内容仅据布司随笔记录,计划的项目与款数只是他们商讨的概略结果。如果从整个反清革命所需的经费计,这三百六十多万美元只是所需款额的小小一部分。所以,经费问题始终是困扰孙中山的一个重要问题。

革命需要经费,没有钱,反清的任何计划都不可能实施。所以从1905年同盟会成立到1911年4月广州起义,孙中山花费极大的精力去筹经费。1905年9月30日,孙中山给南洋华侨陈楚楠去函,告诉他:"在吾党中之留学生,有比宁(即槟榔屿)、咩华等地之富家子弟者,今有数人不日拟回南洋商之其父兄,请出大资财以助革命者。此事亦甚有望。"他指出,如果此行有结果,则"革命之举不日可再起矣"。②1906年1月,孙中山到越南西贡堤岸后,即建立同盟会分会并发行中国革命政府债券。9月26日,孙中山在西贡给爪哇苏汉忠去函,说:"目前至关重要的是军费,一旦得此,即可随时发动驱除篡夺者的战争。然而军费唯有在爪哇等富庶地区始能筹集。"孙中山对苏汉忠说:"你的工作是高尚的,而我国命运则取决于此工作的成败。"③

1906年秋冬间,孙中山与黄兴、章太炎等在日本草拟了《中国同盟会革命方略》,确立了革命的具体步骤和革命成功后的建国程序,这个方略设计了用借债及捐输、发行军事用票等方法筹集革命经费。不过,这只是一个指导未来、未经实施的方案。

革命起时,各地催款如燃眉之急,为此孙中山急欲跳墙。1906年11月22日,孙中山在日本给新加坡张永福、林义顺函,查询李竹痴回到新加坡否。又说:"前彼约在西贡打票五百元,以邱八兄而取此项,由西贡寄来日本。今到此已月余,尚未见到此款寄到,又不见竹兄有信来,未知邱兄有应其票否?祈为询之复示为望。"并望他俩在吉隆坡、槟榔屿两地沽票速将钱寄日本。又说:"到

---

① 项定荣著:《国父七访美檀考述》,台北时报文化出版事业有限公司1982年版,第170～172页。
② 孙中山:《复陈楚楠函》,《孙中山全集》第一卷,中华书局1981年版,第287页。
③ 孙中山:《致苏汉忠函》,《孙中山全集》第一卷,中华书局1981年版,第294页。

日本以来，已谋得数路，有可筹款之望。惟何日可以到手，仍未能决"①。可知，此时孙中山已经到了捉襟见肘的地步，为了钱他日理万机，心力交瘁。为了应付1907—1908年的粤、桂、滇三省反清起义，孙中山除了与革命党人商议起事的有关问题，日夜奔忙与日本友人平山周、萱野长知和宫崎寅藏等商议订购枪支弹药、聘请军事顾问外，就是到处请示助资，购置枪枝弹药及其他用品，忙得不亦乐乎。为了许雪秋潮州起事、邓子瑜惠州起事的数千元运动费，孙中山都要多次给南洋张永福、陈楚楠、何佩琼等去函，真是到了事事躬亲、舍我其谁的地步。孙中山认为，革命党人在南国的起义，只要得"各省之响应及海外同志之接济，两者有一能如意，则长驱以定两广，出师湘鄂，革命前途大有可望也！"如果有一样不如意，反清事业均受影响。因此，他指派汪精卫（时任《民报》主笔）、黄隆生（河内殷商）、刘岐山（海防殷商）赴越南西贡堤岸，与各同志面商，"设法速筹巨款，接济军需"②。1907年10月8日，孙中山又给英属马来联邦森美兰州挂罗庇膜埠侨商邓泽如去信，详细地谈了钦廉、防城起事后的情况，并说他"由同志中举出妥员专任运动筹款之事"，"以期迅集巨款"，指出："我同志诸兄筹饷之功，必与身临前敌者共垂千古而不朽矣！"③ 10月15日孙中山在给张永福、陈楚楠、林义顺等函中，又一再强调：筹款之事，"无论会内会外，皆当尽力，以完国民之义务也"。并希望他们在新加坡"以身提倡，鼓励国民，使人人尽其义务"④。特别是河口起义失败后，逃往越南的600多名起义者不能安置，衣食艰难，孙中山焦急万分，他在给林义顺函中，恳切请求，速行设法开设石山之局，以便他等安身。他说：如果能做到，"弟实感恩不浅也"⑤。这个时期，钱对于孙中山实在是太重要了。

1908年12月15日，孙中山给南洋华侨、海南籍同盟会员符树兰等人函时透露："兹弟以各省同志跃踊如此，不得不急为经济之大运动"，"大款既早日可筹，即早有以慰各省人心之渴望"，所以筹款是"今日之首务也"。⑥ 孙中山认为，防城、镇南关、河口起义，"未能一达目的，无非财力之不逮，布置之未周"⑦。为了解决财力不足，孙中山"思图远举，欲往运动于欧美之大资本家"⑧。

---

① 孙中山：《复张永福林义顺函》，《孙中山全集》第一卷，中华书局1981年版，第321页。
② 孙中山：《致何佩琼函》，《孙中山全集》第一卷，中华书局1981年版，第344页。
③ 邓泽如编：《孙中山先生廿年来手札》卷一，广州述志公司1927年版。
④ 孙中山：《复张永福等函》，《孙中山全集》第一卷，中华书局1981年版，第348页。
⑤ 孙中山：《致林义顺函》，《孙中山全集》第一卷，中华书局1981年版，第390页。
⑥ 孙中山：《致符树兰等函》，《孙中山全集》第一卷，中华书局1981年版，第399页。
⑦ 孙中山：《致宫崎寅藏函》，《孙中山全集》第一卷，中华书局1981年版，第404页。
⑧ 孙中山：《致庄银安等函》，《孙中山全集》第一卷，中华书局1981年版，第411页。

1909年5月19日，孙中山由新加坡启程赴欧洲。6月20日，孙中山抵法国马赛港，旋赴巴黎，曾试图说服法国资本家贷款充作革命经费，受克里孟梭（G. Clemenceau）内阁所阻，未成。① 7月22日，孙中山到达布鲁塞尔。8月7日，孙中山抵英国伦敦。10月22日，孙中山致函布鲁塞尔同盟会员王子匡，谈及："近接美洲来信，谓有人托同盟会之名致书各埠，大加诋毁于弟"，此事于联络华侨"大有阻碍"。在谈及陶成章时又说："陶去年到南洋，责弟为他筹款五万元，回浙办事。弟推以近日南洋经济恐慌，自顾不暇，断难办到。彼失望而归，故今大肆攻击也。东京留学界之不满于弟者，亦有为之推波。故从外人视之，吾党已成内乱之势。人心如此，真革命前途之大不幸也。"② 可见，因为经费问题，陶成章大肆攻击孙中山，几至于分裂。对于陶的责难，孙中山一面开列收支情况，进行驳斥，澄清陶成章的诋毁；一面忍辱负重，风尘仆仆由南洋而赴欧洲、美洲，深入华侨中组织同盟会分会，筹集经费和宣传革命。10月30日，孙中山离伦敦赴美国。11月8日，孙抵纽约，然后由纽约转赴波士顿。1910年1月21日，孙又抵旧金山，其后到过洛杉矶、檀香山、芝加哥等地。5月30日，孙离檀香山赴日本，6月10日抵横滨。因日本政府与清政府相勾结，不准孙中山在日本居留，6月25日孙中山又离东京，经中国香港往槟榔屿，后抵新加坡。此期间，孙中山四处奔忙，劳心劳力，但所筹经费仍入不敷出，因此，1910年12月6日，孙中山又离槟榔屿赶赴欧美继续筹款。1910年1月19日，孙中山重抵纽约，后抵旧金山、温哥华、芝加哥、波士顿、洛杉矶等地。1911年2月22日，《域多利日报》以《孙逸仙来游域多利》为题报道了孙中山的行踪。此文章的副题是："其人头颅被悬赏，宣传自由与改革之真理"。该报道说，孙逸仙"每到一地，他都宣传他的自由与改革的主张"。这次孙中山到美洲，当地华侨对他的态度与前有所不同，踊跃捐款者不少。有的华侨工人慨然捐出一两个月的工资。经过孙中山的努力，在纽约筹得2000元，在旧金山筹得10000元，檀香山华侨募捐2000元，加上域多利致公党的34000元、温哥华致公堂的19000元、多伦多致公堂的11000元，这次在美、加两国筹得款项，共计港币77213元余，约占黄花岗起义所用经费的半数。③

---

① 广东省哲学社会科学研究所历史研究室等编：《孙中山年谱》，中华书局1976年版，第100~101页。
② 原件藏北京中国历史博物馆，影印件参见《孙中山手迹选》，文物出版社1986年版，第48~49页。
③ 参见项定荣著：《国父七访美檀考述》，台北时报文化出版事业有限公司1982年版，第206页；邓丽兰著：《临时大总统和他的支持者——孙中山英文藏档透视》，中国文史出版社1995年版，第160~162页。

广州辛亥"三二九"起义的全部用款,总计 170000 余元(按以港币为单位计算),除由美、加、檀筹集的款项 77000 余元外,荷属南洋各地共募得 32500 余元,英属各地连同越南、暹罗共筹得 50000 余元。据事后革命边界统筹部出纳课报告,当时"收到海外各地义捐共 157213 元"①。邹鲁在《中国国民党史稿》一书中说:广州辛亥"三二九"起义募款共得 187600 元。② 两处记载略有不同,但差别不是太大,估计所得款项在 200000 元上下。

广州辛亥"三二九"起义失败后,孙中山决定继续筹款,准备再举。美国同盟会和致公堂总堂接受孙中山的建议,联合设立洪门筹饷局(对外称"国民救济局"),在美洲各地筹款。筹饷局"自开始筹饷之日到 9 月(阳历 11 月)广东光复之日止,共得捐款总数为美金 1441341 元"③。这笔款项,对于辛亥各省义师之发动,及广州革命党人的反清斗争,至为有利。据《广东财政司收支报告总册》统计,自 1911 年 9 月至 1912 年 5 月 31 日,华侨为支持广东光复和建设广东革命政权捐款、借款共达 1758099.54 元。有人估计,福建光复前后,得华侨捐助之款,亦"不下二百万元"。各地"华侨义士,咸怀振兴祖国之思,竭汗血,倾脂膏,捐钗环,短衣食,燃眉济急",十分动人。④ 在捐款的人中有许多都是收入微薄的华侨下层劳动人民,如美国有"无以栖身而借债捐助的"⑤。越南西贡堤岸黄景南以卖豆芽为生,即"倾其一生之积蓄数千元,尽献之军用"⑥。挑水工人关唐,每担水只值一文,他却将半生之血汗结晶 3000 元全部捐出。⑦ 孙中山在匹兹堡时,有一位洗衣工人到旅店访他,送给他一个麻袋,未留名而辞去,麻袋内装的是工人的全部积蓄。加拿大一位名不见经传的华侨林礼斌,在孙中山为广州辛亥"三二九"起义筹款中,一人就捐 4000 美元,相当于檀香山、

---

① 冯自由著:《革命逸史》初集,中华书局 1981 年版,第 235 页。
② 邹鲁编著:《中国国民党史稿》第五册列传,中华书局 1960 年版,第 1542 页。
③ 冯自由著:《中国革命运动二十六年组织史》,商务印书馆 1948 年版,第 238 页。
④ 《广东财政司(自旧历辛亥年九月十九日起至民国元年五月三十一日止)收支报告总册》,参见廖钺:《孙中山与华侨》,《华侨论文集》第二辑,广东华侨历史学会 1982 年 5 月印,第 20 页。
⑤ 参见政协广东省委员会文史资料研究委员会编:《广东文史资料》第 28 辑,广东人民出版社 1970 年版,第 400 页。
⑥ 孙中山:《建国方略之一:孙文学说——行易知难(心理建设)》,《孙中山选集》,人民出版社 1981 年版,第 205 页。
⑦ 参见厦门大学南洋研究所编:《华侨问题资料》,厦门大学南洋研究所 1978 年 3 月印,第 5 页。

纽约两地捐款的总和。① 孙中山胞兄孙眉前后共拿出 70 多万美元支援孙中山革命，最终几近倾家荡产。② 正如胡汉民在《南洋华侨参加革命之经过》文中所指出的："华侨中最热心革命的分子不是大资本家，中等阶级的人总算能够接受革命，小商人和一般工人都是热心革命的分子。"③ 这个概括具体地反映了华侨各阶层人士对孙中山反清革命的态度，也表现了华侨中下层对孙中山的崇敬。事实表明，华侨中的小商人和劳动人民才是真正支持孙中山反清革命"出资勇而挚者"。

综上可见，孙中山为了反清革命，风尘仆仆，从内到外，又从外到内，在日本、欧美和南洋各国华侨中做了大量工作。孙中山把自己反清革命的成败同华侨紧密结合起来，他用自己的爱国心和实际行动去启导华侨，又用华侨的革命热情去教育革命党人。他是鼓舞华侨参加反清革命、在斗争实践中涌现的伟大领袖，而华侨则是反清革命队伍中最先觉悟的一部分。在整个反清革命斗争中，华侨对孙中山的支持最多最大，贡献也最突出最明显。凡是了解孙中山反清革命史的人，无不对孙中山和华侨的爱国革命精神肃然起敬。

孙中山领导的反清革命取得推翻清政府、建立民主共和政府、结束中国封建君主专制制度的胜利，华侨建立了伟大的功勋，而孙中山则是成就这一伟大事业的最大功臣。所以，反清革命没有孙中山领导不行，没有华侨的参与也不行。孙中山和他领导的反清革命，以及华侨在反清革命历史变革中所起的巨大历史作用，都是毋庸置疑和不容抹杀的历史事实。

（1996 年）

---

① 张维持：《孙中山与美国华侨》，载《中山大学学报》（社会科学版）1979 年第四期；邓丽兰著：《临时大总统和他的支持者——孙中山英文藏档透视》，中国文史出版社 1995 年版，第 162 页。
② 孙穗芳著：《我的祖父孙中山》，台北禾马文化事业有限公司 1995 年版，第 52 页。
③ 胡汉民著：《胡汉民自述》，人民日报出版社 2013 年版，第 185 页。

香港、澳门对孙中山振兴中华思想形成的影响

1997年香港回归后，澳门又于1999年回归，标志着近代以来殖民统治在中国的彻底结束。这是一百多年来从林则徐到孙中山到毛泽东、邓小平等无数爱国者和仁人志士为之奋斗、流血牺牲、艰苦奋斗的结果，也是中华民族耻辱的结束和新纪元的开始。

从1840年中英鸦片战争以后，中国人民受到的耻辱和苦难实在太多、太沉重了。殖民主义列强通过战争打开了中国的国门，又通过讹诈、胁迫，与没落的清王朝签订一系列不平等条约，割占中国领土，勒索赔款，开辟通商口岸，建立租界，控制中国海关，使中国成为一个受人欺凌压榨的半殖民地半封建社会国家。现在中国人民终于盼到这一天，被殖民主义者掠夺的香港、澳门终于回归祖国怀抱，殖民主义者在中国推行的政治制度彻底结束了，这是20世纪末全中国人民值得庆幸的头等大事。

孙中山曾经说过，"人为刀俎，我为鱼肉"的时代总要结束的，中华民族一定要同世界的民族永久并存。从青少年时代起，孙中山就对殖民主义者埋下仇恨的种子，并立下决心毋忘国耻，奋发自强，立志振兴中华。为此，孙中山把香港、澳门作为他学习知识和探索拯救中国、振兴中华的窗口和基地。虽然香港、澳门两地的殖民主义者对孙中山的反帝反封建革命斗争持反对态度，但两地社会特殊的政治、经济和文化氛围却为孙中山了解帝国主义、殖民主义国家的情况提供了便利，为他建构实现中国近代化、振兴中华的理论架构和模式，实现中华民族的独立、民主、统一和富强提供了借鉴。

一

香港地区通称香港，包括清政府于1842年被迫割让给英国的香港岛，1860年割让给英国的九龙半岛南端和昂船洲，以及1898年租借给英国的新界陆地和邻近岛屿。目前，香港地区总面积为1074平方公里。[①] 在鸦片战争前直至英国割

---

① 参见余绳武、刘存宽主编：《十九世纪的香港》，中华书局1994年版，第1页。

占为止，香港地区均属广东省新安县（民国初年改称宝安县）管辖①。整个香港地区自古以来就是中国不可分割的神圣领土和中华民族繁衍生息和辛勤开垦的地方。

孙中山的出生地广东省香山县永宁乡大字都翠亨村（今广东省中山市南蓢镇翠亨村）是珠江三角洲下游的一个小村落，其西北距县城石岐（今中山市所在地）五十余里，南行七十余里可达澳门，东南方隔着水域与香港遥遥相对。②

香港与香山同属岭南，在英国割占香港以前，两地无论风土人情还是语言、文化及地缘环境都大致相同。广东位于中国的最南端，北依逶迤的南岭，南临浩瀚的南海。南岭（又称"五岭"）是广东最主要的山脉，横亘在粤北和湖南、江西两省之间以及广西的东北部。由于万岭万山重叠，在地面上把广东、广西和中原分隔开来，所以在中国历史上，两广又称为岭南。现在就行政区域看，岭南也应包括海南省。古代的陆路交通很不发达，崇山峻岭是一道天然的屏障，影响了广东社会经济的发展。到了明清时代，广东经济仍然不发达，人民生活十分贫困。但由于广东靠近南海，对外交通十分方便，有利于发展对外贸易，因而明清时期的广州一直是对外贸易的口岸。所以外国商人以及传教士便利用广州的便利不断东来，使广东这块土地成为中国与世界文化交流的主要窗口③，从而也使广东成为一个与外界文化交汇、冲撞、吸纳与融合最为明显的地区。1840年第一次鸦片战争之后，根据不平等条约，英国割占了广东省属的香港。从1843年起，英国便在香港建立了殖民统治模式。英国和其他列强利用其在香港取得的权益，在香港设教堂自由传教，还开办医院和西式学校，并设立报馆，出版西文书刊。就这样，香港成为一个中西文化交汇的地方，变成一个不中不西、又中又西的多元社会。广东被迫对外开放，最早向半殖民地半封建社会转型，人民受西方殖民主义者的侵凌、压榨最早、最重，但人们受西方科学文化的影响、刺激也最大、最深刻。这种特殊的社会环境，使广东籍的士大夫日益觉醒，使他们从切身经历中最早认识到西方是侵略者的西方、殖民主义者的西方、掠夺和奴役的西方；但也使他们感受到西方是科学先进的西方、物质文明非常进步的西方。香港便是这种西方列强二元特性的产物，生活在香港的中国人也有一种特殊的矛盾的心理感受。

"孙中山的青年时代在香港度过，他的正规西方教育也是在香港完成的。自1894年兴中会成立以后，孙中山领导和策划的反清革命活动多以香港为重要的

---

① 参见许锡挥、陈丽君、朱德新著：《香港跨世纪的沧桑》，广东人民出版社1995年版，第4页。

② 黄彦著：《孙中山研究和史料编纂》，广东人民出版社1996年版，第402页。

③ 蒋祖缘、方志钦主编：《简明广东史》，广东人民出版社1987年版，第5页。

基地。1905年同盟会成立以后，香港更成为同盟会南方支部的所在地。可以说，在辛亥以前，香港与孙中山的革命事业几乎维持着最密切的关系。"① 香港这个特殊的地方无疑对孙中山改革中国、振兴中华的思想的产生和形成起了重要的启迪作用。

　　孙中山在探索实现中国近代化方案过程中非常重视香港，而香港英国政府也极其关注孙中山的行动。从总的方面看，香港英国政府对孙中山等革命党人利用香港进行反清革命加以防范，但有时又对孙中山的行动表示理解。比如，1896年10月发生孙中山被清朝驻英公使馆施计囚禁于伦敦使馆，拟偷运回国杀害的事件。在这个轰动世界的孙中山伦敦蒙难事件中，不仅英国政府"出而为实际之干涉，以要求彼使馆之见释"②，而且香港《支那邮报》还于1896年12月3日发表长篇报道，叙述孙中山在伦敦蒙难的缘由，并对孙中山的革命缘起及其救国思想作了认真全面的介绍。孙中山在1897年春写作《伦敦被难记》时，还摘录了《支那邮报》发表的这篇报道，说明当时香港的舆论界还是主持正义的，而孙中山也把当时的香港视为他反清革命不可多得的适合基地。

　　在《孙文学说》一书中，孙中山追述革命的缘起时，他指出香港比较自由，"可以鼓吹革命，故投香港学校肄业。数年之间，每于学课余暇，皆致力于革命之鼓吹，常往来于香港、澳门之间，大放厥辞，无所忌讳"。③ 他认为，香港是他从事革命言论之时代。为了鼓吹革命，孙中山也有意识地利用香港这块被英国管治的地方作为他改革中国、进行舆论宣传的阵地。1900年1月，孙中山嘱托陈少白在香港创办《中国日报》，就是孙中山利用香港进行救国、维新和革命宣传的具体表现。据冯自由说："香港《中国日报》为革命党机关报之元祖，自己亥（光绪二十五年）以迄辛亥，此十三年中，凡兴中会及同盟会所经历之党务军务，皆借此报为唯一之喉舌；中间遭遇无数之风潮及重大之阻力，均能独立不挠，奋斗不懈，清英二国政府终无如之何。"④《中国日报》的宗旨是"开中国之风气，祛中国人之萎靡颓庸，增中国人兴奋之热心，破中国人之拘泥于旧习，而欲使中国维新之机勃然以兴，莫之能御"⑤。《中国日报》为使"中国之人尽知中国之可兴，而闻鸡起舞奋发有为"，一开始就提出"救国保民"、"复兴中国"的

---

　　① 林启彦：《近三十年来香港的孙中山研究》，中国孙中山研究学会编：《回顾与展望——国内外孙中山研究述评》，中华书局1986年版，第534页。
　　② 孙中山：《伦敦被难记》，《孙中山全集》第一卷，中华书局1981年版，第49页。
　　③ 孙中山：《建国方略之一：孙文学说——行易知难（心理建设）》，《孙中山选集》，人民出版社1981年版，第192～193页。
　　④ 冯自由著：《中华民国开国前革命史》上卷，上海中国文化服务社1946年版，第160页。
　　⑤ 《中国报序》，1900年1月25日。又见《中国旬报》第1期。

主张。①《中国日报》宣传爱国、维新、革命,主张向西方学习,但也强调"祖国学术"的重要,鼓吹吸收中西文化的优长,注重西学,振兴汉学,提倡学术交流、融会、促进科学的发展,"去民贼、申民权"。可见,以孙中山为代表的革命派在香港创办《中国日报》,其改革中国、振兴中华的目的是很明确的。《中国日报》的创办在传播西学、开通民智、振奋民气等方面都起了重要的作用,从中也可窥见孙中山对改革中国、振兴中华、实现中国近代化的思想和主张。

香港邻近广州,地属广东,而广东又是孙中山发动反清革命的重要基地。所以,广东对孙中山很重要,而香港也不可或缺。1912年孙中山辞去新成立的中华民国南京临时政府临时大总统职务以后,他还发誓要使广东成为全国迅速发展经济、推行改革的"模范省",成为统一中国的"模范省"。1917年,孙中山南下举行反对北洋军阀的"护法运动",又选择广东作为他另立政府之地。正因为地缘的关系,以及香港本身制度和文化的特殊性,孙中山总是把他的救国、革命、建设事业同香港联系在一起,希望两地能密切合作,开创一个对双方都有益处的新天地。虽然由于香港英国政府对孙中山的事业采取冷淡和不支持的态度,孙中山不可能在香港久留,并时常流露出对香港英国政府不支持他的事业,反而支持他的敌人袁世凯、陈炯明、吴佩孚等南北军阀,以及煽动和支持广州商团的买办破坏他的广东建设和救国事业的愤慨,然而,在1923年2月,他由上海经香港返广州途中仍在香港逗留几天,并应邀出席各种会议,发表演说。2月17日,孙中山抵达香港,翌日便作为史塔士总督的客人,出席了督署的"非正式"午宴。紧接着,他又出席了被"公认为同香港政府有密切联系"的知名工业家何东爵士举行的茶会。2月20日上午,孙中山重返母校香港大学向四百多名教授和学生发表演讲。在演讲中,他把香港说成是他的知识的发源地,说他在香港学到了"革命的和现代的思想"②。

孙中山这次途经香港受到工商界和学界热烈而又隆重的欢迎引起香港英国政府的重视,在各种活动中,最有意义的应是20日孙中山在香港大学的演讲。这次讲演与孙中山同坐讲坛上的人士除陈友仁外,还有代理港大校长告罗·司芬、副校长布兰华特的夫人、香港西商会主席何约克·皮亚士博士及何东爵士。首先由告罗·司芬致欢迎词。港大学生会主席何世俭向同学和来宾介绍孙中山时说:"任何语言用来介绍孙先生都没有必要,他的名字是中国的同义字,他的经历,如果用书来记载下来,无疑将是最吸引人的事迹之一。如果爱好自由是伟大的考验,那么中山先生将与伟大共存。""现在在我们面前的,就是这一位中国伟大

---

① 丁守和:《中国日报》,丁守和主编:《辛亥革命时期期刊介绍》第2集,人民出版社1982年版,第2~3页。

② 陈福霖著:《孙中山廖仲恺与中国革命》,中山大学出版社1990年版,第64~65页。

的人,一个真正的绅士和一个胸怀广阔的爱国者。"接着香港布政司施云演说,对孙中山表示欢迎后,孙中山用英语演说。他说:"从前人人问我,你在何处及如何得到革命思想?吾今直言答云:革命思想系从香港得来。"①

"我于三十年前在香港读书,暇时辄闲步市街,见其秩序整齐,建筑闳美,工作进步不断,脑海中留有甚深之印象。我每年回故里香山二次,两地相较,情形迥异,香港整齐而安稳,香山反是。我在里中时竟须自作警察以自卫,时时留意防身之器完好否。我恒默念:香山、香港相距仅五十英里,何以如此不同?外人能在七八十年间在一荒岛上成此伟绩,中国以四千年之文明,乃无一地如香港者,其故安在?"② 经过研究分析,他认为关键在于两地政府官员的思想、行为和管理方法上的不同。所以,孙中山有一次回乡时,便企图说服乡中耆老对乡间进行某些改良工作,如修桥、造路等,父老应允,但谓无钱办事。孙中山"乃于放假时自告奋勇,并得他人之助,冀以自己之劳力贯彻主张。顾修路之事涉及邻村土地,顿时纠葛,遂将此计划作罢"。未几,孙中山又"呈请于县令,县令深表同情,允于下次假期中助之进行。迨假期既届,县令适又更迭,新县官乃行贿五万元买得此缺者",孙中山无复希望,只得回香港,由市政之研究进而为政治之研究。于是,孙中山把香港政府与香山县政府作比较,又把广东省政府与中央政府作比较,终于发现,北京"满清政治下之龌龊,更百倍于广州","乡村政治乃中国政治中之最清洁者,愈高则愈龌龊"。③ 从此,他便下定决心要改革中国的政治,建立一个良好政府。由此,孙中山于香港西医书院毕业后,即"决计抛弃医人生涯,而从事于医国事业",要把中国变成一个独立强盛的中国,把贪污、贿赂、腐败的中国政府改造成为廉洁、安宁、有序的政府,领导中国人民进行近代化建设。

正因如此,当时香港某报报道孙中山在香港大学演讲时所用的标题便是"为什么他走上革命的道路?因为他要在中国建立起一个香港式的政府"④。所以,有学者在研究孙中山近代化思想的渊源时指出,孙中山的近代化思想产生于香港的求学经历,产生于香港这个英国实行殖民统治的地方。⑤

---

① 载香港《华字日报》1923年2月21日;载《德臣西报》1923年2月20日,可参见陈锡祺主编:《孙中山年谱长编》下册,中华书局1991年版,第1584～1585页。
② 《补记孙先生在港演说全文》,据上海《民国日报》1923年3月7日。
③ 《补记孙先生在港演说全文》,据上海《民国日报》1923年3月7日。
④ Hong Kong Daily Press, 21, February. 1923.
⑤ 参见黄宇和:《孙中山的中国近代化思想渊源》,纪念孙中山诞辰130周年国际学术讨论会论文(1996年,广东省中山市翠亨村)。

二

澳门是中国与世界交往的最早门户之一。它距孙中山的家乡香山县翠亨村只有七十余公里，两地人员交往极为频繁。孙中山的父亲孙达成曾在澳门当鞋匠，还学过裁缝。少年时代的孙中山常常随母亲和兄长往返于翠亨与澳门。1878年，孙中山第一次离开家乡赴檀香山，也是随母亲先到澳门，然后乘船前往。1892年，孙中山从香港西医书院毕业，又应澳绅何穗田等人的邀请，在同年9月到澳门镜湖医院出任新设的西药局首任义务医席，成为澳门的第一位华人西医。同时，澳门又是孙中山原配夫人卢慕贞（1867—1952）、长女孙娫、幼女孙婉和女婿戴思赛以及哥哥孙眉长期居住并先后病逝的地方，儿子孙科经常到澳门，侄儿孙昌也在澳门读书、长大。1895年广州起义失利后，孙中山经澳门亡命海外。至1913年近30年间，孙中山与澳门来往密切。1912年4月1日，孙中山辞去临时大总统职务后，又于1913年6月从日本经香港，到澳门探望病危的女儿孙娫。1914—1916年间，孙中山又委派朱执信抵澳门筹办军火等事，进行推翻袁世凯称帝复辟的斗争。由此可见，澳门不仅是孙中山迈向世界的门户和踏进社会的舞台，而且也是孙中山安置家人和从事革命活动、进行救国斗争的直接或间接的重要基地。孙中山一直重视澳门，而澳门也给孙中山以重要的影响。

澳门自古以来便是中国不可分割的神圣领土，旧属广东省香山县。1535年，葡萄牙人取得在澳门码头停泊船只、进行贸易的权利。稍后又借口航船在附近海域触礁，需要借地晾晒受浸货物，贿赂当地官员而得上岸居留，并擅自修筑墙垣和设置防哨，不久把澳门变为租地。鸦片战争后，中国的门户被外国侵略者强行打开，中国失去了独立的地位，葡萄牙人乘机扩展侵掠澳门地盘。1887年，葡萄牙人又通过《中葡会议草约》及《中葡和好通商条约》的签订，获得了在澳门的永久居住权和行政管理权、驻军权，澳门便沦为葡萄牙实行殖民统治之地。①

鸦片战争后，由于香港的崛起，澳门的贸易港地位逐渐削弱，经济开始衰退，人才和资金都严重流失，原来起到中西文化交流枢纽作用的文化设施如马礼逊学堂、《中国丛报》（Chinese Repository）杂志也由澳门迁往香港开设和出版，澳门的地位日落千丈。但由于澳门地理位置的重要，它始终成为西方列强，尤其是葡萄牙、英国、美国、法国相互争夺的重要据点，成为列强侵略中国的滩头阵地，而且也一直成为中国有志之士进行爱国、维新、革命活动的重要基地。

"孙中山在澳门第一次见到如此众多的西方人士，第一次接触到西方文化。

---

① 盛永华、赵文房、张磊编：《孙中山与澳门》代前言《一个巨人与他的外向门户和活动舞台》，北京文物出版社1991年版，第4页；邓开颂著：《澳门历史》（张磊"序言"），澳门历史学会1995年版，第1页。

睁眼向洋看世界，刚步出家门的少年孙中山大开了眼界，给他留下了极为深刻的印象。"澳门是"孙中山最直观萌发学习西方意识之发轫地"。① 澳门虽然深受西方文化的广泛影响，但它又不如香港那样西方化。就文化而言，澳门是中西文化共生共存、共同发展的地方，它更加适合于中国文人的生存发展；就社会而言，它虽是葡萄牙管治地，按西方社会的政治、经济和各种社会制度的模式运行，但它又保留相当浓厚的中国社会的风俗礼仪和传统的社团组织、教育机构。所以，澳门在一百多年来是一个中西结合的多元化社会，这样的社会环境对与澳门有密切关系的孙中山所产生的影响是毋庸置疑的。然而，澳门对孙中山改革中国、振兴中华、实现近代化思想的形成产生过哪些影响？他自己则几乎不置一词。这是为什么？一方面可能是由于孙中山在澳门的活动，大多数发生在青少年时代，除了曾在澳门镜湖医院从医这段重要的经历之外，孙中山多将澳门作为来往香港与家乡翠亨村之间的必经通道和居留地；另一方面是由于澳门的社会发展并不如香港那样显著，政治、经济、文化各方面的特殊性不如香港那么明显，也不如其他欧美国家典型，所以，澳门本身没有很多东西值得孙中山仿行。因此，孙中山在设计中国近代化方案时，没有直接将澳门作为他制订近代化方案的借鉴，这是可以理解的。但如果因此就得出结论说，澳门对孙中山振兴中华的近代化思想的形成没有产生任何影响，那就不对了，因为事实很明显，孙中山早期的改革思想的形成和提出都同澳门这个地方有密切的联系。比如，据现在所知，孙中山最早谈改革的文章、如今《孙中山全集》开卷第一篇《致郑藻如书》就是1892年发表在澳门报纸上的②。据黄彦先生考证，孙中山给郑藻如的信的写作时间是1889年（光绪十五年），这时孙中山还就读于香港西医书院。可见，此信是在中法战争结束后、中日甲午战争爆发之前，帝国主义加紧蚕食中国的边疆地区，政治渗透和经济侵略进一步加强，中国已经陷入了半殖民地半封建社会的泥潭的情况下写成的。这封信的主要内容是向清朝退休居乡的郑藻如（香山县濠头乡人）建议，请求他利用其影响力向清朝当局呼吁在一定范围内实行社会改良，讲求实效，注重实践，发展农业生产，用西方先进科学技术和资本主义经营管理方法改造农业，发展教育事业，为国家培养和造就建设人才。③ 可见，孙中山第一篇谈改革的文章《致郑藻如书》虽然写于香港，但却发表于澳门，在写作过程中，孙中山有没有同他在香港认识的澳门葡籍友好人士飞南第，以及同乡好友、早期维新

---

① 邓开颂著：《澳门历史》，澳门历史学会1995年版，第319页。
② 参见陈树荣：《孙中山与澳门初探》，广东省孙中山研究会编：《"孙中山与亚洲"国际学术讨论会论文集》，中山大学出版社1994年版，第1114页。
③ 黄彦：《谈谈孙中山致郑藻如书》，载《历史研究》1980年第6期，又见黄彦著：《孙中山研究和史料编纂》，广东人民出版社1996年版，第14～28页。

人士郑观应（1886—1890年间郑居澳门）等人商议过，现在还不可知。然而，孙中山在《致郑藻如书》中提出的改良中国的主张与郑藻如、郑观应，以及王韬、何启等早期维新派人士的主张则有很多相同点，尤其是在重视人才的培养，以及从改革中国的农业开始进而改良中国社会，解决中国人的衣食问题，这是他们共同感兴趣的问题。而孙中山在《致郑藻如书》中提到的改革主张主要是针对广东香山县的情况提出的社会改良主张。香山是孙、郑的家乡。所以，在孙中山写信给郑藻如之前，孙中山、郑观应等人交换过意见是完全可能的，因为当时孙中山正在香港求学，孙与郑观应订交即在此时，并曾在通信中"研讨改革时政意见"①。由此可见，孙中山的《致郑藻如书》不仅仅是通过郑观应转交，而且还会吸收郑观应的有关意见。

孙中山受郑观应的影响是毫无问题的。因为他们两人既是同乡，又都在钻研中西医学，孙在香港西医书院学习西医，1885年年初，郑为援台事还去香港四个多月，在港期间，郑的主要精力在考虑将《易言》一书扩大、修订和重写。这期间孙、郑可能已经交往。后郑蛰居澳门，编著《中外卫生要旨》（1891年出版），与孙中山相投合。后孙中山与郑观应谈论改革，写有《农事》一文，详尽地提出了国家设立农部、置农官、综理农事、参仿西法，讲求树艺农桑、养蚕牧畜、机器耕种、化瘠为腴、兴修水利、奖勤罚惰的主张和措施，并强调"以农为经，以商为纬，本末备具，巨细毕赅，是即强兵富国之先声，治国平天下之枢纽也。"②该文后经郑观应修改收入《盛世危言》一书，说明孙中山关于农事的改革主张得到了郑观应的赞同。《盛世危言》的中心思想是"富强救国"③，它是郑观应的代表作，也是一部影响中国前途的思想巨著。它既全面透视中国，又睁眼看世界。该书提倡学习西方实行君主立宪体制于中国，全面发展资本主义政治、经济和文化教育，并把这些当作富国强民之本。所以，这部旨在兴利除弊、富国强民的政论巨著，正如人们所指出的："不仅唤醒了中国千百万仁人志士，而且深深地影响了一代政治伟人，如孙中山、毛泽东"④等人。1894年6月，孙中山上书李鸿章，郑观应特地为此写了一封信给盛宣怀，请盛就孙中山拟赴天津上书李鸿章一事予以关照。而且，孙中山所写的《上李鸿章书》，其中一些主张明显吸收郑观应的观点，但也有一些主张如关于政体问题，孙中山与郑观应等人的主张则明显不同，郑观应、王韬、何启等人都鼓吹要在中国实现英国式的君主立宪

---

① 冯自由著：《中华革命运动二十六年组织史》，商务印书馆1948年版，第14页。
② 孙中山：《农功》，《孙中山全集》第一卷，中华书局1981年版，第3～6页。
③ 夏东元著：《郑观应传》（修订本），华东师范大学出版社1985年版，第71页。
④ 郑观应著：《盛世危言》，曹冈译：内蒙古人民出版社1996年版，文白对照本上下册，"前言"，第1页。

制度，但孙中山在《上李鸿章书》中竟对政治体制方面的改革绝口不提，这说明孙与郑等人在这个至关重大的问题上的看法存在明显分歧。《上李鸿章书》是孙中山早期爱国思想的代表作，这时的孙中山主张国家自上而下的有秩序改革。《上李鸿章书》提出的改革主张，其实是为中国社会转型、为国家的近代化绘制蓝图。"《上李鸿章书》堪称为孙中山 19 世纪 90 年代建国方略中的'实业计划'，它与 20 世纪 10 年代《建国方略》中的'实业计划'之间存在着血缘的联系。"① 值得注意的是，《上李鸿章书》写成于 1894 年 1 月，孙中山先回家乡起草，实际上完成于澳门。陈树荣先生据《东西药局启示》中"大医生孙君逸仙来省济世，旧岁底因事返澳度年"之句，考证孙中山在 1894 年 2 月 5 日春节前的 1 月底在澳门。②

由此可见，孙中山在早年立志走自己的路，振兴家乡，所以他上书郑藻如，在翠亨倡导改革乡政。在沉重的民族危机的触动下和郑观应《盛世危言》一书思想的启导下，孙中山上书李鸿章提出改革中国、振兴中华、把中国推向前进、实现中国社会转型的主张，这一切都与澳门有关系。但因为澳门与上海、香港，以及同英、法、美等西方国家和东方日本比较毕竟有别，近代化的成就也不见得很突出，所以孙中山在他建构振兴中华、实现中国近代化方案时，并没有指出要借鉴澳门的物质文明或精神文明，但他利用澳门这块特殊土地，致力于当地华人与西洋官方的沟通与相互了解则应当肯定。他于澳门从医的过程中，还与葡籍澳门人飞南第交好，参与编辑《镜海丛报》，采用"华洋合璧"的形式，兴办报业振兴澳门，并以此促进澳门的繁荣和中国的发展。飞南第创办澳门第一份华人周报《镜海丛报》，宣传西方文化，介绍中国人文科学，从支持孙中山的医务到支持孙中山的革命，对于扩大孙中山的影响，以及在孙中山构思自己的救国、维新、革命、建设、振兴中华的方案中都发生了作用。可见，澳门对于孙中山振兴中华思想的产生也具有启迪作用。

三

旧中国因贫穷落后而挨打，又因挨打而越来越落后。孙中山曾经非常感慨地说过：中国经过第一次、第二次鸦片战争，中法战争，中日战争，八国联军侵略中国的战争，帝国主义列强"怒潮骤至"，使中国的地位日落千丈，致使中国

---

① 黄彦：《孙中山早期思想的评价问题》，载《学术研究》1978 年第 2 期，又见黄彦著：《孙中山研究和史料编纂》，广东人民出版社 1996 年版，第 7 页。

② 参见陈树荣：《孙中山与澳门初探》，广东省孙中山研究会编：《"孙中山与亚洲"国际学术讨论会论文集》，中山大学出版社 1994 年版，第 1115 页。

"辱国丧师，剪藩压境，堂堂华夏不齿于邻邦，文物冠裳被轻于异族"。[①] 一个完整的中国被殖民主义列强宰割瓜分。英国之割香港；俄国之割黑龙江东北沿边地、吉林辽东沿边地，占乌梁海与科布多沿边地及布哈尔、浩罕、哈萨克、布鲁特、新疆西北沿边诸地；日本割台湾及澎湖诸岛，并琉球；葡萄牙占澳门，帕米尔被迫于英、俄而放弃，库页岛先后沦入俄、日之手。孙中山还列举大量史实说明清政府受兵力胁迫同列强签订不平等条约，不仅使中国大量赔款达十余万万两，列强还凭借不平等条约攫取各种政治、经济、文化特权，德国租借胶州湾，俄国租借旅顺口、大连湾，英国租借九龙、威海卫，法国租借广州湾。军港要害，可以随便任人强行租去。关税不能自主，总税务司且要归英人充任。孙中山认为，中国沦丧到这般情况，都是由于清政府的软弱柔顺，"满清不倒，中国势必再亡"[②]。所以，为了避免殖民主义国家瓜分灭亡中国，结束中国被帝国主义侵略奴役的历史，孙中山立下决心振兴中华，利用香港、澳门作为反清革命的基地，进行复兴中国的革命斗争。尽管他的事业和理想未能及身而成，但他的精神和他的行动则反映了近代中国救亡图存的时代主题，为后继者树立了光辉的爱国典范。

(1999年)

[①] 孙中山：《檀香山兴中会章程》，《孙中山全集》第一卷，中华书局1981年版，第19页。

[②] 孙中山：《欲救中国必先推倒满清》，转引自颜清湟撰：《星马华人与辛亥革命》，李恩涵译，台北经联出版社1982年版。

孙中山与中国新民主主义革命

伟大的爱国者、民主革命家孙中山所处的时代是中国社会危机和民族危机都很深重的时代。由于孙中山能够较为正确地观察到当时中国危机的症结在于清朝政府的腐败，因而他得出救国必革命的结论，并领导中国人民推翻了清朝政府，建立了亚洲第一个民主共和国，把中国历史推上一个新时期。在"五四"以后的新民主主义革命时期，他又适应新时代的要求，把自己和国民党领导的旧民主主义革命同共产党领导的新民主主义革命逐步联合起来。

孙中山是一个跨越两个时代的人，资产阶级民主革命时代对他的影响以及他自己的聪明和努力，使他成为中国的资产阶级民主革命家。当世界由资产阶级革命时代转向无产阶级革命时代，中国革命由旧民主主义革命转向新民主主义革命的时候，又由于他勇敢地追随时代潮流，使他能迅速赶上新时代的步伐，成为"适乎世界之潮流，合乎人群之需要"的杰出政治家。

1985年3月22日至28日，中国孙中山研究会在河北省涿县举行孙中山研究述评国际学术讨论会。在会议结束时，胡绳先生作总结性发言。他指出："孙中山不是神，而是人，是在思想和行动上都很复杂，而且不断发展的历史人物。他的复杂性和他的发展的道路，都反映着他所处的那个时代。我们的科学研究应该能反映出这一切。"又说："我们要从孙中山来看这个时代的中国，也从中国的这个时代来看孙中山。"① 这话说得好。在我国新民主主义革命时期，时代向孙中山提出什么要求？历史赋予他什么使命？孙中山对时代精神的感受怎么样？在新的历史时期他完成了哪些历史使命？还有哪些没有完成？为什么？这些都只能从时代和他本人的言行中去加以说明，才能寻到根本的原因。因此，将孙中山放在一定的历史时代，从时代的要求以及他对时代精神和历史使命的感受去研究他同时代、阶级和革命的关系，评价他在新时代中的地位和作用，是史学工作者的一项重要任务。

---

① 胡绳著：《在孙中山研究述评国际学术讨论会结束时说的话》，中国孙中山研究学会编：《回顾与展望——国内外孙中山研究述评》，中华书局1986年版，第9～10页。

一

五四运动标志着中国新民主主义革命的开始。毛泽东在论述五四运动的意义时说过，五四运动"表现中国反帝反封建的资产阶级民主革命已经发展到了一个新阶段"。这个革命只有"直至国外帝国主义势力和国内封建势力基本上被推翻而建立独立的民主国家之时，才算资产阶级民主革命的成功"。因此，完成民主革命所依靠的社会势力是"工人阶级、农民阶级、知识分子和进步的资产阶级，就是革命的工、农、兵、学、商，而其根本的革命力量是工农，革命的领导阶级是工人阶级。如果离开了这种根本的革命力量，离开了工人阶级的领导，要完成反帝反封建的民主革命是不可能的"①。时代要求中国资产阶级民主革命在"五四"以后发展为由无产阶级领导的新民主主义革命。

显然，五四运动后，时代和革命阶级要求孙中山所代表的革命资产阶级继续坚持革命，同无产阶级一起，实现中华民族的独立、人民的解放，振兴中华，促进中华民族经济和科学、文化、教育事业的发展。

对于这种新时代和新阶级的要求，旧民主主义革命时代资产阶级革命的领袖孙中山抱什么态度呢？在新旧交替、风云变幻的"五四"时期，孙中山通过对中国国情、政情和民情的考察，思想上发生了很大的变化，使自己能与时代同步前进。他通过对中国国情的探寻，找到辛亥革命后"国事艰危，群奸当道"②的原因，是由于"八年以来的中华民国"，"实因单破坏地面，没有掘起地底陈土的缘故"。地底的"陈土"是什么？便是前清遗毒的"官僚"、"武人"和"政客"。③"现在国事未定，欲求澄清，仍非吾党力膺艰难，以根本解决为己任不可。"④ 而要"根本解决"，就必须先掘去"官僚"、"武人"和"政客"这三种"陈土"，"才能立起坚固的基础来"。⑤

孙中山通过对中国政情的分析，确立必须"重行革命"的志向。他说："我们因满清政治不良，所以要革命；但革命的结果，所呈的现象比满清尤坏。"⑥"内忧现已当前，外患同时俱至。在内则有南北交争，在外则有强邻危我国脉。故万不能不采一有力之方法以救吾国也。"救国的方法有两途："其一则为维持

---

① 毛泽东：《五四运动》，《毛泽东选集》四卷横排合订本，人民出版社 1968 年版，第 523 页。

② 孙中山：《复许卓然等函》，《孙中山全集》第五卷，中华书局 1985 年版，第 86 页。

③ 孙中山：《改造中国之第一步》，《孙中山选集》，人民出版社 1981 年版，第 474～475 页。

④ 孙中山：《致四川安健》，《中央党务月刊》第十一期。

⑤ 孙中山：《改造中国之第一步》，《孙中山选集》，人民出版社 1981 年版，第 476 页。

⑥ 孙中山：《改造中国之第一步》，《孙中山选集》，人民出版社 1981 年版，第 475 页。

原状,即恢复合法国会,以维持真正永久之和平也;其二则重新开始革命事业,以求根本改革也。"维持现状不可能,"救国之业仅能出他一途,即重行革命"。① 他指出,革命是众人的事,单靠少数人"独力"奋斗,难得成就。"试观今次学生运动,不过因被激而兴,而于此甚短之期间收绝伦之巨果,可知结合者即强也。"② 孙中山说:民国之主人是四万万同胞,只有全体同胞团结起来,"唤号天下",起来驱除官僚、军阀、政客这些"篡窃之人,同时荡涤一切旧官僚腐败之系统","必能见及如何而始可救国"。③

孙中山通过对民情的考察,认识到民情可恃,但必须促其觉悟。他指出,近年来南北交战,"将士劳苦,人民涂炭",因为人民受"战争牺牲生命财产之苦","人民无不希望速得合法永久之和平"。④ 孙中山说:"永久合法之和平于焉可得,则文之至愿也。"⑤ 但军阀、武人绝不会自动放下武器甘愿同人民讲和平。因此,孙中山认为,要使人民真知"国家安危",只有"重行革命"才能根本解决。

由此可见,孙中山在 1919 年这个革命暴风雨的年头,已经开始感受到"重行革命"和"结合则强"的时代要求。他通过对国情的考察,看到"现在中国政治非常腐败",要对中国进行根本"改革",将旧有的社会"结构拆卸干净"、"锹地底,打起地基",重新建设。这是孙中山在"五四"新思潮、新学潮感召下的一种反应,但孙中山还不可能超越他所代表的资产阶级,自觉地适应无产阶级革命。他所"重新开始"的革命,也还只是停留于对"武人"、"官僚"、"政客"的不满和反抗上,没有能够觉悟到依靠工人、农民和其他革命力量起来革命,彻底打倒腐败的反动势力,建立一个革命的、人民的政权。所以,在"五四"后一段时期还不能说孙中山已经自觉地适应了无产阶级革命时代的要求,也不能说孙中山已经感受到了"五四"开始的坚决、彻底反帝反封建的革命精神。然而,由于孙中山执着地追求、热诚地探索救国真理,促使他在探索中看到了民族的希望、国家的前途,这就为他逐步适应时代的要求,成为"五四"以后中国革命资产阶级的旗手和无产阶级革命的好朋友打下思想基础。

新民主主义革命是"彻底打击帝国主义"和"彻底推翻封建势力"的革命,它要解决帝国主义同中华民族、封建主义和人民群众两大基本矛盾,完成反帝反封建两个基本任务。辛亥革命失败后的历史已经证明,中国的民族资产阶级是没

---

① 孙中山:《救国之急务》,《孙中山选集》,人民出版社 1981 年版,第 477～479 页。
② 孙中山:《救国之急务》,《孙中山选集》,人民出版社 1981 年版,第 479 页。
③ 孙中山:《救国之急务》,《孙中山选集》,人民出版社 1981 年版,第 479～481 页。
④ 孙中山:《护法宣言》,《孙中山选集》,人民出版社 1981 年版,第 471 页。
⑤ 孙中山:《护法宣言》,《孙中山选集》,人民出版社 1981 年版,第 472 页。

有能力解决这两个基本问题和完成这两个基本任务的，但这不等于说无产阶级可以忽视中国民族资产阶级在一定时期中和一定程度上的革命性和所起的作用。在这里，无产阶级的任务在于不忽视民族资产阶级的这种革命性，而和他们建立反帝国主义和反官僚军阀政府的统一战线。

中国的民族资产阶级是在半殖民地半封建社会历史条件下发展起来的，它同西欧北美的民族资产阶级具有不同的发展的历史条件，也有不同的政治要求和阶级要求。中国的民族资本主义是在资本帝国主义侵略、掠夺和奴役的条件下，挣扎着向前发展的，因资金不足、技术落后，发展极其缓慢，因此，中国的民族资产阶级始终不能在中国政治、经济上具有支配的实力。幼弱的中国民族资产阶级虽然领导辛亥革命取得推翻清朝政府的胜利，但胜利后又未能巩固资产阶级革命政权，未能在中国确立起资本主义制度，仍然受到帝国主义和封建势力的压制。从政治上说，中国民族资产阶级领导的旧民主主义革命——辛亥革命失败后已逐步被无产阶级领导的新民主主义革命所取代；从经济上说，中国的民族资本主义还在继续发展，但由于帝国主义和封建主义势力对它的压迫，中国民族资本主义的发展受到严重阻碍，因此，民族资产阶级为了生存和发展，必然要参加反对帝国主义和封建军阀的斗争。在当时的条件下，也只有无产阶级、农民阶级、小资产阶级和民族资产阶级及其他民主主义革命势力共同行动，才能使中国的民主主义革命取得成功。

作为中国民族资产阶级的先进代表——孙中山，在"五四"以后继续坚持争取民族独立、统一、民主和富强的斗争，生动地体现了当时我国民族资产阶级的政治要求。

在当时，打倒封建军阀和国际帝国主义，完成新民主主义革命的任务，既是无产阶级的政治要求，也是资产阶级的政治要求，当然也是国家和民族的要求。

"打倒军阀"、"打倒国际帝国主义"的口号是中国共产党人提出来的。为了实现"打倒军阀"、"打倒国际帝国主义"的革命任务，工人、农民、小资产阶级和民族资产阶级必须建立"民主主义联合阵线"，这个联合阵线的主张也是共产党人提出来的。这是共产党人根据当时中国的形势和民主革命的要求而提出来的。为了革命而强调联合，为了革命而强调团结，这是时代的要求。

孙中山在新旧民主革命转变时期，思想上充满矛盾和斗争是自然的，但他并没有倒退。五四运动前后，他在进行紧张的思想斗争和繁忙的著述工作。五四运动爆发后，他在给友人的信中多次谈到"杜门养晦，聊以著述自娱"、"闭户著书，不问外事"、"对于政治问题，概不预闻"等，这当然也表现出他当时的苦闷心情。由于革命的失败和挫折，孙中山为了总结过去的经验教训，除了闭门著述、思考问题、对中国革命问题进行新探索外，还指示朱执信、廖仲恺等创办刊物，宣传革命思想。孙中山在上海从事著述，通过著述来"纠正国民思想上之谬误,使之有所觉悟,急起直追,共匡国难",使广大中国人民把注意力集中"在现在而不在将来"。孙中山本着"灌输学识,表示吾党根本之主张于全国,使国民有普遍之觉悟,异日时机既熟,一致奋起,除旧布新"① 的写书目的,其实他进行著述还是为了革命。这期间,他完成了《孙文学说》和《实业计划》的部分写作任务。由于政局急变,一般学者文人很难专心致志从事学术研究,作为一个政治家,"对于国家安危"更不会不集中精力去思考。这是其一。其二,孙中山通过对当时政局的变化、国家的变化的考察,意识到当时"中国政治非常腐败",非改造国家则难以拯救中国。如何去改造中国呢?当时有教育救国、实业救国、自治救国等主张,孙中山则认为,要救中国,"只有革命",革"官僚"、"武人"、"政客"的命,搬掉这些"陈土"。搬掉这三种"陈土",要靠人的力量。他强调"民国由革命而来,则凡今日承认民国者,必当服膺于革命主义,黾勉力行,以达革命之目的"②。在靠谁去革命的问题上,同他过去的看法没有什么本质上的不同。孙中山要"重新开始革命",但又不依靠工农,因此革命的力量异常地软弱。于是,孙中山只好一面谴责帝国主义侵略危害中国的罪行,一面又幻想帝国主义给予支持,完成"改造中国"的任务;一面斥责"武人专横",一面又幻想依靠"武人"完成"护法",统一西南。

革命性同局限性并存,局限性限制了革命性,革命性逐步打破局限性,这正是"五四"前后孙中山的思想特征。

二

中国的革命是一项长期的运动。集中一切革命的阶级力量,吸收一切革命的群众到革命的旗帜下,是关系到中国革命前途的重要问题。

中国的新民主主义革命负有反帝、反封建两重任务,打倒军阀和打倒帝国主义是中国新民主主义革命两项密不可分的任务。中国的军阀是"秉承列强意志来摧残中国民众利益的最好奴仆"。为争取民族的生存和国家的独立,打破当时内乱与兵匪横行的黑暗局面,首先必须打倒中国的军阀。所以,五四运动后,对中国军阀的认识和态度,是衡量人们对中国革命的性质和意义的认识程度的重要标准。五四运动后,孙中山对中国封建军阀的认识怎样呢?

从1919年五四运动开始至9月7日前,孙中山对封建军阀还谈不上有本质的认识。因为,根据历史材料,在9月7日前,孙中山还没有提到过"军阀"。孙中山早在1918年就使用"武人"一词,但没有明确指出"武人"所包含的对象,更没有明确的概念。1919年8月1日,孙中山在《建设》杂志发刊词中,

---

① 孙中山:《致四川蔡冰若》,《孙中山全集》第五卷,中华书局1985年版,第66页。
② 孙中山:《八年今日》,《孙中山全集》第五卷,中华书局1985年版,第132页。

第一次提到"武人专横,政客捣乱"①。8月2日,又提到"武人帝孽者","恣睢挠法之武人"。②此后,什么"不法武人"、"武人官僚"等提法时有出现。"武人"可理解为"军阀",但"武人"也不一定都是"军阀"。9月8日,孙中山在致友人函中,第一次提到"南中军阀难与为善,故辞去总裁虚名"③,又说:"南中军阀勾结北方,阴谋牺牲国会"④。这里的"南中军阀",是指岑春煊、陆荣廷、唐继尧等人。10月8日,孙中山在上海青年会举办的国庆庆祝会上演说,他把"武人"同前清遗毒"官僚"、"政客"都看作"陈土"和当时的罪孽,并提出"武人政治"、"官僚武人"等概念。

有一份材料记载,1919年10月18日,孙中山在上海寰球中国学生会的演说中指出辛亥革命推翻了清朝封建专制,而今有"官僚、军阀、阴谋政客,三专制政治起而代之"。但这个材料是根据1919年上海印制的《孙中山先生在寰球学生会的演说词》记录稿,而同一演说词,上海《民国日报》1919年10月21日、22日以"孙中山先生在寰球学生会的演说词"为题公开刊登时却仍作"北方的武人",不提作"军阀"。同一演说词的两个不同记录稿,孙中山是否审定过,至今不可知。

不过,从材料看,恐怕孙中山在中国共产党成立前,特别是在1922年5月1日全国劳动者在广州召开第一次劳动大会时,蔡和森根据当时中国的形势提出"打倒帝国主义和打倒军阀"的口号之前,孙中山所领导的护法战争和讨伐桂系军阀陆荣廷等战争,都不能看作孙中山感受到新民主主义革命必须"打倒军阀"而进行的自觉的反封建军阀斗争。因为"护法"是为了维护"约法",这是"护法与非法"之争。孙中山"护法"只是为了杜绝"南北两方蔑视合法国会之行动",以及废除与"合法国会不相容之机关组织",即维护资产阶级"约法"和资产阶级合法国会。讨伐桂系军阀是为了剿灭"桂贼"(又称作"山贼"、"内贼")——陆荣廷、莫荣新,解除北伐后顾之忧,实现"统一南方",然后"出师北上",统一全中国。毫无疑问,孙中山利用一部分军阀搞掉另一部分军阀,形成同北洋军阀政府对峙的局面,对北洋军阀政府是一个打击。但是,军阀总是靠不住的,平定桂系军阀以后,粤中局势不仅没有发生好的变化,反而"变患横生",连孙中山自己也觉得"终无善法"。所以,孙中山虽然说"护法"和"讨桂"战争是"共和主义与军阀主义宣战,爱国者与祸国者宣战",但因为孙中山

---

① 孙中山:《〈建设〉杂志发刊词》,《孙中山全集》第五卷,中华书局1985年版,第89页。

② 孙中山:《复伍廷芳函》,《孙中山全集》第五卷,中华书局1985年版,第90页。

③ 孙中山:《致黄复生等函》,《孙中山全集》第五卷,中华书局1985年版,第109页。

④ 孙中山:《致王伯常等函》,《孙中山全集》第五卷,中华书局1985年版,第109页。

在"护法"和"讨桂"战争中只是利用旧的军事力量——尤其是西南军阀的势力为实现自己的眼前利益服务,没有将农民、城市小资产阶级和工人作为一种集团力量组织到革命队伍中去,这实际上是"种瓜得豆",不仅无法实现自己的目的,而且还为军阀扩张自己的势力提供了可能条件。

但是,过渡时期是一个新旧交替时期,许多社会现象以至于观念形态都处于急剧变动的状态,这些都需要时间去认真思考和加深认识。孙中山很聪明,他用不着花很多时间就意识到中国必须大变,并断言"俄国社会革命成功,已成为农工兵国","中国宜以俄为鉴"。① 这是1921年6月下旬孙中山在广东省第五次教育大会的演说中谈到的。与此同时,他一面筹划出师北伐,以谋国家统一,一面又指责"列强仍然在政治上、财政上支持一些土皇帝和军阀"。为了反对列强在中国支持军阀造乱,孙中山表示要同苏俄要人"获得私人的接触",希望得到苏俄的支持,并注意从俄国革命中学到成功的经验,以便在中国"青年一代——明天的劳动者们底头脑中深深地打下中华民族底基础"。② 从当时孙中山的思想动向中可以窥见,他已经考虑到要把自己领导的革命同苏俄联系起来,跟帝国主义列强对立,这是在新的时代条件下,孙中山在争取民族解放斗争中做出的严峻的抉择。我们认为,从这个时候起,孙中山便开始感受到新民主主义革命时代的精神,考虑能否通过在国外联合世界上"以平等待我之民族共同奋斗",实现反对帝国主义侵略和争取民族独立的愿望。但是,由于孙中山一方面对帝国主义还抱有幻想,另一方面对世界反帝力量,特别是对苏俄对中国革命的态度还不甚了解,因此,他对苏俄的政策采取十分审慎的态度。

时局的变化加速了孙中山思想的发展。1921年7月,中国共产党成立,一切均在秘密中进行,孙中山不可能得知其中情况,这件事本身能对孙中山产生什么政治影响无从谈起。不过,在这"祖国风云,瞬息万变"的时日,特别是中国共产党诞生后几个月中国政局的急变,对于孙中山的震动确实不小。

当时的情况,一方面是中国共产党领导的工人运动转入自觉的政治斗争。同年8月,中国共产党领导工人运动的公开机关——中国劳动组合书记部成立,张国焘任主任,李启汉、李震瀛任干事,出版刊物《劳动周报》,并在上海、武汉、湖南、广东、济南等地设立分部,领导工人开展斗争。10月,中国共产党领导的粤汉路武(昌)长(沙)段工人罢工,要求增加工资,历时5天,取得胜利。从此,中国工人阶级真正开始了有自己政党领导的蓬勃发展的自觉斗争。

---

① 孙中山:《在广东省第五次教育大会上的演说》,《孙中山全集》第五卷,中华书局1985年版,第561页。

② 孙中山:《复苏俄外交人民委员齐契林书》,《孙中山选集》,人民出版社1981年版,第504页。

另一方面是直系军阀吴佩孚、萧耀南 8 月 31 日在湖南省岳州召开军事会议，决议：①岳州、平江、湘阳均为直军驻防；②维持赵恒惕的地位；③允许湖南自治；④湘鄂继续联防等。9 月 4 日，直系军阀曹锟又在河北省保定召开军事会议，曹锐、边守靖、吴毓麟等与会，吴佩孚派专员参加。会议讨论湘省局势，决定分布直军于湘鄂赣三省驻防。这一切说明吴佩孚、曹锟部署军事力量与孙中山的广州军政府对峙，并有用武力统一中国的动向。

面对这种情况，孙中山坚持革命的统一。革命的第一步是通过联合革命群众的势力来打倒军阀的割据势力。因此，孙中山于 1921 年 10 月 25 日乘军舰出巡广西，准备取道湖南北伐与直系军阀决一雌雄。这就是孙中山对直系军阀挑衅的回应。北伐虽被陈炯明勾结吴佩孚和西南军阀破坏了，但却加速了孙中山联俄联共的步伐。

在南北军阀的夹攻下，孙中山只有一条路：要么坚持原来依靠军阀的立场，继续走护法的道路，自我败亡，要么顺应潮流，与苏俄同中国共产党合作，推行新的自救政策——重新革命。孙中山选择后一条道路，决心同中国共产党合作，共同进行反帝反封建军阀的新民主主义革命。这不仅说明他在探求革命盟友中找到了革命的真诚朋友，而且也表明他的思想发生了巨大的变化。

这个变化表现在两个方面：一是确立了联共思想和实现国共合作的原则，允许和吸收共产党人李大钊等加入国民党，建立"党内合作"，并决定利用共产党的力量来改组国民党；二是紧锣密鼓地同苏俄代表商谈联俄问题。1923 年 1 月 26 日，孙中山与苏俄代表越飞联名发表宣言——《孙文越飞联合宣言》，确立了联俄的原则。从此，孙中山领导的旧民主主义革命便转向新民主主义革命。"今日革命，则立于民众之地位，而为之向导"，革命事业是"由民众发之，亦由民众成之"。① 而其革命的目的，正如孙中山在《中国国民党第一次全国代表大会宣言》中所指出的，"反抗帝国主义与军阀，反抗不利于农夫、工人之特殊阶级，以谋农夫、工人之解放。质言之，即为农夫、工人而奋斗，亦即农夫、工人为自身而奋斗也"②。

1924 年 1 月中国国民党召开第一次全国代表大会后，孙中山确立了在国共两党合作统一战线形式下进行革命的政策，无论从内容还是形式上说都同孙中山过去领导的革命有所不同。这时期的革命斗争不仅是依靠国共两党共同组建的革命军进行，而且是在农民协会和农民自卫军、工会和工团军，以及各革命阶级、阶

---

① 孙中山：《中国国民党宣言》，《国父全集》第一册，台北中国国民党党史委员会 1973 年版，第 858 页。

② 孙中山：《中国国民党第一次全国代表大会宣言》，《孙中山选集》，人民出版社 1981 年版，第 594 页。

层和爱国革命民主人士的联合下进行的。孙中山宣称,革命"不仅在推翻军阀,尤其在推翻军阀所赖以生存之帝国主义"①,把打倒军阀同打倒帝国主义结合起来,"造成独立自由之国家,以拥护国家及民众之利益"作为革命宗旨。这就体现了五四运动所开创的真正的中国新民主主义革命的内容。

国共合作实现后,孙中山创办了黄埔军校,建立了革命武装,广泛地传播了反帝反封建思想。随着国共合作的实现,国共两党的革命同志同生死、共患难,统一了广东,巩固了广东革命政权,为后来国共两党进行北伐战争,击溃吴佩孚、孙传芳军阀部队准备了条件。国共合作后,孙中山不仅在国共两党共同进行的革命斗争中日益明确了历史使命,而且也更加坚定了反帝反封建的革命思想,把反对帝国主义、反对封建军阀紧密地结合起来,明确宣布他的北伐战争"不仅在覆灭曹吴(按,曹锟、吴佩孚),尤在曹吴覆灭之后,永无同样继起之人"②。1924年11月,孙中山决定北上,谋求实现共产党提出的召开"国民会议"统一中国的目的。孙中山在《北上宣言》中,重申反对帝国主义和反对军阀的政治立场,认为实现国民革命的关键在于人民掌握武器,提出"第一步使武力与国民相结合;第二步使武力为国民之武力"。在对时局的主张中,孙中山接受了中国共产党于1923年6月提出的"国民会议"口号,并在北上途中一再宣传召开"国民会议"的目的,强调必须解决国内的民生问题和打破列强的侵略,废除一切不平等条约,收回海关、租界和领事裁判权,实现中国的独立。③ 直到临终遗嘱中,孙中山还强调"必须唤起民众,及联合世界上以平等待我之民族,共同奋斗",强调"开国民会议及废除不平等条约,尤须于最短时间,促其实现"。

从上述可见,孙中山对于无产阶级领导的中国新民主主义革命是由不理解到逐步理解,由不自觉的配合到自觉的联合。孙中山同中国共产党共同领导了中国1924年1月至1925年3月的国民革命,建立了丰功伟绩。

三

蔡和森在1922年9月13日《向导》周报第1期发表《统一、借债与国民党》一文,对当时中国的政界人物作过这样的评价:"曹锟不过是北洋系一个死军阀,值不得我们多说;吴佩孚虽然比较进步一点,但他将来能抛弃北洋军阀的地位加入民主主义的战线吗?他对于曹锟言必称大帅,行必称服从,若长此下

---

① 孙中山:《中国国民党北伐宣言》,《孙中山选集》,人民出版社1981年版,第994页。
② 孙中山:《时局宣言》,《孙中山选集》,人民出版社1981年版,第951页。
③ 孙中山:《在上海新闻记者招待会的演说》,《孙中山选集》,人民出版社1981年版,第956～967页。

去,至多不过是一袁世凯或段祺瑞第二罢了,所以现在革命群众对于联吴之视为有意义,不过在剿灭红胡子(按,指张作霖)之一点,因为张作霖一派野蛮势力之急须剿灭,于革命进程上乃属必要的。至张作霖剿灭后的吴佩孚怎样,乃系另一问题,决不要因此而疑虑张作霖灭亡之不利于势力均衡。"蔡和森虽对"局促于局部的军事行动而疲于奔命"①的孙中山欲调和各大军阀势力与和平统一的主张提出善意批评,但中国共产党人认为在当时唯有孙中山及其领导的国民党是真正的民主革命势力。早在1922年6月15日《中共中央第一次对于时局的主张》就指出:中国现存的各政党,只有孙中山领导的"国民党比较是革命的民主派,比较是真的民主派"②。这是中国共产党对孙中山及其领导的国民党在新民主主义革命中的历史地位所做的最早的评价。1923年6月《中国共产党第三次全国代表大会宣言》指出:"中国国民党应该是国民革命之中心势力,更应该立在国民革命之领袖地位。"③同年7月,《中共中央第二次对于时局的主张》又主张"由负有国民革命使命的国民党,出来号召全国的商会、工会、农会、学生会及其他职业团体,推举多数代表,在适当地点开一国民会议",建立革命统一战线,共同进行打倒帝国主义和封建军阀的国民革命。④可见,对孙中山及其领导的中国国民党,中国共产党人历来是给予很高评价的。在中国新民主主义革命的初期,中国共产党还处于幼年阶段,孙中山决意同中国共产党合作,共同进行新民主主义革命,便集中了革命的群众力量,促进了中国国民革命高潮的到来。尽管孙中山晚年在探索革命方法的过程中有过曲折的过程,对帝国主义和封建军阀也有过幻想,但无疑,孙中山在我国新民主主义革命时期,能与时俱进,在总结前期革命过程中不断吸取教训,不断进步,并与革命人民一起建立了卓越的功勋,发挥了重要的作用,他无愧为我国民主革命的伟大革命家和追随时代前进的伟大思想家。

(1986年)

---

① 蔡和森:《四派势力与和平统一》,载《向导》周报第18期(1923年)。
② 中共中央书记处编:《六大以前——党的历史材料》,人民出版社1980年版,第18页。
③ 中共中央书记处编:《六大以前——党的历史材料》,人民出版社1980年版,第65页。
④ 中共中央书记处编:《六大以前——党的历史材料》,人民出版社1980年版,第72页。

论孙中山晚年革命思想发展的问题

历史是人类活动的记录，是人类社会关系演变和更替的过程。评述一个人的历史功绩，不能离开他所处的历史时代。在特定的历史条件下，人们在历史进程中起了什么作用，"不是根据他自己的表白或对自己的看法，而是根据他的行动"①。总结历史经验，评价历史人物的功绩，必须"卓越地坚持哲学史中的严格的历史性，反对把我们所能了解的而古人事实上还没有的一种思想的'发展'硬挂到他们名下"②。

孙中山是旧中国爱国革命者的象征，民族的精神、民族的利益、民族的荣誉把孙中山同中国、同中国人民紧紧联系起来了。孙中山为中国革命建立的功勋，被人民看作全民族的财富，他为中国建树的伟大成就自然也引起全中国人民的自信和自豪。研究孙中山的革命思想，正确评价他的历史功绩，不仅是历史的必要，也是今天振奋民族精神、鼓舞爱国精神、建设物质文明和精神文明的必要。本文用事实说明孙中山晚年思想发展的真相，并参与对一些有争议的学术问题的讨论。

一

孙中山首先是"起共和而终帝制"的民主革命家，同时也是"适乎世界之潮流，合乎人群之需要"③的民主革命思想家。

以孙中山为代表的民主革命派一登上历史舞台就"以专制虐政之血，灌溉自由之树"的口号鼓动人民，进行以暴力推翻清朝专制政权的革命斗争，在人民群众的支持下，终于取得了辛亥革命的伟大胜利，推翻了中国的封建帝制，建立了中华民国。它揭开了中国历史的新纪元，推动了中国历史上的伟大变革。这是孙中山为中国历史建立的一个丰功伟绩。

---

① （苏）列宁：《唯物主义和经验批判主义》，见《列宁选集》第二卷，人民出版社1972年版，第221页。

② （苏）列宁：《哲学笔记》，见《列宁全集》第三十八卷，人民出版社1955年版，第272页。

③ （苏）孙中山：《建国方略之一：孙文学说——行易知难（心理建设）》，《孙中山选集》，人民出版社1981年版，第191页。

然而，历史的发展往往不是沿着人们的主观设想行进的。辛亥革命时期爱国革命的民主志士虽然用鲜血为人们进行了一次资产阶级民主共和的生动教育，其意义深巨、影响久远，但由于帝国主义"与那个野心家、卖国贼、反动势力的朋友袁世凯联合起来扼杀'落后'亚洲的共和制度"①，辛亥革命刚刚取得的政权又落入帝国主义支持的军阀官僚之手，封建君主专制换成封建军阀专制。一时间，在中国出现了一股反民主反共和的复辟逆流，中国社会一天比一天黑暗。

辛亥革命失败后，孙中山继续坚持民主共和的革命精神，先后发动和领导了"二次革命"和讨伐袁世凯及北洋军阀的护国、护法斗争。

问题很清楚，孙中山领导的辛亥革命和后来的讨袁、护国及护法斗争都属于旧范畴的资产阶级民主主义的革命。

毛泽东指出："中国革命的历史进程，必须分为两步，其第一步是民主主义的革命，其第二步是社会主义的革命，这是性质不同的两个革命过程。"② 所谓民主主义，又分旧范畴的民主主义和新范畴的民主主义。在1919年五四运动前，中国的民主革命属于资产阶级领导的旧范畴的反帝反封建的资产阶级民主主义革命，此后，中国的民主革命演变为无产阶级领导的新范畴的反帝反封建的新民主主义革命。新民主主义革命属于社会主义革命范畴。

孙中山是资产阶级民主革命论者，但不是无产阶级革命发展阶段论者。我们所说的孙中山晚年革命思想的发展，只是就他把用旧范畴的三民主义指导的旧民主主义革命思想发展为用新范畴的三民主义指导的属于新民主主义革命性质的革命思想而言。这个发展没有发生本质的变化，但由于孙中山发展的革命思想适应了革命的发展，又同无产阶级领导的新民主主义革命初期的纲领有许多相同点，因此，孙中山所代表的民主革命派同中国共产党所代表的马克思主义者有共同的国家利益和基本相同的革命要求，使他能同无产阶级结成联盟，共同推动属于社会主义范畴的新民主主义革命前进，使孙中山所代表的那部分旧民主主义者能够随着时代的变化而进步，继续保持革命气质，同无产阶级利益的代表者——新民主主义革命战士一样成为时代的主流派而发挥他的历史作用。

毛泽东说："旧范畴的三民主义，乃是过时了的三民主义。如不把它发展（按，本段着重点为引者所加）到新三民主义，国民党就不能前进。聪明的孙中山看到了这一点，得到苏联和中国共产党的助力，把三民主义重新作了解释，遂获得了新的历史特点，建立了三民主义同共产主义的统一战线，建立了第一次国

---

① （苏）列宁：《落后的欧洲和先进的亚洲》，见《列宁选集》第二卷，人民出版社1972年版，第450页。

② 毛泽东：《新民主主义论》，见《毛泽东选集》第二卷，人民出版社1991年版，第665页。

共合作,取得了全国人民的同情,举行了一九二四年至一九二七年的革命。"①在《纪念孙中山先生》一文中,毛泽东又指出:"纪念他在第一次国共合作时期,把旧三民主义发展为新三民主义的丰功伟绩。"② 毛泽东清楚地说明:第一,孙中山只是把旧三民主义发展为新三民主义,不是说把旧三民主义转变为新三民主义;第二,所谓"发展",也即是说,孙中山"把三民主义重新作了解释,遂获得了新的历史特点";第三,孙中山作了解释的三民主义仍属于资产阶级思想范畴。但它同无产阶级领导的社会主义的最低纲领——新民主主义革命阶段的纲领相接近。因此,孙中山晚年革命民主主义思想发展的范围、内容和实质都被毛泽东讲清楚了。

然而,问题是,过去多数论者都把孙中山的"晚年"和他的所谓思想"转变"联系在一起,认为孙中山思想"转变"之日就是他"晚年"开始之时。基于这种认识,过去一般论者都曾将俄国十月革命的胜利看作孙中山晚年革命思想伟大发展和"转变"的起点。其实这种看法细想起来的确还有再商讨之处。

毛泽东说:"只有认清中国社会的性质,才能认清中国革命的对象、中国革命的任务、中国革命的动力、中国革命的性质、中国革命的前途和转变。所以,认清中国社会的性质,就是说,认清中国的国情,乃是认清一切革命问题的基本的根据。"③ 所谓国情主要指现状,而现状又总是历史地形成的,只有把现状和历史结合起来,才能探明我国的国情。孙中山在革命中出现的失误和挫折,不是由于他坚持的民主革命道路有什么问题,而主要是因为孙中山对近代中国革命的基本特点缺乏认真的分析和考察,因此,他在领导旧民主主义革命过程中未能明确依靠谁、团结谁和打击谁的问题。

近代中国革命的特点,从根本上说是中华民族反对帝国主义侵略争取中华民族的独立、自由的问题,也是中国人民大众反对封建主义压迫、争取民主和繁荣富强的问题。在半殖民地半封建社会的中国,只有进行了反帝反封建的民主革命,才能求得独立和民主,只有国家独立和人民获得科学、民主和自由,才能为发展社会经济创造条件。所以,革命是近代中国的基本问题。然而,旧民主主义革命,包括孙中山领导的辛亥革命,由于历史条件所限,都不可能取得最后胜利,但是每一次革命都打击了帝国主义和封建主义统治者,加速了人民的觉醒,为革命的最后胜利积蓄了力量,准备了条件。

---

① 毛泽东:《新民主主义论》,见《毛泽东选集》第二卷,人民出版社1991年版,第654页。

② 毛泽东:《纪念孙中山先生》,见《毛泽东选集》第五卷,人民出版社1991年版,第311页。

③ 毛泽东:《中国革命和中国共产党》,见《毛泽东选集》第二卷,人民出版社1991年版,第633页。

孙中山从走上革命道路之日起就蓄意解决近代中国的基本问题，但由于近代中国革命的步伐过于急促和孙中山自身的某些局限，他不能理解中国自 1840 年鸦片战争以后的半殖民地半封建社会中国的性质，看不清帝国主义和中华民族的矛盾、封建主义和人民大众的矛盾的发生和发展造成了中国日益发展的革命运动的关系。因此，孙中山在领导旧民主主义革命过程中不可能正确地认识和解决摆在中国人民面前迫切需要解决的关于敌、我、友的重要课题。

"谁是我们的敌人？谁是我们的朋友？这个问题是革命的首要问题。中国过去一切革命斗争成效甚少，其基本原因就是因为不能团结真正的朋友，以攻击真正的敌人。"[①] 作为旧民主主义革命的领袖孙中山，毫无疑问，他是把帝国主义和封建主义作为革命的主要对象的，寻求同盟者也始终是他政治生涯中的重要课题。但是，正如人们所熟知的，作为一个旧民主主义革命家，由于思想的局限，孙中山不可能像马克思主义者那样十分明确近代中国革命的条件和掌握中国革命的基本特点，因此，他虽领导人民推翻了清政府，赶跑了一个封建皇帝，但是革命以后的中国仍然是封建主义统治。革命未能取得彻底胜利，根本原因是孙中山所代表的民族资产阶级的软弱性，而具体表现是它的领导人孙中山反帝态度不明确、不坚决；反封建不彻底；没有依靠和发动广大人民群众参加革命；也没有开展对封建主义文化的彻底批判。因此，衡量孙中山晚年革命思想是发展了还是没有发展，主要的标准只能是根据他对帝国主义、封建主义和人民群众的态度来定。

二

1917 年俄国十月革命的胜利对孙中山革命思想的发展产生了多大的影响，这是一个有待作进一步深入探讨的问题。

十月革命是震撼世界的事件，它作为划分世界时代的界碑，对中国对孙中山都产生影响，这是无疑的。然而，这个影响对孙中山的思想发展起了多大的作用，则应该从事实出发，恰如其分地评述，任意拔高当然不对，轻易抹杀当然更不对。孙中山作为爱国者对世界任何地方发生的革命斗争都十分关心。俄国十月革命的胜利，建立了人民政权，孙中山极其感奋，这也是自然的；但不可设想，一个发生在外国的、而事前又一无所知的革命，一下子就解决了孙中山革命多年、苦心探索却不能解决的问题，即中国革命应该如何进行和达到什么目的的问题。连孙中山自己都还在朦胧中探索，怎么可能俄国发生一个"十月革命"就一下使他的思想发生"根本转变"呢？

---

① 毛泽东：《中国社会各阶级的分析》，见《毛泽东选集》第一卷，人民出版社 1991 年版，第 3 页。

转变，自然是从思想上开始。十月革命胜利后，孙中山的革命思想转变了没有？目前对这个问题下结论似乎还缺乏史料根据。从通常史家所引述的，也是目前所能知道的材料看，可以肯定孙中山十分同情列宁领导的俄国十月革命。1917年11月10日上海《民国日报》刊登十月革命的消息。孙中山后来得知列宁领导人民推翻了克伦斯基的临时政府，建立了布尔什维克政权，取得俄国革命的胜利，感到高兴。1918年1月28日，他又告诉同事们要注意西北方面，"此后我国形势，应注重于西北，若俄国现在之革命政府能稳固，则我可于彼方期大发展也"①。3月13日，孙中山又致电重庆靖国军总司令、四川省代省长黄复生，指出"义师讨逆，及将来对俄关系，不可不预（先）注意于西北边"②。1918年7月，孙中山又致电列宁，祝贺十月革命的伟大胜利和苏维埃政府的成立。根据林百克著《孙逸仙传记》所述："1917年，苏俄革命，先生已知其为世界无产阶级革命之先声。"于是托人致电祝贺列宁，"列宁得取电讯，不啻为闻空谷足音，始悉远东亦有赞助其主义之友党在，睹此一线光明，于心滋慰"。③ 过去人们都把这看作孙中山联俄和晚年革命思想"伟大转变"的起点，然而，根据上述记载，作为追溯孙中山对俄国革命的探索和联俄的起源是可以的，但十月革命并不是孙中山联俄的起点，更不能说是孙中山晚年革命思想"转变"的开始。

孙中山联俄与苏俄联孙，这是双边关系问题。联与不联，关键在于双方的关系是否建立在尊重对方与平等的基础上，这需要相互了解。孙中山认为，外国的友谊和帮助对中国革命是极其重要的。在革命的各个阶段中，他都努力争取外国强国的同情，但他的一切努力都无丝毫结果。他"吃过亏，上过当"，如果能从友邦苏俄得到急需的援助，他没有理由不这样做。因此，十月革命后，他开始注视新生的苏俄政府，观察其对中国的态度，这是实在的。但是，孙中山在十月革命后一段时期对苏俄并不了解，而苏俄政府起初对孙中山的态度也有所保留，因此，双方都有一个相互了解的过程。孙中山从认识苏俄到下决心同苏俄结盟有一个从思想到各方面准备的过程，苏俄也有一个从支持北洋政府以及同直系军阀吴佩孚、广东军阀陈炯明接触到最后联络孙中山的过程。这两个过程的实质性突破都是在中国的五四运动之后，而不是在此之前。十月革命胜利后，孙中山没有立即开始联俄，苏俄也没有一开始就决定支持孙中山，这是一。

其次，从十月革命后、五四运动前对封建主义、帝国主义以及对人民群众的认识这个角度去考察，孙中山的思想同前期比也没有发生什么实质性的变化。

---

① 邵元冲：《广州护法日志》，载《建国月刊》第12卷第6期。
② 广东省哲学社会科学研究所历史研究室等合编：《孙中山年谱》，中华书局1980年版，第224页。
③ 林百克著：《孙逸仙传记》，徐植仁译，上海三民公司1926年版，第82页。

先看他对人民群众的态度。

1918年，孙中山主要是靠西南护法各省将帅，进行"保卫民国"、"恢复国会"的护法斗争。孙中山表示："共和国体若危，文视之为唯一之生命，必尽其所能以拥护之。""解决今日时局，以恢复国会为唯一之根本。……背乎此者，则无论示以何种条件，文必不甘承认之。"① 后因对广州军政府失望，离粤赴沪。孙中山复函海外同志李襄伯等，表示："救国之心，未尝少懈。返沪以来，力谋挽护。刻从根本着想，非整理党务，先固内力，不足以及时奋起。"② 此时孙中山并没有认识到要发动广大人民群众起来挽救危局。孙中山在留沪期间主要是潜心著述，此中情形，他在致友人信中常有谈及。在一封信中他说："文迩来杜门养晦，聊以著述自娱，对于时局问题，终以多数同志之主张为进退。"③ 在另一封信中，他又说："文专事著述，外方纷云，殊不欲过问也。"④ 正如人们所说的："这是一个革命领袖暂时摆脱世务繁剧的期间。"⑤ 在此期间，孙中山完成了《孙文学说》和《民权初步》两书的写作，并开始写作他的《实业计划》。

《孙文学说》是孙中山著述中最富于哲理性和思想性的著作，也最能反映他当时的思想认识。在这部书中，孙中山通过总结革命斗争过程，认识到辛亥革命失败后的中国形势是"夫去一满洲之专制，转生出无数强盗之专制，其为毒之烈，较前尤甚。"为什么会造成这种局面呢？孙中山认为："此固予之德薄无以化格同侪，予之能鲜不足驾驭群众，有以致之也。然而吾党之士，于革命宗旨、革命方略亦难免有信仰不笃、奉行不力之咎也，而其所以然者，非尽关乎功成利达而移心，实多以思想错误而懈志也。"因此，孙中山认为，中国革命之所以多次失败，就是因为革命党人在思想上受了"知易行难"，即"知之非艰，行之惟艰"之说的毒害造成的。所谓"吾三十年来精诚无间之心几为之冰消瓦解，百折不回之志几为之槁木死灰者，此也。可畏哉此敌！可恨哉此敌！"⑥

其实，"知易行难"和"知难行易"这两种说法都是片面的，它说明不了认

---

① 孙中山：《复函头山满和犬养毅》，《国父全集》第三册，台北中国国民党党史委员会1973年版，第546～547页。

② 孙中山：《致函海外同志李襄伯等》，《国父全集》第三册，台北中国国民党党史委员会1973年版，第566页。

③ 1918年11月23日复凌钺等函，见《国父全集》第三册，台北中国国民党党史委员会1973年版，第570页。

④ 1919年2月4日复陈炯明函，见《国父全集》第三册，台北中国国民党党史委员会1973年版，第596页。

⑤ 王德昭：《孙中山先生革命思想的分析研究》，吴相湘主编：《中国现代史丛刊》第2册，台北正中书局1962年版，第257页。

⑥ 孙中山：《建国方略之一：孙文学说——行易知难（心理建设）》，《孙中山选集》，人民出版社1981年版，第116页。

识论的知和行的辩证关系。孙中山企图提出"行易知难",鼓舞人们起来实践,用具体行动来解决辛亥革命后中国军阀割据和混战、人民生活极端贫困的问题,说明他并没有认识到造成辛亥革命失败的根本原因究竟是什么的问题。

孙中山强调的所谓"知",仍是先知先觉者和后知后觉者的"知",而先知者之觉后知,先觉者之觉后觉,"乃至于求国人之皆悟",其所以可能,孙中山认为是因人人皆有一般的"良知"。

孙中山强调的所谓"行",主要也是指少数"先知先觉者"的"行"。他重视"行"的作用,也正是重视所谓少数先知先觉者的作用,实质上是否认人民群众是社会实践的主体,抬高"知者"——先知先觉者的地位,而贬低"行者"——不知不觉者(劳动人民)的作用,这正是孙中山英雄史观的一个重要的思想基础。

可见,五四运动前,孙中山对广大人民群众,尤其是对劳动人民,不仅没有在行动上依靠他们,而且在思想上对他们在革命中所起作用的认识也没有什么实质性的"转变"。

再看他对帝国主义的态度。

孙中山在《孙文学说》中针对中国不能"隆盛"的原因是这样说的:"夫以中国现在之地位,现有之知识,已良足一跃而致隆盛,比肩于今世之列强矣。所以不能者,究非在于不知不行也。而向来之积弱退化有如江流日下者,其原因实在政府官吏之腐败,倒行逆施,积极作恶也。其大者,则有欲图一己之私,而至于牺牲国家而不恤;其次者,则以一督军一师长而年中聚敛,动至数百万数十万;又其次者,则种种之作弊,无一不为斫丧国家之元气,伤残人民之命脉。比之他国之政策务在保民而治,奖士、劝农、励工、惠商以图富强者,则我无一不与之相反也。"孙中山认为,中国"贫弱"的原因是"官吏贪污,政治腐败之为害也。倘此害一除,则致中国之富强,实头头是道也。"基于此认识,孙中山认为"国害一除,则国利自兴,而富强之基于是乎立。"①孙中山对中国"贫弱"原因的分析只说对了一半,而对另一半即帝国主义在中国支持军阀混战,破坏、掠夺、渔利,造成国家"贫弱"的原因则没有认识。他认为当时中国的基本问题是"贫",贫则弱;为了求富、求强,孙中山认为"际当今之时,而欲致中国于富强之境",应该利用第一次世界大战"各国新设之制造厂,为开发我富源之利器是也"。并制定"国际共同发展中国实业计划",要求各国政府给予支持,开展"实业救国之道"。1918年3月23日,孙中山虽然通过各国驻华公使,痛斥北方政府的罪行,并郑重声明:"北京非法政府违背约法而与各国缔结之一切

---

① 孙中山:《建国方略之一:孙文学说——行易知难(心理建设)》,《孙中山选集》,人民出版社1981年版,第186~187页。

契约、借款或其他允行之责任,本军政府概不承认。"① 但与此同时,他对帝国主义又寄予幻想。

4月1日,孙中山复电张开儒,告以军政府的"武器以日本为唯一供给之源"②。4月17日,孙中山又以军政府名义向日、美、法、意、俄、英、葡等16国发出通告,要求各国承认军政府为中华民国之合法政府。③ 6月1日,孙中山又启程经厦门取道台北赴日本,希望从外交方面促进护法局面的开展,争取列强援助,但美、日等国拒不承认孙中山的南方军政府。留日期间,从外交活动中孙中山认识到:"现日本当局仍决心助段(祺瑞),遽欲其改变方针,事恐大难。"④

由此得知,在十月革命后、五四运动前,孙中山为了争取帝国主义支持其进行护法斗争,对帝国主义的态度同前期比较也没有产生实质性变化。所以,把十月革命作为孙中山晚年和革命思想"伟大转变"的起点,论据不充分。

三

孙中山毕竟是中国人,他对自己国家发生的革命斗争和革命运动总比对外国发生的革命感受要亲切得多、深刻得多。孙中山一生矢志为改变中国在国际上的无权地位而革命,为改变中国的落后和贫穷而革命。因此,像五四运动这样"彻底地不妥协地反帝国主义和彻底地不妥协地反封建主义"⑤的革命斗争,对于时刻关心国家和民族命运的孙中山来说,当然是极大的鼓舞。他时刻以敏锐的眼光去注视运动发展的新动向。孙中山起初并没有意识到"五四"青年学生一起来就会如此巨大地震撼中国大地,但当他看到人民群众在新思想武装下奋起,竟能产生如此巨大的力量时,他振奋了。孙中山不仅以一位爱国者的伟大情怀看到中华民族觉醒带来的新希望,更以一位革命者的高瞻远瞩意识到了新时代的气息,很快就适应了发展着的历史形势。孙中山通过自觉地总结自己走过的革命曲折历程,认识到革命目的未达、革命任务未就,以他无畏的胆识提出了"重新革命"的口号,表明他又回到革命的初衷,但这不是革命的简单重复,而是在新的历史条件下的进步。"重新革命"是指全国规模的大革命,这个口号的提出虽然是对

---

① 广东省哲学社会科学研究所历史研究室等合编:《孙中山年谱》,中华书局1980年版,第224～225页。
② 黄季陆主编:《总理全集》下册,成都近芬书屋1944年版,"文电"第154页。
③ 孙中山:《通告驻华各国公使书》,《孙中山全集》第四卷,中华书局1985年版,第447～450页。
④ 广东省哲学社会科学研究所历史研究室等合编:《孙中山年谱》,中华书局1980年版,第228页。
⑤ 毛泽东:《新民主主义论》,《毛泽东选集》第二卷,人民出版社1991年版,第699页。

一般人的号召，但它却包括了对北洋军阀政府的否定，含有对帝国主义侵华势力的蔑视。

所以，五四运动既是中国新旧民主革命的界碑，又是孙中山晚年"重新革命"的新起点，其主要表现是他对人民群众和帝国主义的认识有了明显的改变。

人民群众是拯救国家的决定性因素。孙中山多年来没有能够真正唤起人民群众，重重地打击中国的恶势力，而"五四"青年学生一起来就做到了。"五四"后马列主义和科学、民主思想相结合出现的新气象，使他开始认识革命人民群众团结的威力和新思潮的巨大影响。1919年10月18日，孙中山在上海寰球中国学生会上发表演说时高兴地指出："试观今次学生运动，不过因被激而兴，而于此甚短之期间，收绝伦之巨果，可知结合者即强也。"① 1920年1月底，他又说："自北京大学学生发生五四运动以来，一般爱国青年，无不以革新思想，为将来革新事业之预备。于是蓬蓬勃勃，发抒言论。国内各界舆论，一致同倡。各种新出版物，为热心青年所举办者，纷纷应时而出。……虽以顽劣之伪政府，犹且不敢撄其锋。……倘能继长增高，其将来收效之伟大且久远者，可无疑也。"②

列宁说："世界上没有一个地方的群众摆脱压迫和专横的真正解放，不是这些群众自己进行独立、英勇、自觉斗争的结果。"③ 孙中山在五四运动期间看到中华民族的新觉醒和人民群众在革命中的伟力，便油然生起消除伏案著书不问政事的消极情绪，开始酝酿和组织一场新的革命以对中国进行根本改造。

这种根本改造就是废弃新旧国会，铲除武人、官僚、政客三种"陈土"，在新的地面上打下民国的牢固基础。他表示，"年青的中国"决不能是军阀统治的中国，应是学生运动、抵制日货、鼓励实业、反对签订巴黎和约的中国。1919年10月8日孙中山在上海青年会发表演说，谈改造中国的方法时，他颇为形象地指出："八年以来的中华民国，政治不良到这个地位，实因单破坏地面，没有掘起地底陈土的缘故。""我们既经要改造中国，须造成一灿烂庄严的中华民国。象工师建筑伟大房屋一般，须用新的方法去建筑。新方法的建筑，便是上层越高，打地基须越深，所挖出的陈土须远远搬开。"④ 孙中山所说需要掘起和搬开的三种"陈土"，指的是作为前清遗毒体现的官僚、军阀、政客，他仍然未能前进一步接触到产生这三种"陈土"的真正社会根源。但随着对近代中国国情认识的深化，孙中山却认识到"改造中国之第一步"，"只有革命"。10月18日，

---

① 孙中山：《救国之急务》，《孙中山选集》，人民出版社1981年版，第479页。
② 孙中山：《关于五四运动》，《孙中山选集》，人民出版社1981年版，第482页。
③ （苏）列宁：《农奴制崩溃的五十周年》，《列宁全集》第十七卷，人民出版社1959年版，第72页。
④ 孙中山：《改造中国之第一步》，《孙中山选集》，人民出版社1981年版，第474～475页。

孙中山在上海寰球中国学生会发表演说，进一步发挥"救国之急务"在于"重新开始革命"的思想。他说："吾人虽革去满洲皇统，而尚留陈腐之官僚统系未予扫除，此真吾辈破坏之道未工之过也。吾人所已破坏者一专制政治，而今有三专制政治起而代之，又加恶焉。于是官僚、军阀、阴谋政客揽有民国之最高权矣。"[①] 因此孙中山认为"改造中国之第一步"，"则惟有重新革命，以尽去此篡窃之人，同时荡涤一切旧官僚腐败之系统"。[②] 这表明了孙中山根除恶势力的坚决态度。他指出："以后应再有一番大革命，才能够做成一个真正中华民国。"[③] 1920年后，孙中山又反复强调还要"再来一次革命"的理由。同年7月，孙中山给旅俄华工刘泽荣一封信，他说："当前中国仅仅在名义上是一个共和国，政权仍掌握在封建军阀手里，人民是没有自由的；还应再来一次革命，以扫荡这些当权集团。"[④] 同年11月，孙中山在总结辛亥革命后的形势时又指出：中国形势"迫得我们再要革命"，我们不仅要用革命去扫除"那恶劣政治，还要用革命的手段去建设"。

但是，孙中山认为当时"一般人民还是不懂得共和的真趣"，还不相信人民能做革命主人。孙中山建议先要"训政"。他说："须知共和国皇帝就是人民"，但是"以五千年来被压迫做奴隶的人民，一旦抬他作为皇帝，定然是不会作的"。因此，他号召"革命党人应该来教训"人民，"如伊尹训太甲一样"[⑤]。这明显反映孙中山此时既要革命，又还不知靠谁去革命和如何革命的思想实际。

不过，极其宝贵的是，经过帝国主义在中国支持黑暗势力反对中国独立的事实教育，孙中山对帝国主义的认识有了长足的进步。正如他说的："内忧现已当前，外患同时俱至。在内则有南北交争，在外则有强邻危我国脉。故万不能不采一有力之方法以救吾国也。"[⑥] 可见，他从辛亥革命失败后南北军阀造乱中国"由坏变到更坏"[⑦]的现实中，对帝国主义的侵略本性已经有所察觉和警惕。

孙中山说："中国的大混乱，是二十一条款做成的"，"停止中国现在的混

[①] 孙中山：《救国之急务》，《孙中山选集》，人民出版社1981年版，第479页。
[②] 孙中山：《救国之急务》，《孙中山选集》，人民出版社1981年版，第481页。
[③] 孙中山：《要造成真中华民国》，《国父全集》第二册，台北中国国民党党史委员会1973年版，第387页。
[④] 孙中山：《复刘泽荣电》，《孙中山全集》第五卷，中华书局1985年版，第285页。
[⑤] 《中央党务月刊》第七期。
[⑥] 孙中山：《救国之急务》，《孙中山选集》，人民出版社1981年版，第477页。
[⑦] 孙中山：《解决中国问题的方法》，《国父全集》第二册，台北中国国民党党史委员会1973年版，第389页。

乱",关键在于"废除二十一条款"。① 1920年11月,孙中山又提出要恢复民族主义,"现在清室虽不能压制我们,但各国还是要压制的,所以我们还要积极的抵制"。② 因此,孙中山提出要取消租界,收回领事裁判权,废除军阀同列强签订的"卖国条约",才能结束"前门拒虎,后门进狼,未见其益,先受其害"的局面。③ 同年,孙中山在上海与记者谈话时又明确指出,解决山东问题的办法是"取消二十一条卖国条约","日本并应于租借期满后,退出满洲各地","日本绝无可以长据胶州、青岛之理由"。④ 1920年6月,孙中山给日本陆军大臣田中义一写信,又指出近代日本"对于东亚之政策,以武力的、资本的侵略为骨干",在中国扶植守旧、反动势力,"压抑革新运动",始则援助袁世凯,继则支持"顽固守旧"甚于袁氏的官僚岑春煊等,袁氏倒又倡"援段(祺瑞)之说"。⑤ 11月14日,孙中山在上海发表演说,指出:"我们革命失败,全是日本捣鬼。"⑥

由此可见,孙中山经过五四运动,加深了对中国革命问题的认识,开始看到了帝国主义在中国支持恶势力造乱中国的情况。但是,此时孙中山对于帝国主义的认识仍然没有达到理性认识的高度,对于帝国主义的态度仍然是实用主义。他一方面反对日本帝国主义侵略者,另一方面又对英、美等帝国主义国家寄予幻想。1920年10月,孙中山给日本友人宫崎寅藏写信说:"英、美对我方针,近来大表好意,白人外患,可以无忧。此后吾党之患,仍在日本军阀政策。"⑦ 1921年4月,美国记者辛默会见孙中山,问孙:阁下说"各国如能任中国之自然,不加干涉,则中国情形必有佳象。"所谓"各国"者,美国是否在内?孙答:"余意中所述者乃日本耳",又说:"美国承认徐世昌为中华民国总统一事,实有害于国民",但美国"彼历年来固未尝故意欲中伤中国也"。⑧ 因为孙中山要保持同英、美等帝国主义的"友好",所以他不敢依靠民众反帝。孙中山当时虽

---

① 孙中山:《在上海欢迎美国议员团时的演说》,《孙中山全集》第五卷,中华书局1985年版,第296～300页。

② 孙中山:《在上海中国国民党本部会议的演说》,《孙中山全集》第五卷,中华书局1985年版,第394页。

③ 孙中山:《救国之急务》,《孙中山选集》,人民出版社1981年版,第480页。

④ 孙中山:《对于山东问题之意见》,《国父全集》第二册,台北中国国民党党史委员会1973年版,第849页。

⑤ 孙中山:《致田中义一函》,《孙中山全集》第五卷,中华书局1985年版,第275～277页。

⑥ 《中央党务月刊》第七期。

⑦ 《民国九年致滔天书》,胡汉民编:《总理全集》第三集,上海民智书局1930年版。

⑧ 载上海《民国日报》1921年10月12日。

也说过:"中国宜以俄为鉴"①,但因为他怕得罪英、美等帝国主义,也还不敢与苏俄接近。

对于封建军阀,孙中山此时一方面认识到"非打破军阀专制,则民治之精神无由实现"②,"目下最为中国障碍者,北有张作霖,南有陆荣廷。推倒此两人,则可达统一之目的"。③ 但另一方面,孙中山又认为,推翻军阀专制"不得不有赖于军人","军人实行革命有胜无败"。④ 又说:广东是革命的地方,陈炯明是"革命的总司令",只要全体军人都全力来赞助陈炯明,革命"没有不成功"。⑤

上述事实说明,五四运动后,孙中山对帝国主义和封建主义相勾结压迫中国人民、造成中国祸乱相寻的情况虽比过去有较深的了解,但认识仍然受旧观点的局限,不仅对帝国主义和封建军阀的本质认识不清,对人民群众也还存在传统的轻视态度。我们所以把五四运动后至陈炯明叛变前仅仅看作孙中山晚年革命思想发展的新起点,理由也就在于此。

四

有人把辛亥革命说成是国民革命,其实严格说来,我认为辛亥革命还是属于资产阶级民主革命,因为它只是反封建的革命。不能称为国民革命,因为它没有反帝。孙中山的国民革命思想是在陈炯明叛变后形成的。所谓国民革命,是指在中国共产党的帮助下,由工农等各革命阶级、阶层和爱国人士共同参加,以统一战线的形式组织起来,以打倒帝国主义和封建军阀,创造真正共和国为目标的革命。这个革命的主张是在陈炯明叛变后,由中共中央根据当时帝国主义支持封建军阀压迫中国人民,"非一阶级之力所能推翻"的情况提出来的。虽然"国民革命"是1923年6月中共"三大"树起的旗帜,但它是1922年6月15日《中共中央第一次对于时局的主张》提倡与孙中山的国民党"共同建立一个民主主义的联合战线",共同开展反帝反封建革命斗争主张的补充和发展。实行这个革命的具体步骤,陈独秀主张分为四步:"第一步组织国民军;第二步以国民革命解除国内国外的一切压迫;第三步建设民主的全国统一政府;第四步采用国家社会主义开发实业。"⑥ 1922年11月,孙铎(马林)在《向导》周报第9期发表《国民运动、革命军和革命宣传》文章,指出:中国国民运动中,"最堪注意的

---

① 孙中山:《在广东省第五次教育大会的演说》,载《广东省教育会杂志》第一卷第一期。
② 载《北京日报》1921年1月8日。
③ 载《广东群报》1921年4月26日。
④ 载北京《顺天时报》1920年11月25日。
⑤ 载上海《民国日报》1921年5月1日。
⑥ 陈独秀:《造国论》,载《向导》周报第二期。

一种现状,就是缺少由一个政党主持一种有规则的、有计划的、有组织的宣传"。并说:"中国革命至今无好结果的唯一原因,是因为外力阻挠真正自由和独立的中国之建设;但是旧的观念仍是盛行,总以为只要用一种政策阻止外国的干涉,中国人民自己的国民革命终必大奏凯旋。"随后,陈独秀又发表《怎样打倒军阀》①,蔡和森发表《中国革命运动与国际之关系》②,对国民革命的反帝反封建军阀的任务进行详尽的论述。1923年6月,《中国共产党第三次全国代表大会宣言》就国民革命的领导者和应该注意的问题又明确地告知孙中山,指出:"中国国民党应该是国民革命之中心势力,更应该立在国民革命之领袖地位",希望"社会上革命分子,大家都集中到中国国民党,使国民革命运动得以加速实现";同时希望"中国国民党断然抛弃依赖列强及专力军事两个旧观念,十分注意对于民众的政治宣传,勿失去一个宣传的机会,以造成国民革命之真正中心势力,以树立国民革命之真正领袖地位。"中共"三大"第一次明确地把"国民革命"口号写进了党的决议,并建议由孙中山领导的国民党作为"国民革命的中心",这对推动革命的发展进程具有重要的意义。

然而,孙中山国民革命思想的确立有一个过程。

1920年11月,孙中山在粤军赶走盘踞广东多年的桂系军阀之后,又回广东重组护法军政府,随即挥师进军广西,统一两广。1921年5月,孙中山被非常国会推举为非常大总统。孙中山就任中华民国非常大总统后即指出:"政府成立后,势力必日发展,北方伪廷可不推而倒。"③"诸君若能一致拥护此革命策源地之广东,则不必出兵,亦足统一全国。"④ 8月10日,国会非常会议通过出师北伐的决议,并请孙中山宣布徐世昌罪状,明令出师讨伐。8月25日,滇、粤、赣各军攻克桂林,收复广西,则形成西南对抗北京政府的局面。这次北伐的目的是打倒直系军阀,以谋国家统一,仍然属于打击"废法"及"蹂躏者"⑤的护法性质。

孙中山要反对北京"废法"的军阀和官僚,需要有一个基地和一支军队。但因他无法建立自己的军队,因此,他能得到的就是中国其他军阀的军队。这样,孙中山这位军阀的敌人又吃了军阀的亏,上了军阀的当,不但没有能依靠军阀的力量来统一中国,反而成为牺牲品。

孙中山发动第一次北伐的主要依靠者是云南、贵州、四川、湖南等省的军

---

① 陈独秀:《怎样打倒军阀》,载《向导》周报第二十一期。
② 蔡和森:《中国革命运动与国际之关系》,载《向导》周报第二十三期。
③ 载《广东群报》1921年4月15日。
④ 载《广东群报》1921年4月26日。
⑤ 载上海《民国日报》1922年12月31日。

阀，这些人虽宣布不服从北京政府，却标榜联省自治，并不与孙中山的北伐主张相一致。因此，孙中山要举兵北伐主要还得靠广东，而广东又靠谁？孙中山说："现在广东局面，实赖省长、总司令陈竞存（陈炯明）君之维持。"① 他对陈炯明说："兄与文夙具同心，誓戡国难，此后建设，倚畀尤殷，所以振民治之精神，奠邦基于磐石者，诸待相助为理，愿与同观厥成。"② 1921 年 4 月 23 日，孙中山在广州粤军第一、二师恳亲会上发表演说，劝告军人"应该帮助陈总司令，再辛苦二三年，收革命的全功"。③ 孙中山满以为陈炯明会支持他以广东作为根据地，实行北伐统一全国的主张。然而，陈炯明不为孙中山所靠，他不仅对孙中山调粤军参与北伐、由广东供应北伐军费等意见始终不做明白表示，而且还进而主张联省自治，分省建设，公开抗拒孙中山的北伐统一中国的主张。尔后，陈炯明又暗中助唐继尧回滇，煽动袁祖铭回黔，并约湖南赵恒惕反对北伐，进而在 1922 年 6 月 16 日公开叛变，"以武力促大总统下野"④。孙中山万万没有想到"祸患生于肘腋，干戈起于肺腑"⑤。

陈炯明叛变，使原来就很复杂的中国形势更加复杂了。孙中山一时似乎失掉了一切。

在广州，由于"陈逆叛变，护法政府中断"，孙中山多年苦心经营的革命中心地一时也陷于敌手。

在北京，1922 年 6 月 1 日，旧国会议员 150 人在天津开会，即日行使职权。6 月 2 日，徐世昌退位，曹锟、吴佩孚电请黎元洪复职。重新上台的黎元洪和旧国会均是直系军阀掩饰其武力统一的工具。吴佩孚的算盘是待征服川、湘之后，赶黎元洪下台，捧直系首领曹锟上台任总统，实现其武力统一中国的计划。

中国的形势转瞬间变得如此复杂，孙中山万万没有想到。6 月 6 日，孙中山为了揭穿直系军阀的阴谋，发出废督裁兵的宣言，提出他的"工兵计划"。宣言中说"直军诸将为表示诚意，服从护法起见，应首先将所部半数，由政府改为工兵，留待停战条件。……直军诸将如能履行此项条件，本人总统当立饬全国罢兵，恢复和平，共谋建设。"⑥ 孙中山这一主张不仅没有起到抑制军阀的扩军备战行为，反为吴佩孚利用了。狡猾的吴佩孚一面派人到上海同孙中山联络，并发

---

① 载《广东群报》1921 年 4 月 16 日。
② 载《广东群报》1921 年 4 月 21 日。
③ 载上海《民国日报》1921 年 5 月 1 日。
④ 鲁直之等编：《陈炯明叛国史》，上海 1922 年 11 月印，第 249 页。
⑤ 孙中山：《就陈炯明叛变事件致海外同志书》，《孙中山选集》，人民出版社 1981 年版，第 511 页。
⑥ 孙中山：《工兵计划宣言》，《孙中山全集》第六卷，中华书局 1985 年版，第 146～147 页。

表谈话伪善地称赞孙中山的工兵计划,说"孙先生之主义,我已夙闻之,主张统一,振兴实业,办理兵工。一二两项,我之赞同,自不待言。至兵工主义,孙先生无兵,不妨纸上谈之。然我既有兵,且已着手实行;我之第三师,即可作孙先生主义之试验品也"①,以此捞取政治资本;一面又大规模秣马厉兵,积极准备打到关外去,对付要向他报仇的奉系军阀张作霖,同时把势力伸向南方,暗中勾结陈炯明反对孙中山,指挥孙传芳、杨森等军阀,攻占福建、广州、四川、湖南等地,制造有利于直系的军阀混乱。

孙中山面对当时局势,在上海发表"以和平之方法,图统一之效果,期与四派(直系、奉系、皖系、西南护法诸省)相周旋,以调节其利害","使四派互相提携,互相了解,开诚布公,使卒归一致"②的和平统一宣言应付各方。

然而,当时的中国,无论是南方还是北方的军阀,对孙中山的"工兵计划"、"和平方法"真正支持的没有,而国民党内部反对孙中山的人又不少。这个时候,几乎只有中国共产党人向他表示友好,从各方面支持孙中山:一方面公开宣布要与孙中山合作,指斥陈炯明为反动;另一方面又公开发表文章分析形势,抨击南北军阀和各种为难孙中山的言行。这些举动使孙中山非常感动。

蔡和森说:军阀们的目的都是在于夺取更大的权力和实行独裁统治,他们之间并无"互相提携"可言,"中国现在的政治问题,实在去真能解决之时还远,因为全部政权还在北洋军阀手里。""在这个时候谋政治上的统一,除彼此把他当作一种暂时的政策之外,真正的统一是不可能的。"又说:"自孙中山先生由粤来沪,曹(锟)、吴(佩孚)代表南下,于是孙、吴携手之声,甚嚣尘上。此事在形式上看来,吴佩孚之舍陈(炯明)联孙,及孙之弃奉而与一比较好的军阀周旋,不可说不是一种进步的现象。但实质上怎么样呢?据曹、吴艳电(二十九日电)看来,不过是空空荡荡称赞老孙的宣言罢了。""由此看来,政治上的统一,显然不是混合或调和各大军阀的旧势力可以做成的;乃须经过不停的革命奋斗才能真正成功。若舍却革命的宣传与行动,只与军阀谋统一,结果只有上当。"③

由上看来,孙中山虽然在五四运动期间就指出官僚、军阀、政客是造乱中国的根源,可事隔两三年,因为未能组织一支可靠的、忠于自己的军队,孙中山只好借用军阀力量去反对军阀。这种思想的矛盾说明孙中山还没有真正认识到国民革命的任务在于打倒帝国主义和封建军阀,以及必须依靠工农作为根本力量。

然而,孙中山毕竟是真诚的革命者,他经过陈炯明叛变的打击,不仅没有从

---

① 载上海《申报》1922年10月19日。
② 孙中山:《和平统一宣言》,《孙中山选集》,人民出版社1981年版,第520页。
③ 蔡和森:《统一、借债与国民党》,载《向导》周报第一期。

此消沉下去,反而觉醒了。

陈炯明叛变后第四天(1922年6月20日),孙中山给杨庶堪去函,叙述陈炯明叛变的情形时承认,前对陈炯明"姑息养奸","今则彼罪通天,惟有诛戮而已"。① 24日,孙中山与香港《士蔑西报》记者谈话又指出:"吾与叛军始终奋斗"是为了以尽"职守","以谢国人"。② 他说:陈炯明"此次兵变,主谋及诸从乱者所为,不惟自绝于同国,且自绝于人类,为国法计,固当诛此罪人;为人道计,亦当去此蟊贼"。③ 因为"陈等在西南为害群之马,在国为祸国之魁,此贼未除,祸患无已,而全国统一,阻碍愈多。"④ 孙中山还一再表示,对陈炯明这类不法"武人","无故糜烂桑梓","不欲屈服于武力",⑤ "实无调和余地"⑥。孙中山表示,为达"真正和平",稳定国家大局,"君主尚有死社稷,共和时代,总统死国家,分所应尔。"⑦ 6月29日晚,陈炯明假惺惺地致函孙中山,说:"国事至此,痛心何极!炯虽下野,万难辞咎。自十六日奉钧谕,而省变已作,挽救无及矣。连日焦思苦虑,不得其道而行;惟念十年患难相从,此心未敢丝毫有负钧座,不图兵柄现已解除,而事变之来,仍集一身,处境至此,亦云苦矣!现惟恳请开示一途,俾得遵守,庶北征部队,至免相残,保存人道,以合天和,此后图报,为日正长也。"孙中山对陈炯明的"厚颜反噬"不予理睬,坚持斗争五十余日。8月9日,终因"孤军粮绝,变生肘腋",不得不离粤去沪。8月17日,孙中山在沪发表宣言,指出陈炯明叛变目的是要"将中国变成为一由许多小国或诸侯组成的松散国家"。孙中山说:陈炯明叛变是为了实现其所谓"广东人的广东"的要求,妄图使广东"脱离其他各省而独立",分裂中国。孙中山认为不"彻底消灭造成国家一切混乱的主要根源——军阀主义","中国将永无宁日"。⑧ 因此,孙中山怀抱"讨贼之志未终,平乱之责犹生"的精神,组织各省义军,"集合粤境,同心戮力,讨此叛逆,以彰国法"⑨。通过斗争,孙中山逐步认清军阀的本质,并逐步改变过去统一祖国全恃军人努力的错误看法,说"舆

---

① 载上海《民国日报》1922年7月1日。
② 蒋中正:《孙大总统广州蒙难记》,上海民智书局1926年版,第10~11页。
③ 鲁直之等编:《陈炯明叛国史》,上海1922年11月印,第268页。
④ 孙中山:《促林翩田合力讨陈函》,《国父全集》第三册,台北中国国民党党史委员会1973年版,第814页。
⑤ 载上海《民国日报》1922年6月25日。
⑥ 载上海《民国日报》1922年7月4日。
⑦ 孙中山:《陈炯明叛变后以大义勖汤廷光函》,《国父全集》第三册,台北中国国民党党史委员会1973年版,第803页。
⑧ 《孙逸仙宣言》,据黄彦转送关—球寄赠伦敦国家档案局藏英国外交部档案英文原函译出。
⑨ 载重庆《国民公报》1922年9月11日。

论之力较武力为大",主张从此应加强舆论宣传,"使国民人人咸知共和真理,不容许武人官僚乱国"。① 孙中山表示,为维护广东这块革命基地,"不出三月,必见消灭"陈炯明。②

由此可知,陈炯明叛变后,孙中山从失败中奋起,决心再战。然而,这一战可不如从前,因为旧军阀不可用了,孙中山也明白帝国主义不会扶持他再起。对孙中山来说,在他败给陈炯明以后,实现消灭陈炯明,进而再次北伐,完成中国革命任务,唯一现实的道路就是同苏俄结成友好同盟,争取苏俄援助,克服经济上和军需上的困难,联合中国共产党,争取工农群众的支持。

孙中山联俄联共的政策是经过他反复权衡后决定的。1922年8月9日,孙中山在被迫由广州转香港赴上海的途中,曾谈到因陈炯明叛变在外交上应取的态度。他说:"美国素重感情,主持人道;法国尊重人权,又尚道义;而英国外交,则专重利害,唯其主张,中正不偏,又能识别是非,主持公理……吾国建设,当以英国公正之态度、美国远大之规模,以及法国爱国之精神为模范,以树吾民国千百年永久之计。然而今日中国之外交,以国土邻接、关系密切言之,则莫如苏维埃俄罗斯。至于以国际地位言之,其与吾国利害相同,毫无侵略顾忌,而又能提携互助策进两国利益者,则德国是也。"他并批驳那种"以为俄国布尔歇维克为可怖,而不一究其事实"的荒谬态度。他说:"今后吾国之外交,对于海军国,固当注重,而对于欧亚大陆之俄、德二国,更不能不特别留意。"③

1922年8月,孙中山抵达上海后便加紧同中共要人和苏俄特命全权大使越飞反复协商联俄联共问题。12月,孙中山派张继赴北京与越飞谈判"关于筹办孙中山亲自与苏俄代表会晤的问题"④。经过双方的努力,终于在1923年1月26日,孙中山与越飞举行会谈,并共同发表了《孙文越飞联合宣言》,确立了孙中山与苏俄建立了平等的新关系。

当时反帝必联俄,联俄必反帝。孙中山同苏俄结盟,对帝国主义无疑是一个沉重的打击。但是,由于革命的实际需要,孙中山对全球帝国主义的态度则随着革命形势的变化而经常变化。比如,五四运动后,孙中山认为日本帝国主义侵华势力为谋求其在中国的特权,它不可能放弃侵略政策"平等待我",因此孙中山说:我们"对日本无多大希望,只求其不行劫可也"。⑤ 但孙中山对美国和英国则存有幻想。1923年1月,孙中山在上海发表裁兵宣言,就曾暗示请美国协助中

---

① 载上海《时报》1922年8月25日。
② 载北京《益世报》1922年9月5日。
③ 蒋中正:《孙大总统广州蒙难记》,上海民智书局1926年版,第47页。
④ (苏)齐赫文斯基:《论一九一七年至一九二五年孙中山对苏俄的态度》,载苏联《历史问题》1963年12月号。
⑤ 马伯援:《我所知道的国民军与国民党合作史》,上海商业公司1932年版,第9页。

国"筹划裁兵方法及经费",敦请美国支持中国和平统一的意见,但是,美国要支持吴佩孚去打以日本为后台的张作霖,所以拒绝孙中山的一切请求。"关余事件"后,孙中山认为美国同英、法、日、意、葡等国派出大批军舰闯进广州,将炮口对准孙中山的大本营,这是我们祖宗向来没有经受过的大耻辱。① 因此,孙中山向美国政府提出强烈抗议,并在一封为"关余事件"致美国国民书中,强烈地谴责了美帝国主义的侵略行为,指出:"吾人实以美国为模范,且深望得一美国剌花逸(即辣斐德)协助吾等,使得成功。吾人之力争自由,于今已十二年矣。但今由美国而来者,非剌花逸,乃美国之罗连臣提督,同来之战舰,较多于别国,而与欲推倒吾等,以使中国之民主得灭亡者相联。"② 孙中山开始怀疑美国政府对他的所谓真诚友好态度。

孙中山为了争取香港英国政府的支持,使他能重返广东,在1923年上半年,他对港英当局也表示十分友好。英国驻上海总领事巴尔敦爵士在1923年1月呈送其在北京的上司的两份急件中曾提到,孙中山曾两次派陈友仁访问他。陈暗示国民党领袖乐于得到史塔士港督的接见。新任英国驻华公使麦克在2月28日给英国外交大臣寇松勋爵的文件中,就强调了孙中山"要改善他同在中国及香港的英当局的关系的愿望"③。2月17日起,孙中山由沪到港逗留四天,港英政府给予孙中山非常热情的接待。孙中山从香港回到广州,即发表演讲,说港英政府在陈炯明叛变后已不再支持吴佩孚和陈炯明,而是"竭力和真正民党亲善","我们现得了一个和门户极接近的帮助,便是成功的大机会"。④ 事实上,英国政府仍然是在支持吴佩孚、陈炯明反对孙中山,并没有给孙中山什么支持。但是,孙中山对英国缺乏认识,直到1924年9月陈廉伯组织广州商团叛乱,孙中山才醒悟到英帝国主义是广东"叛抗我政府"的后盾。尽管广州商团叛乱的组织者不是港英当局,但孙中山不了解内情,所以他对英帝国主义的本质认识不清,因而时而对英国寄予幻想,时而又指责英国对陈炯明和广州商团的支持,甚至时时出现利用这个帝国主义去反对另一个帝国主义的现象。然而,孙中山通过1923年10月参与全国人民反对曹锟、吴佩孚篡窃国家权力的斗争,不仅加深了解曹锟派驱逐黎元洪是帝国主义勾结军阀为患、造成中国危局的一个必然结果;而且,

---

① 孙中山:《在广州岭南学生欢迎会的演说》,《孙中山全集》第八卷,中华书局1986年版,第541页。
② 载上海《民国日报》1923年12月21日。
③ 英国外交部:《机密文件》第236卷《有关中国的进一步通信》,转引自陈福霖:中国社会科学院近代史研究所编:《国共合作以外:孙中山与香港》,中国社会科学院近代史研究所编:《国外中国近代史研究》第五辑,第258页。
④ 孙中山:《和平统一化兵为工》,《国父全集》第二册,台北中国国民党党史委员会1973年版,第523页。

他也从此认识到军阀勾结帝国主义"逢恶长乱"是中国危机来源甚长的原因。因此，10月9日，孙中山致电广州各国领事团代表，请其转达各国驻京公使及其政府，告以不得承认曹锟为总统，否则"将促进中国之内争及扰乱，中国人民将认列强为反对中国人民，有意破坏彼等反抗一种污辱国民人格之举动之明显意志"。① 孙中山还强调中华民族"在政治上、经济上久已沦于外国藩属之地位矣，满清鼎革，仅去一枷，而吾民族之独立自由，尚未除其束缚。解脱之责，有赖于吾党对于民族主义之励精猛进者"。② 11月16日，孙中山在致日本首相犬养毅函中，进一步指出帝国主义反对中国革命的原因是"支那革命一旦成功，则安南、缅甸、尼泊尔、不丹等国"，以及"印度、阿富汗、亚剌伯、巫来由（马来亚）等民族，必步支那之后尘离欧而独立。如此，则欧洲帝国主义经济侵略必至失败。是故支那之革命，实为欧洲帝国主义宣布死刑之先声也，故列强政府之反对支那革命无所不至者此也。乃日本政府不察，亦从而反对之，是何异于自杀也。"并劝告日本政府应"首先承认露国（俄国）政府"，"切勿与列强一致"。③

陈炯明叛变后，随着斗争的发展，孙中山对军阀的认识不断提高，态度也因时而异。首先，主张以和平方法相周旋，实现"兵工主义"；其次，发挥"笔墨之权威，以与军阀相战"④；最后，武力讨伐。

由于南北军阀对孙中山的所谓"以和平方法相周旋"主张的反应都非常冷淡，此主张又遭中国共产党人的批评，因此，孙中山鼓吹的"四派势力的裁兵会议与和平统一政策"根本无法实行。陈独秀劝告孙中山说："我们想想四派势力是什么东西，直系、奉系、皖系不用说都是罪孽深重的军阀，国人全知之；西南诸省像唐继尧、赵恒惕、熊克武、刘显世又是些什么东西，哪一个不是拥兵称雄的军阀，哪一个能听中山先生的命令去革命？这四派势力果然结合起来，更是人民的厄运。希望他们自己裁兵，真是与虎谋皮，即或裁点空名的兵，他们残民的势力依然存在；希望他们行兵工政策，他们的势力更加巩固了。若是联合三派共讨直系，这种军阀间的新战争，除了损害人民的生命财产和阻碍工商业发展外，别无丝毫民主革命的意义，我们为什么要制造这种无意义的战争？"陈独秀的文章告诉孙中山，当时中国有两条对立的战线：一条是国民党的战线，一条是军阀的战线。负有国民革命使命的国民党，断不可站在和国民敌对的战线那边。国民党除了集合自己的真势力——国民势力，引导国民去实施革命运动以外，实无别

---

① 载上海《国民日报》1923年1月14日、20日。
② 载上海《民国日报》1923年12月7日。
③ 孙中山：《致犬养毅书》，《孙中山选集》，人民出版社1981年版，第534～535页。
④ 谭延闿编：《国父墨宝》，北京北方杂志社1948年影印版，第102～103页。

路可走。①

事实上，孙中山与军阀周旋，除了表明孙中山自己的愿望之外，既不能抑制军阀势力膨胀，也不可能实现中国的安定与和平。

在南方，1923年3月1日，孙中山在滇桂联军打败陈炯明叛军后，从沪返抵广州建立陆海军大元帅大本营，开始再次革命的准备工作。但是，原先支持平叛的实力派滇军将领杨希闵、桂军将领刘震寰不听孙中山指挥，驻穗桂军将领沈鸿英因为争夺权力，继1月26日假借召开江防会议制造变乱后，又于4月16日在广州白云山举兵叛变进窥广州城区，广州一时又布下新的战乱阴云。

在北方，1923年2月7日，吴佩孚屠杀京汉铁路罢工工人，酿成"二七惨案"后，又到处制造事端。3月20日，北洋政府任命沈鸿英为"广东军事督理"，阴谋利用他来推翻孙中山的广东政府。6月13日，北洋政府内讧，张绍曾内阁总辞职，黎元洪被迫离京赴天津。然后，吴佩孚支持曹锟贿选总统成功，中国则由黑暗变得更加黑暗了。

形势的发展使孙中山认识到他的和平统一主张不能解决当时的政局动荡问题。6月29日，孙中山发表《为否认北京政府对外宣言》，指出对于他提出的和平统一主张，"北洋军阀虽不敢昌言反对，而暗中阻挠，借词推诿，无所不用其极"。由此，孙中山得出结论："与彼辈（北洋军阀）谋裁兵，无异与虎谋皮也。"并指出军阀反对和平统一是由于帝国主义"予北廷以精神上物质上之援助，彼辈遂借为荼毒吾民之资"。7月4日，孙中山复函徐谦表示："从今以后，我行我素，再从事于彻底之革命，此外之事，一概不理。此志能达，不怕他来什么内患外忧，倘兄不信，请观今日之俄国。"② 7月9日，孙中山又电复上海中国国民党中央干部会议，揭露曹锟制造"孙曹携手"的空气，表示"与曹决绝久矣"③，并决定用"笔墨相轰战"揭露北洋军阀欺骗舆论的真面目。9月14日，孙中山在广州大元帅府召开会议，讨论有关时局和方针问题。会议认为黎元洪南下至沪企图重组政府，决非解决时局的办法。10月，苏俄代表鲍罗廷到广州，孙中山即聘他为国民党特别顾问，加紧改组国民党的步伐。12月8日，孙中山在大元帅府再次召开会议，决定积极筹备北伐，"贯彻打倒北洋军阀的主张"④。

十分清楚，到1923年年底，孙中山对帝国主义和封建军阀两者之间的关系，虽然还没有很明确的认识，但是对帝国主义支持封建军阀造乱中国，是中国革命

---

① 陈独秀：《北京政变与国民党》，载《向导》周报第31、32期合刊。
② 孙中山：《复徐谦函》，《孙中山全集》第八卷，中华书局1986年版，第3页。
③ 孙中山：《复上海中央干部会议电》，《孙中山全集》第八卷，中华书局1986年版，第16页。
④ 广东省哲学社会科学研究所历史研究室等合编：《孙中山年谱》，中华书局1980年版，第317页。

"稍稍有所成就,而挫折亦至多"① 的根本原因则看得比较清楚。因此,他在同年年底便决定积极准备再次北伐,并指出从今以后,我国人民"不特要从民权、民生上作工夫;同时并应该发展民族自决的能力,团结起来奋斗,使中国在世界上成为一独立国家。至于国内军阀,只要人民万众一心,与他们奋斗,是不患不推倒的"②。他又指出:过去"革命之所以不彻底",乃因依恃军人奋斗,忽视革命宣传,现在革命要成功,"极快的方法,宣传要用九成,武力只可用一成"。只有通过广泛宣传革命,应用群力,"请全国人都同心协力去做,那才容易成功"。③

显然,孙中山晚年以反帝反封建军阀为中心内容的国民革命思想,随着他改组国民党工作就绪、国共第一次合作的正式建立而真正确立。这是孙中山晚年思想发展的一个重要里程碑。

五

1924年1月,中国国民党第一次全国代表大会在广州举行,孙中山宣布国民党改组,说明他不满意于国民党的现状,感到国民党应按照另一条路线进行改组,并同中国共产党合作,决心建立自己的革命军队和加强革命宣传,共同进行一场旨在争取中华民族完全独立和人民民主的国民革命。这是孙中山在陈炯明被迫离粤后,同新生的中国共产党合作来寻求中国革命新方向的具体表现。因此,孙中山决心改组国民党和联合共产党,都是他适应当时全国人民要求团结、革命的愿望和拯救国家、重新革命的重大决策。

从孙中山革命思想发展的角度看,《中国国民党第一次全国代表大会宣言》的制定和发表是孙中山晚年革命思想发展的最大成果。这个宣言分析了当时中国半殖民地半封建社会的性质,指出"国内军阀暴戾恣睢,自为刀俎,而以人民为鱼肉,一切政治上民权主义之建设,皆无可言"的根本原因就是由于军阀与帝国主义相勾结,"使中国内乱纠纷不已"。因此,孙中山在宣言中宣布他的新三民主义内容,民族主义"实为健全之反帝国主义",使"中国民族得自由独立于世界",废除民族宰制政策,实行全国民族平等;民权主义,"凡真正反对帝国主义之个人及团体,均得享有一切自由及权利;而凡卖国罔民,以效忠于帝国主义及军阀者,无论其为团体或个人,皆不得享有此等自由及权利";民生主义,"一曰平均地权;二曰节制资本"。孙中山在宣言中并宣布"国民革命之运动,

---

① 载上海《民国日报》1923年1月1日增刊。
② 载上海《民国日报》1923年1月18日。
③ 孙中山:《在广州对国民党员的演说》,《孙中山全集》第八卷,中华书局1986年版,第568页。

必恃全国农夫、工人之参加,然后可以决胜"。① 所以,正如孙中山所说的:"此次我们通过宣言,就是重新担负革命的责任,就是计划彻底的革命。终要把军阀来推倒,把受压迫的人民完全来解放,这是关于对内的责任。至对外的责任,有要反抗帝国侵略主义,将世界受帝国主义所压迫的人民来联络一致,共同动作,互相扶助,将全世界受压迫的人民都来解放。"②

至此,孙中山晚年的革命思想发展到了前所未有的高峰,往后孙中山在反帝反封建军阀的行动方面无疑比以前坚决得多、激烈得多,但他在革命思想方面多是宣传他的三民主义和对时局的阐述,从其主要方面看,没有新的发展,基本上没有超出国民党"一大"宣言所达到的思想水准。

总之,孙中山晚年革命思想有了很大发展,但他没有也不可能超越他所代表的资产阶级的局限,完成他的民主革命思想的"伟大转变"。孙中山晚年革命思想的发展,从发展的阶段上看,五四运动是起点,陈炯明叛变是转折点,国民党"一大"召开与国共第一次合作是最高点。从时间上看,1919 年是重要的年头,但关键是 1923 年。1924 年 1 月国民党"一大"的胜利举行,最后形成的国共第一次合作,以及准备 1924—1927 年的国民革命,均是 1922 年年底至 1923 年孙中山所确立的革命思想的具体实施。

孙中山作为一位伟大的爱国者,他非常正视现实,在任何时候都以向前看的态度,时刻关心着国家和民族的前途,只要不妨碍中国的前途和进步,作为个人他无关紧要。孙中山到了晚年以坚韧不拔、顽强拼搏的精神,同中国共产党为首的革命势力建立革命联盟,发动国民革命,与帝国主义和封建军阀势力勇猛战斗,表现了他无私无畏、不断进步的精神。他的进步主观因素如坚持爱国革命、不向恶势力低头等是第一位的、主要的,而客观因素如苏俄的援助等,仅是他思想发展第二位的、次要的条件。他的进步既是时代对他的要求,又是他适应时代要求的结果。

然而,由于历史条件的局限,孙中山的思想充满矛盾的因素不少,但最本质的东西是孙中山能自觉地适应时代潮流,把只要他认识到了的不适宜的思想毫无保留地抛弃而保持自己永远前进的步伐。

孙中山作为一位伟大的爱国者和民主革命的先行者,他对中国人民的贡献以及他所得到的爱戴和敬仰,在他的同辈人中是无与伦比的。他之所以得到这么高的荣誉,完全是因为他有忠于祖国和人民的伟大爱国主义精神和顽强不屈、失败

---

① 孙中山:《中国国民党第一次全国代表大会宣言》,《孙中山选集》,人民出版社 1981 年版,第 598 页。

② 孙中山:《对于国民党宣言旨趣之说明》,《孙中山选集》,人民出版社 1981 年版,第 600 页。

了还要干的大无畏革命精神,以及作为人民公仆的廉洁奉献精神。毛泽东多次评价孙中山的杰出贡献,称他为中国民主革命伟大的先行者,号召我们以"孙先生革命事业的继承者"来完成孙中山"没有完成的民主革命,并且把这个革命发展为社会主义革命"①,完全正确地评价了孙中山的历史地位和他在晚年参与领导中国新民主主义革命的作用。

(1986年)

---

① 毛泽东:《纪念孙中山先生》,《毛泽东选集》第五卷,人民出版社1977年版,第311页。

孙中山与中山舰

1933年6月16日,中国国民党广州特别市执行委员会编辑出版《孙大总统广州蒙难十一周年纪念专刊》,胡汉民为该刊题字:"中山先生精神不死"[1]。何谓孙中山的精神?正如当时人们所称道的:是"十一年前(按,1922年)之今日(按,6月16日)总理仅以白鹅潭一兵舰(按,永丰舰)独抗陈炯明十数万之叛军,使全国革命精神与天地间正气而俱振"的精神。[2] 这种精神也可概括为爱国的精神、革命的精神、奋斗的精神和对国家负责的精神。这种精神对"中山舰"官兵的影响非常巨大,正由于这样,才有后来"中山舰"的辉煌。我们之所以要纪念"中山舰",不在于"中山舰"的本身,而在于"中山舰"的官兵发扬孙中山的爱国精神,以天下为己任,不惜流血牺牲,立志为国家的生存和民族的振兴而英勇奋斗。纪念"中山舰"就是要学习"中山舰"官兵的爱国精神,告慰为抗击日本侵略而壮烈牺牲的"中山舰"官兵。

一

"中山舰"原名"永丰舰",是由日本三菱船厂制造的,也是在中国人民反抗日本侵略时被日本人毁灭的军舰。这是一艘吨位不大的巡河军舰,虽然灵活轻巧,但它的战斗威力与护法舰队的其他三艘巡洋大舰——"海圻"、"海琛"、

---

[1] 《孙大总统广州蒙难十一周年纪念专刊》,广州培英印务公司承印,1933年6月16日出版。

[2] 见《孙大总统广州蒙难十一周年纪念专刊》,刘芦隐题字,广州培英印务公司承印,1933年6月16日出版。

"肇和"相比也并不先进。① 清政府用人民的血汗钱去购买别国制造的炮舰，说的是为了保卫海防，而真正的目的还是清朝统治者为了强化自己的统治，保卫垂死的末日将近的统治。可是，舰尚未造好，清朝政府便已垮台。清朝统治者花钱买武器购置军舰不仅不能延长清朝的统治，也没有能够增强国家的海防力量，而且遗下的则是订购永丰舰（造价68万日元）的大半未支付的债款。清政府这笔欠支的"遗产"，北洋政府弃之不是，受之又不堪重负。因未能按时向日本三菱船厂支付所欠的建造费，这艘炮舰的交货也就成了问题。后来经过双方谈判，由北洋政府海军总长刘冠雄和三菱公司负责人岩崎久弥于1912年12月30日签订合约，延期一年支付欠下的建造费，年息为6.5%。这才使该舰得以继续修造。1913年该舰建造完工，开往上海，由北洋政府海军部接收，编入海军第一舰队，命名为"永丰舰"。

"永丰舰"后来有不平凡经历，不是由于这艘日本炮舰的威力，更不是由于该舰有什么特别，而是由于该舰的官兵受孙中山爱国精神的影响，参加孙中山的护法运动，成为孙中山的护法海军舰队，并在为孙中山伸张正义、惩戒叛逆行为中扮演了重要角色。

1917年7月1日，张勋在北京拥溥仪复辟。张勋复辟后被皖系军阀平定，以皖系官僚为主、研究系政客为陪衬的内阁政府成立。段祺瑞重新以国务总理身份从天津回到北京，并宣布由直系首领冯国璋代理总统，合谋推行"武力统一"政策。中国政局更加复杂。在这场复辟与反复辟的斗争中，孙中山旗帜鲜明地指出："世界上人物，有新旧两种，新人物有新思想、新希望，所以凡事都步步往前；旧人物反是，则步步退后。此新旧二潮流，当不相容。""今日国民最要者，是看定新潮流可以救国，抑旧潮流可以救国？国民要有是非心，有是非心又要有坚决心，着实做去国民才有进步。"② 为了救国，孙中山号召国民起来反对复辟

---

① "永丰舰"是中国清朝海军将领萨镇冰于1910年考察日本海军时，向日本三菱船厂订购的一艘炮舰（张侠等合编：《清末海军史料》下册，海洋出版社1982年版，第849页）。该舰于1913年造成后，开往上海，由北洋政府海军部接收，编入第一舰队，命名为"永丰舰"。该舰的结构据杨锦新主编的《中山舰史话》记载："舰长62.1米，宽8.9米，排水量836吨（吃水深2.4米，排水780吨），动力为1350马力，航速13.5海里/小时，主副炮8门，满员编制138人。"香港珠海书院老冠祥先生在其《中山舰被炸及舰长萨师俊殉国经过》一文中则说："中山舰长68.3米（205尺），宽9.83米（29.5尺）、吃水2.67米（8尺），航速13.5节（按，应是海里/小时），排水量780吨（满载时达844吨），配备主副炮8门（主炮仅105公厘和3寸炮各一门），满员编制136人（一般是108至136人）。"该文原注见《造舰篇》，载池仲祐：《海军纪实》，见张侠等主编：《清末海军史料》上册，海洋出版社1982年版，第174页。老冠祥文见胡春惠主编：《纪念抗日战争胜利五十周年学术讨论会文集》，香港珠海书院亚洲研究中心1996年版，第516～528页。以上两种说法不完全一样。

② 陈锡祺主编：《孙中山年谱长编》上册，中华书局1991年版，第1037页。

帝制，也反对假共和，维护真共和。所以，孙中山高举护法旗帜，号召革命党人和爱国的北洋海军南下广州，建立护法政府，进行护法斗争。7月6日，孙中山由上海乘军舰经汕头赴广州，7月17日抵广州黄埔港。正是在孙中山的爱国精神感召下，北洋海军总长程璧光与第一舰司令林葆怿决定率舰队南下，并发表海军护法宣言，痛斥北洋政府毁弃国会和约法，表示："必使已毁之约法，回其效力；已散之国会，复其原状；元恶大憝为国蟊贼者，无所逃罪"①。由程璧光、林葆怿偕唐绍仪率领南下护法的第一舰队，除"海圻"、"飞鹰"、"舞凤"、"同安"舰外，还有"永丰"、"福安"、"豫章"等十舰②南下广州护法。8月5日，海军舰队全部抵达黄埔港时，广东省各团体如省议会、华侨俱乐部和国会议员张继、林伯和、王斧军暨章太炎等前往迎接。程璧光、林葆怿等北洋海军将领率领"永丰"等舰南下维护约法、要求恢复国会的举动，鼓舞了南下的国会议员和全国人民，而全国人民尤其是广东各界爱国人士对"永丰"等舰的正义举动给予很高的评价。当"永丰舰"驶入珠江后，孙中山指派其驻省城（广州）白鹅潭等处以保护广州城。8月6日，孙中山出席广东各界欢迎南下护法海军大会，当孙中山偕程璧光、林葆怿等舰员十余人抵达会场时，"爆竹声、万岁声、鼓掌声，檐宇为震"。程璧光在会上发表演说，谴责北洋政府"藉共和之名，行专制之实"，表示"我海军万难坐视，决计争回真共和，非至约法国会恢复，我海军将士不肯罢休"。③ 孙中山亦发表演说，号召全国人民行动起来声讨段祺瑞，恢复合法国会。海外华侨也致电广东政府，对护法事业"深表同情"，并决心助捐军饷，支持孙中山和海军的护法斗争。9月10日，孙中山在广州就任大元帅职位，中华民国军政府正式宣告成立。但孙中山就职后，不独唐继尧、陆荣廷两元帅拒绝就任，军政府各部总长，包括中华革命党的主要干部胡汉民都没有就职，军政府徒有其名。由于驻粤的滇、桂系军阀争夺权益的斗争异常激烈和复杂，为了均衡各派利益，军政府进行改组，将军政府的元帅制改为总裁合议制，架空了孙中山，致使孙中山联合西南各省力量共同护法的斗争受挫。而积极支持孙中山、率领海军南下参加护法运动的军政府海军总长程璧光，也于1918年2月26日下午8点30分从广州海珠海军办事处外出，在长堤海珠码头登梯时遭凶徒狙击，胸

---

① 莫汝非等编：《程璧光殉国记》第三章，广州1919年版，第10～11页。
② 莫世祥著：《护法运动史》，广西人民出版社1991年版，第92页；汤锐祥著：《护法舰队史》，中山大学出版社1992年版，第24页。
③ 莫汝非等编：《程璧光殉国记》第四章，广州1919年版，第5页；吴宗慈著：《护法计程》，载《革命文献》第四十九辑，台北中国国民党党史委员会1969年版，第376页。

部中弹，即时殒命①。惊耗传出，孙中山偕伍廷芳、徐谦急趋慰候。国会议员吴景濂、胡汉民，海军诸将及各要人亦先后驰至，同深哀悼。孙中山还以海陆军大元帅名义签署《通告程璧光被刺逝世讣电》，高度评价他首倡大义，率舰南下护法的勋劳。次日，孙中山又训令代理内政总长居正，"令饬广州地方检查厅通告地方军警，一本严缉，务获惩办"②。3月1日，国会非常会议根据孙中山的咨请，颁布命令为程璧光举行国葬荣典。1919年1月20日，军政府发布命令，追授程璧光为海军上将③。程璧光为坚持公理而死，为维护护法而亡，但壮志未酬，他的死对于护法海军影响至巨。为增添护法海军的荣誉，树立为国家效劳的精神，孙中山还在1920年10月粤军胜利回粤、桂军败退羊城、重建军政府以后，选择程璧光遇刺身亡3周年纪念日，在广州举行隆重悼念程璧光的活动，通过缅怀先驱，激励后人努力奋斗，以竟护法全功，并在程璧光牺牲的海珠公园侧竖立起程璧光的铜像，让各方人士瞻仰，由汪精卫撰写的碑文，给程璧光以高度评价：

  故海军上将程公璧光，治海军四十年，于民国五年任海军总长。持大节，尚廉信，屹然为天下重。六年乱作，奉黎大总统命南下，遂与今总裁孙

---

① 对刺杀程璧光的案件，长期以来史书多说是桂系军阀所为。如冯自由认为："民七桂军阀陆荣廷、莫荣新等私欲与北方军阀议和，以牺牲护法为条件，以璧光拥护军政府最力，忌之特深。广东省议会有选举璧光为省长之议，驻粤滇军各将领亦赞成之，陆、莫等乃阴使凶徒，狙击璧光于海珠对岸，璧光死焉。自是桂军阀纵肆日甚，而军政府亦渐改组大元帅制为总裁制矣。"（冯自由著：《革命逸史》第二集，中华书局1981年版，第28页）1964年6月，孙中山当年较亲近的工作人员罗翼群写了《有关中华革命党活动之回忆》文章，在"有关行刺活动内幕"中，专门谈了张民达透露当时行刺程璧光是朱执信命令萧觉民、李汉斌两人干的。他指出："据数年后，曾有人对我谈及，刺程时系三人下手，除萧觉民、李汉斌外，尚有一人名宋绍殷，诨名黑鬼宋，但据我回忆，张民达当时并未提及有宋绍殷其人。"（《孙中山史料专辑》，《广东文史资料》第二十五辑，广东人民出版社1979年版，第100～101页）汤锐祥先生对此作了考证认为："据史料分析，程璧光先始通电婉拒就任军政府海军总长职，继则两次抗命反对炮击粤督署，还积极参与筹组护法各省联合会和改组军政府的工作，对这些不利于军政府的举动，中华革命党的一些主要干部如朱执信等看在眼里、恨在心头是很自然的，他们在同盟会时期已受外国虚无党暗杀思潮的影响，常常主张采取狙击手段对付反动头目与反叛分子。这次在护法斗争的困难时期，朱执信把程璧光误作锄奸对象，是完全有可能的……当然，刺杀程璧光之举，与孙中山在护法时期经常反对使用暗杀手段去推动革命斗争的思想，与他在南下护法以来和程璧光合作共事的密切关系，以及后来他对程璧光的肯定评价等等是相违背的。这是一次孙中山不知情的误杀行动。"（汤锐祥著：《护法舰队史》，中山大学出版社1992年版，第93页。）

② 《军政府公报》第51号。

③ 《军政府公报》第42号。

公定大计,偕今总裁林公率舰队至广州,倡护法,国命赖以弗坠。七年二月二十六日被刺于海珠军次,天下痛惜,相与范金铸像,垂哀思于无穷。①

孙中山这样做就是要在海军将士心中牢固地树立用正义去战胜邪恶的精神,确立明确的是非观念——为谁而战、为什么而战的信念。这样做的效果也是很明显的,正如当时在"永丰舰"任二副的胡应球在一篇回忆文章中所说的:"自从程璧光被行刺死后,舰队内部渐分派系。有以同乡关系形成派系的,如福建人结成一派,其他各省人又结合成一派。又有以同学关系形成派系的,如烟台海军学校的同学,与马尾海军学校的同学,和广东海军学校的同学,各有界限。"② 在此情况下,要靠海军去完成护法和北伐的任务是不可想象的。后来,孙中山对舰队进行整顿,并任命温树德为海军司令,还重新任命了各舰长。然而,温树德上任后,为了培植私人势力,乃运用司令的最高职权安排他的心腹或同乡、同学掌握各舰的权力,便于自己控制。"永丰舰"安排广东人最多,舰长冯肇宪、大副梁文松、二副胡应球、二管轮梁大顺、三管轮谢羲琴、副电官陈某和书记史某,另水兵十余人,均是广东人。此外有两个士兵头目,如帆缆军士长崔锦荣、枪炮军士长刘殿臣,虽是外省人,但他们与广东人特别融洽。③ 所以,1922年6月16日,陈炯明叛变炮轰总统府,孙中山选择"永丰舰"作为反击叛军的座舰,在"永丰舰"上坚持五十多天的斗争,这除了该舰的官兵始终拥护孙中山护法和北伐统一中国的主张外,也因为该舰全体官兵誓死保卫孙中山的人身安全,"永丰舰"成为孙中山广州蒙难时戡乱讨贼的指挥中心。表面上看这是偶然,但从实质上看是必然,这个必然是由于"永丰舰"的官兵深受孙中山爱国精神的熏陶,始终拥护孙中山的各项主张。也正因为这样,"永丰舰"才有立功的机会,才有后来的辉煌。所以,"永丰舰"在中国现代史上占有如此重要的地位,从根本上说是孙中山培育的结果,也是该舰全体官兵共同努力奋斗创造的。决定"中山舰"历史地位的是人的精神,并不是"中山舰"本身。

如果没有"永丰舰"的官兵于1917年率舰追随孙中山南下护法,也就没有

---

① 载上海《民国日报》1921年3月6日。
② 胡应球:《孙中山移驻永丰舰的经过及永丰舰以后的活动》,政协全国委员会、广东省委员会、广州市委员会文史资料研究委员会合编:《孙中山三次在广东建立政权》,中国文史出版社1986年版,第196页。
③ 胡应球:《孙中山移驻永丰舰的经过及永丰舰以后的活动》,政协全国委员会、广东省委员会、广州市委员会文史资料研究委员会合编:《孙中山三次在广东建立政权》,中国文史出版社1986年版,第198页。

孙中山在 1922 年 6 月 17 日登"永丰舰"指挥平叛的经历①；如果没有这段经历，"永丰舰"也就没有后来"中山舰"的名称，更不会有如此重要的历史地位。所以，我们今天纪念"中山舰"是由于该舰在孙中山生前和他逝世后，在爱国官兵的指挥下为革命和反抗侵略做出的辉煌贡献。

---

① 陈炯明叛变，孙中山从总统府间道出走至何处登何舰？何时移驻"永丰舰"？原因为何？学术界意见不一。1922 年 11 月上海出版鲁直之等编：《陈炯明叛国史》，在介绍 6 月 16 日陈炯明叛变爆发情形时说："当叛军之发难也，孙总统即偕同伍省长（按，伍廷芳）、孙市长（按，孙科）及幕府文武侍从武官多人，退出省垣。迳下楚豫兵舰，乱兵乃包围总统府，猛烈攻击，公府警卫团群以手机关枪还击，相持至十六日早黎明时候，由分驻狗头山之第二师炮兵开炮焚毁公府"。（《陈炯明叛国史》，第 56 页）1933 年 6 月 16 日出版的《孙大总统广州蒙难十一周年纪念专刊》附有"孙大总统广州蒙难所经地图"和"永丰舰"照，在该照说明中明确讲明"孙大总统先登楚豫舰嗣以永丰舰为座舰，今改名中山舰"。参军林树巍在《民国十一年六月十六日总理蒙难经过之追录》中说到他得知陈炯明准备叛变情况后，"即与林直勉、陆志云二同志赴总统府报告，促总理下舰，抵府时并同陈可玉同志上观音山（按，今越秀山）告变，总理遂饬陈即备战。并愤言：'悖逆之来，不应退备，当战而死此。'各人皆谓既处重围，战则当战，惟总理必先下舰，事乃有为。林直勉持长衣为总理穿着，众强行之，由山之右侧下，越马路，入内街，至孚通街以下，被巡逻者截查二次，均幸善言得免，仅抵海珠，而枪声即起于堤上矣。总理下楚豫舰后，黎明开赴黄埔，诸舰咸集，……楚豫遂开动过大沙头，初发一炮，诸舰相继发炮，官兵奋勇露体而前，伤亡及半，舰抵白鹅潭。"（《民国十一年六月十六日总理蒙难经过之追录》，第 51～52 页）孙中山的秘书林直勉在《孙大总统广州蒙难第一日之记述》中也讲到与林树巍相近的话：陈炯明叛变当晚，孙总统"频行穿长衫，从容自若，着余为之导。下粤秀山，经今纪念堂北路芒果树街、连新街，至桂香街为逆军中截，余佯称父病延医，急于救治，如不信，可同往以察真伪，……逆兵以余言非虚，故任余等通过，再由马鞍街转米市街出靖海路……不久便到海珠岸边，雇小艇渡河往海珠海军司令部。"（《孙大总统广州蒙难第一日之记述》，第 41～42 页）但新中国成立后胡应球在《孙中山移驻永丰舰的经过及永丰舰以后的活动》文中，则认为，孙中山是从越秀山下后"转入大马路，穿出永汉路，至天字码头，雇小艇登上宝璧舰"不久，海军司令温树德与林树巍至宝璧舰，晋谒孙中山先生。片时，温树德指出宝璧舰实力不够雄厚，迎接孙中山先生到永翔舰住宿。后孙中山又从永翔舰乘永丰舰派的小火轮，登永丰舰，以后在此长驻。（《孙中山三次在广东建立政权》，第 198～199 页）。此说一出，多所引用，实是谬误。为此，汤锐祥在《孙中山从楚豫舰移驻永丰舰原因与日期考》（汤锐祥著：《孙中山与护法海军论集》，广东高等教育出版社 1993 年版，第 120～122 页）、余齐昭在《孙中山广州蒙难若干史实考》都对孙中山广州蒙难首登何舰、何时登上"永丰舰"等问题进行考证，肯定林树巍、林直勉的看法，否定胡应球的说法。余齐昭认为 6 月 23 日孙中山才登上永丰舰（余齐昭著：《孙中山文史考补》，政协广东省中山市委员会文史委员会编：《中山文史》第 35 辑，1994 年印，第 63～69 页）。而蒋中正在《孙大总统广州蒙难记》中认为 6 月 17 日孙中山则由"楚豫舰"转登"永丰舰"，并亲自督师炮轰叛军（蒋中正：《孙大总统广州蒙难记》，上海民智书局 1926 年版，第 5～6 页）。陈锡祺先生主编的《孙中山年谱长编》采用蒋中正和林树巍、林直勉的说法（陈锡祺主编：《孙中山年谱长编》下册，中华书局 1991 年版，第 1463～1466 页）。

二

"永丰舰"的历史意义不仅仅是它作为孙中山的座舰，成为孙中山指挥平叛的中心，更重要的是"永丰舰"官兵服从孙中山领导，至死不渝地护卫着孙中山，使孙中山能够在陈炯明叛变的困境中从容地思考中国革命的问题，并做出许多正确的抉择。

陈炯明叛变后的第四天，广东省议会便发出通电，宣布推陈炯明为临时省长，敦劝孙中山"下野"。同时，汤廷光、叶举、魏邦平又以陆海军的名义布告安民，吁请"孙公下野"。在"倒孙"逆流中，护法海军发生分化，在此关键时刻，坚持护法的"海军官长士兵各举代表，前来永丰座舰，声明一致服从大总统，至死不渝"①。接着，包括"永丰舰"在内的各舰又通告，表示海军全体"只服从护法之孙大总统。所云服从陈炯明，即谓我海军人员弃顺投逆，断无是理"②。随后，护法的海军士兵还全体加入中国国民党，决心始终不渝跟随孙中山革命。正由于有海军官兵的支持，孙中山的安全才得到保证，使他能冷静地总结过去，决定中国革命未来的走向。6月24日，孙中山在"永丰舰"上接见香港《士蔑西报》记者，申明他照常行使总统职权，切勿枉费此30年惨淡经营的精神，"誓必戡乱，以谢国人"③。6月30日，孙中山托陈友仁去会见共产国际派遣来华的达林，他托陈转告达林："在这些日子里，我对中国革命的命运想了很多，我对从前所信仰的一切几乎都失望了。而现在我深信，中国革命的唯一实际的真诚的朋友是苏俄。"他还向达林表示，他希望有机会能去苏俄，并写了一封信请达林转交给苏俄外交人民委员契切林，说他正经受着陈炯明——一个完全受恩于他的人——所造成的"最严重的危机"，并请契切林代他向列宁致敬。④ 这些都说明，陈炯明的叛变虽打乱了孙中山以北伐统一中国的计划，但经过陈炯明叛变的痛苦折磨，孙中山的思想发生了很大的变化，并由此清醒地认识到中国问题的症结所在是由于帝国主义支持军阀混战、分裂割据，所以他决心与反帝的苏俄结盟，向帝国主义和军阀宣战。也正由于孙中山有这样的思想发展，才有后来的首次国共合作和轰轰烈烈的国民革命。

得道多助，失道寡助。由于陈炯明叛变民选总统，天良丧尽，失去了民众的支持，他走投无路，进退两难。为此，在叛变后的第十天，陈氏便派代表拜见孙中山求和。孙中山坚定地指出："事已至此，实无调和余地。我为广东人，无论

---

① 蒋中正：《孙大总统广州蒙难记》，上海民智书局1926年版，第8页。
② 鲁直之等编：《陈炯明叛国史》，上海1922年11月印，第153页。
③ 蒋中正：《孙大总统广州蒙难记》，上海民智书局1926年版，第10页。
④ 陈锡祺主编：《孙中山年谱长编》下册，中华书局1991年版，第1472～1473页。

如何,总不能无故糜烂桑梓。"① 他也拒绝黎元洪电邀他北上的请求,坚持留在"永丰舰"戡平叛乱。尽管在平叛过程中出现"海圻"、"海琛"、"肇和"三大舰叛离广州黄埔,海军陆战队司令孙祥夫叛变,汤廷光、叶举、魏邦平以陆海军的名义布告安民,吁请"孙公下野"等事,但"永丰舰"官兵不为所动,始终坚持平叛,使"永丰舰"成为孙中山稳固的指挥中心和接待各界人士、处理内外事情的阵地,这对孙中山是极大的鼓舞,对叛军也是致命的打击。为此,叛军曾计谋以水雷炸毁"永丰舰",谋害孙中山,但计谋未能得逞。孙中山坐镇"永丰舰",与全舰官兵同甘苦、共患难,与叛军进行了五十余天的艰苦斗争。孙中山视"永丰舰"官兵为亲密战友,"永丰舰"官兵也誓死保卫自己的领袖孙中山,相互间建立起情同手足的关系。1922年8月14日,孙中山离粤抵达上海,陈炯明于8月15日回到广州,自任粤军总司令。陈炯明收编了白鹅潭水域各舰,并重新委派了各舰舰长,但"永丰舰"官兵从未屈服。同一天,孙中山也在上海发表宣言,宣布粤变始末及解决国事的主张,指出:陈炯明嗾使部下发动兵变的目的是"务使政府成为灰烬,而置文于死地",以便阴谋割据,以逞私图。所以"此次兵变,主谋及诸从乱者所为,不惟自绝于同国,且自绝于人类,为国法计,固当诛此罪人;为人道计,亦当去此蟊贼。凡有血气,当群起以攻,绝其本根,勿使滋蔓。否则流毒所播,效尤踵起,国事愈不可为矣!"至于国事,孙中山说:"如政治问题,则当尊重自治,以发舒民力。惟自治者全国人民有共治、共享之谓,非军阀托自治之名,阴行割据所得而藉口。"② 由于陈炯明叛变破坏了南方孙中山的护法运动,造成国家政局的复杂化。8月17日,中国共产党在杭州西湖召开中央会议,发表了时局宣言,决定支持孙中山,并建议与孙中山领导的中国国民党建立统一战线,合力革命,统一中国。与此同时,共产国际和苏俄政府派来中国的代表也频繁地同孙中山接触。8月15日,孙中山在上海会见苏俄驻北京全权代表越飞的代表马林,他告诉马林,他现在感到与苏俄建立一个更紧密的联系是绝对必要的。③ 他还要马林向越飞转达他的意见,如果能实现同苏俄的联盟,他将在取得全国政权之后,允许苏俄参加中东铁路的管理。④ 这说明孙中山在广州进行第二次护法受挫后,他的建国思路便由独力革命转向合力革命,由幻想帝国主义的支持转向依靠苏俄的援助,联合共产党和工农大众共同革命,反对帝国主义和军阀。由于滇、桂军响应孙中山的号召返粤讨伐陈炯明,

---

① 据上海《民国日报》1922年7月4日《孙大总统坚持讨逆》。
② 据重庆《国民公报》1922年8月16日。
③ 中国社会科学院现代史研究室编:《马林在中国的有关资料》,人民出版社1981年版,第44页。
④ (苏)马林:《中俄中东铁路的冲突》,参见刘德喜著:《两个伟人和两个大国》,中国档案出版社1995年版,第63页。

"永丰舰"在讨陈中仍然一马当先。1923年2月21日，孙中山由上海经香港回到广州，到穗当天即向邓泽如询问在陈炯明叛变时护卫他脱险的林树巍、林直勉、陆志云的下落，并吩咐邓即打电话着此三人返省城来见，不忘此三人护驾出险之功。3月2日，孙中山在广州建立陆海军大元帅府，开始了新的救国斗争。"永丰舰"便停留于大元帅府附近的珠江河上，供孙中山使用并担负护卫孙中山的重任。

曹锟贿选总统前，曾派员拉拢海军司令温树德策动在粤海军北上，温乃派舰长王文泰潜返广州，运动海军陆战队，趁陈炯明在东江反攻舰队及舰队参谋长赵梯崑母丧之机，于1923年5月27日劫持舰队，并将居丧之赵梯崑诱返。"永翔"、"楚豫"、"同安"、"豫章"四舰开赴汕头，于5月30日通电驶北。形势严峻，孙中山当机立断密令魏邦平收缴叛变军舰的枪械，随后免去温树德的职务，重新任命各舰长。在这场风波中，"永丰舰"官兵立场坚定，决心一路跟随孙中山革命。1923年1月26日，桂军沈鸿英挑起"江防会议"事变，孙中山回粤重建大元帅府受阻时，"永丰舰"受命开往汕头海面与驻汕头的"肇和"、"楚豫"两舰合作，树起反对沈鸿英叛乱义旗，并致电孙中山，表示一致拥护孙中山护法，翊戴元首的初衷不变。然而，由于温树德的破坏，"永丰舰"被取消临时建制，又奉闽赣边防督办李烈钧的命令，运载子弹开往厦门，独立游弋于福建的厦门、东山、诏安与广东的南澳、汕尾等处海面。8月14日，"永丰舰"自厦门返抵广州，是日上午10时30分，孙中山赴该舰接见全体官兵。孙中山对"永丰舰"官兵几个月来在闽粤交界海疆独立游弋、历尽艰难的历程表示欣慰，大为嘉许，说："永丰舰前由广州赴汕，再由汕赴厦，始终为护法起见；今复坚持正义，由厦回广州，历多次险阻，曾不改其初志。与滇军由滇、川、桂而至粤，复在粤先后肃清妖氛，所经过之艰难，仍以护法为职志，实堪称并美。"孙中山希望各官佐继续贯彻其主张，与滇军功绩互相辉映。① 从此，"永丰舰"又成为卫护广州和攻打惠州陈炯明叛军的可靠力量。1924年8月，广州买办陈廉伯以商团名义在外购买枪械以"哈佛舰"偷运入广州预谋叛变，孙中山又命令"江固"、"永丰"两舰将"哈佛舰"监押起来。经清点，该舰载有步枪4850支、子弹115万发、驳壳枪4331支、子弹206万发、大小手枪660支、子弹16万多发。"永丰舰"的这次扣械，为孙中山镇压商团叛乱建立了殊勋，并为孙中山北上解除了后顾之忧。10月30日，孙中山自韶关回到广州；11月3日，孙中山乘"永丰舰"视察黄埔军校，向师生作告别演说，讲述他将北上的目的是宣传和联络各省同志成立一个国民党部，建立革命基础，以求革命的成功。他勉励大家为党和革命作牺牲。11月13日，孙中山偕夫人宋庆龄等乘"永丰舰"启程北上，经香港到上

---

① 载《广州民国日报》1923年8月15日。

海,转乘"上海丸"绕道日本转往天津,"永丰舰"完成了它护卫孙中山北上的任务。

总之,在以往的日子里,"永丰舰"全体官兵以孙中山为榜样,尽忠报国,出色地完成了各项任务,深得国人的钦敬。"永丰舰"的官兵深明大义,抗敌意志坚强,护法精神坚贞不渝,它始终是孙中山指挥战斗的座舰,为孙中山进行护法讨逆事业立下了不朽的功勋。这是孙中山的精神与"永丰舰"官兵的爱国革命思想相互交融、相互促进的结果。

三

1925 年 3 月 12 日,一代伟人——中华民族的优秀儿子孙中山在北京逝世。巨星陨落,全球震荡,天地为之含悲。全国人民都在为失去这位时代的伟人而哭泣,"永丰舰"的官兵也为失去培育自己成长的"孙大元帅"、"孙总统"而悲痛万分。

为了纪念孙中山对中华民族和中国革命所建立的丰功伟绩,表彰"永丰舰"的不朽战功,时任广东省主席的胡汉民于 1925 年 4 月 13 日下令将"永丰舰"改名为"中山舰"。① 从此,"中山舰"名代替"永丰舰"名。尽管政治斗争反复曲折、风云变幻,山河变色,民生危殆,国无宁日,然而,"中山舰"全体官兵爱惜自己的荣誉,他们始终保持战斗的精神和爱国的情操,使"中山舰"名扬天下。"中山舰"的舰长从李之龙—章臣桐—欧阳格—萨师俊等,都保持一贯的爱国革命精神,一身正气,敢于面对强敌而不屈,忠贞报国。在他们的带领下,"中山舰"的官兵们也甘愿为国家为民族献身,英勇作战,不怕牺牲。

在 1926 年 3 月 20 日,蒋介石在西山会议派和广州孙文主义学会分子的挑拨下发动震惊中外的"中山舰事件",排斥和打击共产党人和进步人士,抢夺"中山舰"的领导权之前②,"中山舰"全体官兵为国家、为民族、为革命几度历险,几经患难,参加"反袁护法"、"东征平叛",孙中山在广州蒙难时,他们誓保孙总统的安全,团结战斗,威风八面,该舰由此成为中国现代史上的一代名舰。"中山舰事件"后,蒋介石扶摇直上,掌握了国民党和军队的最高权力,破坏国共合作,"由一党来专政和专制",暴露了蒋介石反对孙中山联俄、联共的思想以致取消共产党的用心。③ 1927 年"四一二"政变后,蒋介石重兵在握,"中山

---

① 马幼垣:《切勿让中山舰"重见天日"》,载台湾《联合报》1993 年 7 月 23 日。
② 杨天石:《"中山舰事件"之谜》,载《历史研究》1988 年第 2 期;李之龙:《三二○反革命政变真相》,载广东档案史料丛刊《中山舰事件》,广东省档案馆 1981 年印,第 8~26 页。
③ 杨天石:《中山舰事件之后》,见杨天石著:《寻求历史的谜底——近代中国的政治与人物》,首都师范大学出版社 1993 年版,第 473 页。

舰"从此失去了伸张正义、惩罚叛逆者的威风。

1931年"九一八"事变后,日本发动侵略中国的战争,中国海军动员所有舰艇参战,"中山舰"的官兵们便利用日本人制造的"中山舰"打击日本侵略者,在长江和青岛、福建、广东一带,跟日军海军作战。为了阻止日军沿长江西上而进攻南京和华中腹地,南京国民党政府军事委员会决定构筑长江防线,以阻挡日军的攻势。1938年10月24日,在大武汉保卫战中,誉满中外、名声遐迩的"中山舰"被日本飞机炸沉于金口,从此沉眠于金口龙床矶江底。[①] 舰长萨师俊等25名官兵壮烈殉国。[②]

海外有的学者反对打捞"中山舰",反对"中山舰""重见天日"[③],这也不必。打捞"中山舰"是为了再现历史,缅怀英烈,是为了重铸精魂,激励国人的爱国心,为把中国的事情办得更好,把国家建设搞得更好,并不单纯是为了"中山舰"本身。只要我们对"中山舰"的不平凡经历有更多更深的了解,对于"中山舰"官兵的殉国精神就会肃然起敬。纪念"中山舰"是要国人不忘历史,不忘那些为中华民族的解放与争取民族独立不惜一切英勇战斗、光荣牺牲的先烈们,告慰为抗击日本侵略者而壮烈牺牲的"中山舰"官兵!

(1999年)

---

① 详见老冠祥:《中山舰被炸及舰长萨师俊殉国经过》,《纪念抗日战争胜利五十周年学术讨论会论文集》,香港珠海书院亚洲研究中心1996年版,第516～528页。
② 中山舰金口阵亡官兵有:萨师俊、魏行建、陈智海、黄孝春、王光祥、陈垣善、刘则茂、林寿祺、吴仙水、林逸资、李麒、郭奇珊、张培成、陈利惠、洪幼官、陈永孝、张育全、江钊官、严文焕、李炳麟、黄珠官、陈有中、李有富、陈有利、周福增。
③ 马幼垣:《切勿让中山舰"重见天日"》,载台湾《联合报》1993年7月23日。

孙中山思想的重大变化与中国国民党"一大"的召开①

一

1924年1月20日,孙中山在广州亲自主持召开的中国国民党第一次全国代表大会,并以此作为标志形成的国共第一次合作已经过去了70年。70年来,只要是真正关心中国前途和民族命运的中国人和外国人,都对孙中山当年高瞻远瞩,多谋善断,排除一切干扰,不失时机地召开国民党第一次全国代表大会,改组国民党,实现国共第一次合作表现出崇高的敬意。

70年后的今天,我们再回过头去冷静地温习这一段历史会由衷地感到,当年孙中山当机立断地改组国民党,顺利地实现第一次国共合作,实在不容易,那是孙中山的精神和勇气的结果,也是他思想发生重大变化的具体反映,绝不能把它看作孙中山的临时性决策,它是由许多内外条件促成的。

从内部条件看,这是孙中山思想发生重大变化的产物。

中国国民党如果从它的前身1905年8月中国同盟会成立时算起,至1924年中国国民党第一次全国代表大会召开,差不多已有20年的斗争历史,并且还领导革命党人取得推翻清政府建立共和国的伟大胜利。虽然国民党的历史几经曲折,但它在当时的中国也算得上是一个大党、老党、有影响的党了。作为国民党的缔造者和领袖的孙中山,存在以我为中心的思想是完全可以理解的。在1922年6月陈炯明叛变以前,对于成立不到一年的中国共产党,孙中山采取不屑一顾的态度,这也是人所共知的事实。可是,陈炯明在广州发动军事叛变后,孙中山则改变了看法。这一方面是由于孙中山通过陈炯明叛变这一惨痛事实的教训,看到了国民党内部的离心倾向和争权夺利的腐败行为;另一方面是由于共产党人及时地给予他精神上的帮助,使他渡过了难关。因此,他对共产党人的真诚帮助充满了朋友间的感激之情。

陈炯明叛变,破坏了孙中山的北伐大计,也破坏了孙苦心经营的广东革命基

---

① 此文系与刘德喜合作。

地,这说明革命势力与反革命势力已经势同水火。在南北军阀的夹攻下,孙中山面临抉择,要么坚持原来依靠军阀的立场继续失败,要么倒向苏俄,同中国共产党人合作,重新革命,推行新的救国政策。孙中山选择了后一条道路,决定同中国共产党合作,共同进行反帝反封建的国民革命。但是,孙中山毕竟是一个过渡性人物,革命性与妥协性并存,旧观念的局限使他一时又不能与新时代的前进步伐相一致,这又决定了他一只脚开始伸出去探索联合新兴的革命力量共同进行国民革命的新路,另一只脚却依然停留在资产阶级民主派单独联合西南军阀进行护法运动的旧辙之中。新旧革命主张"兼容并包",虽然是进步的资产阶级政治家在新旧民主革命交替时期的思想特征,然而,这种"兼容并包"在革命进程中往往使他们处于尴尬的境地。随着中国共产党的诞生及其领导的工农运动的发展,打倒军阀、打倒帝国主义的口号已是时代的最强音,并为全国人民所接受,以"恢复合法的国会、护法总统、护法政策"为标志的护法运动①则逐渐失去存在的依据和感召群众的魅力。因此,孙中山在护法旗帜下,唤起的不是"闻有毁法者不加怨,闻有护法者亦不加喜"的民众,而是在军阀混战中失势的大小军阀和政客。孙中山于 1923 年 2 月下旬重返广东民主革命斗争的战场,并在广州重建陆海军大元帅大本营。孙中山三到广州,给人民群众带来新的希望,但他公开宣布的政治主张仍是继续贯彻护法初衷,因此,他又不得不重蹈以往联合西南和皖系、奉系军阀与直系军阀对立的老路。孙中山以为有西南军阀的"武力"和列强的"外交力",通过与皖系、奉系军阀联盟,便可孤立和打击直系军阀势力,"终成护法之全功",但由于轻视工农大众,结果又重蹈覆辙,走了回头路。这一切对于孙中山都是极为深刻的教训。

教训之一:要革命,就决不能依靠军阀的力量;

教训之二:欲使中国独立富强,就不能把希望寄托于帝国主义列强的援助;

教训之三:欲使革命取得胜利,就必须重视"人民心力","革命行动欠缺人民心力,无异无源之水,无根之木"。② 中国革命没有工农民众参加便没有基础,缺乏人民的支持,革命断无"可以决胜"的道理。

正由于这样,孙中山寻求同盟者的思想终于转变。

从外部条件看,这是孙中山寻求帝国主义支持幻灭的表现。

孙中山为了实现革命救国的目标,曾长期寻求列强的同情和支持。早在 1917 年,孙中山就公开表示:"中国欲求友邦不可求之于日美之外。"③ 第一次世界大

---

① 《李大钊的三篇佚文》,载《近代史研究》1985 年第 1 期。

② 孙中山:《要靠党员成功不专靠军队成功》,《国父全集》第二册,台北中国国民党党史委员会 1973 年版,第 559 页。

③ 胡汉民编:《总理全集》第一集(下),上海民智书局 1930 年版,第 1000～1002 页。

战结束后，孙中山对日本逐步丧失了希望，把主要精力用于寻求美、英等国的支持。1921 年 5 月，孙中山在给美国总统的信中称赞美国是"民主之母，是自由和正义的护卫者"，并说："历史上已不止一次地显示美国毫无偏见和友谊之态度，在我们有困难时给以援助。中国民主的成功多半系于美国的决定。"[①] 1922年 5 月，孙中山之所以没有同意达林提出的与苏俄合作的建议，原因之一就是他认为同德国的合作和获得美国财政及顾问等方面的援助有可能实现。[②] 陈炯明叛变、英美支持吴佩孚和陈炯明给孙中山巨大的压力，孙中山在 1922 年 8 月 9 日离粤赴沪的途中虽然明确阐述了与苏俄合作的必要性，但同时他又赞扬了英、美、法、德等国家。当时他认为："美国素重感情，主持人道；法国尊重主权，又尚道义；而英国外交，则专重利害，唯其主张，中正不偏，又能识别是非，主持公理，故其对外态度，常不失其大国之风，在在令人敬爱。"为此，他提出："吾国建设，当以英国公正之态度，美国远大之规模，以及法国爱国之精神为模范，以树吾民国千百年永久之计。"[③] 但是，孙中山的一厢情愿并没有得到帝国主义列强的报偿。1922 年 9 月底，孙中山公开承认他愿与德、俄这样平等待我的国家合作，同时又表示，只要列强也能以平等的态度对待中国，他与苏俄合作的政策决不会妨害列强的利益，并指出，在中国近代化的过程中，仍需列强的帮助[④]。在这种思想指导下，孙中山一方面积极发展同苏俄、共产国际的关系，另一方面继续同列强联络，以求得他们的谅解和支持。他曾多次指出，与苏俄的合作可能会引起列强的干涉，但他不希望这种干涉出现。他在决定实行联俄联共政策期间，曾极力缓和帝国主义列强的攻击和反对。在《孙文越飞联合宣言》中，孙中山坚持"共产组织，甚至苏维埃制度，事实均不能引用于中国"，就是孙中山有意缓和列强对他和他的政府不满的最重要的措施之一。此外，1923 年 1 月11 日和 19 日，孙中山又先后两次派陈友仁访问英国驻上海总领事西德尼·巴尔顿。陈友仁向巴尔顿暗示，如果英国及列强继续反对孙中山，孙中山就要同俄国、日本和德国进行合作。陈友仁还要巴尔顿向英国政府报告孙中山的这一态度，并说孙中山希望同港英政府首脑会谈。孙越会谈前后，陈友仁还多次代表孙中山对外国记者发表谈话或同英美使者会见，阐述孙越会谈的目的及内容，预示孙中山与苏俄的关系将越来越密切，以图引起列强，尤其是英美对孙中山的重视。孙中山希望同美国改善关系，甚至向美国驻华公使舒尔曼提出建议，要美国

---

① （美）马丁·威尔伯（韦慕庭）：《孙逸仙：一个受挫折的爱国者》（杨慎之译为《孙中山：壮志未酬的爱国者》），哥伦比亚大学 1976 年英文版，第 102～103 页。

② （苏）达林：《中国回忆录》（1921—1927），中国社会科学出版社 1981 年版，第 115～116 页。

③ 蒋介石著：《孙大总统广州蒙难记》，正中书局 1937 年 5 月印行，第 45～46 页。

④ 载《字林西报》1922 年 9 月 30 日。

及其他列强采取联合行动占领中国各省省会,然后由美国或欧洲的专家和顾问帮助中国的中央政府和各省政府,对中国的军事、铁路、财政、河流、公共卫生和教育等各方面事业进行监督管理,如此进行监护统治五年之后,再举行全国的和各省的大选,所选出的领袖将全面接管国家管理权。这样,一个现代化的中国将由此产生。① 但是,列强对孙中山的建议、愿望和要求都采取不屑一顾的态度。孙中山向舒尔曼提出的建议也遭到拒绝。美国政府还认为,孙中山上述要求和愿望是一种不切实际的空想②。英国及港英当局虽与孙中山进行了一番交涉,但它们向孙中山提出难以接受的苛刻条件——获得英国及港英当局的财政或贷款援助,要以广州政府的盐税做担保③。这种企图奴役中国的帝国主义政策,孙中山是绝对不可能接受的。

孙中山努力寻求列强的帮助和支持,尤其是英美的援助均遭拒绝,使孙中山感到十分恼火,从而促使他对帝国主义的态度逐步发生了变化。这个变化的明显标志就是他公开站到反帝战线一边,与苏俄结盟。孙中山这个重大思想变化就为他联俄联共、召开国民党"一大"、改组国民党奠定了思想基础。

二

1923年下半年,帝国主义列强与孙中山的裂痕越来越深,最后终于发展成为公开对抗的形势,各国军舰齐集广州,围攻孙中山军政府的战争一触即发。与此同时,苏俄、共产国际与孙中山的关系却取得了决定性的进展。10月6日,鲍罗廷作为孙中山的政治顾问来到广州,帮助孙中山进行国民党改组,标志着孙中山与苏俄、共产国际的关系进入实际援助阶段的开始。鲍罗廷到达广州,立即受到孙中山的欢迎。孙中山强调他的最终的高于一切的目的,是举行北伐,统一全中国。而鲍罗廷则认为,北伐有大量工作要做,这就是国民党必须重建;一支独立的、没有军阀控制的军事力量必须创立;一所军官学校必须开办;而且必须进行社会改革和经济改革。然而,孙中山并不同意这种办法,④ 尤其是不同意鲍罗廷发动群众进行社会主义改革和经济改革的主张。此外,孙中山对鲍罗廷所强调的共产主义、苏维埃主义与他的三民主义是什么关系在开始时也不了解,并产

---

① 参见(美)阿本得:《受折磨的中国》,1930年英文版,第13~15页;(美)里昂·沙曼:《孙逸仙:他的生活及意义》,1934年英文版,第250页。
② (美)史扶邻(H. Z. Schiffrin):《孙逸仙:一个顽强的革命者》,利特尔·布朗有限公司1980年英文版,第236页。
③ 转引自(美)马丁·威尔伯:《孙逸仙:一个受挫折的爱国者》,哥伦比亚大学1976年英文版,第147页。
④ (苏)雅布各斯:《鲍罗廷来到广州》,林海译,《国外中国近代史研究》第五辑,中国社会科学出版社1983年版,第193页。

生疑虑。鲍罗廷为劝说孙中山及其他国民党人同意进行国民党改组，反复地强调共产主义与三民主义并不矛盾，但三民主义必须作新的解释。与此同时，共产国际执委会主席团通过了《关于中国的民族解放运动和国民党问题的决议》。决议阐述了共产国际对孙中山三民主义——民族主义、民权主义和民生主义的立场，并建议把民族主义理解为反对帝国主义，争取依靠广大农民、工人、知识分子和工商界人士实现中国独立的斗争，摆脱帝国主义的压迫不应导致建立地方资产阶级的政权；建议把民权主义解释成为中国劳动大众和一切进行反帝斗争人士利益服务的原则；建议把民生主义看作将外国资本的财产实行国有化的方针。① 经过鲍罗廷和共产国际多次同孙中山联络，从而打消了他的顾虑。从1923年秋起，孙中山对共产主义已开始产生新的认识。这一新的认识首先表现在11月26日孙中山致日本首相犬养毅的函稿中。过去，孙中山曾一再强调中国不能实行苏俄的共产主义，而只能实行他所创建的三民主义，现在，他则开始将苏维埃主义与他所承继的中国传统思想结合起来。在致犬养毅的函稿中，孙中山明确指出："夫苏维埃主义者，即孔子之所谓大同也。"孔子的大同思想如何？就是"大道之行也，天下为公，选贤与能，讲信修睦。故人不独亲其亲，不独子其子，使老有所终，壮有所用，幼有所长，矜寡孤独废疾者皆有所养，男有分，女有归。货恶其弃于地也，不必藏于己；力恶其不出于身也，不必为己。是故谋闭而不兴，盗窃乱贼而不作，故外户而不闭，是谓大同。"② 这里暂且不论孙中山将苏维埃主义与孔子之大同思想等同起来是否正确，但这一类比却说明孙中山已开始接受苏维埃"立国之主义"了。11月25日，孙中山在广州国民党党员大会上作《人民心力为革命成功的基础》的演说，再次论述俄国共产党的革命主义问题。他说："同是革命，何以俄国能成功，而中国不能成功？盖俄国革命之能成功，全由于党员之奋斗。一方面党员奋斗，一方面又有兵力帮助，故能成功。吾等欲革命成功，要学俄国的方法组织及训练，方有成功的希望。"又说：俄国"共产党之所以成功，在其能合乎俄国大多数人心，所以俄国人民莫不赞成他，拥护他。"孙中山进而指出："俄国革命，原本只有民权主义、民生主义，而无民族主义。但其六年间奋斗，皆是为民族主义而奋斗。若是，与吾党之三民主义，实在暗相符合。"孙中山认为，"吾党与他们所主张皆是三民主义，主义既是相同，但吾党尚未有良好方法，所以仍迟迟不能成功"，"吾等想革命成功，一定要学他"。③

---

① 参见（苏）列兹尼科夫：《共产国际与中国共产党（1925—1927年国民革命时期）》，宋洪训译，《国外中国近代史研究》第十一辑，中国社会科学出版社1988年版，第333页。
② 孙中山：《致犬养毅书》，《孙中山选集》，人民出版社1981年版，第535～536页。
③ 孙中山：《人民心力为革命成功的基础》，《孙中山选集》，人民出版社1981年版，第546～547页。

这样，孙中山就更进一步将苏维埃主义与他的三民主义等同起来了。12月2日，孙中山在对邓泽如等人在11月29日弹劾共产党案的批示中又明确表示："俄国革命之所以能成功，我革命之所以不成功，则各党员至今仍不明三民主义之过也。质而言之，民生主义与共产主义实无别也。俄国革命之初，不过行民权、民生二主义而已，及后与列强奋斗六年乃始知其用力之最大者，实为对于民族主义。""我国革命向为各国所不乐闻，故尝助反对我者以扑灭吾党，故资本国家断无表同情于我党。所望为同情只有俄国及受屈之国家及受屈之人民耳。"① 这一批示比以前更明确了三民主义与共产主义的关系，充分体现了孙中山对共产主义理论的认识有了新的进展和突破。孙中山将三民主义与共产主义调和起来，对于孙中山全面实行联俄联共政策和推动国民党改组发生重要作用。

三

孙中山思想的变化不仅表现在他对共产主义理论问题有新认识，而且还表现在他对世界革命理论问题的新论断上。

过去，孙中山曾长期寻求列强的支持，他的努力不仅一次又一次地失败，而且列强还企图扑灭他领导的广州革命政府，孙中山为此愤怒极了，但也显得无奈。这不仅促使他逐步树立反抗帝国主义列强的决心，而且还使他产生了联合世界上被压迫的民族和人民，共同进行世界革命的思想。

1923年12月27日，为关余事件，孙中山致书美国国民。孙中山真诚地告诫美国的国民说："当我们开始发动革命、以推翻专制腐败政府并在中国建立共和国之时，就以美国为鼓舞者和榜样。我们曾热切期望能有一位美国的拉法叶特②同我们一起为这一正义事业而战斗。然而，在我们为自由而奋斗的这第十二个年头，来到的不是拉斐特，而是一美国舰队司令率领较他国更多的军舰驶入我国领海，妄图共同压垮我们，以消灭中国的共和国。"并且指出，目前美国当权者或许竭力阻止中国的自由事业，不让这人类的自由事业得到别处的慷慨援助，但"这实是一种罪恶和永洗不掉的耻辱"。③ 正由于各国军舰齐集广州，意欲直接与孙中山领导的广州政府开战，这一举动使孙中山陷入极大的暴怒之中。12月21日，孙中山在岭南大学与教授及学生谈话，愤怒抨击英美干涉中国内政的政策。他说：在十年内将要爆发世界大战。在这场斗争中，中国将同印度、俄国、德国、阿富汗、波斯、美洲和非洲的黑人联合起来，为自由独立进行伟大的斗争。

---

① 陈锡祺主编：《孙中山年谱长编》下册，中华书局1991年版，第1761页。
② 拉法叶特（1757—1834），旧译拉斐德或辣斐德，法国资产阶级革命家，曾参加美国独立战争。
③ 载《香港日报》1923年12月20日。

同月，孙中山在同北京大学克拉克教授的谈话中，又详细地说明了他关于即将来临的全世界被压迫者反对压迫者战争的理论。他指出："中国在这次战争中取得胜利以后，她将获得自由独立，并在世界文明之林中居于领先地位。避免这样一次战争的毁灭性灾难的一条途径，将是占有优先地位的列强改变其对于中国的态度，并在各个方面公正地对待中国。"孙中山还详细地谈到当时的苏俄政府，并且强调指出："俄国和中国是天然的同盟者，这两个国家站在一起，将成为一个特别的、不可战胜的联合体。"[①] 正是在这个认识的基础上，孙中山"完全同意一切被压迫国家民族革命运动结成统一战线的观点"，并以个人名义于 1924 年 1 月 6 日发布关于建立世界弱小民族反帝联合战线宣言，并指出："我等同在弱小民族之中，我等当共同奋斗，反抗帝国主义国家之掠夺与压迫。帝国主义国家形成帝国主义联合战线，不但为压制中国自由运动及国民运动而奋斗，亦不但为压制亚洲弱小民族自由运动及国民运动而奋斗，且亦为压迫世界弱小民族自由运动及国民运动而奋斗。"因此，他号召"起！起！速起！形成反帝国主义联合战线"。[②] 但与此同时，孙中山又要求暂不要把这一声明"列入国民党新的行动纲领"，因为现在发表这个纲领"在策略上是不合时宜的"。他说："国民党要是发表这份声明，就会把一切事情都弄糟。"[③] 孙中山所说的"不合时宜"，主要是担心在还没有统一全党认识的时候，就匆忙发表结成世界反帝统一战线宣言会造成党内的分裂，不利于他实施联俄、联共和改组国民党的政策。1924 年 1 月 3 日，孙中山亲自主持国民党临时中央执行委员会第 22 次会议，议决答复美国三藩市总支部陈垣对于国民党改组之来函，复函指出："当俄国革命之初，施行共产制度时，确与吾党三民主义不同，至俄国现在所施行之新经济政策，即是国家资本主义，与吾党之三民主义相同，故非吾党学俄国，实俄国学吾党。"[④] 这一切都表明，孙中山在革命与反帝问题上思想有了飞跃进步。

综上所述，这个时期，孙中山关于中国革命和世界革命关系的论断在其思想发展史上是空前的。因此，当时人们就称赞孙中山"大有列宁之气焰"[⑤]。

---

① 陈锡祺主编：《孙中山年谱长编》下册，中华书局 1991 年版，第 1775 页。
② 载北京《晨报》1924 年 1 月 8 日；《北京导报》1924 年 1 月 9 日。
③ （苏）切列潘诺夫著：《中国国民革命军的北伐——一个驻华军事顾问的札记》，中国社会科学院近代史研究所翻译室译，中国社会科学出版社 1981 年版，第 62～64 页；又见上海《民国日报》1924 年 1 月 20 日。
④ 黄季陆等编：《国父年谱》增订本，下册，台北中国国民党党史委员会 1969 年版，第 1148～1149 页。
⑤ 载北京《晨报》1924 年 1 月 8 日。

四

孙中山思想的重大变化引起苏俄和共产国际的注意和重视。1924年1月4日，鲍罗廷在给维经斯基的信中指出，目前国民党改组工作"日趋进展，国民党要人的头脑中已经发生了大转折。这一点可以从孙中山的演讲中来解析"。鉴于此，鲍罗廷认为："现在似可着手向他们灌输共产国际执委会于1923年11月28日通过的《关于民族解放运动和国民党问题的决议》精神，特别是将这一精神与他的三民主义以及他们对于工人阶级政党和工人阶级经济团体的态度结合起来。"① 1月18日，苏联《真理报》也刊登了苏俄驻北京通讯社负责人斯列帕克于1923年年底撰写的一篇文章，题目是《中国的解放运动》。斯列帕克过去曾一度反对苏俄与孙中山合作，因为他认为，过去国民党改组一直停滞不前，"尽管很多党员都认识到了改组国民党的必要性"，只是"这个党的领袖孙逸仙博士坚持认为其首要任务是进行军事斗争，然后，当国民党征服数省之后，才能开展党务工作"。现在，斯列帕克却对孙中山进行了赞扬，认为在孙中山身上发生了巨大转变，即认识到必须首先开展党务工作，必须在中国广大的人民群众中建立一定的基础，那时才能取得军事上的成功。斯列帕克还着重强调了孙中山在国民党改组过程中宣布的一段话："我们必须进行国民党改组，否则，我们在一百年间也不能完成中国革命"；"苏俄教导我们如何为了自己的解放而斗争，现在，我们明白了这一切"。根据各方反应，维经斯基便于1月15日以共产国际执行委员会东方部的名义向共产国际执行委员会主席团报告。在报告中，他明确指出："最近半年来中国政治生活中最重要的事件，是中国国民运动在政治上和组织上不断明确的过程。在国民党存在的十二三年里，这个党首次开始形成为一个民族革命的政党。根据它最近在华南关税收入问题上对帝国主义的攻击，根据它的反帝斗争和靠拢世界无产阶级可以看出，它走的是一条真正民族主义的反帝的革命斗争道路，并且正在同过去那种在帝国主义间纵横捭阖的策略决裂。这种思想上的进步可以从国民党人正开始寻求中国民众的支持并掀起政治宣传这一意味深长的事实上看出。"②

上述可见，促使孙中山及其他国民党领导人思想进步的主要原因是多方面的，但其中之一，是与过去半年内美国、英国采取不支持孙中山，而支持直系军阀曹锟的错误政策有关。曹锟的上台得到美国支持，这不仅意味着美国势力的增

---

① （苏）卡尔图诺娃著：《加伦在中国》（1924—1927），林荫成、姚宝译，中国社会科学出版社1983年版，第30～31页。

② 李玉贞、杜魏华主编：《马林与第一次国共合作》，光明日报出版社1989年版，第313页。

大，而且意味着中国最大的军阀派系——直系势力的加强。这一事实迫使孙中山和国民党迅速地表态和更加公开而真诚地联合苏俄和共产党来对付当时复杂的中国局势。然而，这些变化又为即将召开的国民党"一大"以及国民党"一大"宣言的起草和通过创造了条件。所以，国民党"一大"的召开和"一大"宣言的通过，都是孙中山思想进步的重大结果。孙中山不仅赞成"宣言"的内容，而且也号召全党贯彻执行"宣言"的精神，把革命进行到底。所以国民党"一大"宣言，虽然是由共产国际、中国共产党人和国民党三方协商拟定的，各方都有所保留，但它无疑真实地反映了孙中山当时的思想认识和态度。"一大"宣言通过后，虽然国民党内有人反对"宣言"的原则和方针，孙中山在三民主义演讲中，对他的三民主义思想作了与"一大"宣言不合拍的解析，但不能因此就否定在国民党"一大"前孙中山思想的认识水平和重大发展，把他只看作一位"从善如流"的庸人，或是被苏俄、共产国际代表主宰的凡人，都是不符合历史事实的。国民党"一大"的召开，国民党的改组，以及联俄联共、扶助农工政策的实施，都是孙中山经过长期革命斗争的实践，思想发生重大变化，立志依靠新生的力量，为挽救国家而采取的果断措施，是他自身思想发展的结果。

（1994 年）

中国国民党"一大"宣言和孙中山的三民主义讲演

中国国民党第一次全国代表大会宣言(以下简称"一大"宣言或"宣言")是首次国共合作的纲领性文件,是国民党第一次全国代表大会的"精神生命"①。"一大"宣言的通过,从政治上保证了第一次国共合作的正式建立,所以,研究首次国共合作的学者们都非常重视对国民党"一大"宣言的研究,这是非常必要的,也是应该的。但是,国民党"一大"宣言与孙中山三民主义讲演在内容上有无不同?又有哪些相同?为什么孙中山在通过宣言后就立即系统地讲述他的三民主义?对于这些问题已经有学者注意研究了②,但研究得还不够深入。研究这个问题对于我们全面地理解孙中山晚年的思想,正确地继承他的事业和发扬他的精神有重要的启迪作用。

一

国民党"一大"宣言,据周恩来的回忆,"是孙中山先生委托鲍罗廷起草,由瞿秋白翻译,汪精卫润色的"③。张国焘的回忆基本相同。他说:鲍罗廷当时住在广州东山,忙于起草大会的各种文件。瞿秋白同鲍氏住在一起,任鲍的助手和翻译。大会的宣言草案,就是由鲍罗廷与汪精卫、瞿秋白共同草拟的。④ 即是

---

① 孙中山:《中国之现状及国民党改组问题》,《孙中山全集》第九卷,中华书局 1986 年版,第 101 页。

② 日本庆应大学山田辰雄教授在其所著《中国国民党左派之研究》(东京庆应通讯社 1980 年 6 月版)中,就对此进行过研究,他认为国民党"一大"宣言与讲演有相同也有不同。他指出:"若将他与 1924 年做的《三民主义》讲演作为孙中山思想的最高点来看"是不完整的。"讲演"的理论向着"宣言"的理论靠近,但不完全相同。他在《解释三民主义中两个问题》一文中,又对国民党"一大"宣言与三民主义讲演之间的差异所在及其与三民主义解释相关联的孙中山的理论与实践的相互作用的观点进行探讨(参见中国孙中山研究会编:《回顾与展望——国内外孙中山研究述评》,中华书局 1986 年版,第 224～231 页)。

③ 周恩来:《关于党的"六大"的研究》,《周恩来选集》上卷,人民出版社 1980 年版,第 166 页。

④ 张国焘著:《我的回忆》第 1 册,东方出版社 1994 年版,第 316 页。

说,这个"宣言"是由中国国民党、中国共产党与共产国际的代表共同制定的。"宣言"从起草到定稿,都是由孙中山指定胡汉民、廖仲恺、汪精卫和鲍罗廷四人组成的委员会,经过反复的讨论、审议和修改才完成的。每次讨论,共产党员瞿秋白都在场,他作为鲍罗廷的助手和翻译,鲍起草的"宣言"俄文稿便由他译成中文,并在翻译中做文字修饰工作,所以瞿秋白实际上也是代表中国共产党参加"宣言"起草的成员之一。至于宣言起草的过程和争论已有人作过专题论述①,这里就不再重复了。

国民党"一大"宣言既然是由三方面代表经过较长时间的讨论而制定出来的,那么,它有鲜明的求同倾向,既反映了各方的基本观点和共识,又不能完全反映各方对当时中国问题的不同认识,是一个各方互相妥协的产物。它既含有积极的因素,又不可避免地存在某些消极的因素,这在后来的国共合作中明显地表现出来,并得到了印证。

国民党"一大"宣言包括三方面的内容:一是"中国之现状";二是"国民党之主义";三是"国民党之政纲"。第一部分"中国之现状"在讲到辛亥革命后民族革命"颠覆满洲之举始告厥成"后,指出"革命之目的,非仅仅在于颠覆满洲而已,乃在于满洲颠覆以后,得从事于改造中国。依当时之趋向,民族方面,由一民族之专横宰制过渡于诸民族之平等结合;政治方面,由专制制度过渡于民权制度;经济方面,由手工业的生产过渡于资本制度的生产。"这显然是吸收孙中山的思想。而接着讲到:"自革命失败以来,中等阶级频经激变,尤为困苦;小企业家渐趋破产,小手工业者渐致失业,沦为游氓,流为兵匪;农民无力以营本业,至以其土地廉价售人,生活日以昂,租税日以重。""宣言"并根据这种"江河日下之势",概述国内各党派以至于个人暨外国人拟议解决中国问题的各种政治主张,如立宪派、联省自治派、和平会议派、商人政府派等。这显然又是吸纳中国共产党人的看法,而且许多都是从1922年6月15日《中国共产党对于时局的主张》中移植过来的。至于"宣言"的第二部分,"国民党之主义",即孙中山的三民主义,这是孙中山领导革命的理论基础和政纲。"宣言"说三民主义是"救国之道"、"中国惟一生路",这明显是反映了孙中山以及国民党人的意愿。至于宣言对三民主义的解释,既反映了孙中山的思想,又包含许多共产国际和中国共产党人的主张和意见,比如,民族主义概括为争取实现"中国民族自求解放"和"中国境内各民族一律平等",并把反帝和反军阀作为主要手段,这些内容孙中山无疑是接受了共产党人的意见,并成为他的思想,但有一些明显是

---

① 参见李吉奎:《论国民党"一大"宣言的产生》,《孙中山研究论丛》第2集,中山大学学报1982年版;黄彦:《关于国民党"一大"宣言的几个问题》,中国孙中山研究学会编:《孙中山和他的时代——孙中山研究国际学术讨论会文集》中册,中华书局1989年版。

共产国际方面强加给他的,比如说:"然不幸而中国之政府乃为专制余孽之军阀所盘踞,中国旧日之帝国主义死灰不免复燃,于是国内诸民族因以有杌陧不安之象,遂使少数民族疑国民党之主张亦非诚意。故今后国民党为求民族主义之贯彻,当得国内诸民族之谅解,时时晓示其在中国国民革命运动中之共同利益。"关于"少数民族疑国民党之主张亦非诚意"之类的语句,在孙中山的著述中是从未有过的。又比如民权主义,"宣言"在讲到民权运动之方式,以孙先生所创之五权分立为之原则后,又指出"近世所谓的民权制度,往往为资产阶级所专有,适成为压迫平民之工具。若国民党之民权主义,则为一般平民所共有,非少数者所得而私也。于此有当知者:国民党之民权主义,与所谓天赋人权者殊科,而惟求所以适合于现在中国革命之需要"。这类话明眼人一看便知,是共产国际方面有意说给国民党人听的,在孙中山的言论中也是找不到的。至于民生主义,"宣言"所释:"一曰平均地权;二曰节制资本",真实地反映了孙中山的思想,但一些具体叙述,比如"中国以内,自北至南,自通商都会以至于穷乡僻壤,贫乏之农夫,劳苦之工人,所在皆是。因其所处之地位与所感之痛苦,类皆相同,其要求解放之情至为迫切,则其反抗帝国主义之意亦必至为强烈。故国民革命之运动,必恃全国农夫、工人之参加,然后可以决胜,盖无可疑者"。关于农民、工人在革命中起决定性作用,农民、工人是国民革命的核心力量,这是共产党人的一贯主张,把这个主张写进"宣言",便确立了国民革命应以农民、工人为主力的原则。

"宣言"明确指出,国民党之三民主义,只有"宣言"解释的是"真释",因此便产生了凡与"宣言"的解释不一致的便是"假释"、"伪释"的结论。这明显是共产国际和共产党人坚持的一个原则,孙中山接受了这个原则,但许多国民党人反对这个原则,这大概也就是在"宣言"通过后,孙中山便立即进行三民主义讲演的一个重要原因。但也正因为如此,便留下一个长期争论不休的问题,即孙中山逝世后,国共两党继承孙中山的三民主义应该继承什么的问题。

关于"宣言"的第三部分"国民党之政纲",各方面也都力争把自己一方的主张写到政纲中去,虽然各方对政纲仍有分歧,但基本上反映了国共双方的基本看法。

所以,国民党"一大"宣言,诚如一些学者所指出的,反映在"宣言"的思想观点上,既有共同语言的综合,也有不同语言的混合。孙中山作为"宣言"的指导者、审定者,"宣言"自然较多地体现了他的思想观点,"这既包括他原来所具有的或加以发展的观点,也包括他过去所没有的但心甘情愿地接受下来的新观点。当然,还会有一些在宣言上面讲到了,但却令他颇感格格不入的观点。孙中山本人的一些基本观点有些被接受写进了宣言,但也有一些由于不易被别人接受，而未写进宣言或经过加工改造后才写进宣言"①。因此，国民党"一大"宣言虽然是孙中山的著作，基本上反映了他的思想，但也不能视为百分之百地反映了孙中山的思想。然而，正由于"宣言"混合了各方的观点，使它能成为国共双方合作的共同思想基础，但国共双方也因此按照自己所需做出自己的解释，各说各的，便造成对国民党"一大"宣言的解释一直存在严重分歧。毛泽东在1940年发表《新民主主义论》，承认"三民主义为今日中国之必需，本党愿为其彻底的实现而奋斗"，但他又指出，"这种三民主义不是任何别的三民主义，乃是孙中山先生在《中国国民党第一次全国代表大会宣言》中所重新解释的三民主义"，因为"只有这种三民主义，才是真三民主义，其他都是伪三民主义"。只有《中国国民党第一次全国代表大会宣言》里对于三民主义的解释才是"真释"，其他一切都是"伪释"。② 毛泽东并不注意孙中山在1924年讲演三民主义的内容，相反，戴季陶在1925年发表《孙文主义之哲学的基础》，为孙中山去世后国民党的反共制造舆论。戴在论述孙中山的三民主义理论时所强调的是孙中山讲演三民主义的内容，却无视毛泽东所用的国民党"一大"宣言。"这不仅表明了毛泽东与戴季陶的立场不同，同时也暗示了国民党第一次全国代表大会宣言与'三民主义'讲演之间的差异。"③ 也正由于这样，对国民党"一大"宣言各作各的解释，并出现了对"宣言"的篡改，由此又出现"宣言"版本的真伪问题④。

关于孙中山对国民党"一大"宣言的态度，首先，他是竭力使"宣言"能反映国民党"一大"的精神，使各方能接受和获得通过。因此"一大"开幕后，孙中山便提出成立大会宣言审查委员会，他主张"宣言"审查委员会由九人组成，由大会选举产生，多数代表主张授权孙中山指定。孙中山经过权衡和认真考虑，决定由国民党的元老和青年与共产党加入国民党的成员共同组成审查小组，提出由胡汉民、戴季陶、叶楚伧、茅祖权、李大钊（中共党员）、恩克巴图、王恒、黄季陆、于树德（中共党员）九人为宣言审查委员会委员。在审查"宣言"

---

① 黄彦：《关于国民党"一大"宣言的几个问题》，中国孙中山研究学会编：《孙中山和他的时代——孙中山研究国际学术讨论会文集》中册，中华书局1989年版。

② 毛泽东：《新民主主义论》，《毛泽东选集》第二卷，人民出版社1991年版，第689页。

③ 参见（日）山田辰雄：《解释三民主义中两个问题》，中国孙中山研究学会编：《回顾与展望——国内外孙中山研究述评》，中华书局1986年版，第224～231页。

④ 关于国民党"一大"宣言的版本与真伪问题，可参考荣孟源：《"中国国民党第一次全国代表大会宣言"的真伪》，辛亥革命史研究会等合编：《辛亥革命史丛刊》第1辑，中华书局1980年版；（日）狭间直树：《"中国国民党第一次全国代表大会宣言"考》，《孙中山研究文集》第10～11合集，中山大学学报1994年，第146～176页。

过程中，由于各方坚持各自的主张，不仅使在"宣言"起草阶段原有的分歧变得更加尖锐突出，而且还使"宣言"与其他问题纠缠在一起，从而出现了错综复杂的情况。两方争论的爆发点表面上是对民生主义看法上的差异和对帝国主义的态度，但是，从更大的范围去审视它，实质上是关于国共两党对内对外政策的分歧。

关于民生主义发生的争论，黄季陆后来承认"属于主观的组织的排他性而产生的居多，属于理论上的争辩并不如我们想象之大"①。国民党和共产党是两个不同阶级的政党，它们之间具有本质的差异。从共产党人的立场说，民生主义首先是要解决"工人和农民"的根本生计，特别是"土地农有"问题，因此，共产党认为孙中山的民生主义同共产主义是不矛盾的。而国民党右派则"认定'民生'与'共产'为绝对不同之二种主义，于是群起排斥，暗潮便因之而生"②。通过对民生主义的争辩，共产党同国民党右派之间的鸿沟清清楚楚地显现出来了。孙中山为缓和会场因争论造成的紧张气氛，1924年1月21日下午在第一次宣言审查报告提到国民党"一大"大会讨论审议之后，特将民生主义与共产主义的界限作了说明。他旗帜鲜明地指出，我们必须避免"因此（民生）主义而生误会，因误会而生怀疑，因怀疑而生暗潮"，导致"将来分裂，发生不良结果"。他抨击国民党右派利用民生主义争论，挑拨国共两党和国民党与俄国之间的关系，他说："俄国既为各国所承认，故就利害而言，本党与之联合，将来必能得中俄互助之益，决无大害。"又说："即就是非而言，本党既服从民生主义，则所谓'社会主义'、'共产主义'与'集体主义'，均包括其中。"③ 此话并不确切，但孙中山讲这个话的主要意思是强调"共产主义与民生主义毫无冲突"，指斥右派不要借此制造事端。孙中山的这个说明，虽然不可能使国民党右派由"怀疑而生之暗潮从此便可打消"，但却使会场从阴霾四布中趋向光明。

此外，在"宣言"审查会中争辩最激烈的还有一个关于反对帝国主义的问题，主要是关于要不要将收回租界、收回海关、取消外国人在中国的特权的内容写入"宣言"。"宣言"初稿对上述内容有明确的概述。黄季陆极力主张将反对帝国主义的内容从"宣言"中删去，他认为"近在咫尺间的有（广州）沙面租

---

① 黄季陆：《划时代的民国十三年——第一次全国代表大会的回忆》（上），香港《掌故》杂志第41期。

② 《中国国民党全国代表大会会议录（第1—17号）》，政协广东省委员会文史资料研究委员会等合编：《中国国民党"一大"史料专辑》，《广东文史资料》第四十二辑，广东人民出版社1984年版，第23页。

③ 《中国国民党全国代表大会会议录（第1—17号）》，政协广东省委员会文史资料研究委员会等合编：《中国国民党"一大"史料专辑》，《广东文史资料》第四十二辑，广东人民出版社1984年版，第23～24页。

界和粤海关,再如香港、九龙和广州湾,这些地方不是英国的租借地,便是法国的势力所在"。对于这些现实的问题,暂时做不到,最好不说。黄氏的意见遭到李大钊的批驳。李说,你作为一个"宣言"的审查委员会委员,"应当有服从多数的精神",既然多数认为要将反帝的内容在"宣言"中明确表现出来,你应该无条件服从多数。为平息李大钊与黄季陆等人的争论,胡汉民提出一个折中方案,主张把关于反对帝国主义的条款说得笼统抽象一点,不必太显明地提出。大多数审查委员赞成胡汉民的主张。于是,收回租界、收回海关、废除不平等条约等反对帝国主义的政纲便从"宣言"草案中抽出而代之以笼统抽象的词句,孙中山对此十分不满。1924年1月23日下午,国民党"一大"全体代表原则上通过"宣言"。1月30日上午,孙中山主持大会,廖仲恺提出修改"宣言"提案,他说:"租界制度于20世纪之今日尚任其存在于中国,实为中华民族之耻辱,应由中国收回管理","外国人在中国领土内应服从中华民国之法律"。孙中山同意本案加入政纲,并说:"当初起草宣言之时,本总理曾嘱于对外政策应列举事项,现在政纲中之对外政策,乃将此三种事情忘却,虽有概括之规定,犹嫌未能明白。本总理以为应将这三件事大书特书,如今虽有说收回主权的话,都是空空洞洞,一无办法。未闻有说收回租界者。我们现在有了办法,实属可喜,亟应加入以补充之。……现在趁大会尚未闭会,赶紧将这个意思加入政纲对外政策中实为重要,本总理对此提案亦加入附议。"① 这表明孙中山在"宣言"中要确立反帝的政纲是非常坚决的。

然而,孙中山从策略上考虑,从维护国民党的内部团结去考虑,为避免国民党内一些人借"宣言"规定明确的、激烈的反帝内容而造成分裂,在"宣言"草案提交大会表决之前,孙中山曾同鲍罗廷商议可否以《国民政府建国大纲》(以下简称《建国大纲》)来代替"宣言",鲍氏坚持认为,"宣言"的全部内容都是重要的,政策和纲领都一样要发表,要使全体国民了解这个"对革命运动具有主导的和决定意义的文件"② 的重要意义。鲍氏向孙中山建议,《建国大纲》需要重新加工修改,也应该予以公布,但无论如何不能代替"宣言"。鲍氏说:"经过长时间的交谈后,孙中山决定通过'宣言',同时也公布《建国大纲》。"③ 孙中山主张用《建国大纲》来代替"宣言",说明他对"宣言"的某些内容有所

---

① 《中国国民党全国代表大会会议录(第1—17号)》,政协广东省委员会文史资料研究委员会等合编:《中国国民党"一大"史料专辑》,《广东文史资料》第四十二辑,广东人民出版社1984年版,第78~79页。

② (苏)雅各布斯著:《鲍罗廷来到广州》,林海译,《国外中国近代史研究》第五辑,中国社会科学出版社1983年版,第191页。

③ (苏)切列潘诺夫著:《中国国民革命军的北伐——一个驻华军事顾问的札记》,中国社会科学院近代史研究所翻译室译,中国社会科学出版社1981年版,第70~72页。

保留，也可能是由于《建国大纲》中的内容未被鲍罗廷采纳而有所不满，当然，他也担心"宣言"被通过会引起右派的不满，或造成误解，引起党内的思想混乱。为此，孙中山在1月23日下午"宣言"付表决后，即作了《对于国民党宣言旨趣之说明》，指出："现在本党召集此次代表大会，发表此项宣言，就是表示以后革命与从前不同。前几次革命，均因半路上与军阀官僚相妥协、相调和，以致革命成功之后，仍不免于失败"。"此次我们通过宣言，就是从新担负革命的责任，就是计划彻底的革命。终要把军阀来推倒，把受压（迫）的人民完全来解放，这是关于对内的责任。至（于）对外的责任，有要反抗帝国侵略主义，将世界受帝国主义所压迫的人民来联络一致，共同动作，互相扶助，将全世界受压迫的人民都来解放。"① 在这个说明中，孙中山没有就"宣言"中解释的三民主义和政纲作任何表示，他所强调的是从今以后要将反帝反军阀的革命坚决进行到底，反对调和妥协，认为"妥协是我们做彻底革命的大错"。与此同时，孙中山又将由他起草的《国民政府建国大纲》提交代表大会，与"宣言"并案审议，但大会没有通过《建国大纲》。

二

国民党"一大"宣言通过之后的第五天（即1924年1月27日），孙中山在广州亲自开辟了一个系统讲述三民主义的讲座。原定民族、民权、民生每个主义6讲，共18讲，但从1924年1月27日至8月24日一共只作16讲，8月24日以后，因对付广州商团叛乱及准备北伐而中辍，民生主义部分未讲完。每讲完一个主义后，经孙中山本人修改审定记录稿，由国民党中央执行委员会印行，作为对党员和民众"宣传之课本"。很显然，孙中山在国民党"一大"宣言通过后即作系统的三民主义讲演，目的是要国民党员正确理解他的学说和他的思想，按照他的思想路线去从事实践，当然也包含澄清社会上一些人对他实行联俄、联共、扶助农工三大政策及建立国共首次合作的误解。

国民党"一大"宣言与孙中山以往的主张相比，的确有很大的不同：第一，它比较正确地分析了中国的国情，承认辛亥革命及以后讨袁、护法的失败都是由于帝国主义支持封建军阀作乱，提出了反帝反封建军阀的革命任务；第二，强调了民众、平民、农民和工人的利益，强调农民、工人参加国民党、参加革命是促进国民革命的重要力量；第三，三民主义的内容更加充实和明确。

但是，细探国民党"一大"宣言与孙中山所做的三民主义讲演（以下简称"讲演"）的内容，便发现其中某些重要之点的内容有明显的差异。

---

① 孙中山：《对于国民党宣言旨趣之说明》，《孙中山选集》，人民出版社1981年版，第599～600页。

我们认真地考察孙中山三民主义讲演的基调,便发现它是以《国民政府建国大纲》的原则和精神作为讲演阐释三民主义的出发点,但《建国大纲》与"一大"宣言强调的三民主义内容有明显的差异。

首先看民族主义。"宣言"解释的民族主义,一则强调中国民族自求解放;二则强调中国境内各民族一律平等。而《建国大纲》则强调:对于国内之弱小民族,政府当扶植之,使之能自决自治;对于国外之侵略强权,政府当抵御之,并同时修改与各国签订的条约,以恢复我国的国际平等地位,实现国家独立。以上两份文件强调的重点明显不同,但两份文件对于国外侵略强权都持坚决反对的态度,这又是相同的。孙中山在作民族主义讲演时,通过对中华民族和列强国家进行比较,从列强国家人口增长而中国人口不增长将被多数征服、有灭种的危险出发,论证中华民族所受的天然力和列强政治力、经济力的压迫,指出中华民族面对沉重的危机,要争取实现国家独立,必须联合苏俄,反对帝国主义的强权政治和"世界主义"。采取什么方式来反对帝国主义侵略呢?"宣言"强调建立以农民、工人为主要力量的各革命阶级的联合战线,即"国内各种平民阶级之组织以发扬国民之能力"去抵御列强的强权政治。而孙中山在演讲民族主义时,忽视农民、工人的联合力量,不强调革命阶级的团结,只着眼于中国社会的家族、宗族制,提倡通过乡、县、省把宗族团结起来,作为国族的基础。所以,孙中山认为,"救中国危亡的根本方式,在自己先有团体,用三四百个宗族的团体来顾国家,便有办法。无论对付那一国,都可以抵抗"[①]。此外,为了恢复民族精神,拯救中国,孙中山在讲演中不是以革命作为实行三民主义的出路,也不是通过灌输新的思想来启迪国民的觉醒,而是把中国固有的道德如忠孝、仁爱、信义、和平和古代的政治哲学,如《大学》所指出的"格物、致知、诚意、正义、修身、齐家、治国、平天下"的原则作为民族主义的根基。

再看民权主义。孙中山在作民权主义演讲时,反复强调五权分立和直接民权,这同国民党"一大"宣言的精神一致。但国民党"一大"宣言谈到政治权力的社会基础时,是以反对政权为"资产阶级所专有,适成为压迫平民之工具"为原则,主张"民国之民权,惟民国之国民乃能享之,必不轻授此权于反对民国之人,使得藉以破坏民国"。而孙中山在作民权主义演讲时,在否定由少数地主、资本家阶级把持政治的前提下提倡"全民政治"。他说:我们"发起革命的时候便主张民权,决心建立一个共和国。共和国家成立以后,是用谁来做皇帝呢?是

---

① 孙中山:《三民主义·民族主义第五讲》,《孙中山选集》,人民出版社1981年版,第677~678页。

用人民来做皇帝，用四万万人来做皇帝"①。他并没有说明实行"全民政治"的社会基础究竟是什么，只是笼统地说是全体中国人。所以"讲演"与"宣言"比较，在政治权力的社会基础问题上缺乏明确性。而且"讲演"大讲自由、平等、博爱，并以欧美实行民权作为借鉴，强调对不知不觉的平民要实行训导，对于实施民权主义须按照他早年确定的"革命程序"进行，这些都说明孙中山对于平民的看法不如"宣言"那样肯定和明确。

最后看民生主义。国民党"一大"宣言释民生主义的内容为："一曰平均地权；二曰节制资本。"又指出："中国以农立国，而全国各阶级所受痛苦，以农民为尤甚"，又说："中国工人之生活绝无保障"，因此，国民党之主张，应解决农民的土地，整顿水利，扶助农民生产，并制定劳工法，改良工人之生活。而《建国大纲》则说，民生主义的主要任务，是政府当与人协力，解决"全国人民之食衣住行四大需要"。所以，孙中山在民生主义讲演中，在解释民生的含义后，即重点讲述民生主义与共产主义、社会主义的关系，指出："民生主义就是社会主义，又名共产主义，即是大同主义"，它们之间并无矛盾，表明孙中山对科学社会主义有许多误解之处。然后孙中山着重谈如何解决全国人民的食衣住行问题，但只讲了食和衣两个问题便停止讲演，所以民生主义没有讲完。

应该看到，孙中山在民生主义"讲演"中，提出了"耕者有其田"的原则。这个原则发展了他早期确立的三民主义中的民生主义"平均地权"思想，这一思想把生产资料同劳动者直接结合起来，带有否定土地私有权的可能性。所以，"耕者有其田"政策，不仅满足了广大农民的物质利益，也将激发农民支持革命的热情。问题在于孙中山没有能够提出解决土地所有权的具体措施。他认为，人类社会之所以能进化，取决于"社会上多数的经济利益相调和，不是由于社会上多数经济利益相冲突"②。为此，他批判马克思主义的阶级斗争学说，并以互助为人性，又以人性代替阶级斗争。因此，他所提出的"耕者有其田"是用和平的方式去实现，在地主阶级掌握国家政权的情况下，它只能是一般宣传性口号。此外，孙中山在讲演民生主义时，也考虑通过实行"节制资本"来解决"劳资关系"问题。孙中山承认在资本主义社会中存在劳资间的阶级对立，意识到要解决这种对立，必须使社会生产大幅度增长，改善工人的生活。孙中山认为在资本主义制度下，依靠资本家实施公平分配是不可能的，为了克服这种困难，他想通过国家资本主义和私人资本主义并存的制度来解决这个问题，即通过国家垄断具

---

① 孙中山：《三民主义·民族主义第六讲》，《孙中山选集》，人民出版社1981年版，第710页。

② 孙中山：《三民主义·民生主义第一讲》，《孙中山选集》，人民出版社1981年版，第816页。

有控制国民经济命脉的大企业,并允许私人经营的小企业存在的"节制资本"政策来进行调节,这实际上是一种防止因发展资本主义而引起阶级对立的政策。但在讲演民生主义时,孙中山并没有从同情工人中鼓动工人阶级起来同资本家进行斗争。事实很清楚,孙中山在作三民主义讲演时,对于依靠工人、农民阶级进行国民革命这一点,的确不像"一大"宣言那样给予高度的重视。

作为一位伟大的民主革命家,孙中山在作三民主义讲演中,是把政治问题摆在首位的,在处理政治和经济建设的关系时,他也没有重政治轻经济的偏向。然而,由于受他的民生史观影响,他以人类求生存的欲望、意志作为社会发展的动力,离开社会生产方式去谈历史发展的动力,以"互助"代替阶级斗争,从而否定了阶级斗争也是阶级社会发展的动力的观点。所以,孙中山的三民主义讲演显然与国民党"一大"宣言的指导思想有明显的差异。

理论是为革命实践服务的。国民党"一大"宣言重新解释了的三民主义,无疑应该是指导以工人、农民为主要力量,以反帝反封建军阀为内容的国民革命斗争的理论工具,因此对工人、农民阶级在新的政治舞台的位置要给予充分的肯定。孙中山也认识到"叙述了我党之主义,对此必须抱有极严肃之态度。首先必须表示一致同意三民主义,然后方可能全面谈国民党之宣言"。且也看到"在新老党员中许多人不了解我们之主义,他们现在若对主义尚不了解,则在将来必生纠纷"①。既然是"为避免纠纷起见",孙中山才系统讲述三民主义,就应该毫不犹豫地宣传国民党"一大"宣言中重新解释了的三民主义的精神,但孙中山没有能完全做到这一点,这说明孙中山虽然原则上接受了国民党"一大"宣言中重新解释的三民主义内容,但有些观点他又不同意、不接受,有些虽然原则上接受了,但在具体解释上又存在分歧。这才产生孙中山在三民主义讲演中出现同国民党"一大"宣言不完全一致的现象。

三

由于孙中山在三民主义讲演中,对实现三民主义的社会基础问题认识不清,这就产生一方面看到工人、农民在革命中的作用,关心工人、农民的切身生活,支持他们进行反帝反封建军阀的斗争;另一方面又不能从理论上去认识和阐释建立以工农为主要力量的反帝反封建军阀革命统一战线的重要性。正由于孙中山没有能够真正解决三民主义的社会基础问题,因此在国民党内便产生了左右两派对工人、农民运动截然不同的两种态度。廖仲恺、何香凝、邓演达、宋庆龄等极力支持工人、农民的反帝反封建军阀斗争,而蒋介石、胡汉民等则对日益高涨的工

---

① (苏)切列潘诺夫著:《中国国民革命军的北伐——一个驻华军事顾问的札记》,中国社会科学院近代史研究所翻译室译,中国社会科学出版社1981年版,第63页。

人、农民运动产生恐惧。所以在 1927 年武汉国民政府时代，关于三民主义的社会基础问题又作为国共两党严重对立的焦点，重新被提了出来。这的确是一个值得我们思考和深入探索的重要问题。

孙中山在国民党"一大"的闭会词中说："至于会中所办最重要的事，即刻就要拿出去做宣传材料的，是《中国国民党第一次全国代表大会宣言》。"又说："宣言"的"第二段是解释本党的三民主义，这一段在宣言中尤其重要，因为我们所主张的三民主义是永远不变的，要大家自始至终去实行"。又说："政纲和主义的性质，本来是不同的。主义是永远不能更改的，政纲是随时可以修正的。"① 过去，国共两党在宣传国民党"一大"宣言时，共产党人强调政纲，而国民党人则强调主义。共产党人说："一大"宣言解释的"三民主义是联俄、联共、扶助农工三大政策的新三民主义"；而国民党人则说："三民主义无新旧之分，政策是政策，主义是主义，不能混合"。孙中山也说："成立同盟会就是要实行这个主义。后来推翻满清以至于建立民国，也是为实行这个主义……，本党的三民主义，是始终都不改变的。"从孙中山在三民主义讲演中的内容看，他是将三民主义作为一个系统的思想体系来叙述的，的确不分新与旧。他只是说：辛亥革命没有实现三民主义，国民党"一大"召开，重新解释三民主义，改组国民党是要动员大家继续彻底地实行三民主义，"把这个主义的言论一定做成事实"，要大家为实现这个主义去牺牲。又说，主义是理论基础，是不能随便改变的，"政纲既是依人民的要求来规定的，人民今年有什么要求，我们便要规定一种什么政纲；如果人民明年有别种要求，我们的政纲便要依他们的新要求重新去规定"。② 可见，三民主义与三大政策不是一回事，主义是原则、是思想理论、是不能随便改变的，而政纲或政策则是在思想原则指导下为实现主义所规定的具体实施办法，是可以根据形势的发展作修正的。所以，笼统地说，孙中山在国民党"一大"宣言中解释的三民主义就是三大政策的新三民主义，这个说法是跟孙中山的原意不一致的。总之，孙中山的三民主义思想有一个从不完善到逐渐完善，有一个不断发展的深化过程。作为一种思想体系，孙中山的三民主义前后期都没有发生实质性的变化，但就其涵盖的内容看，后期的三民主义具有明确的反帝内容，对以工农为主体的劳动人民在社会变革中的作用和地位有明确的解说。所以，孙中山前后期的三民主义的内容不完全一样，孙中山的三民主义就其思想

---

① 《中国国民党全国代表大会会议录（第 1—17 号）》，政协广东省委员会文史资料研究委员会等合编：《中国国民党"一大"史料专辑》，《广东文史资料》第四十二辑，广东人民出版社 1984 年版，第 78～79 页。

② 《中国国民党全国代表大会会议录（第 1—17 号）》，政协广东省委员会文史资料研究委员会等合编：《中国国民党"一大"史料专辑》，《广东文史资料》第四十二辑，广东人民出版社 1984 年版，第 78～79 页。

体系而言没有新旧之分，但就具体内容而言则有前后期之别。不过，作为国民党的理论基础——三民主义思想，它始终是一个资产阶级的思想体系，也始终没有发生根本性的转变。这也是确实无疑的。

孙中山的伟大，是他总是把自己的一生同国家的前途、民族的命运联系在一起，自觉地担负救亡图存和振兴中华的重任。为了实现国家的独立、民主、统一和富强，实现中国的近代化，他忘我地奋斗了一生。他用行动证明，他不仅仅是中国民主革命的先驱，而且也是一个不断追求时代前进步伐、具有强烈民族意识和爱国主义思想的伟大政治家和思想家。孙中山留给我们的精神遗产是多方面的，应该全面地理解、正确地继承。只有理解才能继承，也只有正确地继承才能发扬他的精神实质。人都有局限，孙中山也一样，我们在纪念他的时候，在学习他的思想的时候，也用不着过分地美化，更加不能过分地苛求，这才是评价孙中山功过是非应该坚持的实事求是的科学态度。

（1996年）

从国共两党两次合作看孙中山在国共关系中的地位和作用

一

国共两党两度合作,两度分手;一个时期是朋友和同志,一个时期是对手和敌人,这段历史给人留下了许多值得思考的问题。

中国国民党和中国共产党这两个宗旨不同、信仰不同、代表不同阶级利益的政党之所以能联合在一起,能够两度合作,共同组成统一战线,当然不是孙中山或共产党某些人物意志的产物,也不是偶然的巧合,它有阶级、政治、思想方面的具体原因,但也不能否认孙中山和他的思想在国共合作中所起的作用。

第一次国共合作是中国共产党和孙中山共同倡议的,但合作能够顺利地建立,主要应该归功于孙中山。如果孙中山不接受共产党人提出的反帝反封建军阀、建立民主革命联合战线以合力进行国民革命的主张,并主动地采取联俄、联共和扶助农工的政策,积极地依靠共产国际和共产党人的帮助改组国民党,就不可能有第一次国共合作;如果没有孙中山坚决排除国民党右派的干扰,亲自主持召开国民党第一次全国代表大会,重新解释三民主义,国共合作就不会有共同遵循的纲领,没有这个纲领也就不会有国民党"一大"以后形成的、以孙中山为首的国共两党共同组合的民主革命联合战线,当然也就不会有北伐战争的胜利;国共合作建立后,要不是孙中山一次又一次地挫败邓泽如、冯自由、张继、谢持等人的破坏,国共合作就一天也不能维持。总之,孙中山在第一次国共合作中的作用是有目共睹的。

第二次国共合作是在孙中山逝世以后的第十个年头开始酝酿的。从第一次合作到第二次合作,中间经过了国共第一次合作分裂后的十年血战。当时国民党的情况:"一方面有着全国性的政权和强大军事力量,并且有十年一党专政的统治;另一方面国民党过去十年的反动统治,失去人民的同情与信仰,且有了过去与共产党斗争的经验,惧怕共产党力量的壮大。故它一方面表示自大主义,不愿以平等地位来与共产党合作;另一方面惧怕共产党力量壮大,将来夺去抗日领导、危害其统治地位,故想尽方法来削弱共产党力量,因此,在两党合作的过程中,仍然有许多的障碍与困难。"① 但由于日本帝国主义发动全面侵华战争,民族矛盾上升为主要矛盾,加上抗日战争形势的发展,中国共产党和国民党爱国将领共同努力,迅速打破国民党及其领袖并吞或消灭共产党的企图,使得国共两党以及其他党派之间能够合作。

但是,人所共知,国共第二次合作的政治基础是孙中山的三民主义。为什么要以孙中山的三民主义作为合作的政治基础?这有两方面的原因:一是只有孙中山的三民主义能够比较充分地体现当时中国各阶级、各政党的愿望和要求,为当时中国所必需;二是只有孙中山的三民主义才能统一当时全中国各党派的思想和认识,才能团结和号召国民党及其他党派共同合作,肩负抗日的历史使命。1937年7月15日,中国共产党向全国同胞公布国共合作宣言:"孙中山先生的三民主义为中国今日之必需,本党愿为其彻底的实现而奋斗。"② 1938年3月12日,毛泽东在纪念孙中山先生逝世十三周年的演说中又明确指出:"为了实行三民主义,扩大统一战线,战胜我们的敌人日本帝国主义,还一定要从革命实践中发扬艰苦奋斗、不动摇、不妥协的革命精神,才能达到。所以我们纪念孙先生,如果不是奉行故事的话,就一定要注意这样的三项:第一,为三民主义的彻底实现而奋斗;第二,为抗日民族统一战线的巩固与扩大而奋斗;第三,发扬艰苦奋斗、不屈不挠、再接再厉的革命精神。我以为这三项是孙先生留给我们的最中心最本质最伟大的遗产,一切国民党员,一切共产党员,一切爱国同胞,都应接受这个遗产而发扬光大之。判断一个人究竟是不是孙先生的忠实信徒,就看他对这三项宝贵遗产的态度如何而定。"③

由此可见,中国共产党是将孙中山的三民主义作为宝贵的精神遗产加以继承的,是以"孙先生的忠实信徒",为打败日本侵略者,"为三民主义的彻底实现"同国民党进行第二次合作的。

既然国共两党都同意以孙中山的三民主义作为第二次国共合作的政治基础,那么,国共双方都必须以三民主义来制定自己的政策、制约自己的行动。但由于国共双方对孙中山三民主义精神理解不同,因此,对孙中山三民主义的内容的解释也相异,并由此产生了真假三民主义的争论。这场争论起始于国民党的五届三中全会。

---

① 任弼时:《中国抗日战争的形势与中国共产党的工作和任务》,中央统战部、中央档案馆编:《中共中央抗日民族统一战线文件选编》(下),档案出版社1986年版,第125页。
② 《中共中央为公布国共合作宣言》,中央统战部、中央档案馆编:《中共中央抗日民族统一战线文件选编》(下),档案出版社1986年版,第9页。
③ 《毛泽东在纪念孙中山先生逝世十三周年及追悼抗敌阵亡将士大会上的演说词》,中央统战部、中央档案馆编:《中共中央抗日民族统一战线文件选编》(下),档案出版社1986年版,第95~96页。

1937年2月15日，国民党五届三中全会在南京召开。宋庆龄、何香凝、冯玉祥等13人提出《恢复孙中山先生手订联俄、联共、拥护农工三大政策案》，继承孙先生的三民主义，同共产党再次合作；而汪精卫等则提出坚持"剿共"的政治决议案，坚决反对贯彻孙先生的三大政策。在会上还有人提议共产党员放弃共产主义的信仰，只信三民主义，才能与国民党合作。共产党员中也有人主张，共产党是无产阶级的政党，纵令在抗日政策上与国民党合作，也决不能相信三民主义。于是，过去成为问题的共产主义与三民主义的关系问题，至其时随着国共重新合作同样也成为问题了。因此，国共两党都对孙中山的三民主义及三民主义与共产主义的关系进行阐释。

1937年6月14日，董必武在《解放周刊》发表《共产主义与三民主义》一文，指出："孙中山先生的伟大，正因他遗留给我们还有革命的三民主义。什么是革命的三民主义呢？这散见于中山先生的许多著作之中，而在《中国国民党第一次全国代表大会宣言》中详尽明显地规定了起来。"还说："国共分裂以后三民主义的革命没有被国民党发扬光大起来，而南京政府日趋极端，反把国民党第一次全国代表大会宣言的精神完全抛之脑后。除在恭诵总理遗嘱时念到'及第一次全国代表大会宣言'等字以外，再也无人省记了！国民党本身已不睬其第一次全国代表大会宣言中所规定的三民主义，别人不相信三民主义有什么奇怪呢？"国民党提倡国民党"一大"宣言中的革命的三民主义时，便"与中国共产党有第一次的合作；淹没了三民主义的革命性，遂与共产党暌离。现在国民党又有转向恢复革命的三民主义之征候，所以将重新与共产党合作"①。可见，国共两党的合作与分裂同对孙中山三民主义的态度是密切相关的。

汪精卫、周佛海、陈公博公开成为汉奸之后，他们仍然恬不知耻地利用孙中山的三民主义作招牌，进行公开的卖国活动。他们把孙中山一切革命的主张与言论都有意曲解为他们公开卖国的理论根据。对于汪精卫、周佛海、陈公博等人的假三民主义，那些天天叫喊"一个主义"、"一个政党"的人则默不作声。因此，张闻天在1939年7月29日发表《拥护真三民主义　反对假三民主义》一文，指出："今天在抗日阵线中，对于三民主义有两种不同的立场：一种立场，是在于努力保存与发展三民主义中的基本的革命精神，使之成为全民族争取现阶段内革命之彻底胜利的战斗的政治纲领；另一种立场，是在于削弱与掩盖三民主义中基本的革命精神，保存与发展三民主义所包含的一些消极的与保守的因素，而使之成为一个不彻底的、富于妥协性的或片面的一民主义的政治纲领。"张闻天说："我们历来认为三民主义乃是半殖民地半封建的中国，经过反帝反封建的统一战

---

① 董必武：《共产主义与三民主义》，载《解放周刊》第一卷第6期，1937年6月14日。

线政策（孙中山先生当时具体规定为联俄、联共、唤起农工的三大政策），以争取民族独立、民权自由、民生幸福的民主共和国的胜利的政治纲领，这个纲领曾经孙中山先生亲自具体的规定于国民党第一次全国代表大会的宣言与纲领中。我们对于孙中山先生的全部著作也是历来从这种观点去研究的，而且我们相信也只有从这种观点出发，才能真正保存与发展孙中山先生一切著作中的革命精神，使之成为中华民族解放斗争中一个思想的武器。"①

二

何谓孙中山的三民主义？孙中山说："主义就是一种思想、一种信仰和一种力量"，"三民主义就是救国主义"。"何以说三民主义就是救国主义呢？因为三民主义系促进中国之国际地位平等、政治地位平等、经济地位平等，使中国永久适存于世界。所以说三民主义就是救国主义。"② 由此看来，孙中山的三民主义既是一种思想信仰，又是救国的纲领和政策。从思想信仰来说，它的确有一个萌发、形成和发展的过程，但它要求民族独立、民主和富强的基本主旨则始终不变。如果从它的内容来看，前期三民主义和后期三民主义又是不同的，如果我们笼统地说，孙中山在国民党"一大"宣言中解释的三民主义就是真三民主义，其余的均是假三民主义，这个说法也是不科学的，因为孙中山的前期三民主义不可能有国民党"一大"宣言里的解释，但它显然是真三民主义。国民党"一大"宣言通过后，孙中山自己作了三民主义讲演，在讲演中解释的三民主义同国民党"一大"宣言又有明显的不同，但我们也不能说三民主义讲演时孙中山自己所讲的三民主义是假三民主义。

所谓真假三民主义的问题是共产党人提出来的，目的是为了揭露国民党右派阉割三民主义的革命内容，否定国民党"一大"宣言所解释的革命三民主义及其"三大政策"。如果以孙中山在国民党"一大"宣言中对三民主义所作解释的内容作为衡量三民主义的标准，同意者真，不同意者假，这也是合理的。第二次国共合作时期真假三民主义之争，原因就在于国民党右派否定孙中山的"三大政策"，把孙中山的三民主义同当时的革命政纲分割开来，共产党人强调维护孙中山在国民党"一大"宣言中对三民主义重新解释的内容的目的很明确，那就是为了说明共产党人所拥护的三民主义历来同中国共产党提出的现阶段中国革命的政治纲领是相一致的，共产党人为三民主义奋斗，即是为实现国共两党共同制定

---

① 洛甫：《拥护真三民主义 反对假三民主义》，载《三民主义与共产主义》，自修出版社1939年7月版。
② 孙中山：《三民主义·民族主义第一讲》，《孙中山全集》第九卷，中华书局1986年版，第184页。

的政治纲领而奋斗,并不是把三民主义看成是玄妙的、空洞的、抽象的、神秘的和不可思议的东西,这是很清楚的。

但是,当时国民党的领导人则是抱着另外一种态度。1939年5月,蒋介石发表《三民主义之体系及其实行程序》一文,就三民主义作了同共产党人截然不同的解释。他承认国民党"过去不努力,不改进,革命党员既不能实行三民主义,又不能研究三民主义,因之,全国人民也不能真切信奉总理这一革命救国的宝典,同心一德,把国家扶救起来;使得异说纷纭,思想杂乱,结果弄得强寇侵迫,国亡无日"。为了统一认识,蒋介石在此文中将孙中山的三民主义分为六部分加以解释:(一)三民主义的原理;(二)三民主义的本身;(三)革命的原动力;(四)革命的方略;(五)革命实行的程序;(六)目的——就是三民主义的实现与国民革命的完成。蒋介石在文中贩卖戴季陶《孙文主义之哲学的基础》的思想,说:孙中山的"基本思想,渊源于中国正统的政治思想和伦理思想",继承了中国的道统。对于孙中山在中国国民党第一次全国代表大会期间的言论,及其在"宣言"中重新解释的三民主义只字不提。① 蒋介石的目的也非常明确,那就是借解释孙中山的三民主义来否定孙中山在国民党"一大"宣言中所解释的三民主义,淹没孙中山三民主义积极的内容,继承孙中山消极的所谓"道统"。他所解释的三民主义明显是扭曲了的孙中山的三民主义。

孙中山的真三民主义是什么呢?1940年1月,毛泽东在《新民主主义论》中指出:"我们共产党人承认'三民主义为抗日民族统一战线的政治基础',承认'三民主义为中国今日之必需,本党愿为其彻底实现而奋斗',承认共产主义的最低纲领和三民主义的政治原则基本上相同。但是这种三民主义是什么三民主义呢?这种三民主义不是任何别的三民主义,乃是孙中山先生在《中国国民党第一次全国代表大会宣言》中所重新解释的三民主义。……只有这种三民主义,才是真三民主义,其他都是伪三民主义。只有《中国国民党第一次全国代表大会宣言》里对于三民主义的解释才是'真释',其他一切都是伪释。"② 毛泽东很明白地指出,蒋介石对孙中山三民主义的解释,因为违背孙中山在国民党"一大"宣言中对三民主义的解释,因此是"伪释"。这问题本来已经解决,但却不然。1941年8月,叶青发表《与毛泽东论新民主主义》一文,就新民主主义的基本意义、新民主主义的世界性质、新民主主义的中国背景,以及新民主主义的政治、经济、文化等问题同毛泽东驳难。但是通读全文,叶青只不过是要"中国除了需要三民主义以外,不需要任何主义"。他要说的问题是"用三民主义去统一

---

① 载《青年中国季刊》创刊号,1939年7月30日。
② 毛泽东:《新民主主义论》,《毛泽东选集》第二卷,人民出版社1991年版,第689页。

全国人底思想，以集中全国人民底意志，来谋力量上的团结和行动上的一致"，"谁不相信三民主义，谁就是自外于中国"。① 也即是说，要国共合作吗？可以，条件是共产党人放弃信仰共产主义，信仰他们的假三民主义。这种观点当然立即遭到中国共产党人的奋起驳击。

由此可见，国共两党（国民党左派除外）对孙中山三民主义的认识是明显不一样的，关键问题是对孙中山在国民党"一大"宣言中解释的体现联俄、联共、扶助农工三大政策的三民主义抱什么态度。国民党人不敢公开否认孙中山的国民党"一大"宣言，也不敢公开承认孙中山重新解释的三民主义，当然也就不敢承认孙中山的三大政策。国民党将三民主义视为同共产党搞关系的一种手段，当国民党同中国共产党合作时，他们强调要以孙中山的三民主义作为政治基础；当他们同共产党闹摩擦搞分裂时也是打着维护孙中山三民主义纯洁性的旗帜，其实是他们自己暌离孙中山的三民主义。所以，国共合作的形成与分裂虽有种种原因，但其中同对孙中山及其思想抱什么态度则是一个重要的原因。可见，孙中山及他的三民主义是前两次国共合作的精神支柱，弄清楚孙中山三民主义的真实内涵，继承孙中山三民主义的基本精神，不仅仅是学者的事情，也关系到国共两党如何正确地继承和弘扬孙中山的精神遗产的原则问题。

时至今日，国共两党的情况已经发生了很大的变化。在祖国大陆，共产党作为执政党早已实现了孙中山的三民主义，并在社会主义建设中取得举世公认的成就；在台湾，国民党经过几十年的周折，现在台湾国民党的三民主义已经不是孙中山三民主义的原版。所以，在今天强调用三民主义作为国共合作、统一祖国的政治基础是不合时宜的主张，当然，用共产主义作为国共合作的政治基础也不现实。因此，如果现阶段国共再次合作，它的政治基础已不可能是三民主义，也不可能是共产主义，只能是爱国主义，反对"台独"，坚守民族团结、祖国统一，共同努力实现中华民族的伟大复兴。合作的方式也与前两次合作不同，合作的目的是和平统一祖国，共同复兴中华。但我们也绝不能认为孙中山的思想在第三次国共合作中已经没有什么影响了。孙中山作为国民党的缔造者，只要国民党不叛离孙中山和他的思想，他的思想以及信仰将继续在国民党中长期发生作用。孙中山作为国共合作的精神纽带在今天仍然具有很强的凝聚力。孙中山统一祖国、振兴中华的思想将是国共两党必须继续坚持并努力争取早日实现的遗教，他将永远鼓舞人们为实现祖国和平统一和中华民族的伟大复兴去努力奋斗。

(1988 年)

---

① 载《抗战与文化》杂志第五卷第十、十一期。

共产国际与吴佩孚和孙中山

共产国际于1919年3月在莫斯科成立后,它的对华政策是由俄国布尔什维克党的最高领导人决定的,充分反映了俄国的民族利益。中国成为共产国际注意的中心,不仅仅是地缘政治的原因,更重要的是由于西方帝国主义对苏俄的威迫,使共产国际把注意力转向联合东方半殖民地半封建社会国家以抗衡西方列强。共产国际在中国的活动,激起了中国进步力量的觉醒,一些先进人物把俄国革命看作仿效的榜样,把布尔什维克看作自己争取民族独立和社会主义斗争的天然盟友。然而,由于共产国际初期的对华政策过于偏向苏俄的民族利益,使其对华政策一开始就遇到巨大的不可克服的困难。由于共产国际初期设计的对华政策不正确,甚至错误,使其在中国的活动产生了错综复杂甚至是有害的影响。

共产国际与中国革命的关系在已往的研究成果中已有充分的说明,本文根据中共中央党史研究室翻译的《联共(布)、共产国际与中国国民革命运动》一书提供的新材料,就共产国际与吴佩孚和孙中山的关系作说明,帮助我们正确地理解20世纪20年代中国的政治史,避免一些不必要的学术上的纠缠。

一

共产国际和苏俄的初期对华政策,原先是企图联络由美国和英国支持的吴佩孚去打击日本支持的张作霖,维护俄国在蒙古继续驻军,防止白卫匪帮及其首领向远东共和国后方发动新的攻势,以及继续维护俄国对中东铁路的经营管理权。共产国际、苏俄的对华政策开初是希望吴佩孚与孙中山合作,建立一个统一的中国政府,打击和削弱张作霖的势力,作为苏俄与日本讨价还价的筹码。吴佩孚要求苏俄立即从外蒙古撤出军队,由中国来彻底解决外蒙古问题,并要苏俄放弃在中东铁路上的利益。然而,正如1922年11月18日越飞给吴佩孚的信中所强调的:"立即从蒙古撤出我们的军队不符合中国的利益。我们费了很大力气才说服蒙古人承认中国的主权。但是,如果中国代表想在会谈中彻底解决中蒙问题,那么没有外蒙代表的参加,我们是决不能同意的。"并声明,苏俄不能放弃中东铁路上的利益,具体地说:"就是我们要求掌握铁路的理事会,而直到现在中国还不能向我们做出保证:这条铁路不会被张作霖、日本人或其他外国人那样一些敌视我们的势力占领,在这条铁路上要设有自己的护路队和警备队。"越飞对吴佩孚说，苏俄在蒙古驻军和掌握中东铁路的管理权"既符合你们的利益，也同样符合我们的利益"。①

吴佩孚虽是军阀，但在国家主权问题上，他也能坚持民族主义的立场和原则。1922 年 11 月 20 日，吴佩孚给越飞复信指出："蒙古属于中国，中国中央政府本身会尊重蒙古人民的意愿，没有必要节外生枝。中国中央政府不承认所谓的蒙古政府，因此中国政府难以承认蒙古政府与俄国政府所缔结的条约是有效的。"因此，"即一旦中国能够接收蒙古，俄国军队就立即撤走"。关于中东铁路问题，吴佩孚告知越飞，"当中国有能力接收中东铁路的时候，俄国真诚地希望把它无条件地归还给中国，而中国方面也应该保障俄国的有关利益，以表达自己对俄国的友谊，这就是双方都承认的原则。"至于对越飞劝其与孙中山和解并建立联合政府的意见，吴佩孚则"以不辜负我的朋友对我的期望"给以搪塞，不表明自己的任何态度。②

而孙中山对共产国际、苏俄企图通过吴佩孚与他合作，消灭张作霖的政策也表示不能同意。1922 年 11 月 2 日，孙中山在上海给越飞写信。孙中山在信中对苏俄从西伯利亚消除白卫分子，以及日本人完全撤出海参崴和红军进驻该城表示庆贺。然而，他也告诉越飞，他"发现与吴佩孚打交道是困难的"，因为"吴佩孚想让我抛弃张作霖作为对与他合作的一种酬谢。这样的行动方针我是不能接受的，更何况张作霖准备同意进行有所有领导人参加的全国性协调活动"。孙中山对共产国际、苏俄为了消灭张作霖而向吴佩孚提供援助表示担忧。他说："苏联向吴佩孚提供这种帮助，必然含有利用这种援助来反对我的可能性。我难以想象，贵国政府希望或有意把我看作是敌人，或者帮助任何一个能把我看作是敌人的人。"又说："我认为，您（按，指越飞）对张作霖持否定态度，是因为你怀疑他是日本代理人和他关照白卫分子，或者是他多少倾向于允许白卫分子在满洲土地上搞反对贵国政府的阴谋活动。"孙中山表示，他能够使张作霖做出令人满意的承诺，"即今后他将基本上奉行我对贵国政府的政策"，"贵国政府如果与我一起行动并通过我采用外交方式，而不是与吴佩孚一起行动并通过吴佩孚使用军事援助和武装力量手段，是能够从张作霖那里取得在理智的范围内为保证苏维埃俄国的安全所需要的一切"。至于吴佩孚，孙中山说："我很想与他合作。但是，以我同那些仍然忠于我的统一国家计划的老朋友的决裂为条件的合作，我是不能

---

① 《越飞给吴佩孚将军的信》，《联共（布）、共产国际与中国国民革命运动(1920—1925)》一，中共中央党史研究室第一研究部译，北京图书馆出版社 1997 年版，第 157 页。

② 《吴佩孚给越飞的信》，《联共（布）、共产国际与中国国民革命运动(1920—1925)》一，中共中央党史研究室第一研究部译，北京图书馆出版社 1997 年版，第 159～160 页。

同意的。"① 同年11月7日和8日，越飞分两次拍发电报给苏俄外交人民委员契切林，汇报他在中国与孙中山联络和会谈的情况，批评孙中山"不参与全国性事务，单纯准备武装革命，对组织群众工作注意不够"，并告契切林，据马林从上海报告他同孙中山谈话的情况，指出："孙逸仙怀疑吴佩孚没有诚意，而吴佩孚鉴于孙逸仙与安福系分子（按，指段祺瑞）和张作霖有来往，对孙逸仙也持同样的怀疑。"越飞说，他将坚持让孙逸仙亲自来北京，"努力使他与吴佩孚和解"，并要"说服孙逸仙进行积极的政治活动，干预北京的事务"。②

由此可见，共产国际和苏俄联络孙中山的明显目的是要他与吴佩孚合作，孤立张作霖，使苏俄能继续维护其在我国东北已经取得的利益，并迫使张作霖放弃支持白卫分子和投靠日本。苏俄还企图出兵满洲（按，指我国东北地区），但孙中山不同意苏俄出兵满洲的做法。他说，俄国军队进驻满洲，便给日本提供进行武装干涉的借口。孙中山重申自己的建议，"如果俄国同意花钱让一个师进驻满洲，那么，最好还是把这笔钱用在实施他（按，指孙中山）的计划上面"。孙中山认为，没有什么比让俄国的军队进驻满洲更有利于日本军国主义分子了。孙中山对越飞说："据他所知，日本最近的大选将会导致内阁垮台，内阁总理的职位将由孙逸仙的朋友床次竹三郎占有，到那时日本必然会与我们亲善。"孙中山坚持，"我们对日政策的主要倾向应该是使日本脱离美国和英国，并阻止日本在中国占据主导地位"。关于蒙古问题，孙中山说，他根本不反对苏俄军队在库伦驻扎，但是他"坚决反对蒙古代表单独参加俄中会议"，也坚决"反对蒙古独立"。③

共产国际与苏俄的对华政策是它们的世界政策的一部分，明显地带有为了苏俄民族主义的利益，它们所关注的是如何遏制英美与日本势力在中国的发展，使苏俄能在中国占据主导地位。所以，就共产国际、苏俄的利益考虑，它们的计划是希望在中国"组建孙逸仙—吴佩孚政府"，并通过"孙逸仙坚决要求张作霖立

---

① 《孙逸仙给越飞的信》，《孙中山全集》未收本文，参见《联共（布）、共产国际与中国国民革命运动(1920—1925)》一，中共中央党史研究室第一研究部译，北京图书馆出版社1997年版，第144～146页。

② 《越飞给契切林的电报》（摘录），《联共（布）、共产国际与中国国民革命运动(1920—1925)》一，中共中央党史研究室第一研究部译，北京图书馆出版社1997年版，第147～148页。

③ 《越飞给契切林的电报》（摘录），《联共（布）、共产国际与中国国民革命运动(1920—1925)》一，中共中央党史研究室第一研究部译，北京图书馆出版社1997年版，第147～148页。

即改变对白卫分子友好而对我们敌视的政策"。① 越飞经过同孙中山反复的联络，已经摸清孙中山关于解决中国问题的主张。1922 年 11 月 10 日和 13 日，越飞于北京两次拍电报给契切林，并请转送给俄共中央政治局书记斯大林。电报说，11 月 9 日，孙中山的主要助手张继带着孙中山给他的信来到北京，孙中山请求越飞把他的这封信交给列宁、托洛茨基和契切林，要求越飞立即将他个人对所提出的问题的答复告诉他。越飞将孙中山信的内容告诉契切林。越飞说，该信的内容大致如下："让我们的军队进驻满洲，即使以维持中东铁路秩序为借口，也会被人们认为是对吴佩孚即将发动的反对张作霖的战争的支持。"② 越飞认为：如果苏俄军队进驻满洲，定会"迫使张作霖求助于日本。日本军国主义者由于缺乏为实施侵略计划所需要的道义上的掩饰，所以至今未能实行侵略政策，而在这种情况下他们则能得到这样的掩饰，因为他们也会作出反对我们进行侵略的样子，并且会再次征召白卫分子和亲自同我们作战。在这种情况下列强肯定会支持日本。这一切不仅对中国是有害的，而且对我们也是有害的。另一方面，吴佩孚的力量及其不稳定性是建立在他的这样一种信念之上的，即我们会以军事力量支持他反对张作霖，最终也反对孙逸仙"③。

从这两个电报我们清楚地看到，苏俄在我国东北（即它们所说的"满洲"）具有野心，企图通过孙中山与吴佩孚联合打击张作霖，从而排除日本对苏俄在我国东北的利益争夺。孙中山表示愿意为准备统一中国和建立强大且稳固的中央政府而与吴佩孚联合，但认为"此举是很艰难的"，因为吴佩孚提出，与孙中山联合的条件是孙中山须与"支持他的统一政策的老朋友张作霖断绝关系"。孙中山不能允许共产国际、苏俄去帮助吴佩孚反对张作霖。经过越飞与吴佩孚和孙中山的反复联络，终于使越飞明白，他电告契切林说，"只有孙逸仙是我们在中国的唯一朋友"，"孙逸仙是最亲近我们的，特别是从共产党员也加入他的党时起就更是如此"。但越飞也解释他们接触吴佩孚是为了对他施加影响，"但是这些毫不意味着，我们准备用军事力量支持吴佩孚在中国打内战"，并声称"对于张作霖，的确，我们是不信任的，因为我们知道，他在实行两面派政策，他向我们军

---

① 《越飞给加拉罕的电报》（摘录），《联共（布）、共产国际与中国国民革命运动（1920—1925）》一，中共中央党史研究室第一研究部译，北京图书馆出版社 1997 年版，第 151 页。

② 《越飞给契切林的电报》（摘录），《联共（布）、共产国际与中国国民革命运动（1920—1925）》一，中共中央党史研究室第一研究部译，北京图书馆出版社 1997 年版，第 147～148 页。

③ 《越飞给契切林的电报》（摘录），《联共（布）、共产国际与中国国民革命运动（1920—1925）》一，中共中央党史研究室第一研究部译，北京图书馆出版社 1997 年版，第 152～153 页。

事指挥部派去代表团,声称他不会支持白卫分子,而实际上他在支持我们中东铁路上的敌人,并在满洲为白卫分子提供安身之地和战略基地"。①

孙中山代表中国的利益,共产国际派驻中国的代表代表苏俄的利益,从不同的民族主义立场出发,他们对中国问题的看法和解决的方法起初存在明显分歧。所以,在一段时期里,共产国际与孙中山虽有接触,但没有实质性的联合行动,互相之间都是在观望、在探试。从材料得知,在1922年年底以前,共产国际都是在通过与吴佩孚的联络对孙中山施压,而孙中山则通过与张作霖、段祺瑞联络,反对共产国际支持吴佩孚消灭张作霖作为回应和牵制。

1922年11月18日,越飞给吴佩孚写信,仍然劝告吴佩孚要与孙中山合作。越飞对吴佩孚说:"在北京这里,如果我没有搞错的话,正在发生这样一些事件,这些事件证明某些势力正在急剧增长,并且有充分理由可以认为,中国的中央政府有点儿想摆脱您的影响。我个人认为,这样的处境更加严峻地表明您有必要与孙逸仙联合。"越飞又指出:"中国人民的两位领袖(其实,能否拯救中国将取决于他们),由于个人的怀疑和彼此不信任,怎么也联合不起来。就在您怀疑孙逸仙对张作霖过分亲近,因而拒绝委派孙丹林部长去跟他会谈的时候,孙逸仙也同样怀疑您和陈炯明有联系并且不信任您;然而,无论第一种怀疑还是第二种怀疑都可能是缺乏根据的,至少我确实知道,孙逸仙没有与张作霖签订任何正式协议,说实在的,如果允许我开诚布公地说的话,孙逸仙对您的怀疑倒是更有根据的,因为在报纸上甚至都登出,现任总理王宠惠提议从广州召回陈炯明,以便派他去对付孙逸仙的支持者,同时还声称,不论您还是曹锟都不反对这样的计划。"然而,越飞又表示:"我本人并不相信这些报道,根据您过去的声明,我认为,您永远不会与陈炯明联系,第一,因为在目前他只不过是英国的代理人;第二,因为那样做会使您与孙逸仙彻底闹翻,而您不止一次地使我备感荣幸的是,您赞同我的如下观点:您与孙博士联合才是正确的政策。""如果您不同意孙逸仙的要求,那么孤立您的政策将会继续下去,您为祖国进行的斗争和工作将会极其困难。"② 由此可见,越飞对吴佩孚的态度已经很不耐烦,这封信带有对吴佩孚进行要挟的意味。

然而,吴佩孚也非等闲之辈。两天后,即11月20日,吴佩孚即给越飞复信,说:"您的顾问格克尔、贝利先生和伊万诺夫的光临以及您那封善意的来信

---

① 《越飞给契切林的电报》(摘录),《联共(布)、共产国际与中国国民革命运动(1920—1925)》一,中共中央党史研究室第一研究部译,北京图书馆出版社1997年版,第153～155页。

② 《越飞给吴佩孚将军的信》,《联共(布)、共产国际与中国国民革命运动(1920—1925)》一,中共中央党史研究室第一研究部译,北京图书馆出版社1997年版,第155～156页。

使我备感荣幸。我很感动，万分感谢您的盛情。"但吴佩孚告知越飞："关于内政问题，您出于友情向我提出劝告，我敬佩您的渊博知识，我要竭尽全力遵循这一思想，即如何拯救国家，以不辜负我的朋友对我的期望。"这个表白有点顾左右而言他，他并没有就越飞建议他与孙中山联合组建政府有丝毫的表示，其实吴佩孚是在拒绝越飞的建议。而对外政策问题，吴佩孚则明确表示"需要加以讨论"，但是，关于俄国从蒙古撤军问题，他说："上一次格克尔顾问到洛阳来时已经达成协议，即一旦中国能够接收蒙古，俄国军队就立即撤走。"吴佩孚强调："蒙古属于中国，中国中央政府本身会尊重蒙古人民的意愿，没有必要节外生枝。中国中央政府不承认所谓的蒙古政府，因此中国政府难以承认蒙古政府与俄国政府所缔结的条约是有效的。"关于中东铁路问题，吴佩孚指出："当中国有能力接收中东铁路的时候，俄国真诚地希望把它无条件地归还给中国，而中国方面也应该保障俄国的有关利益，以表达自己对俄国的友谊，这就是双方都承认的原则。"①

越飞把吴佩孚视为 20 世纪 20 年代解决中国问题的关键人物。共产国际与苏俄派人同吴佩孚联络，并就苏俄对中国的内外政策交换了意见。但关于苏俄在外蒙古驻军以及关于中东铁路的归属问题，吴佩孚同共产国际、苏俄的代表各自坚持自己的民族主义立场，没有取得共识，而这也是共产国际、苏俄未能与吴佩孚结盟的主要原因。吴佩孚作为一个中国人，自有其民族主义情结，他坚持中国民族主义的立场，反对外蒙古独立，反对苏俄在中国领土驻军以及反对俄国掠夺中东铁路的权益，自有其值得肯定的地方。

1922 年 12 月，共产国际在莫斯科举行第四次代表大会。12 月 5 日，在共产国际第四次代表大会闭幕前还通过了关于《中国共产党的任务》的决议。这个决议虽然正确地指出，中国共产党人应该将自己的主要注意力用于组织工人群众、成立工会和建立坚强的群众性共产党方面，并强调应该"利用中国知识分子的激情，从中挑选最宝贵的坚定的革命分子，用来组织年轻的中国工人阶级"，然而却错误地强调："中国共产党不应该屈从于中国资产阶级所建立的这些中心中的任何一个。"共产国际认为，当时中国掌握在督军手里的独立的区域政权和南方的孙中山政权都是为了资产阶级革命发展做准备，所以，决议认为，"这些集团的所有代表人物，都在为政权而相互争斗，都与某个帝国主义国家政府保持联系，并企图利用它们，实际上，常屈从于它们的反动影响。如果说张作霖是日本帝国主义的附庸，因此引起中国所有民族革命分子对他的敌视，那么，一刻也不应该忘记，昔日南方民主政府的首脑——孙逸仙过去和现在都在与张作霖联手

---

① 《吴佩孚给越飞的信》，《联共（布）、共产国际与中国国民革命运动（1920—1925）》一，中共中央党史研究室第一研究部译，北京图书馆出版社 1997 年版，第 159～160 页。

合作,因此,支持孙逸仙同吴佩孚作斗争,不仅是支持一个反动派张作霖,而且还是支持日本帝国主义"。决议还指出:"吴佩孚同美国帝国主义也有联系,对他的任何支持也就是对在中国的美国帝国主义的支持。"① 这个决议说明,直到 1922 年年底,共产国际对解决中国的问题都还没有一个明晰的结论,更没有制定明确的在中国实行民族民主统一战线的策略,尤其是对孙中山仍持怀疑的态度。这时共产国际仍然认为,孙中山联络张作霖,表明孙中山对日本的态度仍然暧昧。

当时的孙中山对共产国际和苏俄对华的政策显得很不耐烦,对于苏俄的武装力量在满洲边界集结并准备占领北满表示担忧。1922 年 12 月 6 日,孙中山在上海给列宁写信,明确地告诉列宁:苏俄的武装力量如果出兵占领北满,"将对今后的俄中关系造成严重后果。对中国人民来说过去俄国占领北满,是沙皇制度一个明显的证明和证据。如果您占领这个地区,那么我相信,我国人民就会把这个步骤说成是旧俄帝国主义政策的继续"。但孙中山也表示,他不相信"莫斯科的这种举动是出于帝国主义的动机",而莫斯科要占领北满是出于"对张作霖的不信任"。孙中山敬请列宁决定通过与他一起行动"迫使张作霖在理智的范围内做到为保证苏维埃俄国的安全所需要的一切"。孙中山还指出,苏俄遵循这种政策,不仅可以"避免危险的反动派在中国对您的攻击,而且还可以帮助我创造一种便于加速俄中共同工作的局面"。他还敬告列宁,苏俄与中国现政府的谈判不仅是浪费时间,而且也是很危险的,因为"北京(政府)现在是帝国主义列强的仆从和工具,所以,和北京打交道,实际上也就是和列强打交道。这是危险的,因为始终有可能,北京和这些列强要手腕使我们在中国人民面前处于不利的地位"。②

12 月 20 日,孙中山又给越飞去信,再次强调如果苏俄同当时北京政府举行有关中国问题的谈判,就表明苏俄已同资本主义列强一起,"通过国际上承认等步骤,为它树立威信",但这样做的结果便证明苏俄"默认资本家的论点,即解决中国问题必须采取人们称之为进化的缓慢渐进变革方法,而不是可以称之为革命的苏联方法或急剧变革方法"。孙中山指出,由于他"至今所捍卫的革命措施不可能得到它们的支持。它们把我视为中国革命的化身,要采取措施反对、攻击和镇压我"。如果苏俄竟重复资本家的论点,只能同中国现存的政府打交道,那

---

① 《共产国际第四次代表大会决议〈中国共产党的任务〉》,《联共(布)、共产国际与中国国民革命运动(1920—1925)》一,中共中央党史研究室第一研究部译,北京图书馆出版社 1997 年版,第 161～163 页。

② 《孙逸仙给列宁的信》,《联共(布)、共产国际与中国国民革命运动(1920—1925)》一,中共中央党史研究室第一研究部译,北京图书馆出版社 1997 年版,第 163～164 页。

就是苏俄"有意为那些是你们伟大制度的公开敌人的国家效劳"。那么，怎么办？孙中山主动提出建议，他"作为我的受压迫的同胞的代表，同贵国政府实行合作"，并声称他"现在可以调大约一万人从四川经过甘肃到内蒙古去，并且最后控制位于北京西北的历史上的进攻路线。但是，我们希望得到武器、弹药、技术、专家等方面的援助"。孙中山希望越飞给他答覆："贵国政府能否通过库伦支援我？如果能，能支援到什么程度？在哪些方面？"孙中山告诉越飞，如果他能与苏俄合作，他的真正敌人肯定将是吴佩孚，英国和其它国家肯定将支持吴反对他，"甚至现在英国就主张吴佩孚和陈炯明'和解'，在福建'消灭'我的军队。吴佩孚不顾对我友好的保证，也正在这样干。我担心此人靠不住，或者正如我们中国人所说，人心叵测。"孙中山还提醒越飞，"至于所谓吴佩孚在内阁问题上的失败，这没有现实意义。曹锟现在正在同张作霖调情，旨在迫使吴佩孚同意选曹锟为总统，或诸如此类的事情。另一方面，张作霖正在争取曹锟再次反对吴佩孚。但是，曹锟虽然可能是个傻瓜，他的幕僚却非常聪明，不会不懂得除掉吴佩孚会造成以后动乱时曹锟直接面对张作霖的局面。这完全像下棋，是在中国'缓慢'变革这一局棋中简单地挪步。如果不采取革命措施，清除现存的整个腐朽制度，那就不会发生任何实际变化。"①

从孙中山给列宁和越飞的信中可以清楚看到，孙中山与共产国际的分歧起初主要表现在如何对待吴佩孚，以及共产国际是支持曹锟、吴佩孚维护北京政府，还是支持他采取革命措施，清除当时的腐败制度的问题。如果共产国际继续支持吴佩孚，孙中山当然不会同共产国际和苏俄发生关系；共产国际如果决定与孙中山合作，支持孙中山的革命措施，那么，共产国际、苏俄就必须答应给孙中山全面的支持，尤其是武器、弹药、技术、专家等方面的援助。可见，孙中山给列宁和越飞的信非常重要。这两封信从未收入孙中山的各种文集。这两封信基本上确立了孙中山与共产国际、苏俄合作的原则和措施，也基本上确立了孙中山与越飞于1923年1月谈判进行合作的条件和原则。

二

俄罗斯联邦驻华全权代表越飞于1923年1月13日从北京给俄共（布）、苏联政府和共产国际领导人写信。在这封信中，他就当时中国政治的总形势，以及曹锟、吴佩孚和孙中山各种政治、军事力量作了分析。他指出，曹锟集团为了遴选中华民国总统而发动的政变眼下总的看来已经失败，而吴佩孚目前处于孤立状态，他在中国中心省的地位已被曹锟及其同伙取代。同时，吴佩孚先前的政府已

---

① 《孙逸仙给越飞的信》，《联共（布）、共产国际与中国国民革命运动（1920—1925）》一，中共中央党史研究室第一研究部译，北京图书馆出版社1997年版，第165～167页。

不再存在，但曹锟至今不但没有当上总统，也没有完全建立自己的政府。正因为曹锟及其同伙在中国社会上没有扎实的根基，因此，总的说来，他几乎不能依靠任何人；正因为如此，曹锟的所谓政府，从总理张将军（按，张绍曾）到最后一个部长，实际上都是一些没有政治作用因而得到当选部长的平庸之辈，由于他们的平庸，因此，他们既没有强有力的反对者，也没有强有力的拥护者。并指出："曹锟决不会同吴佩孚彻底决裂，也不会同张作霖完全达成协议……张作霖也不会同曹锟这样一个不受欢迎和毫无用处的人结成真诚的和完全的联盟。"[①] 至于吴佩孚，越飞说此人的情况很复杂，客观上会把他推向对中国，特别是对中国的民族解放运动最不利的冒险行为。任何一个中国军阀如果没有地盘，就像是一个没有马匹的骑手。吴佩孚目前实际上只有一个河南省，如果他不扩大自己的势力范围，他就没有任何前途。然而，吴佩孚不会跟曹锟彻底决裂，因而他不会向北方进军。由此看来，吴佩孚如果不想彻底毁掉自己，他除了向南方挺进以外别无出路。中国事变的后果首先非常有可能是吴佩孚同孙逸仙发生冲突，而吴佩孚在蒙古问题上并不讨好苏俄。因此，越飞说："吴佩孚的实际状况使他对俄国的态度有所恶化。我本人将利用自己的一切影响，使吴佩孚和我们的关系不致破裂，但是我认为，如果我们不得不在吴佩孚与孙逸仙之间作出抉择的话，那么无疑我们是选择后者。"至于对孙中山，越飞在信中说："孙逸仙不是今天就是明天，迟早会恢复在南方的全部影响。加之他利用最近几个月时间还在扩大影响，所以实际上整个南方，包括土耳其斯坦（按，我国的新疆地区）在内，将掌握在孙逸仙手里。考虑到张作霖目前正与孙逸仙联手，孙逸仙很可能会在近期内实际上成为除吴佩孚还在支撑并可能支撑得住的一个省份和北京周围一小块所谓中国正式中央政府基地之外的整个中国统治者。"[②] 越飞认为，苏俄同吴佩孚合作是不现实的，只有孙逸仙才可能是俄罗斯联邦的唯一盟友。

从越飞给莫斯科的信可以明显看出，到1923年1月，共产国际、苏俄的对华政策已经发生动摇，由原来支持当时中国的北京政府和军事集团的实力派转向支持没有掌握实权的南方的孙中山，这其中的原因有中国的，也有苏俄的，但最根本的原因与北京政府抑或吴佩孚既不同意俄国解决外蒙古地位问题的主张，也不同意俄国军队驻留外蒙古，以及反对苏俄继续维护其在中东铁路的管理权有关。

---

① 《越飞给俄共（布）、苏联政府和共产国际领导人的信》，《联共（布）、共产国际与中国国民革命运动(1920—1925)》一，中共中央党史研究室第一研究部译，北京图书馆出版社1997年版，第193～194页。

② 《越飞给俄共（布）、苏联政府和共产国际领导人的信》，《联共（布）、共产国际与中国国民革命运动(1920—1925)》一，中共中央党史研究室第一研究部译，北京图书馆出版社1997年版，第194～197页。

1923年上半年，俄共（布）中央政治局和共产国际执委会根据越飞和共产国际代表马林的建议，通过了关于共产国际与孙逸仙和国民党的关系的重要决议。俄共（布）中央政治局还赞同越飞旨在"全力支持国民党"的政策，并建议苏俄外交人民委员会和"我们共产国际的代表加强这方面的工作"，这就为共产国际、苏俄与孙中山合作奠定了思想上的基础。

　　然而，苏俄政府和俄共（布）中央对于越飞提议同孙中山建立合作关系虽原则上同意，但对给予孙中山何种援助则意见不一，这从1923年1月20日苏俄政府革命军事委员会主席托洛茨基于莫斯科给越飞的信可以得到证明。托洛茨基在信中告知越飞，俄共（布）中央政治局同意他对中国问题的政策提纲，"政治局特别强调，不管中国出现任何政府组合都必须继续在支持孙逸仙的民主组织和配合中国共产党人的工作方面进行系统的工作，并决定征询您的意见，为加强内部的系统的宣传工作可能需要多少款子"。接着，托洛茨基便质问越飞："我至今还不明白，为什么放弃帝国主义要以放弃我们的财产权为先决条件。既然中东铁路是我们在中国领土上的国家财产，无疑它是帝国主义的工具。铁路既然转交给中国，它也是巨大的经济文化财富。从这个意义上说，我完全不明白，为什么中国农民必须靠俄国农民来拥有铁路。您说，中国反正不能支付（中东铁路的建筑和管理费用）。这是毫无疑问的。但是，一旦中国国家政权稳定，它可以比苏维埃共和国更快地得到贷款。我们可能也应当帮助孙逸仙在中国稳定内部制度。为什么孙逸仙或者别的什么人不能在这种情况下部分地和逐步地给我们偿还中国人民将使用的这条中东铁路的费用呢？为什么说这是帝国主义？"从信中得知，托洛茨基不同意越飞向中国放弃中东铁路、将其交还给中国管理的建议，并对越飞建议向孙逸仙提供4000万卢布贷款的举措表示诧异。他说：您说中国很穷，其实"俄国也很贫穷，根本没有能力来资助它"，并强调"物质恩施所取得的那点好感是非常不稳固的"，因为我们的敌人可以比我们提供"更多得多的恩施"。①

　　1923年1月25日，曾被共产国际派驻中国的代表维经斯基在给共产国际东方部的信中也透露，苏俄集团军军长认为，张作霖是"日本的走狗，奉行的是日本的政策，是我们最凶恶的敌人。从苏俄方面说，同他没有任何谈判的余地，给他提供任何形式的帮助，即使是间接的帮助，都意味着加强敌人的力量"②。并

---

　　① 《托洛茨基给越飞的信》，《联共（布）、共产国际与中国国民革命运动(1920—1925)》一，中共中央党史研究室第一研究部译，北京图书馆出版社1997年版，第200～201页。

　　② 《维经斯基给共产国际东方部的信》，《联共（布）、共产国际与中国国民革命运动(1920—1925)》一，中共中央党史研究室第一研究部译，北京图书馆出版社1997年版，第204页。

指出，苏俄集团军军长认为"孙逸仙对张作霖的态度，不仅表现在前者对后者在道义上的支持，还表现在组织上的联系，他们认为这都是事实，因此，他们对越飞采取的主要面向孙逸仙的策略采取否定的态度"。所以维经斯基建议，采取以下行动：（一）开展反对孙逸仙和吴佩孚争斗的运动，相反，以联合孙逸仙和吴佩孚力量的形成具体提出统一中国的思想；（二）对张作霖集团和重新接近他的曹锟实行对抗的路线，激烈批评这些反动势力。在任何情况下，我们都不应害怕，反对张作霖的行动和斗争不仅不会削弱中国民族力量对帝国主义者的反抗，相反，"这样的斗争会削弱日本方面对中国民族力量的压力和增强在张作霖世袭领地满洲和中东铁路沿线居民的革命精神"。① 可见，即使是俄共（布）中央已经确立了联合孙中山的政策，但苏俄军事集团的头目们从俄国的民族利益出发，还是主张吴佩孚与张作霖争斗，通过吴佩孚打垮张作霖，从而铲除日本在我国东北的势力，以便于苏俄对我国东北的控制。

1923年1月，越飞自北京南下上海与孙中山进行会谈。会谈的详细情况过去所知道的，只是1月26日《孙文越飞联合宣言》中所披露的几个原则意见：越飞回答了孙逸仙提出的关于俄罗斯联邦的内外政策问题，双方讨论了中国的局势，同时孙逸仙声明，由于中国缺乏相应条件，共产主义制度甚至苏维埃制度都不能应用于中国。越飞同意孙逸仙的意见，并强调指出，"中国最要最急之问题，乃在民国之统一之成功，与完全国家的独立之获得"。② 越飞和孙逸仙还讨论了苏中关系的现状、蒙古问题和中东铁路问题。可是，《联共（布）、共产国际与中国国民革命运动》一书公布的1923年1月26日越飞于上海给俄共（布）、苏联政府和共产国际领导人的信，则使我们更加清楚地看清越飞与孙中山谈判的详情，所以，这封信极其重要。

在越飞给俄共（布）、苏联政府和共产国际领导人契切林（外交人民委员会委员长）、列宁（人民委员会主席）、托洛茨基（革命军事委员会主席）、季诺维也夫（共产国际主席）、斯大林［俄共（布）中央政治局书记］、拉狄克（俄共中央委员）的信中，谈到中国的总形势时指出：（一）北京中央政府已取得国会的信任表决，更确切些说，名义上已经国会批准行使自己的职责；（二）吴佩孚孙逸仙之间的冲突更趋尖锐化；（三）孙逸仙在南方的成功大大加强了，目前他不仅占领了广州，而且实际上控制了整个南方。曹锟集团虽然通过信任表决取得

---

① 《维经斯基给共产国际东方部的信》，《联共（布）、共产国际与中国国民革命运动（1920—1925）》一，中共中央党史研究室第一研究部译，北京图书馆出版社1997年版，第203～205页。

② 孙中山：《孙文越飞联合宣言》，《孙中山全集》第七卷，中华书局1985年版，第51～52页。

胜利,但内阁形同虚设。具有重大意义的事情是吴佩孚和孙逸仙之间的冲突加深。因为曹锟发布了关于蒙古问题的通电,要求蒙古尽快回到中华民国的怀抱,并指出应尽快派军队到外蒙古用武力将俄国人从那里赶走。"吴佩孚也在俄国所有敌人的大合唱中提高了自己的嗓门,并发出一份令人极难理解的通电,其内在涵义只能解释为,吴佩孚试图证明,他在蒙古问题上决不讨好俄国。"越飞在信中还说只有"孙逸仙是俄国的朋友;安福分子(按,指段祺瑞)希望成为孙逸仙的朋友,那就是说,需要同越飞和好"。越飞认为,既然吴佩孚成为孙逸仙的敌人,客观形势也在迫使吴佩孚改变对俄国的方针,一旦吴佩孚和孙逸仙之间关系尖锐化,发生公开冲突,我们应该选择谁?越飞说:"我们决不能支持吴佩孚去反对孙逸仙。"然后,越飞在信中详细地介绍孙中山,说"他无疑是一位正直的革命家和诚挚的热心者"。① 孙中山虽对群众的宣传和鼓动问题注意不够,但他已经重视并正在充分地加以弥补。孙中山针对目前的情况制定了两套行动计划。在中国事务上除孙中山的计划外想不出任何别的办法。根据这个计划,孙中山首先打算彻底消灭陈炯明。在战胜陈炯明之后,孙中山认为同吴佩孚的冲突就不可避免。越飞在信中说,如果孙中山同吴佩孚真的打起来,孙打算派自己的军队从两个方向,即从效忠于孙的湖南省和从孙拥有自己10万军队的四川省向后者进攻,也就是向吴佩孚得以支撑的河南省洛阳和湖北省汉口进攻。与此同时,张作霖定会进攻北京并占领它。在这套计划的进一步发展中,张作霖应会把北京交给孙中山。而孙中山打垮吴佩孚之后就会作为统一中国的代表进驻北京。为了实现这个计划,孙中山向越飞提出给予200万墨西哥元(相当于几乎同样数目的金卢布)的资助。如果张作霖打下北京后,不愿把北京交给孙,在这种情况下,孙中山希望苏俄军队佯攻满洲以便把张作霖的力量从被他占领的北京引向满洲。如果孙中山的第一套计划由于得不到苏俄的支援而失败,孙中山便会实施第二套计划。第二套计划的核心是建立在完全不依赖帝国主义列强,而只靠苏俄帮助把自己的基地移到国内腹地,这样"穆斯林中国,即东土耳其斯坦(按,指中国新疆)及其毗邻的省份,都处在孙逸仙的强大影响之下。……然后从四川,通过不触及吴佩孚势力范围的途径,即通过广西、山西等省,将孙逸仙在那里拥有的10万军队转移到蒙古边境地区,并在富产粮食和富裕的省份,在经过东土耳其斯坦和经过库伦与我们直接可以接触的地方驻扎下来"。② 这支军队由我们来装

---

① 《越飞给俄共(布)、苏联政府和共产国际领导人的信》,《联共(布)、共产国际与中国国民革命运动(1920—1925)》一,中共中央党史研究室第一研究部译,北京图书馆出版社1997年版,第210页。

② 《越飞给俄共(布)、苏联政府和共产国际领导人的信》,《联共(布)、共产国际与中国国民革命运动(1920—1925)》一,中共中央党史研究室第一研究部译,北京图书馆出版社1997年版,第214页。

备起来,但孙逸仙希望不要我们提供军用装备和服装等等,希望我们提供一定数量的我们的军事教官。"一旦这支军队进入充分的战斗状态(孙认为,这需要一年到两年时间),那么就着手进行最后的'北伐',无疑这次会是成功的。"越飞在信中说,孙中山全部计划的实施皆指望于"我们的帮助和支持。一旦没有我们的帮助和支持,孙逸仙就不得不同帝国主义者妥协,进而同受帝国主义者奴役的北京政府妥协,这样中国的国民革命就将长久地拖延下去。"因此,越飞认为:"中国发生的事件向我们严厉地提出了以下问题:(1)我们是否准备向孙逸仙立即提供200万金卢布或者另外一种数额(多少?)(如若同意,钱款一定要由信使带给我)。(2)我们是否准备在必要时向张作霖发动进攻,把他从北京吸引过来?(3)我们是否准备在一两年内给孙逸仙的10万军队供应武器(也提供一定数量的教官),当然,这毕竟不应是欧洲现代化武器装备的军团。如果不这样做,那么我们在何种规模上和在什么时期内可以给孙逸仙提供武器帮助?"① 尽管越飞在以往的信件中也强调苏俄应给予孙逸仙支持,这种支持不仅对中国民族民主力量是一种鼓舞,而且对提高苏俄的世界威望也将发生巨大影响,但苏俄对于经济援助则相当吝啬,连200万金卢布都不愿意支付给孙中山,这使越飞相当的恼火。

可见,越飞在上海同孙中山就中国的未来政局广泛地交换了意见,包括苏俄的对华政策,以及孙中山统一中国的具体计划、孙俄合作的条件和各种问题等。看来,越飞在同孙中山会谈之前,并未取得苏俄政府的具体指示,孙中山与越飞的协议只作为越飞个人的意见,所以在《孙文越飞联合宣言》发表的当天,越飞就急忙向俄共(布)、苏联政府和共产国际领导人写信征询意见:"我们在何种规模上和在什么时期内可以给孙逸仙提供武器帮助?"但不管如何,孙中山与越飞会谈的成果与宣言发表则为孙中山与俄国合作建构了基础,规划了一个合作的内容和基本框架。越飞送交给共产国际和苏俄政府领导人的《对孙逸仙博士现有计划的几点看法》中,对于孙中山实施其计划过程中可能会发生和应该预计到的各种可能性,以及帝国主义对孙中山拟在西北建立根据地可能会采取某些戒备措施都进行了估计,这些都说明越飞在上海与孙中山会谈的内容极其广泛,也相当具体。越飞在《对孙逸仙博士现有计划的几点看法》中还透露希望在他离开上海之前与孙中山就一些具体问题达成协议,比如孙中山在实现其计划时,必须立即以他所代表的中国各省的名义公开宣布,俄国军队不能从蒙古撤离,这样便可以制止对俄国在蒙古问题上的诽谤。又比如,关于中东铁路,由于这条铁路把

---

① 《越飞给俄共(布)、苏联政府和共产国际领导人的信》,《联共(布)、共产国际与中国国民革命运动(1920—1925)》一,中共中央党史研究室第一研究部译,北京图书馆出版社1997年版,第214~215页。

俄国的滨海边区同其余地区连接起来,目前的状况不可能长久维持下去,必须和平达成协议,将来在中东铁路问题彻底解决以前,中东铁路理事会作为名义上的理事会要撤销,而铁路管理局由中国政府和俄国政府共同委任。看来,蒙古问题以及中东铁路问题仍是越飞同孙中山谈判合作的筹码。孙中山对上述问题的态度如何,越飞在信中没有明说,只是讲到"只要公开宣布孙逸仙博士和越飞在上述两个问题上原则上同意这些观点,这就非常重要,并会为今后在上述方面的进一步合作提供可能性"。①

莫斯科方面收到越飞的信后,俄共(布)中央政治局即于1923年3月8日于莫斯科开会,作出几项决定:(1)否决孙逸仙计划中一切可能引起日本干涉危险的部分;(2)认为最好在中国西部以完整的军事建立的形式建立革命军队的基础;(3)认为可以给孙逸仙约200万墨西哥元的资助;(4)认为必须经孙逸仙同意后向孙逸仙派去政治和军事顾问小组;(5)认为最好让越飞同志来莫斯科商谈,并跟越飞同志商定来莫斯科的具体时间;(6)向越飞同志指出,政治局非常担心孙逸仙过于注重纯军事行动会损害组织准备工作;(7)责成由契切林、拉狄克和托洛茨基同志组成的委员会在政治局下次会议前在业已通过的指示的基础上制定给越飞同志的指示草案,并务必将草案分发给政治局全体委员。② 1923年8月2日,斯大林又以苏共中央书记的名义主持政治局会议,斯大林建议任命鲍罗廷为孙逸仙的政治顾问,并责成鲍罗廷在与孙逸仙工作中遵循中国民族解放运动的利益,决不要迷恋于在中国培植共产主义的目的,并责成鲍罗廷与苏联驻北京的全权代表协调工作,并定期向莫斯科送交工作报告(尽可能每月一次)。③

至此,苏俄、共产国际与孙中山合作的原则已经定了下来,但合作是有条件的,这个条件就是孙中山在蒙古和中东铁路问题上公开表明态度,并改变单纯进行军事北伐统一中国的策略,同时国民党和孙逸仙必须在国内开展政治运动,建立全国性政党,并以此使广大群众了解他们的军事行动的意向,而且还要孙中山

---

① 《越飞对同孙逸仙合作的前景和可能产生的后果的看法》,《联共(布)、共产国际与中国国民革命运动(1920—1925)》一,中共中央党史研究室第一研究部译,北京图书馆出版社1997年版,第218〜222页。

② 《俄共(布)中央政治局会议第53号记录》(摘录),《联共(布)、共产国际与中国国民革命运动(1920—1925)》二,中共中央党史研究室第一研究部译,北京图书馆出版社1997年版,第225〜226页。

③ 《俄共(布)中央政治局会议第21号记录》(摘录),《联共(布)、共产国际与中国国民革命运动(1920—1925)》二,中共中央党史研究室第一研究部译,北京图书馆出版社1997年版,第265〜266页。

断绝与张作霖、段祺瑞（安福系首领）的联系和支持工人、学生运动。① 而苏俄、共产国际给予孙中山军事、经济援助并派遣政治、军事顾问帮助孙中山训练军队和筹组国民革命军进行北伐，统一中国。至于孙中山对苏俄、共产国际的要求，除了前述越飞给苏俄政府和共产国际领导人所谈到的有关情况外，还没有在共产国际、联共（布）的档案中发现其他可以证明他的承诺的具体材料。

三

综上所述可以得出如下结论：

第一，共产国际成立初期的对华政策具有很大的不明晰性和随意性。初期，共产国际的对华政策包含明显的民族主义情结——主要是为了维护苏俄的民族利益而制定。它虽然宣布废除沙俄在华的不平等条约，但又在外蒙古、中东铁路等问题上与中国讨价还价，并欲与北京政府谈判，争取对苏俄的承认，并以中国是否允许外蒙古独立和苏俄在外蒙古驻兵，以及维护苏俄在中东铁路的经营管理权作为与中国友好的条件。

第二，共产国际初期的对华政策是为了建立苏俄的安全体系，争取东方殖民地半殖民地国家与苏俄合作共同抗衡西方列强的侵略，具有明显的反帝倾向。然而，共产国际从苏俄的民族利益出发，反对日本对中国东北（即外国人所称的"满蒙"）的争夺，所以它在中国实施的是联合反对中国亲日势力张作霖军阀的吴佩孚的政策。吴佩孚是反对中国革命力量的反动军阀，但他为了自己的生存，也反对外蒙古独立和苏俄在蒙古和东北地区驻军，后来吴佩孚又支持曹锟贿选北京政府总统，成为维护北京政府的重要势力；又因为曹锟、吴佩孚都是英美支持的分裂割据势力，所以，起初苏俄的对华政策不仅受到中国进步力量——以孙中山为首的国民党人的反对，也受到军阀张作霖势力的抵制，因此共产国际初期在中国的努力没有达到预期的效果，并严重受挫。这与其说是英美日反苏俄的结果，毋宁说是共产国际错误地估计中国形势而做出错误的抉择的结果。

第三，共产国际后来改变策略，由支持曹锟、吴佩孚等北中国的军阀势力抗衡南方的革命势力，转而支持以孙中山为代表的南方国民党力量反对北方军阀势力，并筹组政治、军事力量准备北伐，统一中国。共产国际对华政策的转变说明共产国际已经认识到中国问题的严重性和复杂性，靠维持现状解决不了中国的问

---

① 《维经斯基就中国形势给共产国际执委会东方部的报告》（摘录），《联共（布）、共产国际与中国国民革命运动（1920—1925）》二，中共中央党史研究室第一研究部译，北京图书馆出版社1997年版，第233～236页。又见《维经斯基给萨法罗夫的电报》，《联共（布）、共产国际与中国国民革命运动（1920—1925）》二，中共中央党史研究室第一研究部译，北京图书馆出版社1997年版，第238页。

题，而中国的问题不解决，东方的问题，尤其是东亚的问题也无从解决。所以，支持孙中山的革命力量，重新发动一场国民革命、统一中国，是共产国际一个英明的决策，但也是一个需要做出很多付出的决策。共产国际联孙与孙中山联俄（即联共产国际）都是有条件的，这个条件归结起来都是为了各自国家的民族利益。然而，共产国际、苏俄联孙以及孙联苏俄，都是对帝国主义在华势力的一个致命的打击，极大地鼓舞了中国和亚洲的进步力量，为中国反帝反封建力量的聚合和亚洲反帝统一战线的形成起了积极的推动作用。孙中山联俄，以及共产国际、苏俄联孙，无论在中国或者在国际上，都是当时一件具有重大历史意义的事件。

（1999 年）

从共产国际、联共（布）与中国革命的档案，看鲍罗廷与孙中山政治理念的歧异与磨合

20 世纪 20 年代，对中国国共第一次合作发生重大影响的人物有鲍罗廷和孙中山，他们不仅促成了国共第一次合作，造成国民革命的领导新体制，也在一定程度上决定了国共第一次合作的结局。

台北政治大学蒋永敬教授于 1963 年出版《鲍罗廷与武汉政权》一书后，在中国海峡两岸直接或间接从事鲍罗廷研究的学者日益增多，尽管由于资料或观点不同，他们的看法有异，但他们的研究成果对于中国和世界都产生了影响。近年来，随着联共（布）、共产国际与中国国民革命运动档案材料的翻译和出版，为研究鲍罗廷与孙中山、国民党改组和国共第一次合作提供了许多新资料，使我们对于这一重大政治事件的决策和结局有更明晰的了解。本文拟利用这些新资料做些研究，作为对上述问题研究的补充。

一

鲍罗廷 1884 年 7 月 9 日生于俄国。他幼年与青少年时代曾在俄国学校读书，并读过大学。1903 年，他加入布尔什维克（Bolshevik）党，次年被派往瑞士，一年后被列宁召回。1906 年，他代表里加（Riga）地方革命团体出席在斯德哥尔摩（Stockholm）举行的统一革命党派会议，回国后不久即被逮捕，后释放，又被布尔什维克党派往伦敦宣传俄国的革命，并在旅英俄侨中从事革命活动。1907 年春，他又到了美国，除在工厂中进行活动外，他还和他的朋友合作创办了《美国工人》（The American Worker）杂志，宣传和介绍美国工人情况。1908 年，他在芝加哥为俄侨设立了一个"进步预备学校"。他还加入美国社会党，并担任"援助俄国政治犯委员会"主席。1918 年，他回到莫斯科，参加地方党务工作。1919 年，共产国际成立后，他被派到各国活动，曾到过墨西哥、英国。1922 年 8 月，他在格拉斯哥（Glasgow）被捕，被判 6 个月徒刑，期满后被递解出境，回到俄国彼得格勒（Petrograd，即列宁格勒）。1923 年 8 月 2 日，斯大林以俄共（布）中央书记的名义主持政治局会议，斯大斯建议任命鲍罗廷为孙中

山的政治顾问,并责成鲍罗廷在与孙中山的工作中遵循中国民族解放运动的利益,决不要迷恋于在中国培植共产主义的目的,并责成鲍罗廷与苏联驻北京的全权代表协调工作,并定期向莫斯科送交工作报告(尽可能每月一次)①。随后鲍罗廷与加拉罕和维经斯基被派往中国②,共产国际将马林免职调离中国。马林被革职是由于他建议中共与国民党合并,引起共产国际驻北京的代表斯列帕克等人的不满。

鲍罗廷于1923年9月到达北京。苏联副外交人民委员加拉罕于9月23日自北京给孙中山写信介绍鲍罗廷来华工作情况,并指出:"鲍罗廷同志是在俄国革命运动中工作很多年的我们党的一位老党员。"他请孙中山不仅把"鲍罗廷同志看做是政府的代表,而且也把他看做是我个人的代表,您可以象同我谈话一样,坦率地同他交谈。您可以相信他所说的一切,就象我亲自告诉您的一样。"③这封信于10月6日鲍罗廷到达广州时交给孙中山。

在《鲍罗廷关于华南形势的札记》中说:"为了避免在香港逗留,我于1923年9月29日从上海启程乘坐一艘小轮船直驶广州,但在途中遇到台风,要是我们不是在台湾的岩岛上得救的话,那么笔者就会遭受与我们船上送命的那200只绵羊同样的命运。"鲍还说:"我于10月6日才到达广州。因此,孙逸仙的代表魏秘书和喻育之将军接连3天来迎接我,毫不怀疑我乘小轮船从上海到广州走了这么多天,这并不奇怪。我对他们解释说,我不愿意向英国人申请签证,所以没有乘大轮船去香港。"④

跟随鲍罗廷一起到达广州的还有他的夫人法伊娜·谢苗诺夫娜·鲍罗廷娜和苏联派驻广州政府的军事顾问团成员波利亚克。在此之前,苏联军事顾问团的另一成员格尔曼已先期来到广州⑤。

苏联派出具有丰富革命斗争经验的加拉罕和具有政治斗争经验的鲍罗廷及其

---

① 《俄共(布)中央政治局会议第21号记录》(摘录),《联共(布)、共产国际与中国国民革命运动(1920—1925)》二,中共中央党史研究室第一研究部译,北京图书馆出版社1997年版,第265～266页。

② 参见崔书琴:《孙中山与共产主义》,香港亚洲出版社1954年版;蒋永敬:《鲍罗廷与武汉政权》,台北《传记文学丛刊》,1972年版。

③ 《为鲍罗廷来华加拉罕致孙中山的信》,《共产国际、联共(布)与中国革命文献资料选辑(1917—1925)》二,中共中央党史研究室第一研究部译,北京图书馆出版社1997年版,第535页。

④ 《鲍罗廷关于华南形势的札记》,《联共(布)、共产国际与中国国民革命运动(1920—1925)》一,中共中央党史研究室第一研究部译,北京图书馆出版社1997年版,第364页。

⑤ 向青、石志夫、刘德喜主编:《苏联与中国革命》(1917—1949),中央编译出版社1994年版,第101页。

他的军事顾问到中国来帮助孙中山进行革命斗争，无疑是共产国际和苏俄在中国寻求盟友政策转变的具体表现。但鲍罗廷的到来也引起一些人的不满，如共产国际驻北京代表斯列帕克在给维经斯基的信中便指责鲍罗廷是个"非常漫不经心的人"，说鲍似乎不适宜担任孙中山政治顾问的角色，并指责国民党是一个"倒霉"的"奸党"，"人们开始把党拴在孙逸仙的马车上，要把孙从他'可爱的'拥护者所设置的冒险泥潭中拖出来"。① 苏联外交使团新领导人加拉罕于1923年10月6日在北京给鲍罗廷（其正式身份仍属于苏联驻北京外交使团）写信也谈到孙中山于9月17日给他写的信已经收到，对于孙中山的在广东进行双边谈判合作的建议，加拉罕要鲍罗廷找到一种相当委婉的方式，向孙说明这个问题"为时尚早"。但他又要鲍罗廷"严肃地"同孙中山一谈，听取孙如何防止出现"资本主义列强将企图通过北京和利用北京使苏维埃俄国遭受新的外交失败"的可能性的意见。加拉罕还提示鲍罗廷"从以前的通信中您可以了解到孙的从北方进军的空想计划"，如果孙中山"再次重提这个计划，您要向他说明，这个计划不可能立即实施。另一方面，您要经常强调，在决定实施任何一项重大计划之前，我们应当竭力巩固自己在中国的地位，特别是巩固自己在满洲（按，指我国东北地区）的地位，要解决中东铁路问题"。②

鲍罗廷到达广州后，经过一番调查和观察，他认为"孙逸仙同最忠于他的国民党人都在忙于前线上的事情"，国民党同党员没有任何联系，没有在他们当中散发宣传品，没有举行会议，没有说明在各个战线上的斗争目标，特别是对陈炯明的斗争目标。所以，他认为"国民党作为一支有组织的力量已经完全不存在"。又说："广东人民对孙的政府持强烈反对态度。广州的工人加上手工业者共有35万人。孙从上海回来时，他们曾热烈欢迎他，现在他们对他的政府的命运漠不关心，对其胜败根本不感兴趣。城市小资产阶级，因前线时胜时败和敌军经常进犯而深受无政府状态之苦，一听到令人胆颤心惊的消息，要么关闭自己的店铺，要么藏身于外国列强的旗子之下。苦力们一批批被抓走，送往前线，强制

---

① 《斯列帕克给维经斯基的信》，《联共（布）、共产国际与中国国民革命运动(1920—1925)》二，中共中央党史研究室第一研究部译，北京图书馆出版社1997年版，第266～267页。

② 《加拉罕给鲍罗廷的信》，《联共（布）、共产国际与中国国民革命运动(1920—1925)》一，中共中央党史研究室第一研究部译，北京图书馆出版社1997年版，第295页；参见《苏联对外政策文件》，俄文版，第6卷，第436页。加拉罕所谈的孙中山的计划系指越飞与孙中山会谈期间，孙中山所提出的两套行动计划，具体内容参见《越飞给俄共（布）、苏联政府和共产国际领导人的信》（1923年1月26日于上海），《联共（布）、共产国际与中国国民革命运动(1920—1925)》二，中共中央党史研究室第一研究部译，北京图书馆出版社1997年版，第211～215页。

劳动,因此城市里的交通工具明显不足。这种现象又损害了商业。滥征捐税引起了更多的误解和仇视,而没有给国库增加收入。至于农民,他们把孙同陈(炯明)的斗争看作是只降临到他们头上的一种不幸。他们不再纳税,不再把粮食卖给军队,最终拿起武器在某个地方从后面袭击部队。"并批评孙中山"对所有这一切都未予注意","他把所有时间都花在同无数个将军的谈话上,这些将军各自为战,没有总指挥部"。鲍罗廷指出,如果所有这一切,再加上陈炯明也是作为国民党的一员出现的,那么,在人民的头脑中对同一个党的两个成员之间的战争,该会产生什么样的混乱,但是现在这个样子的国民党又不能担起这个运动的领导工作。因此,鲍罗廷认为,为了起到担负国民运动的领导工作,中国国民党必须进行改组。① 孙中山于1923年10月18日任命鲍罗廷为改组国民党的顾问和组织教训员。鲍罗廷接受委任后即同广东省省长廖仲恺、广州市市长孙科、广东省公共安全委员吴铁城研究制定党纲和党章工作。孙中山本人也积极参加工作,主持会议,审查纲领、章程,等等。这标志着苏俄实行联合和支持孙中山的开始,也标志着国民党的改组工作开始紧张而又有序地进行。从1923年12月16日鲍罗廷在上海同中共党员瞿秋白的谈话记录得知,鲍罗廷在广州帮助国民党制定宣言、纲领和章程后,即在国共双方之间进行斡旋,推动国民党改组工作,而重点进行的是抓舆论宣传工作,指示《向导》周报刊登国民党的纲领、宣言,并发表社论,鼓动中共积极参加国民党改组,并要瞿秋白转告中共中央起草一个通告,散发给各级组织,明确对于国民党改组,中共应做什么工作。瞿秋白告诉鲍罗廷:"这几天我们的一些同志加入了国民党,他们得到的印象是,国民党内没有中心。"鲍罗廷还向瞿秋白打听有关上海、浙江、福建等地,以及沈定一、卢永祥、吴佩孚等人的情况。总的说来,鲍罗廷认为"报界方面的情况相当糟糕",几乎都不宣传国民党改组。鲍也详细地询问孙中山赴苏考察代表团成员中每个人的情况,尤其是关于蒋介石、沈定一和王登云的,以及在代表团内、在共产党人和国民党人中间出现的两派分歧的情况。②

看来,鲍罗廷既是一位颇具组织才干的政治家,又是一位很有思想活力的鼓动者。他到广州后,不仅赢得了孙中山的信任,而且在国共双方做了大量的工作。正如1923年12月27日加拉罕在北京给鲍罗廷的信中所言:"现在,广东的局势是无可指责的。"但也由此引起加拉罕担心在广州支持孙中山进行革命会被

---

① 《鲍罗廷关于华南形势的札记》,《联共(布)、共产国际与中国国民革命运动(1920—1925)》一,中共中央党史研究室第一研究部译,北京图书馆出版社1997年版,第367~370页。

② 《鲍罗廷同瞿秋白的谈话记录》,《联共(布)、共产国际与中国国民革命运动(1920—1925)》一,中共中央党史研究室第一研究部译,北京图书馆出版社1997年版,第378~385页。

别人指责孙中山"是在按照其他大国的计划和指令行事",会造成英国、美国和日本等国的警惕,反对同苏俄恢复关系。所以,加拉罕曾考虑将鲍罗廷调离,如果不能调离,也要鲍最大限度地表现出其所固有的隐蔽性,并"教会广州人这样做"。鲍罗廷也曾考虑过改名为尼基福罗夫,加拉罕以"改名换姓"会带来诸多不便为由,加以劝阻。① 不过,从鲍罗廷1924年1月4日于上海给维经斯基的信中得知,鲍罗廷并不认为他有违共产国际和苏俄政府的有关精神,并在信上附了一些材料为他在中国南方的工作进行辩解。鲍罗廷说,现在最重要的工作是开始对国民党进行改组,并指出,此项工作已"渐渐走上正轨",并强调他"慢条斯理地、羞羞答答而拐弯抹角地"提出适用于中国国情的"自决"权概念,使他们明确"民主""这个蠢词"的概念;还提出请求将马林和两三名优秀的、完全懂俄语的中国人调来广州帮助做翻译工作和其他事务性工作。②

从鲍罗廷的信中可以看出,鲍对于他在广州进行的工作,尤其是对改组国民党和国民党第一次全国代表大会的准备工作十分得意,也感到很满足,从而显示出他的自信和对协助孙中山工作的执着。

二

1924年1月15日,共产国际执行委员会东方部给共产国际执行委员会主席团的报告,改变了过去对中国国民党的批评,说:"国民党在其存在的12、13年中第一次被看作是真正的国民革命党。"指出:国民党最近"在中国南方海关收入问题上对帝国主义采取的行动,它发表的反帝声明和转向世界无产阶级的行动,表明它走上了真正同帝国主义进行民族革命斗争的道路,不再执行其从前依靠一个帝国主义集团反对另一个帝国主义集团的斗争策略"。"目前,国民党在广东省是执政党,它能否控制住全省将取决于军事上的成败,但无论如何,中国的民族运动从现在起具有了真正的反帝性质。促使中国国民党进步的主要原因之一,是最近半年来发生的一些事件,这期间在中国中部和北部,美国的影响不仅在实际上而且在表面上都开始超过日本。曹锟(中国的现任总统)在美国支持下的掌权不仅意味着美国影响的扩大,而且意味着中国最大的军阀党——直系的加强。上面这个情况促使国民党更迅速地确定了方向,最终更公开更真诚地转向

---

① 参见《加拉罕给鲍罗廷的信》,《联共(布)、共产国际与中国国民革命运动(1920—1925)》一,中共中央党史研究室第一研究部译,北京图书馆出版社1997年版,第386~388页。

② 《鲍罗廷给维经斯基的信》,《联共(布)、共产国际与中国国民革命运动(1920—1925)》一,中共中央党史研究室第一研究部译,北京图书馆出版社1997年版,第395~397页。

了苏俄。"① 这是对鲍罗廷在广州工作的肯定，也表明共产国际和苏俄联孙进入实质性阶段。

国民党第一次全国代表大会举行之后，共产国际和苏俄完全改变了对孙中山和国民党的态度。他们普遍认为："现在国民党不仅想成为党，而且它以自己的行动证明，它确实想成为党。孙逸仙实现了这个有意义的演变。……孙逸仙对于国民党来说，就像伊里奇对于俄国共产党一样。"②"这个第一次代表大会不仅是党的历史上而且也是国民革命运动历史上的一个转折点，因为它为国民革命组织，为它的战斗核心奠定了基石。"③

国民党第一次全国代表大会的顺利举行和圆满成功，是国共两党共同努力的结果，也是共产国际、苏俄驻华代表的坚定支持和积极参与的结果，作为国民党改组的直接参与者鲍罗廷的贡献尤为突出。不过，过去我们只是从亚·伊·切列潘诺夫著《中国国民革命军的北伐——一个驻华军事顾问的札记》中略知鲍罗廷及苏俄军事顾问格尔曼、切列潘诺夫、波里亚克和鲍罗廷的妻子兼秘书法伊娜·谢苗诺夫娜·鲍罗廷娜在鲍罗廷指导下参与筹备国民党"一大"的一些情况，尤其了解到在鲍罗廷与孙中山共事的一年半中，鲍对孙中山的帮助，以及在为国民党改组过程中制定党的章程、纲领和国民党"一大"宣言中所起的作用。④ 更详细的情况不得而知，而且切列潘诺夫的回忆不可能准确无误，因此对鲍罗廷与孙中山在许多重大问题上的看法不得而知。共产国际、联共（布）与中国革命档案资料丛书的翻译出版则为我们提供了研究20世纪20年代共产国际、苏俄与中国国民革命关系的第一手重要资料，使我们对鲍罗廷与孙中山的关系有更深的了解。

在国民党第一次全国代表大会召开之后的2月16日，鲍罗廷在他的"札记和通报"中，就国民党的状况，尤其是对孙中山关于帝国主义的思想、孙中山和实际生活中的帝国主义、孙中山和苏俄，以及对国民党第一次全国代表大会的筹

---

① 《共产国际执行委员会东方部给共产国际执行委员会主席团的报告》（摘录），《联共（布）、共产国际与中国国民革命运动(1920—1925)》一，中共中央党史研究室第一研究部译，北京图书馆出版社1997年版，第398～399页。

② 《斯列帕克给维经斯基的信》，《联共（布）、共产国际与中国国民革命运动(1920—1925)》一，中共中央党史研究室第一研究部译，北京图书馆出版社1997年版，第407～408页。

③ 《加拉罕给契切林的信》，《联共（布）、共产国际与中国国民革命运动(1920—1925)》一，中共中央党史研究室第一研究部译，北京图书馆出版社1997年版，第410页。

④ 参见（苏）亚·伊·切列潘诺夫著：《中国国民革命军的北伐——一个驻华军事顾问的札记》，中国社会科学院近代史研究所翻译室译，中国社会科学出版社1981年版，第35～40页。

备工作做详细的记录,这是一个非常重要的原始记录。在这个札记中,鲍罗廷一方面说 1924 年 1 月 20～30 日在广州召开的国民党第一次全国代表大会开辟了中国国民革命运动的新纪元,另一方面又指出国民党从来不以某个阶级,更不以劳动群众为基础,国民党不是反帝的党。鲍罗廷指责国民党即使在中国人民同帝国主义处于直接的和很明显的对抗时,也避免就这种对抗做出某种具体的表示,更不用说为了国民革命运动而组织和利用这种对抗了,所以,国民党"缺乏足够的民族主义色彩,缺乏彻底的反帝精神"。鲍罗廷指出,孙中山欲利用列强在中国开发自然资源,以及寻求同帝国主义妥协,但等待着他的仍然是失望。列强不去迎合孙中山,不仅是因为它们当中谁都没有把他当作自己的人,而且还因为所有国家在国民党全国代表大会以后,都不能不把他视为自己在中国的统治的可能威胁。正因为这样,鲍罗廷强调:"现在孙比任何时候都明白,他本人已经陷入帝国主义在中国的矛盾之中;由于他实行忽而讨好这个列强,忽而讨好另一个列强的政策,他只能成为他们手中的工具。他帮助了日本人,没有让抵制运动波及南方的中心——广东省,但他没有换得任何实际的东西;为了掩饰美国人的武装干涉阴谋,他把自己的威信交给了他们,换得的是设法把关税的余额交给他用于'改善内河航道'的空洞许诺;为了英国人的'友谊',他把广东等省的整个经济生活都奉献给了他们,而作为这种'友谊'的体现是他们能在广州把他杀掉,但他们不这样做。"① 也正由于这样,鲍罗廷指出,孙中山同意为国民党制定革命纲领,迎合了我们,但是不同意公开说将同我们建立统一战线。为此,孙中山对我们还不完全信任。孙中山谈论与我们的友谊,但同时又同美国或日本调情,或者唆使一个去反对另一个。鲍氏说:"所有这些都证明,孙对我们在东方的真实目的的认识还很模糊。" "在他身上,就像在一滴水上一样,反映了国民党——从共产主义者到新加坡商人的斑斓色彩。"但他又说:"孙是个共产主义者,是国民党左派,是国民党中派,又是国民党右派。有时他的言辞极端革命,比我们共产党人还革命;有时他又忘记了所有革命词藻而成了小资产阶级的庸人。他忽而激烈抨击帝国主义者,忽而又对美国大使舒尔曼说,美国人应当干预中国事务,从而背叛了自己国家的真正民族利益。……他忽而致电俄罗斯,指出代表大会是在列宁学说的影响下召开的,忽而他又向麦克唐纳做出这种献媚的保证:协约国应当像他们恢复土耳其的主权一样恢复中国的主权。他忽而向蒙古人(例如向蒙古党主席丹增)声明,国民党将纠正满洲人干出的各种不公正的事情,也就是说,国民党将赋予少数民族以自决权,忽而又向同一个麦克唐纳夸耀

---

① 《鲍罗廷的札记和通报(摘录)》,《联共(布)、共产国际与中国国民革命运动(1920—1925)》一,中共中央党史研究室第一研究部译,北京图书馆出版社 1997 年版,第 431～432 页。

中国的历史是东方的导师和征服者的历史。他忽而完全同意国民党同工农群众建立联系，在纲领中保证支持他们的经济组织，忽而又反对就野蛮杀害稻米生产工人领袖的问题作出决议。"据此，鲍罗廷认为，在孙的身上充满了对中国国民运动最有害的矛盾，要摆脱这些矛盾对他来说是很困难的。在国民党改组以前，鲍说在中国并不存在一个由孙中山领导的真正革命的、团结的和有纪律的国民党。但他又明确指出："我不能设想国民党的改组可以没有孙。需要利用他的左倾，利用他的威信，利用他建党的愿望，以便号召国内现有的真正革命分子投入实际生活，把他们无条件地团结在国民党左派的周围，那时孙就必须同以前组织上的混乱和思想上的涣散一刀两断，并完全投入真正的国民革命运动，或者他销声匿迹。"鲍罗廷毫不掩饰地说，他对孙的态度正是从"加强国民党左派的角度和为了国民革命运动而拯救孙的角度出发的，同时也为了加强国民党自身的左派倾向"。① 鲍罗廷毕竟是苏俄民族主义者，但他也带有国际主义倾向，但因为他与孙中山的立场和观点不同，他与孙中山无论从思想意识或工作方法上都存在明显的不同，甚至存在对立。孙中山是欲通过国民党改组，提升他的广州政府为全国性政府，而鲍罗廷则坚持国民党改组不是为了使孙成为中国的总统，而是为了通过国民党的行动纲领，为了改组党，巩固党，使中国国民党成为反对帝国主义的民族主义政党，领导中国的国民革命成为共产国际和苏俄抗击帝国主义列强的重要力量。鲍罗廷指责孙中山是小资产阶级的空谈家，他只是盯着"自由民族"的观念来拯救中国。但他又认为，孙中山毕竟是国民党"伟大之领袖"，"孙先生之经验，将能供给彼党之所缺乏，其所缺乏者何，军事精神，及国民的组织者二是也。中国国民党主义之精神，正在勃兴奋斗，一有军事精神，及国民组织，则国民党主义之精神，将更为之增势"。②

基于此，鲍罗廷便利用筹备中国国民党第一次全国代表大会之机与孙中山及国共两党的重要人员频繁接触，并通过制定国民党的纲领、章程和宣言为国民党定位，确立国民党为一个中国国民革命运动的政党，建立领导新体制和开展国民革命运动的宣传。然而，从鲍罗廷给共产国际的许多报告中得知，鲍罗廷和孙中山对当时中国许多问题的看法都存在分歧，为了中国的革命事业，他们尽量求同，但从各人的政治理念出发，意见分歧不可能消融，只能各自保留。

---

① 《鲍罗廷的札记和通报（摘录）》，《联共（布）、共产国际与中国国民革命运动（1920—1925）》一，中共中央党史研究室第一研究部译，北京图书馆出版社1997年版，第432～434页。

② 《鲍罗廷对觉悟社记者谈对于中国内情之观察》，原载《向导》第四十五期，题为《文明国开化退步国》，参见《共产国际、联共（布）与中国革命文献资料选辑（1917—1925）》二，中共中央党史研究室第一研究部译，北京图书馆出版社1997年版，第536～538页。

第一,在关于召开国民党"一大"宗旨问题上,孙中山与鲍罗廷的分歧与解决。

在国民党第一次全国代表大会筹备工作开始的初期,孙中山提出建立全国政府或建设性政府的问题。据廖仲恺说,提出这个问题的原因是英国外交使团在发生海关冲突时,强烈要求只要作为地方性的、而不是全国性的广州政府建立某种直接接触引起的。英国只把孙的政府称作"地方性的",这件事令孙中山勃然大怒,从那以后孙就决定把自己的广州政府提升为全国政府。孙中山决定通过国民党的全国代表大会将广州政府宣布改组为全国政府。鲍罗廷则认为,"孙的这种作法会断送召开代表大会的宗旨",如果代表大会只是为了通过孙中山为中国的总统,那就会"导致党毁灭的步骤"。为了避免这一危险,鲍罗廷决定在国民党"一大"筹备委员会提出这个问题并争取他们同意不宣布广州政府为全国政府,他说:"只有作出这种抉择,才能够改变孙原先的决定。"经过鲍罗廷对委员会进行的一系列冗长的论证和解释,委员会清楚地认识到"党还没有那么巩固,还不具有那种客观的形势以致能提出自己为全国政府"的条件,因而委员会同意不要在党的代表大会上表决广州中华民国非常政府为全国政府。后廖仲恺和汪精卫找鲍罗廷提议,请他亲自试试,劝孙不要宣布自己的政府为全国政府。鲍接受廖、汪的意见,在代表大会召开前夕就此问题同孙中山进行了一次很严肃的长时间的谈话,最后孙同意取消自己的决定,只限于由代表大会表示赞成有必要成立全国政府,并指示党在群众中进行有力的宣传鼓动工作,支持全国政府的口号。①

第二,在制定国民党"一大"宣言过程中,鲍罗廷与孙中山的分歧与磨合。

国民党"一大"宣言是由国民党、共产党和共产国际共同讨论制定的。过去,我们据国民党"一大"会议记录对之有所了解,但详情则不太明晰,今据共产国际、联共(布)与中国革命文献资料则有了更具体的了解。鲍罗廷在给共产国际的报告中谈到本次代表大会提交宣言起草委员会的工作时作了这样的陈述:"我已经说过,国民党,甚至它的左派,在思想上都是很涣散的,也是五花八门的",甚至"还充满着知识分子的无政府主义"。国民党人通常都说"拥护民族主义、民权主义、民生主义",并且还扯上有五条尾巴的宪法。但三民主义是什么?五权宪法的来源又何在?必须要起草委员有个明确回答。鲍罗廷说,为此他在上海同中共中央的同志一起决定建议国民党提出一个完整的行动纲领,说明它拥护什么。有这样的行动纲领,在国民党代表大会上就可以做到:(一)对过去做出比较明确和正确的估计,并揭示革命失败的原因;(二)评论那些关于

---

① 《鲍罗廷的札记和通报(摘录)》,《联共(布)、共产国际与中国国民革命运动(1920—1925)》一,中共中央党史研究室第一研究部译,北京图书馆出版社1997年版,第439~440页。

如何摆脱混乱和无政府状态的毫无用途的、没有任何意义的建议，这些建议是鉴于国内的这种混乱和无政府状态由某些团体和党派以及一些有影响的人士提出来的，例如立宪派、联邦派的建议，以及成立在外国人保护下的务实政府的建议，等等；（三）指出如果现有的建议都不适用，那么国民党要提供什么出路。如果现在不能提出纲领，那么至少应向本次代表大会明确地提出国民党的主义，即什么是民族主义、民权主义和民生主义。鲍罗廷指出，以上就是国民党第一次全国代表大会应该回答的问题。

制定国民党行动纲领的过程，据鲍罗廷在报告中所说是这样的：在上海曾召开国民党中央上海局第一次会议，并向中央提交了第一个草案。讨论这个草案整整用了一个晚上的时间，而且廖仲恺、瞿秋白、汪精卫和胡汉民都热情地参加了讨论。此后这个草案由瞿秋白译成中文交给了汪精卫，汪进行了加工、改写并用中文提交上来。当这个草案被重新译成俄文时，我们立即发现，就连我们那些著名的国民党人的思想也极其混乱。所以，宣言必须进行大修改，为此在广州由四个人即胡汉民、廖仲恺、汪精卫和鲍罗廷组成宣言修订委员会。在瞿秋白的参与下至少花费了 15 个小时，逐条进行认真反复的讨论，主要讨论了两个方面的问题：（一）关于现代社会的运动机制问题；（二）对社会政治问题的小资产阶级态度。经过长时间讨论后，委员会最终达成了协议。鲍罗廷说："现在看起来这个行动纲领像是任何国家社会主义者的行动纲领"，但不管怎么说，总算是"制订了一个对于中国国民革命运动来说大体上可以接受的基础性文件。应当提出，共产国际关于应该怎样看待民族主义、民权主义和民生主义的提纲在一定程度上为这个文件奠定了基础。当然，对我们来说行动纲领并不完全令人满意，但至少把陈腐的毫无内容的空话抛掉了一半"。鲍又提出："在国民党目前的状况下，我不可能争取到我们希望得到的东西，而只能争取到我们能够得到的东西"，并表示他同意与准备同"领导争取中国独立的国民革命运动的国家社会主义者实行妥协"，但是"每当他们，特别是汪精卫想掩饰某种非同一般的小资产阶级庸俗思想时，我就加以揭露，说你们把它称作什么都行，只是不能称作社会主义"。鲍罗廷明确指出，他与宣言起草委员会存在四点分歧意见：

一是，"'统一的'或者'自由的'中华民国的提法不完全符合共产国际关于联邦制原则的提纲。既然国民党同意少数民族自决，那么现在我就不再坚持我们的提法。随着时间的推移，国民党自己会明白这里有矛盾，不能说在统一的或自由的中华民国范围内的自决"[①]。分歧的焦点是国民党坚持现在有必要同少数

[①]《鲍罗廷的札记和通报（摘录）》，《联共（布）、共产国际与中国国民革命运动（1920—1925）》一，中共中央党史研究室第一研究部译，北京图书馆出版社 1997 年版，第 466 页。

民族建立组织上的联系和实行合作的观点,鲍罗廷认为:"同少数民族建立组织联系和合作现在不可能,因为即便是国民党的声明,这些少数民族也不可能把它当作某种真正保障他们自决权的东西加以接受。"所以,"在怀着满意的心情欢迎这个关于自决权的历史性声明的同时,仍要劝说国民党,现在不要着手建立组织上的联系,而只限于同这些少数民族实现友好互谅,随着宣传和鼓动工作的开展,随着国民革命运动的发展,再着手同他们实行合作和建立组织联系",并强调"这就是共产国际的观点"。①

二是,鲍罗廷说:"行动纲领宣布,国民党执政后组织的政府,应该向无地农民和佃农提供土地等等,但只字未提国家从什么地方弄到这些土地。"国民党宣言"完全不接受共产国际关于剥夺问题的提纲"。因此,鲍提议,建立由大土地所有者的土地以及那些民有制不耕种的土地组成的土地储备,因为这些所有者一方面是担任公职的官僚阶级,另一方面是剥削农民收取实物地租或货币地租的商人。当时并未说明这个政府是否向大土地所有者和另一些不耕种自己土地的所有者付款,或者用剥夺土地的办法无偿占有。那里并没有"剥夺"这个词。鲍罗廷说:"到这一步的时候,我们会进行反对赎买的宣传。"

三是,鲍罗廷说,国民党人在"宣言"里的民权主义条款中"加进了自己的宪法(按,五权宪法),说这个宪法是向'先进的民主国家'学来的。我说,鉴于国民党,特别是国民党的领导人所主张的是完全另一种社会经济制度,所以不能说,宪法是向这些国家学来的,因为国民党宪法的社会经济背景是完全不同的"。

四是,鲍罗廷说,国民党人在"宣言"中企图写上"中国工人以其勤劳著称于世",鲍建议"把这个说法删去,因为这没有什么值得自豪的。这表明中国是一个落后的国家。在工人集中的地方,我们经常看到罢工,例如在香港、在粤汉铁路上等等,这证明中国工人有能力进行阶级斗争,美国落后的工人正在利用有关中国工人勤劳的宣传,要把他们在美国排挤出去"。②

关于以上四点分歧,据鲍罗廷在给共产国际的报告中提到,共产党人李大钊、谭平山、毛泽东、沈定一的意见跟鲍罗廷也不完全一致。看来,在调和国民党、共产党之间关于国民党"一大"宣言制定过程中的分歧意见时,鲍罗廷起了重大的作用,但由于他过于激进,企图将共产国际关于在半殖民地半封建社会

---

① 《鲍罗廷的札记和通报(摘录)》,《联共(布)、共产国际与中国国民革命运动(1920—1925)》一,中共中央党史研究室第一研究部译,北京图书馆出版社1997年版,第466～467页。

② 《鲍罗廷的札记和通报(摘录)》,《联共(布)、共产国际与中国国民革命运动(1920—1925)》一,中共中央党史研究室第一研究部译,北京图书馆出版社1997年版,第467～468页。

国家的任务——"开展激烈反帝斗争的指示精神以及收回地主土地分配给农民的主张"全部写入国民党的行动宣言,脱离了当时中国人的思想觉悟和国民党的客观实际。鲍罗廷这样做正如一些人所担心的欲将国民党改组为布尔什维克一样的党。所以,鲍罗廷的言论在国民党人看来是一种危险。

孙中山考虑到,如果国民党"一大"宣言按鲍罗廷的意见改定通过,也许会造成党内的严重对立和分裂。所以在1月23日白天,当委员会即将将"宣言"提交大会讨论通过时,孙中山派人通知鲍氏到代表大会会场去找他。当鲍氏到达大会秘书处时,孙中山征询鲍氏的意见"是否最好完全取消宣言,代之提出他本人为全国政府起草的纲领",即我们所说的《建国大纲》,他还打算在代表大会上宣布成立全国政府。有关这方面的情况,切列潘诺夫在其所著《中国国民革命军的北伐——一位驻华军事顾问的札记》一书中(第85~90页)已经转述了鲍罗廷在这篇札记中的有关内容,学术界早已知道。但鲍罗廷与孙中山如何就此问题展开讨论则不甚明了。鲍氏在他的札记中提到孙中山的《建国大纲》不仅根本没有触及中国当时的局势,也没有指出摆脱这种局面的任何出路。按照这个纲领的设想是要满足人民的吃穿住行这四个主要要求,由于在纲领中没有一句话谈到所指的是什么样的人民,能用什么办法来实现他的纲领,应在中国创造什么样的条件来实现他的纲领,所以在中国,本土的特别是在国外的小资产阶级的国民党人自然都乐于接受这个纲领。在国外,已经资产阶级化了的国民党人现在正生活在恐惧之中,他们担心党主张反对帝国主义,有可能招致对他们的驱逐,也同意接受孙中山的《建国大纲》。鲍罗廷指出:"孙在遵循老的极为有害的'尊敬前辈'的政策,即对那些入党20年、并每次集会都向他的肖像鞠躬的那些人表示友好的政策。孙想避免同他们发生任何摩擦,同意取消宣言,并提出自己个人的纲领。"如果"取消宣言就意味着召开代表大会毫无用处,就意味着国民党的那些毫无意义的空话仍然存在。"所以,鲍罗廷坚持认为,孙中山的《建国大纲》"需要加工和完善,应该把它印出来,但无论如何不能把它同宣言混为一谈"。鲍又强调,"宣言"第一次较明确地谈了党的迫切任务和党如何理解自己的主义。"我把事情想象成这样,如果说孙的纲领暂时不会带来什么好处,那么,无论如何也不会有什么害处,何况不能用任何力量强迫他取消这个纲领。"但是,随着时间的推移,孙中山会明白,"用乌托邦是不能解决中国国民革命运动所面临的问题的,并且他自己会取消这个纲领;他自己会明白,如果代表大会通过阐明国民党整个立场的宣言,那么正是宣言,而不是孙的纲领,将成为以真正革命的国民党为首的中国国民革命运动发展的基础。"鲍罗廷说,经过他与孙中山长时间的交谈,出于"维系着国民党当前命运的危急时刻,……我不得不使用各种各样的论据"劝孙做出决定,"是坚持自己的纲领,从而转向右派,还是接受宣言,同左派一起前进",最后孙中山"把他的纲领也印出来",也做出了对"宣言有利的决定"。鲍氏说：在"整个谈话期间，孙不同寻常地频繁点头并作出其它赞同的表示，谈话结束时，他握住我的手走下楼来，坐到主席的位置上，很高明地提请通过委员会就宣言所作的报告和进行由它引起的辩论。在行动纲领通过时，他本人第一个投票赞成。"①

第三，鲍罗廷与孙中山对民族、民权、民生三大主义的理解和追求不同，由此造成意见分歧，结果双方调和，但其后果则不好。

鲍罗廷起初对孙中山的民族、民权、民生三民主义很不以为然，对孙中山也不太尊重。他曾说过："如果有人问，这样一个人（按，指孙中山）怎么能成为党的领袖呢？党，不存在。国民党，存在。迄今为止他能够成为国民党的领袖，正是因为他对国民党人无论在思想上还是在组织上，都没有任何要求。正是因为他把这个简单的公式——民族主义、民权主义和民生主义用到这个最色彩斑斓、最五花八门的国民党身上，让他们每个人随便去加以理解。"②鲍罗廷在1924年2月16日给共产国际的报告中批评孙中山的三民主义说："国民党人认为，民族主义是把中国作为一个包括所有少数民族自治省在内的大国。正像已经指出的那样，国民党非常模糊地认为，为了实现中国的独立，必须同帝国主义进行斗争；而同帝国主义斗争需要最广泛地吸引群众参加国民革命运动，但是要这样做就必须明确地向群众指出，他们战胜帝国主义后能够指望得到什么。工人和农民在他们的国民运动中根本没有起过什么作用。"对国民党人的民权主义，鲍氏说："民权主义原则取自美国人，在三种权力，即立法、司法和行政权上又加上了取自中国历史的两种权力。这样一来，取自'先进国家'、经过修改的宪法，也作为孙的发明被提了出来，开始在国民党人的所有纲领、宣言和讲话中出现。"鲍氏指出，国民党人在美国、英国等国家生活时不能不发现实际情况和成文宪法之间的矛盾，但是，他们不是用社会不平等而是用宪法中的缺陷来解释这种矛盾。只要在"先进民主"国家的宪法中加上考试和监察权，"社会的弊病就消失了"。鲍氏说，包括孙中山在内的国民党人，从来没有好好考虑一下帝国主义国家现代社会运行的机制。他们根本不理解在社会上占优势的力量彼此间的社会经济关系，相反，却很喜欢"先进民主国家"，并且认为这些国家的制度和宪法可以搬到中国来。

对于民生主义，鲍氏指责说："国民党的民生主义被他们完全叫错了。它的

---

① 《鲍罗廷的札记和通报（摘录）》，《联共（布）、共产国际与中国国民革命运动（1920—1925）》一，中共中央党史研究室第一研究部译，北京图书馆出版社1997年版，第471～476页。

② 《鲍罗廷的札记和通报（摘录）》，《联共（布）、共产国际与中国国民革命运动（1920—1925）》一，中共中央党史研究室第一研究部译，北京图书馆出版社1997年版，第434页。

实质是通常的小资产阶级的改良",国民党通过税收实现平等利用土地,这不是耕者有其田。至于工人,国民党提出的改良,"远远落后于资本主义国家的工人立法",因此,鲍氏指出:"国民党纲领中的民生主义不具有任何实际意义。"①

为了使孙中山的三民主义更加符合中国的国情,并使国民党人明晰三民主义纲领的最终目标和现阶段的任务,鲍罗廷在国民党人中做了大量工作。加拉罕于1924年2月13日给鲍罗廷的信中赞扬鲍的准确性和责任心这次又得到了证明。加拉罕说收到鲍氏于2月2日寄给他的信和材料,并说:"代表会议的成果是很可观的,您完成了一件出色的工作,唯一令人不满的是孙逸仙对自己党内的'地主'派所做的让步。我认为,对于这一点还是应该像以前那样给以谴责,以便使孙以最激进的方式贯彻执行土地法令。至于民族纲领、同帝国主义的斗争等,我认为,这一条是很令人满意的,虽然在自决的问题上有一些模糊不清的地方,但是我觉得,已经取得的成就是极其巨大的,因为国民党和孙逸仙本人第一次站到了这个立场上。"加拉罕指示鲍罗廷,"至于同孙逸仙的共同战线和他对民主自由国家的幻想,我认为,我们的任务是劝说他改变主意,并耐心地向他解释这种民主自由国家的真实意义和性质,但是不应该促使他同它们决裂,不应该促使他去采取某种必定会引起这些列强反对他的行动。"加拉罕要鲍罗廷劝诫孙中山对列强不要采取某种激烈的行动,尤其在苏俄同这些列强恢复关系并且他们又未承认苏俄的时候,不适宜采取激烈的反帝行动,"应该始终向孙说明他们极度困难的处境和在每一步行动上都必须表现得很谨慎。要求他谨慎和有节制,而不是实行相反的政策,这会给孙和他周围的人留下很好的印象"。②

正由于如此,国民党"一大"会议宣言,尽管经过共产国际、中国国民党、中国共产党三方人士组成的委员会的反复讨论、修改,最后各方求同存异,于1月23日获得了通过,但是,关于"宣言"的修改仍然经过一番周折。这主要是共产国际和苏俄方面,觉得通过了的宣言虽然有很大进步,但并未能反映他们的看法。所以,共产国际、苏俄仓促指示鲍罗廷,要他立即向孙中山陈述对"宣言"的修改意见,希望孙同意将他们的观点写入尚未公开发表的"宣言"。1924年1月27日早晨,鲍罗廷向孙中山提交《就修改宣言问题向孙作出的声明》,这个声明提供的情况非常重要。声明中说国民党"一大"宣言分三部分:(一)前言或者评论部分;(二)对国民党主义的解释;(三)国民党在中国目前情况下

---

① 《鲍罗廷的札记和通报(摘录)》,《联共(布)、共产国际与中国国民革命运动(1920—1925)》一,中共中央党史研究室第一研究部译,北京图书馆出版社1997年版,第425页。

② 《加拉罕给鲍罗廷的信》,《联共(布)、共产国际与中国国民革命运动(1920—1925)》一,中共中央党史研究室第一研究部译,北京图书馆出版社1997年版,第418页。

的行动纲领，或者称国民党呼吁成立全国政府所依据的行动纲领。鲍罗廷认为，第二和第三部分之间的区别许多人是不十分清楚的。某些人认为，第三部分只是第二部分的具体化，这是一个极大的错误，如果允许这个错误存在，就会导致将来产生更大的误解。"第二部分实际上只是对您的主义的解释，这些主义应该成为尚未制订的而且在这次即第一次代表大会上也未必能制订的纲领的基础。制定党的具体纲领需要在党内做大量的准备工作，特别需要党的最高机构认真加以审订，需要正是这样来做这件事并让所有人都了解。"第三部分"是党在当前时期的具体行动纲领，但这不是您的最终目标的所有具体条款"，"这个真正的行动纲领将以宣言第二部分的原则为基础，也就是党还应制订的纲领"。也即是说，"宣言"所说的"就是国民党的过去、未来和现在"。为此，鲍罗廷建议在"宣言"第二部分补充有关军队的一项条款，第三部分补充几个新的条款。

鲍罗廷建议在第二部分补充的内容是："作为主要是农业国的中国，其军队主要是从农民中招募的。然而，这支军队不是保护人民的利益、帮助人民去争取使国家摆脱帝国主义及其仆从军阀的统治，而是充当帝国主义及其仆从对付人民的工具。

"国民党认为这种现象是一个历史性的矛盾，它只能用国家的极端落后和农民群众的极端贫穷来解释，农民群众为了可怜的生活而不得不受雇于任何军阀，虽然这只能造成国家的更加穷困和土匪的猖獗。

"为了消除农民军队的真正利益和他们实际上为之奋斗的利益之间的这种矛盾，国民党将在士兵和下层指挥员之间进行广泛的鼓动和宣传，旨在向他们说明他们本身的利益，并使他们变成为人民利益而战斗的革命军队。

"革命军队将帮助国民党同其敌人和人民的压迫者进行斗争，将帮助它建立和捍卫革命政府，因此应当成为国家特别关心和照顾的对象。在革命胜利完成以后希望回到农村去的所有革命士兵，都应该得到足够养家糊口的土地。"

鲍罗廷建议在第三部分第四条"外交政策"的后面加上："居住在中国境内的其它国家的公民应当服从中华民国的法律。"紧接着在第七条"国内政策"后面，关于军队问题加上下述内容："为了争取中国的完全独立，为了保护人民的利益并使人民不受帝国主义及其仆从军阀的奴役，军队应当训练有素。"在第八条"国内政策"中加上："由于外国租界转到中国人民手中，政府所得收入能够成为实现此目的的经费来源之一。""这里所说的租界是指处于外国司法管辖下的制度，是指国中之国。至于居住在这些租界中的外国人，他们的权利将由中国政府根据中国和这些外国人作为其公民的列强签订的新条约来规定。"在第十四条"国内政策"中加上："庚子赔款应该用于教育。"

鲍罗廷说："孙没有听取我特别重要的论据就同意了所有的修改意见。因此我又向他讲述这些论据，让他给委员会下达相应的指示以便把这些修改意见作为单独的决议纳入宣言之中,因为宣言的全文已在 23 日由代表大会通过。表面上没有任何反对意见,因为在修正案和提议中没有任何与宣言相抵触的地方。"鲍氏还声明:"我之所以在整个宣言通过之后才提出修改意见,是因为加拉罕同志来信建议要把这些修改意见加进宣言,而我收到他的信是在委员会通过宣言之后,因此不可能及时把这些修改意见加进去。"① 孙中山接受了鲍罗廷的全部修改意见,并将这些意见及相应的指示交给了委员会。可是接受修改意见的委员会,则没有同意将鲍罗廷的意见全部采纳,例如,戴季陶只是向代表大会提出一个有关军队的修正案,对其余的修改意见采取抵制态度。鲍罗廷得知此情况后,急忙在广州寻找各位宣言起草和审订委员会委员。他找到廖仲恺并对廖说:"我对委员会搞的儿戏已经开始厌烦了。前一天委员会全体成员刚刚都同意接受修改意见,但到第二天上午在代表大会面前却都忘记了自己的决定,只提出一条修改意见而对所有其余的修改意见缄默不语。"看来,廖把这次谈话转告了委员会成员和孙,所以孙第二天亲自出席会议并做了所有修改。②

由此可见,国民党第一次全国代表大会的宣言是在鲍罗廷的把持下,按照共产国际的意见而制定的。这个宣言虽然获得勉强通过并经过补充修改最后向社会公开,但由于国共双方,尤其是国民党内部、共产党内部对当时中国政局的看法和政治理念不同,随着宣言的公布,各种意见和矛盾也在加剧。在这个过程中,孙中山是非常被动的,他一方面要照顾到国民党元老的情绪,另一方面又要迎合共产国际代表鲍罗廷的意见。在这两难之中,孙中山只好采取政治家的手法,首先听取共产国际的建议和尽其所能地按鲍罗廷的意见去实现国民党改组和国共合作;其次,他又坚持自己的政治理念,并在国民党"一大"宣言通过后即进行三民主义演讲,按照他自己的立场、观点去宣讲与"一大"宣言所解释的三民主义精神不合调的解释。所以,鲍罗廷指斥孙中山是国民党的左派,又是国民党的中派,有时还是右派。这虽然是信口开河,但多少也反映了孙中山的难处和他作为一个政治家的本质:实用主义。

三

综上所述,鲍罗廷是苏俄民族主义者,也是共产主义者,但跟越飞和维经斯基等人比较,鲍氏的民族主义情绪好像又没有他们强烈。鲍的主要职责是来中国

---

① 《鲍罗廷的札记和通报(摘录)》,《联共(布)、共产国际与中国国民革命运动(1920—1925)》一,中共中央党史研究室第一研究部译,北京图书馆出版社 1997 年版,第 476~479 页。

② 《鲍罗廷的札记和通报(摘录)》,《联共(布)、共产国际与中国国民革命运动(1920—1925)》一,中共中央党史研究室第一研究部译,北京图书馆出版社 1997 年版,第 479 页。

指导孙中山实现国民党改组，完成国共合作的新体制，为国民革命运动做准备。在这过程中，一方面显示鲍罗廷是一位强人，具有很强的工作能力和巨大的魄力，他是一位出色完成任务的杰出人物；另一方面也表明他的工作方法过于专断。他不仅与国民党的元老派很难沟通，与共产党的领导人陈独秀也矛盾重重。他在与各方面商谈国民党改组和制定国民党政纲、章程和宣言过程中，强行推行共产国际的政治理念，按照苏俄布尔什维克党的模式来改组国民党，这不仅不符合国民党的实际，而且以共产党参加国民党实行国共合作作为国民党"一大"确立的领导新体制，不仅会造成重视国民党而轻视共产党的倾向，而且在这个体制下工作的国共两党为了各自党的利益势必会产生新的问题和矛盾。

　　共产国际、苏俄与孙中山的关系，从不支持、不合作到相互支持、相互合作，这里有中国的原因，也有共产国际和苏俄方面的原因，而最根本、最主要的原因是双方都企图利用对方的支持和合作与帝国主义列强抗衡，实现各自国家的民族利益。所以，民族主义是指导双方合作的思想基础。正因为这样，在合作过程中除了意识形态、政治理念的分歧之外，也有民族利益之间的矛盾和冲突，因此，矛盾和分歧的消融是合作的重要原因。鲍罗廷与孙中山之所以能从严重的政治理念分歧中走向密切合作，一致为中国国民革命事业服务，除了双方善于通过坦诚地交换意见，实现求同存异的原则之外，两位都是杰出的政治家，他们善于把握时机，一切从大处着想，不计个人恩怨，不为私人谋利也是一个重要的原因。鲍罗廷批评孙中山的地方很多，但未见孙中山指责或非议鲍罗廷的言辞，这除了个人的人格品质不同外，更重要的是孙中山对问题的认识水平和为人处世的本领比鲍罗廷高了一个层次。

（1999 年）

孙中山对袁世凯的斗争

近年来,有一种"扬袁抑孙"的观点,把孙中山领导的辛亥革命看作"是搞糟了",认为孙中山制定的《临时约法》和确定的责任内阁制,"是造成民初社会动乱、阁潮迭起、府院之争"的重要原因;把袁世凯从清末到民初施行的政治、经济、文化措施说成是反映了当时社会历史发展的总趋势。对这种观点,我历来是反对的。

一

近代中国衡量人物功过是非的一个主要标准,是看他对国家的态度如何。如果他的思想与行为主动地反映了救亡图存这个主题,促进了社会的进步和发展,那他就是进步的爱国者;如果投降帝国主义、复辟封建主义,那他就是反动的卖国者。

爱国者有各种各样的表现,有抵抗侵略的民族英雄,有反对卖国者和腐朽没落统治者、推动历史前进的革命者,有"科学救国者"、"教育救国者"、"实业救国者",更有热爱祖国优秀文化传统、锦绣山河和对生于斯长于斯的乡土无比眷恋的文人志士。无论是属于哪一个层次的爱国者,他们的思想都表现为对祖国的无比热爱,具有一颗炽热的中国心、强烈的历史使命感和无私的奉献精神,他们的行动都表现为对鲜明而突出的民族精神的升华。所以,只要是爱国者,都具有突出的民族性,但同时也具有明显的时代性特征。

所谓民族性,就是说,中华民族的每一个爱国者都必须自觉地体认"我是中国人",必须有"我的中国心"。这便是我们民族生生不息的根本,也是我们国家能够经受得住战争及天灾人祸种种考验的保证。这便是"国魂",便是民族的精粹。

当然,不能把爱国主义仅仅看作单纯的历史概念,而必须把它看作一个时代的概念,它是历史与现实的统一、历史与时代的统一。在孙中山时代,爱国主义就是"我爱我的国家",不允许别国侵略,也不允许民族压迫,就是要维护祖国的统一,振兴中华,为建设一个具有中国特色的独立、统一、民主和富强的共和国而不惜献出自己的一切(甚至生命)的伟大精神和行动。孙中山基本上是属于这个层面的爱国者。比如,1907 年孙中山在槟榔屿对华侨发表演说,他指出:

"兄弟是革命者,……三句不离本行,自然还是革命的话。兄弟鼓吹革命,已有二十多年。在这二十多年中间,历尽了艰难险阻,经过了好多次的失败,仍是勇往直前,百折不回,无非是要救我们的中国。"① 为什么要救中国?孙中山从两个方面去叙述:一方面是讲清政府实行民族压迫,使得民族不团结;另一方面是讲清政府卖国,使中国"事事不能自立,总是受外国的钳制"。他指出,鸦片战争以后,割地赔款,出租军港要塞,关税不能自主,外国人在中国有领事裁判权、内河航行权、铁路铺设权等。为了洗刷这些民族的耻辱,免除亡国灭种的威胁,就要赶跑清朝的满族皇帝,推翻清朝专制政府,恢复祖国山河。而要这样,就必须实行革命,"满清不倒,中国终不得救"。②

很显然,孙中山发动辛亥革命就是爱国的结果,是希望通过革命来救国,革命是被逼出来的,是清政府拒绝他们的和平改良主张后,"不得已而为之",而不是有意地要破坏清政府的所谓"真诚改革"——"维新新政"。

袁世凯则不同。辛亥武昌起义后,特别是1912年4月从孙中山手中接过临时大总统的权位后,袁世凯即开始酝酿和准备复辟封建专制主义统治。他不仅开始集权和废除政党政治、取消议会和废除约法,竭力消除辛亥革命的积极成果,而且镇压和排除异己。袁世凯于1913年3月20日指使凶手暗害资产阶级议会政治的热诚鼓吹者宋教仁,便是公开与民主共和政制为敌。

对袁世凯的倒行逆施,孙中山进行针锋相对的斗争。他从日本返国后不久,即发动"二次革命",在7月22日发布的讨袁通电中,他敦促袁世凯辞职,否则,"文不忍东南人民久困兵革,必以前此反对君主专制之决心反对公之一人。义无反顾"③。"二次革命"虽然失败,但孙中山根据当时形势指出:袁世凯政权必不能久,革命党人"不特应聚精会神,以去乱根之袁氏,更应计及袁氏倒后,如何对内、如何对外之方策"④。此后,孙中山积极策划组建中华革命党进行讨袁。1915年5月,袁世凯同日本政府签订卖国的"二十一条"并准备复辟帝制,孙中山认为"今日救国,舍倒去恶劣政府,更无他术"⑤,号召国民起来进行反袁斗争,取消帝制,严惩祸首。12月25日,唐继尧、蔡锷等通电各省,宣布云南独立,掀起护国战争。起义爆发当天,孙中山即致电海内外,对云南起义极表

---

① 孙中山:《在槟榔屿对侨胞的演说》,陈旭麓、郝盛潮主编,王耿雄等编:《孙中山集外集》,上海人民出版社1990年版,第42页。
② 孙中山:《在槟榔屿对侨胞的演说》,陈旭麓、郝盛潮主编,王耿雄等编:《孙中山集外集》,上海人民出版社1990年版,第44页。
③ 孙中山:《致袁世凯电》,《孙中山全集》第三卷,中华书局1984年版,第69页。
④ 邓泽如编:《孙中山先生廿年来手札》,广州述志公司1927年影印版,卷2。
⑤ 广东省哲学社会科学研究所历史研究室等合编:《孙中山年谱》,中华书局1980年版,第180页。

欢欣，望海外各地速筹款应急。1916年5月1日，孙中山由日本返抵上海。9日，他在上海发表第二次讨袁宣言，指出此次斗争"不徒以去袁为毕事"，强调"袁氏破坏民国，自破坏约法始；义军维持民国，固当自维持约法始"。又说："今日为众谋救国之日，决非群雄逐鹿之时，故除以武力取彼凶残外，凡百可本之约法以为解决。"最后他表示自己决无争夺权利之念，"惟忠于所信之主义，……袁氏未去，当与国民共任讨贼之事；袁氏既去，当与国民共荷监督之责，决不肯使谋危民国者复生于国内"。①

由此可见，孙中山虽然不是护国战争的发动者和直接领导者，但他是护国运动的精神领导者。他之所以要发动讨袁护国运动，是出于对国家民族的历史使命感和责任感，是一种爱国感情的真实流露。这是天下为公还是窃国为私，是实行公天下还是推行家天下两种政治理念和行为道德之间的斗争，这个斗争不仅深刻地反映孙中山与袁世凯之间在治理国家等一系列重大理论问题上决然不同的认识，也明显地表现出孙中山坚持维护资产阶级共和民主制度与袁世凯废弃共和民主、复辟封建君主专制制度不可相容。

二

时代是在不断前进的，能否适应时代的发展和主动地促进时代的前进，是近代中国衡量人物功过是非的又一个标准。

"扬袁抑孙"论者，把袁世凯吹捧为顺应历史发展总趋势的"功臣元勋"，言下之意就是孙中山领导的辛亥革命和讨袁护国运动破坏了中国的发展形势，阻碍了历史的发展。这种看法是难以成立的。

什么叫时代潮流？所谓时代潮流，就是时代发展的方向。我们看一个时代要从两个方面去看：首先是从国际范围去看；其次是从国内范围去看。从国际这个大范围去看，19世纪末20世纪初年，是世界资本主义向帝国主义阶段过渡的时代，在这个时代，资本主义与世界殖民地半殖民地国家的矛盾更加尖锐，资本主义国家科学技术的发展与社会的弊端都非常突出。就中国范围看，是资本主义取代封建主义的时代，封建主义的腐朽性彻底暴露，资本主义与封建主义的矛盾已经不可调和。对于这样一个时代，人们都在思考、在探索、在选择。凡是促进社会新陈代谢的思潮和行动都是适应和促进社会的发展进步，都应该肯定，相反，则都是阻碍社会的发展，都应该否定。那么，孙中山与袁世凯，谁是促进时代发展的功臣，谁是阻碍时代前进的祸首呢？

孙中山认为，人类社会历史是一个进化发展的过程，人们的认识也应该是不

---

① 孙中山：《讨袁宣言》，《孙中山全集》第三卷，中华书局1984年版，第284～285页。

断深化和发展。他指出:"世界潮流,浩浩荡荡",文明的进步、发展是自然所致,是不能逃避的,只能顺其自然。他所说的"顺之则昌,逆之则亡"便是这个意思。可见,孙中山是用世事皆变的观点来审视世界的潮流,构造他的时代观和社会观,展示他的改革思想,而且在很大的程度上又左右着他的行为取向。

早在1890年,孙中山就致书郑藻如说:他"留心经济之学十有余年矣,远至欧洲时局之变迁,上至历朝制度之沿革,大则两间之天道人事,小则泰西之格致语言,多有旁及"[1],说明孙中山从青少年起就把中国看作世界的中国,把世界看作各国的总体,主动地将世界的历史与中国的现实结合起来。事实上,孙中山的政治学说与治国理念、方略,除了继承中国固有文化并有自己的创见外,有一些明显是采撷自外国的学说、参酌欧美国家的学理。

从孙中山的遗著可以看到,在革命之前,他考察西方的社会、政治、历史和礼俗等,主要是为了改革中国社会,使中国能够独立富强,促使中国社会的文明进步。在革命期间,他的注意点在于考察西方政治制度和政治理念来构造自己的政治学说。辛亥革命后,他则将重点放在借鉴西方"科学救国"、"教育救国"、"文化救国"、"实业救国"的建国理念上,强调学习西方在于学习科学技术文化,不在于学习政治哲学,带有将西方科学文化与中国固有的政治学说有机结合起来治理国家的倾向,使他的建国思想具有明显的特色。

1894年,孙中山在《上李鸿章书》中,又坦诚地说他自己"幼尝游学外洋,于泰西之语言文字,政治礼俗,与夫天算地舆之学,格物化学之理,皆略有所窥;而尤留心于其富国强兵之道,化民成俗之规;至于时局变迁之故,睦邻交际之宜,辄能洞其阃奥"[2]。这说明他对资本主义社会已经有较为全面的了解,并希望李鸿章能参酌他的意见实施有效的办法,对中国社会实行改良。尽管李鸿章不接纳孙中山的意见,但孙中山此举则为自己奠定了治国大计的大致框架。而且,根据他实践总结出的经验便形成了其指导中国革命的纲领和建设国家的方略。

广州起义失败后,孙中山流亡海外,先后到过英国、加拿大、日本等地,实地考察了资本主义社会、政治以及风俗,思想进一步飞跃。他认为"人民自治为政治之极则,故于政治精神,执共和主义",只有以共和制代替君主制,才能避免重蹈历史上"割据"、"纷扰"的覆辙。鉴于西方列强环伺,"今举我土地之大,民众之多,而为俎上肉,饿虎爪而食之,以长养其蛮力而雄视世界",故决

---

[1] 孙中山:《致郑藻如书》,《孙中山全集》第一卷,中华书局1981年版,第1页。
[2] 孙中山:《上李鸿章书》,《孙中山全集》第一卷,中华书局1981年版,第8页。

心"自进而为革命之前驱,……为支那苍生、为亚洲黄种、为世界人道而尽力"。① 可见,到这时为止,孙中山初步形成他的民权主义思想,以民主共和制代替君主制的思想已经确立,这是他学西方的结果,也是他适应时代的要求。从此,他改变以往中国一切变革"以暴易暴"最终又以保护旧制度而告败的思想,把中国的进步同世界的发展潮流统一起来,以共和和民主为建国目标,带有废弃封建君主专制制度的作用,从而使他的思想带有世界普遍的意义。

孙中山在晚年作《民权主义》演讲时,将人类社会历史的发展区分为"洪荒时代"、"神权时代"、"君权时代"和"民权时代"的依次递进。他认为,"世界的潮流,由神权流到君权,由君权流到民权;现在流到了民权,便没有方法可以反抗"②。从这个带根本性的时代观念出发,孙中山认定,要中国强盛,非实行革命不可,而要革命,又非提倡民权不可。

在《民生主义》讲演中,孙中山又从经济生活的角度来说明人类社会的发展,将人类社会分为"果实时代"、"渔猎时代"、"游牧时代"、"农业时代"和"工商时代"。从献身革命开始,孙中山便追求"民权时代",向往"工商时代",主张"开放主义",并把这些看作世界潮流和时代发展的方向;从他主张对西方科学文化采取"取法乎上",以社会革命促进时代发展,以流血牺牲换取"真立宪",以科学知识建设"最文明"的国家,到晚年以阶级合作建立国民政府,都是他对西方共和国的认知。这一切都说明,孙中山是主动地去适应潮流,他的政治思想是他"适乎时代之潮流,合乎人群之需要"的结果。他是中国共和民主思想和政治制度的最早倡导者和奋斗者。

袁世凯怎么样呢?

袁世凯独裁卖国,开历史倒车复辟帝制,是民国初年一个伪装拥护共和的封建专制主义者,是地主阶级反动政治的一个极其重要的代表人物。他"既无道德以为本,又无学识以为用,徒扶古帝皇之思想,以盗民国"③。袁世凯在民国以前,"出使朝鲜,甲午启衅,失我东藩,丧师辱国,国人痛之。袁氏在朝鲜宫廷之间,实早种其远因。顾袁氏尚有卖君卖友故事。当戊戌政变,维新失败,世所谓六君子骈戮,德宗被囚,其间实以世凯为枢纽。方德宗用康、梁之言,计划新政,颇有不利于西太后,又恐守旧者之反抗,窃与袁氏约,欲用彼部下精兵八千

---

① (日)宫崎寅藏著:《三十三年落花梦》,金一(金天翮)节译,上海群学社1905年,第55～57页。

② 孙中山:《三民主义·民权主义第一讲》,《孙中山选集》,人民出版社1981年版,第706页。

③ 白蕉:《袁世凯与中华民国》,荣孟源、章伯锋主编:《近代稗海》第三辑,四川人民出版社1985年版,第9～10页。

人以自固；世凯始许而终叛之"①。辛亥武昌起义后，袁世凯虽一度曾表白要拥护共和，保存中国，但正如他自己所言："余不知中国人民欲为共和国民，是否真能成熟？抑现在所标之共和主义，真为民人所主持者也？"他认为，共和主义"不过起于一、二党魁之议论"，外人不知其详，他也不明共和为何物。所以，正如当时人们所说，袁氏"不仅无革命思想，且反对革命；其乘时而起，主张君主立宪，'留存本朝皇帝'，非忠于清，其意盖别有所在"，即自己将来做皇帝，建立袁氏家天下。正因为这样，袁世凯就任临时大总统后，戴季陶即发表文章，列举袁世凯六条罪状，揭露袁世凯假共和反革命的面孔，指出："任袁世凯之所为，中华民国之根基将不固矣！"② 袁世凯就任临时大总统后即排除异己，刺杀国民党的代理理事长宋教仁，大肆集权，排除异己。他废弃南京临时政府制订的《临时约法》，为自己的独裁创造条件。因此，以孙中山为代表的革命党人为保存民国、保存革命成果和《临时约法》，发动党人起来与袁世凯斗争。孙中山把这次讨袁称为"二次革命"，这次革命的实质就是"为了保卫民国"，反对袁世凯的"帝制自为"，"重建共和"③。

民初，中国共和民主制度的初建，政党政治的兴起，议会政体的诞生，民主法制观念的兴起，主权在民思想的确立，人权意识的增长以及男女平等思想的高扬，实现了从王朝到共和国的政治变革，这无疑是近代中国政治民主化的巨大成就，是近代中国人民经过半个多世纪的斗争才取得的成果。而袁世凯在帝国主义的支持下，实行封建军阀专政，剥夺各党各派的参政权利，实行反动独裁统治，复辟帝制。这究竟是开历史的倒车，还是顺应历史发展的总趋势，明眼人一看就明白。

资产阶级发动的护国运动是"二次革命"的继续，孙中山把它称为"第三次革命"。这次革命与"二次革命"有点不同，因为这时的袁世凯不仅专制独裁、排除异己，而且还公开卖国称帝，不仅承认日本强加给中国的"二十一条要求"，公开出卖中国的主权；而且还同日本政府及美国、英国等国的驻华使节公开勾结，请求支持其复辟帝制。一方面怂恿宪法顾问古德诺公开发表《共和与君主论》文章，鼓噪"由专制一变而为共和，此诚太骤之举动，难望有良好之结果"④，为其复辟帝制制造舆论氛围；另一方面又怂恿杨度等人组织筹安会，为其复辟帝制进行组织上和舆论上的准备。1915年12月12日，袁世凯正式称帝，

---

① 白蕉：《袁世凯与中华民国》，荣孟源、章伯锋主编：《近代稗海》第三辑，四川人民出版社1985年版，第11页。

② 天仇：《袁世凯罪状》，载上海《民权报》1912年4月19、20日。

③ 参见朱宗震、杨光辉编：《民初政争与二次革命》下编，上海人民出版社1983年版，第480～482页。

④ 李希泌、曾业英等编：《护国运动资料选编》上册，中华书局1984年版，第8页。

"使帝制再见于中国"。

由此可见,袁世凯复辟帝制,不是一时的权宜之计,而是他公开与帝国主义相勾结,出卖主权和民族利益,改孙中山的公天下为他自己的家天下,是卖国称帝的元凶。所以,这个时期由资产阶级爱国者发动、全国各阶层爱国人士共同参加的护国运动是爱国者对卖国者的斗争,也可以说是民国初年中国的资产阶级民主派同封建主义复辟派关于中国未来的发展和前途的一次真正的较量。所以,这场革命给中国的教训,正如黄炎培所指出的:"余以抽象的观察",袁世凯复辟帝制及在国民的声讨中死去的事实证明,"一、道德不灭。二、不道德之势力必灭。三、凡违反大多数人心理之行为,必败。四、其知识不与地位称,必败。五、欲取大巧,适成大拙。六、欲屈天下人奉一人,必至尽天下敌一人。七、以诈伪尽掩天下人之耳目,终必暴露。以强力禁遏天下人之行动,终必横决。八、以不正当之方法,诱致人于恶,而不悟人之即以其道诱致之于恶,以底于败且死。九、尽其力以破裂道德,其结果反资以证明道德之不可得而灭"。① 历史是不断向前发展的,顺民心者昌,逆民心者亡,企图拉历史车轮向后转的袁世凯遭到可耻的下场,说明历史前进的步伐是不可阻挡的。这就是反袁护国运动的历史给予我们的深刻启示。

三

基上所述,护国运动实是民初"二次革命"讨袁斗争的继续。孙中山之所以要讨袁,正如他自己所言:"现在,中国已陷入空前严重的危机,袁世凯的专制较之先前满清的统治更加恶劣。于是我迫不得已而再一次承担起领导的责任。"② 因而自觉地承担了领导讨袁护国的重任。1914 年 10 月 20 日,孙中山致函邓泽如,指出:"袁氏既如此,则第三次革命为不可少之举。"他还将讨袁护国斗争的性质定为"共和与帝制之争战"。1915 年 12 月 12 日,袁世凯称帝,次日,孙中山又指出:"帝政实施,祖国前途,顿增黑暗,以先烈手造之共和,转而为袁氏一家之私产,四亿同胞吞声咽泪。"他说,稍有思想者,"莫不以三次革命为救国良药"③,袁世凯假托民意,"叛国叛政,天下共诛"④。孙中山自己也说过,他自己主要是做思想方面的工作,加强国民对护国的认识,揭露袁氏的卖国虐民罪行,至于"军事方面,自有内地同志积极进行,各尽天职,各负责任,

---

① 白蕉:《袁世凯与中华民国》,荣孟源、章伯锋主编:《近代稗海》第三辑,四川人民出版社 1985 年版,第 12 页。
② 孙中山:《致戴德律函》,《孙中山全集》第三卷,中华书局 1984 年版,第 110 页。
③ 孙中山:《致黄景南等函》,《孙中山全集》第三卷,中华书局 1984 年版,第 213 页。
④ 孙中山:《致高标勋等函》,《孙中山全集》第三卷,中华书局 1984 年版,第 214 页。

总冀达到推倒恶劣政府,建设真正共和为惟一之目的"①。

由此可见,1915年12月25日的云南护国起义,虽然不是孙中山亲自组织和发动的,但作为第三次革命的护国运动,毫无疑问孙中山的作用是不能低估的。如果没有像孙中山这样具有崇高威望的人士,自第二次革命以来,在国内外尤其在国外华侨中,中华革命党人扎扎实实地从组织上、思想上乃至物质上做了大量的讨袁护国准备,并在国内组织和发动人民起义讨袁,就很难把国内外的爱国力量凝聚起来,也不可能形成反对袁世凯的统一战线。如果我们承认护国运动是一次革命运动,那么护国运动的发动与孙中山的活动就分不开,事实上也是如此。所以很明显,"孙中山是护国运动的旗手,是护国运动的精神领袖"②。从严格意义上讲,护国运动是以孙中山作为精神领袖,由爱国的资产阶级各派共同发动和领导,全国各阶层爱国者以反对袁世凯复辟帝制、维护民主共和制度为目标的爱国革命运动,是民国初年资产阶级反对封建地主阶级的民族民主革命的继续。这次革命不仅宣告帝制"不可复,不能复",更重要的是激起了全国人民的爱国心,促进了民族的觉醒,它与新文化运动同步,各显其威力,在中国近代史上都发挥了作用,具有重要的历史意义。

(1996年)

---

① 孙中山:《复区慎刚等函》,《孙中山全集》第三卷,中华书局1984年版,第215页。
② 谢本书、冯祖贻等著:《护国运动史》,贵州人民出版社1984年版,第5页。

孙中山与梁士诒的政治异向

孙中山与梁士诒，一个是民主共和国的总统，一个是北洋政府的内阁总理；从籍贯上看，他俩都是广东人；从个人关系看，不好也不坏。是什么原因决定孙中山与梁士诒的政治异向？是什么原因决定孙中山、梁士诒之间的个人关系？以下拟就这些问题谈些粗浅看法。

一

历史人物不能选择自己的家乡，但是，家乡与人物的成长的确有密切关系。历史土壤、社会习俗、文化结构、地理环境对人物成长的影响是不可忽视的。地理环境决定论是不对的，但忽视地理条件对人才成长的影响也不妥。中国历史进入近代后，社会变动接连不断，而且往往是变动得很激烈，而这种变动最早最快的地方便是珠江三角洲。所以，珠江三角洲是个出人才的地方。

珠江三角洲最早遭受到欧美资本主义国家的侵略，也是最早的人民起来抗击侵略者的英雄土地。但由于近代中国社会的基本矛盾——帝国主义与中华民族、封建势力与人民大众的矛盾在这块土地上表现得特别尖锐而激烈，因而这里是新旧时代（资本主义时代与封建主义时代）、新旧社会（资本主义社会与封建主义社会）矛盾的交汇点，也是中西文化（中国传统文化与西方资产阶级文化）碰撞的最初会聚地。正因为这样，在中国共产党建立以前，向西方寻找真理的四个先进人物洪秀全、康有为、严复和孙中山，除严复是福建人外，其余三人都诞生在这块英雄的土地上。

梁士诒不是先进人物，但也绝不是民族败类。他的政治地位和历史影响无法同孙中山相比，但也算得上是近代中国历史上有一定影响的、不大不小的风云人物。他有过以秀才、进士入翰林院的经历，也有以经营铁路、主持海关、办银行、经营公司等为基地形成了旧交通系，并有成为该系领袖的荣耀，也有酝酿帝制、拥护袁世凯做皇帝的耻辱。

1866年11月，孙中山诞生于广东香山县（今中山市）翠亨村一个贫苦的农民家庭。1869年3月，梁士诒出生于广东三水县冈头乡海天坊（今白泥镇冈头村）一个读书人家庭，两地相距不远。孙中山、梁士诒是同一时代同一地方的同龄人,但他们两人成人后所走的政治道路不仅不相同,而且是完全相反。为什么会这样?原因是多方面的,但显然跟他们家庭的影响,以及社会的教育和阶级的导向也有密切关系。

首先是家庭的影响不同。孙中山的家庭,除父母和祖母黄氏(1792—1869)外,还有同胞兄妹四人,他排行第三,上有哥哥孙眉和姐姐孙妙茜,下有妹妹孙秋绮。他的祖父孙敬贤是一个没有土地的佃耕农,他的父亲孙达成在16岁时就到澳门去当鞋匠,32岁才返回翠亨村和杨氏结婚。在孙中山幼年时,全家男女老幼七口人居住在村边一间简陋的小砖屋里,只靠租种两亩半田过活。尽管一家人终年辛勤劳动,也只能勉强维持着半饥半寒的穷困生活。孙中山的哥哥孙眉被迫离乡背井,于1871年跟随亲戚跑到遥远的檀香山谋生,开始在一家菜园里当工人,不久转到一个农牧场做雇工。孙中山的童年就是在地主和农民存在着尖锐的阶级对立的社会环境中度过的,在贫穷困苦的家境中度过的。由于孙中山"生而为贫困之农家子"①,这就使得他有机会亲身体验到劳动群众的贫穷痛苦和封建地主、官吏的贪狠残暴,从幼年起就对农民的痛苦境遇和要求有着较深刻的了解与切身感受,使他后来对广大受压迫农民的苦难深表同情。

梁士诒则不同。他的祖父梁汝揖(字载恬,号丽川)是邑庠生,"以文学显",他的父亲梁知鉴(字沃臣,号保三)1867年科考以邑试冠军入邑庠生,后迁升进士,"生平力学笃行,为世通儒"②,是一位以"文章学行著于时"的读书人。他的伯父梁鸿鬻也是广东乡试举人、进士,以二甲入翰林。梁士诒出身在这样一个封建士人家庭,幼年时所受的家庭熏染和社会感受跟孙中山完全不同。这一切对梁士诒人生观的确立产生了很大的影响。

其次是所受的教育不同。因为家贫,孙中山到10岁(1876年)才进本村私塾读书,虽然开始时也是读《三字经》、《千字文》及"四书"之类的书,然而孙中山对读这些书一点也不感兴趣,他曾向他的塾师提出质问,说读这些书"有什么意思"③。两年后(1878年),孙中山便离开家乡到他哥哥所在的檀香山,先后进入火奴鲁鲁英基督教监理会所办的意奥兰尼学校和美基督教公理会设立的奥阿厚书院读书。在檀香山五年,孙中山接触欧美的科学文化知识和资产阶级民主思想,又目睹夏威夷人民反抗美国吞并的斗争,逐渐滋长了民族主义和民主主义

---

① (日)宫崎滔天:《孙逸仙传》,载《建国月刊》第5卷第4期。
② 凤岗及门弟子谨编:《三水梁燕孙先生年谱》上册,上海1946年版,第1页。
③ 黄彦、李伯新著:《孙中山的家庭出身和早期事迹》,政协广东省委员会文史资料研究委员会等合编:《孙中山史料专辑》,《广东文史资料》第二十五辑,广东人民出版社1979年版,第283页。

意识。自是孙中山"有慕西学之心,穷天地之想"①。他比较国内外不同境况,产生改良祖国的愿望。他后来忆述:"至檀香山,就傅西校,见其教法之善,远胜吾乡。故每课暇,辄与同国同学诸人,相谈衷曲,而改良祖国,拯救同群之愿,于是乎生。"②

梁士诒与孙中山完全不同。他5岁(1873年)便从父读书,背诵"五经",接受传统的中国封建文化教育。12岁(1880年)时,他虽随父到香港桂坊学校读书三年,但仍然是在他父亲的直接指导下习经书、儒学。1883年随父由香港回广州,先在广州番禺直街九畴书院读书,后转广州马鞍街青云书院侍读。梁士诒在校所学的东西,正如《三水梁燕孙先生年谱》编者所说:"保三封翁(按,梁士诒父亲)讲学,一守朱九江之教。其教子亦以敦品励行,通经致用为宗。偶命从他师学制举文,然庭训未尝少懈。故先生(按,梁士诒)自少即秉性强毅,兼好研求经世之学"③,"研求实用之学"④。

可见,孙中山、梁士诒所受的教育,不仅是西学与中学之别,更主要的是立身处世之别,是立志变革社会、贡献国家还是"学圣希贤"、热衷于"奔走利禄之场"之别。孙中山经过在檀香山、香港、广州的学习生活,立下献身改良祖国的愿望。而梁士诒经过他父亲的熏陶和在香港、广州等地的学习,则立下"通经致用",走"科举取士"、追逐功名富贵的道路。

由于孙中山、梁士诒志向不同,从青少年起他们结交的朋友也有别。孙中山结交的朋友一般都是具有反抗意识的青年,如1883年7月,孙中山离开檀香山回到故乡翠亨村结识的好朋友就是后来在广州起义中为革命献身的陆皓东。他们俩经常在一起谈论中国政治的腐败,发泄对清政府的不满,并合伙将村庙北极殿正殿供奉的"玄天上帝"偶像的中指折断,孙中山还说:"看你这样威风,现在将奈我何!"接着,他又将左廊的"金花夫人"偶像的粉脸刮破,并毁去一只耳朵。这种渎神行为引起了乡绅们的惊恐,也表现了孙中山对封建神权、偶像的愤慨。为此,孙中山被迫到香港求学。1883年冬,孙中山进入香港拔萃书室读书,次年春转学中央书院(1889年改名域多利书院,1894年改称皇仁书院)。在香港,孙中山继续和陆皓东等结友并加入基督教。1886年孙中山在香港中央书院毕业后,决定学医,以医作为"救人之术",并经喜嘉里介绍,进入美国基督教

---

① 广东省哲学社会科学研究所历史研究室等合编:《孙中山年谱》,中华书局1980年版,第12页。

② 孙中山:《在广州岭南学堂的演说》,《孙中山全集》第二卷,中华书局1982年版,第359页。

③ 凤岗及门弟子谨编:《三水梁燕孙先生年谱》上册,上海1946年版,第11页。

④ 凤岗及门弟子谨编:《三水梁燕孙先生年谱》上册,上海1946年版,第14页。

长老会所办的广州博济医院之附设南华医学堂读书。入校后他常发表爱国言论，以"中国现状之危，我人当起而自救"等做宣传[1]，在同学中结识与会党关系密切的郑士良。1887年孙中山转学到香港西医书院就读，他除了用功学习外，还与陈少白、尤列（香港华民政务司书记）、杨鹤龄（翠亨籍商人）志趣相投，互抒救国抱负，经常以爱国图强为话题相交谈，倾慕洪秀全的事业，被人视为大逆不道，人称他们为"四大寇"。

梁士诒结交的朋友则是一些比较安分守己、读经颂典的读书人，比如1883年在广州番禺直街九畴书院读书时，便与区小错、李蓉南、周锡朋、林芷湘、潘锡侯结朋为友，切磋治学之道。次年在广州马鞍街青云书院读书又结识比自己小4岁的梁启超，自是二梁"联翩携手，以尽切磋之雅"[2]。1889年，梁士诒在广州佛山书院拜陈梅坪为师，并与梁启超同学，他们经常在一起交谈如何"殿试及第"、进入官场。梁士诒所追求的正是这样一条"驱词运典，洞达古今"，科举升达，由士而官的道路。

论做八股文、论国学基础，孙中山的确不如梁士诒。而论西学知识、民主意识以及远见卓识方面，梁士诒则不能与孙中山相比。由于孙、梁所具有的学识潜质、思想导向、主体意识，以及为人处世的态度和人生观不同，便决定他们走向不同的政治道路。

孙中山走的是一条改革社会、救国救民的道路，梁士诒追求的则是科举功名、晋升官场的道路。前者是一条反抗压迫、追求民族独立与人民民主的革命道路；后者是一条依附攀藤、逆来顺受、明哲保身、顺其自然的保守道路。两相比较，不管你做了些什么，怎么去做，这种道路选择的本身就是根本对立的，说明孙中山、梁士诒在政治上从青少年起就分道扬镳，没有共同点。

孙中山、梁士诒立志献身的政治方向决定后，便各自为实现自己的愿望努力奋斗。

孙中山在1893年便和陆皓东、郑士良、陈少白、尤列、程璧光、程奎光（二程均为海军军官）等经常在广州圣教书楼后座的礼拜堂，及广雅书局内的南园抗风轩（今广州文德路中山图书馆南馆）等处聚谈国家政局、时事政治，作反清思想和组织准备。1894年11月，孙中山便在檀香山创立了资产阶级革命小团体兴中会，提出了"驱除鞑虏，恢复中国，创立合众政府"的革命主张，并于1895年在香港开会，筹划广州起义，确立了用武装斗争推翻清政府的斗争策略。在此后的斗争中，孙中山经历了斗争失败的苦恼，1896年甚至有被清驻英

---

[1] 胡去非编纂：《总理事略》，商务印书馆1937年版，第11页。
[2] 凤岗及门弟子谨编：《三水梁燕孙先生年谱》上册，上海1946年版，第10页。

国伦敦公使馆设计囚禁准备偷运回国杀害的经历。然而,孙中山没有向恶势力低头屈服,并坚持斗争,在 1905 年他不仅组织中国资产阶级革命政党中国同盟会,而且还提出民族、民权、民生三民主义纲领,并领导人民取得反清斗争的胜利。1912 年清帝退位、南京临时政府成立,孙中山荣任中华民国临时大总统。孙中山所取得的成功不仅使他的声誉日隆、地位日增,而且也使他成为世界性人物,得到全世界和中国人民的敬仰和爱戴。

与此同时,梁士诒则在另一条仕途上奔忙。1889 年,梁士诒应乡试中式举人,1894 年 3 月应殿试,考取进士,以二甲第 15 名录为翰林院庶吉士,授职编修。后随父南归,邑人聘他为凤冈书院主讲。1896 年冬,梁士诒回北京供职,充武英殿及国史馆协修。1900 年梁自北京回三水乡居,次年受乡人聘为三水凤冈书院教师,提倡"学为实用",学生应多读有用书,"不作无益害有益"① 的治学原则,得乡人赞许。1903 年,经天津海关道唐绍仪介绍,被北洋大臣袁世凯聘为天津北洋编书局总办,由是北洋兵书多出自梁之手。1905 年,梁随清政府议藏约全权大臣唐绍仪赴印度谈判议订中印关于西藏问题条约。10 月,梁随唐回抵北京,唐奉命任外务部右侍郎,兼督办京汉、沪宁铁路大臣,梁被委任为铁路总文案,并参与中日合资修筑铁路缔约。1907 年 3 月,梁任邮传部督办京汉、沪宁、道清、正太、汴洛五铁路提调,次年即被袁士凯举荐为邮传部铁路总局局长。1911 年 12 月,袁士凯又任命梁为邮传部大臣。自此,梁士诒青云直上,步步高升,官至北洋政府内阁总理。

从上述可见,就个人来说,孙中山与梁士诒在政治上都实现了个人的愿望,他们的奋斗都取得成功。但就总体而言,他们在政治上是对立的两极,孙中山的成功就是梁士诒的失败,反之,梁士诒的成功就是孙中山的失败。从事业的正义性来看,孙中山坚持推翻清政府、建立资产阶级民主共和国的政治方向,顺应了时代的潮流,是正义的;而梁士诒作为清政府的官员和北洋政府的首领人物,则基本上属于封建主义的卫道士和封建阶级利益的维护者,属于非正义方面。

二

可是,从孙中山与梁士诒的个人关系而言,他们之间又比较平和和互相谅解。除 1921 年孙中山令行通缉过梁,并在次年 1 月因徐世昌举荐梁士诒为北洋政府内阁总理,孙中山指斥梁为"帝制罪魁之一"、"伪国务总理"外,他俩从未有过相互指责、攻讦的行为发生。为什么会这样?下面就这个问题作些探讨。

有人认为,孙中山、梁士诒都是广东人,他们之间有一种"同乡感情",所

---

① 凤岗及门弟子谨编:《三水梁燕孙先生年谱》上册,上海 1946 年版,第 36 页。

以，他俩没有发生过互相指责的现象。这种看法显然是不对的，因为"同乡感情"往往是受政治斗争所制约和支配的。孙中山与梁士诒没有直接发生矛盾，除了梁士诒的地位和影响没有对孙中山进行的革命发生威胁外，跟梁士诒的思想以及行动所表现出的某些积极因素也有关系。

第一，梁士诒对清廷的无能和"所任非人"有过不满。例如，1894年中日甲午战争爆发，梁士诒与翰林院中其他35人合疏弹劾李鸿章不备战，丧权辱国，表现了梁士诒的爱国情操。又如，他对慈禧太后"所任非人，习于所安"也不满，指责清廷为政不廉，对官员"赏罚之不明，不公，不严"①，以致官吏腐败、平庸，害国害己。第二，他在外事活动中，主张"立国方针，应注重国权"。对待帝国主义的态度，他采取均衡政策，不亲日，也不亲英美，广泛交朋友，反对某一国家垄断中国的经济，制造国内分裂对立。他还从国家民族利益出发，奏请设立交通银行，避免外商控制中国金融。他还提倡官商合办铁路，统管轮、路、邮、电四政，振兴实业，"以期利不外溢"。他强调："铁路应为人民谋经济之活动，不就只为政治谋路利之增加"。② 可见，梁士诒不仅具有一定程度的维新思想，而且也有民族意识和爱国思想。第三，1911年10月革命党人发动武昌起义后，梁士诒鉴于清政不纲、亲贵昏聩，"人心已去，君主制度，恐难保全，恳赞同共和，以维大局"③。南北议和时，为了促成共和，梁士诒据孙中山关于清帝退位的条件，与唐绍仪一南一北，弥缝解释，用心尤苦。他不仅就清帝退位条件与唐绍仪往返商讨数十次，并居间传达，而且还策划清统将段祺瑞等赞成共和，联合47名将领奏请清帝退位。梁士诒赞成共和，固然是由于形势所迫的权宜之计，但他的所作所为对于南北停战息争、迫使清帝退位、稳定大局起到了一定作用。

由此可见，尽管孙中山与梁士诒政治立场相反，他们不可能有什么"意旨融洽，共参机要"，但梁士诒的一些思想和活动不仅与孙中山的事业不相左，反而还有某些相近。这就使孙中山与梁士诒具有相互联系、共商国是的思想基础。

1912年3月，袁世凯宣誓就任中华民国临时大总统职后，梁士诒为总统府秘书长，成为袁世凯统治集团中掌握实权的核心人物。此间，梁士诒为撮合孙中山、袁世凯合作，多方周旋，其中最为时人所注目的事件就是撮合1912年8月孙中山北上与袁世凯会面。8月24日孙中山抵北京，梁士诒代表袁世凯，与其他内阁总长等各方人士齐集火车站欢迎。孙中山在京期间，梁士诒对孙格外亲

---

① 凤岗及门弟子谨编：《三水梁燕孙先生年谱》上册，上海1946年版，第41页。
② 凤岗及门弟子谨编：《三水梁燕孙先生年谱》上册，上海1946年版，第70页。
③ 凤岗及门弟子谨编：《三水梁燕孙先生年谱》上册，上海1946年版，第105页。

密。据唐在礼回忆：梁士诒对孙中山那么亲热，起初他认为是由于他们"有同乡感情"，"后来才听说，袁早已同梁预先商量妥当，故意由梁出来向孙拉拢，主要的目的是要孙向全国公开表示永远不愿做大总统，而专心为国家搞实业，并且迎合着孙要办全国铁路的愿望，要求孙对全国宣布他要办铁路的决心"。① 在这方面，梁士诒的确起了别人无法起到的作用。孙中山到京当晚，在梁士诒的周旋下即往总统府拜访袁世凯，在袁世凯致欢迎词后，孙中山起而致答谢词："文久居海外，于国内情形或有未尽详悉之处，如有所知，自当贡献。惟自军兴以来，各处商务凋敝，民不聊生，金融滞塞，为患甚巨。挽救之术，惟有兴办实业，注意拓殖，然皆恃交通为发达之媒介，故当赶筑全国铁路，尚望大总统力为赞助，早日观成，则我民国前途受惠实多云云。"② 此外所谈皆为兴革大计，意见吻合，谈笑甚欢。经过交谈，孙中山认为："袁总统可与为善，绝无不忠民国之意。国民对袁总统万不可存猜疑心，妄肆攻讦，使彼此诚意不孚，一事不可办，转至激迫袁总统为恶云。"③ 孙中山终于说出了袁世凯要他所说的话。袁世凯邀孙北上的目的初步达到，并为孙袁北京论道、纵谈时局、晤商政要铺平了道路。

孙中山在北京逗留期间，与袁世凯、梁士诒晤谈13次。在会谈中，梁士诒不仅每次作陪，而且做了袁世凯想做而无法做到的事情。梁为孙袁晤谈取得成果起了重要作用。9月上旬，袁世凯就指使梁士诒同孙中山密谈，劝说孙中山支持袁世凯。经过孙梁密谈，果然取得成果，孙中山表示愿意支持袁世凯，说：余"革命数十年，今幸始得共和成立，又值满、蒙不靖，于心有愧。大总统既为同胞谋幸福，敢不竭驽力，以国家为前提，共图国荃"④。此间，孙还就各种问题私下与梁交谈，这些交谈又为孙袁之间的晤谈取得成果打下基础。据记载，某天夜里，孙袁会晤后，孙中山由梁士诒陪送回行馆，孙问梁："我与项城谈话，所见略同，我之政见，彼亦多能领会。惟有一事我至今尚疑，君为我释之！"梁士诒问："何也？"孙中山说："中国以农立国，倘不能于农民自身求彻底解决，则革新匪易。欲求解决农民自身问题，非耕者有其田不可，我说及此项政见时，意以为项城必反对。孰知彼不特不反对，且肯定以为事所当然，此我所不解也。"梁答："公环游各国，目睹大地主之剥削，又生长南方，亲见佃田者之痛苦，故

---

① 吴长翼编：《八十三天皇帝梦》，文史资料出版社1983年版，第113页。
② 王耿雄编：《孙中山史事详录》（1911—1913），天津人民出版社1986年版，第351页。
③ 孙中山：《与某人的谈话》，《孙中山全集》第二卷，中华书局1982年版，第412～413页。
④ 孙中山：《与梁士诒的谈话》，《孙中山全集》第二卷，中华书局1982年版，第452页。

主张耕者有其田。项城生长北方，足迹未尝越大江以南，而北方多属自耕农，佃农少之又少；故项城以为耕者有其田系当然之事理也。"孙中山大笑，嗣复语梁，云："曩夕府中谈及改革全国经济，闻君伟论，极佩荩筹。我以为硬币与纸币均为价格代表，易重以轻，有何不可？苟以政治力量推动之，似尚非难事。而君谓必先取信于民，方法如何？愿闻明教！"梁云："币制为物价代表，饥不可食，夫人知之。惟中国数千年来币制之由重而轻，由粗而细，皆以硬币为本位；若一旦尽易以纸，终恐形隔势禁，未易奉行。故必先筹其所以取信于民之方法。夫以中国之大，人民之众，发行四十万万纸币，似不为多。今者卑无高论，先从政府组织一健全之中央银行。试行统一币制方策；如发行纸币五千万，先将现金一千五百万镕化，制成银山，置于中华门外之丹墀，以示人民曰：此国家准备库也。所发行之纸币日多，所积之银山愈大。信用既著，习惯自然，假以时日，以一纸风行全国，又何难哉！愚见所谓必先取信于民者以此。"孙中山听后点头称善。①由于梁士诒居中调解、传递信息、释疑解答问题，使孙袁的晤谈取得成效，实现了要孙中山承认袁世凯为民国总统，而他自己专尽力于社会事业的目的。

在梁士诒的积极参与下，9月9日，袁世凯授孙中山筹划全国铁路全权。为使孙中山的铁路建筑计划得以顺利实施，梁士诒又常在北京铁路协会举行会议，发表演说，支持孙中山的铁路计划。梁说："孙中山拟筑二十万里铁路，国人每訾为夸大，其实以地域论，我国土地较大于美，而美国有铁路百十余万里，则我国二十万里铁路，决不为多。即以时间论之，美于1880年至1890年，十年间，筑路四十余万里，定期亦似不为促，要在运用之能否得法，主权之是否能保全耳。"②梁还在铁路协会召集会议，研究制定助孙中山筹办铁路的计划，所预定修筑的三大路线为：（一）由广州经广西、云南接缅甸铁路；（二）由广州经湖南、四川达西藏；（三）由扬子江口经江苏、安徽、河南、陕西、甘肃、新疆迄伊犁。筹款方法，主要是向外借款，如京奉、京汉、沪宁诸路办法，如租让给外人承办，则限若干年收回国有，其条件以不碍中国主权为原则。资本定为六十万万元，里程拟二十万里，期限十年。以上计划由梁士诒与孙中山商洽、确定，复由交通次长叶恭绰来往京沪，与孙中山磋商铁路总公司与交通部的权限，然后实施。这个交通大计虽因政治形势变动，予以中辍，但它反映了梁士诒与孙中山在发展交通，尤其是在建筑铁路、发展中国实业问题上的看法相一致。

孙中山还与梁士诒等人合议将琼州改设行省，并共同撰写设省理由书，向国

---

① 凤岗及门弟子谨编：《三水梁燕孙先生年谱》上册，上海1946年版，第123～124页。

② 凤岗及门弟子谨编：《三水梁燕孙先生年谱》上册，上海1946年版，第152页。

会陈请。9月11日午后3时,广东旅京同乡在京城南横街粤东新馆欢迎孙中山,梁士诒为主席。当梁登台讲述欢迎孙中山大旨后,孙中山上台发言:今日诸君皆同乡至亲,不拘客套,故弟今日不演说,改为谈话会,无论政治、实业种种问题,如诸君下问,兄弟定必详答。孙中山语毕,陈治安即趋向询问,中国有两岛:一为台湾,一为琼州,"台湾已被日本占去,惟余琼州,万一再为法占,则全国受影响。若欲整顿,非将琼州改为一省不可。"梁士诒继云:"广东僻处一隅,去中原颇远,且山多田少,民食不足自给。……昨与孙先生谈及此事,今日又得琼州陈君为之萌芽,诸君如以为然,则请研究此问题可也。"孙中山同意陈、梁意见,认为:"琼州则孤悬海外,当民国之最南,其海峡之最狭者,亦与内地口岸隔八十里,万一不能关照,失去琼州,则高、廉、雷等府及广西之太平等处大有危险。今为边防起见,宜将琼州另立一省。"① 孙中山、梁士诒还与广东旅京同乡易廷熹、陈治安等36人发起,撰《琼州改设行省理由书》,分送当时国会的参议院和众议院,请求各位议员赞成琼州设省,指出:"巩固海防,琼州宜改设行省也","启发天然富源,琼州宜改设行省也","文化政策,琼州宜改设行省也","国内移民殖民政策,琼州宜改设行省也","行政之便宜上,琼州宜改设行省也"。② 孙、梁等人的这个倡议虽未被当时国会采纳,但却说明孙中山与梁士诒在一些关系到国防、防止领土丢失所应采取的政策等问题上也有共同的语言和一致的行动。

以上说明,在1912年年底以前,孙中山与梁士诒的关系比较密切,他们不仅切磋铁路建设、开办实业等各种问题,还函电往返商量处理一些具体事务,这不是一般人之间能够做到的。可是,政局的变化改变了他们之间的关系,热点过后很快便冷却下来。

三

1913年7月"二次革命"爆发,孙中山与梁士诒的关系也因孙、袁的对立而恶化。10月6日,第一届国会正式选举袁世凯为大总统,梁士诒继续担任总统府秘书长。10月15日,袁世凯下令通缉孙中山、黄兴、李烈钧、柏文蔚、廖仲恺、朱执信、邓铿、谭人凤、熊克武等。之后,袁世凯又下令解散国民党,并撤消国会中的国民党籍议员。从此,南北对立,孙、袁不容。梁士诒不仅支持袁世凯的黑暗统治与南方革命党势力对立,还竭力为袁世凯筹备帝制,为袁世凯筹

---

① 孙中山:《与广东旅京同乡的谈话》,《孙中山全集》第二卷,中华书局1982年版,第454页。
② 王耿雄编:《孙中山史事详录》(1911—1913),天津人民出版社1986年版,第408页。

款、收买各级将领，邀请贵族及政客等为袁效命，成为袁世凯复辟帝制的核心人物。1916年3月，袁世凯复辟帝制失败后，梁士诒自知罪责难逃，不得不亡命香港。在此期间，孙中山与梁士诒的关系紧张，但至今尚未发现孙中山指斥梁士诒的文字。

1917年7月，孙中山由沪返粤。8月，在广州举行国会非常会议，组织中华民国军政府，孙中山就任军政府大元帅。10月，孙中山以军政府大元帅名义颁布讨伐段祺瑞令，指斥段等"阳托共和，阴行专制"，实为"共和之蟊贼，人民之大憝"，号召全国奋起，"讨灭伪政府，还我约法，还我国会，还我人民主权"，并组织护法军发动护法运动。①

10月，梁士诒由香港赴日本。11月6日，梁在横滨发表演说，"主张以和平统一南北"，并指出："欲国家安定，必须振兴产业，使各人生活均能安定，乱事自戢，否则虽能压制一时，乱源终不能塞也。"② 从此，梁士诒以调和南北、统一国事的面目出现，不仅与各省军界首领接洽、函商，也与孙中山文电往返。梁与孙联络的中间人是汪兆铭及江海关监督萨福懋。此中的情况，1918年8月汪兆铭给梁士诒电报有云："中山廿五日（按，8月）晚抵沪，前在箱根患急性结膜炎眼病，回沪后，病尚未愈，绝少见客。本日兆铭与中山谈及燕老（按，指梁士诒）近来筹划及桂老所谈大要。中山谓据年来经验，知实现理想中之政治，断非其时，故拟取消极态度，将来从著述方面启发国民。至于目前收拾大局，但期得有胜任之人，若东海出山，则更不生异议云。"萨福懋在致梁士诒电中，也述及南北相攻，"无益大局，徒苦吾民。现中山既取消极之态度，陈竞存义同一体，倘能得大力疏解，俾闽粤先行停战，徐图收拾之策，既以造福桑梓，亦以保全大局，关系甚巨，乞留意为幸"③。这期间，梁士诒间接同孙中山联系，目的是在探试孙中山对解决时局的主张。

1921年9月，梁士诒南归。10—11月，梁在香港活动。11月，徐世昌在奉系军阀张作霖支持下，催促梁士诒返京组阁。吴佩孚闻梁北上组阁于己不利，便密谋破坏，致电浙督卢永祥说："前此梁士诒赴粤，与陈炯明接洽，亦与孙文有所晤结，此次拟出组阁，将合粤皖奉为一炉，垄断铁路，合并中央，危及国家。"④ 吴佩孚言梁士诒与"孙文有所晤结"，无从证实，但据后来外报所述，吴

---

① 孙中山：《明正段祺瑞乱国盗权罪通令》，《孙中山全集》第四卷，中华书局1985年版，第209页。
② 凤岗及门弟子谨编：《三水梁燕孙先生年谱》上册，上海1946年版，第394页。
③ 凤岗及门弟子谨编：《三水梁燕孙先生年谱》上册，上海1946年版，第429～430页。
④ 凤岗及门弟子谨编：《三水梁燕孙先生年谱》下册，上海1946年版，第177页。

佩孚所言恐非子虚乌有。1924 年 3 月 5 日，梁士诒自香港启程赴欧美游历。5 月 22 日，伦敦《泰晤士报》以"中国之前任国务总理梁士诒在欧洲"为题介绍梁士诒时，也说到："1921 年 12 月，奉天之张与洛阳之吴，彼此因欲得北京而战，梁氏因受张氏之信任与委托，遂以合法手续被选为国务总理，但不幸战争结果，张败吴胜，吴遂下令通缉，彼援例避至南方，以后即寄居香港，与广州政府之孙逸仙博士及其他领袖常相往来。"① 孙、梁如何"常相往来"不可知，但也证明吴佩孚指责孙、梁"有所晤结"恐是事实。这个时期，孙中山对梁士诒除了上面提到指斥梁为徐世昌"伪国务总理"外，从总的方面看，他们的关系大有改善。从 1923 年 4 月 27 日孙中山发布取消 1921 年对梁士诒的通缉令②，以及 1925 年 3 月 12 日孙中山在北京逝世，梁士诒亲书挽联："先觉阐大义，后死哭斯文"③，都证明孙中山与梁士诒在人生旅程的最后阶段了结了个人的恩怨，各自都谅解对方，做了应该做而又只能如此做的事情，完满地结束了两人的关系。

四

综上所述可见，孙中山与梁士诒这对同一时代的广东人，分别官至共和国的大总统和北洋政府的内阁总理，都是有影响的政界风云人物。但由于政治立场不同，他们所服务的对象则相反，可以说是各自为着相敌对的两个阶级服务（民族资产阶级与官僚地主阶级）。然而，他们两人相敌不相攻，相异不相伐，不亲不疏，不即不离，这同孙中山与梁士诒的思想和处事原则有关。孙中山是一位有强烈爱国主义思想的优秀人物，他毕生为中国的独立、民主、统一和富强而奋斗，不管是什么人，只要能为他的理想奋斗，或支持他的事业，他统统称为同志或朋友；反之，则视为异类，不与结交，不攀亲带故。梁士诒虽谈不上是爱国主义者，但他也有爱国思想，在经营铁路、办理金融、主持海关、创办实业方面都有为中国早日实现国家富强和民族独立的愿望，并曾一度支持孙中山，但因为梁士诒缺乏民主意识，他不能同孙中山为伍，共同奋斗。然而，梁士诒毕竟跟愚蛮守旧的顽固官僚不同，他不仅有某些维新思想和行动，而且也有争取外援振兴经济的愿望和行动。加上梁士诒在对待南北对立时的态度一直是主张调和谅解、和平统一，反对争权窃位、涂炭国民。所以，孙中山与梁士诒的思想在大异之下也有小同。正因为孙、梁存在小同，说明他们在一些问题上有共识，这就使孙、梁能够维持不亲不疏的联系。

---

① 凤岗及门弟子谨编：《三水梁燕孙先生年谱》下册，上海 1946 年版，第 337 页。

② 孙中山：《命取消梁士诒通缉令》，《孙中山全集》第七卷，中华书局 1985 年版，第 410 页。

③ 凤岗及门弟子谨编：《三水梁燕孙先生年谱》下册，上海 1946 年版，第 390 页。

梁士诒在政治上无论是民主意识、爱国热情、智慧魄力都不能跟孙中山相比，但梁士诒是一位理财能手，在经济活动及治理整顿财政方面孙中山恐不如梁士诒。人都有所长，也有所短。我们不能苛求孙、梁应该怎么样，不应该怎么样。但是，通过对孙中山、梁士诒怎样由不同的教育而产生的不同思想倾向，终于走上不同的政治道路来探讨他们的政治异向、归宿和影响，从而总结出一点什么教训，看来还是一个有意义的研究课题。

历史唯物主义的基本原则是"实事求是"。"实事"就是要从历史事实出发，不是从概念出发，更不能从主观对历史作臆断。"求是"，就是以事实为基础，进行综合分析，求得合理的结论。人无完人，就是称得上伟大的人物，也避免不了失误和错误；就算是反面的人物，虽然他们的政治方向要否定，但也绝不是一无是处。世上没有一切都正确的完人，也没有一切都错误的人。梁士诒在袁世凯时代犯了复辟帝制开历史倒车的错误，后又升任北洋政府的内阁总理等职，基本上是属于一个反面人物。但综观他的一生，他又是一个值得研究的重要的复杂人物。他的经济思想、理财方略，以及经营金融、办理外交、整顿海关、治理交通的许多原则、做法，都有值得我们研究、总结和借鉴的东西。可是，过去我们对梁士诒研究得实在太少了，我们应该改变这种状况。

（1990年）

何香凝为捍卫孙中山思想和事业所进行的斗争

一

1993年6月27日是我国杰出的民族民主革命女政治家、近代中国伟大的爱国主义者、妇女运动的领袖、国民党左派的旗帜、中国共产党的挚友何香凝先生诞辰115周年之日。何香凝当年立下"众志成城莫可摧,恶之逆之终自绝"① 的冲天志气,为维护、继承、捍卫和发扬孙中山、廖仲恺的伟大革命理想和未竟事业作了坚韧不拔的顽强斗争,充分表现了她作为一个女性的非凡智慧、胆识、勇气和毅力。她用实际行动履行她的誓言:"留言后辈青年者,我等雄心且莫灰!天生我才必有用,今天死了再胚胎。前者牺牲后者继,此后无穷烈士来。花开花落年年在,血冢黄花几度开!"②

何香凝是伟大时代造就的杰出代表,她又无愧于伟大的时代。她和廖仲恺一起积极追随时代潮流、追随孙中山革命,无所畏惧地奋斗了一生,为祖国的独立、民主、自由、平等、统一和富强,为中华民族的振兴做出了不可磨灭的巨大贡献。

廖仲恺、何香凝同孙中山是同志和战友,又是民主革命的先驱和杰出的爱国者。在长期的革命斗争中,他们都以非凡的智慧和远见卓识,以博大的胸怀和高尚的人格,为国家和民族建立了不朽的历史功绩,成为一代伟人。孙中山和廖仲恺逝世以后,宋庆龄和何香凝又以非凡的胆识和巨大的爱国热情,热爱人民,忠于革命,坚持原则,临危不惧,勇敢无畏,百折不挠,为继承和捍卫孙中山的革命理想和事业进行了长期的、艰苦曲折的斗争,深得全国人民的广泛尊崇和敬慕。

何香凝自幼爱国、倔强,努力学习,有远大理想。她自幼爱听太平天国女兵的故事,从中受到熏陶和鼓舞,慢慢养成了不屈的性格与反抗传统封建陋习的精

---

① 《总理奉安后一日有感》,尚明轩、余炎光编:《双清文集》下卷,人民出版社1985年版,第106页。

② 何香凝:《自传初稿》,尚明轩、余炎光编:《双清文集》下卷,人民出版社1985年版,第208页。

神。她憧憬着自己将来能和这些女英雄一样,"于是立定决心,无论如何不裹脚"①。裹脚又称为缠足,它是汉族地主阶级长期推行的摧残妇女身心健康的一种封建陋习。在中国封建社会,"上流社会"没有不缠脚的女儿,也绝不讨不缠脚的媳妇。何香凝年小志大,不怕父母的打骂,经过"好几十个回合"的反抗,居然留着一双大脚。留有一双大脚并非易事,也不是小事,是敢于跟封建社会陋习斗争的结果。这一斗争不仅说明何香凝自幼与众不同,也说明她敢于追求光明,敢于同父辈的落后传统抗争。1897年10月,廖仲恺与何香凝在广州结婚后,他俩志趣相投,互相关心和勉励,共同进步,关心国事,追求真理,追求新的生活。正如何香凝在回忆中所说:结婚以后,常听仲恺谈及太平天国反清及其他时事,"逐渐加深了我对'国家兴亡,匹夫有责'的认识"。为了寻求救国真理,实现拯救民族的宏愿,何香凝把结婚时娘家给她的陪嫁珠玉首饰卖掉,抛弃优裕悠闲的生活,同廖仲恺到日本留学,开始了寻求救国真理的历程。到了日本,何香凝看到了一个与中国不同的世界,许多东西都引起她的兴趣,许多社会问题也引起她的探索。她开始关心改造中国的问题。1903年年初,何香凝到东京入目白女子大学后,便经常同廖仲恺一起参加中国留学生的各项活动。该年春天的一个晚上,何香凝和廖仲恺在东京神田神保町的中国留学生会馆参加留学生的聚会,在会上初次结识了孙中山。此后,何香凝和廖仲恺便经常到东京小石川孙先生的宿屋聚谈,倾听孙中山关于"清政府腐败无能,所以一定要进行反清革命"的道理。对于孙中山"推翻清廷、建立民国的道理,很是佩服,十分同情",并表示"我们也想参加革命工作,愿效微力"②。孙中山指示何香凝和廖仲恺先生在日本留学生中物色有志之士,广为结交。廖仲恺、何香凝遵照孙中山的指示,在留学生中做了大量的宣传、联络和组织工作。1905年8月7日,何香凝由孙中山、黎仲实介绍,加入中国同盟会,并在何香凝的寓所举行宣誓仪式。此后,何香凝担任同盟会一些联络和勤务工作③。9月1日,廖仲恺也由黎仲实、何香凝介绍,在孙中山亲自主盟下,加入中国同盟会④。从此,何香凝和廖仲恺为实现孙中山的革命理想和事业忘我地英勇奋斗了一生。

二

何谓孙中山的革命理想?

---

① 廖承志著:《我的母亲和她的画》,载《人民日报》1979年3月14日。
② 何香凝:《我的回忆》,中国人民政治协商会议全国委员会文史资料研究委员会编:《辛亥革命回忆录》第一集,文史资料出版社1981年版,第12~13页。
③ 陈福霖、余炎光著:《廖仲恺年谱》,湖南出版社1991年版,第26页。
④ 何香凝:《回忆孙中山和廖仲恺》,参见陈福霖、余炎光著:《廖仲恺年谱》,湖南出版社1991年版,第31页。

何香凝说:"'驱除鞑虏,恢复中华,创立民国,平均地权'是孙先生当年组织同盟会提出的口号,它初步概括地体现了孙先生当时的革命理想。"① 同盟会的十六字纲领,后来孙中山在《民报》发刊词中又概括为民族、民权、民生三大主义,其精神就是要推翻清政府,建立共和国家,实现中国的独立、民主、自由、平等、统一和富强。

孙中山的事业,正如他在《孙文学说》一书中所说的,"吾平生所志,以革命为惟一之天职"。所以,孙中山的事业,即救国、革命、建设。因此,孙中山的理想与事业是一个问题的两个方面,它是统一的不可分割的一个重要问题。理想是一个理论指导问题,事业是一个具体的实行问题。把孙中山的理想与事业结合起来考察和继承,正是何香凝全面、正确地理解孙中山思想的具体体现。

对于孙中山的革命理想,当时的革命者不仅认识不一,且分歧很大。就同盟会员在同盟会机关报《民报》发表的文章来看,大致可以分为三类:第一类人仅有推翻清朝政府的单纯民族主义思想,至于推翻清朝以后中国往何处去,思想上还是认识模糊,甚至还可以说根本就没有接触这个问题。第二类人则在推翻清朝以后,要把中国引上欧洲或日本式的资产阶级民主国家的道路。第三类人则接受了当时已经在日本青年学生中开始流行的早期社会主义思想,并试图把处于萌芽状态的早期社会主义思想传播到中国来。他们在翻译日本社会主义者著作的时候,把资产阶级译作"豪富",把无产阶级译作"细民",他们在《民报》上宣传"细民"与"豪富"的斗争,也就是反映无产阶级与资产阶级的矛盾和斗争。朱执信、廖仲恺与何香凝属于第三类人中的代表人物。正如何香凝所指出的:"第一类人和第二类人中的一部分在刚刚推翻清朝、袁世凯上台的时候,就完全倒过去了。第二类人在改组中国国民党的时候,也完全暴露了他们的反动本质。而伟大的中国革命先行者孙中山先生,又不幸在1925年因病去世。朱执信又牺牲在先。自始至终一心一意跟随孙先生,忠心耿耿地想把中国建设成为比较进步的、自由、平等、独立、富强的国家的国民党人,便只剩了廖仲恺等少数人。"② 这少数人中当然也包括了何香凝。

关于革命党人对孙中山革命理想的议论,1915年,陈英士给黄克强信中也谈及,他说,辛亥以前,谭人凤、宋教仁辈过上海时说过:"以为孙氏理想,黄氏实行",谓黄兴为革命实行家,指斥孙中山倾于理想,"不易见诸施行"。对此,陈英士反问道:"惟谓中山先生倾于理想,此语一入吾人脑际,遂使中山先

---

① 何香凝:《回忆孙中山和廖仲恺》,参见陈福霖、余炎光著:《廖仲恺年谱》,湖南出版社1991年版,第17页。

② 何香凝:《我的回忆》,中国人民政治协商会议全国委员会文史资料研究委员会编:《辛亥革命回忆录》第一集,文史资料出版社1981年版,第19~20页。

生一切政见不易见诸施行,迨至今日犹有持此言以反对中山先生者也。然而征诸过去之事实,则吾党重大之失败,果由中山先生之理想误之耶?抑认中山先生之理想为误而反对之致于失败耶?惟其前日认中山先生之理想为误,皆致失败;则于今日中山先生之所主张,不宜轻以为理想而不从,再贻他日之悔。此美所以追怀往事而欲痛涤吾非者也。"①孙中山后来也多次抱怨人们认为他的理想过于宏泛、倾向幻想而不去实行,所以招致革命失败。他说:"本党党员固然不能说是人人都好,但是相信本党的主义的确是适合中国国情,顺应世界潮流,建设新国家一个最完全的主义"②的人确实不多。因此,革命综十数年而计效成功,不得不自认为失败。为什么失败?就是"吾党所抱持之三民主义、五权宪法尚不能施行"③。所以,孙中山在1924年1月《中国国民党第一次全国代表大会宣言》中指出:"以国民革命、实行三民主义为中国唯一生路"。国民党的主义不能施行,一切"救国之诚意,然终为空谈"。要把革命做到彻底成功,必须全党始终如一,彻底贯彻他的革命主义。④

何香凝和廖仲恺始终坚信孙中山的革命理想必将实现。在孙中山生前,他俩为实现孙中山的革命理想忘我奋斗。不惜牺牲自己的一切,乃至生命。孙中山逝世以后,他俩成为继承和捍卫孙中山革命理想和事业的旗手,英勇奋斗,不屈不挠,廖仲恺还为此献出了宝贵的生命。何香凝说:"孙先生为民众奋斗而生,为民众奋斗而死。""先生已死,我辈之责任愈重,先生已为我辈播三民主义及废除不平等条约之种子,我辈当日日汲水灌溉,使之滋生长大。"⑤她号召国民党要坚持孙中山的三民主义革命理想,"继续先生之主义和精神,努力奋斗"⑥。无论环境多么险恶,形势多么严峻,她和廖仲恺一样都做到"富贵不能淫,贫贱不能移,威武不能屈",为国家、为民族,为实现孙中山的革命理想和事业磨砺精神,奋斗到底。正因为这样,孙中山在逝世之前,把党务大权交给了廖仲恺,将黄埔军校及各军的党代表的重任交给廖仲恺。而何香凝更是孙中山无限信任的战友和同志。人们都知道,何香凝极力保护孙中山,孙中山也十分信任何香凝,此

---

① 孙中山:《陈英士致黄克强书》,《孙中山选集》,人民出版社1981年版,第178页。

② 孙中山:《在广州中国国民党恳亲大会的演说》,《孙中山选集》,人民出版社1981年版,第528页。

③ 孙中山:《人民心力为革命成功的基础》,《孙中山选集》,人民出版社1981年版,第542页。

④ 孙中山:《对于国民党宣言旨趣之说明》,《孙中山选集》,人民出版社1981年版,第599~600页。

⑤ 何香凝:《在上海各公团孙中山先生追悼大会上的发言》,载上海《民国日报》1925年4月13日。

⑥ 尚明轩、余炎光编:《双清文集》下卷,人民出版社1985年版,第9页。

中情景十分动人。1922年6月16日，陈炯明在广州发动反革命叛变之前，廖仲恺应陈炯明之邀前往惠州，抵石龙即被扣留，旋被送到广州北部石井兵工厂囚禁。何香凝为了营救廖仲恺四处奔走，心力交瘁，她三次带病去看望廖仲恺，见警卫森严，重重把守，足有一营兵力。她说："一天夜里，一个陈炯明手下颇为得力的师长洪兆麟来对我说：'现在永丰舰天天向我们打炮。我们知道你几次来往永丰舰都没有事，是否你肯再去永丰舰一次，我们派两三个人跟你去，叫孙先生今晚不要打炮。如果你都能做得到，我们明天就放廖仲恺。'本来放仲恺是好的，但派两三个人跟我去永丰舰，假如他们加害孙先生，又怎么办呢？我不能为了仲恺而加害孙先生。我就对他说：'你们叫我这样，我会对不住人民，对不住孙先生的。我是不会离开广州的，你们想什么时候派人来抓我，我也不怕。'……洪兆麟很扫兴地走了。"① 从这件事中可清楚地反映出何香凝的高风亮节、先人后己的高贵品德，也表现了她对孙中山的无限敬仰和爱戴。

日久见真诚。正由于孙、廖两家人长期以来真诚合作，相互爱护，共同为拯救国家和民族赴汤蹈火，英勇不屈地战斗，从而建立了崇高的、真诚的革命友谊。孙中山病重期间，何香凝俯守在孙中山身旁，聆听孙中山的教诲。尽管对孙中山先生的逝世，何香凝痛苦难以言尽，但她以顽强不屈的精神继承孙先生的意志，为捍卫孙中山的革命理想忘我地奋斗。何香凝说：1925年3月11日（孙先生逝世前一天）下午，"总理连着叫我几声，叮咛反复的嘱咐我，但是舌头已经硬了，说多了更听不清楚。我对他说：'先生，我亲近先生二十多年，同受甘苦，万一先生病不能愈，我们当尽力保护夫人及先生遗族。我虽然知识、能力都很薄弱，但是总算能够亲受总理三民主义的教训，我有一分力量，必定尽力宣传。'那时，孙夫人在侧，哭声惨切，总理含泪望着我们，便握着手说：'那么，我很感谢你'。末后，还低低说着：'国民救国，国民党努力'。"② 孙中山还对汪精卫等说："我死了，四面都是敌人，你们是很危险的，希望你们不要为敌软化。"何香凝伤心地掩泪，和孙夫人一起走到孙先生的床前说："我虽然没有什么能力，但先生改组国民党的苦心，我是知道的，此后我誓必拥护孙先生改组国民党的精神。孙先生的一切主张，我也誓必遵守的。至于孙夫人，我也当然尽我的力量来爱护。"③ 孙中山逝世后，何香凝不渝初衷，在极其艰难险恶的形势下同国民党内右派分子和党外的反革命分子作顽强的斗争。

---

① 何香凝：《我的回忆》，中国人民政治协商会议全国委员会文史资料研究委员会编：《辛亥革命回忆录》第一集，文史资料出版社1981年版，第36～37页。

② 何香凝：《孙中山先生逝世二周年纪念日数日前的感想》，载《广州民国日报》1927年4月12日。

③ 何香凝：《我的回忆》，中国人民政治协商会议全国委员会文史资料研究委员会编：《辛亥革命回忆录》第一集，文史资料出版社1981年版，第49页。

在孙中山逝世两周年时，何香凝发表告民众书严正指出："我们纪念总理，我们应该严守党的纪律，实行党的主义，团结党的精神，因为总理见国民党十余年来主义不能实行，纪律不严，故改组国民党，所以我们必须严守纪律，才可以对得住总理，才是真正的纪念总理。"并指出："廖仲恺先生之死是在改组国民党，联俄政策，容纳共产党，扶助农工，创办黄埔军校，援助罢工，统一军政财政，打倒帝国主义，打倒军阀。"①

由此可见，孙中山的革命理想与事业，即何香凝与廖仲恺的革命理想与事业。正因为孙中山逝世后，廖仲恺与何香凝勇敢地举起孙中山的革命旗帜，继承孙中山的意志，为完成孙中山的革命理想同帝国主义、封建军阀和国民党右派作了不懈的斗争，所以，内外反革命派相勾结暗害了廖仲恺。"廖先生是为承继孙中山先生的遗志而牺牲的"②，"廖先生是为民族谋解放而死，为中国民族谋利益而死，廖先生将自己的生命来换取国民党的新生命"③。国民党右派暗害廖仲恺的目的"不单是要暗杀仲恺，不单是要把仲恺这样一个人除掉。他们显然已经形成了一个由国民党全体右派人物联合起来，企图使廖仲恺倒台从而企图全盘推翻三大政策的反革命军事政变阴谋了"④。廖仲恺被害，对于何香凝是一个沉重的打击。她说：从廖仲恺遇害那一天起，她哀悼死者，忧伤将来，精神体力都有些支持不了，几天没有出家门。但她并没有从此消沉下去，也没有为反革命派的暴力所吓倒，她庄严地指出："吾人做革命事业，生死本置诸度外。今廖先生被人狙击逝世，吾家属损失犹小，所难堪者吾党矣！"⑤ 廖仲恺逝世后，何香凝为纪念廖仲恺一生遵照孙先生爱护农工、扶助农工的意志，特出国到南洋卖画筹募款项，于广州市河南建立仲恺农工学校（即今仲恺农业技术学院的前身），以训练和培养中级技术人才。她还写了一首悼念廖仲恺先生的诗，决心化悲痛为力量，始终坚持继承孙中山先生和廖仲恺先生的革命理想和未竟事业，坚持反帝、反军阀，坚持联俄、联共、扶助农工三大政策，和国民党右派、法西斯分子斗争到底。

何香凝的悼亡诗云：

---

① 何香凝：《孙中山先生逝世二周年纪念告民众书》，载《汉口民国日报》1927年3月18日。
② 何香凝：《我的回忆》，中国人民政治协商会议全国委员会文史资料研究委员会编：《辛亥革命回忆录》第一集，文史资料出版社1981年版，第58页。
③ 何香凝：《廖仲恺之死因》，载《广州民国日报》1927年4月21日。
④ 何香凝：《我的回忆》，中国人民政治协商会议全国委员会文史资料研究委员会编：《辛亥革命回忆录》第一集，文史资料出版社1981年版，第52页。
⑤ 何香凝：《廖仲恺被刺后的谈话》，载《广州民国日报》1925年8月21日。

> 辗转兰床独抱衾，起来重读柏舟吟。
> 月明霜冷人何处？影薄灯残夜自深。
> 入梦相逢知不易，返魂无术恨难禁。
> 哀思惟奋酬君愿，报国何时尽此心。①

诗歌充分地表达了何香凝对廖仲恺的深切爱戴，也表达了她决心奋起立志报国、誓与一切反革命分子及其派别斗争到底的精神和气概。

　　这一切都足以表明，何香凝是孙中山革命理想和事业的忠实执行者和捍卫者，她不仅是20世纪中华民族的女中豪杰，也是20世纪中国伟大女性的杰出代表之一。她的奋斗精神令人钦敬，她的思想品德也是后代中国人学习的楷模。

三

　　何香凝为继承、捍卫孙中山的革命理想和事业，努力不懈，进行了艰苦卓绝的斗争，做出巨大的贡献。

　　第一，继承和捍卫孙中山的三民主义革命理想和革命事业，坚决同背叛孙中山三民主义的言行作不妥协的斗争。

　　孙中山是一个矢志不渝的投身于革命救国、振兴中华的人。终其一生的抱负就是采用革命的手段实现民族、民权、民生三民主义革命理想，建立民主共和新国家，实现祖国的独立、民主、自由、平等、统一和富强。因此，他尝试着按照他的特别的构想来改造中国，他明确地表述了关于中国在政治上实现民主共和以后，必须通过国际合作加速中国经济发展，他制定了一个系统的发展中国实业的计划，引进外国先进的科学技术和管理方法，实现中国近代化。这充分地体现了孙中山作为一个伟大的爱国者，对自己的祖国、对受苦受难的中华民族各族人民极富关切的心情。何香凝作为孙中山的战友和理想的追随者，她的智慧和远见卓识尽管不能跟孙中山和廖仲恺相比拟，但她的执着追求，她对孙中山三民主义的信仰和对孙中山事业的热爱，她的勇敢和坚强，则是她同时代的许多人所无法相比的。她和宋庆龄、邓演达等人作为国民党左派的领袖，为了实现孙中山的革命理想和未竟事业所做的一切，都十分感人，她做了她能够做的一切，起了她能够起的一切作用。她所做的努力、她的贡献、她的奋斗精神都深为国人所敬仰。

　　孙中山逝世后，廖仲恺、何香凝"高举孙中山的旗帜，不顾右派势力的诽谤

---

① 尚明轩、余炎光编：《双清文集》下卷，人民出版社1985年版，第954页。

和攻击,坚持三大革命政策,领导国民党左派继续进行国民革命"①,成为当时国民党内"承继总理遗志、为党最能负责、最能工作而又勇敢于革命运动、工农运动及反帝国主义运动的积极领袖"②!

何香凝在孙中山逝世后,利用一切机会,反复强调继承孙中山三民主义的重要性,号召全党同志要坚持孙中山的革命理想,努力奋斗,继续前进。1925年4月12日和13日,何香凝在上海各公团和国民党本部追悼孙中山的大会上发表演说,强调全国人民和国民党都应该"以先生之精神为精神","盼同志继续努力革命"③。"此后惟望诸同志继续先生之主义与精神,努力奋斗。"④ 1925年8月,何香凝在粤军追悼廖仲恺、陈秋霖大会上发表演说,她说:"若诸同志认真接受孙先生三民主义及遗嘱,并且完成廖先生未完之工作,猛力向前奋斗,则廖先生虽死之日犹生之年。"她号召国民党左派和粤军将士学习"孙先生以大智大仁大勇造此中国"的精神,"秉承先生之遗嘱,而感觉国家多难之前途,誓死以御外侮,靖内难,救人民于水深火热之中"。⑤ 1925年12月3日,何香凝在欢送留俄学生大会上又发表演说,指出:孙先生的三民主义不能实行,福国利民政策不能实施,是"皆因军阀勾结帝国主义者,以肆其侵略所致耳",因此她强调,必须"对外实行联合世界弱小民族,共同奋斗,对内则改组国民党,以期贯彻主张","余望后起青年,继续奋斗,则孙先生、廖仲恺虽死犹生矣"。⑥ 她说:"三民主义就是开发富源的利器,将来人民与地利结合就有无穷的生产。"⑦ 她建议用各种文字翻译孙中山的三民主义向全世界各弱小民族宣传,借以唤起同情,以达到总理遗嘱所示:"联合世界上以平等待我之民族共同奋斗之原则,急应与各弱小民族切实联合。"⑧ 这些都充分表现了何香凝在继承和捍卫孙中山三民主义革命理想方面的决心和态度。

第二,坚决维护孙中山生前关于国共合作的决策,坚持同国民党右派作不妥协的斗争。

国共合作是孙中山晚年为了实现自己伟大的理想做出的重要决策。这个决策是孙中山根据当时中国的国情和解救当时中国的社会危机而做出的,是十分正确

---

① 邓颖超:《在缅怀廖仲恺先生、纪念何香凝先生逝世十周年大会上的讲话》,载《人民日报》1982年8月30日。
② 《廖仲恺先生哀思录》,三民出版部1927年再版,第29页。
③ 尚明轩、余炎光编:《双清文集》下卷,人民出版社1985年版,第8页。
④ 尚明轩、余炎光编:《双清文集》下卷,人民出版社1985年版,第9页。
⑤ 尚明轩、余炎光编:《双清文集》下卷,人民出版社1985年版,第12页。
⑥ 尚明轩、余炎光编:《双清文集》下卷,人民出版社1985年版,第26页。
⑦ 何香凝:《"三八"节的感想》,载《汉口民国日报》1927年3月8日。
⑧ 尚明轩、余炎光编:《双清文集》下卷,人民出版社1985年版,第91页。

的。20 世纪 20 年代初，帝国主义支持中国的封建军阀打内战，造成中国四分五裂，不但建设无成，人民也蒙受战争的极大苦痛。为了结束军阀战争，统一中国，加速中国社会的发展，国共两党都有联合、共同发动国民革命统一中国的强烈愿望。孙中山决定改组国民党，与共产党人合作，不仅适应了时代的潮流，也开启了中国革命的新局面，给苦难的中国带来勃勃生机。

关于孙中山改组国民党、联合共产党，正如廖仲恺所说，那些反对改组国民党、反对国共合作的人，只为闹意气，"不必管他，我决要改组，不必计较这利害的。""民国成立已经十余年，孙先生的三民主义还不能够实现，这明是党的组织的问题。我可怜孙先生奋斗一生还未能够实现他的主义，所以非把国民党改组不可。"① 何香凝也说："我们联合共产党是要联合世界弱小民族；共产党联合我们，是因为我中国人口占弱小民族三分之一数。因此我们与共产党必要合作，共同奋斗，打倒帝国主义，达到我们革命成功，进而世界大同。"②

孙中山逝世后，廖仲恺、何香凝勇敢捍卫孙中山和共产党人倡导的国共合作和孙中山的联俄、联共、扶助农工三大政策。廖仲恺被暗害后，国民党右派在帝国主义支持下向国民党左派猖狂反扑，妄图推倒孙中山的三大政策和破坏国共合作。何香凝虽然在开始时对一些打着左派面目出现的右派认识不清，但当她一旦看清真相，她就对他们毫不留情。她从没有在国民党右派的反扑面前却步。相反，她更加坚定地继承孙中山和廖仲恺的遗志，勇敢地打起反帝、反军阀、反对国民党右派的旗号，同国民党右派作坚决的斗争。她指出，廖仲恺是死于忠实执行孙中山的三大政策的，"当时的反革命想强迫他放弃总理的三大政策，特别是联俄联共两点，他没有答应；当时的反革命想强迫他抛弃扶持工会农会的政策，他没有答应；想强迫他放弃铲除贪污统一财政的政策，他没有答应；想强迫他做一个向侵略者求和妥协的奴才，他没有答应。他不特没有答应，他还奋斗下去，他不特没有将国际的朋友推开，反而更加努力地和世界以平等待我之民族协力合作下去；他不特没有抛弃总理改造国民党的精神，而且将他更坚持下去。于是，他牺牲了，反革命派暗杀他的旗帜，就是如上述的'反共产'。"③ 何香凝表示要以实际行动履行自己的誓言，为完成孙中山、廖仲恺的未竟事业和报效祖国努力奋斗。她不仅忠实地和坚决地执行孙中山及廖仲恺制定的联俄、联共、扶助农工三大政策，反复强调联合共产党人、充分信仰共产党人之必要，而且还对国民党新老右派反对国共合作的行径进行了充分的揭露和坚决的斗争。当廖仲恺逝世

---

① 尚明轩、余炎光编：《双清文集》下卷，人民出版社 1985 年版，第 28 页。
② 尚明轩、余炎光编：《双清文集》下卷，人民出版社 1985 年版，第 29 页。
③ 尚明轩、余炎光编：《双清文集》下卷，人民出版社 1985 年版，第 283～284 页。

后,广州地区孙文主义学会反共活动嚣张时,何香凝警告说:"如果你们有反共产",便是分裂国民党的反革命势力,将成为历史的罪人。① 1927 年 3 月 12 日,何香凝在孙中山逝世两周年纪念告民众书中,在检讨自己作为国民党中央执行委员,但不能阻止西山会议分子加入中央委员会的过错时指出:由于党对西山会议分子反对不力,"致令党的纪律摇动,这是我们的错误"②,呼吁严明纪律、制裁一切右派分子。

1927 年 4 月 12 日,蒋介石叛变革命。次日,何香凝等即发起讨蒋活动,她在国民党湖北省党部、汉口特别市党部发表演说,指斥:"现在蒋介石却公然摧残工农了","全与廖先生意旨相反。廖先生在时常说,反农工即反革命,现在蒋介石居然反农工了,居然反革命了",所以蒋介石是反革命派,必须"打倒这些反革命派"。③ 4 月 22 日,何香凝又与当时在武汉的国民党中央执行委员、候补委员宋庆龄、邓演达等联名发表讨蒋通电,指斥蒋介石反抗中央,自立中央,与帝国主义、封建军阀勾结,以反共产为名,行屠杀民众之实,实为"总理之叛徒,本党之败类,民众之蟊贼"④,必须全党全民共申痛愤,一致讨蒋。

何香凝以实际行动去维护孙中山、廖仲恺制定的三大政策,在蒋介石、汪精卫叛变革命后的日子里,她惶恐、悲愤、沉思,终于站出来,坚定地同蒋、汪斗争。她正气凛然,挺身而出保护共产党人与革命左派分子,矢志遵守三大政策,并指斥蒋、汪等人的背叛行径,表现出视死如归的气概。她说:"在孙先生临终前,我既然答应过他,矢志遵守改组国民党的主张,遵守三大政策,……而且仲恺也曾为此付出了生命。我现在身负两大重责,我绝不能违背他们的遗志。你们这样反苏反共,我要辞去国民党内一切的职务,我要继续与共产党、苏联人来往。"⑤ 1928 年在南京,何香凝经常拍桌子训斥蒋介石等,说到伤心之处,常常声泪俱下,表现了她对孙中山理想和事业的忠诚,对他们背叛孙中山革命理想与事业的愤慨。

第三,继承和捍卫孙中山的反帝爱国精神,坚决维护孙中山的独立和平外交思想。

作为伟大的爱国者,孙中山不仅以振兴中华作为他立志救国的出发点,而且

---

① 《共产主义青年团广州地委政治报告》(第二号),《广东区党、团研究史料(1921—1926)》,广东人民出版社 1983 年版,第 210 页。
② 何香凝:《孙中山先生逝世二周年纪念告民众书》,载《汉口民国日报》1927 年 3 月 18 日。
③ 尚明轩、余炎光编:《双清文集》下卷,人民出版社 1985 年版,第 64 页。
④ 何香凝:《与汪精卫等讨蒋通电》,载《汉口民国日报》1927 年 4 月 22 日。
⑤ 尚明轩、余炎光编:《双清文集》下卷,人民出版社 1985 年版,第 206 页。

还以废除一切不平等条约,实现中国的和平、独立、统一、平等作为他终身的事业,直至在弥留之际他还低声呼唤:"和平"、"奋斗"、"救中国"。何香凝在解释孙中山的"和平"、"奋斗"、"救中国"时说:"(孙总理)既主和平,何以又要奋斗呢?就因为不奋斗便不能打倒帝国主义,帝国主义不打倒,中国永远得不到解放,得不到解放,当然永远没有和平!"因此,我们要"毋忘总理为民众而创设的主义方略,为民众而留给我们的一切遗教"。①

1928年3月12日孙中山逝世三周年时,何香凝发表了纪念词《忆总理》。她指出:"总理的病,所以会到不起,其原因固然是为急于北伐,希望国民革命早日成功,使三民主义得以实现。而要点呢,就是,在当日的三个事实上,都不能使总理的愿望得满足。一、本党党员不遵守纪律,和对总理主义没有确切的认识。二、当时在广东的军人杨、刘等,不服从命令。三、北洋军阀段祺瑞等,尊重不平等条约。有了以上三个原因,所以总理才至于病,才至于不起。"又说:"我们不要以为统一了中国,便算是国民革命成功。我们必须知道,要打倒了帝国主义,取消了不平等条约,求到国际上、政治上、经济上的自由平等,然后才算是国民革命成功。""记得在民国元年南京政府初成立的时候,总理演讲,就亲自提出了三个要点来。首先第一个是抵抗列强,第二个是取消不平等条约,第三个是取消领事裁判权。我们由这三个要点里面,就可以知道总理苦心革命的目的,不只在推倒满清,而最要紧是在要打倒一切压迫我们的帝国主义了。"② 所以,何香凝指出:"我们应该毫不迟疑"地贯彻孙中山"必须唤起民众及联合世界上以平等待我之民族共同奋斗",打倒帝国主义,实现中国的和平、独立、平等与统一。

为了继承和捍卫孙中山的反帝爱国思想,何香凝做出了巨大的努力。她不仅利用一切机会向国民党党员宣讲孙中山的爱国反帝思想和主张,还深入军界,到陆军军官学校向学员发表演说,"希望全国许多男男女女要在总理遗嘱的指导之下,努力奋斗,以求达到中国之自由平等"③,做出自己的贡献。

总之,何香凝继承和捍卫孙中山、廖仲恺的革命理想和未竟事业,坚定地为维护和捍卫三大革命政策、为巩固革命统一战线而努力奋斗。她坚持正义,反对邪恶;坚持进步,反对倒退;坚持革命,反对反革命。她以实际行动证明,她是孙中山理想和事业的真正捍卫者。正由于她坚持高举孙中山的革命旗帜,团结了一大批爱国革命的进步人士,成为从20世纪20年代起直至新中国成立以后,爱

---

① 尚明轩、余炎光编:《双清文集》下卷,人民出版社1985年版,第99页。
② 何香凝:《忆总理》,载《申报》1928年3月12日。
③ 尚明轩、余炎光编:《双清文集》下卷,人民出版社1985年版,第104页。

国民主人士的优秀代表;正由于她勇敢地坚持和维护孙中山的爱国革命精神,反对国内外敌人,维护人民团结,为争取祖国统一,在政治上一贯和中国共产党保持一致,在各个战斗岗位上努力贯彻中国共产党的方针政策,所以何香凝又是同"中国共产党真诚合作的典范"①。

(1993年)

---

① 邓颖超:《在缅怀廖仲恺先生、纪念何香凝先生逝世十周年大会上的讲话》,载《人民日报》1982年8月30日。

从对孙中山思想和事业的分野，看宋庆龄与蒋介石的决裂

一

宋庆龄与蒋介石关系的演变是现代中国历史演变的一个缩影。他们两人都曾在孙中山爱国革命精神的感召和启迪下，追随孙中山革命，但他俩对孙中山思想与事业的态度，以及自己的品格和道德不同，便成为在孙中山生前尤其是在孙先生逝世后影响中国革命和他俩之间关系的重要根由。

宋庆龄作为20世纪世界性的伟大女性，无论是政治远见、深刻的思想、爱国主义的激情，还是个人品格，都是完美而独特的。她的一生总是同时代的脉搏谐和一致，不断进步、不断前进；她一生为全人类的和平友好事业，为妇女的权利与进步，尤其是为中华民族的觉醒和振兴做了大量工作，贡献巨大。凡是跟她有过交往的人都深切感到，她给人温暖，给人力量，给人智慧，也给人勇气。

蒋介石则不同。他狡猾多变，又为人狠毒，他把个人的好恶凌驾在别人之上，知人知面不知心，是一位令人生畏的独裁者。尽管他在参加孙中山领导的民主革命后，曾经拟定了一个"韬光养晦以待时"的行动纲领，表示自己在"四十岁内，专心求学，培养德业，不问世事；四十岁以外，奋进功名，雄飞世界，行道济时"①。这个纲领的前四句是假的，后四句则是真的，真真假假，以假乱真，正好反映了蒋介石作为一个野心家的心路和心迹。

宋庆龄对于蒋介石没有好印象。据美国著名作家埃米莉·哈恩在《宋氏家族》一书中透露，蒋介石是在广州孙中山家里认识宋美龄的，蒋介石请孙先生说服夫人庆龄同意她的妹妹美龄下嫁于他，而孙先生一直不敢将此事告诉夫人，后来宋庆龄知道此事则坚决表示："宁可看到妹妹死，也不愿意让她嫁给一个在广州城内至少有一两个情妇的男人。"② 这虽是宋庆龄从蒋介石的男女作风上看他

---

① 参见中国第二历史档案馆编：《蒋介石年谱初稿》"导言"，档案出版社1992年版，第4页。

② 王朝柱著：《宋美龄和蒋介石》，中国青年出版社1991年版，第11页。

的人品，但也包含着宋庆龄对蒋介石的基本看法：蒋不是宋氏家庭中理想的男人。

每个人的历史终归是每个人的思想与行动的结晶。人们每天都在创造历史，而且每天也都在改写自己的历史。宋庆龄与蒋介石的最大不同是：一个是全心全意为公，即为国家、民族的前途命运去创造自己的历史和改写自己的历史；一个则是一心一意地为私，即为个人的权利、野心一步一步地改写自己的历史。在孙中山逝世之前，蒋介石的野心和权力欲望已经暴露，但由于孙中山在高位掌舵，他还不可能为所欲为，因此，蒋介石采取两面派手法。然而，孙中山长眠后，随着国民革命军北伐胜利，蒋介石则像一匹脱缰的野马一样无法驾驭，夺权和独裁的野心明显暴露。对此，宋庆龄看得十分清楚。她为了维护国民革命的成果，在国民党内外掀起承继和捍卫孙中山联俄、联共、扶助农工三大政策的宣传高潮，赢得国民党"二大"与会代表的拥护与尊敬，被选为国民党中央执行委员。她参加各种会议，劝说妇女和各界人士要明白孙中山的三民主义，了解国民革命的目的，坚持革命到底。这时期，蒋介石与宋庆龄表面上还有某些合作，但实质上已经各行其道，各走各的路。1926年11月16日，宋庆龄一行离广州取道韶关、南昌前往武汉。12月2日，宋庆龄一行到达南昌，蒋介石组织盛大欢迎会。① 12月4日，宋庆龄参加国民党中央和国民政府委员会召开的庐山会议。会后，蒋介石和邓演达、宋庆龄又一起由庐山前往九江乘水面飞机先行抵武昌。② 然而，了解这段历史的人都知道，这期间在迁都和要不要执行孙中山革命的三大政策等一系列重大的政治原则问题上，蒋介石与宋庆龄之间已经进行了尖锐和激烈的斗争。

后来，宋庆龄与蒋介石由政治上的分歧，发展到行动上的严重对抗，主要的原因是在孙中山逝世后，应该如何对待孙中山的思想、政策和事业等重大问题上看法不一引起的。这个分歧不是个人之间的恩怨造成的，而是关系到当时中国革命的前途和民族的命运。事实证明，宋庆龄当时的所作所为代表了绝大多数中国人要求国家统一、社会安定和发展的愿望，因此，她一直得到人民的支持、拥戴和崇敬，而蒋介石则反共、反苏、反人民，为国人所不齿。

二

孙中山逝世后，蒋介石虽标榜自己是孙中山思想和事业的信徒，但在行动上

---

① 盛永华主编：《宋庆龄年谱（1893—1981）》上册，广东人民出版社2006年版，第316页。

② 盛永华主编：《宋庆龄年谱（1893—1981）》上册，广东人民出版社2006年版，第316～317页。

则是孙中山思想和事业的背叛者。1927年4月12日，蒋介石公然撕破了自己拥戴孙中山联俄、联共、扶助农工三大政策的假面具，在上海发动了反革命政变，破坏了国共合作和国民革命。对于蒋介石的倒行逆施，宋庆龄立即做出反应。4月22日，宋庆龄和邓演达、何香凝、陈友仁等国民党左派及中国共产党人毛泽东、董用威（按，董必武）、吴玉章、林祖涵（按，林伯渠）、恽代英等联名发表《讨蒋通电》，声讨蒋介石在上海发动反革命政变的罪行，号召革命军民起来跟蒋介石作斗争，"去此总理之叛徒，本党之败类，民众之蟊贼"①。7月12日，蒋介石致函宋庆龄，要求她"即日回沪"，宣称"所有党务纠纷必以孙夫人之来有解决办法"，妄想借宋庆龄的威望以助其反革命的声势，宋即予以拒绝。② 7月14日，汪精卫又在武汉举行"分共"会议，公开背叛孙中山制定的国共合作政策。针对蒋、汪新右派的背叛行为，宋庆龄于17日发表《为抗议违反孙中山的革命原则和政策的声明》，宣布退出国民党中央执行委员会，坚决不同违背孙中山革命原则和政策的人同流合污。她指出："孙中山曾明确地说明，他的三大政策是实行三民主义的惟一方法"，"如果党内领袖不能贯彻他的政策，他们便不再是孙中山的真实信徒；党也就不再是革命的党，而不过是这个或那个军阀的工具而已。"她号召国民党党员和广大民众起来同违反孙中山革命原则和政策、把革命引上歧途的人作坚决斗争。③ 8月1日，宋又与毛泽东、邓演达等22人，以国民党中央委员名义发表《中央委员宣言》，痛斥背叛革命的蒋、汪集团"皆已成为新军阀之工具，曲解三民主义、毁弃三大政策，为总理之罪人，国民革命之罪人"。宋庆龄严正声明："自今以后，惟有领导全国同志，誓遵总理遗志奋斗到底"。④ 为了抗议蒋、汪集团反苏、反共，公开与孙中山革命三大政策抗衡，宋庆龄决定访问苏联，以实际行动与蒋、汪对抗。8月22日，宋庆龄在上海发表《赴莫斯科前的声明》指出：背叛孙中山三大政策的国民党"领袖们"，实则如出一辙的小政客，他们违背孙中山的三大政策，妄图"依赖新军国主义以完成革命的伟大事业"，但是"他们必然失败"，因为他们走的是一条以人民为敌的道路。⑤ 8月底，她便与陈友仁父女等人乘船去符拉迪沃斯托克（海参崴）转乘火车前往莫斯科。9月6日，宋庆龄抵达莫斯科后发表一系列声明，向全世界宣

---

① 《讨蒋通电》，载《汉口民国日报》1927年4月22日。
② 《蒋介石致宋庆龄函》，影印原件藏北京宋庆龄故居，参见尚明轩等编著：《宋庆龄年谱》，中国社会科学出版社1986年版，第61页。
③ 宋庆龄：《为抗议违反孙中山的革命原则和政策的声明》，《宋庆龄选集》上卷，人民出版社1992年版，第43～48页。
④ 载南昌《民国日报》1927年8月1日。
⑤ 宋庆龄：《赴莫斯科前的声明》，《宋庆龄选集》上卷，人民出版社1992年版，第49～52页。

告那些背叛孙中山的国民党冒牌领袖,并不代表革命的国民党,指出革命只是暂时受挫折,号召世界人民用各种实际行动支持中国革命的力量去反对革命的叛徒和一切反动派。12月17日,当宋接到蒋介石与苏联断交的电告后,即复电严斥,指出:"我正准备回国,却获悉你打算与苏俄断交并要求撤销苏俄领事馆。采取这一步骤,将是自杀行为",劝蒋趁早"悬崖勒马"。① 23日,宋再电蒋介石,对蒋诬蔑其留在莫斯科是受别人胁迫的结果给予训斥,说这是对她的诽谤和侮辱,揭露蒋介石及其一伙"已经成了帝国主义的同谋",并表明她要誓死捍卫孙中山的三大政策和坚定地"踏着革命者的足迹继续前进"。②

由此可见,宋庆龄是孙中山革命事业和思想的坚决捍卫者和继承人。由于蒋介石背叛了孙中山的革命事业和政策,她便与蒋介石由革命的同路人变为敌对者。从1927年8月至1929年4月一年多的时间,宋庆龄在国外无情地揭露了蒋介石的虚伪、无耻、卑鄙和渺小,高高地举起孙中山革命的旗帜,从而赢得了国内外一切主持正义、反对邪恶势力的朋友们的崇敬和爱戴。

蒋介石不仅宣称他是孙中山事业的继承人,并想通过他与宋美龄政治投机的结合,以孙中山亲属的名义,拉拢孙夫人宋庆龄作为桥梁,踩着她走向自己的目标;同时,他又试图把宋庆龄和她的事业从人们的心中抹掉,以便树立其权威。这使宋庆龄感到极大的羞耻和愤怒,她表示她绝不会同败坏了中国革命和孙中山事业的蒋介石之流妥协,她决心要将孙中山开创的民主革命事业进行到底,不获全胜誓不罢休。

1929年4月底,宋庆龄从德国启程经苏联回国,参加将在南京举行的孙中山迁葬仪式。5月28日,宋庆龄等随孙中山的灵车抵达南京浦口,蒋介石、宋美龄等也来迎灵。6月1日晚,宋庆龄在南京参加完孙中山的迁葬仪式即离南京返上海。蒋介石要宋庆龄来参加孙中山奉安大典的目的是想通过这一行动拉拢宋站到他们这一边,来挽救因军阀之间派系斗争所造成的危机。6月9日,宋美龄又专程从南京到上海邀请宋庆龄赴南京参加将要召开的国民党三届二中全会,但宋庆龄识破了蒋介石玩的阴谋把戏,对蒋介石与宋美龄的一切"善意"都断然拒绝。为避免在人民中造成混乱,她几乎拒绝了与南京政府官方或半官方的一切社交。8月1日,宋庆龄致电国际反帝大同盟,她强烈谴责国民党反动派蒋介石政权,指出:"反革命的国民党领导人的背信弃义的本质,从来没有像今天这样无耻地暴露于世人面前。在背叛国民革命后,他们已不可避免地堕落为帝国主义的工具,企图挑起对俄国的战争。"然而,"恐怖行动只能唤起更广大的人民群众,

---

① 宋庆龄:《致蒋介石电》,《宋庆龄选集》上卷,人民出版社1992年版,第67页。
② 宋庆龄:《再致蒋介石电》,《宋庆龄选集》上卷,人民出版社1992年版,第68~69页。

加强我们战胜目前残忍的反动派的决心"。① 为了避免蒋介石政权找麻烦,中文报纸和英文报纸都不登这个电报,只有一家例外,但这家报纸登出的是一则从日文翻译过来,又完全颠倒了黑白的电文,把宋庆龄写成是赞同恐怖政策的人。宋庆龄说:"自从我发了电报以后,心里感到痛快多了。我必须表白自己的信念,至于我个人会遇到什么后果,那是无关紧要的。"②

为了讨好宋庆龄,宋美龄不仅亲自到上海找姐姐恳谈,而且还指派戴季陶夫妇去找宋庆龄,说服她到南京去。8月10日,戴氏夫妇到上海见了宋庆龄,他们之间谈话的笔记后来发表在燕京大学出版的英文《明日之中国》(China Tomorrow)刊物上。这篇谈话真实地反映了宋庆龄对蒋介石与宋美龄结合的态度,也是宋庆龄鄙弃蒋介石、拒绝与蒋介石合作的宣言书,所以很重要。戴夫人问孙夫人为什么不到南京去。戴夫人说:南京紫金山"陵园真是美丽,您的住宅里一切设备都布置好了,我们都愿意您到那里去,那末您也可以就近向政府有些贡献"。宋庆龄直率地回答戴夫人的提问:"我对政客的生活不适合,况且我在上海都没有言论的自由,难道到南京可以希望得到吗?"宋庆龄接着又指出:"谢谢你们把我的名字列上你们的中央执行委员会,其实我并不属于你们的贵党",你们这样做是"把我当做招牌去欺骗公众","你的好意正是一种侮辱",现在"没有哪个以为南京政府是代表中国人民的",因为"我除了看见你们妄肆屠杀数百万将来可以代替腐败官僚的革命青年以外,没有什么了;除了穷苦绝望的人民以外,没有什么了;除了军阀争权夺利的战争以外,没有什么了;除了对饥饿的民众的勒索以外,没有什么了。事实上,你们什么都没有做,只进行了反革命活动"。③ 这是继宋庆龄拍给国际反帝大同盟那篇措词激烈的电报之后,又一次强烈地抨击了蒋介石和他的政权。这是宋庆龄与蒋介石的又一次摊牌。她为什么如此对待蒋介石?无他,是因为她认为,蒋介石叛变了革命,也就是背叛了孙中山的事业,原来的国民政府是革命政权,蒋介石叛变后建立的南京政权便是反革命反人民的政权,所以,她虽可怜她的妹妹美龄,但为了国家和民族的利益,她不能与蒋介石合流。这是非常可敬可颂的精神,也是一种很有胆识和勇气的表现。9月间,国际反帝大同盟在德国集会,再次选举宋庆龄为名誉主席。9月21日,宋庆龄登上开往法国马赛的邮船前往德国,以实际行动同蒋介石及其反动政权决裂。这是宋庆龄对蒋介石南京政权严厉的谴责和抗议。事到如今,只能怪蒋

---

① 盛永华主编:《宋庆龄年谱(1893—1981)》上册,广东人民出版社2006年版,第431~432页。

② 爱泼斯坦著:《宋庆龄——二十世纪的伟大女性》,沈苏儒译,人民出版社1992年版,第267页。

③ 宋庆龄:《与戴传贤谈话笔记》,《宋庆龄选集》上卷,人民出版社1992年版,第73~78页。

介石自己的反苏、反共、与人民作对的行为,招致宋庆龄的愤慨。

三

由于蒋介石、汪精卫叛变革命,造成国共内战,极大地耗损了民族财富和人力资源,给日本侵略者以可乘之机。1931年9月18日,日本驻中国东北的"关东军"炸毁了南满铁路柳条湖一段路轨,并炮轰沈阳城,明目张胆地发动了侵略中国的战争。面对日本帝国主义的侵略,宋庆龄发扬爱国主义精神,积极投身抗日救亡运动。

1931年8月13日,宋庆龄从欧洲回到上海。① 8月16日,宋庆龄与宋氏家属,还有蒋介石、孔祥熙等参加母亲倪太夫人的葬礼。9月5日,宋庆龄赴南京祭扫孙中山陵墓,9日即返上海。蒋介石为实现其"攘外安内"政策,"九一八"以后,杀害了国民党左派邓演达。宋得悉蒋大开杀戒处决了邓演达,勃然大怒,发表宣言指出:"当作一个政治力量来说,国民党已经不复存在了",而促成国民党灭亡的主要原因是党内自己的领袖蒋介石。宋庆龄明确表示对于国民党的灭亡,我们不必惋惜,因为它的领袖已经堕落,我们不能依靠它去抵抗日本帝国主义的侵略。"只有以群众为基础并为群众服务的革命,才能粉碎军阀、政客的权力,才能摆脱帝国主义的枷锁,才能真正实行社会主义。"② 此后,宋庆龄坚持反蒋抗日政策,她利用一切机会呼吁全世界主持正义的友好人士支持中国的抗日战争,她四处奔波募集款项和物资,成立"国民伤兵医院"及慰问上海十九路军抗日受伤将士,并组建"中国民权保障同盟",营救被蒋介石和国民党当局捕捉的爱国革命人士,为保障和争取人民的民主权利进行了英勇斗争。

蒋介石政权阻挠上海十九路军淞沪抗战,居然答应日本侵略者的要求,从上海撤走中国驻军,并在全国禁止抗日运动。宋庆龄出于爱国的激情,发表了很多谈话和文章,谴责蒋介石政权的不抵抗主义,她严厉指出:"国民党和日本帝国主义者商谈秘密条件,将东北和华北奉送给日本,而把其余的中国领土贬为帝国主义的殖民地。国民党向外国乞求援助:金钱、武器和子弹,来和中国的人民作战","这不是生路,这是中国民族的死路"。③ 她号召全国人民团结起来,"向那

---

① 尚明轩等编著:《宋庆龄年谱》,中国社会科学出版社1986年版,第73页;爱泼斯坦著:《宋庆龄——二十世纪的伟大女性》,沈苏儒译,人民出版社1992年版,第280页;郑灿辉等:《宋庆龄与抗日救亡运动》说宋庆龄是6月回到上海,福建人民出版社1986年版,第2页。据上海《民国日报》1931年8月14日报道,宋庆龄是13日回到上海,上海市市长张群等到码头迎接。

② 载上海《申报》1931年12月20日。

③ 宋庆龄:《中国的自由与反战斗争》,《宋庆龄选集》上卷,人民出版社1992年版,第137页。

些背叛国家、把我们的国土一省一省地出卖给帝国主义者的人们作斗争"①。

这个时期，宋庆龄的主要政治倾向是宣传中国共产党提出的组建抗日民族统一战线的思想和主张，实现"全体武装总动员"、"全体人民总动员"、"全体人民总武装"②，并呼吁世界各国断绝对蒋介石政权的一切支持，迫使蒋介石停止反共，接受抗日民族统一战线主张，投身抗日。由于日本帝国主义扩大对华的侵略，民族危机日益深重，中华民族面临着灭亡的威胁，因此宋庆龄对蒋介石及其政权的态度也由对抗逐渐转变为争取对话、力求合作、一致对外。

1936年11月10日，宋庆龄在《孙中山诞辰纪念词》中讲了这样的话："在目前的一个阶段当中，我们应该认定我们的最大敌人是日本帝国主义和汉奸卖国贼"，为了实现打倒日本侵略者，收复失地，"我们要联合国内各党各派及社会各阶层人物，建立民族统一战线。"③ 停止一切内战，完成抗日救国的任务。基于这个认识，12月12日"西安事变"发生后，宋庆龄不念旧恶，主张释放蒋介石，条件是蒋必须答应停止内战、实行抗日。次日，宋庆龄与胡子婴商议邀请何香凝一起同去西安，劝说张学良、杨虎城释放蒋介石，后因交通问题未能成行。④ 由于多方面的努力，"西安事变"得到和平解决，各项谈判达成了协议。蒋介石被迫接受抗日条件，担保不再打内战，同时，蒋还允诺抵南京后释放爱国领袖。宋子文、宋美龄也答应与宋庆龄商议办法分批释放政治犯⑤。这是宋庆龄与蒋介石之间关系的转机。

由于蒋介石接受抗日，宋庆龄立即作出反应。她接受9月18日毛泽东来信的劝告，改变了自1927年以来对国民党中央的抵制态度，决定以中央委员的资格，参加国民党五届三中全会。在1937年2月15日于南京召开的国民党五届三中全会上，宋庆龄领衔，与何香凝、冯玉祥、孙科、李烈钧、经亨颐等13人联名向大会提出了《恢复孙中山先生手订联俄、联共、扶助农工三大政策案》，并迫使全会接受建立抗日民族统一战线的政策，通过同共产党关系的"四项原则"，决定在统一军队编制和政权形式等条件下，可与共产党合作，将武装剿共

---

① 宋庆龄：《中国的自由与反战斗争》，《宋庆龄选集》上卷，人民出版社1992年版，第138页。

② 宋庆龄：《中华人民对日作战基本纲领》，《宋庆龄选集》上卷，人民出版社1992年版，第142页。

③ 宋庆龄：《孙中山诞辰纪念词》，《宋庆龄选集》上卷，人民出版社1992年版，第154页。

④ 胡子婴：《光耀日月，气贯长虹——回忆宋庆龄名誉主席在救国会时期二三事》，《宋庆龄纪念集》，人民出版社1982年版，第112页。

⑤ 周恩来：《关于西安事变的三个电报》，《周恩来选集》上卷，人民出版社1980年版，第72页。

方针改为"和平统一"、与共产党合作的方针，为国共第二次合作创造了条件。

此后，蒋介石虽不愿意根本改变独裁政策，但在七七事变后抗日战争全面爆发的情势下，他也被迫承认中国共产党的合法地位。宋庆龄为推动蒋介石加快与共产党合作抗日的步伐，接连发表文章，重申孙中山关于"共产主义是民生主义的好朋友"的思想①，强调国民党领导人必须改正"十年反共战争"的错误，赞扬"共产党与政府合作抗日的诚意"，指出"国共合作是绝对必要的，所有的力量必须团结在一起"②。

经过宋庆龄和各方爱国民主人士的大力推动与督促，中共中央的宣言和蒋介石的谈话终于在9月22日和23日，经国民党中央通讯社先后发表，正式宣告国共两党抗日民族统一战线的建立，从而实现了国共第二次合作，开创了全民族团结抗日的历史新局面，奠定了抗日民族战争胜利的基础。

第二次国共合作实现后，宋庆龄欢欣鼓舞，内心无比兴奋。她以民族大义为重，抛弃前嫌，发表文章肯定蒋介石在"西安事变"后态度的转变，肯定抗日民族统一战线的建立，她指出："所有的各党各派都一致联合起来，捐弃了过去的异见，大家集中于对付和击退日本侵略者"。她说："中国红军在朱德将军的指挥之下，今天已跟中国其他军队共同在蒋介石将军领导下作战了"，这是势力的统一，是"我们最伟大的力量"。③ 9月24日，宋庆龄发表《国共合作之感言》一文，指出："这几天读了中国共产党共赴国难宣言和中国国民党领袖蒋委员长团结御侮的谈话，使我异常地兴奋，异常地感动。……中共宣言和蒋委员长谈话都郑重指出两党精诚团结的必要。我听到这消息，感动得几乎要下泪。"她强调，国共两党都要记取十年分裂的惨痛教训，"一切过去的恩怨，往日的牙眼，自然都应该一笔勾销"。她还希望大家都要一心一意，"为争取对日抗战的最后胜利而共同努力"。④ 1月6日，宋庆龄又发表《两个"十月"》一文，再次表达对实现第二次国共合作的喜悦。她在文中指出："充满了希望的白昼正在代替令人失望的漫长黑夜"，"今天在我们领土上的每个角落里我们听到了炮火的怒吼，这是庆祝我们全国统一的礼炮"。她并坚信："我们将不再是自己国内的封建奴

---

① 宋庆龄：《儒教与现代中国》，《宋庆龄选集》上卷，人民出版社1992年版，第178页。
② 宋庆龄：《中国是不可征服的》，《宋庆龄选集》上卷，人民出版社1992年版，第194页。
③ 宋庆龄：《致英国工党书》，《宋庆龄选集》上卷，人民出版社1992年版，第201～202页。
④ 宋庆龄：《国共合作之感言》，《宋庆龄选集》上卷，人民出版社1992年版，第205～206页。

隶。……奴役的枷锁将不再束缚在我们的民族身上。"① 1938年3月29日至4月1日，国民党在武汉举行临时全国代表大会。当时宋庆龄在香港，没有参加这次大会，但她密切关注着大会的进行。当她得见大会宣言和纲领的内容后，即与何香凝共同署名发表《拥护抗战建国纲领 实行抗战到底》声明，认为国民党复订抗战建国纲领"甚为适当与必需"。她俩除向领导代表大会之蒋介石致以敬意外，还向全党祝贺，并提出坚持抗战到底的七项具体主张，包括制裁国民党的腐败行为，保障人民民主权利，各党派精诚团结，坚持抗战到底，反对中途妥协，改善人民生活等项，竭尽全力推动国内局势向进步方面发展。②

第二次国共合作开始至抗日战争结束，宋庆龄虽发现蒋介石与共产党合作并非真诚，但她认为蒋介石坚持抗战毕竟是个进步，因此，在此期间，宋庆龄凡是谈到蒋介石之处均称"蒋中正同志"或"蒋委员长"，这是个明显的转变。这个转变的根本原因不是宋庆龄屈服于当时的局势，更不是因为蒋介石是她的妹夫，而是蒋在"西安事变"后接受了中共和宋庆龄关于重新恢复孙中山联俄、联共、扶助农工三大政策，重新建立国共合作，共同建立抗日民族统一战线的主张。

正由于宋庆龄同蒋介石改善了关系，所以才能和姐姐霭龄、妹妹美龄重新团聚。1940年3月31日，宋氏三姐妹一起抵达重庆，成为当时传媒议论的中心。尽管这次宋氏三姐妹在重庆团聚的原因有种种说法，但正如爱泼斯坦先生所指出的，宋氏三姐妹团聚的基础"既不是任何一方放弃政治信仰，也不是纯粹的私人关系。就像中国各党派战时的统一战线一样，这里面'既有团结，又有斗争'"③。宋庆龄决定赴重庆是为了联合抗战，是用行动实现她希望全国各民族各党派和人民团体团结、统一、联合抗战的理想。正如她在《渝行观感》的谈话中所指出的，是因为民族危机到了千钧一发之际，国内各党派都应"一致团结对外之认识，日寇汪逆宣传国内分裂在即，只能说是他们的梦想。际此大敌当前，国难未除，我信贤明当局，均不愿为亲者所痛，仇者所快之举，为日寇所乘"④。无疑，宋庆龄的重庆之行对实现全民抗战、对争取抗日民族战争的胜利起了重大的历史作用。

综上可见，宋庆龄与蒋介石都是很有个性的政治人物。他们之间关系的演变，充分地表现了他们之间的理想、道德和价值观的不同。在抗日战争时期，

---

① 宋庆龄：《两个"十月"》，《宋庆龄选集》上卷，人民出版社1992年版，第213～218页。

② 宋庆龄：《拥护抗战建国纲领 实行抗战到底》，《宋庆龄选集》上卷，人民出版社1992年版，第223～226页。

③ 爱泼斯坦著：《宋庆龄——二十世纪的伟大女性》，沈苏儒译，人民出版社1992年版，第365页。

④ 宋庆龄：《渝行观感》，载重庆《新华日报》1940年5月31日。

宋、蒋关系的改善是由于蒋介石表示要同中共合作抗日。但由于蒋介石坚持反共，而宋庆龄则把中国共产党视作真诚的朋友，坚决主张联共抗日，宋庆龄不可能成为蒋介石政权的装饰品，而蒋介石也不可能完全接受宋庆龄要他放弃独裁、扩大民主、坚决执行孙中山三大政策、联合世界上以平等待我之民族共同奋斗的主张。因此，宋庆龄与蒋介石的合作是临时性的，不可能是持久的。后来他们的行动完全证实了这点。

（1995年）

宋庆龄的中国梦

每个人都有梦,梦有各种各样,但无非都是现实的反映和对自己或国家未来的追求和展望。一个国家多数人的梦想和追求连缀起来就是"国家梦"。我们中国人多,梦也多,但在半殖民地半封建社会的中国,或者说在20世纪的中国,我国多数人的梦是什么?无非都是梦想中国能够摆脱国家的贫穷落后,结束被人欺凌压榨、耻辱的历史,实现国家的独立、民主、文明和富强。

在20世纪30年代,我们国家的知识分子曾经做了一场"中国梦",因为那是一个山河破碎、国难当头的年代,所以对于日本帝国主义的侵略,民族存亡便成为一时中国人必须日思夜想的重大问题。如何才能救国,未来的中国又会怎么样?当时中国的知识界精英,为此发起一场征文活动,就《梦想的中国》和《梦想的个人生活》为题,以《东方杂志》为中心发表自己的"梦想",谈谈自己的所思所想,所见所闻,这被后来学术界称为"20世纪中国梦"活动。刘仰东先生将20世纪30年代中国知识界就《梦想的中国》以及《梦想的个人生活》的征文收集起来编成一部《梦想的中国》文集,并在《编辑缘起》中说:"作为中国人,永远不会失去一个我们始终怀有的梦想,这就是——'中国梦'。"[①] 这部书,对于我们了解20世纪30年代中国知识界对于中国未来的展望和期待很有启发。这一百三十多名学界人士发表的"梦想"文章,有的很悲观,有的很乐观。有的人"太爱做梦",做了很多梦;有的人则很少做梦,甚至"没有梦",更不想去扯谈什么梦想——理想,真是无奇不有。宋庆龄怎么样?她没有在这场"中国梦"中说什么,但她也有梦,她的梦,就是"中国梦",也即人民的梦。

一

1931年九一八事变后,宋庆龄从德国经俄罗斯回国。11月,宋庆龄赴南京,营救被蒋介石逮捕的国民党左派领袖邓演达。11月29日,蒋介石将邓演达杀害。宋庆龄非常愤慨,她认为蒋介石将邓演达杀害是他独裁、反共、反人民本质的暴露。随后,宋庆龄发表通电,声明"当作一个政治力量来论,国民党已经不复存在了"。"促成国民党灭亡的,并不是党的反对者,而是党内自己的领袖"。所

[①] 刘仰东编:《梦想的中国》"编辑缘起",西苑出版社1998年版,第8页。

以，宋庆龄说：我们对于国民党的灭亡也"不必惋惜"，但她"不忍见孙中山四十年的工作被一小撮自私自利的国民党军阀、政客所毁坏"，她"更不忍见四万万七千五百万人的中国，因国民党背弃自己的主义而亡于帝国主义"。①

1932年12月，宋庆龄忙于声援中国人民在上海淞沪抗日的战争，以及从事保障民权的工作，她和蔡元培、杨铨、黎照寰、林语堂等知名人士在上海发起组织进步团体"中国民权保障同盟"，营救爱国的民主人士，唤起社会之公意，为争取人民结社集会自由、言论自由、出版自由诸民权而奋斗。正因为宋庆龄忙于做她的救国救民的实际工作，而没有参与当时知识界发起的"梦想的中国"的讨论，但不等于说宋庆龄没有自己的"中国梦"。翻开《宋庆龄选集》上卷的第一篇文章《二十世纪最伟大的事件》，这是宋庆龄在美国佐治亚州梅肯市的威斯里安女子学院读文学专业时，得知孙中山领导的辛亥革命取得了胜利推翻了帝制，建立了共和国，因而她满怀激情地写下了这篇重要的文章，抒发了自己的爱国主义情怀。在这篇文章中，她第一次使用了"梦想"和"理想"的概念。她说是因为清朝的压迫，导致了这次革命——辛亥革命，这是伟大的事件。"这一非常光辉的业绩意味着四万万人民从君主专制制度的奴役下解放了出来，这一制度已持续四千多年；在它的统治下，人民毫无'生活、自由和对幸福的追求'可言。"她说：辛亥革命的胜利，标志着一个王朝的覆灭，这个王朝的覆亡，以及共和国的成立又标志着中国开辟了一个新的时代。接着，宋庆龄便说"五个月以前，我们无论怎么放任不羁地梦想也不可能想到会成立一个共和国，有些人甚至对于及早成立立宪政府的诺言也持怀疑态度"。随后，宋庆龄就说："革命已给中国带来了自由和平等每个人的两项不可剥夺的权利"，"但是博爱尚有待于争取"。她说：科尔盖特大学的克劳萧教务长在一次讲演中谈到，博爱是人类尚未实现的理想。……缺少了兄弟情谊，自由就没有牢靠的基础；在人们还没有彼此以兄弟相待之前，真正的平等也只不过是梦想。所以，"博爱为自由、平等两者的基础"。因此，20世纪中国的奋斗目标，宋庆龄认为应该是为实现自由、平等、博爱这个理想而奋斗。

1912年，宋庆龄19岁，从这时起她所追求和期待的是中国人民"人人平等，人人自由地工作、生活"，实现中国人民的自由、平等和博爱。这就是她早期的中国梦。她认为中华民族是热爱和平的民族，对他们来说，"笔比剑更有力量"，他们漠视战争这门学科——"崇文轻武"，"中国以它众多的人口和对和平的热爱——将作为和平的化身站起来。它必将推动那个人道主义运动，即实现世

---

① 宋庆龄：《国民党已不再是一个政治力量》，《宋庆龄选集》，人民出版社1992年版，第83～86页。

界和平"。① 帝国主义与封建主义相结合不仅摧毁了中国的经济，也搞乱了中国的社会，破坏了中国的人伦和人性。

自由、平等、博爱是法国资产阶级革命的口号，是人权思想的核心，也是宋庆龄所追求的理想和努力实现的愿望，她以西方法国和欧美革命时期的人权作为理想和目标，而不提及孙中山的三民主义，说明这个时期的宋庆龄还不太了解孙中山的革命理论和目标，但她推崇孙中山的革命事业和共和主义。孙中山提倡民族、民权和民生三大主义，不以自由、平等、博爱作为他指导革命的理论和纲领，这有中国的原因，也有外国的原因。孙中山说，中国是外受帝国主义列强欺凌压榨的"次殖民地"，内受清政府的民族压迫，而法国革命时只有封建压迫，没有列强压迫，因此"吾人今日欲改造新国家"，只能实行三民主义，不能用法国的三个口号。② 三民主义，"简单的说，便是民有、民治、民享。详细的说，便是民族主义、民权主义和民生主义"③。民族主义就是国族主义，提倡民族主义，是为了结合当时全国四万万人成一个坚固的民族团体，用民族的精神救国，用民族的力量来挽救民族的危亡。在当时的中国，只有实现民族独立，中国才有未来。没有中国的独立和国家的自由，其他什么民权人权都谈不上。至于民权主义，孙中山说，就是"民众之主权也"。④ 我们也像法国革命所做的一样，"要求人权"，但"党人讲平等自由"，不要安错位置，"不把平等自由安给国民，而把平等自由安在自己身上，自己要平等，而不肯附从创造主义之人，偏要人来服从他。自己要自由，而不肯牺牲，偏要人来供他的牺牲"。他认为，自他领导反清的第一次革命以来，屡遭失败，而致失败的原因，就是将平等、自由的位置弄错了。故欲举第三次革命，以求真正成功，"非先把以前错处都改了，则无成功之希望"。⑤ 所以，孙中山说：民权就是"以人民管理政事"⑥。有了民权、平等，自由才能够存在，如果没有民权，什么平等、自由都保守不住。

民生就是人民的生活——社会的生存、国民的生计、群众的生命。民生问题

---

① 参见宋庆龄：《二十世纪最伟大的事件》，美国《威斯里安》女子学院校刊 1912 年 4 月，英文原件载《中国建设》1983 年第 5 期，参见《宋庆龄选集》上卷，人民出版社 1992 年版，第 1～4 页。

② 孙中山：《在桂林广东同乡会欢迎会的演说》，《孙中山全集》第六卷，中华书局 2006 年版，第 56 页。

③ 孙中山：《在广州对国民党员的演说》，《孙中山全集》第八卷，中华书局 2006 年版，第 572 页。

④ 孙中山：《三民主义》，《孙中山全集》第五卷，中华书局 2006 年版，第 188 页。

⑤ 孙中山：《告诫党员的训词》，郝盛潮主编、王耿雄等编：《孙中山集外集补编》，上海人民出版社 1994 年版，第 159 页。

⑥ 孙中山：《三民主义·民权主义第一讲》，《孙中山全集》第九卷，中华书局 2006 年版，第 255 页。

就是社会问题，民生主义就是以养民为目的，就是要创造国家资本，发展实业，实现国家富强。所以，孙中山认为，他的民生主义，就是法国大革命时的"博爱"，民生主义就是社会主义，就是"为四万万人谋幸福"。所以，孙中山说："法国革命的时候，他们革命的口号是'自由、平等、博爱'三个名词；好比中国革命，用民族、民权、民生三个主义一样。由此可说自由、平等、博爱是根据于民权，民权又是由于这三个名词然后才发达。"①

然而，对于法国革命"以争自由为目的"，孙中山倒有自己的看法。他说：欧美人民最初的战争是为了自由。自由到底是一个什么东西呢？究竟自由是好还是不好呢？"依我看来，近来两三百年，外国人说为自由去战争，我中国普通人也总莫名其妙。他们当争自由的时候，鼓吹自由主义，说得很神圣，甚至把'不自由，毋宁死'的一句话成了争自由的口号。"这是欧洲民权初萌时代，因为人民没有自由，便主张争取自由，到了目的已达，各人都扩充自己的自由。于是，由于自由太过，便发生许多流弊，因为欧美人讲自由没有范围，为了自己的自由去侵犯他人的自由。当时欧美学者提倡自由去战争，"好比我们革命提倡民族、民权、民生三个主义的道理是一样的。"那么中国人到底有没有自由呢？孙中山说："我们拿一片散沙的事实来研究，便知道中国人有很多的自由，因为自由太多，故大家便不注意去理会，连这个名词也不管了。"外国人说中国人自由太多，是一片散沙，"我们是承认的，但是说中国人不懂自由，政治思想薄弱，我们便不能承认"。中国人为什么是一片散沙呢？是由于什么东西弄成一片散沙呢？孙中山说，就是"因为是各人的自由太多。由于中国人自由太多，所以中国要革命"。中国人革命的目的与外国人不同，所以方法也不同。欧洲人从前因为太没有自由，所以革命要去争自由。我们是因为自由太多，没有团体，没有抵抗力，成一片散沙。因为是一片散沙，所以受外国帝国主义的侵略，受列强经济商战的压迫，我们现在便不能抵抗。要将来能够抵抗外国的压迫，"就要打破各人的自由，结成很坚固的团体"。所以，外国人革命的目的是争自由，中国革命便不能说是争自由。如果说中国革命是为争自由，便更不能成大团体，没有团体去奋斗，我们的革命目的便永远不能成功。总之，孙中山是认为，个人不可太过自由，国家要得完全自由。到了国家能够行动自由，中国便是强盛的国家。"因为中国受列强的压迫，失去了国家的地位，不只是半殖民地，实在已成了次殖民地"，"中国现在是做十多个主人的奴隶，所以现在的国家是很不自由的。要把我们国家的自由恢复起来，就要集合自由成一个很坚固的团体"，只有这个大团

---

① 孙中山：《三民主义·民权主义第二讲》，《孙中山全集》第九卷，中华书局 2006 年版，第 271 页。

体能够自由，中国国家才会自由，中国民族才能自由。① 有人据此说孙中山将公民坚硬的石头，说成是渺小的沙子，说孙中山宣称"中国人用不着自由"，把中国人继续羁绊在宗族中。这是断章取义，没有读懂孙中山关于自由的精义。

孙中山的理想是实现中国的独立、人民的民主和国家的富强。他的革命的纲领是民族、民权和民生，孙中山不用"自由、平等、博爱"号召革命。这是真的。那为什么宋庆龄在1912年则以辛亥革命实现自由、平等、博爱去歌颂去追求呢？那是因为她当时不明了孙中山革命的深层意识，因此将法国革命的自由、平等、博爱作为她"梦想"实现的目标，说明宋庆龄当时对中国未来的期待还没有达到孙中山的认识水平。

每个人对国家的诉求或期待都不一样，这跟每个人的出身、教育和对国家问题的理解不一有关。宋庆龄出身在革命者的家庭，但她从小生活在上海，后赴美国留学，她具有见识广泛、思维敏捷的个性，但缺乏对中国底层和中间阶层广大民众的生活体验，所以她的现实是反映中国中上层人士的困厄和城市市民阶层的彷徨和期待，体现在她的思想深处的愿望是期盼中国人有尊严，有权利发表政见，有自由去做自己想做的事，人与人之间应该平等、友爱，尽量减少矛盾和欺压。而这一切，无疑也是为了国家民主、富强和人民的自由、幸福，以及社会的和谐和稳定。就这个角度去理解宋庆龄在19岁之前的理想，或称为她早期的"中国梦"，也不能说她"是在做白日梦"，其实她对中国未来的设计，她所希望通过人与人之间关系的改变，抚平矛盾和仇恨的心理，求得人民幸福、社会和谐、文明进步、信仰自由，说明她看得更长远，更有深度，而且正是21世纪的中国所应特别重视的问题。而宋庆龄早期"中国梦"的意义也正在此处。她是以今天去追忆昨天、设计明天，这是她将现实与历史结合起来去预见未来的中国，期盼中华民族复兴。所以，她具有历史精神，也有未来的眼光。她"梦想"的未来中国，必将是自由、平等、民主和博爱的中国。

其实在旧中国，特别是20世纪30年代后的中国，由于国民党反动派专制独裁，引发爱国人士和知识分子的焦虑和反感，跟宋庆龄做着同样"中国梦"的大有人在。他们都是在追求平等，希望有人权的尊严，有言论、出版和信仰的自由，更期盼"有一个独立、自由、平等的中国，让人民的生活能够沿着正常的必然的定律走去"。也梦想未来的中国"是一个伟大的快乐的国土"，不是相互残害的角斗场。宋庆龄这个想法也代表部分自由主义知识分子的心声，如当时燕京大学郑振满教授"梦想"的中国就包含有这个意思。中央研究院的总干事杨杏佛也在"梦想"未来的中国，"人们要有合理的自由"、"物质的享用应当普遍而

---

① 孙中山：《三民主义·民权主义第二讲》，《孙中山全集》第九卷，中华书局2006年版，第282~283页。

平等"，① 才能有人的民生，才有正常的自由的社会生活。

文学家巴金则有点消极，他认为，在当时的环境中，"我连做梦也没有好的梦做。……'在这漫长的冬夜里'，我只感到冷，觉得饿，我只听见许多许多人的哭声。这些只能够使我做噩梦"，"有一个时期使我甚至相信中国是没有未来的"。所以，巴金说，在一篇小说里他曾写过这样的话："那黎明的将来是一定到来的，我的理想并不是一个不可实现的幻梦。可悲的是也许我们中国民族会得不着新生。想到将来有一天世界上的人都会得着自由平等的幸福，而我们却在灭亡途中挣扎，终于逃不掉那悲惨的命运，这情形真可以使人痛心。"巴金说，只要想到我们这许多年的苦痛的经验，我们还应该努力奋斗，用奋斗去救我们的命运，只有这样我们才能用我们的力量去改变我们的命运。②

由此可见，在20世纪30年代的中国，许多著名的学者、文人都同宋庆龄一样，期望未来的中国是一个没有帝国主义者、没有军阀、没有官僚、没有压迫和剥削的民主、自由、平等的中国。可见，宋庆龄以追求自由、平等、博爱作为她的理想，也有她的社会基础，不是空穴来风。

孙中山曾说过："社会主义者，人道主义也。人道主义，主张博爱、平等、自由，社会主义之真髓，亦不外此三者，实为人类之福音。"③ "社会主义之国家，一真自由、平等、博爱之境域也。"④ 所以，当时的知识界，除了极少数同情和支持社会主义者的人，如柳亚子等公开声明，"我梦想中的未来世界，是一个社会主义的大同世界，打破一切民族和阶级的区别，全世界成为一个大联邦"，我们中国也是这个大联邦的一部分。"实行各尽所能，各取所需；一切平等，一切自由"之外，多数人都不敢或不能提出自由、平等、博爱的诉求。这证明宋庆龄在1912年就提出自由、平等、博爱作为未来新中国必须实现的目标，表明她从青年起就具有善心和大爱的思想，具有大同理想和意识，具有对人民的关怀、对人类的同情和友爱的品性。就此看来，宋庆龄的理想追求，即她的"中国梦"，不是幻想，它有思想基础，有家族的渊源、有社会的背景。所以，她以实现中国的自由、平等、博爱作为一个理想来追求，并以此作为她改变中国命运的出发点，鼓舞人民去争取实现美好、幸福、和谐、文明、自由、平等的未来，正好说明，宋庆龄思想的深邃，以及她对中国的崇高敬爱、对建设中国文明社会和实现中华民族伟大复兴的热切期待。

---

① 刘仰东编：《梦想的中国》，西苑出版社1998年版，第8页。
② 刘仰东编：《梦想的中国》，西苑出版社1998年版，第12～13页。
③ 孙中山：《在上海中国社会党的演说》，《孙中山全集》第二卷，中华书局2006年版，第510页。
④ 孙中山：《在上海中国社会党的演说》，《孙中山全集》第二卷，中华书局2006年版，第523页。

二

宋庆龄毕竟是女性，她对中国女性的自由、平等和解放极为关注。1912年南京中华民国成立后，她以"现代中国妇女"为题写了一篇文章，发表在美国《威斯里安》女子学院校刊。在文中她提出："在欧美人的眼里，中国妇女，无论她们的社会地位是属于上层或中产阶级的，都没有享受到多少自由。"她不同意这种看法，她指出："自从基督教传入中国以来，中国妇女的社会地位、文化水平，以及受尊重的程度，都毫无疑义地比过去提高了。受教育的权利，不再像从前那样只限于个别阶级了。""当今中国的妇女，如同其他文明国家的妇女一样，都享有同样多的自由。尤其是城市妇女，她们都和男人一样平等。人们常常可以看到妇女们在大礼堂内倾听自己的姐妹站在讲台上作报告，还可以看到她们参加各种各样的活动。"她说，在不久的将来，从这些妇女当中，我们将会看到出现像英国那样具有战斗精神的女权运动者潘克赫尔斯特（Emmeline Pankhurst, 1858—1928）和美国女社会名流贝尔蒙特（Erskine S. V. Belmont, 1853—1933）那样的人物。"我们深信，用不着一个世纪的时间，中国就会成为世界上教育程度最高的国家之一，中国妇女也将成为同男人们地位相等、平起平坐的伙伴。"①

实现"中国梦"必须要有中国心，要有爱国的热忱，要有奉献的精神和坚强的意志，以及掌握高深的科学知识。在这些方面，我们不能以一个一般的"海归派"和传统的中国女性来观瞻宋庆龄。宋庆龄其实是一位具有中外女性所有优长的杰出人士。首先她的教育是西式的，但她又是中国基督徒、革命者、商人、特殊家庭培育成长的，所以她具有西方女性的政治理念、民主意识和开放的心态，同时又具有强烈的爱国情怀和基督教"牺牲自我成全别人的"善行和关爱别人的美德，以及忠诚为他人做奉献的品性。

1913年春，宋庆龄从美国威斯里安女子学院毕业，获文学学士学位。后来她回忆这段学习生活时指出："我在美国度过我的青年时代，受过美国伟大的民主传统的熏染，它已经成为我生活中伟大的力量之一，它的文化，成为我所接受的教育的一部分，这对于我祖国，十分需要民主精神的祖国，是非常珍贵的。"②8月，宋庆龄由太平洋彼岸的美国回到她永恒崇敬的远方的家——中国。两年后，她便排除家族和世俗的反对，嫁给了中国革命，嫁给了中国民主革命的领袖孙中山。这意味着什么？意味着去吃苦，意味着去奋斗和流血，乃至于牺牲。她的这种自觉和决心，毫无疑问是为了实现她所追求的中国的独立，以及人民的自

---

① 宋庆龄：《现代中国妇女》，《宋庆龄选集》上卷，人民出版社1992年版，第5～7页。

② 宋庆龄：《中国走向民主的途中》，《宋庆龄自传》，华光出版社1938年版，第38页。

由、平等和博爱的中国梦。

然而,凡事都不可能一帆风顺,事物都是在曲曲折折、坎坎坷坷中发展的。宋庆龄在与孙中山一起生活的10年中,她所经受的考验和艰难困苦也是前所未有的,但她坚信人民的事业必胜,人民始终在她的心中,她也始终在人民的心中。她跟随孙中山三下广州护法、革命,又为孙中山《建国方略》、《建国大纲》的制定贡献了自己的智慧,为实现自己的"中国梦"——自由、平等、博爱,无私无畏地奉献自己的一切,完满地显示出她对事业的坚持、执着,以及她内在品格的高尚、毅力的坚强、智慧的超凡。诚如邓颖超所说:宋庆龄是"人中之杰,女中之杰",她是"一颗闪耀着革命光辉的、灿烂的巨星,永放光芒,成为万代的楷模"。①

话又说回来,宋庆龄是伟人,也是凡人,她有"中国梦",也有"自己的梦",无论是"中国梦",还是她"自己的梦",也不都是美梦、好梦,也有噩梦。比如说,距离她1912年所做的"中国梦",10年之后的1922年6月15日深夜,她又做梦了,据宋庆龄说:"六月十五之夜二时,我正在酣梦中,忽被中山先生喊醒,并催速起整装同他逃出。"孙中山说:"刚得一电话,谓陈军(按,陈炯明叛军)将来攻本宅,须即刻逃入战舰。"在舰上指挥,剿平叛变。宋庆龄说:"我求他先走,因为同行反使他不便,而且我觉得个人不致有何危险。再三婉求,他始允先行,但是先令五十名卫队全数留守府中,然后只身逃出。"② 宋庆龄的"酣梦"被陈炯明叛乱打破了。8月14日,宋庆龄和孙中山到达上海后,宋庆龄致函在美国求学时期的朋友阿莉时说:"由于我在广州身受了一场可怕的经历,我非常紧张不安。我不得不保持完全安静和休息。"③ 这大概是宋庆龄第一次经历了生与死的考验,也是她人生的第一场噩梦。

经过陈炯明叛乱,孙中山和宋庆龄对于中国的前途,以及未来的中国方向,他俩都想了很多,这个梦说来好长好长,但并没有因此就阻碍了他们救国救民的行动,反而加促了他们的觉醒,坚定了他们革命的决心,加快联俄、联共的步伐,通过实现国共第一次合作,合力革命,筹备北伐打倒帝国主义列强,打倒军阀,统一中国,复兴中华。为此,宋庆龄暂时将实现自由、平等、博爱的旗帜收拢起来,把完成国家的独立和统一放在第一位,把实现中国人民的平等和自由放在第二位。这不是宋庆龄政治理想的退步,而是她的进步,因为国家不独立就没

---

① 邓颖超:《向宋庆龄同志致崇高的敬礼》,上海市孙中山宋庆龄文物管理委员会、上海宋庆龄研究会编:《回忆宋庆龄》,东方出版中心2013年版,第4~5页。
② 宋庆龄:《广州脱险》,《宋庆龄选集》上卷,人民出版社1992年版,第16页。
③ 宋庆龄:《致阿莉》,宋庆龄基金会、中国福利会编:《宋庆龄书信集》上册,人民出版社1999年版,第29~30页。

有自由可言，国家不统一也没有平等可言，人民不团结更加不会有人民的自由权、生存权。这是孙中山的理想和信念，也是宋庆龄的理想和信念，到这个时候，宋庆龄的中国梦，也是孙中山的中国梦，他们完全想在一起，战斗在一起。但也不是说他们之间没有个人的个性和思想上的差别。据我所查，自1922年6月陈炯明叛乱，到1926年12月国民政府迁都武汉的四年半时间里，宋庆龄经历了跟随孙中山重返广州恢复陆海军大元帅府，以及国民党"一大"的召开、黄埔军校的建立、镇压商团叛乱、统一广东、北上商议国是、孙中山逝世，乃至于国民政府的成立等等大事件，但从未听闻宋庆龄从口头上或文字上有强调实现自由、平等、博爱"梦想"的表示。这是为什么？是不是宋庆龄已经改变了她的"中国梦"的初衷，另有"新梦"？恐怕不能做这样理解，因为在这几年里，孙中山的战略思想和建国方略有了很大的调整，他不再是走护法的老路，依靠军阀反军阀，打倒一个军阀，又产生新的军阀，而是发动一次新的国民革命，彻底打倒军阀，打倒帝国主义，实现中国的完全独立和统一。所以，孙中山除了改组国民党、黄埔建军，就是发动民众重新革命，统一广东，挥师北伐。在这个过程中，即在孙中山生前，宋庆龄作为孙中山的助手、战友、伴侣，除了协助孙中山完成他的大业，实现中国必须独立、民主和富强的"中国梦"之外，还要为"孙中山先生整理文件、函电，提供资料"，帮助孙中山完成革命思想的发展，这对孙中山改组国民党，制定三大政策，实现国共第一次合作，实行革命的三民主义，都起到了积极的辅助作用。这个时期，宋庆龄的确是孙中山得力的助手。① 但孙中山是孙中山，宋庆龄是宋庆龄，不能视宋庆龄为孙中山的御用工具。孙中山逝世后，宋庆龄为守护孙中山的事业，捍卫他的理想，完成孙中山的未竟事业，她不惜一切地英勇奋斗。所以，她暂时把自己的理想搁置一边，尽力鼓励他人继续从事孙中山的事业，建设一个真正的中华民国。② 这又回归到她理想的本位。

孙中山逝世后，宋庆龄应当坚守一些什么理念？她的"中国梦"要变成现实又应该如何解说，又应该如何实践，这是必须讲清的问题。不过只要我们认真地重读一下宋庆龄的书，我们就会发现她将她的"中国梦"，她的建国理想，大致分作短期和长期两个阶段，而且也将她的"中国梦"和孙中山的"中国梦"作了整合，一而二，二而一地宣示她的奋斗目标，那就是"吾人应共起奋斗，为

---

① 季方：《宋庆龄同志是中华民族的一代楷模》，上海市孙中山宋庆龄文物管理委员会、上海宋庆龄研究会编：《回忆宋庆龄》，东方出版中心2013年版，第33页。
② 宋庆龄：《致阿莉》，宋庆龄基金会、中国福利会编：《宋庆龄书信集》上册，人民出版社1999年版，第53～54页。

民族争独立，为人权争保障"①。除了反对帝国主义，维护国家自由独立之外，还要在法律上、经济上、社会上确认男女平等之原则，保障人的生存权利和公民选举权、财产所有权、社会地位平等的人权。因此，宋庆龄坚守孙中山的民族主义、民权主义和民生主义理想，将政治革命与社会革命结合起来，认为民生主义是"存亡攸关"的社会变革的基础。工农阶级是打倒帝国主义、废除奴役我们的不平等条约的基础，是"建设自由新中国的新柱石"。"如果我们采取了削弱这种支持的任何政策，我们便动摇了党的基础"，便是"出卖了群众，而且不是真正忠于孙中山"。②

宋庆龄勇敢地坚持和捍卫孙中山的三民主义和三大政策，在蒋介石、汪精卫违背孙中山的事业和理想，公开与民众为敌，反共、分共、清党之后，发表《赴莫斯科前的声明》，她说为实现孙中山要她代表其访问莫斯科的意愿，决定访问莫斯科，用行动表明其坚守孙中山三大政策的决心。从1927年8月22日到1929年5月6日，宋庆龄在苏联和德国一再揭露国内那些背叛孙中山三民主义和三大政策的人"已经成了帝国主义的同谋"，并表明自己誓死"捍卫孙中山的三大政策和坚决走革命道路的决心"。③ 在苏联，宋庆龄接触工人、青年和妇女，她一再强调苏联青年是苏联"永久自由的保障"④，说苏联的妇女"非但可以做一个自由的工人，而且还可以做一个自由的妇女"⑤。苏联的工人阶级"首先燃起了世界革命的火炬"，"我们将继续并肩作战，打垮我们的共同敌人——世界帝国主义和一切反动势力"。⑥ 并指出"目前中国已经进入反动时期"，但是她的"革命的精神始终没有屈服动摇"。⑦ 她坚信国民党的叛徒们假借孙中山的主义，背叛孙中山的事业必定会失败。

由此可见，孙中山逝世后，宋庆龄是孙中山思想、事业和政策的坚决捍卫者，坚守孙中山的思想、事业和政策就是坚持孙中山开辟的共和、民主和富强的

---

① 宋庆龄：《为"五卅"惨案对上海〈民国日报〉记者的谈话》，载上海《民国日报》1925年6月9日。

② 宋庆龄：《为抗议违反孙中山的革命原则和政策的声明》，《宋庆龄选集》上卷，人民出版社1992年版，第43～44页。

③ 尚明轩等编著：《宋庆龄年谱》，中国社会科学出版社1986年版，第68页。

④ 宋庆龄：《写给共产主义青年团的机关刊物〈年青一代〉》，《宋庆龄选集》上卷，人民出版社1992年版，第53页。

⑤ 宋庆龄：《向苏联妇女致敬》，《宋庆龄选集》上卷，人民出版社1992年版，第54页。

⑥ 宋庆龄：《对列宁格勒〈真理报〉发表的声明》，《宋庆龄选集》上卷，人民出版社1992年版，第59页。

⑦ 宋庆龄：《在莫斯科发表的声明》，《宋庆龄选集》上卷，人民出版社1992年版，第55～56页。

发展道路，维护孙中山的爱国、革命、建设事业就是坚守孙中山实现中国独立、统一、民主和富强的民族利益，以及忠于人民的立场。

1929年4月底，为了参加孙中山奉安南京葬礼，宋庆龄从德国启程经莫斯科回国。5月16日她抵哈尔滨，5月18日下午抵达北京。她这次"梦回祖国"，不站左，也不站右，只站在中华民族和广大人民一边，拒绝到南京政府去做官，继续为人民争取权利和言论的自由等各种人权而活动。也就从这个时候开始，宋庆龄又回归到她早年的期许，为实现中国的自由、平等、博爱——"中国梦"进行斗争。这是宋庆龄人道、人性的回归，是宋庆龄为被压迫被奴役的人民的生存权和广大知识阶层争取自由和社会地位的人权不惜一切地奋斗。

宋庆龄声明："没有哪个以为南京政府是代表中国人民的！我是代表被压迫的中国民众说话的。"我们的"反帝国主义大同盟，现在正为中国的主权和民族的独立而积极地工作"。她对戴季陶说："我要警告你，不要把孙先生当作一个偶像，当作另一个孔夫子和圣人，这是对孙先生的名声的污辱，因为他的思想与行动始终是一个革命家。"宋庆龄说，她不是为了个人的快乐而活，"假如快乐是我的目的，我就不会回到这样痛苦的环境里面"。但是目击我们的希望（也即她的"中国梦"）与牺牲被葬送，"我同情民众甚于同情个人"。她警告戴季陶说："你们要我不说话的唯一办法，只有枪毙我。"①

在以后的日子里，面对日本帝国主义侵略和蒋介石不集中力量抵抗日本而继续反共的现实，宋庆龄不再做梦了，因为在那些黑暗的日子里，期望越多，失望越多，故她主张"从奋斗中求生存"，希望我国的爱国军队和人民，"实为革命之武力与反帝国主义之先锋"。② 她为保护爱国者的安全，全身心地动员民众与爱国军队团结抗日，保卫国家，拯救民族。为此，她与蔡元培等在上海发起组织进步团体"中国民权保障同盟"，为国内政治犯之释放与非法的拘禁、酷刑及杀戮之废除，为结社集会自由、言论自由、出版自由诸民权、人权不惜一切地奋斗，并亲自担任主席，以重民权而张公道。上述种种说明在新的历史时期，宋庆龄仍以孙中山反对帝国主义的民族主义、以争取人民管理政治的民权主义，以及维护人民的生存权的民生主义作为她的宗旨，与国内外的敌人、人民的公敌作斗争；为实现她的"中国梦"而由幕后走到了前台，由宣扬和守护孙中山的思想进而为揭露国民党政府"摧残人民的权利"，破坏"言论自由、出版自由、结社

---

① 宋庆龄：《与戴传贤谈话笔记》，原载天津《大公报》1929年12月12日，参见《宋庆龄选集》上卷，人民出版社1992年版，第73～80页。

② 宋庆龄：《在国民伤兵医院答记者问》，《宋庆龄选集》上卷，人民出版社1992年版，第87页。

集会自由"的罪行,启导人民起来为争取自己的合法权利而斗争。① 她向美国朋友呼吁,请发动一个强大的运动,以反对美国对中国的干涉,她指出南京政府在帝国主义的帮助下,"粉碎了国内所有公开的自由、民主或人道主义运动",她希望美国朋友帮助她阻止美帝国主义支持南京的卖国政府,"屠杀数以万计的中国工农",和拖延内乱,"奴役人民的罪行"。②

宋庆龄不是单纯地效忠孙中山、孙氏家族和宋氏家族,而是效忠于国家和人民,所以,她的所"梦"、她的所"想"都是与她所效忠的国家和人民紧密地联系在一起。在日本帝国主义疯狂地屠杀中国人民,而国民政府又不能保障民权的情况下,宋庆龄出席各种救国会议,呼吁人民团结起来组成统一的联合救国阵线,各党各派立刻停止军事冲突,立刻释放政治犯,实现爱国的自由,为中华民族的解放努力。③

由此可见,自 1929 年宋庆龄回国至 1937 年国共第二次合作前,宋庆龄为了抗日救亡,为了捍卫孙中山的民权和人民的生存权,没日没夜地斗争,她的"梦"也少了——她只做"大梦",不做"小梦",那就是由理想主义走向现实主义,希望全国太平,不要中国人打中国人,而是要一致对外,打倒日本帝国主义,实现民族的独立和解放,"求中国之自由平等,求得世界大同与和平"④。为了营救被捕的爱国者,她没日没夜地发表书面声明、谈话,还给国内外各方人士写信联系,争取各方人士的支持。她的所作所为,目的还是坚持她的——"争取民族的解放和自由"、"为中华民族的独立解放而斗争",为实现孙中山的民族主义、民权主义、民生主义努力奋斗。这就是宋庆龄在第一次国共分裂到第二次国共合作期间,坚持自己的理念的真实流露。

三

第二次国共合作实现后,宋庆龄说:"我听到这个消息,感动得几乎要下泪。"她认为,中国的朱德与国民党的蒋中正合作了,中华民族得救了,日本侵略者的末日到了。"梦想实现法西斯侵略迷梦的日本军阀"⑤,正在等待中国人民

---

① 宋庆龄:《在中国民族武装自卫委员会筹委会上的讲话》,载《中国论坛》第 2 卷第 3 期(1933 年 3 月 27 日)。

② 宋庆龄:《向美国朋友的呼吁》,《宋庆龄选集》上卷,人民出版社 1992 年版,第 144～145 页。

③ 参见尚明轩主编:《宋庆龄年谱长编》(上)(1893～1948),社会科学文献出版社 2009 年版,第 322～323 页。

④ 宋庆龄:《为救国会七领导人被捕事件宣言》,《宋庆龄选集》上卷,人民出版社 1992 年版,第 158～162 页。

⑤ 宋庆龄:《中国走向民主的途中》,载上海《申报》1937 年 10 月 21 日。

的审判。

宋庆龄坦承，她在美国度过她的青年时代，并"受过美国伟大的民主传统的熏染"，民主的传统已经成为她"生活中伟大的力量之一"。美国的文化，成为她所接受的教育的一部分。她说："这对于我祖国，十分需要民主精神的祖国，是非常珍贵的。"①"这便是宋庆龄期望中国实现自由、平等、博爱的思想源泉"，也是她"中国梦"的核心内容。她为此呼唤，为此奋斗，为此献身，表明她以民族、国家利益为先，期盼建设一个真正"民治、民有、民享的政府"，让全国人民能够过上自由、民主、平等和幸福的生活。这是她的梦想，也是她的真正理想。

宋庆龄认为，自由与平等，包含两方面意思，一是国内人民有权管理国家，也有法律允许的人权自由，个人财产不可侵夺、言论出版自由；二是中国在国际上享有自由与平等的权利，中国的独立与解放是自由与平等的主要内容。1939年7月7日，宋庆龄在《展望战后——抗战纪念日致美国友人》文中说：许多外国友人问我，战争之后，中国怎么样？是否回到昔日的半封建社会状态？抑或将被神秘地"赤化"？我问答："两者都不是。"因为国共两党都承认孙中山的三民主义是民族的共同纲领，所以抗日战争胜利后将建立的新中国是"一个三民主义的共和国，一个根据民主的原则治理、注重人民生计的新式的独立国家"②。在这个共和国里，由人民通过他们选举的代表实行直接治理。县或区应是自治的基层单位，也是选举国会代表的选区，实行真正的民主制度。一个共和的、"自由的中国，是远东和平的唯一保障。一个自由的中国，将是走向全世界和平和自由的第一与最重大的步骤"③。她一再宣称，她"信仰民主的言论自由"，她追求建设一个民主的、自由的和平等的中国的理念决不动摇。她呼吁在中国政府里只有实行更民主的制度，让人民享有更大的自由权利，才会有团结、统一和富强的未来。④"战时自由中国之缺乏民主"，这是对抗日联合战线的最大的威胁。由于国民党是掌管政权的党，在重庆实行一党专政，所以扩大民主自由是她不可推卸的责任。她强调："给人民以民主权利，无论如何也不会妨碍抗战事业。……只有在政治民主的万丈光芒照耀下，我们才能发现投降派和卖国贼，才能进而解决我

---

① 宋庆龄：《中国走向民主的途中》，载上海《申报》1937年10月21日。
② 宋庆龄：《展望战后——抗战纪念日致美国友人》，《宋庆龄选集》上卷，人民出版社1992年版，第277～278页。
③ 宋庆龄：《致外国团体的信》，《宋庆龄选集》上卷，人民出版社1992年版，第290页。
④ 宋庆龄：《救济工作与政治——答宋子文先生》，《宋庆龄选集》上卷，人民出版社1992年版，第336页。

们的问题，加强我们争取独立和统一的战争。"① 她强调对于孙中山"三民主义的实现与民族解放，各阶级的公民权与自由权，及为提高全国生活水准的斗争，两者是不可分离的。"②

总之，在1945年8月15日，日本侵略者投降，中国人民的民族斗争取得彻底胜利之前，宋庆龄的关于实现自己的"中国梦"，建设一个独立、民主、自由、平等和富强的新中国的言论和文字，不仅在报纸杂志上充分体现，而且更表现在她致国内外各界朋友的书信里。这是为了什么？是为了她的理想，为了中国独立和中华民族的复兴，也是为了全世界的和平和进步。诚如她所云："我们怀着一种希望，靠着大家的努力，中国一定能够走上团结、和平的道路，进而达成天下一家的理想。"③ 并一再表明，对实现自己的理想"从不失去信心"。1949年7月1日，宋庆龄在庆祝中国共产党成立二十八周年之《向中国共产党致敬——庆祝中国共产党成立二十八周年》文章中高呼："我们的完全胜利已在眼前"，"这是我们祖国的新光明。自由诞生了。……向人民的自由致敬。"④ 随后在上海的一次集会上，宋庆龄又说："我们中国人民很有自信地瞻望我们国家的一个光荣的未来，在那时，人民的民族主义、民权主义和民生主义将要一并地辉煌地实现。我们也预见了我们伟大的人民和伟大的国家幸福。"⑤ 宋庆龄充满信心地希望中国的工人、农民和知识分子与世界友好和平的人士一起，"阻止文明毁灭的斗争，用每一分力量，保证全世界每一个人都能得到生活上应有的享受"，为"建立一个独立、民主、和平与富强的新中国，和全世界的人民联合起来，实现世界的持久和平"。⑥

1949年10月1日，中华人民共和国成立，据宋庆龄后来追忆，她说："这是一个非常庄严的典礼。但是在我的内心，却有一种难以抑制的欢欣。回忆像潮水般在我心里涌起来，我想起许多同志们牺牲自己的生命换得了今日的光荣。连年的伟大奋斗和艰苦的事迹，又在我眼前出现。但是另一个念头紧抓住我的心，我知道，这一次不会再回头了，不会再倒退了。这一次，孙中山的努力终于结了

---

① 宋庆龄：《中国需要更多的民主》，《宋庆龄选集》上卷，人民出版社1992年版，第342～343页。

② 宋庆龄：《纪念邓演达》，载香港《华商报》1941年11月28日。

③ 宋庆龄：《平剧义演的意义》，载上海《文汇报》1946年6月1日。

④ 宋庆龄：《向中国共产党致敬——庆祝中国共产党成立二十八周年》，载《人民日报》1949年7月1日。

⑤ 宋庆龄：《在上海各界纪念"七七"庆祝解放大会上的讲话》，载《人民日报》1949年7月10日。

⑥ 宋庆龄：《在中国人民政府协商会议第一届全体会议上的讲话》，载《新华日报》1949年11月15日创刊号。

果实,而且这果实显得这样美丽。"① 辛亥革命所追求的目标,终于在这一天实现了。诚如宋庆龄的老朋友爱泼斯坦所写:"1949年10月1日举行开国大典。在天安门城楼上,宋庆龄站在毛泽东、刘少奇、朱德和周恩来(新任总理)旁边,30万群众聚集在宏伟的天安门广场上。当毛泽东庄严宣布'中国人民已经站起来了'时,她激动万分。"②

新中国的诞生,终于使宋庆龄"圆梦了",她当然激动,也必然兴奋。从1912年4月,宋庆龄发表《二十世纪最伟大的事件》一文,提出她梦想实现中国的"自由、平等、博爱"算起至1949年10月,将近40年,在这漫长的岁月中,她的一切奋斗都是为了国家和民族崛起,实现梦中的明天——一个伟大的富强的中国崛起在世界的东方。

宋庆龄走过不平凡的人生历程,她的思想、她的人格和为国为民的精神给我们许多启迪和教诲。当她学成归国后,她有许多选择,可以继承父业经商发家,也可以成为自由知识分子放言警世,也可以从事兴学教育,造就建国人才,然而,她都说"不"。她当年和后来看到的听到的都是国家和人民饱受战争、军阀和独裁者的蹂躏,以及反动当局对人民和爱国者任意拘捕、监禁、屠杀,国权丧失了,民权、人权被剥夺了的惨况。宋庆龄忧心如焚,她终于选择了一条追随孙中山革命、建设、富强中国的道路。前期她是孙中山事业、思想的忠诚守护者、继承者,后期则是孙中山事业、思想和精神的捍卫者、发展者和实现者。她心中装的只有人民,她除了呼吁人民站起来争取实现国家的独立、人民的民主和中华民族的复兴外,还在为保障民权而努力,成立福利会,组织成立孤儿院、保育院,从拯救人们的心灵到关注人们的生命、生计和幸福,做了大量的艰苦的工作。宋庆龄这种慈母般的情怀,以及崇高的人格和大爱精神,感动了中国,感动了世界友好国家的人民。她的伟大在于她的爱心,她博得世人的敬仰是因为她关注人性的回归,为人道世纪和人性的觉醒做出了巨大的贡献。人与人之间需要包容,要相互关爱,相互帮助,风雨同舟,患难与共。人类不能没有爱,不能没有自由,更加不能没有平等,宋庆龄一生热爱祖国,同情过着悲惨生活的同胞,她行善救人,她充满大爱的精神,关注人民的疾苦,希望人类和平相处,反对战争,反对欺凌和压迫。她以人为本,就是以人的生存、幸福、和谐为本。这是伟大人性的回归,是人的大爱大悲伦理道德的重新高扬,也是新的时代人们为了实现"中国梦",建设一个民主、自由、平等、文明、和谐和幸福的小康社会所必

---

① 盛永华主编:《宋庆龄年谱(1893—1981)》下册,广东人民出版社2006年版,第1091页。

② 爱泼斯坦著:《宋庆龄——二十世纪的伟大女性》,沈苏儒译,人民出版社1992年版,第523页。

须发扬和效法的。知识和意志成就梦想,但自由、平等、博爱的梦想也不是很容易就能得到的。我们现在需要的是继续高举红旗,团结一致,为实现"中国梦"——中华民族的伟大复兴,建构一个美好的、大同的、天下为公的博爱理想社会,为人类社会的文明发展贡献我们的智慧和力量。

(2013年)

宋庆龄《广州脱险》一文史事考
——兼谈宋庆龄对姚观顺的记述

宋庆龄所撰《广州脱险》一文,真实地记述了1922年6月16日陈炯明在广州发动军事叛乱时,叛军的残忍和革命卫士队为保卫总统府、护卫孙中山和宋庆龄英勇作战、冒死抗敌的高贵精神,也生动地记述了孙中山和宋庆龄在叛军的枪林弹雨中脱险的过程和许多亲历亲为的事。这是珍贵的史料和宝贵的革命历史记录,正如宋庆龄自己所称,是她"将来自传中最动人一章",至今读来仍脍炙人口,感人至深。

《广州脱险》一文于1922年在报刊发表时,曾用过《粤变纪实》为题。原系英文稿,最早的译文发表于1922年6月28—29日上海《民国日报》。该报发表此文时有国闻通讯社按语:"孙总统夫人于日前抵沪之后,本社代表前往访问,夫人因撰一文,述粤变实情,嘱为发表。"美国埃米莉·哈恩在《宋氏家族》一书中摘译了此文的大部分。由于以上两种译文不够准确,便给研究者带来许多误解和麻烦。我们现在通常所见的译文是林语堂从宋庆龄处征得的旧稿重译,编在1938年华光出版社出版的《宋庆龄自传及其言论》一书,由于此文比较重要,又未能找到宋庆龄的英文原稿,故尚明轩、唐宝林两先生在他们合著的《宋庆龄传》中,便从1938年华光出版社出版的《宋庆龄自传及其言论》中笔录了全文(见该书,北京出版社1990年版,第91~94页),但它跟1981年5月26日《中国青年报》从1938年出版的《宋庆龄自传及其言论》一书中所录的译文相较,前面缺少三段共311字,而且第七段和倒数第二段,两个版本都有省略号,可见都不是英文本的全译。由于《广州脱险》一文最初发表在上海《民国日报》,距离陈炯明叛变只有12天,此文中记载的史事应该是可靠的,是研究陈炯明叛变和孙中山、宋庆龄在广州遇难脱险的史事的不可多得的珍贵史料。然而,由于一些史事来不及核实就发表出去,因而也存在一些不够准确的史实,又由于一些事件记述不够清楚,加上一些当事人回忆所叙述的情况又不尽一致,这就使研究者引证这些史料时出现记事不一的情况。在这里,我不准备就《广州脱险》一文记述的所有事实都加以考证,只是就其中的两件事进行考实,谈点看法。

其一,是关于对姚观顺和两位卫士的记述,有错。

宋庆龄在《广州脱险》一文中记述她离开观音山总统府的情形时说"是队长劝我下山"的。又说，为唯一安全之计，"其余卫兵，也劝我逃出，而且答应要留在后方防止敌人追击……听说这50名卫兵竟无一人幸免于难"。在"听说"之前有省略号，译文删译的内容，我无法查到英文核对。但劝她下山的队长是谁？宋庆龄没有说。接着宋庆龄又说"同我走的有二位卫兵和姚观顺副官长（中山先生的侍卫）"。根据各种材料，"队长"应是"总理卫士队"队长姚观顺。宋文说姚观顺是副官长，明显记错。两位卫兵实则是两位副官马湘和黄惠龙。有的记述宋庆龄生平的专著把姚观顺说成是副官长，把马湘、黄惠龙说成是卫士，明显是从《广州脱险》一文移植来的。

美国埃米莉·哈恩所著的《宋氏家族》一书称姚观顺为"孙博士的外国随员鲍上校（George Bow）"。为什么说姚观顺是"外国随员"？为什么又称姚观顺为"鲍上校"？原因是这样的：姚观顺，祖籍广东香山县四区小隐村人（即今广东省中山市张家边区小隐乡人）。其祖父姚开伟，因家贫无地耕种无法生活，在1845年便离家出洋到美洲卖苦力为生。其父姚保（字启瑞）在美国长大，英文名Yao Bow，按美国习惯名排列在前，姓排列在后，因此，姚保在美国便姓Bow。Bow家族是当时当地的六个著名华工家族之一。姚观顺英文名George Bow，1887年出生于美国加利福尼亚州Grass Valley。由于姚观顺出生在美国，长大在美国，所以，埃米莉·哈恩说姚观顺是美籍华人。由于钦佩孙中山从事推翻清朝、建立民主共和国体以救国救民的伟大事业，1912年，姚观顺于美国州立Northridge Military Academy陆军土木工程系毕业后便回国，追随孙中山从事革命事业。1917年7月，孙中山由上海启程赴广州，决定在广州召开非常会议，组建护法军政府，开展维护《临时约法》斗争。孙中山当选为中华民国军政府大元帅，任命姚观顺为大元帅府参军兼卫士队大队长，把保卫大元帅府和大元帅人身安全的重任托付于姚观顺。1921年4月7日，国会非常会议在广州举行，选举孙中山为非常大总统，孙中山复任命姚观顺为北伐军大本营参军兼卫士队队长。姚率卫士队随孙中山出师北伐到桂林、韶关，又随孙中山返回广州，参加孙中山布置的各项防卫工作。1924年元旦，孙中山奖励广州观音山之役中保卫粤秀楼有功的拒敌卫士，发给每人金质奖章一枚、奖状一张。队长姚观顺名列讨贼奖章名册之首。孙中山并授予姚观顺少将军衔。由于孙中山授予姚观顺少将军衔，故外国报纸登载的General Bow（鲍将军）即指姚观顺。因为在1924年以前，姚观顺的军衔是上校，所以外国英文报刊也有译为"鲍上校"，因为他是美籍华人，所以也称"外国随员"。

陈炯明叛变进攻广州观音山总统府时，姚观顺是卫士队队长（马湘说姚是卫士队大队长），不是副官，从事后姚观顺呈请孙中山大元帅论功行赏、颁发讨贼奖章的报告中也可得到确证。该报告虽没有签署日期，但报告的落款则写明：

"前任参军兼卫士队队长姚观顺",并加盖私章,这是姚观顺自己写的当然无疑。从孙中山批示"着参军长将奖牌及阵伤奖章预备于十三年一月一日午前十时由本大元帅颁发"看,姚观顺给孙中山写报告时,孙中山仍称姚为参军长,时间当在1923年12月前。1930年6月16日,广州政府在被战火焚毁的粤秀楼原址建立纪念碑——孙先生读书治事处,碑阴刻《抗逆卫士题名碑记》,将卫士的名字列上,首名者也是卫士队队长姚观顺。可见,《广州脱险》一文记姚观顺为副官长,实误。《广州脱险》一文说护卫宋庆龄脱险的是"二位卫兵",据各种资料记载得知,这"二位卫兵"应是马湘和黄惠龙。从1924年元旦孙中山颁发讨贼奖章的名册得知,马湘和黄惠龙当时是任侍卫副官,不是卫兵。

顺带讲一个与姚观顺有关的问题,是关于姚观顺在保卫粤秀楼期间的表现问题。

关于姚观顺在保卫粤秀楼期间的表现,马湘在他的《跟随孙中山先生十余年的回忆》一文中有具体的叙述。他说:6月15日夜11时,孙先生从陈策、魏邦平电话报告中得知陈炯明谋叛情况十分危急。其实,孙中山不仅从陈策、魏邦平电话中得知陈炯明谋叛情况,还从其他渠道得知陈炯明谋叛的内情,但他坚持不肯离开总统府。孙中山命令马湘"率领卫士小心守卫粤秀楼"。随后,马湘找到卫士队队长姚观顺,"把先生的命令转告他,并和他商议守卫计划,随即下令各班长率领全部士兵严密戒备"。姚观顺、黄惠龙(第一队长)和马湘(第二队长)奉孙先生之命,坚守粤秀楼。马湘说:"大约在十六日凌晨二时,叛军开始向我们进攻,并从镇武楼上用机枪向我们扫射。姚大队长指挥作战,我则负责护卫夫人(按,指孙夫人宋庆龄)。……敌人用电筒照着向我们射击,我们则对准电光还击。敌人一连冲锋三十多次,都被我们击退,死伤惨重。"马湘的这个忆述,除了一连打退敌人三十多次冲锋"死伤惨重"的记述不可靠外,说明姚观顺的确在英勇地指挥作战,"冒死抗贼"。可是马湘下面的忆述则给人们留下许多疑团。他说:"将近天亮时,姚观顺腿部一连被击中两弹,不能指挥作战,我就请准了夫人,由我继续指挥。姚观顺负伤后,斗志动摇,竟命亲信士兵把白被布拿来,以备竖白旗之用。我发觉了,就问他取白被布何用。姚答:'现在敌人过千,而且不断增援,我们子弹已将用尽,又无外援,眼见就要打败,不投降便没有办法,白被布是准备竖白旗的。'我立即将姚的话报告夫人,并请夫人授权给我,无论何人投降,都予以枪决。这样,姚观顺就不敢乱动了。"① 黄惠龙在他的《中山先生亲征录》中谈到"粤秀楼之血战"时,通篇均是与马湘如何分任指挥、保卫孙夫人以及总统府,但对姚观顺不置一词。

---

① 马湘:《跟随孙中山先生十余年的回忆》,中国人民政治协商会议全国委员会文史资料研究委员会编:《辛亥革命回忆录》第一集,文史资料出版社1981年版,第580页。

马湘对姚观顺的忆述跟宋庆龄在《广州脱险》一文中对姚观顺的记述是不一样的。从事后孙中山及宋庆龄对姚观顺的态度看,马湘对姚观顺受伤后的表现的叙述是不可信的。马湘说,姚观顺受伤后情绪极度低落,准备竖白旗投降叛军。要弄清楚马湘所言是否真实,关键是找出姚观顺命令去取白被布准备做投降白旗的亲信士兵。这个亲信士兵是谁,马湘没有说。又如,既然姚观顺已经命令亲信士兵去取来白被布准备做白旗投降叛军,这便不是什么秘密,既然不是秘密,也不可能只是马湘一个人知晓而别人都不知道。可是,我们遍查当事人的各种回忆文字,除了马湘之外,就连另一侍卫副官长黄惠龙都从未言及姚观顺受伤后有准备竖白旗投降叛军的事存在。据宋庆龄在《广州脱险》一文中所说,当时同她一起离开粤秀楼到总统府的人中,除"二位卫兵"(按,是两位副官,即马湘和黄惠龙)外,还有姚观顺"副官长"(按,是卫士队队长,不是副官长),如果姚观顺受伤后发生动摇,产生投敌意向,绝对不可能只有马湘一个人知道而黄惠龙、宋庆龄都不知道。而且据马湘说,他已经将姚观顺准备竖白旗投降叛军的情况报告给宋庆龄,还说什么一旦出现卫士投降叛军,他已请示宋庆龄授权给他枪决投降叛军的卫士。如若真的如马湘所言,宋庆龄对姚观顺的"动摇"应该是很清楚的。然而,宋庆龄在《广州脱险》一文中并无对姚观顺的表现有相近的记述,反而在文中对姚观顺受伤的情景作了详细的记载,字里行间充满了深切的同情和关怀。她写道:"姚副官长忽然高叫一声倒地,血流如注。一看,有一粒子弹穿过他的两腿,而伤中一条大血管。两位卫兵把他抬起来,经过似乎几个钟头,我们才走完这过道,而入总统府的后院。"又说:"我们把姚副官长抬进一屋,而把他的伤痕随便绑起来,我不敢看他剧痛之苦,但是他反安慰我说:'将来总有我们胜利的一天'。"既然姚观顺对革命事业充满胜利的希望,在极其痛苦的情况下,还安慰孙夫人坚持斗争,以"将来总有我们胜利的一天"来勉励宋庆龄;而且宋庆龄逃离总统府时头戴着姚观顺的草帽,身上披着孙中山的雨衣,"由那混乱的人群里脱险而出",可见姚观顺从粤秀楼到总统府一直被两位卫兵抬着走,经过几个钟头才进入了总统府后院。在他进入总统府之前,他一直同其他卫士一起,如果他真的命令亲信士兵去取白被布来做投降叛军的旗子,就不会只有马湘一个人知道。总之,从当时的斗争和宋庆龄对姚观顺记述的情况看,马湘对姚观顺受伤后的忆述是不可信的,它不仅与宋庆龄的记述相违,反而大有贬低别人、抬高自己的嫌疑。

姚观顺在观音山之役中的表现,正如孙中山在1924年元旦颁发观音山之役卫士奖牌训词中所概述:"民国成立以来,我理想上的革命军,只有这次观音山的卫士足以当之。这种奋斗的精神,实在不可磨灭。"孙中山颁发观音山之役卫士奖牌,姚观顺被孙中山列为观音山之役有功将士的首位给予嘉奖。1930年,林直勉为广州中山纪念堂建筑管理委员会建卫士纪念碑所写的碑记引用孙中山的话，写道："自民国成立后，革命之师，虽日益增，而其精神，则反不如前，惟陈逆叛时，戍守粤秀山之卫士姚观顺等，与叛兵血战两昼夜，坚持无馁，诚为近所罕见。"① 据姚观顺的次女姚曼裳（成都市工业学校退休教师）提供的材料得知，事后，宋庆龄对姚观顺一直很是关心，如1925年姚观顺在故乡广东香山县（今中山市）小隐村建屋给其父姚保居住，宋庆龄以个人名义送一匾，上书翠绿色"隐庐"二字，挂于新屋门楣。1956年，宋庆龄到翠亨村参观"中山故居"，还从石岐打电话到张家边区小隐乡政府找寻姚观顺，足见孙中山与宋庆龄对姚观顺的关切和尊重。如果姚观顺有过动摇变节意向或行动，孙中山和宋庆龄是不会那样以情相待的。

其二，是关于记述守护粤秀楼的卫兵和伤亡人数，有误。

守卫观音山总统府的卫兵有多少？伤亡多少？各人忆述不一。

宋庆龄在《广州脱险》一文中，说陈炯明的叛军炮轰总统府时，孙中山将她从酣梦中喊醒，并"催速起整装同他逃出"，但宋"求他先走，因为同行反使他不便"，经"再三婉求，他始允行"，但是，孙先生则"先令50名卫士全数留守府中，然后只身逃出"。1922年6月22日上海《民国日报》在《总统在粤出险之情形》一文中载："总统之卫队80人，但80人中竟无一人出险，尽死于枪林弹雨之下，极为可惜。"6月29日，蒋介石在他的《孙大总统广州蒙难记》中也写道："府中卫士仅50余人。在观音山粤秀楼附近防御。"马湘在《跟随孙中山先生十余年的回忆》中，只谈当时卫士队有武器"一百发手提机关枪三十支"，其余就是"驳壳手枪、五响步枪"，但没有说卫兵有多少人。② 黄惠龙在《中山先生亲征录》中，说守卫粤秀楼的卫士，"只有50人"③，这个说法同宋庆龄在《广州脱险》一文中所言相合。孙中山在颁发观音山之役卫士奖牌训词中，也明确指出：保卫观音山的卫士有50多人。但这个数字显然是不准确的。宋庆龄所说的50名，孙中山所说的50余名，都是估量数。具体人数，据姚观顺呈报孙大元帅颁发观音山之役卫士奖牌开列的名单，共计卫士62名。具体名字如下：

队　　长：姚观顺
侍卫副官：黄惠龙、马湘、陈煊
侦缉员：陈龙韬
卫　　士：冯俊、黄森、何良、陈海廷、李东兴、郑耀、容卓廷、邹海、冯

---

① 《孙大总统广州蒙难十一周年纪念专刊》，广州培英印务公司1933年版，第62页。
② 马湘：《跟随孙中山先生十余年的回忆》，中国人民政治协商会议全国委员会文史资料研究委员会编：《辛亥革命回忆录》第一集，文史资料出版社1981年版，第559～670页。
③ 黄惠龙：《中山先生亲征录》，尚明轩、王学庄、陈崧编：《孙中山生平事业追忆录》，人民出版社1986年版，第617～618页。

潮、曾明、黄仲篪、梁有贤、陈桂标、刘少溪、冯建廷、刘礼泉、蔡铁侠、陈成、曾国辉、梁全胜、区锦由、黄作卿、邓国兴、曾维垣、周文胜、谭惠全、冯振彪、陈胜、黄成、何福廷、谭森、丘堪、蒋福卿、张停、陆福卿、冯汉明、丘炳权、梁表云、王桂昭、邓胜钦、张禧、王玉、陈标、杨带、王基、杨勋、李球、蒋安廷、蒋桂林、冯桂林、彭启、蒋应禧、邝景云、江德、陈松、韦汉雄、黄世祥

姚观顺在请求孙大元帅颁发讨贼奖章开列的名册中，还说明以上62名卫士在"粤秀楼拒敌"。

由卫士队队长姚观顺呈送给孙中山颁发讨贼奖章开列的名单是经过核实的，是准确无误的。1930年6月16日林直勉在为广州中山纪念堂建筑管理委员会建卫士纪念碑于先大总统孙公驻跸之粤秀楼撰写的《抗逆卫士题名碑记》中云："民国十一年六月十六日，逆贼陈炯明叛于广州，为曹锟、吴佩孚诸贼应，遣其将叶举率兵犯公府，谋弑元首，冀逞其篡夺之私，时公府卫士仅60余人，枪械不满30，死守粤秀山，奋勇抗敌，逆兵多至四千余人，而卒莫之能夺，呜呼！陈逆当时仍于政府任陆军总长要职，乃称兵构乱，自取罪戾，以视60余卫士各尽厥职，为国奋斗，其为贤不肖，相去何如也。"该碑阴镌刻卫队62人名单，但《孙大总统广州蒙难十一周年纪念专刊》开列抗逆卫士姓名者则仅有50名，加上卫士队长姚观顺，共51名，缺区锦由、黄作卿、邓国兴、曾维垣、周文胜、谭惠全、冯振彪、陈胜、黄成、何福廷、梁全胜共11名。此外，还有四个写错的名字，即"陈成"写成"陈威"，"李东兴"写成"李东英"，"江德"写成"汪德"，"黄惠龙"写成"黄龙惠"。①

为什么《孙大总统广州蒙难十一周年纪念专刊》开列的抗逆卫士姓名少11人？时至今日我还不清楚其中的缘由，无非是下述几种情况：

其一，匆促印制，校编者粗心疏忽；

其二，这11名卫士后来的政治态度发生转变；

其三，这11名卫士在观音山战役中表现平平；

其四，因为宋庆龄在《广州脱险》文中说，孙中山"先令50名卫士全数留守府中，然后只身逃出"，是不是林直勉在《孙大总统广州蒙难十一周年纪念专刊》中开列的50名卫队姓名者（队长姚观顺除外）即是孙中山命令留守总统府的50名卫士？

上述四种情况，属第四种的可能性较大，至于写错名字则纯属粗疏。

此外，还有一个问题，即在保卫粤秀楼战斗中伤亡的卫士人数。

---

① 《孙大总统广州蒙难十一周年纪念专刊》，广州培英印务公司1933年版，第263页。

宋庆龄在《广州脱险》一文中，说 16 日黎明，"卫队伤亡已有三分之一，但是其余的人，仍英勇作战，毫不畏缩"。50 名卫士中 1/3 的人受伤，当在 16～17 名。宋庆龄说，这是她"听说"的消息，但听谁说她没有明说，既然是"听说"，当然不足为证。黄惠龙在他的《中山先生亲征录》中，也说"50 人大半带伤"。又说："余知此时子弹将绝，再无守法，若不请夫人离去，何以对总理？乃以实状报告，夫人乃许离去粤秀楼"。黄惠龙的所谓"实情"，其实是夸大了卫士的伤亡情况，目的正如他说是让宋庆龄答应撤离粤秀楼。由此可见，宋庆龄在《广州脱险》文中说："听说"守卫粤秀楼的 50 名卫士"竟无一人幸免于难"（或说"卫队伤亡已有三分之一"），都是从黄惠龙等人夸大伤亡人数口述中听来的，毫无事实根据。孙中山于 1922 年 8 月 9 日离穗经香港赴上海，在 9 月 18 日发表《就陈炯明叛变事件致海外同志书》中，详述陈炯明叛变经过，内称陈"以大炮毁粤秀楼，卫士死伤枕藉，总统府遂成灰烬"①。因为孙中山离穗之前一直在忙于指挥平叛，许多消息和情况都不了解，更没有可能去核实各种事实，其实当时也无法核实。所以所谓"卫士死伤枕藉"，只是想说明陈炯明叛军的残暴，以此激起海内外中国人对陈炯明叛国的共愤。

关于保卫粤秀楼卫士的伤亡情况，马湘说，从 15 日晚战至 16 日天明，"我们只有四个人受伤"，这个说法比较接近实际。邓泽如在《中国国民党二十年史迹》书中称，保卫粤秀楼的卫士仅伤五名，无人阵亡。据姚观顺呈请孙中山颁发保卫粤秀楼阵伤奖章名册可知，从保卫粤秀楼到护卫宋庆龄离开总统府受伤的卫兵只有刘礼泉、陈海廷、冯潮、李东兴、王桂昭等五名，加上受伤的队长姚观顺，受伤卫队官兵共六人，不是五人，无一人阵亡，这是经过核实的情况。由此可见，关于守卫粤秀楼受伤卫士队官兵的情况，宋庆龄的《广州脱险》和黄惠龙的《中山先生亲征录》，1922 年 6 月 22 日上海《民国日报》等书报中的记载，以及孙中山《就陈炯明叛变事件致海外同志书》中所言都不确当，都有明显的夸大事实。

真确的历史来源于准确的史料，史事记载不确，一切结论皆不可靠。可见，研究历史对于史料的鉴别非常重要。当事人的记述、回忆和当时报刊报道的情况，当然是一种依据，但由于种种因素影响，也不可能准确无误，因此，作为历史学者在引用各种史料来论证自己的观点时要持特别慎重的态度去摘取和鉴别材料。关于在陈炯明叛变期间脱险的经过，宋庆龄亲自撰写的《广州脱险》一文，是在事件发生后十余天撰写的，应该说是可靠的，但由于有些情况是她亲自经历和目睹的，有些是她听别人报告的，有些人和事她不熟悉，有的情况她不了解，

---

① 孙中山：《就陈炯明叛变事件致海外同志书》，《孙中山选集》，人民出版社 1981 年版，第 514～515 页。

有的记事、有的记述与真实事实有出入,有的记述不甚清楚,都是难免的。因此,我们在引用该文时应该注意,并不能因为是事件亲历者宋庆龄所撰写,就百分之百的相信,但我们也不能因此就否定《广州脱险》一文的史料价值。

(1993 年)

评康有为由上而下体制内的渐进革新思想

一

甲午中日战争结束后,日本强迫清政府签订《马关条约》,日本侵略者从中国割去辽东半岛、台湾岛等大片领土。这场震惊中国上下的政治风波,把中华民族从沉睡中惊醒。资产阶级革命派惊呼要立刻团结中外华人、华侨结成团体——救亡图存、振兴中华。维新派如康有为探知《马关条约》内容后,也大为震惊,立即发动在京应试的一千三百多名举人联名上书(即"公车上书")。康有为痛陈割地、赔款的严重后果,强调:

> 日本之于台湾,未加一矢,大言恫喝,全岛已割。诸夷以中国之易欺也,法人将问滇、桂,英人将问藏、粤,俄人将问新疆,德、奥、意、日、葡、荷皆狡焉思启。有一不与,皆日本也,都畿必惊;若皆应所求,则自啖其肉,手足腹心,应时尽矣,仅存元首,岂能生存?……且民心既解,散勇无归,外患内讧,祸在旦夕。而欲苟借和款,求安目前,亡无日矣。①

瓜分豆剖,危亡无日,大祸临头,出路何在。康有为要求光绪皇帝"行大赏罚,迁都练兵,变通新法,以塞和款而拒外夷,保疆土而延国命。"

梁启超痛斥洋务派以及言西法的所谓知识分子,只是"称其船坚炮利制造精奇而已;所采用者,不过炮械军兵而已;无人知有学者,更无人知有政者。自甲午东事败后,朝野乃知旧法不足恃,于是言变法者乃纷纷"。接着,梁启超又批评洋务运动以来近三十年的改革(变法),如练兵、开矿、通商、教育等,只"徒增其弊""而不见改革之效"。"三十年来名臣曾国藩、文祥、沈葆桢、李鸿章、张之洞之徒,所竭力而始成之者也,然其效乃若此。"究其故乃因"不变其本,不易其俗,不定其规模,不筹其全局,而依然若前此之支支节节以变之,则虽使各省得许多督抚皆若李鸿章、张之洞之才之识,又假以十年无事,听之使若

---

① 康有为:《上清帝第二书》,见汤志钧编:《康有为政论集》上册,中华书局1981年版,第115页。

李鸿章、张之洞之所为,则于中国之弱之亡能稍有救乎?吾知其必不能也"①。

由此可见,维新思想是在甲午战败后兴起的救国思潮,而康有为的"公车上书"则标志着维新思潮由士大夫的请愿向具有实际政治斗争意义的运动转变。1898年的维新变法便是维新救亡运动的高潮,而在这场维新救亡运动中,维新派又担负了救亡运动的主角。在维新变法的斗争实践中,维新派不仅提出了自己的政治纲领,掀起了中国近代史上第一次思想解放的潮流,而且还冲破了清政府严禁士人集会结社、议论政治的传统法令,并组织了"保国会"这样具有资产阶级性质的政党雏形,为资产阶级民主生活在中国的出现走出了可贵的第一步。②

维新派虽然也强调中国要改革,要大变、全变,不是变事,而是要变法,但他们反对激变,反对"奋起自下"的暴力行动,只主张"振兴自上"的体制内的渐进革新。所以,维新派虽然是为了救亡而"反对外敌"和"改革现状",而实行维新,但是,他们对帝国主义存有幻想,对封建皇帝也有幻想。这种既要"改革现状"又惧怕群众,既要救国又不敢坚决动员国民起来反帝、反封建的懦弱行为,制约着维新派的政治行动,也注定了变法运动的结果。在劝皇帝实行自上而下体制内改革的过程中,维新派表现出害怕群众运动比害怕反动势力还要厉害的趋向。这是致命的弱点。

康有为是戊戌维新变法运动的重要人物。他的变法思想和政治主张,通过他向清帝的七次上书及《日本变政考》、《俄罗斯大彼得变政考》和各种奏折比较全面地表现出来,为变法提供蓝图及进行的方法、步骤。在戊戌变法时期,康有为是一位变革的巨人、时代的骄子。这个时期,他是一位反对帝国主义侵略的"救国"者,是一位企图按照西方资本主义国家的模型来改变中国的政治制度和社会制度的勇士。所以,他及其所代表的维新派对中国的近代化进程做出了积极的贡献,应该充分肯定。

1898年6月11日,光绪帝"诏定国是"前,康有为的政治主张主要是呼请变法,以及提出一些"富国"、"养民"、"教民"的原则,概括地阐述了康有为政治改良的计划和步骤。变法时期,康有为所呈的奏稿比过去历年上的奏折总数还多。据学者不完全统计,他以自己的名义上折片13件,均收入《杰士上书汇录》,代宋伯鲁、杨深秀、徐致靖、李盛铎、王照、孙家鼐、张元济等人草拟或

---

① 梁启超:《戊戌政变记》,见李华兴、吴嘉勋编:《梁启超选集》,上海人民出版社1984年版,第81~83页。

② 李华兴著:《中国近代思想史》,浙江人民出版社1988年版,第153页。

授意他们上折片 34 件, 共计 47 件, 几乎平均两天就有一件。① 其主要内容大致包含：设立议政机关, 选派专人领导变法；要求重练海陆军, 挽救危机；要制定律例, 明定赏罚, 严惩阻碍变法的大臣；废除八股取士, 设立学校, 办报编书, 培养人才；奖励创造发明, 振兴工农业, 发展经济；改革官制, 增新不减旧, 慎用新人；等等。"诏定国是"后, 康有为的历次奏疏, 主要是就每项变法（新政）制定具体的实施办法的专折请求。

仅从康有为除旧布新的新政建议看, 尽管他没有明说要改变中国的社会性质, 但从具体内容看, 明显的是要变法图强, 挽救民族和社会危机, 变封建的中国为资本主义的中国。他的有关新政建设的内容涉及政治、军事、经济、文化、教育各个方面, 如果能够按康有为的新政建议去实行, 中国社会的发展无疑将会进入一个新的阶段。发展经济, 救亡图存, 培养和起用新人, 推行政治、经济制度的改革, 建设一个资本主义法制的社会, 这是时代的要求, 也是中华民族发展的需要。对于康有为这些新政的建议是不宜也不该过多地指责的, 因为那些新政主张的提出毕竟花去康有为许多精力, 而且也是康氏智慧的结晶。事实证明, 康有为除旧布新的主张对人们思想的解放, 以及对社会的进步所起的作用也是很明显的。至于它为什么不能推行, 或者说在经过实践以后, 发现这些新政的意见存在简单化的问题以及缺乏改革的氛围, 那是另一个问题, 只能由历史学家去总结、评价。

康有为的这种通过体制内自上而下的改革, 如果有一个强有力的铁腕人物去领导, 或有一个掌握军政实权的有影响、有效力的统治集团去推动也未尝不可, 甚至取得成功的可能性也不是没有。但是, 清末的中国缺乏这样一个主观的改革条件。康有为虽然争取到光绪皇帝的支持, 但光绪虽是一个热心改革的皇帝, 却也是一个没有实权的皇帝。在戊戌变法期间, 由光绪帝发布了四十余道上谕, 涉及政治、经济、军事、文化、教育、交通等近代化方面的问题, 表现出这个清朝皇帝对中国富强和实现近代化的执着追求, 但他毕竟没有掌握军政实权, 更没有能够形成一个强有力的能左右政局的政治集团。所以, 除湖南省以外, 光绪的上谕没有得到实施。一个国家到了有令不依、有法不行的可悲境地, 这个政权是无能政权。由这个软弱的皇帝, 以及无能的政府去推行变法, 它的结果是可以想

---

① 林克光著：《革新派巨人康有为》, 中国人民大学出版社 1990 年版, 第 269 页。关于康有为在戊戌年变法奏议的情况, 参考孔祥吉著：《戊戌维新运动新探》, 湖南人民出版社 1988 年版, 第 181～183 页。林克光先生认为, 除孔祥吉在《康有为戊戌年变法奏议考订》一文所列之外（孔祥吉著：《戊戌维新运动新探》, 湖南人民出版社 1988 年版, 第 118～173 页）, 还有 8 月 9 日康有为代孙家鼐拟《遵议康有为筹办官报事宜折》, 9 月 5 日康有为代张元济拟《变法自强亟宜痛除本病, 统筹全局以救危亡折》（林克光著：《革新派巨人康有为》, 中国人民大学出版社 1990 年版, 第 269 页）。

象的。而光绪又头脑简单，无法从后党慈禧手中夺取军政大权，因此，光绪的上谕和变法行动处处受人限制，致使一些根本性的改革无法进行。此外，光绪皇帝与康有为虽然都表示要立刻变法改革，但两者的改革目的也不完全相同，康有为是企图通过改革在中国实现君主立宪的资本主义制度，而光绪则是希望通过改革巩固封建主义制度，发展经济、文化来稳定社会秩序。而后党慈禧虽则归政，但仍稳操政权。甲午战后，她处在不屑于改革、怕改革危害专制独裁的状态。所以，当改革向深入发展时，对旧制度的触动就越大，危及旧势力的既得利益就越多，因而斗争也就越激烈，守旧顽固势力通过其手中掌握的军政实权发动政变，将革新派镇压下去，这是可以预见的事。[①] 所以，戊戌维新运动的失败，不是由于它的改良实质，而是由于封建顽固势力的强烈顽抗，是新旧两种势力的抗争，而代表新社会的力量还不足以抵抗旧的力量的结果。我同意这种看法："百日维新绝非洋务运动的重复，也非一场新的洋务运动，而是一次与洋务运动有着本质区别的资产阶级改革运动。"[②] 戊戌维新运动作为一次与洋务运动不同的、从思想解放和政治改革开始进行近代化尝试的实践终归失败，导致了大部分旧秩序的恢复，中国的近代化进程又遭受一次严重的挫折，但它告诉国民：在1898年，还没有彻底改革封建旧中国的条件。又由于渐进主义的体制内的改革步伐过慢激起国民不满而使暴力革命更容易爆发，因此为革命派从下层发动激进的革命、诉诸暴力，立下决心彻底推翻封建旧制度，摧毁抗拒中国近代化的阻力创造了条件。所以，资产阶级革命派领导和发动的民主革命是在戊戌维新变法失败和义和团运动被镇压、八国联军侵略中国的情势下走向高潮的，这是形势所迫，它不是任何个人意志可以左右的。在近代中国的历史进程中，革命取代改良、资产阶级革命派取代维新派成为近代化进程的主角，不管人们情愿与否，它都是中国历史发展的必然。

二

清政府要由上而下实行体制内的渐进革新，就政治而言，就必须实行君主立

[①] （美）费正清、赖肖尔著《中国：传统与变革》一书在谈到1898年6月11日至9月21日百日内，顽固派对光绪帝改革上谕的反应时说："皇帝裁撤闲职的措施对许多在职的满人形成威胁，一些满人担心皇帝将会撤掉所有满人的官职。将寺院改为学校的计划使和尚们惊恐万状，他们在宫内的太监中拥有许多朋友。军事改革威胁到了古老的满人八旗兵和维持治安的汉人绿营兵。抨击作为官职资格考试的旧科举制度威胁到了所有具有仕途之志的士子的利益。谴责腐败则对几乎所有官员造成了影响。总之，当皇帝的计划公之于世时，他发现不仅与他的养'母'太后，而且与整个既成制度处于敌对状态。"（《中国：传统与变革》，陈仲丹等译，江苏人民出版社1992年版，第386～387页）。

[②] 林克光著：《革新派巨人康有为》，中国人民大学出版社1990年版，第284页。

宪政体，推行改良政治，反对激进革命。

就西方资本主义的政治体制而言，有君主制和共和制两种模式，英国、日本等国是君主制，法国、美国、瑞士等国是共和制。作为资产阶级类型的政治体制，君主制与共和制都是资产阶级实现自己统治所采取的一种形式。至于哪一些国家采取君主制，哪一些国家采取共和制，这要就每个国家的具体情况而定。无非是两种情况，一是对该国家古代政治制度的继承；二是对外国政治制度的引入和吸纳。两种政治体制的本身的确没有优劣之分，没有本质上的差别，只有形式上的不同。当然，政治制度也往往受到各种因素的制约，比如资产阶级的状况、军人使用武力干预国家政治生活等都对政体形式的选定产生一定影响，但只要是资产阶级国家，它的政策都是由资产阶级通过政治家之手制定，通过一定的法律程序由政府去实行。所以君主立宪制国家的国王，或共和制国家的总统，权力的大小可能有所不同，但作为资产阶级专政国家的象征则是一样的。选择哪一种政体，只要国民能够接受，对于一个国家来说，都不是十分重要的问题。

当西方的政治体制传播到中国以后，在中国也引起过强烈反响。洋务派中的驻外公使郭嵩焘、曾纪泽、崔国因，以及历任两江、两广、直隶总督的张树声，湖广总督张之洞等人都希望在中国实行议会政治以巩固其统治地位，主张"中体西用"。早期维新派王韬、陈炽、郑观应、何启和胡礼垣等人也公开在报刊发表文章宣传民权思想，公开提倡在我国实行君主立宪政体，由议会立法、政府执行的君民共主政体方案向腐朽的封建专制主义制度提出挑战，他们也因此成为维新运动政体改革的先驱。随着维新运动的兴起和高涨，维新派内部关于改变政体问题的舆论便日益增多。在维新运动初期，维新派都把西方的"设议院"作为一项主要的政治目标，但是"设议院"并没有表明在中国是行"君主立宪制"政体，还是行"共和民主制"政体。康有为在甲午前后的上皇帝书，除《上清帝第二书》提出"团结民心，力筹大局"，应"当以开创之势治天下，不当以守成之势治天下"，通过变旧法，实现"与民共之"、"君民同体，情谊交孚，中国一家，休戚与共"① 之外，他也没有明说在中国实行政治改革后要实行何种政治体制。但从其提倡"君民同体"、"中国一家"的观点，可以想见，他是不同意废除皇帝的。他要利用皇帝的权威来维护社会的安定，推行政治、经济、文化、教育改革措施来推动中国社会的发展，拯救民族危机。在1895年5月29日《上清帝第三书》中，康有为呈请皇上"及时变法，富国养民，教士治兵，求人材而慎左右，通下情而图自强，以雪国耻，而保疆圉"。他认为"社稷安危，决在今

---

① 康有为：《上清帝第二书》，见汤志钧编：《康有为政论集》上册，中华书局1981年版，第114~136页。

日",他只强调变法自强,保卫国家,一字不提政治改革之事。① 到了 6 月 30 日的《上清帝第四书》,康有为便改变态度,极力强调要"讲法立政,精益求精",要学习泰西,"讲求体要","以图自强"。

康有为指出:

> 夫泰西诸国之相逼,中国数千年来未有之变局也。曩代四夷之交侵,以强兵相陵而已,未有治法文学之事也。今泰西诸国以治法相竞,以智学相上,此诚从古诸夷之所无也。尝考泰西所以致强之由,一在千年来诸国并立也,若政稍不振,则灭亡随之,故上下励精,日夜戒惧,尊贤而尚功,保民而亲下。其君相之于一士一民,皆思用之,故护养之意多,而防制之意少。其士民之于其君其国,皆能亲之,故有情而必通,有才而必用。其国人之精神议论,咸注意于邻封,有良法新制,必思步武而争胜之,有外交内攻,必思离散而窥伺之。盖事事有相忌相畏之心,故时时有相率相胜之意,所以讲法立政,精益求精,而后仅能相持也。②

在这个上书中,康有为明显地表露出要学习泰西以法立国,改善国家君相与百姓之间的关系,并明确提出"设议院以通下情"的思想。由此可见,从《上清帝第五书》起到"百日维新",康有为的革新主张,由改革官制、培养和鼓励人才、振兴工商业,转换为以"变政"为中心。康有为变政的目的是要为中国造一"新国"和开辟"新世"。这是一个怎样的"新国"和"新世"呢?从 1898 年 6 月他进呈的《日本变政考》及戊戌年所上的奏折来看,他具体地叙述了日本从开对策所到立宪法、设议院的演变过程。他十分向往日本"君民共治"的君主立宪政体。他从事日本变政的研究,明显带有借鉴日本变法图强的经验,为中国筹自强之计。康有为指出:

> 臣考日本之事,至久且详;睹前车之覆,至险可鉴。若采法其成效,治强又至易也。大抵欧美以三百年而造成治体,日本效欧美,以三十年而摹成治体。若以中国之广土众民,近采日本,三年而宏规成,五年而条理备,八年而成效举,十年而霸图定矣。③

---

① 康有为:《上清帝第三书》,见汤志钧编:《康有为政论集》上册,中华书局 1981 年版,第 139~147 页。

② 康有为:《上清帝第四书》,见汤志钧编:《康有为政论集》上册,中华书局 1981 年版,第 149~150 页。

③ 康有为:《进呈〈日本变政考〉序》,见汤志钧编:《康有为政论集》上册,中华书局 1981 年版,第 224 页。

这隐含着康有为借鉴日本明治变政图强，以及根据日本与我国同文、同俗，吸收"欧、美之新法，日本之良规，悉发现于我神州大陆"的意义。就变政体而言，从康有为的言论看，它包含定三权以变政体、立宪法以改国宪、设议院以行民权的意义。何谓政体？康有为在戊戌百日维新以前，把政体作为"官制"看待，"变政体"也即是"变官制"、"正定官制"。所谓变官制，在第一至第四上清帝书中，康有为只是强调"革冗"、增俸等枝节细微的内容，而在《日本变政考》中，他则强调"政体之善"莫过于"政权有三"："其一立法官，其一行法官，其一司法官。立法官，论议之官，主造作制度，撰定章程者也；行法官，主承宣布政，率作兴事者也；司法官，主执宪掌律，绳愆纠谬者也。三官立而政体立，三官不相侵而政事举。"① 十分明显，从这时起，康有为所称的"变政体"就是要以西方资产阶级的"三权分立"政治体制来取代封建专制型的一统政治体制，跟以前有所不同。关于"立宪法以改国宪"，康有为在《日本变政考》中认为，"宪法为永远不磨之宝典"，便确立"宪法"作为国家的根本大法有至高无上的地位。"宪法"确立"三权分立"的政体，君主和国民都必须在宪法规定之内享受权利和履行义务，这就从国法的角度否定君主专制，否定了皇帝具有至高无上地位的权利。所要设的议院已不仅仅是听取"众议"，通达"下情"，以使民之"疾苦"上闻，君之"德意"下达，以去"权奸"之私，杜"中饱"之弊的咨询机构，而是通过设议院"使之议国政，治人民"，"议院"成为执掌立法权和行民权的政治代表，从而将设立议院作为变政的最高理想。由此可见，通过定三权、立宪法、设议院的变政三部曲，我们可以看出，康有为所要重建的"新国"、"新世"，已经不再是封建王朝的继续，而是资产阶级君主立宪国的创立。就国家政权的形式来说，它已不属于封建专制的类型，而属于资产阶级民主的类型。② 然而，康有为没有立即提出开国会立宪法的建议，在戊戌维新的当年还提出设立制度局以推行新政、开懋勤殿以议制度。他强调当务之急应该是兴学校、开民智，为将来实行议院政治打下基础。为什么会这样？康有为是担心立即开国会立宪法会招致保守派的攻击而造成改革举步维艰。所以，在1898年8月，康有为在给清朝皇帝的《请君民合治满汉不分折》中提出了"君民合治，满汉不分，以定国是而一人心、强中国"的政改主张。针对保守派、顽固派担忧行宪法、开国会将造成"民有权而君无权"的局面，康有为上光绪帝奏折，指出："窃惟东西各国之所以致强者，非其政治之善、军兵炮械之精也。在其举国君民合为一体，无有二心也。"他以日本为例说明"日本地与民数，仅比吾四川一省，而今强盛若彼矣。盖民合于一，而立宪法以同受其治，有国会以会合其议，

---

① 康有为：《日本变政考》卷一按语，北京故宫博物院藏本。
② 钟贤培主编：《康有为思想研究》，广东省高等教育出版社1988年版，第53～54页。

有司法以保护其民,有责任政府以推行其政故也"①。为此,康有为指出:"臣昧昧思之,早夜筹之,为中国计,而求其治本,惟有君民合治、满汉不分而已。定其治本以为国是,乃可以一人心而求治理。"② 这是康有为的典型的君主立宪政治主张,保留满族人皇位称号,建立"君民合治,满汉不分"的政治体制,目的是想通过这种办法把满汉各民族统一到"皇上"的君主立宪之下,实现满汉民族同化,使其"合而为一",即"合"到清朝"皇上"的君主立宪制里去,从根本上保证清政府的"长治久安"。由此看来,康有为的"君民合治,满汉不分"的政治主张带有资产阶级的改良政治主张性质。所以康有为的"君主立宪"的主张是一个含义不清、摇摆不定、不明晰、不确定、模棱两可的概念。

戊戌维新运动关于变革中国政体的主张,无疑应以康有为为代表,这不仅仅是因为他在历次上清帝书及其他有关的奏折中对清末政体的变革苦心求索,日夜操持,总期绘制了一套适合中国的政体改革方案,充当了政治改革的总设计师;更重要的是,他通过施展自己的才华,发挥了自己的影响,争取到了光绪帝的认同和支持。

综上所述,可以非常清楚地看到,康有为关于清末中国政体变革的主张,是改封建专制主义政体为资产阶级君主立宪政体。但由于清末社会矛盾的错综复杂,加上他的思想局限,使他无法解决在变革中的理论与现实之间的各种问题。他的政治学理论以及他对世界各国政治制度和政治体制演变的了解,并不逊色于中外同时代的许多政治家。然而,用当代政治家的观点去观察清末中国的国情,他把中国的问题看得过于简单,他看到中国要变法要改革的一面,但应该如何改革,依靠谁去改革,他做了错误的分析和选择。他只看到皇帝在广大民众中仍有影响力,"民智"、"民力"都不适宜于中国实行美国式的共和民主政体的一面,而忽视了民众有要求改革和实现民主政治、反对皇权的另一面。他过分相信了皇权的力量,但又没有意识到,中国皇权惰性力量的巨大的另一面。要保留皇权,就要维护皇权的伦理纲常;如要变法,改革皇权政体,就要削弱君主的权力,进行制度与体制的革命。这是一组矛盾的组合点,牵一发而动全身,非动则已,一动则摇撼各方。所以康有为削弱皇权、分权于民的行为,势必遭受维护皇权势力的拼死反抗。对于这一层面的许多改革难题,康有为似乎在思想上认识不足,准备也不充分。

---

① 康有为:《请君民合治满汉不分折》,汤志钧编:《康有为政论集》上册,中华书局1981年版,第340页。
② 康有为:《请君民合治满汉不分折》,汤志钧编:《康有为政论集》上册,中华书局1981年版,第341页。

三

　　任何一个新的社会政治制度的确立，都必须以相应的经济基础和民众的普遍觉醒为基础。甲午战败，中国的民族危机、社会危机日益严重，先进的中国知识分子为了救亡图存，在强烈的爱国主义思想驱动下，急于找到一种最先进的救国方案。当时，在中国出现了"君宪"缓进论及"共和"急进论。政治体制的变化，受社会经济、国民文化程度和社会意识三种因素的制约。政治形式、民主形式是一个生态生长过程，不能移花接木，也不能揠苗助长。所以，民主政治采取循序渐进，这自然是对的。康有为代表的维新派坚持缓进，希望通过皇帝实行体制内的自上而下的改革，逐渐改变清朝的封建专制主义制度，最后实现英国式的"虚君共和"资产阶级民主政体。这是康有为等政治家对各国政体发展历史与国情进行比较研究，在彷徨中进行痛苦的摸索，试图寻求一个比较适合中国国情的政体方案所采取的一种尝试。但是，康有为的政改方案有一个致命的弱点，即不是寄希望于进步的势力和平民百姓，而是靠皇帝颁布政令慢慢地推行，这不是权力方式的根本性转换。所以，它不是在生产力的近代化而形成的经济、政治和文化发展的驱动下的政制革命，而仅仅是封建专制主义救危、克服弊端的重复再现，是属于政治体制内的改良。这种改良，从更深层次上去看，是光绪皇帝的毫无主见，他并没有搞清楚这场改革的最基本的理论是什么，最终目标又是什么，所以，这种政治改良只是高度封建集权制向民主法制的一种转换，但不是权力的根本转换。就是这样一种政治模式的改革，还遭保守派和顽固派的反对，终于以不流血的政治改良惨遭流血的镇压而宣告失败。所以，维新运动的最大失误不是维新派简单地对帝国主义和封建主义存有幻想，也不是采用"君宪制"还是"共和制"所造成的误导，维新运动的失败，同洋务运动一样，是领导者具有同样性质的错误，那就是片面性。它未能通过改革，将制度的改革与体制的改革结合起来，促进社会的深层变革和物质、精神层面的全面更新，而是由一个改革的极端走向了另一个改革的极端，即从洋务派强调的物质层面的改革转变为维新派所强调的政治层面的改革。但是，政治层面的改革又没有抓住本质，故缺乏牢固基础力量的支持。

　　维新运动强调通过官制的改革达到政治的改革，但官制改革是什么性质的改革？康有为、梁启超等人都没有明说。如果官制的改革是政治体制的改革，这种政治体制的改革如果没有同政治制度的改革结合起来，它便是政治制度内部的政治改良。如果将政治体制的改革同政治制度改革结合起来，政治体制的改革本质上便是一场"制度革命"，即推翻封建专制主义制度，建立资本主义制度，改革阻碍生产力发展和意识形态变革的不合理体制。历史的经验已经证明，同样是封建主义制度或资本主义制度，政治体制不同，国家的发展、社会的文明、人民的福利也完全不一样。在私有制条件下，同样是资本主义制度，采用不同的体制，可以变得非常野蛮，如在第二次世界大战期间实行法西斯军国主义体制的德国、日本和意大利；而实行另一种体制则可以比较文明，如新加坡、瑞士等。所以，一种形态在建立了社会制度的基本结构以后，仍然有一个随着生产力的发展不断改革与调整社会深层的体制结构的任务。一个社会只有制度层面的变革，而没有政治体制层面的改革，其制度必然走向僵化，也就不可能继续向前发展。但是，并非所有政治体制的改革都可以称之为革命，体制层面的非根本性改革，如维新运动所进行的官制改革，就不是制度性的根本转换，所以不能称之为革命，而仅属于体制内的改良。可是，对于这一层道理，改革者们的思想和认识不仅不明确，他们也没有理直气壮地向国民宣示，他们所要实行的改革是一种什么性质的改革。理论的模糊不清，必然造成行动的摇摆不定。在资本主义取代封建主义的政治、经济、文化各种因素条件尚未成熟的情况下，国民对资本主义社会内的制度和社会的结构均一无所知，或知之甚少。因此，体制内的改良，或体制外的革命——基本制度、社会体制的改革或革命都不可能成功。这是维新运动不可能取得成功的一个关键性原因。

其次，资本主义国家的政治体制与封建主义国家的政治体制的最大不同在于民权和法制。议会是资本主义国家的立法机关，其名称虽不统一，如英国称议会，美国称国会，葡萄牙称国民大会，但实质都是一样的，都是国民行使民主权的立法机构。维新派的康有为、梁启超都强调要学习泰西设议院，可是什么叫议院？他们的认识不仅很模糊，而且梁启超还写《古议院考》，康有为也在上清帝书中不厌其烦地说到中国古代的所谓议院式制度，无非是告诉国民所谓议院制度在中国古已有之。这本身便说明，那种以西方天赋人权、自由、平等学说为武器，以建立民权宪政为内容，以民治为核心的反对封建专制制度的思想，在戊戌维新运动前没有在维新派中明确树立起来。骂皇帝并不等于反对封建专制主义，当然，利用皇帝执行改革也不能说是全错。但是，在革命高潮即将来临时，利用皇帝在人们心目中仍然享有的威望来维护政局，一味强调"尊皇！尊皇！""遵旨！遵旨！"并高呼："中国万岁！""皇上万岁！"由此可见，维新派勇士们的改革行为，从根本上看，也缺乏反对封建专制主义的新的社会意义。这种主观思想与客观效果的不相适应，说明中国民族资产阶级维新派理论的不成熟和自相矛盾，既要开新，又要复旧，既要往前走，又怕走得太快，给人一种无所适从的感觉。人民需要民主，需要反对封建专制主义，而资产阶级维新派指责他们缺乏文化，没有民主的知识和习惯，所以民主只能待"新民"、"学堂大兴，人才日成"以后才能慢慢实行。"这种幼稚的能力与炽热的要求之间的差距，导致近代中国民主进程中的种种矛盾、曲折和闹剧,而且贯穿于近代中国社会政治历史的始终。"① 随着改革的深入,光绪帝利用他所同意推行的新政来巩固清朝的统治地位的倾向日益明显,而反对政改的保守派和顽固派又用舆论和实际行动来孤立维新派,维新派的改革是进步还是保守、是革命还是保皇又在纠缠着国人的神经,更挫伤了国民的政治热情。所以,随着维新运动高潮的到来,人们看到的是一种等待民主政治的回报,维新派与国民的疏离感便越来越大。因为维新派失去了民众,所以反动派敢于镇压。反动派一镇压,维新派又没有回旋的余地,只得人头落地和流亡国外。所以,维新派的改革脱离民众,民众也背离维新派,这就背离了维新派通过改革实现"举国君民,合为一体",完成"君民合治"的初衷。这说明,得不到广大民众拥护和支持的改革或革命都不可能取得成功。维新运动失败的根本原因正在于此。可见,民众的人心趋向和参与程度对一个国家的政治体制的改革和制度革命的成败关系极大。

(1998年)

---

① 董方奎著:《清末政体变革与国情之论争——梁启超与立宪政治》,华中师范大学出版社1991年版,第4页。

梁启超由拥袁到反袁思想的演变

一

武昌起义一爆发，流亡日本的梁启超即与康有为交流对国事的看法。他认定："用北军倒政府，立开国会，挟以抚革党，国可救，否则亡。"① 基于这种认识，梁启超确立"和袁慰革，逼满服汉"方针，企图利用袁世凯的力量同革命党对立，为立宪党掌握大权创造条件。这个方针不仅不能为革命党所容，也不会被袁世凯所采纳。

武昌首义后，全国响应，清政府被迫大赦党人，解除了悬在梁启超头上13年之久的通缉令。梁启超怀着"当今之世，舍我其谁"的气势返国。1911年11月9日梁氏返抵大连，当日他在给其女儿梁令娴的信中，说到他"入都后，若冢骨（袁世凯）尚有人心，当与共戡大难，否则取而代之，取否惟我所欲耳"②。11月11日，梁到了奉天（沈阳），正准备乘车入京时，汤觉顿等自北京匆忙赶来，告知革命党人蓝天蔚将对梁采取行动，梁启超仓促返回日本。

11月26日，袁世凯宣布组织新内阁，任命梁启超为法部次官。然而，梁启超坚辞不就。他说："吾自信项城若能与吾推心握手，天下事大有可为，……项城坐镇于上，理财治兵，此其所长也。鄙人则以言论转移国民心理，使多数人由急激而趋于中立，由中立而趋于温和，此吾所长也。"他以"转移国民心理"自任，以从事舆论工作为推托，没有接受袁氏的委任，祈盼袁氏"渐见听纳"他的意见。③ 这只是借口，根本的原因是他对袁世凯表示怀疑，暂时采取观望态度。

1911年10—11月间，梁启超匆忙发表《新中国建设问题》一文，就国体与政体问题详细地阐发了他的意见，重点在讨论"虚君共和政体与民主共和政体"的利弊。梁启超列举世界上六种共和政体的形式后指出："美法之民主共和制，决不适于中国，欲跻国于治安，宜效英之存虚君，而事势之最顺者，似莫如就现

---

① 丁文江、赵丰田编：《梁启超年谱长编》，上海人民出版社1983年版，第552页。
② 丁文江、赵丰田编：《梁启超年谱长编》，上海人民出版社1983年版，第559页。
③ 李华兴、吴嘉勋编：《梁启超选集》，上海人民出版社1984年版，第605页。

皇统而虚存之。"① 梁氏这种"虚君共和"的主张，终因南北议和成功、清帝准备退位而受挫。保皇党人纷纷投书梁启超，有的主张梁启超赞成共和，有的主张联袁（世凯），有的主张联黎（元洪），有的主张"从速出山，借谋发展"，有的劝梁"勿再言存清"，有的主张组织军事力量，"有势力乃可有发言权"。② 徐佛苏致书梁启超指出："时局将有果，党派当着先组织"，并言"细察国中将来党派，其一为现政府党，袁为魁，其一为民党，孙为魁"，"然此两党，皆非吾辈所能与之一致行动，若公等虽亦有大党之希望，然此刻不必显然独立一帜，盖最近发起时，势力不如彼两党之大，入党者必怀观望，且恐彼两党误会我与之反对"就更加被动。他建议梁氏"加入黎党——民社"，争取民望，这样"袁既不至猜忌，孙亦同然。有此基础，渐渐将革命与公等联洽，尔时公等自可加入其中也。革党中重要人稍明大义，将来决不致与公等为难"。③ 也有的保皇党人认为，"吾党处现在时局，既已屡次失机，如袁果有援引之意，万不可错过，否则一年之后，政党林立，人才辈出，他日将无容吾辈踬足地矣"④。

可见，在革命党人发动武昌首义后一段时间，梁启超的进退行止受保皇党人制约，思想和言行都要为他所代表的政治集团服务。在袁世凯窃取临时大总统职位前，梁启超对袁世凯采取若即若离、不亲不疏的对策，既不冒犯，也不投靠，主要原因是他对袁世凯缺乏信心；又因为保皇党人在国内比较孤立，一时很难施展其政治影响，所以，他只好等待时机。

二

1912年2月12日，清帝退位。4月14日，袁世凯窃居了临时大总统职后，梁启超转而依附袁世凯，且与国内已经改头换面的立宪派相勾结，企图组织一个政党，以便在国会中与同盟会（后改国民党）相抗衡，甚至希望在适当时机出而组织内阁。4月23日，梁启超给袁世凯写了一封长信，在信中他不仅百般吹捧袁世凯，说他"功在社稷，名在天壤"，而且还为袁世凯出谋划策，要他在财政上"不能不乞灵外债"，但借债必须善用，若不能善用，借债"即亡国之祸根"。又说，在政治上"善为政者，必暗中为舆论之主，而表面自居舆论之仆，夫是以能有成。今后之中国，非参用开明专制之意，不足以奏整齐严肃之治"。梁启超分析了当时中国的政局认为，今国中出没于政界的人士有三派：一为旧官

---

① 李华兴、吴嘉勋编：《梁启超选集》，上海人民出版社1984年版，第598页。
② 丁文江、赵丰田编：《梁启超年谱长编》，上海人民出版社1983年版，第592～593页。
③ 丁文江、赵丰田编：《梁启超年谱长编》，上海人民出版社1983年版，第599～600页。
④ 丁文江、赵丰田编：《梁启超年谱长编》，上海人民出版社1983年版，第602页。

僚派；二为旧立宪派；三为旧革命派。他认为："旧革命派自今以往，当分为二"，因为感情上的原因，始终不能与袁世凯合并，但此派人只宜于破坏，不宜于建设，其人虽众，终不能结为有秩序之政党。政府对于他们不能采取威压政策，"威压之则反激，而其焰必大张；又不可阿顺之，阿顺之则长骄，而其焰亦大张；惟有利用健全之大党，使为公正之党争，彼自归于失败，不足为梗也。健全之大党，则必求之旧立宪党与旧革命党中之有政治思想者矣。"① 这一封信充分地透露了梁启超为什么要依附袁世凯的天机，所以十分重要。

袁世凯从来视革命党为洪水猛兽。正如他所言："余不能作革命党，余且不愿子孙作革命党"②，而决心以"托孤受命，鞠躬尽瘁"为幌子，先取得国家军政大权，再回过头来扑灭革命，清除革命党。梁启超也知道"袁氏为人诡谲多术，颇不易合"，但他把袁世凯与革命党人作比较，认为袁氏虽朝秦暮楚，但总比势不两立、不久前还同他进行过有你无我斗争的革命党人好得多。为了共同对付革命党人，梁、袁勾结起来，但由于梁、袁之间在建政和治国问题上一开始就产生分歧，这就潜伏着梁与袁结合的危机。

第一，是政党政治与专制独裁之间的分歧。

袁世凯当上临时大总统后，便逐步把大权集于一身。梁启超及其立宪党一方面赞成地方自治，但同时又认为此时居于中央的当局非有绝大的权力，不能维持统一。所以，他"一方防制袁世凯，一方拥护袁世凯"。为了防制袁世凯独裁，梁启超主张实行政党政治，通过政党的竞争来组阁。梁认为，中国建设事业能成与否，唯系于政党；政党能健全发达与否，唯系于少数主持政党之人。此少数人者，若不负责，兴会嗒然，则国家只有永兹沉沦可也。对于梁启超的"政党政治"主张，袁世凯只以"中心藏之，何日忘之"作搪塞。袁世凯认为，中国建设的关键在于财政问题。他指出："财政问题，大为棘手"③，一切皆无从着手进行。

梁启超"政党政治"论一出，立宪党便议论开了。有不少人同意梁启超及时回国组建政党参与竞选，但也有不少人阻止梁启超归国，原因就是袁世凯出尔反尔靠不住。浙江周善培，从1912年4月以来一连数次致书梁启超，指出："前笺项城云云，与党派云云，用心一也，虑项城之不可深信，漫为延揽，其效果与现成党派之拥同一傀儡，何致解释比于鸡鹜云云哉。"④ 就连原革命党人章炳麟都直截了当地劝告梁启超要"微窥时势"，现时"犹非故人飞跃之时"。他指出：

---

① 李华兴、吴嘉勋编：《梁启超选集》，上海人民出版社1984年版，第610～612页。
② 参见李宗一著：《袁世凯传》，中华书局1980年版，第174页。
③ 丁文江、赵丰田编：《梁启超年谱长编》，上海人民出版社1983年版，第619页。
④ 丁文江、赵丰田编：《梁启超年谱长编》，上海人民出版社1983年版，第636页。

"云项城有招君归国之意,鄙意以为联络则是,归国则宜少待岁时也。"① 罗瘿公致函密告同盟会派如何忌恨梁启超和国内政党状况,指出:"仆不绝对赞成公归,亦不绝对阻公不归",建议观变后举行止。梁启超终于听从同党劝诫暂缓回国组党。

第二,是爱国与卖国之间的分歧。

梁启超有爱国心,袁则无。梁、袁均反对革命,忌恨革命党人,但梁有民主共和思想,而袁则无。梁启超主张的"君主立宪"与革命派的民主共和虽有不同,但都是资产阶级政体。梁启超提出的关于经济、政治、外交、文化教育的许多建国方针,虽比较温和保守,但是有进步的历史意义,反映了资产阶级的要求。袁世凯不爱国,只爱北洋武力,他不知民主共和为何物,一心只想搞独裁专制。他当上中华民国临时大总统后,也从来没有相信过在中国能实行民主共和。他一上台就不择手段地扩大个人的权力,追求专制独裁统一,并且把企图监督他的同盟会视为最大障碍,非加以彻底清除不可。②

尽管梁启超与袁世凯为了反对革命派、排斥同盟会(国民党)、争夺权力暂时结合在一起,但是,他们之间有本质上的不同。比如,梁对袁借外债没有用到与国民生计有关的事业上,而统统变成了大炮和军饷,用在镇压革命党人的内战炮火中,很是不满。又比如,在对外政策上,梁启超主张对任何国家都不结盟、不偏重,以"中立"为原则,以"平衡"为目标,以便在各帝国主义侵华势力的均衡中求生存和发展。可是,袁世凯则不惜一切代价向五国银行团借款,向日本出卖主权。再比如,梁启超面对沙俄的侵略和其煽动外蒙古独立的做法深恶痛绝,而袁世凯则莫衷一是。1912 年 11 月 1 日,梁启超从日本返回天津后,未出数日,外蒙古分裂主义分子哲布尊丹巴便同沙俄政府签订协约,造成外蒙古"自治"的既成事实,迫使中国政府承认。③ 外蒙古分裂主义分子的独立活动,激起梁启超的极大愤慨。他在 13 日给女儿令娴的信中谈到当时的政局和自己的心情时说:"两日来为俄蒙事,都中风起水涌,内阁殆将必倒,而此难题将落于我头上,我安能毫无预备而当此者,抵死决不肯就也。"并指出:"中国必亡,决无可救,在此惟有伤心饮泪,不知今年作何过法也。"④ 在 14 日给女儿令娴的信中又说道:"文兴方酣,蒙事突发,此宅殆变成国务院矣。政府狼狈求救,社会沸热如狂,吾处其间,应付殊苦。"⑤ 并发出"吾实厌此社会,吾常念居东之乐

---

① 汤志钧编:《章太炎年谱长编》上册,中华书局1979年版,第401～402页。
② 李宗一著:《袁世凯传》,中华书局1980年版,第210页。
③ 师博主编:《外蒙古独立内幕》,人民中国出版社1993年版,第147页。
④ 丁文江、赵丰田编:《梁启超年谱长编》,上海人民出版社1983年版,第660页。
⑤ 丁文江、赵丰田编:《梁启超年谱长编》,上海人民出版社1983年版,第661页。

也"① 的感慨。此外，梁启超对袁世凯还有两项不满：

第一，是对袁世凯主持的临时政府不满。

袁世凯上台后，把主要精力放在控制内阁、以增加自己的权力上，对于国家的建设毫无兴趣，这一切都引起梁启超的不满。他指出袁氏临时政府之设施，"无一能满意者"，虽然，在"存亡绝续之交，有政府终胜于无政府"，但如果政府只"充乱暴派之手段，非陷国家于无政府不止，吾党为此惧，故虽对于不满意之政府，犹勉于维持，以俟正式政府之成立，徐图改造焉"。所以，梁启超的态度是："临时期间暂主维持政府，俾国家犹得存在，以为将来改良政治之地步。"②

第二，是对袁世凯暗杀持不同政见的宋教仁的不满。

3月20日，宋教仁在上海被刺杀后，梁启超被人们怀疑为行刺者之一，梁表示："吾与宋君所持政见时有异同，然固信宋君为我国现代第一流政治家。歼此良人，实贻国家以不可规复之损失，匪直为宋君哀，实为国家前途哀也。比闻元凶已就获，国法所在，当难逃刑。"他还作诗悼念宋教仁。③

5月，各政党纷纷竞选。5月8日，国会开会，梁启超见国民党在竞选中获胜，他的共和党失败，曾一度有放弃政治生活的打算。他在18日给女儿梁令娴的信中陈述当时的恶劣心绪："吾党败矣。吾心力俱瘁，无如此社会何，吾甚悔吾归也。"又说："作今日之中国人安得不受苦，我之地位更无所逃避"，并有"隐退"之意，后因共和党员来津劝驾，"势相迫不能休"，但他"终日相对惟作悲观语，悲不可解"。④ 可见，此时的梁启超已经乱了方寸，但事到如今，欲罢不能，只能按照自己原先设计的方案，强打精神走一步看一步，随时势的发展而应变而已。

三

1913年5月29日，进步党成立于京师。6月15日，在进步党讨论时局问题时，梁启超表示"鄙见对于总统问题主张仍推袁"，并得进步党人同意。梁启超及以其为首的进步党确立拥袁方针，说明他与袁世凯的关系有新的发展。7月12日，革命党人李烈钧在江西湖口宣布独立，举兵讨袁，"二次革命"爆发。在"二次革命"期间，梁启超发表《说幼稚》、《革命相续之原理及其恶果》等文

---

① 丁文江、赵丰田编：《梁启超年谱长编》，上海人民出版社1983年版，第662页。
② 丁文江、赵丰田编：《梁启超年谱长编》，上海人民出版社1983年版，第667～668页。
③ 梁启超：《暗杀之罪恶》，载《庸言报》第一卷9号。
④ 丁文江、赵丰田编：《梁启超年谱长编》，上海人民出版社1983年版，第668～669页。

章,攻击革命党人和他们发动的革命,说什么:"革命只以能产出革命,决不能产出改良政治"①,"革命非国家之福",只能是国家之祸。7月18日,进步党又发表戡乱通电,诬蔑李烈钧起兵讨袁是"实欲亡我民国,以逞其私","促令政府迅速戡乱"。② 很明显,梁启超是想趁国民党发动"二次革命"的时机,借袁世凯的武力扫荡掉国民党的势力,使立宪派和进步党能左右国会,把持一切。此时的梁启超一反常态,频频向袁世凯上书出谋划策。7月25日,梁启超致书袁世凯表示"如有所驱策,随时见招,当即趋谒"③。7月26日,梁启超又在《上袁大总统书》中指出:"数日以前,国民党之党略,一面在南倡叛,一面仍欲盘踞国会以捣乱,一两日来见大势不利,又一变其方针,专务煽动议员四散,使国会不能开。"梁向袁建议:"古之成大业者,挟天子以令诸侯;今欲戡乱图治,惟当挟国会以号召天下,名正言顺,然后所向莫与敌也。"他要袁氏与国民党人约言:"苟非有附逆实据,政府必不妄逮捕,脱有误捕,本党任为保结,借此以安其心,勿使作鸟兽散。"④ 梁启超这样做的目的是想使国会得以合法地进行,能够选出总统。

　　1913年7—9月,袁世凯的北洋军扑灭国民党人发动的"二次革命",进步党站在袁世凯一边,"促令政府迅速戡乱"。战事发生后,进步党的报纸又大都偏袒袁世凯,非难国民党,进步党的议员尚有在国会提出"征讨案",向袁讨好,当然,也有进步党员主张要求袁氏退位,另选总统。⑤ 由于进步党支持袁世凯,故袁利用进步党组阁,而进步党的实际领袖是梁启超。但袁对梁存有戒心,惧怕梁一旦组阁后像宋教仁那样,挟持进步党的国会议员中的多数,不便于己,于是,袁选择了同进步党有关系的熊希龄出来组阁。⑥ "二次革命"的炮声还未停息,7月31日,袁世凯就任命熊希龄为国务总理,但熊希龄不愿意轻易就职。按照熊希龄的意愿,他要把自己的政府组成"第一流经验与第一流人才内阁"。所谓"第一流人才",就是指梁启超、张謇、汪大燮、杨度等人参加内阁。熊氏内阁在张勋率领"辫子军"攻下南京、结束"二次革命"后的第12天,即9月12日便开始登台行政了,这是梁启超积极活动的结果。梁满以为在熊氏内阁中,会得到财政总长的位置,谁知当熊希龄兴冲冲地跑去与袁世凯磋商阁员名单时,袁却把外交、陆军、财政和内务要职委任给他的私党孙宝琦、段祺瑞、周

---

①　方志钦、刘斯奋编注:《梁启超诗文选》,广东人民出版社1983年版,第258页。
②　《进步党主张戡乱通电》,载《时报》1913年7月23日。又见朱宗震、杨光辉编:《民初政争与二次革命》,上海人民出版社1983年版,第504～505页。
③　丁文江、赵丰田编:《梁启超年谱长编》,上海人民出版社1983年版,第675页。
④　丁文江、赵丰田编:《梁启超年谱长编》,上海人民出版社1983年版,第675页。
⑤　李剑农著:《戊戌以后三十年中国政治史》,中华书局1965年版,第181～182页。
⑥　周秋光著:《熊希龄与慈善教育事业》,湖南教育出版社1991年版,第26页。

自齐和朱启钤,仅剩下司法、教育、农商等几个闲曹让熊希龄安排,梁启超只得到司法总长的职务,他泄了气,又拒绝入阁了。几经挫折中,千呼万唤,梁启超终于同意入阁,并准备大干一场,施展其多年来考虑的经国治民改良主义方案。梁启超在《政府大政方针宣言书》中,提出了裁军和废省改道两项措施。梁启超认为,熊氏内阁要制定一部宪法,使中国走上宪政的轨道,改革地方行政体制,削弱军阀割据势力,整顿财政金融,稳定政局,轰轰烈烈地干出一番事业。但梁启超的所有这些主张都与袁世凯的绝对专制主义、个人独裁主义不相容,袁世凯需要的是皇帝的尊严和权力,任何限制和削弱他的权力的"法"和"制"都是不能接受的,他要的是自我作法、自我定法。11月26日,梁氏在给康有为的信中抱怨地说:"此一年数月间,实为武人政治,时其饥饱,达其怒心",政府在用人问题上,"总统心目中有人,总理心目中有人",结果真正有用之才不能"用一人耳",表示"计非辞职,无术自全"。[①] 所以,尽管梁启超在任上提出了许多改革法制的主张,但由于袁世凯采取消极态度,哪一项都无法实行,于是梁启超决定与熊希龄联袂辞职。1913年底,熊希龄首先提出了辞呈,接着梁启超也提交辞去司法总长职务的呈文。1914年2月12日,在熊氏内阁成立五个月时,袁世凯也觉得进步党和梁启超、熊希龄再无利用价值,终于批准了他们的辞呈。梁启超声称此次辞职,纯系政治问题,说他对"司法界之黑暗,久不满意"[②]。梁启超强调司法独立是立宪政治的根本,指出法制不健全,政治就不可能清廉,但袁世凯不仅不支持梁启超改革法制的主张,还要废除新立法院,恢复旧制。

梁启超辞去司法总长后,袁又委任他一个币制总裁的闲曹,但梁上任后也没有什么成就可言。

1915年年初,梁、袁的矛盾已经激化。袁世凯的儿子袁克定请杨度作陪,在汤山宴请梁启超,一是欲借此缓解梁对袁的不满,一是探询梁对于帝制的态度,梁当即表示对恢复帝制不敢苟同。2月12日,袁世凯又任命梁启超为政治顾问。3月31日,又指派梁考察沿江各省司法教育事宜,梁都断然拒绝受命,他决定回粤省亲。临出京时梁启超致袁世凯一书,劝他悬崖勒马,"激流勇退"[③]。5月9日,袁世凯批准与日本签订"二十一条",举国上下人心激愤,梁启超对于袁世凯的卖国行为极为不满。6月,梁启超由粤北返,过南京时与冯国

[①] 丁文江、赵丰田编:《梁启超年谱长编》,上海人民出版社1983年版,第678~680页。

[②] 梁任公:《对于司法之政见》,载《申报》1913年9月27日。又见《梁启超年谱长编》,第686页。

[③] 丁文江、赵丰田编:《梁启超年谱长编》,上海人民出版社1983年版,第714页。

璋交谈帝制问题,当即偕冯入京谏袁。8月,袁的顾问美籍人古德诺在《亚细亚日报》发表《共和与君主论》一文,公开鼓吹帝制。至此,绝望的梁启超完全与袁世凯处于对立的状态,梁发表《异哉所谓国体问题者》一文,"痛斥帝制之非","揭开了护国之役的序幕"。① 此文的发表,表明梁启超完成了从拥袁到反袁的思想转变。12月16日,梁启超启程南下,从事倒袁运动。

袁世凯帝制自为,不仅镇压革命派,也摧毁了改良派缓进的改革理想。梁启超不仅再无施展政治抱负的余地,甚至连自己的生存也受到了威胁,所以,以斗争求生存是梁启超反袁的思想基础。梁启超及其进步党在推翻洪宪帝制、阻止历史大倒退的斗争中,做出了巨大的贡献,理应得到肯定。

(1994年)

---

① 《李宗黄回忆录》,见张玉法主编:《中国现代史论集》第四辑,台北联经出版事业公司1980年版,第330页。

论严复的"三民"思想①

100年前发生的戊戌维新运动,不仅是一场政治革新运动,也是一次深刻的思想启蒙运动。在这场运动中,康有为、梁启超为维新派的政治领袖,对运动的发生、发展和高涨起到了卓越的政治领导作用,而严复则以一个维新思想家的姿态,在理论上为维新运动做出了巨大的贡献,并对其后的中国思想界产生深远的影响,因而与康有为并列为"在中国共产党出世以前向西方寻求真理的一派人物"②。在维新运动过程中,严复发表大量政论,指斥封建制度,呼吁变法图强,挽救危亡;创办《国闻报》,编辑《国闻汇编》,宣传维新思想;特别是译著《天演论》在1898年维新运动高涨之际正式出版销行,引起强烈反响。戊戌政变发生后,严复继续倾心于翻译西方政治学术著作,开展思想启蒙。在严复的维新思想体系中,他的"三民"思想,即"鼓民力、开民智、新民德"的思想主张是最为基本的核心内容之一,但这一思想及其重要意义并未得到学术界的足够重视③,这极大地影响到对严复后期思想和政治态度的评价。传统的观点认为,严复在晚年反对民主革命,"完全蜕变为一个保守乃至反动的思想家了"④。而重要的是,应当从严复思想变迁的表象中揭示其思想根源,作更深入的剖析,才能全面把握其救国主张的真正价值。严复的"三民"思想正是其晚年政治观念的思想根源之一,是其救国方案的主要内容。对这一专题的深入研究,无疑具有学术价值和现实意义。

---

① 本篇系与赵立彬合作。
② 毛泽东:《论人民民主专政》,《毛泽东选集》第四卷,人民出版社1991年版,第1469页。
③ 对于严复的研究,学术界已取得了较为丰硕的成果,但对其"三民思想"的研究尚不充分,这与其在严复思想中的地位是极不相称的。目前对严复"三民思想"研究的专题论著主要有:郭国灿的《严复的"三民"思想简论——"人的近代化"研究系列之一》,载《福建论坛》1986年6期;胡代胜的《严复梁启超"三民"理论的比较研究》,载《广州研究》1987年第12期;景雾的《严复"开民智"与"新民德"的思想——兼论智育和德育、物质文明和精神文明的关系问题》,载《中国哲学史》1989年第1期;张晋安、陈曼娜的《略论严复的开民智思想》,载《南都学坛》1993年第4期。
④ 吴光:《改革思想家严复落伍的悲剧》,宋士堂、侯宜杰主编:《近代中国人物》第二辑,中国社会科学出版社、重庆出版社1985年版,第401页。

一

严复的"三民"思想是在维新运动兴起之前就产生的。

早在 1877—1879 年留学英国期间,严复就广泛研读西方资产阶级政治学术理论,并考察了英法的社会实际,为其维新思想的产生奠定了基础。1895 年中日甲午战争中,清军接连失利,在民族危亡的时势刺激下,严复接连发表政论,提出变法救国理论。1895 年 3 月上旬,清军在辽宁前线一败涂地。严复于天津《直报》(一家由德国人汉纳根所办的中文报纸)发表《原强》;3 月中旬,日本逼迫清廷派遣李鸿章赴日谈判,严复发表《辟韩》;5—6 月间,清廷被迫签约,举国哗然,严复又陆续发表《救亡决论》。在这几篇文章中,严复首次提出了要将"鼓民力、开民智、新民德"作为自强之本。严复说:"生民之大要三,而强弱存亡莫不视此:一曰血气体力之强,二曰聪明智虑之强,三曰德行仁义之强。"西方政治学家"莫不以民力、民智、民德三者断民种之高下。未有三者备而民生不优,亦未有三者备而国威不奋者也"。①

由是严复考察了中国"民力、民智、民德"的状况,得出一个基本的评价:"民智既不足以与之,而民力民德又弗足以举其事。"② 进而他大声疾呼:"是以今日要政,统于三端:一曰鼓民力,二曰开民智,三曰新民德。夫为一弱于群强之间,政之所施,固常有标本缓急之可论。惟是使三者诚进,则具治标则标立;三者不进,则其标虽治,终亦无功。"③"民智之何以开,民力之何以厚,民德之何以明,三者皆今日至切之务。"④

严复将"鼓民力、开民智、新民德"提到极端重要的地位,并做了具体的阐发。首先,严复认为,衡量一个国家强富的标准在于"三民":"国之强富贫弱治乱者,其民力、民智、民德三者之征验也,必三者既上而后政法从之。"⑤反之,如果"民力已恭、民智已卑、民德已薄"⑥,则富强难行,甚至导向亡国亡种的境地。严复说:"使吾之民智无由以增,民力无由于奋",被外族"奴使

---

① 严复:《原强修订稿》,王栻主编:《严复集》第一册,中华书局 1986 年版,第 18 页。
② 严复:《原强》,王栻主编:《严复集》第一册,中华书局 1986 年版,第 15 页。
③ 严复:《原强修订稿》,王栻主编:《严复集》第一册,中华书局 1986 年版,第 27 页。
④ 严复:《原强》,王栻主编:《严复集》第一册,中华书局 1986 年版,第 15 页。
⑤ 严复:《原强修订稿》,王栻主编:《严复集》第一册,中华书局 1986 年版,第 25 页。
⑥ 严复:《原强修订稿》,王栻主编:《严复集》第一册,中华书局 1986 年版,第 26 页。

而膂用"、"彼常为君,而我常为臣,彼常为雄而我常为雌,我耕而彼食其实,我劳而彼享其逸……"① 那么,距"无以自存、无以遗种"的境地也就相差无几了。其次,就中国的情势而言,谋国救时的根本在于"三民"。严复指出,"民力、民智、民德"是"自强之本也"②,图强必须标本并治,"其本,则亦于民智、民力、民德三者加之意而已。果使民智日开,民力日奋,民德日和,则上虽不治其标,而标将自立"。③ "表者,在夫理财、经武、择交、善邻之间;本者,存夫立政、养才、风俗、人心之际。""表必不能徒立也。使其本大坏,则表非所附,虽力治表,亦终无功。"④

那么,"三民"思想的具体内容是什么呢? 严复提出了三方面的具体主张:

所谓鼓民力,主要是禁止鸦片、缠足,使人民体质增强,有强健的体魄,作为提高民智和民德的基础;

所谓开民智,主要是废除八股,提倡西学,使人民打开眼界,扫除蔽障,启迪新知;

所谓新民德,主要是创立议院,各级官吏由公民选举,以改变封建专制,使人民养成爱国公德,"合天下之私以为公"⑤。

由此可见,与康有为、梁启超等人的志趣不同,严复从一开始就将着眼点放在"民力、民智、民德"这些国民主体的革新上面,深刻认识到中国的救亡问题,其根本在于国民主体的程度的提高。从这一点出发,严复提出的"鼓民力、开民智、新民德"的救国主张,是一种貌似缓进、实则坚实的独到之见。这一思想同时也决定了严复在戊戌变法时期的具体表现,呈现出独特的特点,当其他维新志士致力于政治活动和制度变革时,严复却以发表政论、提供思想为己任,并且他的思想比康、梁等人的政治活动具有更为持久的影响力。

二

引起人们关注的,是戊戌变法失败后严复思想所经历的巨大变化,包括他对戊戌变法的反思和对辛亥革命的态度。从表面上看,严复在各方面都趋于保守,从批判封建专制转向反对共和,从提倡资产阶级新学回归到封建主义旧学。但

---

① 严复:《原强》,王栻主编:《严复集》第一册,中华书局1986年版,第12页。
② 严复:《原强修订稿》,王栻主编:《严复集》第一册,中华书局1986年版,第32页。
③ 严复:《原强》,王栻主编:《严复集》第一册,中华书局1986年版,第14页。
④ 严复:《拟上皇帝书》,王栻主编:《严复集》第一册,中华书局1986年版,第65页。
⑤ 严复:《原强修订稿》,王栻主编:《严复集》第一册,中华书局1986年版,第31页。

是，在这种表象的背后，被人们忽视的，是其对"三民"思想的坚持和发展。

戊戌变法过程中，严复并未参加比较重要的政治活动，仅蒙光绪帝召见一次，略陈变法对策。事后应光绪帝之命，缮抄《拟上皇帝书》准备呈进，但尚未完成而政变已经发生。变法失败后，严复感慨"临河鸣犊叹，莫遣寸心灰"①，幸而他与康、梁关系不甚密切，免于株连。但严复自此更为远离政治旋涡，潜心于教书、译书、著书，继续为实现中国的富强做奠基的工作。1900年义和团之役后，严复避居上海，脱离水师学堂和海军界，专心译书。在清朝的最后几年，严复先后翻译出版了亚当·斯密的《原富》、约翰·穆勒的《群己权界论》和《穆勒名学》、斯宾塞的《群学肄言》、甄克思的《社会通诠》、孟德斯鸠的《法意》等西方社会政治学术著作，并写下许多精辟按语。1906年，自著《政治讲义》。在这些著作中，严复进一步表述了他的"三民"思想。严复继续强调，要使国家得到真正的治理，仍要从"三民"入手："所恃以救国者民，而民之智、德、力皆窳，即有一二，而少数之不足以胜多数，又昭昭也。"② "夫民德不蒸，虽有尧舜为之君，其治亦苟且而已，何则？一治之余，犹可以乱也。"③ 严复还深入阐明了"三民"与民主的关系。严复承认，民主是"治制之极盛也"④，但民主却不是一件轻而易举的事，而是"民智最深民德最优时事"⑤。因为"斯民之智、德、力，常不逮此制也"。民主的第一要求是平等，而"平等必有所以为平者，非可强而平之也。必其力平，必其智平，必其德平"，如果做到了这三点，那么，"郅治之民主至矣"。⑥ "未见民智既开、民德既蒸之国，其治犹可为专制者也。"⑦

为了提高中国民力、民智、民德的程度，严复将眼光投向了教育。1902年5月2日、15日，在《与〈外交报〉主人论教育书》中，严复提出中国三大患在

---

① 严复：《戊戌八月感事》，王栻主编：《严复集》第二册，中华书局1986年版，第414页。
② 严复：《〈法意〉按语》，王栻主编：《严复集》第四册，中华书局1986年版，第958页。
③ 严复：《〈法意〉按语》，王栻主编：《严复集》第四册，中华书局1986年版，第969页。
④ 严复：《〈法意〉按语》，王栻主编：《严复集》第四册，中华书局1986年版，第957页。
⑤ 严复：《〈原富〉按语》，王栻主编：《严复集》第四册，中华书局1986年版，第891页。
⑥ 严复：《〈原富〉按语》，王栻主编：《严复集》第四册，中华书局1986年版，第957页。
⑦ 严复：《〈原富〉按语》，王栻主编：《严复集》第四册，中华书局1986年版，第986页。

于愚、贫、弱，三者之中，"尤以愈愚为最急"①。1905年，严复因开平矿务局诉讼事赴伦敦，孙中山此时也恰好在英国。孙中山特意前来拜访。这是中国两位救国者的一次颇具象征意义的会面，严复不能赞同以孙中山为代表的资产阶级革命派正在为之不懈努力的革命救国方案，而坚持自己的"三民"思想，坚持教育救国。严复告以孙中山说："以中国民品之劣，民智之卑，即有改革，害之除于甲者将见于乙，泯于丙者将发之于丁。为今之计，惟急从教育上着手，庶几逐渐更新乎！"② 严复自己也投身于教育救国的事业之中，他将西方政治学术著作翻译和介绍到国内，其根本目的，就是要使后辈青年洞识中西实情者日多一日。

然而，历史的发展正如严复所预料的两难："民智未开，则不免于外侮，民智既开，则旧制有不可行，行则内乱将作。此不易之道也。"③ 1911年，辛亥革命爆发，推翻了清室，建立了民国。对于这一场惊天动地的社会变革，严复是怎样看待的呢？

耐人寻味的是，严复对辛亥革命和共和制度均不以为然。严复很早就"以革命为深忧"④。在严复看来，所谓革命风潮，导致各种魔怪"悖然放肆，求以自快其意而不可御"⑤，只会破坏秩序，带来灾难。严复是反对这种暴风骤雨式的革命的，认为"中国立基四千余年，含育四五百兆，是故天下重器，不可妄动，动则积尸成山，流血为渠"。⑥ 武昌起义一爆发，严复就警觉到"吾国于今已陷危地"，在给张元济的信中说："东南诸公欲吾国一变而为民主治制，此诚鄙陋所期期以为不可者。"⑦ 他还致书英国记者莫理循，指出如果革命党人"轻举妄动并且做得过分的话，中国从此将进入一个糟糕的时期，并成为整个世界动乱的起因"⑧。

---

① 严复：《与〈外交报〉主人论教育书》，载《外交报》第9、10期。
② 严璩编著：《侯官严先生年谱》，王栻主编：《严复集》第五册，中华书局1986年版，第1550页。
③ 严复：《〈法意〉按语》，王栻主编：《严复集》第四册，中华书局1986年版，第979页。
④ 严复：《与熊纯如书》，王栻主编：《严复集》第三册，中华书局1986年版，第610页。
⑤ 严复：《〈古文辞类纂〉评语》，王栻主编：《严复集》第四册，中华书局1986年版，第1218页。
⑥ 严复：《与熊纯如书》，王栻主编：《严复集》第三册，中华书局1986年版，第632～633页。
⑦ 严复：《与张元济书》，王栻主编：《严复集》第三册，中华书局1986年版，第556页。
⑧ 骆惠敏编：《清末民初政情内幕——〈泰晤士报〉驻北京记者、袁世凯政治顾问乔·厄·莫理循书信集》上卷（1895—1912），刘桂梁等译，知识出版社1986年版，第784页。

严复认为共和政体不适合于中国。严复对世界政治进行了比较，结论是：共和政体在欧美诸邦也是不得已之制度，从效果来看，"乱弱其常，治强其偶"①，就中国来说，地大民众，尤其不适宜采用共和政体。他坚决不相信以中国之地形民质，可以共和存立。武昌起义爆发后，严复曾直截了当地说，按目前状况，中国是不适宜于有一个像美利坚合众国那样完全不同的、新形式的政府。甚至在共和国成立已久，他还设想现在一线生机，存于复辟。

正因为如此，严复在后期的著述里，对辛亥革命颇多微词，反复强调辛亥革命是一场错误，对革命党人也屡屡表示了切齿之痛，斥之为"乳臭夷奴"、"四万万众之罪人"，是"以什百狂少年，掀腾鼓吹革命之变"②。在他眼里，辛亥革命带来的决非福祉，而是灾难。他认为革命使"世事江河日下"，"恐后之视今，有不及今之视昔也"③。一言蔽之，"革命共和，其大效至今日始见，群然苦之"④。当然，令严复更伤感的是，他孜孜以求的强国根本——教育，在革命以后，"不特弹无，听亦无矣"⑤。

三

辛亥革命后严复的表现，便形成了近代史上一个值得深入研究的现象。严复年轻时留学英国，广泛接触西方资产阶级的政治思想，致力于西学救国，曾是中国思想界最先进的一分子。他的牛马体用之喻对打破中体西用论起到了振聋发聩的作用，甚至被认定为全盘西化论者。他的思想曾经一度超前于中国现实社会发展的可能，有论者指出，当严复提倡民主立宪的民治主义时，"似乎除了少数人以外，得不到大多数人的拥护"⑥。然而时过境迁，当历史的潮流已经选择了共和革命时，严复却成了反对革命、反对共和制度的保守人物。但是，严复不是从祖宗之义、圣贤之训来反对革命和共和，其政治态度变迁的思想根源就是他的"三民"思想。

---

① 严复：《与熊纯如书》，王栻主编：《严复集》第三册，中华书局1986年版，第662页。
② 严复：《与熊纯如书》，王栻主编：《严复集》第三册，中华书局1986年版，第711页。
③ 严复：《与熊纯如书》，王栻主编：《严复集》第三册，中华书局1986年版，第711页。
④ 严复：《与熊纯如书》，王栻主编：《严复集》第三册，中华书局1986年版，第713页。
⑤ 严复：《与熊纯如书》，王栻主编：《严复集》第三册，中华书局1986年版，第624页。
⑥ 周振甫著：《严复思想述评》，中华书局1986年版，第3页。

严复对戊戌变法作了深刻的反思。诚然，他对于变法的夭折深以为痛，但同时也认识到没有民力、民智、民德的进步，这种缺乏基础的变法是难以奏效的。严复说："民智未开，则守旧维新，两无一可"，中国的前途，必须寄托在培养一批了解中西社会情形的智慧之士之中。如果洞识中西实情的人士日益增多，则中国"亦将有复苏之一日也"①，"民智不开，不变亡，即变亦亡"②。

辛亥革命给中国社会带来的变化自然远远超越了维新运动，但这一切并没有影响到严复对其"三民"思想的坚持。辛亥革命发生后，严复把社会的进步仍然首先归结为"国民程度"的进步。这个国民程度，就是他反复强调的"民力、民智、民德"。严复说，国家和社会的命运，"以民德为之因"，"其因未变，则得果又乌从殊乎？"③ 即使在形式上实现了共和，也会是民主其表，专制其里，"民智卑卑，号为民主，而专制之政不得不阴行其中。"④

那么，辛亥革命后中国的国民程度有没有真正提高呢？在严复看来，没有。他痛感中国人的程度是"真不足"。"一旦窃柄自雄，则舍声色货利，别无所营，平日爱国主义不知向往"⑤，他们"看事最为肤浅，且处处不是感情之奴隶，即是金钱之傀儡"。这种程度的人民是不适宜于民主共和的，严复以革命为深忧的道理即在于此。所以，武昌起义一爆发，他就亲赴武昌，以国民程度不合于共和民主来劝说革命党人。严复早就认为，若要使中国真正走向富强，只能渐变，不能骤变，在一切外缘内因皆不具备的条件下，"骤用新制，无异驭电车以行于蚕丛嶙峣之区"⑥。他在致《泰晤士报》驻北京记者、袁世凯的政治顾问乔·厄·莫理循的一封长信中明确表示，"中国人民的气质和环境将需要至少三十年的变异和同化，才能使他们适合于建立共和国"⑦。所以严复所追求的，是要创造一个安定的秩序，切实提高国民程度，继续"鼓民力、开民智、新民德"。他并表示，"但愿自今以往，稍得宁谧，俾以休养苏醒，渐企高等程度之民，则如天之

---

① 严复：《与张元济书》，王栻主编：《严复集》第三册，中华书局1986年版，第525页。
② 严复：《与张元济书》，王栻主编：《严复集》第三册，中华书局1986年版，第539页。
③ 严复：《与熊纯如书》，王栻主编：《严复集》第三册，中华书局1986年版，第611页。
④ 严璩编著：《侯官严先生年谱》，王栻主编：《严复集》第五册，中华书局1986年版，第1551页。
⑤ 严复：《与熊纯如书》，王栻主编：《严复集》第三册，中华书局1986年版，第620页。
⑥ 严复：《说党》，王栻主编：《严复集》第二册，中华书局1986年版，第299页。
⑦ 骆惠敏编：《清末民初政情内幕——〈泰晤士报〉驻北京记者、袁世凯政治顾问乔·厄·莫理循书信集》上卷（1895—1912），刘桂梁等译，知识出版社1986年版，第785页。

福也"①。

不过,反对共和,与拥护封建专制应当明确地区分开来。确实,严复也说过"天下仍须定于专制"的话,但这仅仅是从专制有"恢复秩序"的功能而言,不是政治学意义上的"专制"。严复希望渐变,却不是不变,而是在不引起社会动荡的前提下,把封建专制渐渐引导向立宪政体。在武昌起义后大局未定的情况下,严复曾根据文明进化论的规律,提出"最好的情况是建立一个比目前高一等的政府,即,保留帝制,但受适当的宪法约束。应尽量使这种结构比过去更灵活,使之能适应环境,发展进步"②。1915年袁世凯称帝,严复不以为然,虽被列名"筹安会"中,却没有多少实际的赞助。1917年张勋复辟时,严复曾抱有一丝希望,指出复辟后"刻不容缓者,扎实立宪而已","首议宪法,次集国会",除了皇位统于一尊之外,其余"则与共和国体等耳"。③ 可见,对于共和的一些本质内容他是赞成的,只是考虑到国民程度,与避免引起破坏性的社会动荡,严复不赞成采取激烈的革命手段,也不赞成废除帝制。从这些可以看出,严复反对辛亥革命,但他与那些封建顽固遗老反对辛亥革命存在本质的不同。

严复的"三民"思想是其救国主张的一个基点。为了挽救民族危亡,近代各个阶级的代表、各个政治派别的人士都提出了各种救国主张,与康梁、孙黄等政治活动家不同,严复的"三民"思想代表了近代救国主张的另一派别。

晚年的严复在政治上趋于保守,以"三民"思想来反对资产阶级民主革命,这是一种明显的失策,反映了他对近代中国社会矛盾发展的判断已经远远落在了时代潮流的后面。清末民初,中国社会的政治、经济和社会矛盾已经提出了革命的要求,使得以激进方式展开的革命救国方案具备了历史必然性,这已不是任何力量所能回避、放弃、遏制或告别得了的。在这种形势下,严复株守"缓进"之见,以"民力、民智、民德"的不足作为反对革命、反对社会进步潮流的理由。因此,作为中国近代进步思想的启蒙者,在晚年被自己所参与启蒙的进步潮流所抛弃,就严复而言,是一场个人的悲剧;就整个时代而言,则是一个值得深入探讨的历史现象,尽管这一现象不仅仅表现在严复一人身上。

然而,另一方面,严复的"三民"思想同样也具有较高的历史价值。它提出了各种革命救国方案所未能解决的一个问题:国民程度的提高,或者说正如严复主张的"民力、民智、民德"的提高。资产阶级革命派通过长期斗争,最终

---

① 严复:《与熊纯如书》,王栻主编:《严复集》第三册,中华书局1986年版,第611页。
② 骆惠敏编:《清末民初政情内幕——〈泰晤士报〉驻北京记者、袁世凯政治顾问乔·厄·莫理循书信集》上卷(1895—1912),刘桂梁等译,知识出版社1986年版,第785页。
③ 严复:《与陈宝琛书》,王栻主编:《严复集》第三册,中华书局1986年版,第504页。

以激进的方式推翻了帝制，建立了民国。但"重武轻文"一直是革命派救国方案中的致命弱点，也严重影响了革命成果的巩固。严复的"三民"思想正是革命派所忽视的方面，反映了严复对于这一问题的认识较之革命派要更为深刻。遗憾的是，在近代中国历史上，这两种救国路径始终没有能够得到有机的结合。出现在历史前台的纵然是革命潮流，接连取得了政治上的不断进步，但却缺乏国民程度提高的基础性支撑。而"鼓民力、开民智、新民德"及其以后出现的教育救国、科学救国思潮，只能处于历史潜流的地位，没有充分发挥为中国现代化奠基的作用。

应该看到，严复的"三民"思想所产生的影响仍然是十分巨大的，它对于21世纪中国现代思想文化的走向具有开启性的意义。有论者列举现代中国思想与严复思想变动相合之处，有"五四"以后的全盘西化、国民党的训政思想、30年代本位文化建设、专制政治主张，等等[1]，虽未为至论，确也是有的放矢。目前，中国的改革开放、现代化建设又进入了一个新的阶段。在制度方面取得种种成就的同时，我们也必须高度重视现阶段"民力、民智、民德"的提高，重视教育和科技，当然也应重视民主和法制及社会主义文化的建设，从而为21世纪的发展打下一个坚实的基础。这就是今天我们深入研究严复思想的现实意义。

（1999年）

---

[1] 周振甫著：《严复思想述评》，中华书局1986年版，第2～7页。

论张之洞的功利主义思想

一

张之洞作为清政府洋务派官员，当然具有洋务派的共同特性。然而，张之洞显然又同他的前辈曾国藩、李鸿章有所不同。这个不同表现在多方面，用张之洞的幕僚辜鸿铭的话来说，就是：

> 张文襄儒臣也，曾文正大臣也，非儒臣也。……计天下之安危，论行政之得失，此大臣事也。国无大臣则无政，国无儒臣则无教。政之有无，关国家之兴亡，教之有无，关人类之存灭，且无教之政终必至于无政也。当同光间，清流党之所以不满意李文忠者，非不满意李文忠，实不满意曾文正所定天下之大计也。盖文忠所行方略，悉由文正手所规定，文忠特不过一汉之曹参，事事遵萧何约束耳。至文正所定天下大计之所以不满意于清流党者何？为其仅计及于政，而不计及于教。文忠步趋文正，更不知有所谓教者，故一切行政用人，但论功利而不论气节，但论才能而不论人品。此清流党所以愤懑不平，大声疾呼，亟欲改弦更张，以挽回天下之风化也。①

辜氏指出，张之洞将自己的精力集中于"精神学术"，他的目的在于"非效西法图富强无以保中国，无以保中国即无以保名教。虽然，文襄之效西法，非慕欧化也；文襄之图富强，志不在富强也。盖欲借富强以保中国，保中国即所以保名教。吾谓文襄为儒臣者为此"②。作为中国封建社会的一名儒臣，张之洞所重视的是关乎"人类存灭"的名教，表面看来，他只讲气节不论功利，其实不然。面对清朝末世，他既要忠君爱国，尊孔重儒，维护封建名教，又要面对现实主张革新政治，发展实业；他既要保存中国政体，维护中国的传统，又要追求中国的

---

① 辜鸿铭：《张文襄幕府纪闻》，《辜鸿铭文集》上，黄兴涛等译，海南出版社1996年版，第418页。
② 辜鸿铭：《张文襄幕府纪闻》，《辜鸿铭文集》上，黄兴涛等译，海南出版社1996年版，第419页。

近代化,引进外国先进的科学技术;他主张学习西方,但又反对"欧化"(西化);他反对列强的侵略,要维护中国的主权,但对国内人民反对清朝的卖国,他又无情地给予镇压。这些都说明张之洞是一个极为复杂和充满矛盾的两面人物。这种双重人格的产生有各种原因,但无疑跟他的伦理观和所追求的理想有密不可分的关系。

张之洞自幼读"经书",又从父辈那里深染卫道精神,又由于他个人经历的曲折和在科举仕途奋斗中的艰辛,所以,他比较重视士子们的作用和对他们的严格要求。由于他尊孔重儒,对儒家的伦理哲学颇有心得,并在行动中身体力行,卫道精神强烈。早在1875年,张之洞就写了《𫐓轩语》一文,在文中他强调作为一个读书人,在品德上要德行谨厚,人品高峻,砥砺气节,习尚俭朴,不孳孳为利;在学术上要通经史,讲汉学,戒讲学误入迷途。① 他认为:"儒者自有《十三经》教人为善,何说不详?果能身体力行,伦纪无亏,事事忠厚正直,自然行道有福,何用更求他途捷径哉!"② 他谆谆告诫读书人要严格按儒道来要求自己,规范自己的行为,不要涉猎他道,以免误入迷途,其实,这也是他自身行为的体现。

由此可见,张之洞早年是强调把儒家正统的正直、气节、人品和德行作为读书人身体力行的奋斗目标,是用儒家的仁义忠孝道德来维护他自身的人格和自己的利益,也就是用道德义务和正义感作为他自觉自愿的行为规范,忠诚是他的最高责任。忠诚不仅表现在他的行为上,而且也蕴藏于他的心中。这种着重于培养个人的美德,即所谓的"修身养性",以便为家庭、社会、国家和"天下"效劳的伦理道德,便是张之洞忠君报国道德观的核心。正由于张之洞讲仁讲义,讲忠也讲孝,所以他自幼年起便养成"忠"的习惯,他忠于清朝皇帝,也忠于他自己的事业;他忠于他为之服务的清政权,也忠于哺育他成长的民族和生于斯长于斯的国家;他忠于皇帝是为了求得自己的高官和利益,忠于民族和国家则是中国人的良知情感在他心中的体现。

张之洞奉行儒家伦理,躬行"三纲五常"。他爱讲孔子的忠恕之道,也重视孔子的正名。张之洞讲义,尤其对朋友重义气;他也讲礼、讲智,说明他起初是继承孔子的义利观,"提倡人们从仁义礼智上去求发展"③。不过,张之洞同封建主义的"贵义贱利"不同,也与资本主义的极端"利己主义"、"贵利贱义"有别。他将义、功、利三者有机地结合起来,通过"义"也就是道德来规范自己

---

① 张之洞:《𫐓轩语》,王树楠编:《张文襄公全集》,北平文华斋1928年刊本,卷204。
② 张之洞:《𫐓轩语》,王树楠编:《张文襄公全集》,北平文华斋1928年刊本,卷204。
③ 罗家伦著:《中国民族思想的特质》,参见关鸿、魏平主编:《历史的先见——罗家伦文化随笔》,学林出版社1997年版,第7~8页。

的行为，以对事业的忠诚，用正当行为去建功立业；又通过自己的事功去获取正当的利益，也就是用是否符合道德作为求利的前提。可见，张之洞早年是一位重视传统伦理道德的君子、士人。

何谓道德？人们的行为怎么样才算是符合道德？各有各的解释，而从事道德教育的蔡元培对"道德"则作了这样的解说：

> 人之生也，不能无所为，而为其所当为者，是谓道德。道德者，非可以猝然而袭取也，必也有理想，有方法。……夫道德之方面，虽各各不同，而行之则在己。知之而不行，犹不知也；知其当行矣，而未有所以行此之素养，犹不能行也。怀邪心者，无以行正义；贪私利者，无以图公益。未有自欺而能忠于人，自侮而能敬于人者。故道德之教，虽统各方面以为言，而其本则在乎修己。①

考察张之洞的一生，似乎可以清楚地看到，他为了实现自己的功利理想，"克己复礼"，勇于修身，是善于将正义、公益与自己的理想、事业结合起来，以利国为本、利己为末的一位开明的封建官吏。

"忠君爱国"是封建社会中士子们或开明士绅和官吏的一种典型化理想。这种观念的最大特征是我爱我的国家，尤其是热爱哺育自己成长的文化和生于斯长于斯的故土。这种人有强烈的文化优越感，所以具有排除异质文化的倾向，又由于热爱故土，所以具有反抗侵略的精神。然而，这种人都把皇帝看作国家的代表，因此，他们爱国也忠君，而张之洞便是"忠君爱国"的一个典型人物。他"平日论学言政，以法圣崇王为体，以进夷予霸致国富强为用"②。从张之洞立身处世、处理个人与国家民族的关系来考察，张之洞的价值取向，是由义而功。他所讲的"义"是以正当的行为为国家为民族建功立业；他所讲的"功"是指功效，在为国家为民族谋利益的前提下，力争得到个人的正当利益。所以，张之洞的功利思想是以国家为本位，以"义"作为前提，追求义利、功利和谐统一。它是道德主义的功利统一，不是"义与利"或"功与利"的二律背反。

据一些学者的研究，张之洞的伦理观前后期有所不同。在1884年中法战争以前，张之洞的伦理观，基本上追求义与利的统一。这个时期，他提倡实学，讲求名节、人品，希望通过改革教育来改革人的守旧观念，造成社会的新风气来挽救吏治与社会的颓废堕落。他模仿阮元"诂经精舍"与"学海堂"的先例，于

---

① 蔡元培：《中学修身教科书》，参见高平叔编：《蔡元培全集》第二卷，中华书局1984年版，第171页。

② 陈宝琛著：《墓志铭》，载《碑传集补》卷2。

1869年设经心书院于湖北，1874年设尊经书院于四川，但由于社会问题过于严重，兴学一时难于见效。而1881年，张之洞又被调任山西巡抚，从此他"究心时政，不复措意于考订之学"，由于当时俄侵伊犁，日占琉球，边疆吃紧，激发他研究御敌保边的方法，并得传教士李提摩太（Timothy Richard，1845—1919）的帮助，有机会也有条件阅读一些西方的书籍，因而"对西方之认识加深，而功利主义之念益强"①。

由此可见，张之洞的伦理观由义利统一向功利统一过渡，大概是在山西巡抚任内。这个转变是张之洞适应形势的发展开始讲求效用的标志。这个时期的张之洞虽然开始强调功与利，但他并不负义求利，更不能说他纯以利益为价值取向，以个人或集团利益为本位。"义"仍是张之洞的道德核心，所以，他强调义利统一，反对义利对立造成道德的消极效应。他非常重视强调重塑良好的社会风尚与人伦关系来平衡和缓和社会的各种矛盾，争取时间，建功立业，为中国社会的近代化创造环境和条件。这说明张之洞的价值观开始发生变化，这是他重视现实、追求近代化、企图超脱守旧伦理观的一种尝试。

二

1884年5月，张之洞由山西巡抚擢任两广总督，督率清军与法军在越南对阵、打仗。两广，尤其是广东，地当中外贸易之冲，对外开放较早，中外人员的接触与文化的交流都较为频繁，无论商务夷务，均得风气之先，民风、士风皆与内地有所不同。张之洞到广州出任两广总督，遂使他真正感觉到洋务问题症结之所在。所以，他与当时那些愚忠愚孝的庸俗官吏不一般，他虽然继续讲仁义，但更强调务实，一切从实际出发，敢于冲破清廷保守大臣的羁缚，向西方学习，主张引进西方的物质文明，购买外国船炮、机器，兴办军事民用企业，并创办学堂培养人才，提高国民的综合素质，并以此来建构他的功利导向的义利统一观，使事业在一定程度上得到成功。

7月8日，张之洞由天津乘船，途经上海，抵达广州。张之洞不稍事休息，为了筹备抗法战事，便四处奔忙，"内防外援，应接不暇，兵食兼筹，无一不难"②。他真是"食不甘味，寝不安席"，全力以赴地工作。③

第一，引进国外先进技术和设备兴办军事和民用企业，为国家民族求强求富；第二，倡办各类学校，为民族和国家造就各类建设人才。这两件事不仅对中

---

① 苏云峰著：《张之洞与湖北教育改革》，台北"中央研究院"近代史研究所1983年版，第6～7页。
② 王树枏编：《张文襄公全集》，北平文华斋1928年刊本，卷214。
③ 参见谢放著：《中体西用之梦——张之洞传》，四川人民出版社1995年版，第93页。

国社会由传统的封建农业社会向近代工商业社会的转型产生重要影响，而且对中国人民观念的更新也起了重要作用。在这个过程中，张之洞的行为充分地表现了他的功利思想和两面的人格特征。

首先，从张之洞富国强兵的设计，看其对功与利的态度。

在张之洞主粤之前，尽管广东具有独特的优越的地理和历史条件，对外开放较早，是中国最早出现近代企业的地区，但发展的速度缓慢，而且主要的企业都是船舶修造、航运、银行等外国资本企业，属于中国官办，民办的企业为数甚少。由于经济不发达，国家衰弱，便极大地制约了中国的外交，致使战争失败，割地赔款。张之洞清醒地认识到这种情况，要在战场上同帝国主义列强较量就必须有强固的物质基础，必须有一定的经济实力。所以，张之洞讲军事，首先抓经济，这是他的一大特色。1886年，他在广州将广州机器局与增埗军火厂合并，建制造东局；1887年，又在广州城北石井圩创建石井枪弹厂，称制造西局，西局购买德国克虏伯炮厂制造枪弹的机器设备，使生产能力不断提高，规模不断扩大，后来成为广东省最有影响力的兵工厂。与此同时，张之洞又在广州兴办公办民用企业。如1886年在广州设立广东矿务局，颁布《矿务条例》鼓励开矿和开炉炼矿。1887年，又在广州创办广东钱局，购置英国造币机器，生产钱币，开中国铸银币之始。1889年，张之洞还在广州设立广东缫丝局，民办企业如轮渡公司、造纸厂、电灯公司也在广州兴建，并设立了电报学堂、水陆学堂、海图馆与洋务处等，聘请洋教习教学，充分显示了张之洞的远见卓识及其务实通达的作风。①

中法战争结束后，清廷将张之洞从两广总督调任湖广总督。1889年，他从广州到了武昌，便在企业建设方面进行大的动作。为开发经济、建立自主工商业体系，他不仅修筑芦汉铁路，创办了中国近代设备最新、规模最大的湖北枪炮厂、汉阳铁厂；而且创设湖北织布、纺纱、缫丝、制麻四局，使湖北的轻工业、军需民用工业都有较大的发展，为湖北近代工业发展开创了一个新的格局。

但正如一些学者正确指出的，由于张之洞"儒家心态与他的近代追求在他身上交织在一起，使他终生都在超越自我但又未能彻底完成超越"。张之洞希望中国能在经济上走向独立自主，但他又担心失去政治的方向。所以，张之洞所重视的是政治，而不是经济，"他的起点与终点都维系在大小不等的政治利益之上"，经济力量与工业实体都绝对地从属于政治。②

---

① 参见杨万秀、钟卓安主编：《广州简史》，广东人民出版社1996年版，第271～274页。

② 陈钧、任放著：《世纪末的兴衰——张之洞与晚清湖北经济》，中国文史出版社1991年版，第142页。

如果以儒学的道德主义为价值尺度去审视张之洞的言行，他抵御侵略也好，兴办强国富民的军事民用工业也好，都是他的忠信、笃敬思想的表现，都是他的"忠君爱国"思想的延伸。对儒学的顶礼膜拜、对义利观念的虔诚决定了张之洞的价值与效应。张之洞尽管是为中国末代封建皇朝效力，但他在爱国御侮、振兴民族经济、走向近代化的过程中，以他的历史使命感和强国富民的执着追求，又显示他是一位非常现实的讲求效用的功利主义者。所谓功与利，张之洞有清醒的认识，并且对于私利的追求抱着审慎和顺其自然的态度。据辜鸿铭说，张之洞是一个"革新主义者"，他的改革政策成为中国的一股政治潮流，"它最初阻碍了，然后抑制了，最终摧毁和消弭了李鸿章粗鄙的自由主义及其寡头政治集团"①。辜氏指出，虽然张之洞也滥用公款，但他本人的生活却很清廉。环视整个中国，没有一个总督衙门像张之洞当总督时的武昌（湖广）总督衙门那么破烂，待遇那么差。②

张之洞死后的第二年（1910年），辜鸿铭写成《张文襄幕府纪闻》一书，书中对张之洞的思想与言行有不少追述。正如辜氏所言，他写作此书是"摭拾旧闻，随事纪录，便尔成帙，亦以见雪泥鸿爪之遗云尔"。这些"摭拾旧闻"，追忆他跟随张之洞左右的"时事沧桑，人道牛马"的种种体验，文字之间流露出几分悲怆，带有怀旧和浓重的忧患意识。辜氏此书处处体现了"张之洞现象"，尤其是凸现了张之洞的人伦观念和功利主义思想。

辜氏在《张文襄幕府纪闻》中的《公利私利》篇讲及张之洞对利的态度，颇为深刻。他说：

> 余随张文襄幕最久，每与论事辄不能见听。一日晤幕僚汪某，谓余曰："君言皆从是非上著论，故不能耸听。襄帅为人是知利害不知是非，君欲其动听，必从利害上讲，始能入。"后有人将此语传文襄耳，文襄大怒，立召余入，谓余曰："是何人言余知利害不知是非？如谓余知利害，试问余今日有偌大家事否？所谓利者安在？我所讲究者乃公利，并非私利。私利不可讲，而公利却不可不讲。"余对曰："当日孔子罕言利，然则孔子亦讲私利乎？"文襄又多方辩难，执定公利私利之分，谓公利断不可不讲。末后余曰："《大学》言：'长国家而务财用者，必自小人矣。'然则小人为长国家而务财用，岂非亦系言公利乎？"于是文襄默然让茶，余即退出。今日余闻文襄

---

① 辜鸿铭：《中国牛津运动故事》，《辜鸿铭文集》上，黄兴涛等译，海南出版社1996年版，第316页。
② 辜鸿铭：《中国牛津运动故事》，《辜鸿铭文集》上，黄兴涛等译，海南出版社1996年版，第355页。

作古后，竟至囊橐萧然，无以为子孙后辈计。回忆昔年"公利私利"之言，为之怆然者累日。①

由此可见，张之洞为国家求强求富，由政治而经济，经他手审议兴办的企业以数十百计，可他只讲公利，不追求私利，以至于他死后，子孙后辈无以为计。辜鸿铭在《张文襄幕府纪闻》另一篇《廉吏不可为》中又说："文襄自甲申后，亟力为国图富强，及其身殁后，债累累不能偿，一家八十余口几无以为生。""一国之人之身皆穷，而国能富者，未之有也。中国今日不图富强则已，中国欲图富强，则必用袁世凯辈。盖袁世凯辈欲富其国，必先谋富其身，此所谓以身作则。"而张文襄图"天下以富强，而富强未见，天下几成饿殍，此盖其知有国而不知有身，知有国而不知有民也"。这也就是"为富不仁，为仁不富"的结果。②此话不太准确，但他说明张之洞是先为仁后为富，但他的富不是富己，因而与袁世凯辈殊，这大概是可信的。甲午以前，袁世凯本乡曲一穷措无赖，未几暴富贵，身至北洋大臣，于是营造洋楼，广置姬妾，及解职乡居，又复构甲第，置园囿，穷奢极欲，擅生人之乐事。据此辜鸿铭感慨地说："人谓袁世凯为豪杰，吾以是知袁世凯为贱种也。"③袁世凯是"为富不仁的贱种"，而张之洞不一定就是"为仁不富"的贵种，但可以证明，在清廷的大吏中，张之洞还算是一员比较清廉的官吏。但由于张之洞"学问有余而聪明不足，其病往往犯傲"，因为其傲，"故其门下幕僚多伪君子"。④所以，张之洞之成功在此，其失败也在此。因为他有学问，使他具有学者的风范，他虽固守儒学以保名教，修身养性，但他对问题的看法有深度，能以一种理性的态度去对待时事，处理人际关系。然而，由于书生气十足，他虽淡泊明志，但庸言庸行，谦谦君子，又难以超越时代和阶级的局限。他只好如辜鸿铭在张之洞故去时所写的《挽张之洞联》中所言："邪说诬民，孙卿子劝学崇儒以保名教；中原多故，武乡侯鞠躬尽瘁独矢孤忠。"⑤

在此，辜鸿铭将张之洞比之孙卿子（荀子），认为他为学讲道"未脱功利之

---

① 辜鸿铭：《张文襄幕府纪闻》，《辜鸿铭文集》上，黄兴涛等译，海南出版社1996年版，第425～426页。

② 辜鸿铭：《张文襄幕府纪闻》，《辜鸿铭文集》上，黄兴涛等译，海南出版社1996年版，第427～428页。

③ 辜鸿铭：《张文襄幕府纪闻》，《辜鸿铭文集》上，黄兴涛等译，海南出版社1996年版，第434页。

④ 辜鸿铭：《张文襄幕府纪闻》，《辜鸿铭文集》上，黄兴涛等译，海南出版社1996年版，第436页。

⑤ 辜鸿铭：《挽张之洞联》，《辜鸿铭文集》上，黄兴涛等译，海南出版社1996年版，第475页。

念",不免"大醇不疵"。辜氏所言有几分道理。对于像张之洞这样的确实具有思想史与文化史多重研究价值的历史人物,需要作认真的分析和探究,不可采取简单的肯定或简单的否定的方式去对待。

其次,从张之洞倡办各类学校,为民族和国家造就人才的思想路向,看其功利思想和他的人格特征。

张之洞把兴学育才视为他强国事业的中心工作。他是清季督抚中最重视教育之一人。通过他关于奏议兴学育才的议论,不仅显示张之洞的远见和胆识,也可窥见其心灵深处的功利思想。1901年,张之洞与刘坤一在《筹议变通政治人才为先折》中指出:"窃谓中国不贫于财而贫于人才,不弱于兵而弱于志气。人才之贫,由于见闻不广,学业不实;志气之弱,由于苟安者无履危救亡之远谋,自足者无发愤好学之果力,保邦致治,非人无由。"为此,他们就兴学育才提出四条建议:"一曰设文武学堂,二曰酌改文科,三曰停罢武科,四曰奖劝游学。"他们认为:"此四条,为求才图治之首务;其间事理,皆互相贯通,互相补益。……盖非育才不能图存,非兴学不能育才,非变通文武两科不能兴学,非游学不能助兴学之所不足。"①1903年,张之洞又与张百熙、荣庆一起奏请递减科举,注重学堂,提出"取材于科举,不如取材于学堂",因为学堂才是"以求实在有用之学",学堂兴"气象一新,人才自奋,转弱为强,实基于此"。② 在张之洞的鼓吹和实践下,他的兴学育才事业取得很大的成功。张之洞虽然在担任两广总督时便开始兴办广雅书院等近代教育事业,但他大规模地从事教育改革、推行新式教育则在他担任湖广总督之后。他在湖北不仅创建了"两湖书院",而且还兴办了不少专业学堂和师范学堂,并派遣了大批学生出国留学,为湖北教育由传统走向近代化奠定了良好的基础。张之洞为湖北教育所做出的贡献,对湖北的经济、政治、军事与社会等层面产生了良好的冲击作用。

张之洞之所以重视兴学育才,正如他在《劝学篇》中所言,是他意识到"中国之祸,不在四海之外,而在九州之内矣"。"古来世运之明晦,人才之盛衰,其表在政,其里在学","西国之强,强以学校"。他以一种矛盾的心态来看待中国,从强国方面去考虑,他要重视人才的培养,并鼓励士子们出国游学和兴办新式学堂,传播新知识,使中国从封闭的社会氛围中走向世界,走向近代;从保护中国的封建正统去考虑,他要正人心,明保国、保教,维护儒家忠孝的传统。前者讲利,后者讲义。为使其义利观求得合理的调和和勉强的统一,张之洞

---

① 张之洞、刘坤一:《筹议变通政治人才为先折》,参见舒新城编:《中国近代教育史资料》上册,人民教育出版社1961年版,第47~59页。
② 舒新城编:《中国近代教育史资料》上册,人民教育出版社1961年版,第59~62页。

便采用"中体西用"的文化模式,强调弘扬儒学经世致用的传统,维护"三纲"传统礼教,竭力维护封建专制主义理论。所以张之洞在《劝学篇》中"规时势,综本末,著论二十四篇",分为内篇和外篇。正如他说:"内篇务本,以正人心;外篇务通,以开风气。"张之洞把《劝学篇》二十四篇文章之义概括为五知。"一知耻:耻不如日本,耻不如土尔其,耻不如暹罗,耻不如古巴。二知惧:惧为印度,惧为越南、缅甸、朝鲜,惧为埃及,惧为波兰。三知变:不变其习,不能变法,不变其法,不能变器。四知要:中学考古非要,致用为要;西学亦有别,西艺非要,西政为要。五知本:在海外不忘国,见异俗不忘亲,多智巧不忘圣。"① 这其实还是孔子的"好学近乎知,力行近乎仁,知耻近乎勇"的翻版。求仁、求智、求勇,便是张之洞忠君爱国论的具体运行,也是他的"中体西用"观的理论基础。

"中体西用",否定了文化保守主义者固守本国文化传统,反对学习和引进西方科学技术的意见,为中外文化的交流、观念的更新创造了良好的氛围,加快了西学东渐,振荡了人们的传统观念,应该说这是一大进步。但是,张之洞坚持"中学为体、西学为用",没有政治体制和制度上变革的要求,因此,他的着眼点便自然集中到"利"和"强"两点上。所以,无论是兴办求富的民用工业和求强的军用工业,还是兴学育才,都是中西政治体制和经济、教育上的折衷调和产物。由于文化观的梗阻,技术引进的结果并没有能够引起中国社会经济、政治和思想观念的巨大变化,没有引起文化层面的彻底更新,实际上也不可能使中国的求富求强取得真正的成功。封建主义目的同资本主义手段之间的矛盾,决定了它必然要自我否定。在近代中国,不推翻封建主义制度,绝不可能发展资本主义。"从满清政府的立场看,张氏没有成功;但从中华民族的发展前途看,他确有很大的贡献。"②

三

总之,张之洞一生从政讲洋务,兴办实业,兴办教育,他为中国创办一些骨干企业,为清朝政府培养了大批人才,他竭力为国家创造财富以挽救清政府的厄运,但结果适得其反。这同客观的环境和清末的政局有关,但跟张之洞的根本立场和他的思想观念也有密切的关系。由于他笃信孔学,崇尚儒宗,养成忠君奴性品格。虽然他讲功利,但由于急功近利的困扰,又使他过分强调实用、应用、急用,缺乏理性的总体调控,而不提倡研究和利用科学来发展中国的经济,结果缺

---

① 张之洞:《劝学篇·序》,光绪戊戌年(1898年)三月两湖书院刊本,第1～3页。
② 苏云峰著:《张之洞与湖北教育改革》,台北"中央研究院"近代史研究所1983年版,第236～237页。

乏长远的规划和设想。功利主义虽然也有可能促进企业的发展，但它不可能把国家和民族导向繁荣和富强的道路。急功近利思潮的流行势必使道德失却其自觉制衡人类行为的标准，造成一切是非均"以兵力财力之强盛决之"的现象产生，势必又走向置人文价值理想于不顾的极端。所以，义利二律背反的价值观念始终在制约着张之洞的行为。讲功利如果都变成急功近利，凡与此不符者则一概排斥、遗弃，那当然不对，但不能以此来反对讲功利，更不能以此来维护中国古代的义利分离或"贵义贱利"。不过，在此也应看到急功近利与"见利忘义"说者也有不同。功利主义的"利"是指利益、功效等；功利主义者也讲"义"，这个"义"则指正当的行为举动，包含有"德"的意思。"义与利的关系问题，实质上就是道德行为同个人利益的关系；主观动机与客观效果的关系问题。"个人利益必须符合道德规范。"见利思义"、"以义统利"和"先义然后利"，这是孔子义利观的根本。① 张之洞言利，但不忘义。他继承了先秦儒家的义利观，肯定了逐利的正当性、合理性，但他自己不唯利是图。他讲功利，其实是"与洋人争利"的洋务思想的具体体现。他宣传功利主义是鼓励人民去求富逐利，主张以商立国取代以农立国，主张义利并举取代"贵义贱利"。不过张之洞的功利主义思想支离破碎，从主观上看他讲"义"多，讲"利"少，并没有就功利之间的关系做过系统的阐释和明确的论定；从客观上和他的表现看，他又是一个强烈追求功利主义的人，所以他的言与行不一致。从实际去考察，他是一位由"贵义贱利"向义利统一观念转换的过渡性人物，虽还算不上是一个完全意义的功利主义者，但由义利向功利转型毕竟是个进步。如果从这个角度去研究张之洞与中国近代化的关系，我认为他有功也有过。从功的方面去看，因为他晚年比较务实，从功利主义观点去考虑治国的方略，这不仅在一定的范围内改变了人们的保守观念，更重要的是在他的提倡和主持下，打开了引进西方科学技术和人才的大门，派遣了大批留学生出国学习，建立了一批近代民族企业和新式学堂，为近代民族工业的发展和新型知识分子群体的形成和发展创造了有利的客观条件；从过的方面看，因为他在读书人中过分强调和灌输对清朝封建政权的忠诚，讲忠君报国，功利价值观未能在学人中树立起来，禁锢了人们的进取心，使竞争意识不能随着经济的发展而确立。所以，张之洞在他的"中体西用"文化模式的局限下，超越不了自我，超越不了他所代表的阶级和他生活的时代。

（1997年）

---

① 张岂之、陈国庆著：《近代伦理思想的变迁》，中华书局1993年版，第58页。

论容闳的报国心

钟叔河先生在为容闳的《西学东渐记》再版时，写了一篇《为使西学东渐而奋斗的一生——容闳和他的〈西学东渐记〉》的文章。钟先生在这篇文章中说了这样意味深长的话：

> 在美国康州哈德福特城西带山公墓（Cedar Hill Cemetery）的绿阴深处，一块方座圆顶、正面刻有一个中文"容"字图案的墓碑后面，长眠着一个中国人。他虽然死葬在异邦绝域，他的心却一直眷恋着祖国，眷恋着祖国的土地和人民。
> ……
> 正如容氏在他这部惟一的回忆录《西学东渐记》中所叙述的，他从赴美留学，到学成归国，到向太平天国提政治建议，到筹办江南制造局，到组织中国留学生出洋，到参加维新变法运动被清政府通缉，到同情和支持孙中山的革命活动，他整整一生是爱国的一生，是为了寻找中国现代化（用这本书的名字来说就叫"西学东渐"）的道路，不断地"上下而求索"的一生。①

容闳一生没有多少轰轰烈烈的伟大举动，他也没有多少惊天动地的豪言壮语，但他朴素而执着，是一个具有很强历史责任感的爱国者。他的确是"洋装虽然穿在身，我心依然是中国心"的中国学者的典型。他的一生是第一代留学西方的中国知识分子为了使中国能够独立、民主和富强而努力奋斗的一生，他留给后人很多启迪，值得后人永远怀念。

容闳在《西学东渐记》"自序"中说：

> 一向被当作西方文明表征的西方教育，如果不能使一个东方人变化其内在的气质，使他在面对感情和举止截然不同的人时，觉得自己倒像来自另

---

① 钟叔河：《为使西学东渐而奋斗的一生——容闳和他的〈西学东渐记〉》，参见容闳著：《西学东渐记》，徐凤石、恽铁憔原译，张叔方补译，湖南人民出版社1981年版，第1～2页。

个世界似的,那不就可怪了吗?我的情况正好如此。然而,我的爱国精神和对同胞的热爱都不曾衰减;正好相反,这些都由于同情心而更加强了。因此,……我苦心孤诣地完成派遣留学生的计划:这是我对中国的永恒热爱的表现,也是我认为改革和复兴中国的最为切实可行的办法。①

容闳做得多,说得少,但他具有中国文化人忧国忧民、以天下为己任的美德,尽管他在美国留学并成家立业,可是他真正做到了"我心依然是中国心"。他爱祖国,爱人民,追求西学是为了有益于中国。他作为一个自始至终热爱祖国的人,虽然最终不得不"远托异国",直至埋骨在海角天涯,然而,因为他为了祖国和人民奋斗了一生,祖国和人民当然也永远不会忘记他的贡献。

一

1828 年 11 月 17 日,容闳出生于离涉外口岸澳门不远的广东香山县南屏村。容闳的父亲是个地道的农民,然而,当容闳 7 岁时,他的父亲容丙炎却愿意通过熟人将儿子送到澳门洋学堂去学习。后来,容闳对当时的情况作了这样的回忆:

> 惟是时中国为纯粹之旧世界,仕进显达,赖八股为敲门砖,予兄方在旧塾读书,而父母独命予入西塾,此则百思不得其故。意者通商而后,所谓洋务渐趋重要,吾父母欲先着人鞭,冀儿子能出人头地,得一翻译或洋务委员之优缺乎?至于予后来所成之事业,似为时世所趋,或非予父母所及料也。②

就这样,容闳入了澳门马礼逊预备学堂读书。父亲只是希望儿子进了洋学堂学好外文,将来谋个翻译工作,而容闳虽则聪慧伶俐,但却不太用心,起初,他对马礼逊预备学堂的严格管教不能适应,后又因家贫辍学。1841 年,容闳正式进入马礼逊学堂,翌年又随学校由澳门迁至香港。在这里,他遇到了一位美国耶鲁大学毕业的神学博士布朗(Samuel Robbins Brown)老师。在布朗先生的资助和教授下,容闳进步很快,学习成绩名列榜首。1846 年冬,布朗回国,并将容闳、黄宽、黄胜带往美国,从此改变了容闳的人生道路。他克服了社会的偏见与母亲的劝阻,勇敢地走向了世界。

1847 年 1 月 4 日,容闳乘美国奥利芬洋行(The Olyphant Brothers Co.)的

---

① 容闳著:《西学东渐记》,徐凤石、恽铁樵原译,张叔方补译,湖南人民出版社 1981 年版,第 1 页。
② 容闳著:《西学东渐记》,徐凤石、恽铁樵原译,张叔方补译,湖南人民出版社 1981 年版,第 1~2 页。

"亨特利思"（Huntress）号商船，由广州黄埔港起航，经中国南海，过马六甲海峡，经印度洋，绕道好望角，再入大西洋，历经98天之久的航行，于1847年4月12日抵达美国纽约港。一星期后，容闳在布朗先生的安排下进入马萨诸塞州的孟松学校（Monson Academy）学习。孟松学校为新英格兰最有名之预备学校。校长海门（Rev Charles Hammond）"德高望重，品学兼优"，"夙好古文，兼嗜英国文艺，故胸怀超逸，气宇宽宏"①。海门校长对容闳特加礼遇，甚望其学成归国，能有所贡献。1848年秋，容闳立志报考耶鲁大学，布朗先生和海门校长也希望容闳入耶鲁大学深造，并想为容闳申请孟松学校校董会为贫苦学生升学而设置的奖学金，但欲取此项奖学金的学生必须先具保证书，毕业后要以传教为职业。容闳没有同意同校方具结志愿书。为什么？他写道：

> 此在校董一方面，固对予极抱热诚。而予之对于此等条件，则不轻诺。予虽贫，自由所固有。他日竟学，无论何业，将择其最有益于中国者为之。纵政府不录用，不必遂大有为，要亦不难造一新时势，以竟吾素志。若限于一业，则范围甚狭，有用之身，必致无用。且传道固佳，未必即为造福中国独一无二之事业。以吾国幅员若是其辽阔，人苟具真正之宗教精神，何往而不利。然中国国民信仰果何如者？在信力薄弱之人，其然诺将如春冰之遇旭日，不久消灭，谁能禁之？况志愿书一经签字，即动受拘束，将来虽有良好机会，可为中国谋福利者，亦必形格势禁，坐视失之乎？余既有此意，以为始基宜慎，则对于校董诸人之盛意，宁抱歉衷，不得不婉辞谢之。嗣海门悉予意，深表同情。盖人类有应尽之天职，决不能以食贫故，遽变宗旨也。②

由此可见，容闳出国留学，不是为了成为一名神职传教士，更不是为了自己的个人安逸，而是有益于中国。正由于容闳抱着有益于中国的目的而在美国深造，在1847—1857年的十年间，他如饥似渴地吸收着新的知识，"读书恒至夜半，日间亦无余暇为游戏运动"。他努力学习拉丁文、希腊文及算术、文法、生理、心理及哲学等课程，"曾诵习多数英国之文集"。他的微积分成绩虽不甚好，但"英文论说颇优，第二第三两学期连获首奖"，"校中师生异常器重，即校外人亦以青眼相向"。③ 但是，正如钟叔河先生所言："对于一个思想敏锐而又时刻

---

① 容闳著：《西学东渐记》，徐凤石、恽铁憔原译，张叔方补译，湖南人民出版社1981年版，第15页。

② 容闳著：《西学东渐记》，徐凤石、恽铁憔原译，张叔方补译，湖南人民出版社1981年版，第19～20页。

③ 容闳著：《西学东渐记》，徐凤石、恽铁憔原译，张叔方补译，湖南人民出版社1981年版，第21～22页。

关心着祖国的进步和人民的幸福的青年来说，化学实验在玻璃仪器内显示的是一个全新的世界，微积分可以启发对合理化的思考和追求，古代雅典民主政治史也足以使他痛切地感觉到专制制度的违反人性和缺乏道德基础。"由于知识的积累和对美国等西方国家的了解增多，容闳懂得，到外国留学，不能只学各种科学知识和外国的语文，那样做，"充乎其极，不过使学生成一能行之百科全书，或一具灵性之鹦鹉耳，曷足贵哉！"① 容闳所学为所用，他广泛接触美国社会，直接熏陶于西方文化，摄入西方的新知识是为了改造旧中国。所以，诚如同时代的美国友人布思所称赞的，容闳是"一个极有才干的人"，"他有强烈的爱国心"，"他除了要完成他自认为对其人民极为有利的工作外，并无任何个人野心"。② 孙中山也说容闳"才智学识，达练过人"，"先生久离乡井，祖国萦怀"。③ 这些都反映容闳虽然自幼赴美留学，但他以救国救民为己任，具有身在异国心在乡邦的报国心。

二

1854 年夏天，容闳在学完美国耶鲁大学规定的必修课程之后，获得了学士学位，从而成为第一个受过完整美国教育并取得了学位的中国人。像容闳这样毕业于美国一流大学，又刻苦干练、热情有为、英语很好的青年，在美国不愁找不到一份理想的工作。然而，他不图个人的安逸生活，毅然决定回国，报效祖国。他当时的心情，正如他后来所说：

> 予于一八五四年毕业。同班中毕业者，共九十八人。以中国人而毕业于美国第一等之大学校，实自予始。以故美国人对予感情至佳。时校中中国学生，绝无仅有，易于令人注目。又因予尝任兄弟会藏书楼中司书之职二年，故相识之人尤多。同校前后三级中之学生，稔予者几过半。故余熟悉美国情形，而于学界中交游尤广。予在校时，名誉颇佳。于今思之，亦无甚关系。浮云过眼，不过博得一时虚荣耳。④

这是说容闳的条件不错，他如果从个人的工作和享受去考虑，可以不回国。

---

① 钟叔河著：《走向世界——近代知识分子考察西方的历史》，中华书局 1985 年版，第 127 页。

② 中南地区辛亥革命史研究会、华中师范学院辛亥革命史研究室合编：《国外辛亥革命史研究动态》第二辑（1984 年），第 29 页。

③ 孙中山：《致容闳函》，《孙中山全集》第二卷，中华书局 1982 年版，第 144 页。

④ 容闳著：《西学东渐记》，徐凤石、恽铁憔原译，张叔方补译，湖南人民出版社 1981 年版，第 22 页。

与他有过多年交往关系的吐依曲尔牧师（Rev. Joseph H. Twichell）也指出：只要容闳乐意，"他可以留在美国并找到职业。……他非常想留在美国。但是他说，这时《圣经》上有条经文，就像上帝的声音一样在他的耳边萦绕回响。经文上说：'不论是谁，如果不为自己，特别是不为自家人作打算，他就是否定了教义，因而比异教徒更坏。'在容闳的心目中，'自己'、'自家人'这些字眼意味着孕育他的祖国。这条经文得胜了。他象是从整个民族中被挑选出来去接受恩典似的，他的正义感和报恩心也不会让他自私自利。所以，虽然他无从预料什么会降临到他的头上，他还是决心回去。"①

《圣经》是否会有那么大的作用不可知，但容闳惦记着他的祖国，希望祖国有一天同美国一样兴旺发达则是真的，恐怕是后一个原因促使容闳踏上回国之路，报效祖国。但当他踏上中国的土地后，很快就发现，他对他日夜思念的祖国已经很陌生，中国虽然没有忘记他这位海外学子，但他似乎已不太了解中国。一方面，"中国之腐败情形，时触于怀"，使他每一念及，便"辄为之怏怏不乐"；另一方面，他又觉得"不应存此悲观"。他说："予既远涉重洋，身受文明之教育，且以辛勤刻苦，幸遂予求学之志，虽未能事事如愿以偿，然律以普通教育之资格，予固大可自命为已受教育之人矣。既自命为已受教育之人，则当日夕图维，以冀生平所学，得以见诸实用。此种观念，予无时不耿耿于心。"并说，还在耶鲁大学第四学年尚未毕业时，"已预计将来应行之事，规画大略于胸中矣。予意以为予之一身，既受此文明之教育，则当使后予之人，亦享此同等之利益。以西方之学术，灌输于中国，使中国日趋于文明富强之境"。② 正是由于容闳胸怀祖国，他才毅然回国，想把所学"西方之学术，灌输于中国"，使中国日趋于文明富强。

中国人走向世界、接触西方，既有一个如何学习外国长处的问题，又有一个怎样抵抗侵略的西方的问题。容闳当然不可能对当时的美国作科学的分析，但他却保持了国格和人格。他致力于"西学东渐"，然则无论在美国读书，或在香港、上海工作，他都坚持把民族利益放在第一位，宁可辞去有伤民族尊严的工作。随着接触和认识的深入，容闳同其他先进的中国人一样认识到，仅仅学一点西方的"长技"，搞一点坚船利炮，还是不行的。"要救国，只有维新"，维新行不通，就只有革命。在这方面，容闳的一生走过的道路、他的思想和足迹，总可

---

① An Address by the Rev. Joseph H. Twichell. Yung Wing. *My Life in China and America*. Appendix, pp. 256～258（1909, New York），中译文引自张海林著：《王韬评传》，南京大学出版社1993年版，第390～391页。

② 容闳著：《西学东渐记》，徐凤石、恽铁憔原译，张叔方补译，湖南人民出版社1981年版，第22～23页。

以留作我们借鉴。

然而，在一个外受欺凌、内存忧患的国家里，容闳要报效祖国绝非易事。他返国后，遇到种种困难，首先是中国语言文字不通，其次难以找到适合发挥个人专长的工作。他曾任美国传教士伯驾的私人秘书，原以为可以通过伯驾接触清朝官员，实现其改革中国的计划，谁知伯驾对此不感兴趣，且每月工资只有15元，容闳干了几个月就辞职了。随后，他到了香港，在香港高等审判厅任译员，工资较高，每月可得75金。然而，当翻译毕竟不是容闳的理想职业，他想学习法律，做开业律师，但为英人排斥，只好放弃此工作。不久，他到了上海，在海关从事翻译工作，薪水倒很优厚，月薪达75两白银，但容闳看不惯外国人掌握中国海关，只干了3个月便辞职不干。在辞职书上，容闳铿锵有力地质问上海海关税务司李泰国："中国人为中国国家服务，奈何独不能与彼英国人享同等之权利，而终不可以为总税务司耶？"李以月薪200两白银加以挽留，但容闳以"今海关中通事及其余司一职者，几无一不受贿赂。以予独处此浊流中，决不能实行予志"①，一走了之。可见，容闳"爱护祖国之念甚强"，他"爱护中国之忧，诚非一般人所能企及"。② 经过几番蹉跎，容闳通过赴美办购买机器获得了清朝洋务派官员的信任，后在曾国藩、丁日昌等人的帮助下，心中蕴藏了十几年之久的教育救国计划，终于得到了清政府批准，并于1872年带领中国第一批官派留学生赴美，实现了其建议派学生去美留学的计划。这是容闳一生中最有意义的事情。

在容闳的努力下，从1872—1875年，清政府曾派120名幼童赴美留学③，成为中国直接派遣留学生出国向西方学习的开端。尽管容闳的选派幼童赴美留学的计划由于清廷顽固派的反对，未能完成原定的15年的留学计划，中途被迫撤回。然而，容闳的努力对于中国教育的改革、新式教育的发展起了重要作用，尤其是经过留美学习成长起来的科技人员及其他方面的人才对中国的政治、军事、经济、文化、教育都起了相当大的作用。例如开平煤矿的著名工程师邝荣光，工程建设专家邝炳光，中国电报、电话事业的开拓者梁宝荣、程大业，近代中国铁路技术专家詹天佑，以及许多铁路建设的经理、总办、董事、工程师都是早期留美

---

① 容闳著：《西学东渐记》，徐凤石、恽铁憔原译，张叔方补译，湖南人民出版社1981年版，第35～36页。

② 舒新城著：《近代中国留学史》，中华书局·上海书店1989年版，第5页。

③ 1872年8月11日，经过考试遴选的第一批留学生30名启程赴美。1873年6月12日、1874年9月19日和1875年10月14日，又有三批各30名学生先后赴美。这些学生当中最大的16岁，最小的只有10岁，大都是东南沿海一带人，以广东人最多。参见舒新城著：《近代中国留学史》，中华书局·上海书店1989年版，第1～14页；胡光麃：《早期出洋的游学生（1872—1912）》，载台湾《传记文学》第34卷第2期；李喜所著：《近代留学生与中外文化》，天津人民出版社1992年版，第81页。

学生。有的留美学生如杨兆楠、黄季良、薛有福、邝咏钟还参加中法战争并壮烈牺牲。在甲午中日黄海大战中,陈金揆任致远舰大副,与邓世昌紧密配合,冲锋陷阵,英勇殉国,沈寿昌、黄祖莲也在战斗中光荣牺牲。还有一些留美学生活跃于外交、文化、教育界,他们默默耕耘,为中外文化交流做出巨大贡献。① 所以,人们称颂容闳为"中国留学生之父",是对他教育救国实践的肯定。容闳热切追求中国社会的巨变,他致力于"西学东渐",但不局限于翻译几部英文著作,介绍一些外国知识,而是将精力集中在新一代人才的培养上,他的事业是对中国具有开创性的事业,具有开风气、创世纪的意义。正如舒新城先生所说:"无容闳,虽不能一定说中国无留学生,即有也不会如斯之早,而且派遣的方式也许是另一个样子。"② 这一分析恰当地反映了容闳在留学教育史上的地位和作用。

三

由于清政府中顽固派的反对,容闳以通过争取清朝同意派遣留美学生,为中国培养人才,实现教育救国的愿望受阻。容闳"借西方文明之学术以改良东方之文化,必可使此老大帝国,一变而为少年新中国"③ 的理想落空,容闳的心情可想而知。留学生教育计划的夭折和美籍夫人凯洛格的去世,给容闳的打击甚大。他说:"一个使我毕生为之奋斗的教育计划被搞垮,另一个是剥夺了我只度过十年的幸福家庭。"因此,他感到心烦意乱、不知所从,他在美国蛰居下来,过着无所作为的生活。大约在1887年新年期间,容闳写下新诗一首,表达了他当时的心情:

> 弥年不得意,新岁又如何?
> 念昔同游者,而今有几多?
> 以闲为自在,将寿补蹉跎。
> 春色无新故,幽居亦见过。④

这首诗表现了容闳内心处于低潮的真实情景。

---

① 参见李喜所:《近代留学生对祖国的贡献》,载《人民日报》1987年6月8日;高宗鲁译注:《中国幼童留美史——现代化的初探》,台北华欣文化事业中心1982年版,第100页。
② 舒新城著:《近代中国留学史》,中华书局·上海书店1989年版,第2页。
③ 容闳著:《西学东渐记》,徐凤石、恽铁樵原译,张叔方补译,湖南人民出版社1981年版,第88页。
④ 这首诗的原件收藏在美国耶鲁大学图书馆,转引自顾长声著:《容闳——向西方学习的先驱》,上海人民出版社1984年版,第59~60页。

中年丧妻，事业受阻，人所难堪。然而，容闳毕竟是一位有坚强意志和强烈民族意识的人，他不会由于家庭的不幸和报国事业受阻而放弃自己的追求。甲午中日战争爆发后，他即乘船归国，1895年初夏抵上海。此后，他曾向张之洞和清吏提出了改革中国的许多新主张，如聘请外国人为中国外交、财政、海军、陆军的顾问，建立国家银行，修筑铁路，等等，这些主张均由于清政府的极端腐败未被采纳。容闳说："予救助中国之心，遂亦至此而止矣。"① 此处所说"救助中国之心"，是指扶植清朝政府之心，也即是说，他通过为清政府效命，改革中国，但由于清廷对他冷遇，使他改变主意，寻找新的救国道路。

1898年康有为、梁启超发动的戊戌维新运动进入高潮，此时的容闳已是70岁高龄的老人，但他积极参与维新派的活动。西太后慈禧发动政变后，他积极设法营救康有为、梁启超出京失败而成为通缉对象，他出逃避入上海租界，后又避难于香港。由于清朝顽固派反对中国进行改革，使容闳认识到在保留清政府的条件下中国不能振兴，国家也不能富强，因此他思想中的激进因素不断增强。1900年容闳支持唐才常自立军起义。7月，唐才常等在上海召开自立国会，通过容闳起草的宣言，并选容闳为会长，具体负责外交事务。但自立军起义事泄，清政府在长江一带大捕党人。容闳于9月1日化装变名"秦西"，乘船离沪走日本。② 容闳在国内从事振兴中国的努力也宣告结束。

1911年10月革命党人在武昌起义时，容闳已是83岁高龄的老人。当这位滞留美国的中国老人听到自己曾为之努力改革的祖国发生了巨变时，他兴奋不已。1911年12月容闳中风在床，但他仍忍不住喜悦的心情给老友谢缵泰写信。他高兴地写道：

> 目前中华帝国发生的政治现象在历史上确是非凡而空前的。
>
> 在仅仅数月的剧变中，我们古老的中国，从中部震及四方，直至几乎所有省份都举义参与我们反对满清王朝及政府的斗争。
>
> 我真诚地希望不会发生任何事来敌对目前遍及全国的平和的情绪。如果领导者的个人野心产生并占据了他们的心，将加重混乱、无政府和流血，不可避免地一定导致外国的干涉。这将导致整个中国被瓜分。
>
> 愿所有中国的爱国者警惕这种危险，防止这种情况出现。
>
> 如果健康状况允许，你将发现我很快会回国，纵然不能去同敌人战斗，

---

① 容闳著：《西学东渐记》，徐凤石、恽铁憔原译，张叔方补译，湖南人民出版社1981年版，第121页。

② 吴相湘：《容闳最有意义的一生》，载台湾《传记文学》第16卷第6期。

也可以提点对公众利益有益的建议。①

信中不仅表明了容闳已看出清政府即将垮台对古老中国发生的深远影响，而且还清醒地看到野心家可能会登场争夺未来中国的领导权。他告诉爱国者在未来的政治斗争中要警惕野心家和外国的干涉，同时表示，只要健康允许，他即将回国为国家和人民效力的愿望。尤其可贵的是，容闳以他敏锐的政治嗅觉预感到袁世凯是个野心家，劝告革命者绝对不要相信连光绪主子都出卖了的袁世凯。他说：

> 一点儿也不要相信袁世凯通过他的喉舌唐绍仪对你们说的话。你们可以断定，他们全是野心勃勃的。袁世凯是个什么人？难道他在一八九八年不是背叛了他的主人光绪皇帝吗？难道要信任一个叛徒吗？他是最受外国驻京外交家赏识的人。他乘机利用满清皇帝的崩溃，披着形形色色的巧妙伪装进行抢掠，直到把卑鄙的大烟鬼庆亲王（Prince Ching）的总理职位拿到手之后，他的那条跛腿立即变好了，他能够动来动去，想要支撑住可恶的满清机器，再来接管中国，并由他来当司机，任其操纵。难道可以信任这样一个大阴谋家吗？不，必须把他和满洲人一齐撵走。②

孙中山对容闳心仪已久。容闳与孙中山同属香山县人，但他比孙中山大38岁，算是孙中山的父辈。在1900年9月孙中山与容闳在日本长崎会见之前，他俩一直未曾见过面。经容星桥介绍，两人一见如故。容闳劝孙中山回国，南下台湾观察华南的局势，并亲自筹划惠州起义。容闳鼓励孙中山以"华盛顿、弗兰克林之志"③为志。容闳也从长崎赴香港。1902年，洪全福、李纪堂等谋划在广州起义，拟推容闳为大总统，事泄后，未遂的大总统容闳再度逃亡到了美国。

在美国，容闳继续为革命事业奔波，不仅在华侨华人中争取支持者，还向美国人介绍孙中山。1909年，容闳邀请孙中山去美国，与荷马李和布思等一起商议制订革命计划。后来，孙中山与荷马李等密谋的美国长堤计划就是容闳一手促成的。

武昌起义胜利后，容闳写信给他的老朋友谢缵泰，请他代向孙中山"致以衷

---

① 广东中山市翠亨村孙中山故居纪念馆藏，中译文引自邓丽兰编著：《临时大总统和他的支持者——孙中山英文藏档透视》，中国文史出版社1996年版，第5页。

② 谢缵泰著：《中华民国革命秘史》，江煦棠、马颂明译，《孙中山与辛亥革命史料专辑》，广东人民出版社1981年版，第324页。

③ 刘禺生撰：《世载堂杂忆》，中华书局1960年版，第115页。

心的祝贺",并希望孙中山能"当选下届大总统"。当时容闳患病在床,但他还记挂着新政府的财政问题,并让儿子容觐槐回国,为新生的共和国建设事业服务。

孙中山收到从谢缵泰转来的容闳的信后,于 1912 年 2 月写信给容闳,邀请他回国辅政。然而,4 月 21 日,容闳逝世,结束了他爱国奋斗的一生。

毫无疑问,容闳是一个具有强烈报国心的爱国者,正如美国牧师吐依曲尔于 1878 年 4 月 10 日在耶鲁法律学校肯特俱乐部的演说中对容闳的评价:

> 从头到脚,身上每一根神经纤维都是爱国的。他热爱中国,信赖中国,确信中国会有灿烂的前程,配得上它的壮丽的山河和伟大的历史。①

四

中华民族具有强大的凝聚力。中国人无论生活在哪里,也无论接受何种文化的熏陶,都依然有一颗中国心。只要有这一颗中国心,他就是民族的脊梁,就是祖国的希望。英国人罗素说过这样的话:

> 中国人,从上层社会到底层百姓,都有一种冷静安详的尊严,即使接受了欧洲的教育也不会毁掉。无论个人还是国家,他们都不自我肯定;他们的骄傲过于深厚,无需自我肯定。虽然也承认兵力上敌不过外国列强,但并不因此而认为先进的杀人方式是个人或国家所应重视的。我觉得这是因为他们都在心底里自信中国是世界上最伟大的国家,拥有最完美的文明。②

罗素又说:

> 从孔子的时代以来,古埃及、巴比伦、马其顿、罗马帝国都先后灭亡,只有中国通过不断进化依然生存,虽然也受到诸如昔日的佛教、现在的科学这种外来影响,但佛教并没有使中国人变成印度人,科学也没有使中国人变成欧洲人。我曾经遇到有些中国人,他们对于西方科学的了解不亚于我们的教授,但并不因此失去平衡,也没有失去与自己人民的联系。对于西方的坏东西——兽性、不安、欺压弱者和纯物质的贪欲——他们都心如明镜,不愿

---

① 容闳著:《西学东渐记》"代跋",徐凤石、恽铁憔原译,张叔方补译,湖南人民出版社 1981 年版,第 15 页。
② (英) 罗素著:《中国问题》,秦悦译,上海学林出版社 1996 年版,第 159 页。

接受。而对于那些优点,尤其是科学,则照单全收。①

罗素说得对。容闳就是如罗素所说的对于西方的科学如痴如醉、"照单全收"的人,他是致力于"西学东渐"的智者和勇者。虽然容闳反抗清政府,经历了清朝政府的迫害,逃亡到了日本和美国,但他仍然执着地热爱着他的祖国和人民。他为什么会有如此崇高的精神境界?无他,是因为他对祖国怀有"永恒热爱",期望祖国得到迅速"改革和复兴",像世界上所有文明古国一样,享有它应有的地位,并早日成为繁荣富强的国家,让人民过着幸福的生活。

容闳不是思想家,也不是政治家,当然更谈不上是实业家,但他一生的经历则丰富多彩。近代中国的太平天国运动、洋务运动、甲午中日战争、戊戌变法、自立军起义、辛亥革命等都在他的思想里留下记忆和活动的足迹。他经过商,办过教育,做过小官,办过外交,搞过企业,但从哪一方面看,他都谈不上是什么"家"。不过,他的爱国则是一贯的、始终如一的,所以用不着称为什么"家",他也是中国伟大的忠诚的爱国者,他真心实意地爱着祖国和人民,希望祖国繁荣富强、人民幸福。他付出的不仅是精力,更重要的是一种精神,是一种无限热爱祖国、报效祖国的力量,唯其如此,他就称得上是一位伟大和杰出的中国爱国者。我们怀念他和纪念他,也是因为他具有爱国精神和振兴中华的优秀品格,不是由于他曾是什么政治家、实践家。他一生的留学经历和报效祖国的行为给我们今人留下许多思考的空间。

(1998 年)

---

① (英)罗素著:《中国问题》,秦悦译,上海学林出版社 1996 年版,第 164 页。

论杰出的教育家蔡元培

> 从排满到抗日战争,先生之志在民族革命;
> 从五四到人权同盟,先生之行在民主自由。①

这是1940年4月14日,周恩来在延安各界举行追悼蔡元培先生大会上所写的挽联,是对蔡元培一生的历史总结。

蔡元培是我国伟大的爱国主义者、民主主义者,杰出的教育家和思想家,著名的学者,他为我国的独立、民主、自由和富强奋斗了终生,为我国的教育、科学、文化事业做出了富有开创性的贡献。他是一位对中国近现代政治思想和文化教育起过重要作用、具有重要影响的人物。

一

蔡元培(原字鹤卿,后自号子民),1868年1月11日出生在国学隆盛的浙江省绍兴府山阴县城的一个普通商贾之家。蔡元培同胞兄弟四人,姐妹三人,元培在弟兄中居二。他的父亲宝煜为人宽厚,周济朋友,有求必应,借款予人不忍索,家中人以"爱无差等"称之。母亲周氏,贤而能,克勤克俭,抚养诸儿成人,每勉以"自立"、"不倚赖"。元培一生性格安详方正、平易近人,与家教有关。据他自述他性格上的宽厚得自父亲;不苟取、不妄言,得诸母教。

元培从小尊敬长辈,刻苦好学,又很聪慧。他从6岁起便由塾师授课,先读《百家姓》、《千字文》、《神童诗》小书,继读"四书",再读"五经"。11岁那年,父亲去世,家道日落,抚育儿女的重担都落在母亲周氏一人身上。艰苦的环境、父母的言行在元培幼小的心灵里埋下了勤奋、自强的种子。元培17岁考取了秀才,从此他不再治举子业,专治小学、经学、骈体文,并从叔父铭恩(茗珊)处借来书籍,开始了自由阅读阶段。在阅读《史记》、《汉书》、《困学纪闻》、《文史通义》、《说文通训定声》诸书时,皆得其叔铭恩之悉心指导。② 随着

---

① 《周恩来同志挽蔡元培先生联》,参见蔡建国编:《蔡元培画传(1868—1940)》,上海人民美术出版社1988年版,第145页。

② 高平叔编著:《蔡元培年谱》,中华书局1980年版,第3页。

他涉猎的书籍渐广，他的知识也日长，凡关于考据、辞章之书，他均随意检读，颇有心得。

1884—1885年间，元培结束了附馆学习的生活，在家中设塾课徒，自充塾师①，招收6岁以上学生课读，此为元培从事教育工作之始。1886年，元培20岁时，其母逝世，他应邀到同乡徐树兰、幼兰家校书。因徐氏"古越藏书楼"藏书颇丰，他遂得以博览群书，学乃大进。1889年，他参加浙江乡试，中举人；次年，他赴北京会试，又中贡士；1892年春，晋京补行殿试，被录为二甲第三十四名进士，朝考后选为翰林院庶吉士；1894年，他在北京应散馆考试，由庶吉士升补翰林院编修，留京四年。

正当他在科举道路上一帆风顺的时候，由于清王朝本身的腐败和外国侵略者的侵略打击，清王朝已经日趋衰朽。1894—1895年，甲午中日战争的爆发，《马关条约》的签订，清政府的昏庸无能彻底暴露，激起了全国人民的无比愤慨。蔡元培也深受民族危亡的威胁，曾列名翰林院侍讲学士文廷式领衔的奏折，奏请清廷密联英德以御日。当清廷屈从于德俄之强权，不断出卖主权和民族利益时，他又愤怒地指斥清廷"不自强而恃人，开门揖盗，真无策之尤也"，表现了蔡元培的爱国之情。他曾任职翰林院四年，但并没有多少事情可做，得以有较多时间读书，殷忧国事，思虑救亡图强。因此，他的思想日趋维新，他认为中国只有改革，才能有所进步，但他对维新党人采取的改良做法却不赞成。1898年，康有为领导的维新变法运动失败，六君子被杀，更坚定了他的看法。他指出："康党所以失败，由于不先培养革新之人才，而欲以少数人弋取政权，排斥顽旧，不能不情见势绌。"②他深感清廷之不足为，封建主义犹如人之罹重病，于是他走向办教育之路，通过办教育培养人才，从唤起民众的爱国意识入手，开始了他的教育救国生涯。1898年9月，他弃官归里，任绍兴中西学堂监督，他批评康、梁主持的维新运动不彻底。他说："我蔡元培可不这样。除非你推翻满清，任何改革都不可能。"③他认为，改革必须培养人才，因此，他提倡新学，传播新思想，立志培养新式人才，引起守旧势力的忌恨，但他不愿妥协，愤而辞职。

离开中西学堂之后，元培继续从事教育工作。他先被聘为绍兴附近嵊县的剡山书院院长，任职一年，因经费困难，校务无从改进，乃辞职。继而又被诸暨县丽泽书院聘为院长，未到任。1901年，他到上海澄衷学堂代理校务。不久，在

---

① 高平叔编著：《蔡元培年谱》，中华书局1980年版，第3页。
② 口述《传略》，见新潮社编辑：《蔡孑民先生言行录》，北京大学新潮社1920年印刊，第5页。
③ 蒋梦麟：《试为蔡先生写一笔简照》，载重庆《中央日报》1940年3月24日。

南洋公学任特班总教习,继任爱国女校校长。1902年春,元培等在上海发起创立了"中国教育会",被推选为会长。"本会以教育中国男女青年,开发其智识,而增进其国家观念,以为他日恢复国权之基础为目的。"① 这是上海一个"表面上办理教育,暗中鼓吹革命"②的团体。蔡元培也由从事教育改革而倡言革命,并逐渐把教育与革命相结合。

1902年夏,他游历日本,同年秋返国,在上海设立爱国学社,被推为总理,提倡民权,宣传革命。1903年冬,参与创办《俄事警闻》(后改为《警钟日报》)。此时,他还参加军国民教育会暗杀团,密制炸药;积极宣传革命思想,反对帝国主义侵略,倡议抗法拒俄,先后为《苏报》撰稿,鼓吹反清革命。1904年冬,他与龚宝铨等在上海建立反清革命团体光复会,被推为会长。1905年8月,中国同盟会在东京成立后,蔡元培在上海加入同盟会,任同盟会上海分部的主盟员(即会长)。从此,蔡元培走上了民主革命的道路。

1907年6月,元培年已41岁,往德国留学,甘愿做一个老学生。在柏林、莱比锡等城市学习了四年。在莱比锡大学的三年中,他学习范围遍及哲学、心理学、文学、文明史、人类学、民族学等。他编著了《中学修身教科书》、《中国伦理学史》等书,并翻译了《伦理学原理》一书。

以后,他对西方学术文化了解日益深入,成为兼通中西文化的通人,对他此后一生影响深远。

1911年10月,武昌首义,举国兴奋。消息传到德国,蔡元培欢欣鼓舞,"喜而不寐",对革命的前途充满了信心,说"革命必可成功。因为革命党已预备很久了"。③ 他每天都到同学会去,与同学会中人共同读报,鼓动留学生的革命热情,商量筹款发电报,还致函远在美国的孙中山,建议筹款购买德国克虏伯厂新式的攻城炮。不久,得陈英士电召,他即启程回国,于12月1日回到上海。1912年1月,中华民国南京临时政府成立,蔡元培任教育总长。他在教育总长任内,废止尊孔读经,鲜明地反对封建教育制度,推行了中国第一个新的教育制度,确立了资产阶级教育体系,对民主共和思想的进一步传播起了积极作用。

袁世凯篡权后,唐绍仪以同盟会员身份任内阁总理时,蔡元培仍任教育总长,继续推行教育制度的改革。袁世凯专制独裁,与同盟会和国民党等革命党人尖锐对立,蔡元培愤而辞职,偕同家属再次赴德国留学。1913年"二次革命"

---

① 章开沅主编:《辛亥革命辞典》,武汉出版社1991年版,第54页。
② 蒋维乔:《中国教育会之回忆》,载1936年1月《东方杂志》第33卷第1号。
③ 蔡元培:《辛亥那一年》,载《越风》半月刊,第20期(1936年10月10日出版),又见《蔡元培全集》第八卷,浙江人民出版社1997年版,第366页。

时，他应孙中山电召回国讨袁，失败后，又赴法国继续留学并研究学术，从事翻译。在留法期间，他与李石曾、吴玉章等创办留法勤工俭学会，并组织华法教育会，为中国留法学生做了大量宣传教育工作。他 1916 年冬回国，1917 年年初任北京大学校长。1917—1930 年，他前后在北京大学任校长达 13 年之久，为北京大学的发展劳绩卓著，影响全球。

蔡元培到北京大学后，采取了进步的教育方针，他高举民主与科学大旗，提倡科学，倡导民主，主张学术自由，培育和支持科学事业。经过调整、充实和卓有成效的改革，使北京大学面貌一新，成为研究学术、传播新思想、培养新人才的著名场所。1919 年五四运动首先在北京大学兴起，深得蔡元培的同情和支持。五四运动后，他对中国充满了希望和信心，表现了一个爱国者的昂扬精神。他高呼"劳工神圣"，预言"此后的世界，全是劳工的世界呵！"①

1927 年 6 月，他被国民党政府任命为大学院院长。1928 年 6 月 9 日中央研究院成立，蔡元培逐渐辞去其他职务，改任中央研究院院长直到逝世，历时 13 年。

蔡元培晚年，特别是面对日本侵略时，他不遗余力地为中国的民族独立而大声疾呼，促成第二次国共合作，力主全面抗战。在九一八事变之前，他虽在政治上经历过曲折甚至失误，但当他看透国民党政府的实质以后，就把自己置于国民党的对立面，在保障人权、争取民主自由方面同国民党政权作了力所能及的斗争。

1932 年，蔡元培与宋庆龄、杨杏佛等在上海发起组织了中国民权保障同盟，蔡元培任副主席，对国民党的倒行逆施进行了揭露。中国民权保障同盟主持正义，同情中国共产党，营救了许德珩、廖承志、陈赓、罗登贤、余文化、胡也频、丁玲、潘梓年、侯外庐等一大批革命志士和爱国青年，为革命事业做出了独特的贡献。

1937 年年底，抗日战争全面爆发，上海沦陷，蔡元培迁居香港。他一边养病，一边主持中央研究院内迁等工作，宣传抗日，被选为国际反侵略运动大会中国分会第二届名誉主席。

由于长期辛劳，蔡元培积劳成疾。1940 年 3 月 5 日，蔡元培在香港溘然长逝，享年 73 岁。

蔡元培一生既从政、从教，又从事科学领导工作。然而，他毕竟不是搞政治的人，事实上，终其一生，他都以科学与教育作为事业中的两大支柱。在长中央研究院以前，他的主要精力放在教育上，他领导的北京大学不仅真正成了全国的最高学府，也成了新文化运动的策源地。蔡元培先从事革命救国，后改为科学救

---

① 蔡元培：《劳工神圣》，载《北京大学日刊》1918 年 11 月 27 日。

国。然终其一生,他最致力于中国科学事业的倡导和发展。他一生的最大业绩是办教育和从事科学事业的管理、领导。

蔡元培在教育和对科学事业的倡导和建设方面的不朽业绩、卓越贡献,以及他的教育救国、科学救国的精神,都堪称楷模。他毕生为振兴中华,生生不息、奋斗不止的崇高品德,深为全国人民所敬重,永为人民学习和继承。

二

蔡元培的第一个重大业绩是他把北京大学办成全国一流的大学。

1917年1月,蔡元培到北京大学就任校长,改变了旧中国教育的模式,为人才的脱颖而出创造了良好的条件。北京大学在他的领导下,实行新的教育方针,为中国思想、学术、文化乃至政治生活,都揭开了新的一页。

北京大学的前身是京师大学堂。京师大学堂是戊戌维新运动的产物,1898年7月开办于北京。学校的主要部分为仕学院,招进士、举人出身的七品以上京官入学,另附设预备科及速成科招收学生和小学生入学,进士、举人、贡生、监生不及七品,或未登仕版之年在20岁以上者,通称学生;年不满20岁者为小学生。当时入学人数极少,学生不及百人。1912年3月,蔡元培任中华民国南京临时政府教育总长,5月将京师大学堂改名为国立北京大学,严复为署理校长,正式有了北京大学之名。此后,北京大学迭有改革,但与辛亥革命前相较,并没有根本的变化。从创立到蔡元培任校长之前,北京大学官僚习气十足、陈腐不堪,学生到北京大学不是为了读书,而是来混一个资格,以便进入政界。

蔡元培是抱着牺牲的精神到北京大学任校长的,他不认为办教育是做官,而是实践他的救国理想。

1916年12月26日,黎元洪正式任命蔡元培为北京大学校长。就任之前,蔡元培几次在北京发表演说,其中有两次表面上是谈宗教和道德问题,其实是在说明他办理北京大学的某些宗旨。一是在信教自由会演说,蔡元培力斥其时甚嚣尘上的定孔教"为国教之议"。他指出:"宗教是宗教,孔子是孔子,国家是国家,各有范围,不能并作一谈。""孔子、宗教,两不相关。""'以孔教为国教'者,实不可通之语。"[①] 在办理北京大学时,他反对尊孔,反对定孔学于一尊,反对定孔教为国教。二是在政学会欢迎会演说《我之欧战观》,他认为道德的养成,与宗教毫无关系,而美术的作用则至大,他说:"法、德两国不甚信仰宗教,而一般人民何以有道德心?此即美术之作用。大凡生物之行动,无不由于意志。意志不能离知识与情感而单独进行。凡道德之关系功利者,伴乎知识,恃有科学之

---

① 蔡元培:《在信教自由会之演说》,见新潮社编辑:《蔡孑民先生言行录》,北京大学新潮社1920年印刊,第45~49页。

作用；而道德之超越功利者，伴乎情感，恃有美术之作用。美术之作用有两方面：美与高是。美者，都丽之状态；高者，刚大之状态。"① 因此，在北京大学，他极力提倡美术与美学的教育，就是基于他对人才培养的新认识。1917年1月4日，蔡元培到北京大学视事。9日，北京大学举行开学典礼，蔡元培发表演说，对学生提出三事：

一是抱定宗旨。他明确宣告："大学者，研究高深学问者也。"他劝学生不要抱着做官发财的目的而来北京大学，要为求学而来。入法科者，非为做官；入商科者，非为致富。宗旨既定，自趋正轨。

二是砥砺德行。他指出："方今风俗日偷，道德沦丧，北京社会，尤为恶劣。"他要求学生作"卓绝之士，以身作则，力矫颓俗"，做有道德的高尚人，"品行不可以不谨严"。

三是尊敬师友。"教员之教授，职员之任务，皆以图诸君求学便利，诸君能无动于衷乎？自应以诚相待，敬礼有加。至于同学共处一堂，尤应互相亲爱，庶可收切磋之效。"②

这些都是蔡元培对北京大学学生的期望，也是他改革北京大学的指导思想。

胡适对蔡元培领导北京大学改革的气魄衷心敬佩。他认为，蔡先生造成北京大学最大变化是两个：第一个是组织方面的，即从校长、学长独裁制改变为教授治校制。这可以大大鼓励教员的积极性和创造性，从而增加学校基础的稳固性和学术发展的连续性。第二个是大力提倡学术思想的自由，容纳个性的发展，使北京大学成为国内自由思想的中心，引起青年学生对各种社会活动的浓厚兴趣。后来的事实证明，胡适指出的这两点，确是至关重要的。③ 蔡元培任北京大学校长的主要贡献也正在于此。

关于组织方面：

首先是从延揽人才着手，刻意延聘优良师资。

蔡元培到校甫9个月，即聘请了陈独秀来北京大学任文科学长。胡适时方在美国哥伦比亚大学毕业，因在《新青年》杂志发表文学革命的文章，陈独秀向蔡元培力荐胡适，蔡氏异其才识，欣然同意决定聘其为北京大学文科教授。胡适入北京大学时还不满26岁，得展长才，功成名就，蔡元培于他实有知遇之恩。对此，胡适对蔡元培也终生怀有敬意。在晚年作《胡适口述自传》时，他说在

---

① 蔡元培：《我之欧战观》，高平叔编：《蔡元培全集》第三卷，中华书局1984年版，第3页。

② 蔡元培：《就任北京大学校长之演说》，高平叔编：《蔡元培全集》第三卷，中华书局1984年版，第5～6页。

③ 耿云志：《蔡元培与胡适》，李又宁主编：《胡适与他的朋友》第2集，纽约天外出版社1991年版，第118页。

北京大学出任教授时的校长正是那位了不起的蔡元培先生。"蔡校长是位翰林出身的宿儒。但是他在德国也学过一段时期的哲学，所以也是位受过新时代训练的学者，是位极能接受新意见、新思想的现代人物，他是一位伟大的领袖，对文学革命发生兴趣，并以他本人的声望来加以维护。"① 李大钊于1917年11月应邀到北京大学任图书馆主任，1920年7月8日，校评议会召开特别会议，授予他教授职称，李便兼任经济、史学等系教授。刘半农、周作人等也都陆续应蔡元培之邀约到校任教授。鲁迅则于1920年来校兼课，主讲《中国小说史》。加上原北京大学的沈尹默、沈兼士、钱玄同等著名教授，在蔡元培的悉心网罗之下，当时北京大学聚集了一大批优秀的学者，一时阵容大盛。

北京大学原理科学长由夏元瑮（浮筠）续任，蔡元培陆续聘请了李四光（仲揆）、丁燮林（巽甫）、王星拱（抚五）、颜任光、李书华、翁文灏等来校任教。蔡元培还聘请了王世杰、周鲠生等人来任法科教授，加上马寅初、陶孟和、高一涵、陈启修等人，组成了正式的法科。

其次，是对于学科和其他制度进行了重要的改革。

蔡元培认为大学最重要的是文理两科，"文理两科，是农工医药法商等应用科学的基础，而这些应用科学的研究时期，仍然要归到文理两科来。"蔡任北京大学校长后，扩充了文理两科，停办工商两科（工科并入北洋大学，商科停止招生），并准备将法科分出去，将北京大学办成独立的文理专科大学。② 但法科分出之议未能实现，北京大学便由原来的理、法、商、工多科性大学改为文理法三科大学。修业年限定为预科两年，本科四年。1919年，蔡元培废科存系，把北京大学三科界限废去而列为14系，废学长，设系主任。③ 他又把年级制改为选科制（即学分制），大大提高了学生学习的兴趣和积极性，增长了学生自由发挥的能力。蔡元培在北京大学冲破男女不同校的惯例，招收女生入校，推行平民教育，影响及于全国。对于学校领导体制和行政组织，蔡元培也进行了改组。他说："我初到北京大学，就知道以前的办法是，一切校务都由校长与学监主任、庶务主任少数人办理，并学长也没有与闻的。我以为不妥。所以第一步组织评议会，给多数教授的代表，议决立法方面的事；恢复学长的权限，给他们分任行政方面的事。但校长与学长，仍是少数，所以第二步组织各门教授会，由各教授与所公举的教授会主任，分任教务。将来更要组织行政会议，把教务以外的事务，

---

① 胡适著：《胡适口述自传》，华东师范大学出版社1993年版，第162页。
② 蔡元培：《我在北京大学的经历》，载《东方杂志》第31卷第1号，1934年1月1日。
③ 唐振常著：《蔡元培传》，上海人民出版社1985年版，第131页。

均取合议制。并要按事务性质，组织各种委员会，来研讨各种事务。"① 评议会由评议员组成，评议员从各科学长及教授中产生，非教授不得当选为评议员，每五名教授选一名评议员，任期一年。校长为评议会议长。评议会的任务是审核学校各种章程条令，决定学科的废立，审核教师学衔与学生成绩，提出学校经费预决算。在各系，系主任由教授互选，并分别成立教授会，规划本系工作。教务长由各系教授会主任推选。还有一个行政会的组织，由各专门委员会的委员长和教务长、总务长组成，校长兼议长。它是全校最高行政机构与执行机构，成员以教授为限。

蔡元培通过上述改革，冲击了北京大学一向受政府官僚制度影响的旧有的大学行政制度，开创了北京大学教授治校的学府风范，提高了北京大学的学术水平和学术地位。

关于提倡学术思想自由方面：

首先，蔡元培提倡和组织各种各样的学术团体，创造思想自由、学术自由的学风。

经蔡元培校长号召，教授学生相从，各种各样的学术团体在北京大学如雨后春笋，应运而生。重要的团体有进德会、哲学研究会、新闻研究会、平民教育演讲会、地质研究会、书法研究会、马克思学术研究会、教育研究会、体育会、静坐会、音乐研究会、学生储蓄银行等等。其中，进德会、新闻研究会、学术演讲会和书法研究会均为蔡元培发起。蔡元培提倡学术自由，各种学术思想"兼容并包"，使北京大学的刊物极盛。学校办的刊物初有《北京大学日刊》，后有《北京大学月刊》、《国学季刊》、《自然科学季刊》、《社会科学季刊》、《文学季刊》。教授与学生分别主办的刊物有《新青年》、《每周评论》、《努力周报》、《读书杂志》，以及《国故月刊》等，其中以陈独秀主编的《新青年》影响最大。《新青年》提倡民主与科学，反对孔教与国粹，后来《新青年》移上海出版，开始宣传共产主义思想学说。纯是学生办的刊物，以《新潮》影响最大。新潮社的成员多是北京大学文史的学生，主要人物为傅斯年、罗家伦、毛子水、杨振声、康白清、俞平伯、谭鸣谦（平山）、顾颉刚、潘家洵等，而以傅、罗为主要负责人。《新潮》1919年元旦发刊，这个杂志在反封建、反孔教、宣传新文化、鼓吹文学革命、介绍西方文学等方面都起过重要作用。另一个《国民》杂志，则由北京大学学生邓中夏、黄日葵、高君宇、许德珩、张国焘、易克嶷等为骨干创办，该刊物宣传爱国反帝，革命救国的色彩十分鲜明。

经过蔡元培的积极提倡和努力，北京大学真正摆脱了旧日京师大学堂的腐败

---

① 蔡元培：《回任北京大学校长在全体学生欢迎会上演说词》，高平叔编：《蔡元培全集》第三卷，中华书局1984年版，第342页。

沉寂的空气，成了一所充满活泼精神和浓厚研究氛围的新式大学。各种思潮、各家学派都在北京大学找到了鼓吹者和信从者。在蔡元培"循思想自由原则、取兼容并包主义"思想的指导下，"无论何种学派，苟其言之成理，持之有故，尚不达自然淘汰之运命者，虽彼此相反，而悉听其自由发展"①，使北京大学焕然一新。蔡元培领导的北京大学不仅有利于新思想、新观念的创行，并且由此造成了北京大学成为影响整个中国近代史的三个相互关联的文学革命运动、新文化运动和五四运动的策源地和中心。

人创造了文化，文化造就了人。蔡元培作为北京大学的领导人，他从旧学中来，到西学中去，他既了解中学，又了解西学，他博览中西，泛滥万家，他"凝结中国固有文化的精英，采撷西洋文化的优美"②。但没有哪一个学派、哪一家学说、哪一种方法真正变成他自己的。作为一个学者和教育家，蔡元培以中国固有传统作为基础，荟萃中西文化于一身，办了一所全国一流的大学，为中国社会的进步、民族文化的发展做出巨大的贡献。仅这一点，他就值得我们长久地追念。他在北京大学的一系列卓有成效的改革，奠定了我国新教育体系的基础，在中国教育史上产生了深远的影响，他的教育实践与思想是他留给中华民族极为珍贵的精神财富。所以，蔡元培是一位对中国近现代政治思想和文化教育具有重要影响的人物。民国年间成长起来的知识分子没有一个人不知道蔡元培，也绝少有人在知识、学问、道德与理想方面没有受过他的教育和影响。他是中华民族的骄傲，是现代中国知识界的卓越前驱。正是在这种意义上，毛泽东称他是"学界泰斗，人世楷模"。③ 他是我国近现代杰出的教育家。

蔡元培的另一个重大业绩，是他为了振兴和发展我国的科学事业作了不懈的努力。他在晚年倾其全力，在领导中央研究院时期对科学事业的倡导与建设中，做出巨大的贡献。

1928年6月，中央研究院成立，蔡元培被推为研究院院长。为了振兴和发展我国的科学事业，他把开展科学研究和普及科学方法作为中央研究院的重要任务。中央研究院为全国最高科学研究机关，它的宗旨定为："实行科学研究，并指导、联络、奖励全国研究事业，以谋科学之进步，人类之光明。"④ 蔡元培长中央研究院后，仍持其"兼容并包"主张，提倡学术自由，各种问题均可研究，各种学派都可并存。在他的网罗、聘请、扶持、提拔下，各方面的著名学者专

---

① 蔡元培：《致〈公言报〉函并答林琴南函》，载《北京大学日刊》1919年3月21日。
② 罗家伦：《伟大与崇高》，载重庆《中央日报》1940年3月24日。
③ 《毛泽东对蔡元培先生逝世由延安发出的唁电》，载重庆《新华日报》1940年3月8日。
④ 《修正国立中央研究院组织条例》，载《国民政府公报》第48期，1928年4月。

家，如杨杏佛、李四光、竺可桢、丁文江、翁文灏、赵元任、周仁、任鸿隽、陈寅恪、陈垣、胡适、茅以升、梁思成、侯德榜、李济、李书华等，一大批全国最优秀的科学家云集中央研究院，初步形成了一支包括自然科学和社会科学各个方面的科研队伍，在学术领域中居于领导地位。

蔡元培很注重科学方法，他认为介绍科学方法要比介绍科学结论更为重要，有了科学方法，就掌握了科学研究的钥匙。所以，他非常重视推广科学方法。他说："近虽专研究科学者与日俱增，而科学的方法尚未为多数人所采用，科学研究机关更绝无仅有。盖科学方法非仅仅应用于所研究之科学而已，乃至一切事物，苟非凭借科学，明辨慎思，详考博证，即有所得，亦为偶中；其失者无论矣。"① 他倡导专家学者来办研究院，形成集思广益的风气。物理、化学、工程、地质、天文、气象、历史语言、心理学等研究所以及自然历史博物馆等的设立，更为开拓科学事业起到重要作用，其中尤以天文、气象、地质与生物学的研究成就显著。南京紫金山天文台一时成为国内天文学研究中心。地质研究所调查各地地质结构与矿物分布，初步摸清了一些矿藏分布。生物学方面，对我国动植物分类区划有重要的收获。社会科学方面，历史语言研究所对河南安阳殷墟遗址的发掘，其成果引起了全世界的注意，此后在山东历城县龙山镇城子崖发掘的成果亦为时人所瞩目。社会科学研究所的研究工作在蔡元培的倡导下，密切结合现实，对于中国的农村经济、租界问题、犯罪问题、上海纱厂的包身工等问题都进行了详细的调查。

在蔡元培的领导下，中央研究院的工作取得了明显的成就，对国内的学术研究起了推动作用，也引起了国际学术界的重视。

正当中央研究院的工作向纵深发展的时候，抗日战争全面爆发了，中华民族到了最危险的时候，国家处于生死存亡关头。蔡元培一面呼吁抗战，一面坚持中央研究院的领导工作。在他看来，把中央研究院的工作做好了，促进了国家科学事业的发展，增强了国家的实力，就是为抗日救国的神圣事业做出了贡献。他辞去其他兼职，全力主持中央研究院工作，多次召开了全国性的学术会议，定期举行评议会，并注重国际学术交流，多次派人参加国际学术会议，提高了中国学术界在国际上的地位。

尽管中央研究院的工作受到很多牵制，经费奇缺，甚至中央研究院的研究工作也受到来自各方的干扰，困难重重。然而，中央研究院在蔡元培主持期间，自建院起讫他逝世之日，共历13年，在他的辛勤培育和倡导下，我国的学术和科学有所进步和发展；提倡科学的风气，以及重视文化和教育，逐步形成为社会的共识，因而他执掌中央研究院的绩效也非常昭著。

---

① 《大学院公报》第一期，《发刊词》。

三

蔡元培的"道德文章,夙负时望","一代宗师,士林共仰"。作为一位伟大的学者和教育家、科学的先驱、文化的先导,蔡元培是我们的楷模。

蔡元培的性格非常洒脱,每有诗文,寄其意趣。唐振常先生在《蔡元培传》中,著录蔡元培在 1931 年 11 月 19 日为诗人徐志摩乘飞机在济南遇难写的一副挽联,说得真好:

> 谈诗是诗,举动是诗,毕生行径都是诗,诗的意味渗透了,随遇自有乐土。
> 乘船可死,驱车可死,斗室坐卧也可死,死于飞机偶然者,不必视为畏途。①

这副挽联豁达自然,如谈玄理,颇有魏晋风度,从中可见他的新境界和他的生死观。

1933 年 6 月 18 日,杨杏佛在上海被反动派暗害,蔡元培极为悲痛愤慨。20 日,宋庆龄、蔡元培均往凭吊。蔡元培并函中央研究院同人公祭,发表讲话,指出:"今先生以勇于任事、努力服务之人,而死于非命,同人等之哀悼为何如!人孰不死,所幸者先生之事业,先生之精神,永留人间。元培老矣,焉知不追随先生以俱去!同人等当以先生之事业为事业,先生之精神为精神,使后辈青年学子有所遵循,所以慰先生者,如此而已。"②

这句"元培老矣,焉知不追随先生以俱去",语含双关,既有老病而去之意,亦有暗示被害的精神准备,可谓沉痛已极,也达到了蔡元培精神的最高境界。杨死,蔡仍坚持斗争。鲁迅这时曾对蔡元培作过如此评价:"其实像蔡先生,也还只是一般地赞成进步,并不反对共产党而已;到底共产党革命是怎么一回事,他就不甚了然。他甚至于悲叹地说:国民党为了想消灭政治上的敌对者,连民族的存亡都可以不顾,这是他所始料不及的。可知他同情革命者,也不过为了民族而已。"③ 这个分析极为透彻恰当。

蔡元培本是民主主义者、爱国主义者,他只是从关心民族存亡而同情革命者,但这已达到他政治认识的高峰。

---

① 唐振常著:《蔡元培传》,上海人民出版社 1985 年版,第 223 页。
② 蔡元培:《祭杨铨时致词》,高平叔编:《蔡元培全集》第六卷,中华书局 1984 年版,第 293 页。
③ 冯雪峰著:《回忆鲁迅》,人民文学出版社 1952 年版,第 107 页。

1936年1月11日，蔡元培70岁。他原在北京大学的同事胡适、王星拱、丁燮林、蒋梦麟，学生赵太侔、罗家伦六人，发起为他购屋祝寿。他们在1935年9月7日写信给蔡元培，说："我们知道先生为国家，为学术，劳瘁了一生，至今还没有一所房屋，所以不但全家租人家的房子住，就是书籍，也还分散在北平、南京、上海等地，没有一个归拢庋藏的地方。因此，我们商定这回献给先生的寿礼，是先生此时最缺少的一所可以住家藏书的房屋。我们约定这次赠礼的参加，由各人自由决定：任何人的赠送，都不能超过一定微薄的数目；而且因为时间和地点的关系，对于先生许多的朋友和学生，并不及普遍的通知。可是各地的响应，已超过了我们当初的期望。……我们希望先生把这所大家奉献的房屋，用作颐养、著作的地方；同时这也可以看作社会的一座公共纪念坊，因为这是几百个公民用来纪念他们最敬爱的一个公民的。我们还希望先生的子孙和我们的子孙，都知道社会对于一位终身尽忠于国家和文化而不及其私的公民，是不会忘记的。"① 蔡元培于1936年1月1日复信，称："……元培固没有送穷的能力，但诸君子也不是席丰履厚的一流；伯夷筑室，供陈仲子居住，仲子怎么敢当呢？"又说："诸君子的用意，在对于一个尽忠于国家和文化而不及其私的公民作一种纪念。抽象的讲起来，这种对于公而忘私的奖励，在元培也是极端赞成的。但现在竟以这种奖励加诸元培，在元培能居之不疑么？"但如果"元培以未能自信的缘故，而决然谢绝，使诸君子善善从长的美意，无所藉以表现；不但难逃矫情的责备，而且于赞成奖励之本意，也不免有点冲突。元培现愿为商君时代的徙木者，为燕昭王时代的骏马，谨拜领诸君子的厚赐，誓以余年益尽力于对国家对文化的义务；并勉励子孙：永永铭感，且勉力为公而忘私的人物，以报答诸君子的厚意。"② 从这可知，北京大学师生没有忘记这位公而忘私的校长，蔡元培亦因该房子是北京大学师生所赠而不矫情推却，作了诚恳的表示。此事虽因抗日战争、上海沦陷而未能实现，但却深深地表明蔡元培在北京大学师生中的崇高地位。他的学生和同事没有忘记他，全国人民也永远不会忘记他，因为他为国家为民族鞠躬尽瘁，死而后已。现在人民纪念他，就是人民尊重历史，敬重先贤，说明人民需要历史，他们也永远不会忘记历史，更不会忘记为国家、为民族做出过贡献的先贤、先进。

"先生为革命奋斗四十余年，为发展中国教育文化事业勋劳卓著，培植无数

---

① 唐振常著：《蔡元培传》，上海人民出版社1985年版，第237页。
② 丁燮林、蒋梦麟等致蔡元培先生原函及蔡复函手稿，见高平叔编著：《蔡元培年谱》，中华书局1980年版，第126页。

革命青年，促成国共两党合作"[1]，"正气长存，文章盖世"[2]。我们应该继承和发扬蔡元培先生重视教育、重视人才培养的爱国主义精神，把我国的教育工作搞好，办好教育，培养更多更优秀的人才，把我们的伟大祖国建设得更好，把我们中华民族的事情办得更好。

（1994 年）

---

[1] 《中共中央致蔡元培先生家属唁电》（1940 年 3 月 9 日），见蔡建国编：《蔡元培画传》，上海人民美术出版社 1988 年版，第 143 页。

[2] 吴玉章敬挽蔡元培先生联，见蔡建国编：《蔡元培画传（1868—1940）》，上海人民美术出版社 1988 年版，第 148 页。

论雷沛鸿的伟大人格

人格是由价值观决定的，有什么样的价值观就有什么样的人格。所谓人格，按照一般的解释，是人的性格、气质、能力等的总称，或指个人的道德品质，通常多指后者，即指单个人的道德品质。由此可知，人格的问题是属于道德品质的范畴。

中国是一个重视道德的国家，有优良的孝敬忠恕的传统，通过教育传习的手段使人们重视对人格的陶冶，成为一种非强制性的具有自我约束的道德行为规范，构成中国传统伦理道德的人格观念。这种观念是早期儒家创立的。孔子不仅提出"仁"的最初人格观念，还论证了如何塑造完善"人格"的问题。孔子把"仁"作为最高的道德标准，并与"爱人"联系起来。所谓"爱人"，就是指"己欲立而立人，己欲达而达人"，"己所不欲，勿施于人"。在孔子看来，一个人要具有完善的"人格"，必须具备"恭宽信敏惠"五种道德品质。"恭则不侮，宽则能众，信则人任焉，敏则有功，惠则足以使人"，若"能行五者于天下，为仁矣"。孟子又从人心的"善恶"方面进一步论证和阐述了"人格"修养的具体途径，发展了孔子"仁"的思想。他认为，"人之所以异于禽兽者"，就在于人是有"人伦"的，而"人伦"的核心则是"仁"。"仁者爱人，有礼者敬人。爱人者，人恒爱之；敬人者，人恒敬之。"孔孟塑造的"人格"道德观念对中国后世影响甚大[①]。中国的士大夫和后来的知识分子没有哪一个人不受中国传统的伦理道德观念的熏陶和影响，也没有哪一个人不在修身养性、追求个人品格的完善。但由于所受的影响和传统文化熏陶的深浅不同，每个人的道德品质即人格也有所不同。在现实生活中，不讲道德、缺德，不从善如流而作恶寻仇的也大有人在。所以，人格问题因人而异，互有区别，不能一概而论，有仁人必有恶人，有好人必有坏人。因此，寻求人们的人格特征必须考察其人格形成的文化和政治社会环境，以及人际关系和传播媒体的影响。

一

雷沛鸿，广西南宁人，生于清朝末世的光绪十三年十二月三十日（1888年2

---

① 张岂之、陈国庆著：《近代伦理思想的变迁》，中华书局1993年版，第324～325页。

月11日)。出身小商家家庭,其父母幼时因家贫未能读书,深感失学之苦,故重视对雷沛鸿等子女的教育。雷沛鸿4岁便在家中接受启蒙教育,5岁入私塾,拜侄象谦为师,读"四书"、"五经"、八股文范本《铁网珊瑚》,以及《故事琼林》等,12岁时已将《东周列国》、《三国演义》等书看完,并开始阅读《纲鉴易知录》等古书。由于雷沛鸿聪慧过人,加上勤奋好学,又善于思考,自幼便显示超群的智慧和学识。他14岁参加岁考,一试惊人,以优异成绩获府学第一,中了秀才。1904年以后,雷沛鸿又离开家乡到了中外文化交汇、对外交往频繁、商业繁盛的广州就学,入广东简易师范学堂就读,旋转入广东高等学堂及广东高等工业学堂学习化学。在广州读书期间,不仅接受革命思想的陶冶,爱读邹容的《革命军》、陈天华的《猛回头》、《警世钟》,以及《扬州十日记》、《嘉定屠城记》等书,更喜欢文天祥的《正气歌》和郑所南的《心史》。① 正由于雷沛鸿生长在中国新旧之交的时代,新旧思想的冲撞、中外文化的矛盾与吸纳为雷沛鸿提供了一个广阔的思考空间,为他的成长创造了环境,为他施展才能提供了机遇。民国以后,雷沛鸿虽然先后赴英美留学十年,但由于他具有爱国心和正义感,不仅以强烈的爱国精神寻求救国的真理,更以公德心确立为民立教的雄心壮志。他后来毅然抛去美国妻子回国,投身教育事业,报效祖国,这是由他的价值观决定的,并在确立"有教无类"、"一视同仁",教育为公、学术为公、天下为公的社会理想过程中显示了他的崇高人格。雷沛鸿说:"举凡学术研究,人才培养,均以正德利用厚生、造福大众、化民成俗为鹄的。"又指出:他在广西发展教育是为了"继黄河流域扬子江流域文化,发展西江流域文化,且将溯西江而上,使中华声教与中南半岛,又与马来半岛,以至南洋群岛一带海洋文化交流,而重新创造中华文明"。他声明他的教育理想及社会理想是"为国人作前锋,以求基础教育之普及,以谋科学技术之进步,而奠定我中华民族亿万年之基"②。

由此可见,雷沛鸿的人格具有明显的特殊性。他是以一种崇高的精神和关怀民众的思想,立志通过教育为公去实现"天下为公",亦即通过教育改造去实现社会改造。他以"天下国家为己任"的高度责任心,通过举办教育事业提高民族文化素质来救国和创造伟大的社会文明,使中国走向世界,实现近代化,为人类的文化创新做出贡献,他以文化人和社会良知的双重角色将其人格与国格相统一,铸造民族之魂进行救国活动。雷沛鸿立志以他崇高的人格去感化人、团结人,为实现他的救国救民伟大理想寻求出路。所以,他严于律己,宽以待人;他重视和关怀庶民百姓,把提高国民的文化素质视为强国富民之道。这一切无疑都

---

① 雷坚编著:《雷沛鸿传》,广西人民出版社1997年版,第1~6页。
② 雷沛鸿著:《我的自白》,韦善美、马清和主编:《雷沛鸿文集》上册,广西教育出版社1989年版,第6~8页。

显示他的思想的深邃和对古代民本思想的提升和发展。他以其卓越的思想建树和务实求是的学者风范,在中国现代教育思想、伦理思想史上占有重要的地位。

1935年10月,雷沛鸿在广西普及国民基础教育研究院以"在陶铸中之本院人格"为题作了一次讲演。在这个讲演中,雷沛鸿指出:人们对陶铸本院人格这个题目也许是觉得很深奥,但以之批评,对于本院人格可以赤裸裸地表现出来。他说,顾名思义,本院是广西普及国民基础教育研究院,它既是一种教育制度,又是一种学术制度。大凡一种制度,尤其是教育制度,一半是人造,一半是自然生长,但在中国大半是人造,小半是自然生长。既然是人造教育,因此树立崇高的人格观念就非常重要。为了说明在广西普及国民基础教育研究院陶铸人格之重要,雷沛鸿不厌其详,先就全世界的教育制度和学术制度中之从事于研究工作者,概括地分为七大类加以介绍:一、传习的研究事业;二、国立学术研究院;三、通儒院;四、有组织的产业研究;五、政府设立各种研究机关;六、基金委员会;七、研究事业评议会。从这七大类研究专业中,雷沛鸿指出:"所谓研究事业,本来是注重在科学知识的研究,在广义方面来说,它是包括道德、技能、艺术在内。它的用意,在于将人世间的知识,把它作广的扩大,深的推进。……所以所谓研究事业的工作,无非是想在学上在术上做工夫,来扩大、证实、纠正人世间的道德、技能、艺术,以及寻常所称之知识。"[①] 他将纠正人世间的道德作为学术研究机构研究人员的一种崇高职责,以陶铸人格作为一种学术的规范,说明雷沛鸿将人格视为个人所特有的思想态度,以及情绪反应和行为模式。他坚信人格的感召力能改造个人和改造社会,试图用人格去影响别人、教育别人。所以,他非常重视中国古代传习的研究,以古代大师做宗主,继承其学问,学会他们做人的品质,使每个人包括他自己都成为"博学之,审问之,慎思之,明辨之,笃行之"的人,即教人注重思维,学会思辨,慎言笃行,做学问要"自成一家,持之有故,言之成理,演之成例"[②],要对社会有贡献,对人格有所陶冶。

1942年3月,在伟大的教育家蔡元培逝世将近两年的时候,雷沛鸿又发表悼念蔡先生的文章。在这篇文章中,他大谈蔡元培做人处事原则,尤其对蔡先生的人格推崇备至。雷沛鸿指出:

> 闻丧元良,士失宗师,每一念及,没有一个人不思慕,不感动。蔡先生的道德、学问、事业,每一件都与国家民族发生莫大的关系,足为我们所深

---

① 雷沛鸿:《在陶铸中之本院人格》,韦善美、马清和主编:《雷沛鸿文集(续编)》,广西教育出版社1993年版,第323～335页。

② 雷沛鸿:《在陶铸中之本院人格》,韦善美、马清和主编:《雷沛鸿文集(续编)》,广西教育出版社1993年版,第323～335页。

切纪念。不过,我们纪念蔡先生,徒然记之于心,自是不够。最恳挚地纪念,还是在于学习蔡先生。蔡先生的伟大处甚多,只因我是一个教育工作者,说话不离本行,所以我要说的主要是蔡先生在'学'与'教'上的伟大精神。①

雷沛鸿在这篇纪念蔡元培的文章中用很多篇幅去陈述蔡先生提倡公民道德,以法国大革命所标榜的自由、平等、博爱为纲,以中国伦理学说作印证,指出:"自由者,'富贵不能淫,贫贱不能移,威武不能屈',是也。古者盖谓之义。平等者,'己所不欲,勿施于人',是也。古者盖谓之恕。博爱者,'己欲立而立人,己欲达而达人',是也。古者盖谓之仁。仁也,义也,恕也,是即中国文化上博厚宽大精神所寄附,在西方则为自由、平等、博爱,亦即自由主义之结晶。蔡先生就是一个能够表现出中国文化精神的人。"雷沛鸿说,蔡元培"没有升官发财的思想",却有宽宏的心胸和渊博的学问。蔡先生为北京大学校长时,聘任教授"所重者为人格学问,并无派别之分",如当时北京大学有讲旧文学的"桐城派"、"文选派";也有讲新文化的陈独秀、胡适之、鲁迅。梁漱溟以一尚未知名之学生,亦受聘出任主讲内典,不剪辫子的辜鸿铭亦在礼聘之列,"环宝奇珠,注意搜采,人才之盛,极于一时,此当时北大之所以为大也;此也就是蔡先生人格伟大的地方。"雷沛鸿说:"蔡先生兼收众长,不惟得因时器使之道,而且因中国人才固无多,苟其人人格学问卓绝一时,更不宜受别人多所吹求,微瑕弃璧。徒以蔡先生能雅量待人,于是,群才群力咸集一堂,遂使中国学术,呈现出一时蓬蓬勃勃的精神。"蔡元培"以人格感人,以躬行实践表率后辈,更足使畸才独行之士,改弦易辙,幡然丕变,转其方向而皈依于三民主义革命旗帜之下者亦属不少。"②雷沛鸿号召青年要学习蔡元培先生待人处事包容谦虚的态度和感人的高尚人格、博厚宽大的精神,与人为善,不与人为恶,团结各界人士为国家民族建功立业。

从雷沛鸿纪念蔡元培的文章中,我们清楚地看到,他在肯定蔡元培的人格与学问、精神与抱负的过程中,其实也在展示自己为人的原则和做事的态度。他与世无争,宽以待人,忠诚爱国,以其毕生的精力从事国民教育,图谋"国中之最大多数人的最大幸福"作为他的始终追求,并在求学与工作过程中,时时处处都在陶冶自己的人格。可见,雷沛鸿是一个谦谦君子,又是一个陶冶别人灵魂的工

---

① 雷沛鸿:《学习蔡先生的"学"与"教"》,韦善美、马清和主编:《雷沛鸿文集》上册,广西教育出版社1989年版,第209页。
② 雷沛鸿:《学习蔡先生的"学"与"教"》,韦善美、马清和主编:《雷沛鸿文集》上册,广西教育出版社1989年版,第211~213页。

程师。所以,他生则伟大,死则光荣。

二

雷沛鸿说过:"自人类天性立论,凡人莫不好生而恶死。惟其如是,人生遂常有二大路存焉,其一为保生,其二为保种。……顾自现代生物学理观察,凡人以物竞剧烈之故,倘非托足于有组织的社会,必难幸存。幸存且不可得,遑其保种?又自现代政治学观察,人类生活,在现代社会中,当以民族生活为最有组织;因之,一般人民,将欲长生不死,不但要将自己所有生命寄托于民族,而且要将自己所有生命,奉献于民族,倘若竟遭不幸,民族沦亡,生在民族生活下之人民以及他的儿孙必将同归于绝望。"①

正由于个人生活与民族生活有许多密切的关系,因此,雷沛鸿指出,一方面,我们要努力团结四境内之许多种族,互相融合,互相感化,而创造一个伟大的中华民族;另一方面,我们要努力运用这个伟大的中华民族,再造一个伟大的现代民族国家,实现主权的尊严不能任受别国侵犯;国土的完整不能受别国破坏;国民的生命物业不能任受别国屠戮蹂躏,切实地拥护中华民族的自由和维护中华民族的独立。由此可知,雷沛鸿视爱国为"政治上一种道德",从政者不能实行,他就不能希望被统治者实行,施政者不能实行,他就不能责受教者实行。所以教育者必须爱国才能以身为教,"以做为学"。又说:"爱国心理实导源于家庭生活",人伦道德的发展先有孝,继有忠,末后,才有爱国。他说:"我并非要维持旧有家庭制度,又决非要笃信谨守数千年来所遗传的孝道。"即是说,所谓"爱国教育"仍须植根于家教,使各家之中,男女老幼各尽其责,爱国的基础庶几得以建立。② 可见,雷沛鸿的人格观念是与国格相统一的,以民族的利益作为他追求的最终目标,使个人的一生奋斗与国民的觉醒、国家的富强、民族的独立和振兴相一致,从而显示了雷沛鸿人格力量的崇高和伟大。

雷沛鸿渴望国家的独立、民主、富强的爱国主义思想由来已久,并且贯穿于他一生的事业的始终。

早在1932年,雷沛鸿就发表了《辛亥革命与民众教育》一文,文章陈述了辛亥革命的伟大意义,指明革命与建设的关系,并对辛亥革命后国家遭遇到的劫难作了详细的叙说。他说:"矧时至今日,西北灾黎尚在未闻饱暖;长江流域居民又惨遭水患。重以我们的中华民族生存的大敌——日本帝国——乘如此惨怛奇

---

① 雷沛鸿:《民族自救运动下之民众教育析义》,韦善美、马清和主编:《雷沛鸿文集》上册,广西教育出版社1989年版,第37页。

② 雷沛鸿:《民族自救运动下之民众教育析义》,韦善美、马清和主编:《雷沛鸿文集》上册,广西教育出版社1989年版,第53~55页。

变,不顾邦交,复不恤国际信义,侵略我们的城市,鱼肉我们的人民。而今以后,吾侪真不知死所!在如此际会之下,我们在一方面既须纪念辛亥革命所遗下的牺牲精神,在别方面,复须披发缨冠以纾国难。诚如是,作者之愚窃以为我们应先一种彻底觉悟,即是:我们从前所有的大罪过是在于忽视寻常百姓的利益;今后,我们应有忏悔是在于袪除'爱钱'、'惜死'及弄兵私斗的恶习。再进一步,我们应本辛亥革命所带来的理想以实施大规模的民众教育,即是:定出及做出一个五年或十年的计划,依之,即用以民族化、民治化整个中华民国。"①

为实现辛亥革命的理想,实施大规模民众教育,以达到国民彻底的觉悟,作为拯救国家和振兴民族的职责,隐含了雷沛鸿有关人生的理念和道德的社会功能,以及道德标准、道德评价等有关伦理道德诸多方面的基本观念。这些论述表明雷沛鸿将个人的修养与民族国家的利益相联系,带有浓厚的爱国主义革命的现实主义色彩,富有创造性,丰富了近代伦理思想和学说的宝库。

上面已经提到,早在少年时期,雷沛鸿便喜爱文天祥在土牢里写下的气壮山河、表现其视死如归的崇高民族气节的《正气歌》,其中"人生自古谁无死,留取丹心照汗青"两句,在人们中间广为流传,千百年来一直成为民族英雄和爱国者的座右铭。文天祥是具有崇高"人格"与"国格"道德相统一、为国捐躯的代表人物。雷沛鸿以宋代文天祥作为楷模,又以岳飞的道德功业作为师表。雷沛鸿说过:岳飞曾对国人训斥过,即谓"文官不爱钱;武官不恤死。则天下太平矣!由此观之,爱钱是吾国人的一生大病;恤死又是吾国人的一生大病。不爱钱又不恤死就是吾国的基本条件。倘若真要施行爱国教育,我们必须教民众首先不爱钱,其次不恤死……从今以后,我们自己不要勇于私斗,而怯于公战;又从今以后,我们自己不要欺骗民众,剥削民众,及榨取民众,以厚积不义之财。"②他又以辛亥革命的烈士为学习榜样,继承他们的事业。这一切都表明,他的人格观念所显示的价值不是为了个人的私利,而是为了利人,为公不为私,为国不为己,并将"利人"、为公解释为为国民服务,为国家和民族效忠,为崇高的理想而献身。可见,雷沛鸿的"人格"观念的核心是为"公",以"公天下"来代替私天下、家天下,显示他既要继承传统道德的精华,又将传统伦理观与国家民族的时代主题相统一。他的人格观实际上是于个人人格之外又提出了一个全民族共应具备的人格,这个人格其实就是全民应该"养成人类间的相互尊重、相互了

---

① 雷宾南:《辛亥革命与民众教育》,韦善美、马清和主编:《雷沛鸿文集》上册,广西教育出版社1989年版,第34页。

② 雷沛鸿:《民族自救运动下之民众教育析义》,韦善美、马清和主编:《雷沛鸿文集》上册,广西教育出版社1989年版,第52页。

解、相互信赖与相互依存的态度,进一步在行动上,求取思想与行动的一致"①。雷沛鸿曾做过一个生动的比喻,他说:我们中国有四万万人,这是一庞大的怪物;这怪物,"它有四万万只头,四万万张嘴,四万万只鼻,八万万只眼,八万万只耳,八万万只手,八万万只脚,但是它只有一颗心"②。这一颗心其实就是中国心,也即是说,全中国四万万人合铸成为一颗中国心,中国的事情就好办了。只要我们"把我们的一生奉献中华民族,以为民族生存民族独立奋斗","把我们的一生服事中华人民,为寻常百姓谋利益,为民众生活谋改善"③,我们每一个人的人格便是高尚,其生便不是虚生,其死也不是枉死,而是活得有意义,死得不朽!

由此可知,雷沛鸿不仅爱国心很强烈,而且爱国的行为也很崇高,他全身心地投身民众的教育,以及从事爱国和救国事业,他的思想与行动都非常感人。

三

1935年5月31日,雷沛鸿在一次学生联合会上就教师人格上的修养问题发表自己的见解。他说,你们受训完则要离开此地,有的要去当教师。教师是儿童的向导——儿童的带路人。作为一个良好的教师,必须要注意教育的内涵,使对方接受,尤其是普及国民基础教育。你们的言行对于整个国家民族的复兴负有责任。他强调指出,"我们是须要注重人格的修养,彼此大家要共同感应。所谓同声相应、同气相求的。"他指出,人格上的修养有几个方式:(一)自己必须有求进步的欲望;(二)自己必须时常不断地去修省自己,不断地批评自己,尤其是在理想——精神——方面;(三)自己必须选择适当的环境去不断试验,在艰苦的环境中磨炼自己,培养和锻炼自己的意志和处事能力。总之,"凡是从事国民基础教育的每一个人员,应该互相提携,互相批评,互相感化。所谓同声相应、同气相求,大家都在继续不断地求生长,不断地继续求进步,以推进国民基础教育运动,使这种运动,不但要普及到全国,而且要普及到全世界"④。从上述可知,雷沛鸿的人格修养是与他的伟大理想——国民基础教育紧密结合在一起的。修养自己是为了国民,是为了民族的前途,这就将人生的意义作了理性的提

---

① 雷沛鸿:《寒假赠言》,韦善美、马清和主编:《雷沛鸿文集》下册,广西教育出版社1989年版,第498页。
② 雷沛鸿:《介绍黄尊先生所著〈中国问题之综合的研究〉》,韦善美、马清和主编:《雷沛鸿文集(续编)》,广西教育出版社1993年版,第70页。
③ 雷沛鸿:《怎样善用我们的生命》,韦善美、马清和主编:《雷沛鸿文集(续编)》,广西教育出版社1993年版,第96~97页。
④ 雷沛鸿:《须注意教师人格上的修养》,韦善美、马清和主编:《雷沛鸿文集(续编)》,广西教育出版社1993年版,第255~257页。

升。他指出:"只有能够牺牲的人,才可参加国民基础教育运动的工作。但牺牲是包含着很大意义的,如牺牲我们的光阴,牺牲我们的金钱,牺牲我们的精神……一切都是牺牲,我们更要明白,牺牲我们的虚荣,这才是真正的牺牲,尤其是在我们国民基础教育运动之下,这是我们最需要的也是我们最希望者。"①他还强调,每一个中国人都要关心我们民族的健康。"今天我们这种醉生梦死的生活、我们这种放纵卑劣的行为,恐怕要断送我们的民族的生命,我们重新检讨我们的生活,在国民基础教育运动下,到乡村中去做我们的天使。在穷苦的乡村里,做民众的天使,挽救我们自古以来已经沉沦失落了的健康,使大家强健起来,中国才有希望。"②雷沛鸿还经常告诫他的学生,大事不糊涂是成事之要素,但"必须小事不糊涂、不苟且、不随便,然后才能成大事"。所以,他强调每一个人都要有一种精神陶冶和修炼,要平心静气地干平凡的工作,"不要热中,不要急于我见,要忍耐着点点滴滴地做去",不论多少大小的事,只要肯做,我们总能有所贡献于我们伟大的国民基础教育运动。③

  我们认真地拜读雷沛鸿的文集,读其文,想其人,思索其行为,我们的确会从心里去敬仰这位平凡而伟大的教育家。尤其是他那许多教导青年如何立志、做人、尽责,如何为国家民族效忠的哲理有很强的感染力,只要我们认真地思索雷沛鸿的言中之义,以及言外的含义,便会从中得到教益,会有所警觉。从他的言行身教中,我们不仅会感受到他具有炽热的爱国热忱、强烈的事业心和民族责任感,更会感到他具有开阔的视野和国际主义精神。他从世界看中国,又从中国看世界,他认为中国的问题不能解决,世界的问题也无从解决,反之,世界问题不能解决,中国的问题也无法解决。所以,他教导青年人要有世界意识和全球的观念,要树立正义感,用一种前瞻性的眼光去观察世界范围的问题。比如,1935年8月,雷沛鸿在一次讲话中便指出:"我们要把中国的问题,把它作为世界问题这样来看待。所谓近东问题与远东问题,近东是指土耳其,远东便是指中国。世界的各个国家都是息息相通,中国是世界的一部分,它是不脱离世界关系的。"但他又指出,中国的问题只靠我们自己去解决,不能等待别人对我们仁慈。他说世界大战"无论何时都有爆发的可能,中国当前的危机,更使我们觉得责任是如何的重大,我们要唤起民族意识,要全国,全民族总动员,大家团结起来自救……我们之提倡爱国教育,是如每一个人都必须呼吸一样,希望大家具体地做出

---

  ① 雷沛鸿:《护士要有民族的精神》,韦善美、马清和主编:《雷沛鸿文集(续编)》,广西教育出版社1993年版,第258页。
  ② 雷沛鸿:《护士要有民族的精神》,韦善美、马清和主编:《雷沛鸿文集(续编)》,广西教育出版社1993年版,第260页。
  ③ 雷沛鸿:《态度·精神·责任心》,韦善美、马清和主编:《雷沛鸿文集(续编)》,广西教育出版社1993年版,第262～265页。

来。然而，要人民能爱国，若是照目前民生痛苦万状，农村生计破产，满目疮痍，饿着肚皮，叫他们来爱国是不可能的。因之，必须生产教育与爱国教育相辅进行。生产教育亦是爱国教育之初步之一部门。"只要做到这样，"全民族团结一致，自卫自救"，我们民族的前途便是无限。①

总而言之，雷沛鸿是一位忠贞的爱国者，他人格高尚，公而忘私，把自己的一生毫无保留地贡献给了伟大的祖国和中华民族。他好学深思，光明磊落，开拓进取，勇于创新，是近代中国造就的一位伟大的教育家和崇高的爱国者。雷沛鸿说过，梁漱溟先生在《乡村建设》一书中曾讲过他的生活实在太过忙碌，且甚怀疑他之生活的忙碌是否能增加事业进行之效力。"关于这点，不但梁先生这样说我，一般人也这样说我，有的竟然说我是牛马的命，活该受这种折磨；有的说我不会做官，不会敷衍，这种种批评，我都承认有相当的道理在。"雷沛鸿的确每天都很繁忙，他无时无刻不在工作，没日没夜地思考各种问题。人们会问，雷沛鸿这是为了什么？1935年8月，雷沛鸿在一篇文章中说到他自己：我"没有寒假、暑假，亦没有星期假"，甚至他还调侃自己，曾写过英文诗。在这首诗的开头，他解析道，在他的夫人未来邕前，他对她说过：

My life is hot and rectless.
My life is full of care!
And the burden laid upon me
Seemed greater than I could bear.

翻译成中文即"我的生命太热烈了，没有宁静的时候，人生与忧患以俱来，这副担子放在我肩上，过重于我所能担负的"。雷沛鸿承认，他的生活"就是这样的忙碌"②。但他不是为自己而忙，而是为他的事业和国家民族的生存而忙，忙得很有朝气，忙得很有秩序。应该说，雷沛鸿的确很忙，但他的生活很自由，也很潇洒；他充满正气、浩气，但也很有文人君子的气度，温文尔雅。他喜爱民族英雄，讴歌人间正道，从不向困难低头、向恶势力低头，但他又敦厚朴实，谦谦有礼，玉洁冰清，灵魂高尚。雷沛鸿的人生哲学包含的内容实在太多太多了。关于人生，雷沛鸿说过这样的话：

---

① 雷沛鸿：《在广西普及国民基础教育研究院生产教育人员训练班开学典礼上的讲话》，韦善美、马清和主编：《雷沛鸿文集（续编）》，广西教育出版社1993年版，第287～288页。
② 雷沛鸿：《我的最近生活的回顾与前瞻》，韦善美、马清和主编：《雷沛鸿文集（续编）》，广西教育出版社1993年版，第289～291页。

人生原来可作为"戏"一样来看待，不外两种表情，一种是喜剧，一种是悲剧。而一种悲剧，便是人生最高尚的表现，尤其是我们生活在现阶段的民族社会中，更充满这种悲剧的色彩。但是，请诸位不要误会，我不是一个悲观的人，我素来只知道奋斗，不知道何所谓欢乐，何所谓悲哀。我实在没有机会来好好地领会，我觉得中国最能表现人生的几首诗，莫如塞上曲及塞曲了，我时常念它，如"燕草碧如照……"，又如"长安一片月，万户捣衣声"，"誓扫匈奴不顾身……"除此之外，岳武穆的满江红词，亦是很雄壮，大家想来都看过，还有范仲淹的"秋怀"词一阕，他是这样说："塞下秋来风景异，衡阳雁去无留意，四面边声连角起，千嶂里，长烟落日，孤城闭。浊酒一盏家万里，燕然未勒归无计，羌笛悠悠霜满地，人不寐，将军白发，征夫泪。"昨天由梧回邕的途中，曾念这首词，今早起身时，还在念，这些都是人生的表现，生活的表现。《木兰词》中之"万里赴戎机，关山度若飞，朔风传金柝，寒光照铁衣，将军百战死，壮士十年归。"更足以表现人生的至情，悲壮之情绪，流露于字里行间。①

人们爱说文人喜欢"以诗言志"。读罢雷沛鸿上述言词，对雷沛鸿人格的陶铸，对他的伟大精神的来源，以及爱国情怀总会有一个了解吧！

总而言之，雷沛鸿继承中国传统教育与求实创新相结合的精神成就了他的伟大事业；他又以他伟大的高尚的人格和无私奉献的精神呼唤时代和引导国民向前看，将教育的功能确立为创造新一代的接班人；他还以人格的魅力去感化人、团结人，向侵略者和封建主义统治者宣战。他豪情满怀，脚踏实地，以文人的远大眼光怀抱未来，从旧社会到新社会，成为一位高大、丰满的人民教育家。我们纪念雷沛鸿、学习雷沛鸿，就是要用他的人格魅力去启导年青一代，树立正确的人生观，立志为国家和民族献身，为创造更加美好的社会和高度文明的未来而奋斗。

(1996年)

---

① 雷沛鸿：《我的最近生活的回顾与前瞻》，韦善美、马清和主编：《雷沛鸿文集（续编）》，广西教育出版社1993年版，第291～292页。

论李大钊的伦理观

人的善恶祸福是由人的自己的行为所招致的。在物质主义泛滥和享乐主义盛行，人际关系等都被物化、钱化的冲击下的今天，如何高扬人文主义精神，树立正确的人格理想，提倡新的社会风尚，追求崇高的精神境界，建立新的伦理道德规范，重视修养践履，不仅是当前我国思想界的重大课题，更是所有中国人面临的严峻现实问题。

解决这个问题有一个方法问题，即应该立足于现在，还是着眼于过去或未来的问题。如果我们过于强调继承，即从过去去寻求解决今天人文精神的办法，必然会产生因时代的落差带来的许多与时代不合拍的现象；如果我们只着眼于伟大的理想，不重视现在的现实，道德的提倡便会流于形式，不能解决现实的社会问题。我们在思考现实中国社会道德问题时着眼点应该放在哪里，这又是应该引起我们注意的一个重要问题。

我们认为，李大钊的伦理观对于建立新的道德规范、树立新的社会风尚有很大的借鉴作用。

一

李大钊，字守常，1889年10月6日生于河北省乐亭县，伟大的马克思主义者、烈士，他是爱国知识分子的楷模。

李大钊在"五四"新文化运动期间，发表关于思想文化、伦理道德的文章，有一个明显的特点，那就是他不反对谈过去，但他特别重视现在。在"新的"、"旧的"、"古的"、"今的"叙述中，他认为，"新的"胜于"旧的"，"今的"胜于"古的"。因此，他提出一个重要的观点——"过去未来皆是现在"，即所有"过去"的东西都埋没于"现在"里边，所以要从"现在"看"过去"，从"现在"看"未来"。就思想方法论看，我认为李大钊的今古观是相当深刻的，是我们应该引为借鉴的。他指出："一时代的变动，绝不消失，仍遗留于次一时代，这样传演，至于无穷，在世界中有一贯相联的永远性。昨日的事件与今日的事件，合构成数个复杂事件。此数个复杂事件与明日的数个复杂事件，更合构成数个复杂事件。势力结合势力，问题牵起问题。无限的'过去'都以'现在'为归宿，无限的'未来'都以'现在'为渊源。'过去'、'未来'的中间全仗有

'现在'以成其连续,以成其永远,以成其无始无终的大实在。"所以,李大钊指出:"一掣现在的铃,无限的过去未来皆遥相呼应。这就是过去未来皆是现在的道理。"①李大钊强调"今"是最可宝贵的道理,无非是说明我们分析社会问题、人文精神问题都应该以"今"作为出发点,以"今"的实况作为制定治理办法的依据。但是,由于每一个人对于"今"的感受不同,对"今"的现状必定会产生不同的观感。李大钊说:有两种不知爱"今"的人,一种是厌"今"的人,一种是乐"今"的人。他说:厌"今"的人也有两派,一派是对于"现在"一切现象都不满足,因起一种回顾"过去"的感想。他们觉得"今"的总是不好,"古"的都是好。政治、法律、道德、风俗全是"今"不如"古"。此派人唯一的希望在复古。另一派是对于"现在"一切现象都不满足,与复古的厌"今"派全同。但是,他们不想"过去",但盼"将来"。盼"将来"的结果,往往流于梦想,把许多"现在"可以努力的事业都放弃不做,单是耽溺于虚无缥缈的空玄境界。李大钊指出,这两派人都是不知爱"今",因而不助益进化,而是阻滞进化。乐"今"的人大概是些无志趣无意识的人,是些对于"现在"一切满足的人。觉得所处境遇可以安乐优游,不必再商进取,再为创造。这种人丧失"今"的好处,阻滞进化的潮流。②

  李大钊所讲的"复古派"现在恐怕不存在了,但是"厌今"和"乐今"的人则大有人在。

  李大钊在半个多世纪前讲的话不一定完全适合现在的中国社会情况,但是,他在考察人类社会生活的矛盾时所提出"把握现在"的观点,我认为是非常重要的,也是很深刻的。因为正如他在《新的!旧的!》一文中所指出:"宇宙进化的机轴,全由两种精神运之以行,正如车有两轮,鸟有两翼,一个是新的,一个是旧的。但这两种精神活动的方向,必须是代谢的,不是固定的;是合体的,不是分立的,才能于进化有益。"他认为,中国今日生活现象矛盾的原因,全在新旧的性质相差太远,活动又相邻太近。换句话说,"就是新旧之间,纵的距离太远,横的距离太近,时间的性质差的太多,空间的接触逼的太紧。同时同地不容并有的人物、事实、思想、议论,走来走去,竟不能不走在一路来碰头,呈出两两配映、两两对立的奇观。这就是新的气力太薄,不能努力创造新生活,以征服旧的过处了。"③所以,他强调要创新,认为只有新的才能代替旧的,把新的同旧的硬凑在一起,分立对抗是不可避免的。总之,在对待新文化、新思想与旧文化、旧思想的问题上,李大钊反对新旧调和,主张新陈代谢。在代谢过程中,

---

 ① 李大钊:《"今"》,《李大钊选集》,人民出版社1959年版,第94页。
 ② 李大钊:《"今"》,《李大钊选集》,人民出版社1959年版,第93～94页。
 ③ 李大钊:《新的!旧的!》,《李大钊选集》,人民出版社1959年版,第97～99页。

继承、扬弃、吐故和纳新。把社会的一切都视为对立不可调和，不符合事实，其实调和的事不仅存在，而且还是非常必要的。社会的变迁会引起文化的变化，但它不可能是完全否定旧的文化，企图用全新的文化代替旧的文化是不现实的。因此，我们对新与旧也要作具体分析。人们对于世界万事万物的认识，总是相对的，只能逐步趋于完善，而不可能一下子达到终极的最后真理。一般说来，在社会科学、人文科学领域，判断社会问题，乃至学术上的是非对错，并不以"新"、"旧"作为标准，不能说凡新的事和新的说法都是对的，更不能认为过去的事物都是错的，旧的说法都是不对的，当然更不能反过来。哪种事物、观点是新，哪种事物、观点是旧，有时也很难分辨。所以，不能以"新"和"旧"作为衡量事物和是非对错的标准。标准只有一个，那就是看某一个事物和观点是否符合历史的实际，看它是否把握了历史的真实。李大钊说，复古派的观点阻滞社会进步，乐今派的观点也阻碍社会的发展，但他也不简单地以"今"或"古"、以"新"或"旧"来衡量事物的是非或对错。他只是强调"宜善用今"，要以今作为依据，努力将来之创造。其用意在警告顽固守旧派只信"古"不信"今"，只信"力"，不信"理"，指明他们守旧的错误。李大钊在人生价值观上，既反对"无我"，又反对"只为我"的观念，他重视人的历史使命，肯定个人对社会对其他人的意义，强调人要对社会、对别人做出贡献，强调重义轻利，强调整体精神，讲究气节，讲究人格，追求道德自我完善，做到"富贵不能淫，贫贱不能移，威武不能屈"，不向权势低头。应该说，这些人文精神都是我国古代"公忠"道德原则和道德要求。可见，李大钊强调"今"胜于"古"，但他不反对"古"的（或称"旧"的）一切，只是反对那些愚弄今人的旧思想，反对那些旧的"愚忠愚孝"的封建礼教，以及反对那些维护封建等级制的"三纲五常"伦理。所以，把李大钊的文化观看作彻底否定传统，指责他反对旧的一切是不对的。

道德作为一种意识形态，它是统治阶级意志的体现，又是促进社会有序发展的规范之一。道德是上层建筑，经济是道德的基础，它由一定社会的经济基础决定，并为一定的社会经济基础服务。所以，道德的标准不是永恒的、不变的，它随着经济基础的变化而变化，适用于一切时代、一切社会的道德是不存在的。但是，任何道德的产生、演变又都离不开特定的历史土壤，只要是道德，又都具有相对的稳定性、继承性和民族性。继承和弘扬优良传统道德精神不仅是必要的，而且对于现在文化的建设和社会的安定都具有重要的现实效用。在一个法制不健全的国家里，法律和道德都是维护社会安定、生活有序的重要因素。

每一个主权国家都应有法律，但也应有自己的道德规范。

法与道德是有区别的，法带有强制性，道德没有强制性。经济是道德的基础，道德是社会的规范。法律应有法律规范，道德也有道德规范。道德需要法律来扶助和支持。道德不能脱离经济与法律而独立。① 然而，任何国家都不能只有强制性的法律，而没有自觉性的道德。如果不强调伦理道德，不能通过道德来规范人们的行为，调节人际之间以及个人与社会之间的关系，就不可能造就良好的社会风气，培养文明礼貌的社会公民。相反，一个社会没有健全的法制，只强调行为道德，只有人治没有法治，或在法律面前不是人人平等，以所谓人言作为判断是非对错和善恶的标准，这个社会也不可能正常地、健康地发展。

基于此，我认为，在当今向现代化转型时期的中国，在加强法制建设的同时，通过各种形式的教育和社会的舆论，使人们逐渐形成一种适应新时代要求的信念、习惯、传统来区分善和恶、正义和非正义、公正和偏私、诚实与虚伪等道德概念，从而成为人们的心理、思想和行为的准则与规范，自觉地约束人们的思想和行为，这对于社会的有序、和谐、安定和协调发展将会产生重要的影响。但是，对于社会群体来说，如果只想依靠道德教化的力量，缺少强有力的法制杠杆，只是实行"人治"，那么，这个社会必然产生许多弊端。所以，治国要靠法制，道德不能代替法制，但法制也需要道德意志和人的自觉意识与行为相配合。道德与法制是同等重要的社会制衡力量，缺一不可。

二

价值观是人文精神的核心和灵魂。人的自我价值与社会价值应该是相统一的。在商品经济发达的今天应该提倡和树立什么样的价值观，这是一个很重要的问题。只要搞商品经济，就要提倡竞争，提倡优胜劣败。在这种情况下，我们一味提倡"大公无私"，就会跟时代不协调；只强调利群不利己，或只利他不利己也是不现实的。应该是大公有私、为公也为私，在公与私发生矛盾时应该奉公忘私，将公与私有机地统一起来并处理好公与私的关系，才有利于调动人的积极性和创造性。相反，如果我们只强调个人主义、利己主义，不强调为集体为国家树立奉献精神，那么，人人为自己，关系到国家兴亡的大事、公事，关系到社会安宁和民众安全的事，就没有人去奉献。所以，在新的转型期，道德问题应该是回到了人的本身，要强调幼到蒙童，长到皓首，下至百姓，上至高官都时刻不忘修身，追求人的觉醒，提倡人格的自我完善，确立正确的义利观，为官不贪，廉洁奉公；为民则奉公守法，乐于助人，达到人生的至善境界。但是，在新的转型期，哪一些言行属于有道德，哪一些言行属于缺德或不道德，必须有一个新的标准，否则，个人"执德"也无所适从。没有标准的道德也就是没有规范，没有规范的道德是很难推广的，也不可能在社会人群中产生公认的意识。

中国伦理道德思想体系的建立始于孔子，他的伦理思想体系包括社会公德、

---

① 蔡尚思著：《道德不能脱离经济与法律而独立》，载《光明日报》1995年7月27日。

家庭美德、职业道德、政治道德、个人品德等方面的内涵，核心是强调什么是善，什么是恶，修身做人。然而，善的道德内容是什么？人怎样才能弃恶从善，怎样才能成为有道德修养的人？这些问题，在漫长的中国古代社会里，尽管人们一直都是非常重视研究的，但因为道德属意识形态范畴，因此，统治阶级有意把人的修身和自我完善人格的道德同政治相结合，使道德成为礼教，成为统治者愚弄人民的一种手段。从孔子开其端，从先秦直到宋明时期，中国的伦理道德规范如仁义礼智信等被夸大为宇宙的本体，并且用一定的宗法仪式固定下来，以区别贵贱尊卑的等级身份。这时期的统治者提倡的愚忠愚孝、宗法等级观念、封建特权思想、"三纲五常"等等封建礼教是"中世纪的神学变种，成为桎梏人们独立思考的强制性的道德神力"。① 这种被歪曲了的所谓道德是必须加以揭露和抛弃的。但是，早期儒家的仁义礼智信道德规范和理性主义对中国伦理道德的建设也产生过重要的影响，起过积极作用。应该如何看待中国古代的伦理和道德，历代的学人都有不同意见。

李大钊根据天演进化的原理认为，道德也同其他事物一样是进化的，今天应该有今天的道德标准和新的内涵，不能采取简单的"沿承因袭"的办法去对待道德问题。他指出："吾民族思想之固执，终以沿承因袭，踏故习常，不识不知，安之若命。言必称尧、舜、禹、汤、文、武、周、孔，义必取于诗、礼、春秋"，决无活泼之机、崭新之象出现。所以，他批判"世道人心，今不如昔"的论调。② 他指出："现在的风俗道德人心，不如古来的风俗道德人心"的说法不符合实际，他要求人们不要学着人家去唱那怀古派"前不见古人，后不见来者，念天地之悠悠，独怆然而涕下"的悲歌，而应该昂起头来朗诵耶马孙的名言："'你若爱千古，你当爱现在，昨日不能唤回，明日还不确实，你能确有把握的，就是今日，今日一天，当明日两天'，为今人奋力，为来者前驱。"③ 李大钊的说法很深刻，他不仅说明了道德和文化的时代性问题，而且也讲到了道德与文化的民族性问题。他认为某一时代的思想家，他的思想必然打上那一时代的烙印。而时代变了，他的思想即使在当时是最进步最先进的，也必然带有时代的局限。所以，他反对把人神化，反对把人的学说、思想僵化、教条化。他说："孔子之不生于他国，而生于吾华，他国之歆羡之首，或亦引为遗憾万千；而吾华之有孔子，吾华之幸，亦吾华之不幸也。"中国出现孔子这样的"圣智"，对中国文化

---

① 张岂之、陈国庆著：《近代伦理思想的变迁》"序"，中华书局1993年版，第3页。
② 李大钊：《今与古（二）》，见《李大钊史学论集》，河北人民出版社1984年版，第171页。
③ 李大钊：《"今"与"古"（一）》，见《李大钊史学论集》，河北人民出版社1984年版，第168页。

的发展起了重要的作用,但由于人们不能正确对待孔子,"惟鞠躬尽礼,局促趋承于败宇荒圩、残骸枯骨之前,而黯然无复生气。膜拜释、耶、孔子而外,不复知尚有国民之新使命也;风经诂典而外,不复知尚有国民之新理想也",从这个角度去看,李大钊指出,实际上是"孔子生而吾华衰"。① 李大钊对于孔子和儒学禁锢人们的思想非常担忧,他说:"惟以今日吾之国民,几于人人尽丧其为我,而甘为圣哲之虚声劫夺以去,长此不反,国人犹举相讳忌噤口而无敢昌说,则我之既无,国于何有? 若吾华者,亦终底于亡耳。"② 但是,李大钊并不一般地否定古代,轻易地否定孔子。他认为,"古代自有古代相当之价值"。然而,伟人的产生都有其具体的条件,人不能离开自然,离开了自然就不能生活。"古时的自然产生孔子那样的伟人,现在的自然,在今又何尝不能生? 古代生的人,如何能说是万世师表! 崇古派所认为黄金时代产生之人,现在也可以产生出来,我们不必去怀古。"他的意思是很明白的,即历史是人创造的,古时是古人创造的,今世是今人创造的。我们承古人的生活,而我们的子孙再接续我们的生活。所以,"我们要利用现在的生活,而加创造,使后世子孙得有黄金时代,这是我们的责任。"③ 所以李大钊反对"崇古卑今",他认为今不如古的观念是错误的,我们不必过分地羡慕古人。但他并不盲目地反对古人,更不反对古代民族文化对民族发展所起的积极作用。他指出:民族文化"是民族生存活动的效果,包括于其民族社会发展的人文现象的总体。民族文化的成立,民族的经历实有伟大的影响;迨民族文化既已发展成熟,却又为决定民族将来经历的重要原素"④。由此可见,李大钊所反对的是愚古思想,是反对把孔子的伦理及其思想世袭化、教条化,反对"国民教育以孔子之道为修身大本"⑤。他认为,专制政体被民主共和所取代,封建自然经济被商品经济所冲击,社会的伦理道德也必然与专制社会的伦理观念不同。专制时代的伦理观泯灭人性,扼抑民意,束缚言论自由;民主共和时代的伦理道德观重视人之价值,强调公民精神上自主、言论上自由。所以,产生于专制时代的孔子伦理,不适合于今天的社会。他并声明:"余之掊击孔子,非掊击孔子之本身,乃掊击孔子为历代君主所雕塑之偶像的权威也;非掊击孔

---

① 李大钊:《民彝与政治》,《李大钊选集》,人民出版社1959年版,第42页。
② 李大钊:《民彝与政治》,《李大钊选集》,人民出版社1959年版,第42～43页。
③ 李大钊:《今与古(二)》,见《李大钊史学论集》,河北人民出版社1984年版,第175页。
④ 李大钊:《史学要论》,见《李大钊史学论集》,河北人民出版社1984年版,第219页。
⑤ 李大钊:《孔子与宪法》,《李大钊选集》,人民出版社1959年版,第77页。

子，乃掊击专制政治之灵魂也。"① 因此，他认为，今天讲道德，不应该只讲继承孔子的道德观和古代专制时代的道德规范，而应该根据今日的情况，创造新的道德规范，产生精神文明的新成果，促进"新道德之进展"②。

李大钊的伦理观从总体上说，我认为是正确的，因为他把握了时代发展的脉搏，指出了时代变迁与人文精神发展的关系，从而指出了知识人士的历史使命，弘扬了时代的精神与风貌。但从文化的民族性和文化的承续关系去审视，李大钊的伦理观也有偏颇。他过于强调伦理的时代性，却忽视了文化、伦理道德的民族性和继承性。所以对古代一些积极的在今天仍然可以借鉴的传统美德，他没有给予充分的注意。比如儒家伦理体系中的爱国主义、统一思想和自强不息的进取精神；又比如儒家传统道德中从"我"做起，"杀身成仁"、"舍身取义"，为国家和民族的独立与尊严而壮烈牺牲的仁义观；又比如人们修养的准绳和依据——仁义礼智信温良恭俭让等行为规范，他都没有给予一定的肯定。正如一些学者所指出："如认为传统道德一无是处，与现在生活完全不能相合，这实际上是以礼教代替了传统的全部内容。"当然若认为传统伦理道德一切皆好，要靠它振兴民族精神和人文精神，这又忽略了礼教及传统伦理道德中浊流的一面。③ 所以，对伦理道德进行分辨是非常必要的。将中国的传统伦理道德，以至于传统文化，都看作与时代不适应，视为阻碍中国进步和建立新道德规范的消极因素，固然不对；但是，如果我们不根据当今现实生活和新时期出现的新矛盾、新情况，脱离时代且不加分析地盲目地向古人求救，认为只需把孔子之道德重新实行起来，中国人的道德面貌和社会风尚就能恢复起来，这种倾向同样也是片面的、不可取的。因此，对当今中国社会的道德问题进行认真深入的调研，对传统的伦理道德进行实事求是的总结，并在此基础上尽早建立起一套新的适合当前中国情况的法律，健全法制，以及建构新的道德文明体系和规范启导人民自觉，约束自己的行为，却是十分必要的、义不容辞的历史使命。

三

1919年12月1日，李大钊在《新潮》杂志发表一篇重要论文《物质变动与道德变动》。在文章开头，李大钊便指出："近几年来常常听关心世道人心的人，谈到道德问题。有的人说现在旧道德已竟破灭，新道德尚未建设，这个青黄不接

---

① 李大钊：《自然的伦理观与孔子》，《李大钊选集》，人民出版社1959年版，第79~80页。

② 李大钊：《自然的伦理观与孔子》，《李大钊选集》，人民出版社1959年版，第79~80页。

③ 张岂之、陈国庆著：《近代伦理思想的变迁》，中华书局1993年版，第3~5页。

人心荒乱的时候真正可忧。有的人说,别的东西或者有新旧,道德万没有新旧。又有人说,大战以后欧洲之所应为一面开新,一面必当复旧,物质上开新之局或急于复旧,而道德上复旧之必要必甚于开新。"李大钊说:"这些话都很可以启发我的研究兴味,我于是想用一番严密的思索去研究这道德问题"。①

这篇文章反映了我国早期马克思主义者运用历史唯物主义观点研究分析伦理道德问题的尝试,集中地反映了李大钊的伦理观。

他首先承认,人类有道德心。道德行为是很明了的事实,是不能不承认的。他说:"我们遇见种种事体在我们心中自然而然发生一种有权威的声音,说这是善或是恶。我们只有从着这种声音的命令往善这一方面走,往光明一方面走,自然作出'爱他'、'牺牲'等等的行为,在这有权威的声音指挥之下,'忠信'、'正直'、'公平'诸种德性都能表现于我们身上。我们若是不听从他,我们受自己良心的责斥,我们自己若作了恶事,就是他人不知,我们也自觉悔悟,自感羞耻,全因为我们心中有道德心的要求,义务的要求。这自然发现、自有权威的点就是道德的特质。"所以,李大钊指出,自然科学、法律、政治、宗教、哲学,都是学而后能知的东西,决不是自然有权威的东西。"惟有道德,才是这样自然有权威的东西。"② 他说:"道德心、善恶心的不可思议,也苦过很多的哲人",能对道德的起源做出正确说明的人,李大钊说世界上只有两个人:一个是达尔文,一个是马克思。达尔文研究道德之动物的起源,马克思研究道德之历史的变迁,他们俩合理地论证了道德产生的原因,从而给道德问题作出科学的论说,为人们理解道德问题提供了科学根据。

根据达尔文的进化论和马克思的历史唯物主义论,李大钊正确地指出:"道德这个东西不是超自然的东西,不是超物质以上的东西,不是凭空从天上掉下来的东西。他的本源不在天神的宠赐,也不在圣贤的经传,实在我们人间的动物的地上的生活之中。他的基础就是自然,就是物质,就是生活的要求。简单一句话,道德就是适应社会生活的要求之社会的本能。"③ 既然道德是一种精神现象,是物质在人们思想观念上的反映,物质既常有变动,精神的构造也就随着变动,所以,思想、主义、哲学、宗教、道德、法制等等不能限制经济变化、物质变化,而物质和经济则可以决定思想、主义、哲学、宗教、道德、法制等等的变化。物质与精神是一体的,"物质既不复旧,道德断无单独复旧的道理,物质既

---

① 李大钊:《物质变动与道德变动》,《李大钊选集》,人民出版社1959年版,第256页。

② 李大钊:《物质变动与道德变动》,《李大钊选集》,人民出版社1959年版,第256~257页。

③ 李大钊:《物质变动与道德变动》,《李大钊选集》,人民出版社1959年版,第260页。

须急于开新,道德亦必跟着开新"①。

总结李大钊本文的要意,有三点是很重要的。

第一,道德属上层建筑,是社会的本能,那它就必须适应经济基础和生活的变动。道德不可能是永恒的,它必然随着社会的需要,因时因地而有变动。"一代圣贤的经训格言,断断不是万世不变的法则。什么圣道,什么王法,什么纲常,什么名教",都要随着生活的变动、社会的要求而有所变革,而且必然要变革。所以他认为"拿陈死人的经训抗拒活人类之社会的本能,是绝对不可能的事"。

第二,道德既然是因时因地常有变动,那么道德也就必然有新旧道德问题的发生。那种适应从前的生活和社会而发生的道德,到了那种生活和社会有了变动的时候,自然失了它的价值,成为旧道德。而新发生的新生活又必然要求有一种适应它的新道德出来。所以,新道德的产生是社会本能的变化,断断不能遏抑,也无法遏抑。

第三,道德既然是随着新生活的状态和社会的要求而产生,因此,物质开新,道德也必然跟着开新,物质若是复旧,道德亦跟着复旧。然而,人类社会的长流,只有前进,没有反顾;只有开新,没有复旧;有时旧的毁灭,新的再兴。这只是重生,只是再造,也断断不能说是复旧。因而"物质上,道德上,均没有复旧的道理!"而我们今天所需要的不是旧的道德,"乃是人的道德、美化的道德、实用的道德、大同的道德、互助的道德、创造的道德!"

李大钊在"五四"新文化运动期间,运用进化论和历史唯物主义观点分析中国伦理道德问题,比较深刻地认识到旧道德、旧思想和旧文化对维护旧社会、旧制度所起的重要作用,认为随着新经济、新政治体制的变革,必须补上伦理革命这一课。这一切对于我们今天构建新的伦理体系、规范有很大的启迪和明显的、积极的借鉴作用。

(1996年)

---

① 李大钊:《物质变动与道德变动》,《李大钊选集》,人民出版社1959年版,第268页。

评陈序经的"全盘西化"文化观

诚如端木正教授在为陈序经先生的《东南亚古史研究合集》著作的序言中所说:"陈序经先生是现代中国学术史、教育史和文化史上的大师",其"献身学术之精诚,堪为后学楷模"。他在现代中国是一位有相当影响力的教育家和著名学者。

"全盘西化"论是陈序经在 20 世纪 30 年代提出的文化主张,他提出"全盘西化"论后,在中国曾引起一场颇具规模的文化论争,在学界有人支持,也有人反对,多数人是抱着不支持也不反对的态度。这场文化论争影响所及不能说很宽广,但也不能说不深远,直至今天,学界的认识仍有明显的分歧。应该如何正确地看待陈序经的"全盘西化"文化主张,仁者见仁,智者见智。在这里我也谈点看法,以求教于学界同仁。

一

文化是社会的产物,没有人类社会就没有文化,没有文化也就不成其为人类社会。所以,一部人类社会的历史,在某种意义上说也就是人类文明史或文化史。文化总是由新旧两个方面组成,新学、旧学、中学、西学都是"学",它们之间不是一个代替另一个,更不是一个消灭另一个,而是相互吸纳、相互促进,最理想的结果是你中有我,我中有你,相互结合,优长互补。

文化既然是人类创造活动的积累,是历史发展的结晶,那么,它是一种历史现象,也是一种社会现象。文化如果作为一种历史现象,它是人类历史发展中的一个组成部分;如果作为一种社会现象,它又是现实社会的经济结构、社会组织、政治力量在观念形态上的反映,并为它们服务。所以,文化不可能停留于某个阶段或某个水平,它是一个不断创新的过程。近代以来,随着西方资本帝国主义的侵入、西学东渐,中国的文化是在中西文化的冲突、撞击、交融和吸纳变化中发展的。因此,它具有抗拒性、排他性,又具有相互交流和比照性,人们对于异质文化的态度、选择和认同也必然是多样性的。

从世界范围去看人类文化,它有共通性,所以,它可以相互交流;但世界各国各民族的情况不同,每一种文化长期形成的文化特性也明显不同,因此,文化也具有民族性、特殊性和排他性。在近代中国,由于中西处在一种不正常的侵略与被侵略的状态中,因此,中西文化交流,中国总是处于一种防御侵略的救亡心态。从地主阶级改革派魏源提出"师夷长技以制夷"到孙中山以革命求民主共和,都是力图借鉴西方振兴中华,实现中国的独立、民主与富强。既要防止西方侵略、灭亡中国;又要学习西方达到振兴中华和避免中国危亡的目的,这是一种艰难的选择,包括孙中山在内的伟人都经历种种变化而最终不得不选择折衷调和的文化取向。辛亥革命失败后,中国的先进人物在探寻中国的未来发展路向时,一直有人对中国的传统文化和西方的资本主义文化产生怀疑,以后便产生了中西文化之争、"全盘西化"和本位文化之争,民族优秀传统文化与外来的尤其是西方的先进文化应该如何结合,以及应该如何建立民族的、科学的、大众的新文化,便成为近代中国几代人探寻的焦点。

中西文化之争,早在16世纪中叶伴随"西学东渐"便在中国开始了,外来文化传入中国之后,在学界产生两种截然不同的看法:一是认为西方文化的传入于国有利,应积极与传播西方文化的传教士建立一种正常的关系;一是以儒家文化的价值观去审视西方文化,认为西方文化是"外夷小技",主张中断西方文化的输入,禁止西方传教士在中国的活动。鸦片战争失败后,中国封建的旧文化与西方的资本主义新文化在一个更为广阔的空间接触,排斥"西学东渐"的思潮与学习西方先进文化思潮的冲突和论争,导致了近代学人两种对立观点的形成,即"中体西用"与"全盘西化"观的对立,并在新文化运动期间形成了西化派和东方文化派。西化派从陈独秀到胡适到陈序经,虽然他们各人追寻的文化目标不同,但关键问题还是坚持文化的西方化,他们认为中国文化的出路只有西化或"全盘西化"。东方文化派包括以杜亚泉为中心,以《东方杂志》为园地的一批知识分子,梁启超、张君劢等研究系的知识分子,梅光迪、吴宓等学衡派知识分子,章士钊等甲寅派知识分子,以及梁漱溟及其追随者。东方文化派中各人的思想主张不完全相同,但他们的共同特征是"在捍卫中国封建文化的前提下对东西方文化进行折衷调和",这也就决定了他们同封建顽固守旧派既有区别,又有着不绝如缕的联系。

近代中国的文化论争都是在半殖民地半封建社会的具体条件下展开的,"中体西用"与"全盘西化"、"西化派"与"东方文化派"都是在文化救国的前提下出现的,属于"借思想文化以解决问题"[①]的中国知识分子企图通过文化上的改变促进政治、社会和经济的变革。所以,也有学者将这一派知识分子称为"探

[①] 林毓生著:《中国意识的危机——"五四"时期激烈的反传统主义》,穆善培译,贵州人民出版社1988年版,第45~46页。

索中国近代化道路"① 的爱国者。

汤一介先生在中国文化书院文库《二十世纪中国文化论著辑要丛书》总序中说过：

> 在相当一个时期，一些人往往认为，在文化转型时期只有"激进主义"才对文化的发展起推动作用，而"自由主义"特别是"保守主义"则是阻碍文化向前发展的力量。这个看法是不全面的，或者说至少是值得我们重新讨论的。在文化转型时期，对文化问题总会有三种不同的态度，即激进主义的，保守主义的，自由主义的。在二十世纪这一文化转型时期，对中国文化所形成的不同三派都是面对中国社会的急剧变化和世界文化的大动荡这同一问题，而显示出不同的反应和不同的思考层面，正是这三种不同趋向的文化合力推动着文化的发展。因此，要全面地研究二十世纪中国文化的走向，对激进主义派、自由主义派和保守主义派都应作认真的研究。②

"全盘西化"论是1929年在中国出现的，其代表人物先为胡适后为陈序经。"全盘西化"论者对"全盘西化"的解释不同，有胡适的"策略""全盘西化"论，有陈序经的"百分之百"的"全盘西化"论，还有另外一些人的"根本"西化论。所谓"全盘"，也即是"彻底"，"全盘西化"也即是彻底接受西洋文化，改建中国传统文化的发展模式，利用西方文化取代中国文化。

陈序经在《中国文化的出路》一文中指出，中国问题的根本，就是整个文化的问题，"救治目前中国的危亡，我们不得不要全盘西洋化。但是彻底的全盘西洋化，是要彻底打破中国的传统思想的垄断，而给个性以尽量发展其所能的机会"③。他认为，西洋文化之优于中国，不但只有历史上的证明，就是从文化成分的各方面来看也是一样的。西洋文化是世界文化的趋势，"我们不要在这个世界生活则已，要是要了，则除了去适应这种趋势外，只有束手待毙"。他还以美国的印第安人为例说明，因为他们不愿接受新时代的文化，而要保存他们自己的文化，结果，不但他们的文化保存不住，连他们自己也保存不住。接着陈先生又指出："中国人不愿去接受现代趋势的西洋文化，而要保留过去的文化，从一个

---

① 罗荣渠：《中国近百年来现代化思潮演变的反思》，参见罗荣渠主编：《从"西化"到现代化——五四以来有关中国的文化趋向和发展道路论争文选》，北京大学出版社1990年版，第1页。

② 参见杨深编：《走出东方——陈序经文化论著辑要》"总序"，中国广播电视出版社1995年版，第2~3页。

③ 陈序经：《中国文化的出路》，参见杨深编：《走出东方——陈序经文化论著辑要》，中国广播电视出版社1995年版，第139页。

旁观人来看起来,他必定说道:其异于奴隶者几希?"因此,他指出"文化亡,则民族亡"的观点是错误的,因为坚持这种观点的人是不明文化乃人类的创造品,但一个民族的精神真谛,"并不在于保存文化,而在于创造文化。过去的文化是过去人的创造品,时境变了,我们应当随着时境而创造新文化,否则我们的民族,只有衰弱,只有沦亡"。①

二

综观陈序经的文化观,他是"完全基于过去的事实和目下的需要"而提倡"全盘西化"。他的主要目的是出于反对"闭关自守"、反对主张"固守我们的固有的文化"的复古倾向,也反对采取中西文化"所谓折衷或调和的论调",即"从中本西末而起到西本中末"的"东西合璧"调和主张。无疑,"全盘西化"论作为中国反对以儒学为本位的封建文化口号对复古倒退思潮带有毁灭性的打击。陈序经以文化高于一切、文化决定中国的未来的观念,阐释他对中国未来的信念,中国要现代化,就必须在文化上彻底西化。所以,"全盘西化"在陈序经看来也就是现代化。陈序经在1933年3月《独立评论》第43号上发表《教育的中国化和现代化》一文,在文章中他指出:"中国固有的教育,当然是旧的教育。旧的教育,是旧时代的产儿。新的教育,是新时代的产儿。要是新的时代是要有新的教育,那么新的时代的中国,也要有新的教育。换句话来说,就是中国的教育的新时代化,或是现代化"。又说:"要是整个中国是新了,是现代化了,那么教育也必定是现代化了,也是新了。"② 可见,陈序经将教育的现代化与文化的现代化结合起来,探寻中国文化的新路向,说明他是为了追随时代的潮流,立足于建立新中国,也就是建立现代化的中国来建构他的"全盘西化"文化观。这无疑是应该肯定的,而且他主张通过学习和借取西方的文化来反对中国的封建文化,这对于全社会观念的更新、知识的更替也起了积极的作用。

在《对于一般怀疑全盘西化者的一个浅说》一文中,陈序经除了继续阐明他的文化整体论和"文化基础多元化论"以反驳从经济史观出发对他的诘难之外,为了答复别人对他"全盘西化"论的指责,他提出西洋文化中虽然有相互矛盾的资本主义、法西斯主义和社会主义,但是它们同是西洋化,具有共同的特征和基础。他还阐述了他关于国情和民族自信心等问题的看法,认为指责他"以

---

① 陈序经:《中国文化之出路》第5章,参见罗荣渠主编:《从"西化"到现代化——五四以来有关中国的文化趋向和发展道路论争文选》,北京大学出版社1990年版,第390~391页。

② 陈序经:《教育的中国化和现代化》,杨深编:《走出东方——陈序经文化论著辑要》,中国广播电视出版社1995年版,第205页。

全盘西化之于中国国情未必能够适宜的言论"是"无稽之谈"。他说：我们"想有足以生存于现代世界的民族意识，消极方面，就要放弃过去的固有文化，以及其所形成的颓靡不振的民族意识；积极方面，就要全盘彻底去西化。能够全盘彻底的西化，就是激动起一种新的民族意识而适宜于现代的世界。相信中国可以全盘彻底的西化的民族，是有自信心最强的民族。因为相信中国可以全盘彻底西化的民族，是相信西洋民族所能创造的文化，中国人也能创造。只有相信中国民族有了这种创造的能力的人，始能自信中国将来的文化不但可以和欧美并驾齐驱，且可以超越在欧美所成就之上"。[1] 可见，陈序经的"全盘西化"论是承认自己民族文化的缺点，打破中国传统思想的垄断以图我们民族文化的进步，从而创造一种新的文化，激起一种新的民族意识与欧美国家争雄，使中国能超越欧美国家而成为世界的强国。如果从这个角度去审视，陈序经"全盘西化"论的矛头是指向封建专制主义，而他的理想则是通过"全盘西化"达到实现中国的现代化。他是"希望中国通过接受西方先进文化，最终成为屹立于世界民族之林的现代化强国"[2]。

由此看来，陈序经的"全盘西化"论的确如人们所指出的，是他怀着热爱祖国的深厚民族感情，关心中华民族复兴和强盛，企图为中国的振兴找到一条出路而提出来的。就反封建文化而言，陈序经站在时代前沿，他勇敢地彻底地否定中国封建的文化，便动摇了封建专制主义的基础。所以，"全盘西化"论就反对中国封建文化、反对复古倒退而言，它的积极作用是明显的，就这点而言，陈序经的"全盘西化"论是"五四"时期彻底否定中国封建传统文化的西方文化派主张的继续和发展。

三

然而，"全盘西化"论作为文化的概念，它是非科学的，是属于理念层面的研究室的课题。尽管陈序经心目中所欣赏的西方文化主要是指近现代西方的科学技术、大工业生产、民主政治制度、人生观、价值观、社会观和哲学等，但他以"全盘"、"彻底"的态度去对待文化问题，主张用一种文化替代另一种文化，势必造成两个极端：一个是"全盘"和"彻底"否定中国的传统文化；一个是"全盘"、"彻底"地接受西洋文化——有我便没你，有你便没我。用这样极端的方式去对待异质文化，势必造成不同文化之间尖锐的矛盾对抗，结果是谁也无法

---

[1] 陈序经：《对于一般怀疑全盘西化者的一个浅说》，杨深编：《走出东方——陈序经文化论著辑要》，中国广播电视出版社1995年版，第241～242页。

[2] 陈序经：《对于一般怀疑全盘西化者的一个浅说》，杨深编：《走出东方——陈序经文化论著辑要》，中国广播电视出版社1995年版，第241～242页。

否定和取代谁。西洋人、中国人都是人，人们在创造历史的过程中，也创造文化。文化既然是历史的积淀，是人们创造历史的结晶，那么，文化的长短都是相对的，没有绝对的好或绝对的坏。每一种文化都有自己所长，但也有其所短，都有精华也都有糟粕。西方文化自有其优长，但也有其所短；中国文化有所短，但也有所长。如果从比较中西文化的特征去审视、从现代文化的发展趋势去看中西文化，西方文化优胜于中国的文化，所以我们应该向西方学习，以利于改造和重构中国的文化，促进中国人价值观、伦理观、民主意识和平等观念的改变，以适应世界的新潮流，加速中国社会由封建主义向资本主义、社会主义转型。可是，一个民族在创造自己历史的过程中，也创造了为人们所接受并称之为灵魂的文化，彻底地否定民族文化势必会带来民族的振荡和社会的危机。"全盘西化"论代表人物之一的胡适后来也觉得"全盘西化"的口号有问题，并写了《充分世界化与全盘西化》一文，对"全盘西化"的提法提出修正，指出："数量上的严格'全盘西化'是不容易成立的"，"为免除许多无谓的文字上或名词上的争论起见，与其说'全盘西化'，不如说'充分世界化'。"[①] 胡适的"全盘西化"论虽然前后矛盾、理论混乱，但他承认文化的民族性。陈序经不同意胡适的提议，反认为胡适的"全盘西化"态度不够坚决和彻底，又向《独立评论》投了《全盘西化的辩护》一文，批评胡适的"充分世界化"和"尽量世界化"主张容易被折衷派和复古派当作护身符，仍然坚持"无论在需要上，在趋势上，在事实上，在理论上，全盘西化都有可能性的"，"全盘西化既非凭空造出来，全盘西化论也决不能为欲博了几个人的同情，而就要抛弃或避免"。[②] 尽管陈序经对他的"全盘西化"论作了许多解释，认为他的"全盘西化"虽然是"百分之百"的西化，但它是"从西化问题的讨论里求得一个共同信仰"，这就是"我们应该全盘西化"，并以胡适的意见作为他的意见，指出："我们深信，只有这样的一个最低限度的共同信仰，可以号召全国人民的感情与理智，使这个飘摇的国家散漫的民族，联合起来，一致向上的努力。"[③] 然而，这种"共同信仰"能够确立固然很好，但"全盘西化"论根本不可能成为中国知识界的共识，当然它也不可能成为中华民族和中国社会的共识，因此，"共同信仰"也无从形成。所以"全盘西化"论的主要缺点，正如20世纪30年代有的学者所指出过的，我们需要反对守旧，但亦需要反对盲从，"我们深知文化不和时代的需要结合，固会发

---

① 胡适：《充分世界化与全盘西化》，载天津《大公报》1935年6月23日。
② 陈序经：《全盘西化的辩护》，参见杨深编：《走出东方——陈序经文化论著辑要》，中国广播电视出版社1995年版，第283～284页。
③ 陈序经：《从西化问题的讨论里求得一个共同信仰》，参见罗荣渠主编：《从"西化"到现代化——五四以来有关中国的文化趋向和发展道路论争文选》，北京大学出版社1990年版，第467页。

生时代的错误,文化适应地域的条件,也会发生地域的龃龉。……外来文化果足为我们营养的资料,自当尽量吸收,但必须根据此时此地的需要,加以一番审慎的选择,倘竟不顾时地的条件,贸然主张全盘西化,岂但反客为主,直是自甘毁灭!"① 陈序经在《读十教授〈我们的总答复〉后》回答十教授的质问"敢问全盘西化论者,从何化起"时,他这样说:"'从何化起'这是无关重要的。他指出:"我以为我们在消极方面,苟能不做复古梦想,不做折衷空谈,以免阻止西化的发展;在积极方面,苟能特别努力西化,那么今天所得的进步,必当更多。"② 这样的回答等于没有回答。将"从何化起"的问题视作"无关重要",其实就是"全盘西化"无法实践的一种回答。诚如胡适所言,"全盘西化"只是一种"拼命走极端"的提倡,"文化的惰性自然会把我们拖向折衷调和上去的"③。将来文化大变动的结晶品,"当然是一个中国本位的文化,那是毫无可疑的"④。

由此可见,在胡适与陈序经这两位"全盘西化"论提倡者中,胡适比较强调实践,他以历史学家的视角去看待文化这个复杂的多方的不断变化的东西,认识到文化演变决不是单纯的一个代替另一个的过程,而是"一部艰辛惨淡、繁复多变的人的奋斗的历史"⑤。而陈序经则是属于一种理想层面的取向,认为文化只是一个单纯的线性取代过程,中国的文化发展低过欧洲的文化,因此,西方文化取代中国文化是文化发展的必然。他并声称"我们全盘采纳西方文化,不是做进一级的文化运动"⑥,而是再做中国的文化。陈序经将中国文化的发展划分为三个时期:①保守"固有"文化的时期;②折衷调和文化的时期;③全盘西化的时期。他认为前两个时期已经过去,"从东西文化接触以后的事实和历史的发展的趋势,以及目下的需要上看去,中国是不能不整个的全盘西化的"⑦。他为了反对复古,反对折衷调和,主张用西方文化来取代中国文化,从而否定了中国的传统文化,也否定了中国传统文化的优良部分,鼓吹中国文化一切不如西方,这不仅有悖于历史事实,也使他的取代论成为众多中国人不能认同的主张,使他

---

① 王新命等十教授:《我们的总答复》,参见罗荣渠主编:《从"西化"到现代化——五四以来有关中国的文化趋向和发展道路论争文选》,北京大学出版社1990年版,第477页。
② 陈序经:《读十教授〈我们的总答复〉后》,参见杨深编:《走出东方——陈序经文化论著辑要》,中国广播电视出版社1995年版,第271页。
③ 胡适:《编辑后记》,载《独立评论》第142号。
④ 胡适:《试评所谓"中国本位的文化建设"》,载《独立评论》第145号。
⑤ 徐高阮:《胡适之与"全盘西化"》,《胡适传记资料》(三),台湾天一出版社1979年版。
⑥ 陈序经:《东西文化观》,广州岭南大学1937年版,第178页。
⑦ 陈序经:《东西文化观》(下),参见杨深编:《走出东方——陈序经文化论著辑要》,中国广播电视出版社1995年版,第202页。

的"全盘西化"主张成为一种无从实践的空论。陈序经主张用西方文化来取代中国的传统文化,反对文化的多元交融和互补,势必造成异质文化的尖锐对立和抗拒。

文化既有时代性,又有民族性,既有世界性,又有地区性,没有民族文化的独立性,文化的世界性就是民族性的毁灭。殖民地文化主宰,便意味着一个国家和民族被另一个国家和民族所取代。这是一种悲哀。所以,任何国家和民族在其走向现代化的过程中,都面临着如何对待自己的传统文化和外国的文化问题。走中西文化融合之路,是为了需要而不断吸收外来文化的精华,摒弃自身传统文化落后于时代的种种糟粕;也是为了需要去铸造新文化的新特质,实现中西文化的优长互补,在与社会同步前进中实现文化的自我更新、创造与超越。走中西文化融合之路,在学习世界先进文化的同时保持并发扬民族文化的优秀传统才是中国现代文化的正确走向。[①] 陈序经的"全盘西化"论的缺点是由于他的激进文化观的片面性。不管他的主观意愿如何,"全盘西化"都是对我们民族的过去有过的文化辉煌采取简单的方式,不能坚持二分法,否定糟粕,不肯定精华,"全盘西化"、"彻底"地西化,也就是"全盘""彻底"地否定了中国的传统文化。对于以欧洲为中心的近代文化又一味歌颂而未能指出其流弊,对国人正确地认识具有两重性质的西方,即侵略的西方和先进的西方,并无好处。

所以,随着抗日战争的爆发、民族主义思潮的高涨,胡适和陈序经的"全盘西化"论便被人们所唾弃,这绝不是偶然的现象。

(1999 年)

[①] 参见张岱年、程宜山著:《中国文化与文化论争》,中国人民大学出版社 1990 年版,第 401～402 页。

鸦片战争对中华民族自觉意识产生、发展的影响

本文就鸦片战争与中华民族自觉意识产生、发展的关系作些探讨，发表一些不成熟的意见，盼望同人指教。

一

19世纪40年代初，英国殖民主义者发动了一次侵略中国的鸦片战争，战争从1840年6月正式开始，至1842年8月结束，历时两年又两个月。战争的结果是英国侵略者强迫清政府在"刺刀尖下"签订了不平等的《南京条约》、割让中国领土、开放通商口岸，使中国丧失了许多权益。从此，西方资本主义疯狂侵略中国，造成了中国严重的社会危机和民族危机。然而，事物都有两面性，一方面，鸦片战争改变了中国社会的发展进程，使中国由一个持续两千多年的封建社会，开始沦为半殖民地半封建社会；另一方面，它又促使中华民族自觉意识的产生，加速了中华民族的觉醒，加强了中华民族的凝聚力，促进了中华民族团结一致抵御外侮的反抗精神的发扬。正因为有后一种影响，才使中华民族得以生存、发展，并最后从资本帝国主义的枷锁和屈辱中摆脱出来，自立于世界优秀民族之林。

中华民族的自觉意识是怎样产生和发展的？这是一个很有意义的重要研究课题。1988年，费孝通教授在国际最著名的学术讲演活动之一——"泰纳讲演"（Tanner Lecture）会上，作了《中华民族的多元一体格局》的报告。费先生结合自己半个世纪以来对中华民族形成的历史过程的研究，提出了中华民族多元一体格局形成、发展的思想。① 费先生的报告为我们研究中华民族的形成、发展开拓了视野，给予了重要的启示。

我们所称的中华民族，是指在现在中国疆域里具有民族认同的56个民族的总称。中华民族虽是以汉族为核心凝聚起来的，但它并不是专指汉族，也不是专

---

① 费孝通：《中华民族的多元一体格局》，《北京大学学报》（哲学社会科学版）1989年第4期。

指少数民族，而是指中国境内的所有民族。中国自古以来就是一个多民族国家，多民族经过融合、重组、统一，最后形成一个多元一体格局和自觉的民族实体——中华民族。中华民族是在一定的自然地理条件下、在人类社会发展的一定历史氛围中，经过几千年的漫长过程才逐步形成的。然而，中华民族作为一个稳固的休戚与共的多元一体格局，诚如费孝通先生所指出的，只是在近代共同抵抗西方列强的压力下才形成的，"中华民族作为一个自觉的民族实体，是近百年来中国和西方列强对抗中出现的"①。

任何人们的共同体，只要形成为民族，必有它本民族的意识，但民族意识在它形成的初期，即是一种属于求生存和发展的低层次的自在意识。由自在意识发展为自觉意识又必须经过一个较长的过程。

所谓民族意识，就是同一民族的人具有共同的民族观念，有彼此一体、利害与共的感觉，以及在一定文化传统积淀下形成的共同心理素质和精神基础。有了民族意识才会产生民族的向心力和凝聚力，才会热爱自己的民族，珍惜自己的民族文化，如遇外来的侵略，便会团结一致为保护民族的生存而奋斗，进而谋求民族的发展。由自在民族意识向自觉民族意识转变，最主要的表现就是稳定民族体的人们能够自觉地意识到本民族的现状、命运和前途，并能为本民族的发展、强盛有意识地自觉组织起来，反抗外族侵略，以及开展革命、建设和各种科学实验活动。所以，民族作为一个具有共同生活方式的人们共同体，它必须和"非我族类"的外人接触后才会发生民族意识。任何民族都有一个从自在民族共同体到自觉民族共同体的发展过程，也有一个从自在民族意识到自觉民族意识的转变过程。中国各民族，在它同西方民族接触之前，所谓"非我族类"，不是汉族指少数民族，就是少数民族指汉族。在"非我族类其心必异"族类观念的束缚下，长期以来，不是汉族压迫少数民族，就是少数民族侵扰汉族。在受种族矛盾和"苾中国而抚四夷"、"内诸夏外夷狄"等"夷夏大防"观念制约的年代里，中华民族不可能产生团结统一、自觉认同的民族意识。

近代中华民族自觉统一体的形成，以及中华民族自觉意识的形成是同商品经济的发展以及与外来民族斗争紧密联系在一起的。中华民族自觉意识是近百年来中华民族在发展自己的经济，在同外族侵略势力的斗争中，一步一步从旧式的族类共同体向近代型民族共同体转变过程中才逐渐产生的。然而，这种自觉意识一产生就同中华民族的近代命运、中华民族自觉统一体的形成历史进程相联系、相一致，并成为维护中华民族的团结统一、反抗外族侵略、促进中华民族发展的强大精神力量。

---

① 费孝通：《中华民族的多元一体格局》，《北京大学学报》（哲学社会科学版）1989年第4期。

鸦片战争后，中国的情况发生了根本性的变化。这不仅是资本主义势力侵入中国，在中华民族面前出现了真正的异族——西方民族，而且在中国的四周也有了强邻：东面是侵占了朝鲜的日本，南面是侵占了安南的法国，西南是侵占了印度和缅甸的英国，北面是吞并了一系列中亚小国的俄国。在中国人民的面前展现了一个新世界——周围国家被列强侵夺。这种新的格局——殖民国家包围中国，给中华民族带来新的威胁和新的问题。一个新的"非我族类"——西方民族同国内旧的"非我族类"——统治清朝的满族，内外民族压迫者联合在一起，形成一种新的民族压迫制度——半殖民地半封建社会统治制度。因此，在新的历史条件下，汉族与各兄弟民族之间的关系必须作新的调整，以适应新的形势。当时的情况决定中国各民族只有成为一个稳定的和不断发展的多民族统一共同体，才能抵御外侮和保护自己的生存。所以，鸦片战争为中华民族自觉意识的产生、形成和中华民族稳定共同体的巩固与发展创造了客观条件。

二

民族意识属于精神范畴。"意识一开始就是社会的产物，而且只要人们还存在着，它就仍然是这种产物"。① 近代中华民族的意识，是近代中国社会的产物。由自在的民族意识到自觉的民族意识，中间有一个民族意识的觉醒过程。而中华民族意识的觉醒，其根本原因是由于近代资本帝国主义侵略产生的巨大影响，波及全民族的各个层面，震动着全民族每一个成员的心灵。而各阶层人士对鸦片战争开始造成的社会危机、民族危机进行思考、探索，寻求新的出路，便成为中华民族意识觉醒的内在因素。民族意识的觉醒，又有助于民族性格、民族心理、民族观念的更新。近代民族意识的觉醒不仅加速了中华民族由自在民族共同体向自觉民族共同体的转变，而且对于锻铸民族的新精神、促进民族的发展，都发生了巨大而深远的影响。

我们说，中华民族的自觉意识产生于反抗侵略。这主要源于从鸦片战争开始，我国各民族的爱国者在亡国灭种的严重威胁面前，共同参加战斗，表现了不屈服于资本帝国主义及其走狗的顽强反抗精神。这种精神的产生，不仅说明中华民族不允许外民族的侵略和欺侮，也表明中华民族开始意识到要用团结抵抗来保护自己、发展自己。毛泽东曾经说过："帝国主义和中国封建主义相结合，把中国变为半殖民地和殖民地的过程，也就是中国人民反抗帝国主义及其走狗的过程。从鸦片战争、太平天国运动、中法战争、中日战争、戊戌变法、义和团运动、辛亥革命、五四运动、五卅运动、北伐战争、土地革命战争，直至现在的抗

---

① 马克思和恩格斯：《德意志意识形态》，《马克思恩格斯全集》第三卷，人民出版社1972年版，第34页。

日战争，都表现了中国人民不甘屈服于帝国主义及其走狗的顽强的反抗精神。"① 这种精神产生于各族人民自觉起来保卫国家、挽救民族危亡。当然，这是民族自觉意识的反映。

民族的社会心理，民族的风俗习惯，民族的政治、法律、道德、教育、文学、艺术、美学、科学理论、哲学、宗教等社会意识形态，它主要表明一个民族在由物质生产决定的精神生产活动中，处于一定社会关系的人们共同体认识、掌握和改造世界的创造力量的表现程度和发展程度。任何民族意识的产生、形成、提高都离不开具体的社会环境和历史条件。我们说，鸦片战争期间，中华民族的意识正在觉醒，民族的自觉意识正在起步，也是由当时的历史条件所决定的。当时的历史条件是什么呢？那就是西方殖民主义者要灭亡中国，把中国变为它们的殖民地。但中华民族奋起抵抗，阻止了西方殖民主义者的图谋，使它们的愿望不能实现。在侵略与反侵略的斗争中，中国人民意识到自己国家、民族的严重形势，因而产生了危机感和反侵略求生存的意识。这种意识虽然反映了近代中国挽救民族危机的主题，但当时还没有同中华民族争取独立、解放和民主、富强的主体意识相结合，因此，它还不是中华民族的自觉意识。民族的主体意识是民族思想同时代、现实与历史较好地统一起来产生的民族意识，它反映了民族的文化传统、心理素质，也表现了民族的发展目标和基本要求。民族的自觉意识正是民族主体意识的发展，是民族主体意识与客观历史条件相统一的产物。所以，我们衡量近代中华民族自觉意识形成与否，只能看中华民族争取民族独立、解放和民主、富强的意识的形成与否，除此以外，别无其他。

我们中国，除了广义的中华民族的意识外，各个民族又有自己狭义的民族意识。汉族有汉族的意识和文化传统，各少数民族又有各自的意识和文化传统。中华民族的意识是"一体"的大意识，各个民族的意识是大家庭成员的小意识，多元的小意识形成一体的大意识。所以，中华民族的自觉意识不可能离开或超越各个民族独自形成的独立意识，它对各个民族的意识有综合、有继承也有发展；但是，中华民族的自觉意识也不是各个民族意识和文化传统的全部相加或简单综合。如果否定了各个民族的自我小意识，当然也就否定了各个民族的存在，同样地，如果否定了每个民族的小意识，当然也就没有多元一体的大意识。为什么我国除了中华民族的大意识外，又同时存在着各个民族的小意识呢？这是由我国具体的社会环境和历史条件决定的，也就是费孝通先生所指出的中华民族多元一体格局形成的具体情况决定的。

我国各民族居住在祖国的不同地区，具有不同的生活环境和不同的发展情

---

① 毛泽东：《中国革命与中国共产党》，《毛泽东选集》四卷横排合订本，人民出版社1968年版，第595页。

况。汉族多数聚居在我国的中原和沿海地区，少数民族多数聚居在我国的四周边境。就中华人民共和国建立前的经济情况看，汉族主要聚居农业区从事农业活动；少数民族中有很大一部分从事牧业，同汉族从事农业形成不同的经济类型。从语言上说，除回族用汉族语言作为自己民族的语言外，少数民族都有自己的语言。从历史上看，每个民族都有其较长的历史发展和变迁过程，但少数民族的社会经济和科学文化的发展比汉族缓慢和落后。由于各个民族的语言不同、历史发展不同、生活环境不同、经济类型和社会发展形态不同，因此各个民族的民族意识和文化传统、心理素质也会有所不同。这是人类发展历史长河中一个带普遍性的共同现象。马克思在《〈政治经济学批判〉序言》中说过："物质生活的生产方式制约着整个社会生活、政治生活和精神生活的过程。不是人们的意识决定人们的存在，相反，是人们的社会存在决定人们的意识。"[①] 而且，观念只不过是移入人的头脑并经人的头脑改造过的物质。所以，近代中华民族自觉意识的产生和形成，正是近代中华民族经济基础及生产方式变化的一种反映。

鸦片战争后，随着西方侵略势力的入侵，外来商品的输入和西方文化的传入，对中国强大的封建专制统治和顽强的小农自然经济是一次带极大破坏力的冲击。然而，资本帝国主义军事、政治、经济和文化的侵入，虽促使中国封建社会解体，为资本主义因素的产生和发展创造了某些条件，但从根本上则是阻碍中国民族资本主义发展的。就全国范围看，在近代中国，封建经济，即以封建土地所有制为基础的个体农业经济占绝对优势，资本主义经济非常薄弱，它从未在近代中国经济中占主导地位。但是，封建自然经济开始瓦解、资本主义经济因素日益增长的趋势，则为中华民族由自在实体向自觉实体转变、为中华民族由自在民族意识向自觉民族意识过渡奠定了经济基础。正如马克思和恩格斯所说的："资产阶级，由于一切生产工具的迅速改进，由于交通的极其便利，把一切民族甚至最野蛮的民族都卷到文明中来了。""它迫使一切民族——如果它们不想灭亡的话——采用资产阶级的生产方式；它迫使它们在自己那里推行所谓的文明，即变成资产者。"[②] 随着中国半殖民地半封建社会的形成，中国资本主义经济也在缓慢地发展。由资本主义经济产生的民族资产阶级，作为新生产力的代表，着眼于未来，创办报刊进行启蒙宣传，灌输民族意识，启迪民族觉悟，开展挽救民族危亡和反对资本帝国主义和封建主义压迫的民族民主革命斗争。与此相适应，中华民族团结一致为民族的振兴和国家的民主和富强而斗争，这正是中华民族由自在

---

① 马克思：《〈政治经济学批判〉序言》，《马克思恩格斯选集》第二卷，人民出版社1972年版，第82页。

② 马克思和恩格斯：《共产党宣言》，《马克思恩格斯选集》第一卷，人民出版社1972年版，第255页。

意识转变为自觉意识的标志。

中国幅员辽阔，地理环境、生活条件差异甚大。长期生活在不同环境中的各民族，习惯和意识都有明显差异。一般说来，中国北方游牧民族受生活条件影响，生活不稳定，在阶级压迫的社会里，经常受骚扰，所以对团结的重要性有深切的认识。他们不仅具有较强的纪律性，而且由于生活条件的恶劣和局限，又养成一种冒险、勇敢的开拓精神。生活在南方的民族，由于习惯于稳定的狭隘地域生活，地域观念较强，保卫家园的意志非常坚决。但是，随着人们的生活环境、社会关系、社会存在发生变化，人们的意识也会随着改变，因而，我们在探求中华民族的意识时，不能只看到各个民族意识的差异，而忽视他们在一定历史条件下的变化、发展以及一致；也不能只看到各个民族意识的一致性，而忽视它们的差异。

鸦片战争是中国近代史的开端。这个开端是中国人民的不幸，但也是中华民族向前发展的前驱先路。在半殖民地半封建社会这个过渡社会里，中国不但在世界上成为落后的国家，而且遭到世界上东西方资本帝国主义列强国家的侵略。英国殖民主义者通过鸦片战争，用鸦片和大炮轰开了闭关锁国的封建中国的大门，使中国开始沦为半殖民地半封建社会，无论是经济结构、阶级关系还是政治、思想文化、社会生活都产生不平常的影响，使中国走上了一条畸形发展的道路。但从总的方面看，其影响是消极的，不过消极中也存在一些积极因素。

从经济上看，鸦片战争前，我国各民族的发展虽然极不平衡，但基本上都是处于自给自足的经济状态，封建土地关系一直占绝对的统治地位。鸦片战争后外国资本主义入侵，在加深我国各族人民苦难的同时，也加速了我国各民族经济一体化的进程。鸦片战争后，资本主义国家向我国大量倾销各种商品，掠夺各种工矿原料，垄断我国的商品市场，这一方面破坏了各民族原有的生产力秩序和运行轨道，加速了自然经济的解体过程，破坏了封建专制主义的经济基础；另一方面，由于商品经济的发展和科学技术的日益发展进步，又为新生产力的崛起和新的社会机制的调整和组建铺平了道路。而新生产力的崛起、商品经济的发展又为中华各民族经济、文化交流和共同发展创造了条件。

从政治上看，鸦片战争前，由于清政府推行民族压迫政策，表面上看来满族是压迫民族，汉族和其他少数民族是被压迫民族。这种民族压迫的实质虽然是阶级压迫，但是也的确存在民族歧视和不平等，只要国内存在民族压迫制度，民族关系就不正常。鸦片战争标志着西方资本主义疯狂侵略中国的开始，使中华各个民族的生存受到威胁。清朝统治者为了维护自己的统治地位，采取投降侵略者的政策，而中华民族各族人民则自觉肩负起保卫国家民族的重任。因此，中华民族各族人民同清朝卖国者和西方侵略者的矛盾日益尖锐，这就改变了国内各民族的关系。在半殖民地半封建社会的中国，我国各民族，不论处于哪一个发展阶段，也不论是哪一个民族,都处于受资本帝国主义列强压迫和被奴役的地位。这就形成了各少数民族与汉族同祖国大家庭同呼吸、共命运的血肉联系。各民族人民在反对共同敌人——侵略者和清朝统治者的斗争中结下的亲密友好关系,不仅得到空前的巩固和加强,而且也为中华民族自觉意识的形成和中华民族自觉共同体的巩固创造了前提条件和坚固基础。

以上的情况表明,在近代,我国各族人民遭受资本帝国主义和封建主义空前残酷的压迫,逐步沦为半殖民地半封建社会的过程,同时也是各民族人民为了挽救民族危机、争取民族独立解放和民主富强的斗争过程。鸦片战争后的中华民族,由自在民族共同体转化为自觉民族共同体,正是中华民族由自在民族意识转化为自觉民族意识的标志。资本帝国主义的侵略、压迫和奴役给中国各民族造成了空前的民族灾难,同时也迫使中华民族觉醒,使中国人民逐步走上为争取民族独立、民主和富强而斗争的民族解放和民主革命道路。在近代中国半殖民地半封建社会经济和阶级关系的基础上,产生了中国近代的民族民主革命运动。各民族的爱国革命者参加近代中国的民族民主革命,正是中华民族自觉意识形成的反映,也是中华民族自觉共同体形成的标志。

三

近代中华民族的觉醒,首先表现为民族自觉意识的产生和加强,而各民族联合起来抗击侵略者意识的产生,又正是中华民族自觉意识产生的重要反映。

"中华民族的各族人民都反对外来民族的压迫,都要用反抗的手段解除这种压迫。他们赞成平等的联合,而不赞成互相压迫。"[①] 为了反抗外来民族压迫而相互联合起来抗争,在抗争中觉醒,在觉醒中探索,在探索中前进,这正是中华民族自觉意识提高的具体表现。

有侵略就有反抗。但是反抗有两种情况:一种是统治阶级为了维护自己的统治权对外来侵略的被迫抵抗;另一种则主要是人民群众为保卫家乡和国家的自觉奋起反抗。自觉还是不自觉,关键取决于各民族广大人民群众的意志和行动。

鸦片战争开始后,清朝政府虽然曾想抵抗侵略,但是容纳不了像林则徐这样的爱国民族英雄。不管抱着何种目的,反抗侵略总比不反抗好,然而,盲目的反抗并不是自觉意识的行动,对这种行动当然也要肯定其作用,但不能盲目地歌颂。作为封建国家机器主要组成部分的军队毕竟是属于皇帝的,但是,皇帝军队的将士也绝不是全部都只忠于皇帝。忠于皇帝又抵抗侵略者的人,人们称之为"忠君爱国者"。不忠于皇帝但忠于国家、民族,英勇抵抗侵略者的将士,或其

[①] 毛泽东:《中国革命与中国共产党》,《毛泽东选集》四卷横排合订本,人民出版社1968年版,第586页。

他反抗侵略的人士，当然也是爱国者。然而，爱国者之间的情况有不同，所起的作用也各异。但是，从总体上看，鸦片战争开始时，无论是清朝的军队还是各族人民群众的奋起反抗，开始时往往都是不自觉的，但这种行动反映的民族意识则往往是自觉的。为什么这样说？我们不妨以鸦片战争开始后的具体情况加以说明。

中英鸦片战争期间，英国侵略者足迹所到之处都遭到清朝军队和人民的抵抗。从掌握清政府统治权的顽固派方面看，抵抗不是他们的意愿，因此军队和人民的抵抗是不自觉的反侵略行动。但从抵抗派中的爱国将士和广大人民群众方面看，他们反抗侵略者是为了保卫家园和维护民族尊严，而且在反抗中表现出了异常的英勇顽强、不怕牺牲、可歌可泣的精神。他们那样做完全是自愿献身，而不是被迫的，这无疑是自觉的反侵略行动。所以，衡量人民群众在反侵略斗争中的表现是自觉的还是不自觉的，关键要看他们的行动是被迫的还是自愿的，是一般的复仇行动，还是为了保卫国家和民族的自觉行动。

从1840年7月5日，英军骚扰浙江定海，定海人民揭开了中国人民抗英斗争的序幕起，中华民族各族人民的抗争意识明显提高了。这不仅表现为各族人民配合清军爱国将士主动参战，还表现为各族人民群众主动起来抗击英军。爱国将士和各族人民为了保卫祖国的领土和民族的权益，英勇献身，无私无畏。这不仅在中华民族的历史上写下光辉的篇章，就是在世界史上也应有它重要的地位。1841年1月7日，英军突袭广东虎门，沙角炮台守将陈连升和七百多名将士，英勇反抗，壮烈牺牲。同年2月，英军大举进犯虎门，广东水师提督关天培亲自督战，同四百多名爱国将士奋勇抵抗，全部壮烈牺牲。在虎门销烟和抗英斗争过程中，虎门人民不仅采用各种办法阻击敌舰，伏击英军，而且还施用"连环阵"、"放火船"、"布陷阱"、"放水闸"等战术杀敌，表现出虎门人民强烈爱国爱乡的热情和视死如归的大无畏精神。这种为保卫乡土和民族的尊严而英勇献身的精神，无疑是中华民族开始觉醒的表现。此后的乌涌之战（1841年2月27日）、广州之战（1841年5月22—27日）、厦门之战（1841年8月26日）、第二次定海之战（1840年10月1日）、镇海之战（1841年10月10日）、浙东之战（1842年3月10—15日）、乍浦之战（1842年5月18日）、吴淞宝山之战（1842年6月16日）、镇江之战（1842年7月21日）等，虽然是在英国侵略者进逼下的自发反抗，但它们具有明显的特点：

第一，抵抗侵略者的不仅是清朝军队中的汉族将士，也包括清朝军队中的少数民族如满族、蒙古族、土家族、苗族的爱国官兵。不仅是各族爱国官兵英勇抗敌，而且各民族人民群众也同侵略者进行各种斗争。爱国的军民同仇敌忾，浴血奋战，谱写了一曲曲可歌可泣的爱国主义战歌。

第二，清朝的爱国将士和沿海各地的民军和各族人民群众的抗敌斗争互相配合和支持,开创了爱国军民联防的新格局。

第三,出现了一大批以身殉国的民族英雄,这批民族英雄有汉族也有少数民族。

林则徐一身正气,不顾个人安危,为国为民严禁鸦片和抵抗侵略,表现出激昂的爱国热情,成为近代中国历史上第一位自觉反对西方资本主义侵略的民族英雄。在反侵略战争中,清朝部分官兵,如广东水师提督关天培、江南提督陈化成以及浙江定海三总兵葛云飞、王锡朋、郑国鸿等,誓死抵抗,献出了自己的生命。两江总督裕谦(蒙古族)也在抵抗侵略者斗争中身负重伤,但宁死不屈,毅然跳入泮池殉国。沙角炮台守将陈连升(土家族)、乌涌守将祥福(土家族)也在抵抗侵略者斗争中英勇献身。镇江副都统海龄(满族)率领的驻防旗兵,勇敢拼死地战斗,直至全军覆没为止。他同旗兵的壮烈牺牲,保持了中国人民的气节,得到恩格斯的高度赞扬。各族人民英勇抗敌为国捐躯,表现了各族人民在抗英斗争中不怕牺牲的大无畏爱国主义精神,这是民族觉醒的生动体现。

首先,出现了各族各阶层人民自觉联合抗敌。

1841年5月底,当著名投降派、靖逆将军奕山与英国侵略军订立"广州和约"时,广州北郊三元里一带民众为保卫家园,自动聚集起来痛击侵略军。他们鄙视卖国投降的官吏和不堪一击的清军,又对自己充满信心。他们嘲笑"官怕洋鬼子","洋鬼子怕百姓"。这种民众的自信心和伸张中华民族正气的反抗侵略者的壮举,既显示了开始觉醒的中国人民不甘屈服于侵略者的坚强意志,又表现出中国人民保卫家园的英勇献身精神。这正是中国人民为反对侵略、维护民族独立而斗争的精神支柱和中华民族的力量源泉之所在。正如张维屏在《三元里》诗中所云:"三元里前声若雷,千众万众同时来,因义生愤愤生勇,乡民合力强徒摧。"① 人民的力量是强大无比的。人民,只有人民,才是反抗侵略者的真正力量。以三元里人民斗争为起点,广州地区的农民、手工业者和爱国士绅反侵略斗争的联合行动,正是人民觉醒的一种反映。

1919年,毛泽东在《民众的大联合》一文中说过:"到了近世,强权者、贵族、资本家的联合到了极点,因之国家也坏到了极点,人类也苦到了极点,社会也黑暗到了极点。于是乎起了改革,起了反抗,于是乎有民众的大联合。"② 即是说,近代中国民众的联合是为了反对侵略者同国内剥削统治者的联合,正是有了这种联合,才使中华民族能够自立于世界民族之林。鸦片战争期间,我国各族人民联合抗敌,当然有别于无产阶级领导下的民族民主革命联合阵线,也有别于

---

① 张维屏:《三元里》,广东省文史研究馆编:《三元里人民抗英斗争史料》修订本,中华书局1978年版,第291页。

② 毛泽东:《民众的大联合》,载《湘江评论》1919年第2号。

资产阶级组织的反清联盟，但它无疑是近代中华民族开始觉醒的一种表现。

其次，出现了空前的民族忧患意识。

随着鸦片战争的失败，尤其是在英国"炮口的威逼下订立"《中英南京条约》①后，英国侵略者割去香港，勒索了巨额赔款，攫取了五口通商和协定关税等特权，接着英国又迫使清政府订立《中英五口通商章程》和《虎门条约》，攫取了领事裁判权和片面的最惠国待遇。由于这一切而导致的民族危难局势对人们的震动极深极大，整个社会都笼罩着深深的民族忧患，人们对国家的现状、民族的未来表现得忧心忡忡。忧国之士纷纷提出富强之策。魏源开始认识到外力对中国未来的大患，在林则徐"师敌之长技以制敌"的思想基础上，提出了"师夷长技以制夷"的思想，并指出："欲制夷患，必筹夷情。"②魏源深知中国未来如不师"夷"之所长，将难以制"夷"，这种认识直接影响以后的"自强运动"。尽管林则徐、魏源当时对资本主义国家的认识都还极其有限，他们的国家民族观念也未突破"夷夏大防"、"华夷之辨"的思想和行为准则，认识没有达到后人的高度。然而，他们毕竟是在时代剧变的强烈震荡下，成为近代中华民族最初觉醒的代表人物之一。

士大夫是一个非常敏感而又富有爱国热情的阶层。鸦片战争使中华民族第一次处于弱小的被人欺侮的民族地位，这对清高而又富于历史使命感和强烈责任感的士子们来说是难以接受的现实。"堂堂华夏，竟被外人窥破"，"文明古国"被人宰割，引起士子们的极大震动，使他们对中华民族未来的命运深为忧虑。士大夫一贯信奉"非我族类，其心必异"的原则，如今来者是一个真正侵略和欺凌我中华民族的"非我族类"，这不能不使敏感而学识广博的士子们深沉思考。

鸦片战争后，士大夫为寻求中华民族的出路而开始新的探索，忧思更深，情绪也更加激愤，民族忧患意识也开始深入社会成员的下层，乃至广大的老百姓。鸦片战争中出现的"百姓怕官，官怕洋鬼子，洋鬼子怕百姓"，成为战后中国的一种新的社会关系。这种关系的形成，便成为中华民族自觉反抗资本帝国主义侵略的巨大力量，构成广大人民忧虑国事、鄙视"洋鬼子"、反抗侵略者的心理基础。

恩格斯说过，中英鸦片战争后，中国南方民众积极地狂热地参加反对外国人的斗争。这些斗争是"保卫社稷和家园的战争，这是保存中华民族的人民战争，虽然你可以说，这个战争带有这个民族的一切傲慢的偏见、蠢笨的行动、饱学的

---

① 马克思：《英中条约》，《马克思恩格斯全集》第十二卷，人民出版社1962年版，第600页。

② 魏源：《海国图志》卷2，筹海篇四（议款）。

愚昧和迂腐的蛮气，可是它终究是人民战争。"① 又指出："中国的南方人在反对外国人的斗争中所表现的那种狂热态度本身，显然表明他们已觉悟到古老的中国遇到极大的危险；过不了多少年，我们就会看到世界上最古老的帝国作垂死的挣扎，同时我们也会看到整个亚洲新纪元的曙光。"② 恩格斯的话明确指出，第一次鸦片战争后中华民族反抗侵略者的斗争是中国人民遇到极大危险而自觉起来进行保卫民族生存和社稷的斗争，这种斗争无疑是充满前途和希望的中华民族开始觉醒的一种表现。

四

民族觉醒是民族自觉意识形成的结果。近代中华民族自觉意识的发展大致经历了民族认同、觉醒和自立三阶段。

鸦片战争后，由于民族危机激发起强烈的民族忧患意识，各族人民并由此联合起来进行保家卫国、抗敌御侮斗争，显示了中华民族实体得到各民族的认同。中华民族开始觉醒，但还不是真正自觉，主要的原因是这个时期，各族人民虽然对侵略者无比愤慨，并开始唾弃"怕洋鬼子"的民族败类，但是，一般说来，对害怕侵略者的清朝统治者还缺乏理性认识，反外敌而不惩内贼正是这种认识的反映。战后，由于人民对战争失败原因的探索，骤然产生一股巨大的民族落后感，并产生一种巨大的求强求胜、中兴民族的心理。随后，由于外国资本主义侵入而迅速激化的封建主义与城乡人民群众的矛盾，终于爆发了太平天国农民战争。这场战争虽然得到壮、苗、瑶、彝、回、白等少数民族的参加和支援，甚至远在新疆的各民族亦受太平天国农民起义的鼓舞，掀起民族大起义。但太平天国农民军主要是同地主阶级搏斗，破坏旧制度，建立不了新制度，又没有将资本主义侵略者作为主要的打击目标。反内贼而不御外敌，这说明他们的民族意识还十分朦胧。

太平天国之后的30年，是洋务运动由开始到破产的时期。不管洋务运动主持者的身份与主观愿望如何，他们围绕学习西方做富国强兵的大文章，为中华民族寻求新出路的意向，说明洋务运动是由民族忧患意识而形成的，带有拯救民族的使命感。它比起单纯的民族忧患意识高了一个层次。然而，由于洋务派不敢开罪侵略者，他们坚持"曲全邻好"的对外方针，帝国主义把中国周围的邻国逐个攫夺为殖民地和保护国之后，便大肆向中国边疆地区推进，使中国出现了极端

---

① 恩格斯：《波斯和中国》，《马克思恩格斯选集》第二卷，人民出版社1972年版，第20页。

② 恩格斯：《波斯和中国》，《马克思恩格斯选集》第二卷，人民出版社1972年版，第21～22页。

严重的边疆危机。各族人民虽接二连三地抵抗，但清政府则畏"洋"如虎。这时期的各族人民主要是反外敌，但又不反内贼。

中日甲午之战争，中国被"蕞尔小国"的日本打败，全国上下大为震惊，中华民族的觉醒非常明显。此后，忧国之士已不限于发表如何自强的意见，一部分忧国之士要求朝廷政治革新，实行新政；另一部分人则主张革命，推翻腐朽的封建政体，确立资本主义制度，建立独立、民主、富强的民族国家。由此可见，甲午战败后，中国人民不仅要求对外反侵略，也要求对内反封建，将民族革命和民主革命有机地统一起来，把反外敌与反内贼联系起来。这不仅说明中华民族的先进人物对近代中国的社会问题有了新的认识，也说明中华民族由自在意识向自觉意识转变。

甲午中日战后三年的维新变法运动则是主张政治革新的维新志士将救亡图存与政治革新结合起来形成的一次较有影响的政治运动，也是思想解放运动。随着义和团反帝运动和辛亥革命运动的兴起，中国人民将清朝视作"洋人的朝廷"来反对，表明强烈的民族忧患意识已同改变中国封建君主国体与政体、建立资产阶级政权相结合，说明中华民族已经走上了一个新台阶。这不仅表明中华民族自觉民族实体和自觉意识的形成，也说明中华民族已经真正觉醒。

由辛亥革命失败开始酝酿到新文化运动的兴起，中华民族开始走向自立——争取民族独立解放的一个新阶段。由1915年新文化运动开始至1949年中华人民共和国成立，中华民族得到真正独立解放，其间经历了三十多年。

综上所述，我们就中华民族自觉意识的产生、形成和发展得出如下认识：

1. 中华民族作为一个自在的民族实体早在近代以前很久就存在了，但由自在民族实体转变为自觉民族实体却是近代的事（所谓自觉，就是全国各民族对自身的情况和发展产生自觉的认同。生活在一个共同区域里的人们，如果不同外界接触，不会自觉地认同），所以，中华民族自觉意识是中国各民族在西方异民族入侵和压迫下产生的。当时，中国各民族由于遭到异民族侵略带来的深重苦难，共同感受到必须稳固地形成统一的、团结的自觉实体才能抵御外族侵略和维护民族的生存以及尊严。民族的得名必先有民族实体，但是，自觉民族实体的形成必须来源于自觉的民族意识，没有自觉的民族意识也就不会形成自觉的民族实体。

2. 中华民族的自觉民族意识是中国人民的共同精神支柱，在维护祖国统一和民族团结、抵御外来侵略和推动社会进步中，民族意识发挥了重要作用。鸦片战争后，中国虽然逐步沦为半殖民地半封建社会，中华民族蒙受了奇耻大辱，中国人民遭受了巨大灾难，但中国没有亡国，中华民族没有沉沦到深渊不能自拔。为什么？主要原因是中华民族在耻辱与痛苦中觉醒，在觉醒中求生存和发展，在觉醒中探索救国救民的道路，在探索中斗争奋进。

3. 民族有前途，人民有前途，国家有前途。一个国家、一个民族要长盛不衰、永远向前，一方面要强化爱国主义教育；另一方面又要反对狭隘的民族主义，唤醒和树立新的民族意识。一方面要振奋民族精神，增强民族自豪感和自信心，促进民族的团结统一，万众一心，奋发图强，发展经济和文化教育，提高国家的实力；另一方面又要正确地认识自己，总结本民族的长处和短处，培养民主和科学精神，提高民族的综合素质，提高全民族的觉悟，正确地对待自己和别国。在民族文化交流中，既要防止盲目排外，又要预防唯洋是崇。只有这样，全中国人民要中国振兴，中国就没有不振兴的道理。这就是鸦片战争后，中华民族自觉意识产生和发展给我们的启示。

（1991年）

近代中华民族的觉醒与民族凝聚力的增强

近代以来,中华民族灾难深重,但它的凝聚力却空前地加强了。为什么?本文拟就这个问题进行一些探索,发表一些个人的看法,盼望学者同仁指教。

一

由鸦片战争开始的中国近代史是中华民族丧权辱国的苦难史,也是中国人民反帝反封建斗争的奋斗史,是中国先进的仁人志士寻求救国救民真理的历史,也是中华民族觉醒、自觉民族实体形成和民族凝聚力空前增强的历史。

鸦片战争后,中国面临着两种前途和两种命运的严峻选择:一种是由半殖民地变为殖民地,做亡国奴,甘受外国侵略者奴役、欺凌和压榨;一种是奋起反抗资本帝国主义侵略,争取民族独立,改变半殖民地半封建社会的耻辱地位。坚持前一种道路和前途的人,虽然人数不多,但得到侵略者的支持,影响很坏。他们认为,中国只有多产生几个像英国殖民主义统治的香港,中国才能摆脱落后和贫困。在这些人看来,中国只有变为殖民地,才能有社会的"治"和经济上的"富",这种人奴性十足。坚持后一种道路和前途的人,则明确地指出,求助侵略者来"图强"、"求富",除了加速中国变为殖民地外,就是要中华民族永远丧失信心,只会听其自然毁灭,不图振作。因此,这种人认为,中国的出路在于全民奋起抗争。这种人表现了中华民族的刚阳正气,要中国人做一个堂堂正正的中国人。他们严正指出:"洋人来了"(即外国侵略者来了),就是中国"大家都不好了"。洋人不但不能为我中华民族造幸福、救国救民族,而且我们中国人都变成"那洋人畜圈里的牛羊,锅子里的鱼肉,由他要杀就杀,要煮就煮,不能走动半分"。[①] 这些如血如泪的话,饱含着深沉的悲愤,控诉了资本帝国主义侵略给中国人民带来的苦难,向全中国人民敲响了亡国的警钟,喊出了当时千百万爱国者的共同心声:祖国在危急中,只有以鲜血为代价,拼死起来反抗,才能把祖国和民族从苦难的境地中拯救出来。然而,近代中国人民对外国侵略者的认识,在19世纪上半叶,除少数人认识得比较深刻,看到本质外,多数人都不是一下子

---

① 陈天华:《警世钟》,刘晴波、彭国兴编校:《陈天华集》,湖南人民出版社1958年版,第60页。

就认识到资本帝国主义的侵略会给中华民族带来如此严重的危害。

1840年英国殖民主义者发动侵略中国的鸦片战争是新兴的资本主义殖民帝国对古老的封建帝国的挑战。尽管中国社会的少数精英已经开始意识到了今古巨变的来临，提出要重新估价自己、检讨中国战败的原因。从林则徐倡"师夷智"开始到冯桂芬作《校邠庐抗议》书，主张"采西学"、"制洋器"，都是一代中国人经受两次鸦片战争失败后对泰西逼来的一种回应。但由于历史重负的束缚，中国人民不仅未能承受西方的挑战，少数精英分子的微弱呐喊也未能唤来社会多数人的觉醒。然而，鸦片战争的失败、《南京条约》的签订，毕竟暴露了清王朝的一切隐患，也使中华民族走上了一条畸形发展的道路，打断了中国由封建主义向资本主义发展的进程，使中国第一次处于弱小的民族地位，自然地引起了全民族心灵的震动。可是，这种震动并没有能够立即带来全民族的觉醒。当时有的人虽然睁眼看世界，朦胧地预感到自己民族困难的未来，呐喊着要人们正视侵略者，立志"师夷长技以制夷"，然而这种人少如凤毛麟角，没有能够立即引起社会的巨大共鸣，形成既要学习先进的西方，又要反抗侵略的西方的爱国反侵略社会思潮。甚至还有人以为条约签订以后国家就可以长治久安了。就是睁眼者也似醒非醒，没有能看清世界的真正趋势和侵略者的本质。因此，这些睁眼看世界的人总是习惯地依据传统的思维模式和已有的知识去思考问题、采取对策。他们的呐喊不仅没有能够触动封建统治阶级的中枢神经和激起更多仁人志士的觉醒，也未能阻止近代中国社会向半殖民地半封建社会沉沦。不过，他们的言行在近代中国思想界、知识界却起到开风气和启迪人们去认真思考中华民族前途的作用。

资本帝国主义发动侵略中国的战争的目的，不是要把中国发展为独立的资本主义国家，而是要把中国变为一个完全的殖民地。为实现这个战略目标，在五四运动前的80年中，资本帝国主义发动了五次大规模的侵华战争，它们通过强迫清政府签订不平等条约，除割占中国的大片领土外，还在中国建立"租界"，划分势力范围，从而使堂堂的大中华被瓜分豆剖。资本帝国主义侵略者凭借不平等条约，还取得了领事裁判权、关税协定权、海关管理权、内河航运权，以及在各自势力范围内修筑铁路和经营矿务的权利。它们还通过索取中国巨额的战争赔款，掠夺中国的财富，并通过资本输出控制中国的经济命脉。当时的中国，正如资产阶级革命青年思想家陈天华在《猛回头》一书中所诉说的："海禁大开，风云益急，来了什么英吉利、法兰西、俄罗斯、德意志，到我们中国通商，不上五十年，弄得中国民穷财尽。这还罢了，他们又时时的兴兵动马，来犯我邦。他们连战连胜，我们屡战屡败。日本占了台湾，俄国占了旅顺，英国占了威海卫，法国占了广州湾，德国占了胶州，把我们十八省都划在那各国的势力圈内，丝毫也不准我们自由。"①

由此可见，西方侵略者东来，给中国带来的不是像一些人所说的什么"和平"、"科学"、"富庶"，而是战争、愚昧、贫困和数说不清的种种苦难。

鸦片战争的结局，对于妄自尊大、以"夷夏大防"的思想和行为作为准则的清朝统治者，应该说是一种强烈的冲击。然而，在自尊与无知的清朝皇帝及其多数大臣的脑子里，并没有意识到西方异族侵略者的东来，是要灭亡中国，变中国为他们的殖民地。他们顽固保守的思想一仍其旧，我行我素，对于先觉士大夫们的忧患进谏充耳不闻，明明是自己打了败仗，却说是夷人受了招抚；明明是签订了丧权辱国的不平等条约，却说是皇恩浩荡，施及四邻。既然清朝执掌大权的统治者在思想上无所触动，那么在对外交涉中始终是被动的。论战争，打不过侵略者，外交谈判因为没有强大的军事经济力量作后盾，也只好步步为营，甚至向侵略者投降、出卖主权。这就同中华民族各族人民的爱国反侵略的思想和行为形成极大反差。以人民群众为一方，以清朝顽固守旧势力为另一方，走向两个极端，一方要反抗侵略者，一方要投降侵略者。两股势力、两种态度，反映了两种思想认识，造成相反的两种结果。

"落落何人报大仇？沉沉往事泪长流。凄凉读尽支那史，几个男儿非马牛！"20世纪初年《浙江潮》上的这首有感诗，以极其悲愤的笔调表述了中国人民饱受外来侵略压迫和对清朝投降卖国的痛苦心情。他们读中国历史，想沉沉往事，不免深感凄凉，泪水长流。因此，许多爱国仁人，立志救国，放下书本，拍案而起，"我同胞处今之世，立今之日，内受满洲之压制，外受列国之驱迫，内患外侮，两相刺激"，他们感到"十年灭国，百年灭种"，是故"中国革命亦革命，不革命亦革命"。② 说明先进的中国知识分子首先将反清革命与反抗帝国主义的侵略联系起来，"御外侮"先"清内患"，深切地表现了当时中国人民对国情的认识水平达到了一个新的高度。

知识分子是社会最敏感的群体。他们通过各种传播媒体将自己的思想向社会各界传播，知识分子的思想主张同人民群众的爱国革命热情结合起来所产生的行动便是自觉行动。这种行动是人们觉醒的表现，也是最有力量的行为。所以，重视将理论同广大群众的实践相结合，是近代中国爱国革命知识分子的一大特点，也是中华民族自觉民族意识产生和形成的一个重要原因。

作为近代中华民族最先觉醒的知识分子，大都怀有"先天下之忧而忧，后天下之乐而乐"的志气，具有以天下为己任的强烈历史使命感和热爱中华民族的强

---

① 陈天华：《猛回头》，刘晴波、彭国兴编校：《陈天华集》，湖南人民出版社1958年版，第29页。

② 邹容：《革命军》，周永林编：《邹容文集》，重庆出版社1983年版，第58页。

烈民族意识。从鸦片战争的失败起，他们就深沉地感到中国问题的严重，对民族的荣辱深为忧虑。

一是对清朝的统治产生了怀疑和不满。

鸦片战争后，中国割地、赔款、丧失领土和主权，中华民族遭到前所未有的耻辱。中国的出路在哪里？这一切都不能不引起那些关心国家大事和民族命运的士大夫们的忧思。《中西纪事》作者夏燮就认为："此华洋之变局，实千古之创局"，"每当酒酣耳热，愤极悲来，拍案一呼，唾壶立碎"。他的朋友在其书后序中写道：列强"立保护之约，适以开畔畔之阶，括有用之财，不足填无厌之壑"，士大夫中"凡有血气者，莫不抚膺浩叹，指发狂呼"。其后的《消闲演义》，在评述第一次鸦片战争时，也明确地表达了士大夫的认识和愤激心情："为此一场兵祸，遂弄得海氛迭起，贻毒百年，堂堂华夏，竟被外人窥破，把我五千年的文明古国，看得一钱不值。"① 表现了知识分子对侵略者的痛恨和对清朝统治者祸国的不满。

二是初步提出了解救民族危机的主张。

由于鸦片战争改变了中国在国际关系上的地位，造成中国社会和民族的危机，加速了爱国知识分子的觉醒。"读万卷书，行万里路，综一代典，成一家言"的魏源认为，西方"船坚炮利"的"长技"，是它战胜中国的主要原因。因而，他在林则徐"师敌之长技以制敌"的思想基础上，提出"师夷长技以制夷"的思想，初步提出解救中华民族危机的主张，成为近代中华民族最初觉醒的代表人物。魏源从华夷意识去看问题，认为外国的物质文明战胜了中国的精神文明，因此，要消除中国未来的大患，中国只有改革弊政，使国家富强起来才能击退外国的侵略，并由社会改革思想发展为对西方民主政治的朦胧向往，显示了他的远见和卓识。但由于魏源等人对当时西方资本主义世界的了解十分有限，他们只是代表中华民族在苦难中寻求出路的朦胧意识，并没有达到后人认识的高度。同时，西方物质文明为我所用，只能在中华民族独立以后才能真正做到。"师夷长技"是必要的，但"师夷"不一定就能"制夷"。所以，挽救中华民族危亡的主要方法只能是全民族的奋起抗争，而不能寄望于"师夷长技"来"制夷"。

然而，当时爱国知识分子对国家现状、民族未来的忧患、思考和探索，改变了士大夫清高的陋习，使知识分子开始试探同社会下层民众结合起来反抗侵略者，从而掀起了以下层民众为主力、军民联合的攘夷斗争。

攘夷斗争是由士大夫的民族忧患意识激发起来的抗争行动，是英国侵略者的暴行结出的副结果。它首先发生于沿海侵略者所到的地区，尤以广州三元里事件为契机发展起来的升平社学等从保卫乡里发展到保卫广东进而保卫国家、民族的抗英斗

---

① 参见吴廷嘉著：《近代中国的知识分子》，人民出版社1987年版，第39页。

争最为典型。我们之所以把当时人民群众自发反抗侵略者的斗争称为攘夷斗争，主要是因为当时的中国人还分不清什么是侵略者，什么是正当的外国商人或普通的国外公民。只要是外国人都反对，当然是盲目排外，但在侵略者屠刀、枪炮压迫下的日子里，我们不能要求我国的人民在分清哪一个是侵略者、哪一个是外国友好使者以后再开始反抗斗争。

攘夷斗争的高涨和民众团结意识的加强，是鸦片战争发生后，在英国侵略者进逼下，人民开始觉醒的一种反映。由单纯攘夷观念发展为全民族联合抗击侵略者的意识的加强，是中华民族自觉意识产生和中华民族开始觉醒的明显表现。攘夷斗争不仅形成"大村富厚者，接济小村兵粮饷草，亦有义士将资备器械，有熟悉水势陆路者，各有百万之众，志切同仇，恨声载道"[①]，而且还造成"因义生愤愤生勇，乡民合力强徒摧"[②]的相互支持、团结奋斗的局面。此外，参加攘夷斗争的人不仅是汉族将士和人民群众，也包括少数民族和清政府的爱国官兵，不仅有清军爱国将士英勇抵抗，也有沿海各地民军和各族人民群众的自发反抗，而且还出现了一大批以身殉国的民族英雄，谱写了一曲曲同仇敌忾、浴血奋战、可歌可泣的爱国主义战歌。

人民的向背决定中国的前途和中华民族的命运。在鸦片战争期间，由于清朝最高统治者的投降行为，使人们看清了"官怕洋人，洋人怕百姓"的事实真相。各族人民自觉承担起反对侵略者的历史使命，开始联合起来御敌，这一方面说明了中国人民加深了对侵略者的认识，鼓舞了各族人民斗争精神的发扬；另一方面，由于"洋人"（侵略者）与中国人民的矛盾成为主要矛盾，说明人民已经成为拯救国家和民族的主要社会力量。这种社会关系的形成便构成广大人民忧虑国事的心理基础，极大地加促了中华民族意识的觉醒和自觉民族实体的形成。人民群众在反侵略斗争中觉醒了，提高了认识，明白了本民族的处境和危殆的前途，因此，中华民族许多仁人志士自觉地肩负起振兴中华的历史重任。他们为了拯救祖国和民族，不断地进行探索、奋斗，甚至流血牺牲。这些先进志士的爱国热情和牺牲精神，深深地触发了中国人民的民族责任感和爱国心，又促进了全民族的觉醒，加强了全民族的团结统一和凝聚力。

民族的觉醒是民族凝聚力的前提，没有民族的真正觉醒就不会有民族的真正强大的凝聚力，而没有凝聚力的民族就不是优秀的民族。所以，中华民族凝聚力的大小是与中华民族觉醒的程度成正比的。研究近代中华民族的凝聚力，首先要重视对中华民族觉醒史的研究。

---

① 中国史学会主编：《鸦片战争》资料丛刊，第四册，神州国光社1954年版，第20页。
② 阿英编：《鸦片战争文学集》上册，古籍出版社1957年版，第1页。

二

中华民族是近代至今中国境内56个民族自觉认同的共同体。它虽然是以汉族为核心凝聚起来的，但它不是专指汉族，也不是专指少数民族，而是我国各民族的总称。所以，用我国古代传说中汉民族的祖先炎帝、黄帝作为中华民族的祖先，用炎黄子孙来称呼中华民族的后代是不确切的。

中华民族作为一个自在的民族实体，虽然是在几千年的历史过程中形成的，但作为一个自觉的民族实体，则是在近百年来"中国和西方列强对抗中出现的"①。为什么只有到近代中华民族才形成为自觉的民族实体呢？这是因为自觉民族实体的形成必须来源于自觉民族意识的形成。而中华民族作为中国各民族的总称，代表全体中国人同外国人打交道，它必然是在与"非我族类"的外国人接触中才被中国人认同，这种认同就是自觉民族意识。生活在一个共同区域里的人们，如果不同外界接触，它不了解外界对本民族的威胁，是不会自觉地形成民族认同的。所以，中国各民族自觉地形成为中华民族是在西方异族入侵的压迫下形成的，是中国各民族在觉醒中求生存和发展、在觉醒中探索救国救民的真理、在探索中奋斗和前进的生动写照。这种认识的产生和发展便是中华民族意识从自在到自觉的过程，也是各民族对中华民族自觉认同的过程。但是，正如费孝通先生所指出的，导致民族融合的具体条件是复杂的。政治上的歧视、压迫会增强被歧视和被压迫民族的反抗心理和民族意识，拉开民族之间的距离，但政治上的优势并不就是民族在社会上和经济上的优势。因此，民族的融合主要是出于社会和经济的需要。近代中国各民族在抵抗西方列强侵略斗争中形成为一个休戚与共的自觉民族实体，各民族以汉族为核心凝聚起来，结成不可抗拒的坚强力量，主要的目的虽然是为了保卫国家和民族，但这种局面的形成，经济上的原因是主要原因。

近代中国由于资本主义入侵，封建自然经济开始瓦解，产生资本主义经济因素，这是近代中国社会发生的重大变化之一。正由于这个变化，我国各民族的联系加强了，并产生了统一的民族经济和贸易市场，因而各族的政治和文化联系也空前地加强。在共同的民族利益和经济要求下又形成了新的文化和民族心理素质，才使中华民族由自在实体向自觉实体转变，为由自在民族意识向自觉民族意识转变奠定了基础。由中国民族资本主义经济所产生的民族资产阶级是中国新生产力的代表，它们为了解救民族危机、反对外国资本帝国主义侵略和封建主义压迫所进行的民族民主革命斗争，正是中华民族由自在民族实体转变为自觉民族实

---

① 费孝通：《中华民族的多元一体格局》，《北京大学学报》（哲学社会科学版）1989年第4期。

体的一种反映。也即是说，民族的觉醒同人们的觉醒是一样的，它必然受到社会经济和生产方式的制约。经济决定意识、思想和观念形态。近代中华民族的真正觉醒，甲午中日战争是一个界碑。理由就是在19世纪末年，中国民族资本主义得到初步发展，民族资产阶级作为一个独立的阶级开始形成并登上了中国的政治舞台，开始举行革命和领导维新变法运动，并在中国首先向全国人民指出了振兴中华，建立一个独立、民主、统一、富强的新中国作为拯救中华民族的基本目标。这个目标反映了时代的要求，也反映了中国人民的愿望。它不仅指出了当时中国的现状，更重要的是它指明了改革现状、走向光明的前途，并且将启蒙和武装斗争结合起来，于1911年推翻了清朝封建君主专制主义统治，建立了共和国家政权——南京中华民国临时政府。这是中国民族资产阶级为中国历史建立的丰功伟绩，也是全民族奋起、中华民族觉醒的标志。但是，由于资产阶级本身的局限和软弱，它不可能利用民族的觉醒，领导人民实现中华民族的完全独立和彻底解放，这里的主要原因之一就是当时只有民族的觉醒而无人民大众的真正觉醒。而要使民族觉醒同人民大众的觉醒结合起来，只有待无产阶级觉醒登上历史政治舞台以后才能做到。所以，民族的觉醒不等于就是全国人民的觉醒。只有全国人民都真正觉醒了，民族才能达到真正的觉醒。人民的觉醒推动民族觉醒，而民族的觉醒又加速了人民的觉醒，只有两者自觉地结合起来进行民族民主革命的斗争，才能实现国家的完全独立、人民的民主和国家的富强，也只有实现这个目标，中华民族才算是真正站立起来了。

资本帝国主义的野蛮侵略，加剧了中国各民族同外国侵略者的矛盾，而封建统治者的投降卖国行为，不仅把封建的中国推向死亡的边缘，同时也激化了人民群众同封建统治者的矛盾。外来的民族压迫和国内的民族压迫、阶级压迫联成一气，形成一体，而我国各族人民反对外来民族压迫和国内民族压迫的斗争也必然联系在一起。但由于外来民族的侵略是为了消灭我们的国家和民族，这同国内的民族压迫只是为了维护统治民族和统治阶级的利益有着本质的不同。所以，外来民族的压迫高于国内的民族压迫和阶级压迫，救亡成为近代中国首要的任务。如果不救亡，国家亡了，民族亡了，什么"自强"、什么"维新"，都只能是求帝国主义走狗、殖民帝国主义的统治之"强"，维护帝国主义统治中国的基础——封建主义和殖民帝国主义统治之"新"。当然，人民要起来救亡，靠的是自觉和觉醒，而觉醒本身就是启蒙教育的结果。所以，在近代中国，启蒙和救亡是分不开的。启蒙促进救亡，救亡需要启蒙。全国各民族奋起救亡，这就改变了国内各民族之间的关系。近代中国国家的利益和中华民族的利益的一致性将各民族凝聚起来，为共同担负拯救国家和民族的历史重任奠定了政治和思想基础。

基于上述认识，我们认为，中华民族凝聚力的大小强弱受到很多条件限制，它是一个复杂的多方面多层次的课题。先进的民族有凝聚力，落后的民族也有凝聚力,但是,先进民族的凝聚力是进步的民族自觉意识的反映,落后民族的凝聚力是落后民族意识的反映。一个民族无论处在哪一个发展阶段上,因为共同体内的人们长期在一起生活、创业、团结战斗,必然都热爱自己的家园、爱恋自己的生活,都有凝聚力和向心力。但这种自然形成的民族意识只能是属于低层次的自在意识,不是属于自觉的意识。这种意识如果不在发展民族经济和文化教育事业的基础上提高民族的素质,加速民族自觉意识的觉醒,它就不可能具有稳固的和坚强的民族向心力。一个民族处于落后地位,不仅联系民族团结的精神纽带容易断裂,就是民族共同体也会出现松动、产生离心力,这样的民族势必会被日益进步的世界潮流所抛弃、所淘汰。所以,任何民族要增强自己的凝聚力,加强民族的团结统一,在集中力量发展民族经济、改善人民的物质生活条件的同时,必须重视民族的文化教育事业,提高民族的素质,加速民族意识的觉醒。即使是优秀的民族,如果不重视弘扬民族精神,不重视人文教育,不重视加强民族的自尊心和自豪感教育,牢固地树立起爱国主义精神,它的凝聚力也是不能持久和强固的。由此可见,一个民族如果没有民族意识的真正觉醒,就不会有民族的真正凝聚力和向心力。

谈到这里,有一个人们议论最多的问题,即民族的凝聚力来自哪里的问题。我认为这是一个复杂的问题。在世界民族中,就它们各自民族的凝聚力而言,有的来源于严重的民族危机、亡国的痛苦、灭种的威胁;有的来源于悠久的文化业绩产生的民族自豪感和民族精神;有的来源于强烈的民族意识和民族的传统习惯。属于哪一种情况要作具体的分析,不能一概而论。对我们中华民族的凝聚力也有各种陈述:有人认为,来源于"血浓于水"的情怀;有人认为,来源于中华民族在形成过程中创造了伟大的人类文明;有人认为,来源于中华民族赖于生息繁衍的辽阔富饶的土地和取之不尽、用之不竭的物产;也有人说,来源于中华民族悠久的伟大历史和世代流传的文化传统。是的,这一切无疑都是中华民族有强大凝聚力的前提条件。但是,即使有这么些客观条件,如果不能认识它,或者说不能正确地认识它,也不会成为民族向心力的根本原因。一个民族不了解自己走过的万千历程,不了解和不认识自己民族过去的状况、现在的处境和未来的前途,是不会自觉地凝聚起来的。所以,中华民族要强固地凝聚起来,自觉地承担起建设一个伟大社会主义现代化国家的历史重任,它必须通过自己的长期斗争和实践使自己的人民鲜明而又生动地看到一个团结统一的中国,一个蕴藏着巨大潜力、才能与爆发力的中国的存在及其在世界民族中的地位和作用;只有人民看到自己民族光明的未来,认识到团结统一的重要性,才会有自觉的向心力和凝聚力。所以,只有民族意识的觉醒,才会有自觉凝聚力的产生,只有在自觉意识指导下产生的凝聚力才会强固。不自觉的凝聚力是民族不自觉的表现,这种凝聚力是虚假的、松散的,甚至可以说是一种强大的惰力。而要加速国民民族意识的觉醒，增强中华民族的凝聚力、向心力，就必须在发展经济、文化的同时，加强对全体国民的爱国主义教育，强化爱国主义意识，使中华民族的全体国民树立起强烈的自尊心和自豪感。这是一项重要的不可忽视的长远任务。

　　民族精神是民族优秀文化的结晶，也是民族物质生活条件和历史发展特点的反映。民族精神是民族团结、统一的思想纽带，又是促进民族繁荣、发展，增强民族凝聚力的动力。民族精神有很大的稳定性，但又不是一成不变的，它随着历史条件的变化而变化，随着经济、文化的发展而发展。但是，既然是民族精神，无论怎么变化，它都是全民族的精神财富，为全民族人民所认同。因此，它具有很强的号召力、吸引力和战斗力。所以，任何民族在任何时候都不能不强调发扬民族精神，而当这种精神阻碍我们民族前进的步伐时，还要从精神的禁锢中解放出来，提倡民族精神的解放。一个民族要振兴、要发展，除了社会和政局稳定、民族团结以及国际环境因素外，最重要的是要有全民族的奋起和上下一心、朝野同德的民族精神，现在我们中华民族正在迈入光辉灿烂的未来，总结我们中华民族在过去走过的历程，在新的历史条件下，发扬和继承民族精神、爱国传统，增强民族的凝聚力、向心力具有非常重要的意义。为此，我们必须正确地认识和处理好以下几个关系：

　　1. 中华民族包含现今全国 56 个民族，因此，中华民族既是统一体，又存在多元格局。我们既要看到中华民族各民族的统一性（共性），又要看到各民族的差异性（个性）。在中华民族自觉民族实体形成的过程中，统一、联合和团结虽然是主要趋向，但在多元关系形成过程中又出现过分分合合的动态和分而未裂、融而未合、凝而不固的多种情状。这些特点说明，要实现中华民族的真正统一，加强中华民族的凝聚力，一方面必须注意总结中华民族在形成中分合、重组、融合、凝而不固的历史经验和教训，避免不利于团结统一因素的重现；另一方面，必须增加各民族的共性，减少各民族之间的差异性。而要做到这点，就必须坚持中华民族各民族一律平等和共同发展、繁荣、进步的原则。中华民族经济越发展，社会越是富裕、越是现代化，人们的文化素质越高，各民族之间的联系和共同的东西也必然会越多。所以，在促使中华民族发展繁荣的大前提下，各民族要利用自己的优势因地制宜地发展民族经济、教育和科学文化，并通过相互学习，互通有无，团结互助，达到共同富裕的目的。只要做到这点，中华民族的凝聚力和向心力就会极大地增强。

　　2. 民族无论大小都有长处和短处。汉族虽是中华民族凝聚力的核心，但是，在中华民族形成为自觉共同体的过程中，汉族被其他民族融合，充实了其他民族，其他民族也被汉族融合，充实了汉族。中华民族的辽阔疆土是各民族共同开辟和建设的，中国的历史是各民族共同创造的。所以，中华民族是我国各民族的民族，中国是我国各民族的祖国。讲凝聚力，只能讲中华民族的凝聚力、讲中国的凝聚力,不能只讲汉族的凝聚力而不讲其他民族的凝聚力,也不能只讲其他民族的凝聚力而不讲汉族的凝聚力。其实,汉族有汉族的凝聚力,少数民族也有少数民族的凝聚力,这些都是我们中华民族的凝聚力。陈述我们民族凝聚力的历史和现状时,必须十分注意处理好它们之间的关系。

在我们伟大的国土里,论人口,汉族最多,占94%,少数民族的人口只占6%;论土地,则少数民族多,占50%~60%。正如毛泽东所说:"我们说中国地大物博,人口众多,实际上是汉族'人口众多',少数民族'地大物博',至少地下资源很可能是少数民族'物博'。"① 我们要巩固各民族的团结,增强民族的凝聚力,实现祖国的和平统一,共同努力建设社会主义强国,实现四个现代化,必须要保持清醒的头脑,正确地处理汉族与少数民族的关系。

3. 汉族与少数民族,我中有你、你中有我的格局将长期存在。这是中华民族在形成为统一体的过程中形成的特点,也是中国历史的优点。在我国悠久的历史上虽然出现过多次民族之间的互相渗透和融合,但是,直至今天,仍然是汉族与少数民族共同生活在一个大家庭中,各民族仍将保留其民族特点,构成多元格局。汉族和少数民族都认同中华民族是自己的民族,但由于中国的历史和地理条件等各种因素,生活在不同地区的人们共同体则存在明显的心理素质、语言、风俗习惯、宗教信仰的不同和经济、文化生活的差异。因此,汉族同少数民族是不同的民族。由不同的民族组成为一个大民族,形成大民族包括小民族统一的多元格局,这是中国的民族特点。由于共同的政治、经济和其他原因,形成中国没有汉族不行、没有少数民族也不行的共生关系。这种关系不仅使各民族能够联合在一起,团结在一起,创业在一起,而且还为他们互相学习、共同进步创造了优良条件。但因为汉族比其他民族先进,它对国家和民族的贡献最大,国家赋予它的任务也最重,所以,中华民族必须以汉族为核心,但不能以汉族代替中华民族。中华民族自觉共同体是中国各民族在长期艰难困苦的斗争中认识自己、认识他人的基础上形成的。所以,无视中华民族的凝聚力是不对的,但忽视中华民族统一体中的多元格局、多元关系也是不对的。我们必须重视对中华民族的历史和文化传统的研究,也必须重视对中华民族分合、重组、融合、凝聚等方面历史的研究,从而得到启迪,为中华民族的繁荣发展做出贡献,为祖国的和平统一和社会的发展、为中华民族的复兴和大团结作出努力。

4. 侨居国外的华侨是中华民族的一部分,而且是重要的一部分。华侨出国前已经受尽各方面的歧视和打击,出洋时,又饱受风浪的险阻,到外国后,又要千辛万苦地创造生活条件。他们在国外不仅为所在国的建设做出应有的贡献,而且对祖国的反帝反封建斗争和近现代化建设也贡献了他们巨大的力量。我们应该

---

① 《毛泽东著作选读》下册,人民出版社1986年版,第732页。

加强华侨史研究，对华侨的国际主义和爱国主义的精神和行动加以表彰，并将他们作为我们学习的榜样。因此，加强对华侨史的研究，做好这个工作不仅可以为我国政府制定外交政策、经济政策、文教政策和华侨政策提供科学的依据，而且对广大群众进行国际主义和爱国主义的宣传和教育也很有帮助。要增强华侨对祖国的凝聚力，需要从两个方面做起：一是要加强华侨对祖国的贡献的弘扬和宣传，使华侨和国人充分了解华侨的光辉业绩；二是要加强对华侨年青一代的爱国主义教育，帮助他们真正认识祖国的过去、现在和未来，懂得中国的历史地理和文化语言，提高他们的民族自豪感和作为一个中国人的光荣感。

中华民族的凝聚力得来不易，全中国人民都应该万分珍视它，保持它，发扬光大它，这是振兴中华和国家富强的需要，也是祖国和平统一、民族团结的需要，更是实现社会主义现代化建设和复兴中国的需要。

（1991年）

维新与觉醒

一

1898年6月11日（清光绪二十四年，戊戌夏历四月二十三日）由翁同龢拟定，在康有为等维新士子的推动激励下，光绪皇帝"诏定国是"，决定变法，并在此后3个月间频频颁发新政诏令，试图启动一场由上而下的体制内的经济、军事、文教、政治诸方面的近代改革——所谓"百日维新"，也称戊戌变法。①

维新运动并不打算从根本上消灭封建制度，只是企图以日本为榜样，把君主专制改造成为"君民共主"的君主立宪制，为资本主义的发展创造政治氛围。但从维新运动的目的看，它要为民族资本主义的发展开辟道路和创造条件，所以"百日维新"属于资本主义性质的改良运动。尽管洋务运动和维新运动都是为了挽救民族危机，是对西方列强侵略的一种回应，但前者回应的结果是同列强妥协乃至结合，而后者则是为了阻止列强瓜分中国而发动的爱国救亡运动。前者从物质层面的"自强"到"求富"，不打算从根本上改变中国的经济、政治体制；而后者则是从精神层面开始，他们致力于"开民智"、"育人才"、废科举、办学堂、设报馆、译西书，大力引进和传播西方资本主义社会政治学说和自然科学知识，通过启蒙和新民改变人民的思想意识和观念，实现中国政治制度和社会性质的改变。所以，维新运动与洋务运动性质完全不同。如果从近代中国先进人物学习西方，力图实现中国社会的变革，将中国由封建主义导向资本主义的近代化进程看，维新运动是对洋务运动的扬弃，它是中国历史上第一次资本主义性质的政治运动，也是第二次鸦片战争后中国维新思想发展的必然结果，是在比较完整的意义上开始了中国的近代化实践。因此，维新运动以洋务运动未曾有过的启蒙，从思想意识的变革开始从事社会变革的实践，极大地丰富了中国近代化建设的经验，它代表着一个新的民族觉醒的开始。它在思想史上的意义是巨大的，是一场真正的思想启蒙运动。

---

① 1898年（清光绪二十四年岁次戊戌）6月11日至9月21日，康有为、梁启超发动了戊戌变法运动，史称"百日维新"。

二

近代中国所谓的"启蒙"就是启封建之蒙,这是时代发展的主题,也是社会进步的需要。资本主义取代封建主义,不仅是社会发展的进步,也是中国人民走向世界的必然。诚如侯外庐先生指出的:1894 年甲午中日战争以后,"中国落后到日本维新之后,不可能跟着前进资本主义国家的改良路线去追踪,而问题是反过来讲的,或者是前进的欧洲与落后的中国,或者是落后的欧洲与前进的中国。……民主主义者不断地适应环境而贯彻民主方针,而改良自由主义者亦不断地在新环境急速的进展中而改变自己的主张"。康有为、谭嗣同、梁启超等代表了中国的自由主义思潮。"他们迎接着从俾斯麦—彼得大帝—明治天皇的改良运动,企图中国的日本维新版出现";"他们有昙花一现的鼓动中国复生的功绩",又有"前后矛盾而以矛盾自执的逆转";他们有"以今日之我不惜与昨日之我挑战"的善变,又在剧烈的历史变革中,"常把自己应合潮流的暂时政治,绝对化而为先天的范畴"。① 可见,维新派是一个追随时代变革的政治派别,但又是一个坚持缓进、渐进的温和派别,它具有明显的进步与落后的两重性质。

社会的变革必须思想领先,只有以思想意识、观念形态的改变作为先导,才能促进社会性质和形态的全面更新。维新派重视启蒙"开民智",弥补了革命派重武轻文之不足,通过维新派的启蒙运动带来了人们思想的大解放。这是维新派优于洋务派,也比革命派看得深远的表现。所以,我们在评论康有为、谭嗣同、严复、梁启超这类启蒙思想家时,"我们也可以批评康有为未注意到社会问题的复杂性……",但却不能否认,作为改革者和理想主义者的康有为,"他忠实地设法免除人们的痛苦",他"独自努力为人类建一目标,为历史赋以意义"。② 我们可以批评谭嗣同把难以解决的社会矛盾简单地用一种观念"统一于他自己毁灭之中",以英勇献身来启迪民众,而这种行为只能"十足地代表了当时小市民的悲剧历史",③ 但其"冲决网罗"的反封建专制制度的勇气,以及对纲常名教的痛斥、揭露的尖锐,则影响深远。他的"任侠"精神,以及他"喋血清廷,慷慨赴难,实践了'勇敢之风'",对资产阶级革命运动也产生了很大的影响。④ 我们可以批评严复是一位庸俗的进化论者,指出他思想先进行动却落后,但他译著《天演论》,试图借助于西方思想、学术成果来启导中国国民的觉醒,则使戊戌

---

① 侯外庐著:《中国近代启蒙思想史》,黄宣民校订,人民出版社 1993 年版,第 1～2 页。
② 萧公权著:《近代中国与新世界:康有为变法与大同思想研究》,汪荣祖译,江苏人民出版社 1997 年版,第 532～533 页。
③ 侯外庐著:《中国近代启蒙思想史》,黄宣民校订,人民出版社 1993 年版,第 115 页。
④ 汤志钧著:《戊戌变法史》,人民出版社 1984 年版,第 269 页。

启蒙思想具有强烈的理论色彩。① 总之，维新派的启蒙工作敲响了救亡图存的警钟，在社会上产生了巨大影响②，他们的学术成果鼓舞了几代中国人。

在长期封建主义思想的禁锢下，人们需要启蒙，社会需要维新。人们之所以把维新运动称为近代中国第一次思想解放运动，是因为它第一次告诉人们社会是进步发展的，人们必须去适应社会的变化，并主动地推动社会的进步。维新派批判洋务运动为"不知所本"，强调变法的潮流，"变亦变，不变亦变"，自变者为日本是可效法，他变者为印度、波兰、突厥则是不可想象的。"上下千岁，无时不变，无事不变，公理有固然，非夫人之为也。为不变之说者，动曰守古守古。庸讵知自太古、上古、中古、近古以至今日，固已不知万百千变。今日所目为古法而守之者，其于古人之意，相去岂可以道里计哉！"③ 所以，他们指出："穷则变，变则通，通则久"，要国家中兴、社会发展，必须实行变法。梁启超还指出，中国积弱的原因是由于"防弊"。"务防弊者，一弊未弭，百弊已起，如葺漏屋，愈葺愈漏，如补破衲，愈补愈破"，"自秦迄明，垂二千年，法禁则日密，政教则日夷，君权则日尊，国威则日损"，防弊之心起于自私，"西方之言曰：人人有自主之权。何谓自主之权？各尽其所当为之事，各得其所应有之利，公莫大焉，如此则天下平矣。防弊者欲使治人者有权，而受治者无权，将人人自主之权而归诸一人，故曰私"，私与权、益相合，这样势必以"一人独享天下人所当得之利"，"国人有有权者，有不能自有其权者"，社会便出现"欲以一人而夺众人之权"的现象，这个社会便是不公平的社会。④ 随着社会进化观、人权平等观及民主自由观的广泛宣传，人们了解到许多前所未闻、见所未见的事理，眼界大开，新事物也就不断出现。随着维新派设立报馆、出版报刊"去塞求通"，沟通内外、上下情况，报刊不仅成为传递讯息的载体，且传播西方议院之言论、国用之会计、人数之生死、地理之险要、民业之盈绌、学会之程课、物产之品目、邻国之举动、兵力之增减、律法之改变、格致之新理、器艺之新制等，使人了解全球大局、各国各民族强盛弱亡之故，激发其救国热情，使"阅者知国体不立，受人嫚辱，律法不讲，为人愚弄，可以奋厉新学，思洗前耻"；此外，刊载各国"政治、学艺要书，则阅者知一切实学源流门径，与其日新月异之迹，而不至抱八股八韵考据词章之学，枵然而自大矣"。⑤ 报馆的设立、报刊的广泛出版，社会风气便渐开，出现百废渐举、人才渐出、民族意识渐浓的现象，关心国事的人

---

① 吴廷嘉著：《戊戌思潮纵横论》，中国人民大学出版社 1988 年版，第 11 页。
② 参见王栻著：《维新运动》，上海人民出版社 1986 年版，第 248 页。
③ 梁启超著：《变法通议（节录）》，见李华兴、吴嘉勋编：《梁启超选集》，上海人民出版社 1984 年版，第 3 页。
④ 梁启超：《论中国积弱由于防弊》，载《时务报》第 9 期（1896 年 10 月 27 日）。
⑤ 梁启超：《论报馆有益于国事》，载《时务报》第 1 期（1896 年 8 月 9 日）。

也就日多。为了联络和团聚学者文人，在维新派倡导下，各种学会也纷纷成立。

1885年11月（光绪二十一年十月初），维新派在北京成立了强学会，又名译书局，也叫强学书局或强学局，它是在民族危机严重的情况下，中国民族资产阶级早年成立的政治团体之一。该会之设旨在"合群"，通过学者的聚会"广联人才，创通风气"，以挽世变。设会之先，又创办了《万国公报》（1895年8月17日创办），该报广泛宣传"地球万国"政治、经济、学校、军事、矿业、铁路，以及农学、邮政等事，推动了维新变法思想的拓展，为变法的实现推波助澜。北京强学会成立后，把《万国公报》改名为《中外纪闻》（12月16日出版），由梁启超、汪大燮任主笔。《中外纪闻》拟仿《西国近事汇编》，不录琐闻，不登告白，不设私函，不刊杂著，采摘各国各省日报消息、记事；译录万国新闻，并介绍了西方资本主义国家的政事及自然科学知识。通过考察各国强弱之原，向清政府提出建议。

随后，康有为到上海，又成立上海强学会，创办《强学报》（创刊于1896年1月12日），共出3号。《强学报》是上海强学会的机关报，以论说为主，宣传维新变法，阐明变法的必要性和变法要知本源，主张改革的政治色彩更鲜明，比《万国公报》、《中外纪闻》影响更大。

1896年后，由维新派倡导和创办的报刊已有数十家。这些报刊种类繁多，内容丰富。以政治论说为主的有《时务报》、《知新报》、《湘学报》、《国闻报》、《湘报》、《萃报》、《东亚报》、《经世报》、《蜀学报》、《渝报》等；以提倡实业为主的有《农学报》、《工商学报》；偏重于自然科学知识介绍的有《新学报》、《格致新闻》；专讲通俗教育的有《无锡白话报》，提倡儿童教育的有《求我报》；还有研究外语的《通学报》；等等。维新派创办的报刊是维新派思想的喉舌，他们广泛地宣传爱国思想，指陈中华民族面临的严重民族危机，谴责帝国主义侵略者的种种罪行，强调救亡图存的紧迫感，起了振聋发聩的作用。[①] 此外还有《岭学报》（广州）、《利济学堂报》（温州）、《广仁报》（广西）、《民听报》（汉口）、《广益报》（天津）。两三年间，仅是上海先后问世的报刊不下数十种。维新派为了启蒙的需要，把他们接触到的西方资产阶级政治学说、西方资本主义发展的历史和政治经济学，包括近代自然科学方面的新知识、达尔文的进化论和斯宾塞的社会学介绍到中国，在青年学生和知识分子群中出现"举国趋之如饮狂泉"和"智慧骤开，如万流澎沸不可遏抑"的生动局面。随着维新诸报风起云涌般地诞生和人们的觉醒，也就出现了一批具有献身精神的新报人，形成了与原有报人不同的风貌。

林林总总的维新报刊出现在中国，打破了知识界自我封闭的现象，使更多的人

---

① 方汉奇著：《中国近代报刊史》，山西教育出版社1981年版，第126页。

了解世界，甚至冲出国门到外国去接触外部世界，去探索西学的真谛，这对于国人精神上思想上的进步和提高，以及人才的培养都发挥了明显的效应。

三

关于"新民"，维新派中以梁启超、严复强调得最多。1898 年梁启超流亡日本后，在横滨创办《清议报》，而后又办《新民丛报》。用"新民"作为报刊的名称，并接连在《新民丛报》上发表文章提出改革中国的新思想、新主张、新理想和新观念。其中，1902 年在《新民丛报》上连载的《新民说》意义尤为深远。梁启超认为，只有"新民"才能创造新制度、新政府和新国家。他指出：

> 国民之文明程度低者，虽得明主贤相以代之，及其人亡则其政息焉，譬犹严冬之际，置表于沸水中，虽其度骤升，水一冷而坠如故矣。国民之文明程度高者，虽偶有暴君污吏，虐刘一时，而其民力自能补救之而整顿之，譬犹溽暑之时，置表于冰块上，虽其度忽落，不俄倾则冰消而涨如故矣。然则苟有新民，何患无新制度，无新政府，无新国家。非尔者，则虽今日变一法，明日易一人，东涂西抹，学步效颦，吾未见其能济也。①

梁启超的意思很清楚，即"国也者，积民而成"，如果其民愚陋怯弱、涣散，国家就不可能强盛。所以"新民""为今日中国第一急务"。只有通过"新民"，提高国民的"民德"、"民智"和"民力"，提高国民的民族意识和国家观念，才能促使民族主义的觉醒，以"同种族、同言语、同宗教、同习欲之人，相视如同胞，务独立自治，组织完备之政府"，才能"以谋公益"而抵御民族帝国主义。② 把"新民"视为当时中国的第一急务，这明显是针对革命派把推翻清朝腐败统治作为救国、振兴中华的首要任务而发的舆论。但我们衡量一种思想和主张的是非标准，不能以主张革命与否作为唯一原则，还应该让实践去检验每种思想在社会中所起的作用以判定其正确谬误。

毫无疑问，以"新民"压革命的观点是不对的，但梁启超所阐述的关于"新民"对建设新国家的重要性的意见则带有普遍的意义。梁启超所强调的"新民"，正如他所说："非欲吾民尽弃其旧以从人也"，而是"淬砺其所本有而新之"、"采补其所本无而新之"，培养"国民独具之特质"和"独立之精神"，通

---

① 梁启超：《新民说（节录）》，见李华兴、吴嘉勋编：《梁启超选集》，上海人民出版社 1984 年版，第 207 页。

② 梁启超：《新民说（节录）》，见李华兴、吴嘉勋编：《梁启超选集》，上海人民出版社 1984 年版，第 209 页。

过"博考各国民族所以自立之道,汇择其长者而取之,以补我之所未及"。所以,"新民"的结果,"必非如心醉西风者流,蔑弃吾数千年之道德、学术、风俗,以求伍于他人;亦非如墨守故纸者流,谓仅抱此数千年之道德、学术、风俗,遂足以立于大地也"①。他是以一种调和中外文化的心态去对待中外文化的交流和融汇。这对守旧顽固派和激进欧化派(西化派)全盘肯定或全盘否定中国传统文化的极端主义思想和行为是一种抵制,对士大夫阶层具有巨大的影响。梁启超还认为,我国民所最缺者,是公德心、国家思想、自由观念以及进取心,要"新民",就要采取各种措施提高国民公德心即爱国思想,树立国家观念、民主自由意识和进取心。

以上这些都是梁启超在戊戌变法失败后第四年(1902年11—12月)所写的《新民说》中所强调的观点、内容和实质。诚如一些学者所提出的,此时梁启超已不再强调君主立宪,"而走入国家主义一途径,惟所论'新民'的道德基础,如国家思想、自尊心、进取冒险、权利思想、尚武、私德等,以'国民之竞争'为内容,犹是国权中心的思想,犹是主张由制宪以商务的思想"。所以"新民云者,即新其商务之民而已"。② 暂且不论梁启超所谓新之民为何,他所作《新民说》的目的确是为了"探求我国民腐败堕落之根源,而以他国所以发达进步者比较之,使国民知受病所在,以自警自厉自策进",使中国"顺应于世界","参取今日文明国通行之事实,按诸我国历史之遗传与现今之情状,求其可行,蕲其渐进"。③ 由此可见,"新民"本身无可非议,梁启超《新民说》中提到的新民的理由的确是近代国民所应具备的素质,国民综合素质低下而要实现社会由农业为主的封建主义社会向以工商业为主的资本主义社会转型是很困难的。众所周知,严复从教育救国的角度阐述人的近代化的著述很多,他除了"强种"、革除封建陋俗、"鼓民血气"外,"开民智"、"新民德"、提高国民素质和树立新的伦理道德已成为严复教育变革思想的主要特征。可见,严复与梁启超一样,也把提高国民的素质、实现人的近代化作为实现社会转型的基础。

维新派强调要"新民",要"新民德"、"开民智"、"新民力",实是近代中国社会进步的需要和建设新国家的需要。"新民"风气的兴起,无疑对后来国民性思潮的勃兴是一个推动,对于保守的思想是一大冲击,对于激进主义思想也是一个警告。维新派要"新民",是从提高人的综合素质作为救国的出发点的,这

---

① 梁启超:《新民说(节录)》,见李华兴、吴嘉勋编:《梁启超选集》,上海人民出版社1984年版,第211~212页。

② 侯外庐著:《中国近代启蒙思想史》,黄宣民校订,人民出版社1993年版,第12页。

③ 梁启超:《新民说(节录)》,见李华兴、吴嘉勋编:《梁启超选集》,上海人民出版社1984年版,第355~356页。

个观点不仅没有错,而且从近代化的角度去审视,强调人的近代化作为中国实现全面近代化的基点是一种深刻而又明智的观点。但他们错在"渐进"地自上而下地利用君权去推行体制内的改革主张。为了强调"渐进"的"新民",他们极力反对激进的革命,实际上他们是强调中国的改革只能慢慢来,只有让国民真正具有新思想、新观念、新道德、新理想以后才可以革命,才可以实现国家主义,才可以实现民主共和政体。这种等待的思想实是将启蒙、新民与救国、救民对立起来,这不符合当时中国的客观实际,也不适应国民的追求。因此,"新民说"表面看来是一种带有根本解决中国社会问题的思想主张,但从功效去看,它又是一种脱离现实的保守的理论,在当时民族危机和社会危机极其深重的情况下,要人们放弃救亡去等待维新派的"新民"是不现实的。在面对帝国主义列强瓜分中国的年代里,没有一个安定的社会环境也不可能专门去启蒙和新民。所以光就"新民"一说,不能说它是错误的,但脱离救亡专去启蒙"新民",在当时的条件下很难在国民中取得共识,也很难在社会中引起强烈的社会共鸣。所以,以启蒙替代救亡是不可能的,当然,光救亡放弃启蒙也不对,但很难两全其美。

由此可见,维新运动作为一次政治改革运动,它是失败的,但作为一次思想解放运动,维新志士所提出的许多主张都有思想史价值。所以,维新运动对中华民族的觉醒所起的作用则相当的明显和巨大。

(1998 年)

辛亥革命与百年中国的社会变迁

一

孙中山作为近代中国杰出的民族民主革命的先驱、中国辛亥革命的领袖,对中国社会百年变迁起了重大的作用。他领导的辛亥革命不仅结束了中国长达两千多年的封建帝制,而且也开启了中国由封建君主专制向资产阶级共和民主政体转变的历史进程,促进了中华民族的政治觉醒和民族觉醒,使中国社会的政治、经济、文化和思想都发生了巨大变化,进入了近代化建设的新时期。

辛亥革命不同于中国历史上以往的所有革命运动,这不仅是因为领导这次革命的人是代表新兴资产阶级的革命党人,它和历史上的农民起义不同,也因为它不仅要求推翻封建的帝制统治,而且还要建立一个没有皇帝专制的资产阶级民主政体——共和国。在共和政权建立后,它倾注全力发展中国的经济,强调加强人才的培养,发展教育提高全民族的文明,实现文化的重构——中外优秀文化的融汇,使中国实现社会的转型,走上近代化的发展道路。毫无疑问,孙中山在这场历史变革中是领导者、参与者和指挥者,他在百年中国的历史变革中具有重要的历史地位,做出了重大的贡献。[①]

章开沅先生于1985年6月26日在一个会上发表演说,他指出:"我们党和政府对辛亥革命的重视,从来没有达到今天这样的高度。耀邦同志讲得最好了,中华民族三次腾飞,辛亥革命成为第一次腾飞。这么高的评价,还是从来没有过的。就作为我们而言,几十年研究辛亥革命,也从来没有达到这样的认识的高度。所以,对于辛亥革命,它的崇高的历史地位与深远的历史意义,怎么研究也还是不够的。而且辛亥革命的影响,已经超越了时间与空间的限制。所谓超越时间的限制,那就是说,一百年,几百年,都会感到辛亥革命的意义是非常重大的。所谓超越空间的限制,就是指辛亥革命的意义,它的影响,已经超越了国界。我们有一个深切的感觉,辛亥革命研究,已经是一个国际的显学了。"[②]

---

① 参见林家有著:《孙中山与中国近代化道路研究》,广东教育出版社1999年版,第619页。
② 章开沅著:《章开沅演讲访谈录》,华中师范大学出版社2009年版,第219~220页。

我们这些研究孙中山和辛亥革命数十年的老人，都深深地认识到，如果没有以孙中山为代表的革命党人领导的辛亥革命，中国就没有真正的近代化，也就没有后来中国社会沿着独立、民主、文明和富强的发展道路向前推进。孙中山开辟了一条革命化、近代化（民主化、工业化、城市化，以及文明、和谐）的发展道路。对于孙中山在近代中国社会变迁中所起的作用，中共的领导人，除上面提到的胡耀邦之外，毛泽东、邓小平、江泽民和胡锦涛都有深刻的陈述和评价。所以，我们今天要隆重地纪念辛亥革命百年，不是没事找事，而是通过纪念辛亥革命来增强我们历史的记忆，加强民族的团结，实现祖国的和平统一，为实现中华民族的伟大复兴，将我们伟大的国家建设成为独立、共和、民主、文明和富强的社会主义社会而努力奋斗。

二

辛亥革命的意义，不在于它打倒了一个封建皇帝，而在于它结束了中国一个旧的时代，在于它开辟了一个新的时代。诚如金冲及先生在他的《二十世纪中国史纲》一书中所说："要不要革命？要不要推翻清朝政府？要不要以民主共和制度代替君主专制制度？"这是一个争论近百年的老问题。金先生说："人们常说将清朝政府改称为'民国'无非只是换了一块招牌，但有没有这块招牌，它的区别不能小看。从结束君主专制制度和思想解放的意义来说，没有辛亥革命，就没有五四运动。"① 没有"五四"新文化运动，也就没有后来中国的发展变化，更不会有今天国家的繁荣富强。这是一个符合历史逻辑的推理，后来历史的发展也证明，辛亥革命的成就，改变了中国历史的发展进程，这是任何人也否定不了的事实。曾经历过辛亥革命的无产阶级革命家朱德在纪念辛亥革命50周年发表的《辛亥革命回忆》一文中说："辛亥革命同以前的各次革命比起来，是更完全的意义上的资产阶级民主革命，是自鸦片战争以来中国旧民主主义革命的一个新的发展。这次革命具有重大的历史意义。辛亥革命的结果，推翻了延续两千多年的封建君主专制制度的最后一个王朝，宣布成立了资产阶级共和国——中华民国。这次革命引起了全国的民主革命精神的高涨，为以后中国革命的发展打开了道路。"② 朱德的这个回忆是实事求是的，并没有丝毫夸大辛亥革命意义的表现。

早在1991年，在纪念辛亥革命80周年的时候，我就发表过《辛亥革命对中

---

① 金冲及著：《二十世纪中国史纲》第一卷，社会科学文献出版社2009年版，第36～94页。
② 朱德：《辛亥革命回忆》，《辛亥革命回忆录》第一集，文史资料出版社1981年版，第1页。

国社会的影响与历史启示》①一文。在这篇文章中，我提出要从社会变迁的视角去认识辛亥革命对中国社会发展带来的深刻影响。至今我仍认为，这是值得我们重视的重要问题，因为一个事件如果在社会发展中没有发生积极影响，它也无所谓意义。但如果它对社会的发展，即对社会的变迁产生重要影响，尽管它存在这样那样的问题，想否定它的作用，那也是难以做得到。那么，辛亥革命究竟给中国社会带来了什么？我的意见是，辛亥革命给中国带来许多正面的积极的意义和深远的影响。

（一）辛亥革命加速了中国社会变革的进程

辛亥革命不仅是中国政治及人民生活方式走向近代化之路的一个划时代的新起点，也是近代中国人民追求民主共和以及国家独立富强的一个里程碑。革命民主派把将中国建设成为一个民主化、工业近代化国家的宗旨贯彻到政治、经济、文化乃至社会各个方面，对中国历史发展的影响是深刻的、重大的。以封建的土地所有制和小农经济为基础的封建君主专制统治，严重地阻碍了中国的进步发展。以孙中山为代表的革命民主派领导的辛亥革命，推翻阻碍中国进步的清政府，结束的就不仅仅是一个封建政权，而是一种制度，是一种延续两千多年的封建专制主义制度。消除了这个长期妨碍中国进步的极端腐朽、落后的制度，对于封建主义的旧思想、旧文化、旧道德、旧观念，进行了一次革命的冲击，使民主主义成为指导中国人民进行反封建皇权斗争的有力武器，不仅在中国开了民主共和的风气，而且在亚洲也具有启导作用，使人们知道了共和政体的意义，学到了民主共和及法制、法治的知识，而且也动员人们起来以各种方式参与政治，大大地推动了中国人民的民主政治意识和参与政治的热情。尽管在民初仍然有人想做中国的封建皇帝，但因为皇冠已经落地，人民对皇权的憎恶空前地增强了，使那些想做皇帝梦的人已经不可能做得到。这是中国人民民主意识加强了的具体表现。辛亥革命民主共和思潮的广泛传播，又直接推动和促进了实业建设热潮，为中国实现工业近代化展示了美好的前景。孙中山及革命民主派提出只有经过革命化才能使中国走向工业化、城市化，实现社会文明进步的方案，都使当时绝大多数中国人深受鼓舞和振奋。尤其是学术界极其活跃，什么革命救国、教育救国、实业救国、学术救国风潮大兴。振兴中华，拯救中国成为全中国人民共同追求的时代主题。可见，辛亥革命促进了中国民主潮流和兴办实业、创办新式教育的高潮，展现了辛亥革命在中国近代化进程中所起的促进作用。

（二）辛亥革命促进了中国社会观念的更新和人民的政治觉醒

社会变革是人们社会观念更新的结果，而每一次社会制度的历史变革，又必

---

① 林家有：《辛亥革命对中国社会的影响与历史启示》，《中山大学学报》（社科版）1991年第3期。

然会加促人们的观点和观念的更新和变革。民初,由于帝制倾覆,人们在政治上和思想上获得了一次空前的解放,民主共和的声威大增,便打破了政治舞台上的沉闷局面,促使社会思想活跃起来。

首先,在人民面前出现了新国家、新政府、新思想和新观念。辛亥革命推翻清朝政府,"民国底定,共和政府成立",使长期在封建专制黑暗中生活的中国各族人民莫不欢欣鼓舞。人们欢呼和拥护新生的中国——中华民国,对种种事物均冠以"新"字,显示其区别于旧时代、旧社会。上海《申报》1912年元旦在一篇《新祝词》中写道:"我四万万同胞如新婴儿新出于母胎,从今日起为新国民,道德一新、学术一新、冠裳一新,前途种种新事业,胥吾新国民之新责任也。"共和国首次以崭新的实体耸立在人们面前,因而共和在社会各界面前发出特殊诱人的异彩。它汇聚了各个民主阶层或民众团体的观念和意向,对促进中国社会摆脱封建思想意识,迈向近代化的进程起着巨大的推动作用。一时间,到处都是"共和"的旗帜和名号,以"共和"命名的政党、团体,如"共和统一党"、"共和建设会",以及以"建设完全共和"为宗旨的团体、会社就更多了。以"中华"命名的团体和机构也不少。各地会所如林,成员众多,社会面貌出现新气象:"君主之命运已终,世局统统归共和。"①随着民国的建立,社会更新的观念已深入人心,民主共和思想已在人们的思想中产生了相当深刻的影响。

其次,人们对政治生活发生了浓厚的兴趣,参与政治的意识大大增强。由于"专制局破,共和成立",人们的参政意识勃然怒发。以往对政治所抱的消极、冷淡、回避和畏惧的态度改变了。民初,国内豪贤志士,相率组织政党,积极投身沸腾的政治生活,反映了人们参政意识的昂扬。尤其是长期以来被剥夺了政治权利的广大妇女,经过民主共和思潮的鼓荡,也纷纷举足出户,步入社会,联合团体,从而掀起了颇具声势的女子参政运动。广大妇女认为,共和告成,妇女应当与男子一样享有平等的权利,要求"将女子与男子权利一律平等明白规定于临时约法之中"②,男女平权被列入国民党的政纲,显示了民初妇女要求摆脱从属他人的地位、进行独立的政治活动的愿望,出现了中国前所未有的妇女争取参政的运动。可见,辛亥革命开启男女平等的历史纪元,对中国的妇女解放起了促进作用。

(三)辛亥革命促进了中华民族的新觉醒和国族意识的形成

辛亥革命运动的另一思想成就,就是促进了中华民族的新觉醒。近代中华民族的觉醒经历了一个由人们不自觉地抵抗侵略到自觉起来为本民族的生存、发展和强盛而进行斗争的逐步深化的过程。在这个过程中,辛亥革命运动是一块真正

---

① 天翼:《共和政体之沿革》,载《进步》1912年第1期。
② 江初兰:《女子争参政权当以自修为基础》,载《妇女时报》1911年第7期。

的界碑。它划分了爱国救亡要不要革命，革命要不要建立民主共和国，革命要不要改变中国社会发展方向的界限。资产阶级革命派确立的爱国、革命、民主共和与建设近代化国家的思想，不仅推动了自戊戌维新运动以来在中国兴起的反帝反封建爱国运动的深入发展，而且还把推翻"洋人的朝廷"，实现民族独立和更新国家政治制度，促进社会文明发展结合起来，使中华民族的觉醒达到了空前的高度，极大地振奋了中华民族的精神，加速了中华民族自觉实体的形成。中华民族作为一个通用的概念是辛亥革命的成果，从此中华民族形成为国族，这是中国的一大进步，对中华民族历史的发展产生了深远影响。

辛亥革命运动是爱国运动，也是民族民主运动。由爱国和追求民主相结合爆发的辛亥革命具有资产阶级新时代的明显特征。它表明辛亥革命是民族觉醒的产物，作为辛亥革命的领导者——孙中山等人是民族觉醒的真正代表，他们通过革命宣传和革命活动促进了中华民族的觉醒，而民族觉醒又推动了爱国革命运动的发展。革命者的命运与国家和民族的命运联结在一起，革命的机遇培育了革命者，革命者在革命中又看到了自己的力量和民族的历史使命，从而更加激发革命的热忱。由此可见，没有民族觉醒就不会有辛亥革命，没有辛亥革命也不会有民初中华民族自觉实体和国族意识的形成。由于受到时代和历史的局限，资产阶级革命派未能通过唤起民族觉醒来实现振兴中华的目的，但是辛亥革命振奋起来的民族精神却继续鼓舞人们去奋斗、去探索救国的真理，为中国的未来奠定了民族复兴的基础。随着中华民族自觉实体的形成，中华国族意识的逐步形成便为中国民族的团结和国家统一奠定了牢固的基础，并在对外斗争中显示出不可抗拒的国族力量。这是辛亥革命的巨大功劳。

（四）辛亥革命为中国民族民主革命提供了宝贵的经验教训

辛亥革命推翻了清政府，建立了民主共和国，颁布了《临时约法》，成立了国会，可是资本主义制度却在中国确立不起来，没有完成反帝反封建的任务，没有结束半殖民地半封建社会的历史，辛亥革命最后还是失败了。为什么？这是长期以来人们一直在探索的问题，说法有种种，但最主要的说法是讲当时中国不具备建立资本主义制度的历史条件和阶级基础，是由于革命派的不成熟造成的。正如参加过辛亥革命的吴玉章先生所指出的，资产阶级、小资产阶级"革命派在辛亥革命以前，尽管做了许多政治鼓动，并且做了一些启蒙宣传工作，但是因为内容过于简单，同时也没有在理论上详细地说明，以致未能攻破封建主义的思想堡垒。他们在理论方面不但缺乏创造性的活动，而且对西方十七八世纪启蒙学者的著作和19世纪中叶的主要思想家的著作也都没有系统地介绍"，"没有强有力的思想革命做先导，是辛亥革命的一个重大的缺陷"。[①] 也即是说，资产阶级革命

---

① 吴玉章著：《辛亥革命》，人民出版社1974年版，第16页。

派在理论上、思想上的不成熟，以及认识上的错误是辛亥革命由胜利到失败的一个重要原因。这个看法揭示了中国资产阶级革命派的思想也有许多弊端，若忽视了这一点，就不可能正确地评价中国资产阶级及其领导的辛亥革命。但辛亥革命失败的原因也不仅仅是这些，原因是多方面的、复杂的。

革命派用来指导革命的是民族、民权、民生之三民主义纲领。这是一个完整的不可分割的思想体系，它包括实现民族独立、人民民主和国家富强三方面的内容。民族主义决不能代替民权主义，民权主义也代替不了民族主义。民族主义是反对帝国主义侵略、维护民族独立，或反对国内民族压迫、争取民族平等的武器，但它不是反对封建专制主义——君权的武器。所以民族主义可以"御敌保邦"，但它不能促进社会生产关系的变化。革命者将民族主义摆在首位，民权主义放在次要的位置，这不仅反映了革命者的思想认识，也使他们在实践中出现偏向。革命者过分强调民族主义，忽略民权主义的宣传，虽然把人民鼓动起来推翻了清朝统治，但它不能为建立共和民主政体提供正面的导向，所以人们认为清政府垮台，民族、民权主义便成功，不能从根本上改变半殖民地半封建中国的社会制度。又由于革命者宣传民族主义，旨在"排满"，即反对清朝统治者，没有由"排满"进而明确地提出反对帝国主义。因此，民族主义宣传只局限于赶跑清朝皇帝，所以清室退位，革命者就认为大功告成，民族主义革命目的达到了。于是那些曾为革命做出过贡献的人没有能发扬继续革命的精神，满足于已有成果，争权的争权，夺利的夺利，这是革命势力在清政府倒台后迅速解体的重要原因之一。革命派把"排满"看作辛亥革命的主要目标，不利于彻底破除封建主义思想造成的消极影响。种族主义掩盖封建主义，清朝皇帝一垮台，他们就认为封建主义消灭，民族、民权目的俱达，不能一鼓作气地深入批判封建的保守思想，扫除封建的旧文化和旧思想，这是极大的错误。

由此可见，中国的民族民主革命要在推翻封建政权后，更新社会制度，建立起资本主义政治制度，必须以民权为武器，开展对封建主义"君权"思想的彻底批判，首先建立一套完整的政治理论体系和形成资产阶级的思想意识形态，并用自己的理论去领导人民摧毁封建主义经济基础、上层建筑和意识形态。然而，中国资产阶级没有能力这样做。革命派不仅无力掀起一场深刻的思想文化革命，也未能自觉地建立起自己的理论体系。所以，辛亥革命虽然推翻了清朝封建君主制度，建立了民国，但它未能改变封建主义经济基础、上层建筑和意识形态，树立起民主主义理论权威，因此资本主义制度终究未能在中国建立起来，反帝反封建任务没有完成，反而被大地主大官僚的代表袁世凯篡夺了革命果实，辛亥革命失败了。辛亥革命的失败原因有种种，而民权主义没有真正深入人心，没有能够形成强大的革命力量则是一个重要的原因。正如孙中山后来在总结辛亥革命失败的教训时所指出的："国体初建，民权未张，是以野心家竟欲覆民政而复帝制……民国前途之安危若何，则全视民权发达如何耳。"①

此外，领导辛亥革命的同盟会始终形成不了一个团结、统一、步调一致的领导核心也是辛亥革命失败的重要原因。

同盟会会员来自不同的阶级和阶层，对革命的认识存在明显的分野。有的人虽然参加了同盟会，但思想仍然保持着小团体的宗派观念，对同盟会内部的革命团结，不断起着腐蚀和瓦解作用。同盟会作为一个不成熟的资产阶级革命政党，本来就不是一个健全的组织。它的领导机关和分支机构都很松散，会内也没有严格的组织纪律；又由于它标榜民主，进出自由，因此会内思想分歧、宗派主义离心倾向严重。而同盟会领导人在处理内部斗争时，既软弱无力，又缺乏正确的方法，没有能够采取正确的思想武器来制止和纠正革命党的分裂和离心倾向。所以，会内矛盾一旦尖锐，往往容易形成宗派斗争，要么以妥协的办法来掩盖矛盾，要么各行其是，分道扬镳。同盟会内部的不统一，不仅削弱了同盟会领导全国革命运动的职能，而且从内部消耗了自己的力量，给阶级敌人以可乘之机。同盟会作为辛亥革命的领导机构，其领导人缺乏把革命斗争进行到底的决心和能力。武昌起义爆发后，同盟会由于对形势的发展估计不足，没有能够及时组成一个统一的领导核心去领导全国革命运动。由于武汉革命党人抓住时机，利用新军与革命的各方人士相互配合和勇于牺牲，虽然赢得了武昌起义的胜利，但革命党人没有能够掌握湖北军政府的主要领导权。武昌起义的胜利，表明革命与反革命的决战即将在全国范围内展开，而武汉则是双方斗争和争夺的焦点。12月18日，南北议和开始，革命党人便寄希望于袁世凯顾全大局，与民军一起行动，迅速推翻清政府。在上下和谈的气氛中，革命党人在"以和平收革命之功"的思想指导下，放弃了以武力谋天下的方针。甚至"革命军起，革命党消"的言论由章太炎以及黄兴、宋教仁和立宪派张謇等人口中扩散出去，连革命党都不要了，更不可能领导民众去继续革命。革命党变成了没有民众做基础的可有可无的政党，成为读书绅士阶级的专用品。诚如李剑农先生在《中国近百年政治史（1840—1926年）》一书中所说："清颠覆后，所有的政党都与民众不生关系，都成了水上无根的浮萍，在势都没有成功的希望；但因同盟会下层的无知党员骄纵失态，未免惹起一部分人的恶感牵引民众消极反对的动机；又因民众厌乱偷安，颇希望有名的袁宫保给与他们一种'无为而治'的快乐。"这种党义不着实、没有民众做基础的弱点，造定同盟会必亡。②表明同盟会没有决心和能力将革命进行到

---

① 孙中山：《建国方略之三：民权初步（社会建设）序》，《孙中山全集》第六卷，中华书局1985年版，第412页。

② 李剑农著：《中国近百年政治史（1840—1926年）》，复旦大学出版社2002年版，第328页。

底。孙中山虽没有明说要改变同盟会的性质,但他说清政府垮台,民族、民权主义已经实现,唯有民生主义尚待实行,如果同盟会只为实现民生主义而奋斗的话,它就没有作为一个革命党继续存在下去的必要了。革命领袖的思想状况尚且如此,一般会员群众的思想状况就不难想象了。

同盟会失掉了革命性,也失去了团结全体会员的共同思想基础。后来为了扩充竞争力量,实现"政党政治"和"政党内阁",同盟会竟与几个不伦不类的小党合并成一个国民党,连同盟会的名称也弃而不用了,预示着国民党已不是革命党,只是一个参政党。为了争得参政权又盲目地吸收和发展党员,使不少官僚、政客充斥党内,不少昔日的同盟会骨干分子竟因争权夺利而相互倾轧以致相互残杀。革命时期同盟会在人民中建立起来的政治威信,几乎消失殆尽。这便断绝了革命党人与广大民众的联系,因此便丧失了再次取胜的希望。

总之,辛亥革命的胜利和失败都给我们留下许多经验和教训。当然,评价辛亥革命,不宜以"成败"判其功,应将其视为一种革命的历程,是中国民族民主革命的一个阶段。辛亥革命的重大成果是开启了中国民主政治的新进程,体现了中国社会发展的必然。实现中国的共和民主是一个复杂的历史过程,不可能一蹴而就,然而我们应该看到,由辛亥革命开辟的中国发展道路则不可逆转,这是重大的历史成就。

三

有一种看法,认为没有辛亥革命,中国后来的发展会比现在好得多。对此,我历来都表示不以为然,因为这不仅仅是一个学术问题的探讨,而且是对中国发展道路的选择如何评价的问题。

现在议论孙中山及革命党人要不要发动反清的辛亥革命,毫无意义。不管你支持还是反对辛亥革命,它已经发生了,并且形成了推翻清政府、终结中国的封建君主制度的事实。在辛亥革命已经过去了 100 年的今天,仍然有保留清政府让其进行自改革、实行体制内的君主立宪对中国的发展会更好的意见,则有点不知从何说起。辛亥革命是不是搞错了,历史已经证明它没有错,因为它对中国社会发展的影响是深刻的、积极的,这是无法否定的事实。

清政府作为中国封建君主专制的政体到了 20 世纪初年,它的各种弊端已经彻底地暴露。清政府已经成为当时中国一切矛盾的焦点和社会发展的主要障碍,它的垮台已经不可避免,让清政府进行体制内的改革来拯救中国、复兴中华已经不可能。因为它已经没有能力自救。由于它对外丧权辱国,对内专制腐败,引起朝野、上下之间权贵的争权夺利,问题非常严重。国家贫穷,民生困楚,社会不稳,各种矛盾都在激化。中央要集权,地方要分权,因此地方督抚的离心倾向加剧,不听中央号令的事件时有发生。清政府进行新政又在方针政策上犯了大错,如科举制度的废除与封建士大夫的出路，实行铁道国有政策对商人的打击，新政款项的增派对民众生活的影响，皇族内阁的成立对汉族官吏的打击，等等，都是造成内部权力基础的离析和民众背离的重要原因。但是如果没有像辛亥革命那样全国性的打击，内部矛盾也不会激化到上下脱序的程度，民众也不可能动员起来造成社会的全面危机。以孙中山为首的革命派、康有为为首的海外立宪派、张謇为首的国内立宪派从不同的角度掀起对清朝统治不满的反清情绪，造成各种反清力量的聚合，促使清政府走上绝路，最后由辛亥革命造成朝野上下之间的矛盾，在辛亥革命的打击推力和各省督抚的独立下造成清政府垮台，这是不争的事实。清朝的垮台是全国反清力量的胜利，是各族人民不让清政府照旧统治下去的结果，是人民合力反清的胜利，尤其是以孙中山为首的革命党人的胜利。

辛亥革命胜利后，孙中山确立的民主共和政制未能延续，资本主义民主政治制度建立不起来。为了维护辛亥革命的成果、捍卫共和，孙中山进行了12年之久的讨袁"二次革命"、"护国"运动和两次"护法"斗争，但是共和民主制度还是恢复不起来，这是为什么？原因有多种，但不能简单地归咎为孙中山的局限，也不能简单地归罪于革命党人的软弱。原因很复杂，有革命党人的主观原因，但从客观上去考察，民初中国出现反复，也是历史的必然，是中国社会本身新与旧，前进与复辟，维护中国旧的封建统治，还是走向新的共和民主道路、追随时代发展潮流斗争的结果。

民初的中国，由于封建帝国的终结，带来社会的大变动，有些旧的社会关系已经断裂，有些新的社会力量已经在成长，旧的传统复古势力在集合，新的革命的共和民主的力量也在重新组合，随着商会、社团、政党的纷纷成立，一个新的革命阵线在逐步形成。国权与民权观念在确立，皇权与民权在争斗。清朝残余势力想反攻，但成不了气候。社会变化潮流不可逆转，独立、共和、民主、富强成为中国各族人民肯定和追求的发展路向已成定势。但封建的传统旧文化的势力也不会经过一次革命的打击而退出历史舞台。以袁世凯为代表的清政府旧势力在新与旧的较量中，虽然一时得势，并掀起反民主反共和的复辟思潮，进步的新的一方的力量暂时斗不过旧的传统的势力，但是我们不能由此就否定以孙中山为代表的革命党人爱国、革命、建设或独立、共和、民主和富强的建国努力，以及他们为实现复兴中华、富强中国所做出的贡献。民初以来，中国战乱不止，军阀割据，帝国主义在中国重新洗牌，助纣为虐，企图在重新瓜分中国的较量中分得一杯羹。然而，以孙中山为代表的革命党人选择的共和、民主和富强的中国的历史发展道路，以及建设一个民有、民治、民享，实现国家是人民所共有、政治是人民所共管、利益是人民所共享的社会的方向，则从来也没有改变过，而且也不可逆转。

当时的中国作为一个封建专制主义国家，无论传统意识还是传统的阻力，都根深蒂固，它不会随着一次革命就退出历史，所以反复是避免不了的，但这不是辛亥革命造成的，而是中国传统复辟势力的垂死挣扎。

孙中山一生最大的理想是实现国家的独立、共和、民主和富强。他的主要任务有两个：一是革命，二是建设。他说："先有了一种建设的计划，然后去做破坏的事，这就是革命的意义。"[①] 革命是破坏，如果只破坏不建设，那就不要去破坏，即不要革命。"革命之破坏与革命之建设必相辅而行"[②]，但很难一时达到两个目的。所以在孙中山看来，革命是为了更好地建设，建设才是革命的最终目标，但他没有达到建设一个新的国家的目的。主要原因是辛亥革命推翻了封建专制制度，但未能彻底铲除封建的生产关系和旧的思想文化意识，在于革命党人未能在利用新军作为推翻清政府的同时对他们进行改造，并利用民军重组一支忠于民国、忠于人民的军队，所以袁世凯篡夺了政权，孙中山等革命党人无力反抗。袁世凯要复辟，革命党人反复辟，但复辟与反复辟是力量的对决，不是是非的判断。由于辛亥革命后战乱不止，没有办法集中力量从事建设，贻误了建设的进程。以孙中山为代表的革命党人随着政治资源的流失，各种复辟思潮的鼓噪，便使人们对资产阶级共和国方案产生怀疑。辛亥革命后中国出现复辟思想和复辟行动，招致辛亥革命开辟的共和民主政制的失败，是民初中国社会多种因素化合作用的结果。辛亥革命推翻了皇权，但对封建文化的冲击有限，它带来了文化人的地位转变，即由原来的文化生产者向文化的追随者转变。一部分人在辛亥革命后失落游离，失去了方向，他们对革命后的社会产生异向；而另一部分人为了寻求文化的出路干脆把注意力转向西方，向西方寻找中国的未来，用西方的新文化去构建中国的发展路向。各种文化人在社会中论长短，提出各种各样的建国主张。但不要文化，没有理想和方向的军阀用枪杆子去干涉政治，而新的又斗不过旧的，文的斗不过武的。军阀混战，以及文化的回归与封建复辟思潮的兴起则断送了辛亥革命的文化成果和政治革命的果实。但也因此又有了新文化运动，有了民主与科学精神的高扬。这说明，当时的中国不变革不行，变革也不行，这两难的处境一直在困扰着中国人的思维，那就是应该如何看待新文化运动反传统文化的激进倾向，以及中国的政体是共和民主好还是君主立宪好，是开明专制好还是独裁专制更加适合中国。所以，我们应该如何看待辛亥革命后新文化运动反传统文化的激进倾向，应该如何看待辛亥革命时期文化对政局的制约，直至现在还是一个没有解决的问题。文化问题不是政治问题，但它对政治的走向具有重大的影

---

① 孙中山：《在上海青年会的演说》，《孙中山全集》第五卷，中华书局1985年版，第125页。

② 孙中山：《建国方略之一：孙文学说——行易知难（心理建设）》，《孙中山全集》第六卷，中华书局1985年版，第207页。

响。在民初，中国文化转换的背后仍有一些保持不变的东西，即中华文化的活力及其魅力的存在，保留"国粹"及弘扬中华文化的呼声还能在一定程度上激励着国人去奋斗。所以又有国粹主义思潮兴起，至于外来的无政府主义，西方的自由、平等、博爱，以及政党政治、民主政治、马克思主义、共和主义同时出现在中国，则给国人广泛选择的机会。如何处理外来的文化与中国传统的文化；一元文化与多元文化如何交融和造就新人，如何开创未来和珍惜过去，则是一个不能不重视的问题。新文化与旧文化矛盾冲突，必然会产生斗争，斗争的结果是追求新文化的一方与维护传统文化的一方如何调和与统合，如何优势互补则是一个关系到文化重构的重要问题。在对待中西文化的问题上，我们长期以来有一种固定的看法，中国好一切皆好，外国好也一切皆好。我们应该如何建构新的文化，我们也还没有理性地、心平气和地将问题讲清楚、说明白。总之，辛亥革命后的中国好像乱成一团，但这是新旧变革时的普遍现象，我们不必为此去过多烦忧。

辛亥革命已过去了 100 年。100 年前的中国不是现在的中国。以孙中山为代表的革命党人在 100 年前进行革命和改造中国的奋斗，自有其特殊情况，我们今天研究孙中山和辛亥革命只能去加深理解，把问题讲清楚、说明白，而不能教训前人应该怎么样，不该怎么样，否定先驱者的牺牲精神和爱国主义情怀，否定辛亥革命的历史意义和作用，这对中国、对未来都不见得有什么好处，更加不是今人所当为之。

（2011 年）

五四运动与上海商人[①]

在严重的民族危机刺激下,从 1919 年 5 月 4 日起,人们走上街头,集会演讲,干预政治,参与国事,一场反帝反封建的群众爱国运动,像狂飙一样,席卷全国。市民抵制日货、学生罢课、商人罢市、工人罢工,相互激荡,交相辉映,构成了一幅蔚为壮观的救亡图存历史画卷。

学术界对五四运动的研究取得了丰硕成果。然而,由于种种原因,对学生罢课、工人罢工的研究,佳作迭出,果实累累,对商人罢市及其反帝反封建斗争的研究则有待加强。本文就五四运动期间上海商人的活动进行研究,目的在于说明上海商人在五四运动反帝救亡爱国斗争中也起了很大的作用,应该重视。

一

1919 年 5 月 5 日,北京学生示威游行的消息传到上海,立即得到上海人民的积极响应,各学校、各团体纷纷发表通电,声援北京学生的爱国行动,谴责北京政府拘捕学生、庇护卖国贼的倒行逆施。上海商业公司联合会致电北京政府,要求"按律严惩卖国贼,立即释放被捕学生",并要求北京政府致电巴黎和会专使坚决收回青岛,"万不得已,则退出和会,决不签字"[②]。

5 月 7 日下午,上海各团体、各学校在西门外公共体育场召开国民大会,有两万余人参加。江苏教育会副会长黄炎培主持大会,各界在会上"均有恳切之学说",一致"呼号杀国贼",会上"废密约之声,如雷震耳"。大会决议:抵制日货,与日本断绝商业关系。演说结束后,举行了游行示威。[③]

在各界奋起力争的时候,上海总商会正副会长和部分会董盗用总商会名义于 5 月 9 日发出了措辞荒谬的"佳电",该电云:"青岛问题激成全国公愤,皆由章使宗祥不胜其任。……凡我国民深知国步维艰,当静以处事。为此电请钧座,迅赐遴派资格声望足以胜任大使者,任命日使,克日启程前往,坚持'欧战平定交还清国'一语,径与日廷磋商交还手续,和平解决。"又说:"对于协约各国声

[①] 本篇系与周成华合作。
[②] 载上海《申报》1919 年 5 月 5 日。
[③] 载上海《时事新报》1919 年 5 月 8 日。

明交还青岛之语，日本发表在先，与他条约并无牵制，应将此项议案提出大会，由中国派员与日本直接交涉。"①

该"佳电"措辞乖谬，把外交失败的原因归结为章宗祥不胜其职，主张与日本直接交涉，将青岛交还中国，对废除密约只字不提，这与我国主张青岛由巴黎和会直接归还中国的主张大相径庭。因而，"佳电"一发表，日本控制的《顺天时报》便马上发表社论，表示"吾人实不能不有无限之感慨"，说这是"正当议论，正当办法"。②

"佳电"发表，舆论哗然。上海《民国日报》发表评论，指责总商会"乃专责章氏一人，责章氏又不当其罪，而青岛问题则主张中日直接解决，适如日人所欲，又欲以一手掩没全国人之公愤，宁非大可骇异之事！"③

上海商界对"佳电"也感到惊讶，纷纷向商业公团联合会请求反对，"群情汹汹，莫可遏止"。商业公团联合会还为此特开会讨论，一面致函总商会进行质问，一面致电北京政府，否认"佳电"。④

一般商人对总商会个别头目发表"佳电"媚日卖国，十分气愤。有的致函总商会正副会长朱葆三、沈联芳，痛斥他们"身为万国观瞻之商会会长，处位重要，乃竟丧心病狂，忘廉鲜耻，铁石面目，禽兽衣冠，竟有令人所不及料者也。始则噤若寒蝉，装作痴聋，尚能盖卖国之愆，迨佳电披露，则一味取媚日本，依附权奸，实同卖国"⑤。有的表示"佳电"主张，实属心存媚日、卖国复辟。媚日即为卖国，复辟即为叛逆。因此发表"佳电"者，卖国罪、叛逆罪同时成立，罪在不赦，岂容姑息养奸，贻全国商民之羞。应请各会立即提起公诉，请法庭从严治罪，以为卖国叛国者戒。并请上海总商会速将朱葆三、沈联芳驱逐出会，"与众共弃，则全国商民之人格，或可挽回于万一"⑥。

"佳电"电文出于上海日本商会会长之意，系由日文翻译而来，由朱葆三之子（日本银行买办）转达。在朱葆三的授意下，由沈联芳誊正拍发。因而"佳电"纯系朱葆三、沈联芳盗用总商会名义，私自拍发，商会会董未闻其事。"佳电"丑闻披露后，"朱、沈两宅及总商会所接反对佳电之书函，日必数十起，其中婉言诘责者有之，措辞激烈者有之，几使坐食不安，且其亲友之身任该会会董会员者，亦援大义灭亲之例，起与为难"⑦。

---

① 载上海《民国日报》1919 年 5 月 10 日。
② 《山东问题与上海商会》，载《每周评论》第 22 号。
③ 载上海《民国日报》1919 年 5 月 10 日。
④ 载上海《民国日报》1919 年 5 月 11 日。
⑤ 载上海《民国日报》1919 年 5 月 17 日。
⑥ 载上海《民国日报》1919 年 5 月 15 日。
⑦ 载上海《民国日报》1919 年 5 月 13 日。

在各界的一致责难下，围绕着"佳电"问题，总商会内部掀起了风波。在商业公团联合会举行的会议上，总商会会董虞洽卿一方面申述"佳电确未与闻"，一方面竭力为朱、沈辩解，说什么"朱、沈两会长见解虽差，实无他意"。另一个会董周金箴要求"稍保全商会面子"，并且草拟了一封"意在粉饰，语多偏袒，且主张收回青岛，不谈密约，无异日人口吻"的更正电文，遭到大多数会董的反对，引起"全座大哗，诟责交集，历时许久"。①

上海国民大会干事部也致函总商会各会董，要求"速罢斥此无耻之正副会长，……以免商会之羞，否则上海总商会将为全国所不齿"②。

由于社会各界的一致声讨，朱葆三、沈联芳被迫辞职，总商会也于5月13日被迫发表取消"佳电"之"元电"，但该电只言青岛交还，不谈密约，遭到各团体反对。商业公团发表宣言指出："元电发表，意置取消密约于不顾，违反商民公意，莫此为甚。而致巴黎和会专使电，仅以'不能稍让'四字为主张，含糊粉饰，离奇尤甚。"③

出面挽留朱、沈的虞洽卿、周金箴也遭到商界同人的一致指责。有人致函总商会全体会员，要求"破除情面，鸣鼓而攻，以免为中外商人所齿冷"④。

朱、沈虽然表面上辞职，但暗中却仍在运动农商部及淞沪护军使卢永祥图谋复职。⑤ 围绕着会长辞职问题及改组总商会问题，会董、会员发生分化，内争哄起，致使会务无人管理，总商会实际上陷入瘫痪状态。

"佳电"并非遣词造句之谬，实际上反映了商会上层人物对山东问题的心迹。"佳电"及"元电"激起的层层波澜，说明在急迫的民族危机的刺激下，商人已发生了明显的分裂分化，大部分商人已走上了外争国权、内惩国贼的轨道，加入了全国范围的反帝反封建的行列。

抵制日货运动是"五四"时期中国人民反对日本帝国主义的爱国运动。这场运动持续时间长，范围遍及全国各地，给日本帝国主义以沉重的打击。罢市活动开始于6月5日，由上海商界开其端。⑥

5月7日，上海国民大会做出了抵制日货的决议，但真正开始实施是在5月9日以后。5月9日，对中国人民来说是个耻辱的日子，四年前的这一天，日本强迫袁世凯签订了旨在灭亡中国的"二十一条"密约。现在巴黎和会上日本又

---

① 载上海《民国日报》1919年5月14日。
② 载上海《民国日报》1919年5月15日。
③ 载上海《时事新报》1919年5月15日。
④ 载上海《民国日报》1919年6月2日。
⑤ 徐鼎新、钱小明著：《上海总商会史（1902—1929）》，上海社会科学院出版社1991年版，第238页。
⑥ 虞和平著：《商会与中国早期现代化》，上海人民出版社1993年版，第255页。

提出要从德国手中夺走青岛,实在欺我太甚。新仇旧恨,人们更加愤慨。为了不忘国耻,上海学生罢课一天,很多商店也停业一日。书业商会在通告同业停业书中表示,5月9日停业,"一方对于欧洲和会表示吾国民之决心,一方对于北京学生表示敬意"①。上海洋货业、棉业、糖业等也纷纷宣布停业一日。南市城厢内外一带各商店分贴标语,有书"非歼除此等国贼,何能以谢天下?"有书"劝告同胞一律抵制日货"②。上海大小东门外各商号门前,亦大书"自即日起,始终不卖日货"。③ 此后,上海各界掀起了声势浩大的抵制日货运动。

在抵制日货运动中,上海商业团体、同业公会、公所、同乡会纷纷集议抵制办法,洋货业倡议抵制办法,对外办法:"(一)自5月9日起同业一律停定日货;(二)9日前所定日货,如虽言定而未签字者,一律退定;(三)已定之货,如运输有阻碍时,定家不负责任。"对内办法:"(一)各同业店内原存日货,为保全成本计,以赶紧销售为止,此后不准再有添进;(二)各日货停售后,速觅相当国货以资抵销;(三)各同业互相劝导,随时查察,如有阳奉阴违者,公同议罚。"④ 旅沪商帮协会特开紧急会议,公拟办法三条:"一、实行提倡国货;二、不装某国货船;三、不用某国钞票。非将青岛收还,及民国四年二十一条密约与数年来与二三私人勾结某国所成立之一切不平等条约概行取消,誓不中止。"⑤ 所谓某国即指日本。钱业公会公决对待办法三条:"甲、日本钞票概行停止;乙、直接与日商往来者概行停止;丙、凡属于本会同人应一律劝用国货。"⑥ 通商各口转运公所决定:"不装日本轮船,同业互相监督,如有私装日轮,被人察觉,查有实据者,罚款五万金为公所经费。"⑦ 四川同乡会多次开会讨论抵制办法,决议:"不买日货,不用日币,不发日船",并断绝与日本国的工商交谊等事,要求同乡一体实行,并发电成都、重庆总商会,"望迅通知各界,一致进行"。⑧ 别的行业也都先后决定抵制日货,甚至兜售日货的小商贩,"亦激于义愤,大都改贩国货,所获利益虽逊于日货,然皆甘心牺牲"⑨。

上海《申报》、《新闻报》、《时报》、《神州日报》、《时事新报》、《中华新

---

① 载上海《民国日报》1919年5月9日。
② 载上海《新闻报》1919年5月10日。
③ 载上海《时事新报》1919年5月10日。
④ 载上海《民国日报》1919年5月12日。
⑤ 载上海《民国日报》1919年5月10日。
⑥ 载上海《民国日报》1919年5月23日。
⑦ 载上海《民国日报》1919年5月20日。
⑧ 载上海《民国日报》1919年5月20日。
⑨ 载上海《申报》1919年6月1日。

报》、《民国日报》联名公决 5 月 14 日起"停登日商广告及日本船期、汇市商情等"①。

上海的工人、店员也积极投身抵制日货运动，但抵制日货最积极的还是商人。他们表示："外交失败，青岛问题，危急万分。青岛不还，二十一条实行，国亡在即，不筹抵制，何以立国？我商人尽国民义务，坚持到底。"② 在运动中，一向重利轻义的上海商人表现出"虽然间有因此事牺牲利益血本之处，亦当不计"③ 的态度。他们宣称抵制日货是救国行动，"断不致见利忘义，不顾大局"④。

各界的宣传及监督，造成了强大的抵制日货的舆论与声势，保证了抵制日货运动的顺利进行。上海学生组织各种团体沿街游行，对私售日货的商店进行劝导，如先施、永安两大百货公司在学生的忠告下，表示"概将日货完全收束不卖，宁愿牺牲血本，以示与众共弃之决心"⑤。一些奸商虽然暗中仍在私贩日货，但在各界的联合斗争下，私售日货者，日益减少。然而，商人毕竟以个人利益为重，他们一面筹议抵制日货，一面恋恋不舍自己的"血本"。抵制日货对经营日货的商人的利益损失较大，但对经营西洋货的商人损失最小。因而，一些经营东洋货的商人便不顾全大局，私运日货，如经销东洋货的棉布商就私售日货，但为同业发现，被斥责为媚日举动，众人"立即上前扭住，相与披颊"⑥。这种"披颊"之举，反映了同业对奸商的愤怒，但也说明商界羼杂了东洋字号与西洋字号不同商人之间利益上的矛盾。

要真正抵制日货，必须提倡国货，发展本国工业。当时上海虽然有一些民族资本家乘机发展或扩大生产，从抵制日货中获得不少好处，但提倡国货，在上海即闻其声，而"未见一二有实力之大工厂出现"，也没有见到"有一二大资本家登高而呼，尽力提倡"⑦。一些商人还借"提倡国货之机，抬高国货价格，使购买国货者有所灰心"⑧。

抵制洋货是商人惯用的反抗外国侵略的一种斗争手段。1905 年反美运动及 1915 年反对"二十一条"密约，上海商人曾揭起过抵制东西洋货的旗帜。"五四"期间的上海商人也希望通过经济的手段，全面抵制日货。对日本帝国主义施加压力，迫使其放弃对中国领土的要求。但在当时国货物窳价昂、日货物美价廉

---

① 载上海《民国日报》1919 年 5 月 15 日。
② 载上海《民国日报》1919 年 5 月 9 日。
③ 载上海《申报》1919 年 5 月 23 日。
④ 载上海《申报》1919 年 6 月 3 日。
⑤ 载上海《申报》1919 年 5 月 20 日。
⑥ 载上海《新闻报》1919 年 5 月 15 日。
⑦ 载上海《申报》1919 年 6 月 4 日。
⑧ 载上海《申报》1919 年 5 月 23 日。

的情况下，抵制日货必使商人遭受经济损失，商人最终要自食恶果。在国家民族利益与个人利益发生矛盾时，多数上海商人宁可牺牲个人经济利益，热忱投入到抵制日货运动中去，使日本遭受重大的打击。抵制日货很快产生效果，引起日本的忧虑，以致日本驻华公使多次向北京政府施加压力，要求北京政府取缔各地蓬勃展开的抵制日货运动。日本军舰以保护日侨为名，在汉口、南京、宜昌、上海等处游弋，对中国人民实行恫吓，但为爱国激情驱使的中国人民并没有被吓倒。上海商人罢市结束后，抵制日货运动依然在各地如火如荼地展开，使抵制日货运动成为"五四"时期持续时间最长、效果最显著的反日爱国运动。

二

5月26日，上海学生举行总罢课后，上海学联决定向商界寻求支持，争取商人罢市。

为了促使商人下决心罢市，上海《民国日报》发表社论，一针见血地指出商界在当前民族危机深重的情势下，"敷衍因循，决不是救国的行为，商人真要救国，快下决心罢"①。

6月1日，学生代表至上海县商会，要求商界罢市。

6月3日，上海县商会开会讨论罢市，各会董及各业领袖均到会。

6月5日早晨，上海南市各商店首先罢市，风声所至，各处纷纷响应，法租界各店铺一律停业，公共租界永安公司首先收市，各商店相继闭门，罢市蔓延到闸北，12时闸北各商店也相率休业。至此，法租界大小商店，"已无一开门者，所余者仅外人所设之洋行耳"。山东路、福州路日本人开设的商店，"恐遭意外损失，亦停止交易"。②所有游戏场、戏馆、影戏院亦一律停止售票，理发店亦表示："国事如此，无心整容，诸君不必光顾。"③各商店门前大都贴有白纸标语，标语上写着"坐以待毙，与汝偕亡"；"商学一致，为国雪耻"；"废除密约，驱逐卖国政府"；"还我自治，还我学生"等字样。④

罢市震惊了全上海。它引起了一连串反响，小学生宣布罢课，工人罢工开始蔓延，小摊贩加入罢市的行列，据说歌女、妓女停止生意，小偷、乞丐停止偷讨活动。上海居民为这突如其来的罢市热潮所震慑，街上好奇的行人越来越多，沿路及电车上到处都有人演讲，气氛相当激昂。反动当局惶恐不安，上海县知事公署贴出布告，诬蔑罢课罢市"实属逾越常轨，扰乱治安"，劝告商人"迅速开门

---

① 载上海《民国日报》1919年6月1日。
② 载上海《新闻报》1919年6月6日。
③ 载上海《申报》1919年6月6日。
④ 载上海《民国日报》1919年6月6日。

照常贸易",并禁止学生演讲。① 上海警察厅派出警察,拘捕演讲的学生,据统计,当天被捕的学生达132人。② 警察厅长徐国梁还亲自带领卫队,前往十六铺一带谕令商人开门。各区警察也纷纷赶赴所辖区内,用"枪柄乱击店门",强迫开市。在警察的高压下,一些商店被迫暂行开门,"然警察甫去,店门又闭"。③

为了统一各界罢市的行动,6月5日下午商学工报各界团体召开联席会议。到会者甚众,除学界、报界代表外,商界公团、公会、同乡会,以及一些著名商号、特种商业的代表都参加了会议,工界没有代表参加。

会上讨论了罢市所要达到的目标,有人提出开市三条件:"惩办国贼,一也;恢复人民自由,不加压抑,二也;释放被捕学生,三也。"有人认为"力阻和会签字,取消中日密约,惩办卖国贼,取消逮捕学生命令,恢复约法上人民之自由等五事,均须确定目标,编列次序以进行也"。有人主张"定目标最宜简单明了。吾侪欲达目的,只须'除去卖国贼'五字"。经过讨论,会议决定"发电北京专求惩办卖国贼",并表示"卖国贼存在一日,商学工界即辍业一日,誓不反顾"。④

罢市第一天,上海县商会、总商会、出口各业公会、商业公团联合会、书业公所、纱厂联合会、纱业公会、面粉公会、银行公会、钱业公会、广肇公所等团体便打电报给北京政府,要求释放学生、惩办卖国贼。

6月7日为罢市第三天。罢市"景象更为一致",而且罢市继续扩大,酒店、食物店、点心店完全停业,金融业也准备罢市,各小菜场猪羊等肉已完全停售。浦东、江湾、闵行等市镇宣布罢市。⑤ 反动当局继续强迫开市,"城市今晨有武装军士约800人赴西门强迫商家开门,各商语以我等死生与学生共之,军队与刀枪威胁无效"⑥。

下午,商工学报界联合会在上海总商会召开联合大会,到会者有一千多人。因北京政府对各团体的通电迄无答复,大会讨论进一步对付方法。有人提议如果北京政府再无答复,"全体商人,不纳租税",得到与会者赞同。大会推选商工学报各界联合会临时干事,主持和联络罢市事宜,并发表对内、对外宣言。其对内宣言宣告:(一)国贼一日不诛,辍业行为一日不停止;(二)纯粹为对内的行为,对外概守相当的敬意与友谊;(三)尊重市场秩序,力护法律内之自由;(四)辍业不效则更求"多数之应援,待公道之裁判"。对外宣言则呼吁"各友

---

① 载上海《民国日报》1919年6月6日。
② 载上海《新闻报》1919年6月6日。
③ 载上海《民国日报》1919年6月7日。
④ 载上海《申报》1919年6月6日。
⑤ 载上海《民国日报》1919年6月7日。
⑥ 载上海《时事新报》1919年6月7日。

邦国民，对于吾人困苦之境遇及不得已之苦衷，加以谅解，尤冀为扶持正义，与吾人以精神的援助"。①

旅沪商帮协会、江浙皖丝厂茧业总公所、粤侨商业联合会、洋货商业公会、书业商会、麸业公会等团体继续发表通电，要求北京政府惩办卖国贼，释放被捕学生。

在上海罢市的影响下，罢市风潮迅速向各地蔓延。6月6日，南京、宁波、厦门等地宣告罢市。② 在这种情况下，淞沪护军使卢永祥不得不召集南北商会、各商业代表、学界代表在上海县商会开会，讨论开市问题，官绅商学到会者一百余人。卢永祥劝导商界开市、学生复课，由他将"人民之意思代达政府，请其依从民意，准曹等辞职"，并表示愿意"负责担保"。商业公团代表邹静斋要求卢永祥先发电北京。总商会会董虞洽卿表示："军使、道尹既有负责担保之宣言，吾商人极应体念官厅诚意，切劝各店铺即日开市营业。"江苏省教育会代表表示："劝学生上课，恐难收效。"虞洽卿、苏筠尚则认为："罢市三日，金融因之停滞，人心为之恐慌，危险已甚，若再相持，谁能保地方不糜烂？"各界讨论后决定先开市复课。

下午，商工学报各界在总商会开联合会，到会群众两千余人。当与会群众获悉卢永祥要求开市复课时，群情激愤，在场各商家大声呼喊："吾等罢市三日，学校罢课多时，政府对于国民一致要求之惩办国贼，置若罔闻。今日欲以空言希望开市复课，试问吾人牺牲财产，学生不顾生命，究为何来？于国何补？况吾辈牺牲光阴金钱，纯出自良心救国之主张，自动而非他动。罢课罢市未受人劝告，开市上课亦何须劝告。只须目的达到，今日能下令将卖国贼曹、章、陆、徐诸人交法庭惩办，吾等明日开市上课，何用他人干涉！"会议当场决定公推各界联合会新干事向南北两商会会董表明："决不可受官厅逼诱，任其假名刊发传单等事。如有人欲将国民血汗牺牲所演成之事实，见好权要，诱煽他人，图破大局，以谋自己将来升官发财地步者，吾人誓当以对待卖国贼之方法对待之。"在这种情况下，南北商会决定："不下令惩办国贼决不开市上课"。③

在这次会议上，商人改变了长期以来对官府的畏惧心理，敢于正面与官府抗争。由于中小商民的积极斗争，使罢市渡过了第一次险滩。

6月8日，罢市进入第四天。金融界宣布罢市，钱业停止营业，中国、交通、浙江兴业、上海商业储蓄、金城、四明等12家银行罢市，全市金融瘫痪。

---

① 载上海《民国日报》1919年6月7日。
② 中国社会科学院近代史研究所近代史资料编辑组编：《五四爱国运动（上）》，中国社会科学出版社1979年版，第479页。
③ 载上海《新闻报》1919年6月8日。

工人罢工亦持续高涨。这天又是星期日，街道上行人拥挤，各商店门前都贴上标语，劝告"爱国同胞，无事切勿在马路闲游"，更不要成群结队，在街上叫喊拍手，妨碍公安，惹起外人干涉。①

面对蓬勃发展的罢市、罢工风潮，卢永祥宣布戒严，禁止游行、集会、结社及散发传单。

6月9日，上海全市罢市继续进行。上海当局派出军警，分头强迫商人开市，"有饷以闭门羹者，辄用枪托敲撞商人，倘敢声辩，即遭枪棍殴击"。护军使、道尹、警察厅长亲至南市挨户押令开市，"有不遵者，即由所随军警代为将门取下，并在该地徘徊片刻，监视其营业。然有人入店买物，商人皆无货可卖对，虽开仍与不开无异。迨军警去，则一律重复将门闭矣"。② 在租界，工部局派巡捕劝告商界开市，"商界以北京卖国贼尚未惩办，所求之目的未达，愿受营业损失，以待圆满之答复"。③

工人罢工持续高涨。铜铁机器各业工人一律罢工，汽车司机、清洁工亦响应罢工。海员五千余人突破帝国主义及买办的阻挠，实行大罢工，中外航运完全停顿。

面对日益高涨的群众运动，淞沪护军使卢永祥把戒严时间从晚上10点提前到8点。工部局悍然下令封闭上海学联，并禁止"穿着军衣或佩戴徽章衣帽记号，表明某会某团体"和"携带旗帜、披肩或华文或西文记号"的群众，在"路上行走，或到公共处所"，否则，"即行拘送该管官署，严行惩办，决不宽待"。④

如火如荼的群众运动也使大资产阶级坐卧不安。上海总商会正副会长竟发布开市通知，县商会接到通告后，即抄录原文，分致各会董及各业代表，要求各业开市。商业公团联合会接到开市通告后，邀请各商界领袖，在绍兴同乡会开会，"各商店对于总商会之通告，以其无具体方针，难以赞同。甚有人责难该公团，更变宗旨者，一时人众声厉，会场秩序不整，到会各商店旋即散去，并无结果"⑤。宁波、山东、广东三帮商人，开会讨论，反对开市。旅沪山东商人态度更加坚决，表示"我山东商帮，尤宜坚决，……无论如何，决不开市。即他商家中途变更，我山东商家，必宜坚持到底"⑥。

---

① 载上海《民国日报》1919年6月9日。
② 载上海《新闻报》1919年6月10日。
③ 载上海《民国日报》1919年6月10日。
④ 载上海《民国日报》1919年6月10日。
⑤ 载上海《申报》1919年6月10日。
⑥ 载上海《民国日报》1919年6月11日。

各商店在接到总商会开市通告后,"毫不为动,依旧一致闭市"①。由于广大商人的抵制,总商会的开市通告成了一纸空文。

6月10日,罢市依然继续进行。同一天,沪宁、沪杭及淞沪铁路工人宣布罢工,把上海工人罢工推向高潮。至此,上海水陆两路交通完全中断。

慑于全国人民的强大压力,北京政府被迫在6月10日免去曹汝霖、章宗祥、陆宗舆三人的职务。上海商界因罢免卖国贼的消息未被核实,6月11日仍旧坚持罢市。但金融业已经开市。

在曹、章、陆免职的消息得到证实后,上海商工学界开会决定开市复课。上海总商会、县商会、江苏省教育会、上海县教育会联名通过:"我商学界要求释放学生,罢免曹、章、陆三人之目的已达,应即开市上课。先行回复原状,所有挽救国权事件,另图进行。"②

6月12日,上海各商店先后开市营业,持续一个星期的罢市斗争宣告结束。

在错综复杂、盘根错节的各种关系的制约下,罢市持续一个星期,其主要原因有:

首先,商人的爱国热忱及其各种团体的有效组织,是罢市能够持续的一个重要原因。广大商人在商会对罢市顾虑重重的情况下举行罢市。罢市期间,商人态度积极,他们或以"清理账目"、"召盘"等手段来应付强迫开市的军警;或正义凛然地表示"我等死生与学生共之,军队与刀枪威胁无效"③;或旋开旋闭与军警周旋。

广大商人与上层人物的妥协倾向作了坚决的斗争,对总商会开市的阴谋进行了抵制。商人还依靠商会、公所、会馆、同业公会、同乡会、商业公团联合会等各种团体发动商人进行斗争。罢市后,这些团体纷纷发出通告,要求同业一致进行。如宁波同乡会通告"宁波商界,不达到惩办国贼,释放学生,决不中止"④。江浙皖丝厂茧业总公所决议:"凡我华商丝厂分设之丝号及发行所,自即日起,暂行停止交易,以归一律。"⑤ 旅沪商帮协会通告旅沪各地商帮,"应为学界后盾,暂停营业,与此间商界一致进行"⑥。这些组织还议订了处罚办法,如糖百货海味杂货公会拟订了三条处罚办法,对私自交易的商号,"大者罚元二百两,

---

① 载上海《民国日报》1919年6月11日。
② 载上海《民国日报》1919年6月11日。
③ 载上海《时事新报》1919年6月7日。
④ 载上海《申报》1919年6月6日。
⑤ 中国社会科学院近代史研究所近代史资料编辑组编:《五四爱国运动(下)》,中国社会科学出版社1979年版,第140页。
⑥ 中国社会科学院近代史研究所近代史资料编辑组编:《五四爱国运动(下)》,中国社会科学出版社1979年版,第143页。

中等罚元一百两，小者罚元五十两"①。一些破坏行规的商人，被同业发觉后，激起公愤，或被殴辱，或被处罚，如虹口某米店店主私售大米给日本人被同业查知，群起责难，"被众殴辱"；又如南市某木行私购日本白木，被同业察破，被同业议罚。② 在军警挨家挨户强迫商人开市时，"各商号咸谓我商业各有公所，如有确实信息，必由商会知照公所领袖转知我等，期时自必开始交易，此时无劳君等劝导"③。商人正是依靠这些组织坚持罢市斗争。

其次，学生的支持与监督，是罢市持续的另一个因素。上海是一个文化发达的城市。"五四"时期，中等以上学校的学生大约有13000人左右④，仅次于北京，居全国第二位。上海学生总罢课后，为争取商界罢市，做了种种努力。商界罢市，与学生的宣传推动有直接联系。

罢市后，学生协助商界维持秩序，并在城内外到处发表演说，要求商界坚持罢市，"讲时声泪俱下，听者无不感动"⑤。6月9日，复旦大学学生听说军警将强迫商人开市，深感商人迫于兵威不能坚持，连夜召开会议，决定全体整队入城，声援商人的罢市斗争。他们这种精神赢得了商民的广泛同情与支持，"道旁观者无不怜而敬之"。商人也纷纷表示："吾等自有良心，君等于此酷日之下，步行数十里，大声疾呼，不避危险，吾等亦何忍坐视？"⑥

学生出现在街头，就是对商人罢市的最大支持与监督。正如当时的一篇报道所言："商店的店东被迫关店停业，中国人成群结队游行市区，似是为一有力量之当局所支持。他们宣称旨在维护和平，以在街头游行的群众态度而言，似符合此态度，但是他们的游行却使商店不能开店营业，因为一拿下门板，就有游行的学生前来查询。"⑦ 可见，学生是支持与监督商人罢市的一支重要力量。

再次，店员罢市对店主产生巨大影响。在通常情况下，受"店规"束缚，在师徒关系及雇佣关系双重管制下的店员及学徒，很少顶撞店主，店员之间也很少往来与接触，其组织程度远远落后于工厂的工人。但严重的民族危机激起了店员对国家大事的关注及对卖国贼的愤怒，他们的罢市要求得到学生的支持。在这

---

① 载上海《民国日报》1919年6月8日。
② 载上海《民国日报》1919年6月9日。
③ 载上海《民国日报》1919年6月8日。
④ 舒新城编：《中国近代教育史资料》上册，人民教育出版社1981年版，第373页；彭明认为上海中等以上学校的学生有两万人，见彭明：《五四运动史》，人民出版社1984年版，第326页。
⑤ 载上海《申报》1919年6月9日。
⑥ 载上海《民国日报》1919年6月10日。
⑦ 载上海《北华捷报》1919年6月14日，转引自陈曾焘著：《五四运动在上海》，陈勤译，台北经世书局1981年版，第166页。

种情况下，他们违背店主意愿参加罢市，铺主经理虽不赞成，但由于"多数之店伙学徒为义愤所激，促成此举"①。

罢市期间，上海店员对一些店主的开市阴谋进行抵制，如先施、永安公司企图在巡捕的保护下，图谋开市，由于店员的抵制，开市阴谋未能实现。据报道，"它们所以不能开市，乃是由于两公司只有不到百分之三十的职工回来供职"②，绝大部分店员均罢市。北京政府特派员杨晟，会同卢永祥等，以罢市罢工必造成地方混乱为由，诱胁商人开市，"各商号资本家多已劝听，惟店伙学界，尚在坚持"③。银行、钱庄经理在官厅的劝诱下，准备开市，"无如上自各街友职员，下至司务人等，均不允肯"④。

罢市期间，店员对奸商也进行了揭发，如虹口某米店私售大米给日本人，被店员侦知，"以该米店之毫无心肝，群相诘责，并令将米如数追回不遂，将排门器具捣毁"⑤。

店员坚持罢市，不仅促使持观望态度的店主实行罢市，而且对坚持罢市的店主给予有力的支持，对奸商也是一种打击。正是由于店员与店主的联合斗争，才使得上海商人的罢市得以持续一个星期。

三

在这场急风暴雨式的群众爱国反帝运动中，上海商人扮演了一个重要的角色，它所起的作用是很明显的。

第一，上海商人的爱国斗争是惩办卖国贼及拒签和约的一个重要因素。惩办卖国贼及拒签和约是五四爱国运动的直接目标。五四运动刚刚爆发，上海商业公团联合会就发表通电支持北京学生的爱国斗争，要求"按律严惩卖国贼"，坚持交涉，万不得已，"退出和会，决不签字"。此后各商业团体一再致电北京政府，要求惩办卖国贼，收回青岛，并发起上海商人参加抵制日货运动，对日本施加压力。6月5日，上海商人罢市震惊了北京政府。罢市的第二天，北京政府便撤去了包围学校的军警，对学生的强硬压制态度有所缓和。同时，罢市引起驻沪外交使团的惊慌，列强为了维护其商业利益，也致电北京政府，"要求注重上海商业，

---

① 载上海《新闻报》1919年6月8日。
② 载《字林西报》1919年6月9日，转引自上海社会科学院历史研究所编：《五四运动在上海史料选辑》，上海人民出版社1960年版，第387页。
③ 中国社会科学院近代史研究所等合编：《五四爱国运动档案资料》，中国社会科学出版社1980年版，第260页。
④ 载上海《申报》1919年6月11日。
⑤ 载上海《新闻报》1919年6月11日。

即日释放被捕学生,并斥金壬,以谢天下"①。上海商人罢市引发的各地罢市风潮及工人罢工的蓬勃发展,造成社会极其动荡,使反动派惊恐不安,加深了统治阶级的内部矛盾及裂痕。淞沪护军使卢永祥慑于罢市罢工将造成"星星之火,可以燎原"的大势,致电北京政府,要求将曹(汝霖)、陆(宗舆)、章(宗祥)三人"一并免职"②。"自五日上海罢市以来各地商人纷纷响应,十日已延至天津,而北京仍岌岌不可终日。……十日上午政府迫于大势,始有准曹汝霖解职之令。"③ 6月10日,北京政府得悉天津罢市及上海金融无法维持的消息,并陆续接到各地请立即罢免卖国贼的来电,在无可奈何的情况下,北京政府被迫罢免卖国贼。罢市结束后,商人各团体纷纷通电,要求拒签和约,并表示"北京当局纵允签字,吾人誓不承认,并否认欧战中中日一切胁诱而成之密约"④,并致电巴黎和会专使,"如违背民意,不保留青岛及山东主权而签德约者,当与曹章陆同论"⑤。南京路一带商人,还以白布作旗,上书"未经国民许可,签字誓不承认"、"万众一心,誓不签字"等字样,高悬檐前。⑥ 当时有人评价上海商人在惩办卖国贼及拒签和约中所起的作用时指出:"国之不亡,不归于上海罢市不可也。"⑦ 这样评价上海商人的作用虽有些夸大其辞,却反映了上海商人是惩办卖国贼、拒签和约的一支重要力量的事实。

第二,上海商人罢市促进了各地罢市的发展。上海是我国经济的中心、金融业的枢纽,与各地息息相关。上海罢市,牵动全国,影响全局。首先受冲击而举行罢市的是上海周围的市镇。6月5日,南京获得上海罢市消息,第二天就发生罢市风潮,形势发展如此迅速,"多出人意料之外"。5日晚,宁波商会接到旅沪宁波同乡会的来电,要求宁波商人一致进行,第二天宁波罢市。⑧ 其次,因上海罢市后,钱庄停止汇划,各地悉受影响,致使各地金融停顿,促发罢市。如在天津"影响所及,势必至津埠市面不罢而自罢,各业不停而自停"⑨。在汉口,"上

---

① 中国社会科学院近代史研究所近代史资料编辑组编:《五四爱国运动(下)》,中国社会科学出版社1979年版,第41页。
② 载上海《民国日报》1919年6月10日。
③ 中国社会科学院近代史研究所近代史资料编辑组编:《五四爱国运动(上)》,中国社会科学出版社1979年版,第471页。
④ 载上海《时事新报》1919年6月23日。
⑤ 载上海《新闻报》1919年6月25日。
⑥ 载上海《新闻报》1919年6月27日。
⑦ 中国社会科学院近代史研究所近代史资料编辑组编:《五四爱国运动(下)》,中国社会科学出版社1979年版,第233页。
⑧ 载上海《申报》1919年6月9日。
⑨ 天津历史博物馆、南开大学历史系《五四运动在天津》编辑组编:《五四运动在天津——历史资料选辑》,天津人民出版社1979年版,第107页。

海寄来之罢市传单渐渐流市，于是罢市之风潮惊传全市"①。上海罢市风潮波及全国，对帝国主义在华势力和封建统治者是一次严重的打击。

第三，上海商人的爱国斗争，有力地支持了学生的爱国斗争，对工人罢工也产生了一定的影响。5月4日，北京学生在天安门广场奏出了"外争国权，内惩国贼"的爱国主旋律，立即在上海商人心里产生强烈的共鸣。北京政府逮捕学生、袒护卖国贼的倒行逆施很快激起上海商人的公愤，上海商业团体纷纷致电北京政府，支持学生的爱国斗争，要求立即释放被捕学生。为了配合学生的爱国行动，上海商人在5月9日自动"休业"，并与各界一起投身于抵制日货的斗争。北京政府6月3日大捕学生，终于激起了上海罢市风潮。在某种程度上，罢市是学生罢课的后盾，是学生罢课持续进行的重要原因。同时，商人罢市对工人罢工也起了促进作用。正如当时的评论所说："沪商罢市以来，人心浮动已极，工界尤将继起。"② 在学生罢课、工人罢工、商人罢市的"三罢"斗争中，商人罢市具有举足轻重的作用。

第四，上海商人发起并参加抵制日货运动，给日本帝国主义以沉重打击。抵制日货是五四运动的重要组成部分，是各界群众反对日本帝国主义的一种手段。上海商人是上海全民抵制日货运动的主体，他们不仅加入抵制日货的行列，并且以积极的态度保证了抵制日货运动的顺利进行和持续高涨。抵制日货运动很快便取得了明显的效果，"自抵制之风潮以来，日商生意竟减去百分之七八十。……罢市以前，日货之来华者，平均月有四千万之多，罢市以后，则尚不到一千万。……日人之营出口业者、工厂者、新闻业者，对于此次华人抵制其货之激烈之坚决之能持久，非常惊惧"③。面对如火如荼的抵制日货运动，日本帝国主义非常恐惧，多次提出无理要求，并实行恫吓。但中国人民并没有屈服，抵制日货运动在罢市结束后仍继续开展斗争，沉重地打击了日本帝国主义的侵略势力。

上海商人发动罢市，不仅壮大了五四运动的声势，把上海的爱国运动急速推向高潮，而且由上海罢市激发的罢工风潮，最终改变了五四运动的进程与方向。罢市不仅是上海五四运动爱国斗争高潮的顶点，而且成为辛亥革命后资产阶级参与反帝反封建斗争的明显表现。从五四运动时期上海商人参加反帝反封建斗争的事件中，我们可以看到，商人中除了一小部分上层人物之外，大多数是爱国者，他们也是有功于五四运动的重要力量。

然而，商人终究是商人。他们的家业及受钱孔局限的视野、趋安厌乱的习

---

① 载上海《时报》1919年6月15日。
② 中国社会科学院近代史研究所近代史资料编辑组编：《五四爱国运动（下）》，中国社会科学出版社1979年版，第133页。
③ 载上海《民国日报》1919年7月19日。

性，使他们在政治斗争中缺乏铤而走险的勇气及坚持斗争的毅力；长期以来受歧视、遭贬抑的社会情境铸成的在官府面前的卑屈心理及受封建伦理道德观念束缚而造成的分裂性格，赋予商人踌躇犹豫、谨言慎行的外在特征，在运动中都有明显表现。所以在五四运动中，即使有部分商人表示"不甘自暴自弃，自即日起投身斗争"，但大部分商人仍以集会通电等温和形式来抗议北京政府的倒行逆施，以抵制日货作为反对日本帝国主义的手段。

大部分商人在五四运动这场狂飙突起的爱国浪潮平复之后，都逐渐回复到原来的状态。由于商人所代表的资产阶级的局限性，使其在日益高涨的群众运动面前显得无能为力，表明中国的商人在任何情况下都是具有两面性的社会阶层，夸大其作用不对，不重视其在社会经济、政治斗争中的作用也不对。

（1986年）

香港的回归与中国的未来
——内地学者对香港回归中国研究的综述

一

统一祖国，振兴中华，是当代中国历史发展的主题。1997年7月1日，香港回归祖国，这不仅是香港旧时代的结束和新纪元的开始，也是朝着实现祖国完全统一大业迈出的重要一步。香港回归祖国，既雪洗了中华民族的百年国耻，也是中华民族历史上的空前壮举，实际上揭开了中华民族振兴史上光辉的一幕，为真正实现伟大的民族英雄孙中山在100年前提出的"振兴中华"的伟大号召创造了物质和精神上的条件。所以，香港的回归，无论在政治上、经济上，还是对中华民族凝聚力的增强和爱国主义的高扬，它的意义都非常重大。正由于这样，全中国人民都关心香港的回归。关心的方法有不同，不同阶层的人也表现出各种不同的心态，但从总的方面来看，无论是海外华人华侨，还是香港、澳门、台湾的同胞，乃至祖国大陆的平民百姓，对于香港的顺利回归都表现出一种民族的自信心和自豪感，增强了他们的民族感情，有利于中华文化的巩固和发展，有利于和平的维护和文化的认同。在7月1日香港回归的喜庆日子里，从天山脚下到黄海之滨，从北国的白山黑水到海南岛的天涯海角、椰林村寨，全国各地的城镇和村寨的平民百姓几乎都在举行各种庆祝活动，到处鼓乐雷鸣、欢歌笑语。有如此众多的人用传统的习俗参加庆贺香港回归祖国，这是多少年来中国未有过的盛况。我国平民百姓的庆贺都是用平民喜闻乐见的大锣鼓、扭秧歌，以及舞狮摆龙、玩拳弄武的民族习俗来表示他们不同凡响的喜悦心情。在中国城乡有如此众多的人去关心民族的命运和国家的大事，也是前所未有的，实在令人兴奋。知识分子的庆贺也有狂热，但相对于平民百姓的庆贺活动，他们显得深沉、持重和富于远见。他们通过各种座谈会、学术研讨会，或以诗言志，或以文表达感情。从知识分子的言语和发表的文字性的东西去考察，他们同样表现出对香港回归祖国的喜悦和欢欣，但同时也有一些知识分子表现出一些隐忧。欢欣是主要的，隐忧是次要的，两种心态并存，两种心态都在激励着他们去思考问题，去寻求合理的答案。第一种心态在7月1日香港回归前后发表在各种报纸杂志的许多诗文中表现得最

为充分。老知识分子喜欢用诗言志,妙手著文章。悲愤与喜悦交融。诸如:

洋寇侵华夏,清廷屡受欺。
官僚忘国耻,宝岛陷英夷。
俊士遭磨折,良民久蹙眉。
香江归日近,高耀五星旗!①

百年屈辱耻人寰,九七欢腾庆港还。
灿烂中华趋一统,香江明日更鲜妍。②

　　类似这样的即兴诗,是一种感情的宣泄,它表现出老年人见到久别重归儿女们时的喜悦心情,并对回归寄予厚望,体现广大知识分子对香港离别150多年重回故国流露出的喜悦心情。有两篇长诗写得好,读后叫人赞叹不已。一是国立中山大学中文系著名文学家黄天骥教授的《回归咏》③。这诗不仅仅是诗文的行韵用字讲究艳美,而且诗中既充满了对往昔的追忆,对现在喜迎回归的欢悦,又表现了对祖国未来的深切期待。一是徐续先生的《香江曲》④,这曲子用诗叙史、用史教人,读起来朗朗上口,令人回味无穷,使人拍案叫绝。黄天骥的《回归咏》全诗这里不录,徐续的《香江曲》全诗较长,这里也不录。
　　从这些诗中似乎可见,诗人在以诗的形式叙史,既为了说明过去,也是为了说明现在,尤其是为了倾诉他们对香港回归明天会更好的心情。这些诗之所以有代表性,是由于诗人用言简意赅的方式讲清了许多大道理:香港为什么被英占,而现在为什么又能回归,回归后的香港又会怎么样。知识分子毕竟有知识,又富于历史经验,对事对物的看法擅长两分法,既看到好的喜的一面,又看到不太好的忧的一面。因此不只是庆贺,跟着人家去叫喊什么空话大话,他们从细微之处探索出一些重要事理。我看很多对香港回归祖国后对未来中国发展的作用的预见性文章都写得很好(下面再详述),但也有少许学者提到香港回归祖国后应该注意的问题。从这些知识分子的所谓隐忧中,我发现他们所言都很有道理,应充分引起重视。这种隐忧主要是知识分子们从长考虑,从香港的现实提出的一些对策性意见,主要表现在两个方面:一是关于文化认同;一是关于香港的未来发展的走向问题。尽管香港的回归繁荣可期,前景乐观,但香港回归后,特区政府如何

---

① 谢健弘:《香港回归祖国在即喜赋》,载《岭南文史》1997年第2期。
② 姚明:《香港回归赋》,载《岭南文史》1997年第2期。
③ 黄天骥:《回归咏》,载《光明日报》1997年1月25日。
④ 徐续:《香江曲》,载《岭南文史》1997年第2期。

贯彻"一国两制"的方针,如何根据香港的实际,采取措施维护香港社会的稳定与经济的繁荣,这是摆在我们面前必须着重研究和重视的重大课题。

关于香港的回归与文化认同问题,中国社会科学院近代史研究所刘存宽研究员认为,香港文化与内地同根同源,一脉相承,本来无须互相认同。今天出现的文化认同问题,纯粹是英国占领和长期统治这个地区造成的。在英国"统治香港的漫长岁月中,港英当局通过建立殖民机构,推行殖民政策,进行殖民主义宣传,传播殖民文化,颂扬西方生活方式,强化英语和西方文化知识教学,培植少数香港上层人物和'西化人物'作为其殖民统治的社会支柱等方式,极力对香港同胞灌输主权在英、英王至上、中国人是英王'子民'的思想",制造港人对英国王室的皈依感;同时故意排斥有关中国文化和中国历史、地理的教学,抹杀、曲解英国侵占香港的历史,以淡化港人的民族意识和祖国观念,使香港文化与其母体中华文化脱离。造成"相当一部分港人对中国的历史文化不甚了了,缺乏对祖国的向心力和亲和力。香港与内地文化的认同问题,即源于此"。所以,刘先生认为,香港回归后,增强祖国内地与香港之间的民族凝聚力和亲和力的任务突出地摆在我们面前。而要解决这个问题,关键在于文化上的认同。① 正因为过去香港 150 年被殖民统治的历史"已经大大改变了香港与祖国固有关系的内容和形式——香港同胞对内地制度文化变迁的认同和理解,还需要一个漫长的过程;同样内地同胞也并不了解日益变化中的香港"。所以,有识之士便提出"未来特区政府既要面对现实又要放眼未来",处理好内地与香港、香港与世界各国各地区的文化与经济贸易的关系,以及香港的民主、自由与稳定、繁荣的关系,解除香港及内地一些知识界人士的担忧。② 为了洗刷 150 年来香港殖民教育带来的文化认同问题,有人还提出对香港青少年要加强民族文化、民族意识及感情方面的教导,把教育与传播民族文化结合起来,提出洗刷殖民统治色彩,积极推广母语(普通话)教学,开展中国历史及国情教育,逐步推行简体汉字等措施。此外,香港教育界与内地的学术文化交流领域也要不断拓宽,从学生互换、教师互访到具体的科研课题合作等,从数量转向质量、由广泛的互访转向扎实的具体合作都要进入一个新的阶段,为香港教育事业注入新的动力。这无疑对于逐步弥合长期的分离所产生的隔阂,增强两地人民的认同感与骨肉亲情都是十分有益、有意义的工作。③ 还有的高明之士指出:香港回归祖国,是中华民族的盛事。"此刻,我们也不会忘记'贫弱必然挨打'这条古训!香港被英国殖民主义者侵

---

① 刘存宽:《香港回归与文化认同》,载《广东社会科学》1997 年第 4 期。
② 陈立宪:《"新香港"的繁荣与稳定——访全国政协委员廖自强先生》,载广州《开放时代》1997 年 7～8 月号。
③ 肖承罡:《香港教育界与香港人心回归》,载《岭南文史》1997 年第 2 期。

占,是当年我国积弱积贫的可悲结果;而今日她能够摆脱殖民统治,回到祖国怀抱,则是祖国繁荣富强的必然结局。""如今,我国政府已正式对香港恢复行使主权,'港人治港',高度自治,方针也得到了认真贯彻落实,香港同胞因而对香港的前景充满了信心。"但要"让香港这颗'东方之珠'变得更加璀璨",亿万中国人民都要了解香港、理解香港、支持香港。只要我们,包括香港人民在内的全体中国人民携起手来,香港的明天就一定会更加美好。①《人民日报》1997年9月8日在显著位置发表西安青云中学一位中学生刘启的文章《铭记史训迎重任》,文章仅1000字,但写得非常深沉,感情极其逼真,它表达了内地青年对香港回归的喜悦心情,虽然文中表现出他们对香港的过去知之甚少,但却真诚地反映了年青一代对香港回归祖国所感受到的神圣责任和历史重任。这位青年的文章情真意切,写得实在好。他开头便写道:"香港,在美丽的中国版图上分外醒目。记得小时候看中国大地图时曾有一个奇想:香港多像祖国母亲秀丽衣襟上一颗明亮的珍珠!只是,有一点奇怪,在它旁边,有一个刺眼的括号,里面清晰地印着'英占'。英占?什么意思?为什么?当时的我,还不能理解,只是一连串的不明白。随着岁月流逝,我渐渐长大。幼时的疑团,在一页页饱蘸血泪的史书中解开。我开始明白,香港地图旁的'英占',是英国殖民者一步步掠夺中国留下的印记!"②这位中学生讲到的情况很有代表性,它不仅仅是说明中国许多青年由不了解"英占"香港到了解"英占"香港历史和思想转变的过程,也给教育者们提出一个崭新的课题,即如何让我们的青少年去了解近百多年来的中国历史,增强他们的民族意识,解决"铭记史训迎重任"的严重课题。了解与不了解自己民族历史的人的心态是完全不一样的。还是这位刘启同学说得好。他说:当我明白"香港百年漂泊的沧桑历程"之后,"更使我明白,泱泱中国之所以被区区英伦任意欺辱,根本原因就在于落后!"先进与落后的巨大差距,"铸成了人为刀俎、我为鱼肉的人间惨景"。烽烟滚滚的战场上,大刀的寒光当然抵不住枪炮的火舌,割地赔款成了清王朝的家常便饭。落后招来挨打,愚昧遭到欺凌,这就是隐含在其中的道理!当他们明白了先进与落后、愚昧与文明仍然决定着一国在世界民族之林的地位和尊严之后,他们就会自觉地承担建设一个强盛文明国家的历史重任;他们就会用科学知识武装头脑,用勤劳和智慧创造更加美好的明天。

由此可见,香港回归祖国以后,如何使香港和其他地区的中国青年都了解中国近代的历史,了解香港本土文化与祖国内地母体文化的深广渊源,使他们认识香港文化不仅与内地文化同属一根,而且渊源久远,这样就会增强香港青年对祖国文化的认同感和归属感,也会使祖国大陆和其他地区的华人和华侨对香港产生

---

① 《喜迎香港回归,共创世纪辉煌》,载《党风》1997年第7期。
② 刘启:《铭记史训迎重任》,载《人民日报》1997年9月8日。

特殊性的理解。

另外一个隐忧就是中国政府和香港特区政府如何解决香港实际存在着的诸多实际问题和矛盾。

1997年5月30日至6月3日，由中国历史学会等单位主办的在深圳市举行的"鸦片战争与香港"国际学术研讨会，台湾中山大学叶振辉先生在其论文《香港问题的历史和现状》中提到"从过去的历史来看，香港的未来，有内地化、地区化和国际化的因素"。所谓"内地化"，叶教授指出：港币的改版、区旗与区徽的确定、法律的中文化以及人名与街道名称的中文化等事实，加上解放军驻在香港、临时立法会的运作、特区首长向中国国务院负责等，皆可视为香港内地化的过程。所谓"地区化"，即香港回归后，香港和深圳特区、香港和广东、香港和华南地区，都有十分密切的经济与人文关系，香港继续繁荣安定，对这些地区都有影响；反之，亦然。所谓"国际化"，即香港是亚洲最国际化的地区之一，在回归之前，香港和美国、日本、英国，香港与台湾两地之间都分别已经有多种关联，这些关联不可能因回归而迅速中断，而且对香港未来的繁荣安定也有一定的作用。所以，叶教授认为，未来香港的特区政府，如何使已经存在的内地化、地区化与国际化三者相辅相成，便成为未来香港走势引起人们重视和关注的重要问题。① 在同一会议上，上海社会科学院亚洲太平洋研究所吴前进小姐在她的《多维视野中的香港：稳定与发展的隐忧及前景》论文中，也提到首届特区行政长官董建华先生要处理的问题很多很多，但她在文章中分别从国际政治、区域经济和社会学角度探讨处于转型期中的香港在稳定与发展的前提下，排除隐忧、开创未来，前景依然光辉灿烂。所谓"隐忧"，吴前进认为，"冷战之后，冷战格局虽已打破"，但"冷战思维却历久弥深，挥之不去"，国际关系转型期大国利益的新突破将透过香港问题得到较为集中的反映，而此中所牵涉的中英、中美、中日关系的多元交叉对香港本身发展又多少投下了一点阴影。帝国主义国家还会以香港的民主、人权和政治、经济、社会发展状况为筹码，以"香港牌"牵制中国。这一点必须引起省思！它们打着维护香港人利益的幌子，有意识地渲染香港问题的国际化，无非是企图通过香港的政治、法律和民主、人权问题，打"香港牌"来达到制约中国的目的，进而实现"历史的终结"。但是，只要中国本身稳定的发展与独立自主外交政策持续不变，在新的国际政治、经济秩序的构建中，"香港牌"的作用在特定的历史阶段内依然极其有限。此外，在香港主权回归中国后，企图打"香港牌"争取国际舆论、损中不利港的"民主"人士的生存空间将日益狭小，但由于香港的特殊情况形成的各政党各团体对中国

---

① 叶振辉：《香港问题的历史和现状》，参见"鸦片战争与香港"国际学术研讨会手册，第69～70页。

的态度仍有不同,对所谓香港的民主化的态度明显有别。任何国家和地区的民主化均有一个当地化的过程,民主是循序渐进的,是不能急躁冒进的。香港始终是一个"非政治化"的商业都会。许多人士相信,香港有今天的成功,原因之一便在于不受西方民主政治(频繁更迭政党)的影响,有相当稳定、持续的政策,过于极端的政治主张从来不获多数支持,因而其稳定的社会基础相当牢固,所以它不会由于一些人煽动所谓"香港政治民主化"而发生动荡。然而,中国政府和香港特别行政区保持廉政与法治的基础对于转型期的香港既是政治的需要,也是社会稳定的要求。伴随香港回归,政治、社会、心理层面的中国因素在香港将被进一步扩展。中国政局的稳定、政策的不变将是香港繁荣的最大保障。所以,只要处理好港英政府遗留下来的香港社会政治、经济、社会综合征,我们有理由相信"香港隐忧可除,繁荣可期,前景乐观"。①

也有的学者从"九七"后香港经济文化国际化的发展路向着眼进行研究,提出:要保持香港国际化都市的地位,必须在注意清除殖民色彩的同时,采取措施拓展国际空间,维护香港的特殊地位。比如深圳社会发展研究所乐正教授在其论文中提到:"从城市的功能与地位来看,香港的最大价值在于它的商业性和国际性",但是,随着香港的回归、香港殖民色彩的淡化,香港的国际化色彩是否也会淡化呢?有不少商业界人士在暗中担心。乐正教授在文中指出:从历史发生学的角度去考察,香港的国际化是其殖民化的一个副产品,是从英国人在远东的商业扩展计划中衍生出来的。但是,香港殖民化对其国际化的连带效应只是问题的一个方面,香港殖民化对其国际化的负面意义同样不可忽略。近代以来,在英国强权管制下,英国人长期占据着香港的统治地位,他们借助各种权力和法律资源,维护英国人的商业利益,使英资在香港商界长期保持着各种特权和垄断性优势。回归后的香港,由于多元化国际资本架构的成型,以及本地经济实力的明显增强,使香港逐渐由一个英国化的国际城市,变成一个越来越真正国际化的国际城市。所以,英国人的到来引出了近代香港的国际化,而英国人的离开将使未来的香港更加趋于国际化。有人担心香港回归中国后,会在清除殖民色彩的过程中削弱她的自由开放色彩;在民族主义情绪和对西方人的政治警惕中,抑制香港的国际化的发展,他们担心香港成为中国的一个特别行政区会逐渐变为一个完全中国化的城市。乐正教授强调,这种担心是多余的,因为《中英联合声明》和《香港基本法》以正式国际文件和法律的形式确立了"九七"后在香港实行"一国两制"、"港人治港,高度自治"的基本原则。他指出,为了保持香港的繁荣稳定,使之在商业上更加充满活力和国际化色彩,中国政府做出了庄严的承诺:

---

① 吴前进:《多维视野中的香港稳定与发展的隐忧及前景》,"鸦片战争与香港"国际学术研讨会论文。

除了外交和国防事务属中央政府管理之外,香港特别行政区享有高度的自治权,包括行政管理权、立法权、独立的司法权和终审权;香港的现行社会、经济制度不变,生活方式不变;香港将保持其自由港、独立关税地区国际金融中心的地位,并保持其财政独立;香港可以"中国香港"名义单独同各国各地区及有关国际组织保持和发展经济文化关系;英国和其他国家在香港的经济利益将得到照顾;等等。中国政府还承诺:上述原则将在 50 年内保持不变。中国政府的承诺为"九七"后香港进一步扩展其国际空间提供了基本的政治保证。根据这些原则,香港在主权方面回归祖国,但在经济运作方面仍保留了相当大的独立空间,使其与一般意义上的中国城市有着明显的不同。①

从广大学者发表的许多文章和言论看,基本上有一个共识:即随着 1997 年 6 月 30 日英国对香港实施殖民统治历史的结束,7 月 1 日中国恢复对香港行使主权管辖,说明不光彩的近代殖民主义在香港延续了 150 多年之后,终于画上了句号。这是中国强大的结果。回归后的香港作为中国特别行政区,香港好,祖国好;祖国好,香港会更好。

"九七"香港回归祖国后,虽然还有许多特殊的问题急着去处理,但坚持"一国两制"、"港人治港"、"高度自治"三原则,维持香港作为国际金融中心、经贸中心的定位,采取措施稳定香港社会发展经济,它的明天一定会更好,这是毫无疑问的。

二

近年来,在中英两国政府就香港回归中国的各种政治、外交、经济问题进行艰苦谈判的同时,内地学术界也密切配合,编写和出版了大量有关香港的概况,香港的历史,香港的经济,香港的政治制度、法制,乃至香港的教育文化、新闻出版等方面的著作,帮助国人了解香港、理解香港,为香港实现"一国两制"和维护繁荣与稳定做了大量的工作,起了重要的作用。

诚如中国社会科学院近代史研究所刘蜀永研究员在他的论文《香港:150 年来政治经济发展概况》中所指出的:"香港自古以来便是中国的领土。英国占领以前,当地的农业、渔业、制盐业、交通运输业和文化教育已有一定程度的发展,并非荒凉的不毛之地。在鸦片战争的过程中,英军于 1841 年 1 月 25 日强行占领香港岛。1842 年 8 月,英国强迫清政府签订中英《南京条约》,正式割占该岛。在第二次鸦片战争的过程中,英军于 1860 年强行占领九龙。同年 10 月,英国又强迫清政府签订中英《北京条约》,割占了九龙。1898 年 6 月,在列强瓜分

---

① 乐正:《清除殖民色彩 拓展国际空间——"九七"后香港经济、文化国际化的发展路向》,"鸦片战争与香港"国际学术研讨会论文。

势力范围的背景下，英国强迫清政府签订了《展拓香港界址专条》，并通过次年的定界谈判，租借了深圳河以南、今界限街以北的大片中国领土和235个岛屿，即后来所谓的'新界'，从而实现了对整个香港地区的占领。"① 1997年7月1日，中国对香港恢复行使主权，香港的历史翻开新的一页。为了帮助国人了解150年来英国占领香港及其管理香港所实行的政治制度、经济制度，以及香港历经的百年沧桑和社会发展的情况，内地学者做了大量的全方位、多角度的研究，写出和发表了大量论著。

研究香港力量比较集中、成绩又较为显著的地区，毫无疑问是北京和广州。而北京又以中国社会科学院近代史研究所为中心，广州方面则集中在两个研究中心，即中山大学港澳研究中心和广东省社会科学院港澳研究中心。

中国社会科学院近代史研究所中外关系史第二研究室从20世纪80年代开始，即与北京大学历史系张寄谦教授和当时在香港大学历史系任教的霍启昌博士合作撰写《十九世纪的香港》一书，该书作为国家哲学社会科学"七五"计划期间重点研究课题，受到国家社会科学研究基金资助，编写组自1983年即着手进行这一工作，历时六载。参与本书编写的余绳武、刘存宽、张寄谦、霍启昌、徐日彪、刘蜀永、杨诗浩各位先生先后赴中国第一历史档案馆、伦敦英国国家档案局、英国图书馆和香港大学孔安道纪念图书馆等处，搜集到中、英、港各种档案和其他有关史料。该书由余绳武、刘存宽主编，1994年8月由北京中华书局出版后，在海内外普遍获得好评，认为本书资料丰富、叙事客观平实，便于人们正确地理解19世纪香港所经历的沧桑和英国统治香港后的政法体制、经济和教育、新闻事业和社会结构的情况。继此书之后，他们又组织近代史研究所的香港史专家及香港学者合作编撰《20世纪的香港》一书，本书就香港的政制、香港与中国内地时局的相互关系，以及中英关于归还香港的交涉如实而简明地作了叙述和评论。本书由北京中国大百科全书出版社及香港龄记出版集团属下麒麟书业有限公司合作出版发行。

广东省邻近香港，研究香港有很多有利条件，所以，广东是研究香港的主要基地。广东有两个研究香港问题的重要研究机构，一个是中山大学的港澳研究中心，一个是广东省社会科学院港澳研究中心。中山大学早在1983年便成立了中山大学港澳研究所，它是全国最早的同类综合性研究香港、澳门问题的机构，1984年《中英联合声明》发表之后，研究香港的工作便全面进行。1991年，当时的国家教委指示中山大学进一步发挥多学科优势，成立港澳研究中心，作为研究香港的布点机构。此后，该中心的研究工作便全面开展，并取得较多的成果。

---

① 刘蜀永：《香港：150年来政治经济发展概况》，"鸦片战争与香港"国际学术研讨会论文。

据许锡挥教授与朱雪梅撰写的《(广州)中山大学为香港回归所做的工作》一文介绍,中山大学对香港问题的研究分为三个时期:(一)20世纪80年代初期,主要解决正确认识香港的问题,重点研究有关香港经济问题。(二)1985—1994年,全面开展有关香港经济、政治、社会、法律、历史、文化和教育等问题的研究,为香港平稳过渡提供决策建议。(三)1994年开始,研究重点转向"九七"之后香港的发展前景和问题。全校发表有关香港的论文一千多篇,专著四十多部。第一时期的代表性成果有郑德良著《现代香港经济》,1983年由中山大学出版社出版发行。这部全面探讨香港经济发展的原因和经验的专著被当时香港舆论认为是"国内香港学的代表作"。与此同时,陈国强等又赴香港进行考察,最后写成《香港经济考察》报告,受到有关方面的重视。《中英联合声明》发表之后,中山大学全面开展对香港的研究,并与香港学术界、工商界、新闻界、政界建立了合作交流关系,共同探讨如何保证香港平稳过渡问题。出版了《香港经济教程》(甘长求)、《香港法教程》(李启欣、程信和),这是内地最早的同类优秀教材;雷强、吴福光等关于香港教育问题的研究,雷强、郑天祥关于粤港经济关系及基础设施的研究,郑佩玉关于香港对外经济关系的研究,郑佩玉、雷强关于香港工业及经济结构转型的研究,李翀关于中国与香港投资关系的研究,林江关于香港金融业及香港中资企业的研究,何肇发、丘海雄、黎熙元关于香港社会问题的研究,夏书章关于香港行政管理的研究,李若健关于香港人口问题的研究,张仲深关于香港外贸问题的研究,陈丽君关于香港政党与社团的研究,许锡挥、陈丽君、朱德新关于香港历史问题的研究,陈国强、雷强关于粤港澳旅游大三角建设的研究,郑天祥、周运源关于粤港自由经济区建设的研究,李郁关于香港交通运输、基础设施建设问题的研究,李晟关于外资在香港的作用、动向的研究,孟庆顺关于香港政治问题的研究,黎熙元、肖贤彬关于香港文化的研究等都取得了显著成果。中山大学港澳珠江三角洲研究中心主办的《港澳研究》杂志,共出14期,发表论文一批,《当代港澳》杂志自1993年创刊以来,已出版8期,发表论文一百多篇。该中心近期又完成了一批重大研究项目,如何肇发主持的《"九七"前后的香港社会、经济和政治分析》、郑佩玉主持的《香港对外经济关系的发展和展望》、林江主持的《香港作为国际金融中心地位的现状和发展前景》、许锡挥主持的《香港百年历史》等。① 许锡挥教授等人所著《香港跨世纪的沧桑》,作为"岭南文库"丛书中的一种,于1995年12月由广东人民出版社出版后,获得专家学者的高度评价,被称为"矫矫不群之作"。

此外,中山大学人类学系的商志𪐀教授还先后多次组织、联系广东省文物考

---

① 许锡挥、朱雪梅:《(广州)中山大学为香港回归所做的工作》,载《当代港澳》1997年第1期。

古所、深圳博物馆等单位人员赴香港与香港中文大学考古工作者开展环珠海口的考古工作，取得丰硕成果，发掘清理了沙五遗址墓葬十座，出土了一批石、玉、陶、铜等珍贵文物。特别是第一次发现了与中原商周文化相似的牙璋，在香港学术界引起了轰动，香港的电台、电视台及报纸纷纷报道了这一发现，称"香港考古挖出了中国根"！1996年，商先生又率领研究生与中国社会科学院考古研究所、香港中文大学考古艺术中心再度合作，对大湾遗址进行发掘。这次历时50天的发掘，发掘出两处较完整的距今5000年的新石器时代房屋遗址，这是目前香港地区发现的最早的人类居住遗址。根据遗址建设形式及出土物分析，住在这里的居民应是本地人，其文化明显受到湖北大溪文化的影响，表明香港地区距今5000年前即与长江流域的文化有过重要的交流，是中华古老文化不可分割的一支。大湾房屋遗址的发现又一次轰动了学术界①。1994年，香港中文大学中国文化研究所曾举办"第二届南中国及附近地区古文化研究国际学术研讨会"，会后由香港中文大学出版社出版本次会议论文集——《南中国及附近地区古文化研究》一书，该书出版后，内地学者发表书评认为，香港考古成果再次证明"香港古文化的根在大陆"。

广东省社会科学院港澳研究中心成立于1980年8月，现设有香港、澳门、经济特区等研究室、图书资料室、行政办公室和《港澳经济》杂志社。该研究中心自设立以来便开展对香港、澳门政治、社会、文化、历史，以及粤港澳关系等领域的研究，共出版各种专著、编著、译著、论文集约四十部，发表论文一千多篇，取得了较为丰硕的成果。②此外，广东省社会科学院历史研究所还设有港澳研究室，重点研究香港、澳门地区的历史。上述两个机构关于香港的主要研究成果有：周毅之、施汉荣等著《香港与一国两制》（中国社会科学出版社1988年9月出版）；吴青天著《香港经济与经济政策》（香港中华书局1990年9月出版）；杨奇主编《香港概论》上下两册〔三联书店（香港）有限公司1990—1993年出版〕；华青等编著《香港第三产业》（广东人民出版社1992年4月出版）；杨奇主编《英国撤退前的香港》（施汉荣为主要编撰人之一，广东人民出版社1994年9月出版）；曹淳亮主编、刘泽生副主编《香港大辞典》（经济卷）（广州出版社1994年12月出版）；施汉荣等《"一国两制"与香港》（广东人民出版社1995年12月出版）；刘泽生主编《迈向新纪元——"九七"香港回归专家谈》（香港出版有限公司1997年7月出版）；邓开颂、陆晓敏主编《粤港澳近

---

① 林端：《跨境考古第一人——记（广州）中山大学教授商志馥》，载《文物天地》1997年第3期。

② 《广东省社会科学院港澳研究中心简介》，见《迈向新纪元——"九七"香港回归专家谈》，香港出版有限公司1997年版，第531页。

代关系史》(广东人民出版社 1997 年出版);李华杰、许隆、周维平主编《世纪的粤港澳区域经济》(广东高等教育出版社 1996 年 11 月出版)等。此外,广东省社会科学院主办的《广东社会科学》杂志还出版增刊《庆祝香港回归祖国专集》。这其中不乏精品,不少成果出版以后在社会上引起广泛注意,使国人对香港的过去、现在和未来的发展路向有一个明晰的了解,对香港回归祖国后的发展增强了信心,并提出许多供人思考和要及时解决的问题。

此外,广州暨南大学也设有特区港澳研究所,该所在特区与港澳经济研究方面也取得喜人的成果。

为了喜迎香港回归祖国,内地学术界、出版界投入大量的人力、物力,出版的论著林林总总,而以介绍和研究香港政治法律体制、经济、历史、社会、文化方面的著作最多。在这篇文章中,我不能将全国各地出版的有关香港回归方面的著作一一列举,只能有选择地挑选若干种概述,希望通过个别介绍使读者能通观全貌。

新华出版社在国务院港澳事务办公室、中国社会科学院、新华社香港分社等部门的支持和指导下,经过两年的准备工作,终于在 1996—1997 年出版了《香港回归丛书》。该丛书由国家副主席荣毅仁作序,共出版了《香港的历史》、《香港的回归》、《香港的经济》(上、下册)、《香港的文化》四种。《香港的经济》上册,分成就篇、动力篇、聚焦篇、启示篇、前景篇,就香港经济发展的奇迹、发展的条件、经济和金融方面的管理以及经济发展的隐忧和难以取代的综合优势作了全面的多角度的分析,给人以简单而又有说服力的说明,使人坚信香港的经济发展明天会更好。《香港的经济》下册,主要是就香港安子介、霍英东、李嘉诚、邵逸夫、庄世平、曾宪梓等 109 位成功的企业家以小传的形式作介绍。

邻近香港的深圳市海天出版社在 1996 年也出版了"新香港经营文库"丛书,其中有田彦群著《香港刑事法》、关志刚著《走向特区的香港政制》、周世平著《香港经济的平稳过渡及未来繁荣》等。顾名思义,这套丛书是为香港回归后提供给经营新香港的决策者参考的书。四川人民出版社在 1997 年 6 月则出版了傅崇兰主编的《港澳与其周边地区合作关系研究》一书,本书全面系统地研究香港、澳门与其周边地区的整体战略关系,重点探索香港回归祖国后,香港、澳门与其周边地区经济、技术、城市、交通、环境等方面的扩大与合作,如何互补协调发展,以及对可能出现的问题和难点提出建议和对策,是一部带有指导性和超前性的论著。与此相关的书还有由金泓汛主编,由福建社会科学院、香港《文汇报》、台湾"中华经济研究院"、广州中山大学港澳珠江三角洲研究所、福建旅游局、广州暨南大学特区港澳研究所、广西社会科学院、海南省经济研究中心、日本亚洲经济研究所等十多个单位二十多位跨国跨地区专家合作撰著,由香港社会科学出版社 1997 年 4 月出版的《香港回归与南中国区域社会的发展》。该书从南中国区域社会的特征及发展前景写到香港主权移交过程中的香港社会，对"九七"后两岸四地经济互动之前，南中国区域社会的旅游合作、金融合作、科技合作、华南四省区（广东、广西壮族自治区、福建、海南）经济一体化前景等问题作了专题性的研究。本书多层面、多角度地从政治、经济、社会、文化、科技、环境、法律等方面进行综合研究，具体论述了香港回归祖国后对南中国区域发展的影响。它是由日本"丰田基金"（The ToYoTa Oundation）资助"迈向21世纪的华南经济圈——社会主义与资本主义共处的多元价值区域社会及其对日经济关系"课题研究项目的阶段性研究成果。此项为跨国跨地区学者合力研究的成果，提出了许多新的观点和看法，对了解"九七"香港回归中国后南中国区域社会发展的前景和态势有重要参考价值。

关于香港金融方面的书应该提到的有茅宁著《"九七"香港金融》（中国社会科学出版社1996年12月出版），本书对香港金融中心的形成及其地位有具体、全面的分析。

内地学者对于香港法制的研究也有许多成果问世。比如，刘宪权主编的《香港法律概论》（华东理工大学出版社1995年11月出版），曾华群著《香港经济法》（中国政法大学出版社1996年1月出版），何美欢著《香港合同法》（上、下册）（北京大学出版社1995年5月出版），罗德立主编《香港合约法纲要》（北京大学出版社1995年8月出版），张增强主编《香港法制教程》（暨南大学出版社1992年4月出版），王新建主编《香港民商法实务与案例》、《香港公法实务》、《香港金融法实务》（上、下册）、《香港房地产法实务》（上、下册）、《香港合同法实务》、《香港知识产权法实务》、《香港婚姻家庭与继承法实务》、《香港交通管理法实务》（上、下册）、《香港环境保护法实务》、《香港税法实务》、《香港海关法实务》（人民法院出版社1997年7月出版），等等。上述各书基本上就香港现行的法制及各种法律作了介绍，为内地同胞了解香港的法制、法律提供了方便。

特别要指出的是上海人民出版社在1997年6月推出一部由陈昕、郭志坤主编的《香港全记录》第一卷，本书120多万字，为编年体裁，以新闻报道的形式，反映香港自远古至今所发生的重大的和具有代表性的事件及人物的活动、轶事和社会趣闻等，本书图文并茂，印刷装潢精美，是一部纵向了解香港的理想参考书，具有收藏价值。与此同类的书还有黄鸿钊、任天石主编的《港澳大全》（南京大学出版社1995年5月出版），全书140多万字，是一部关于港澳社会百科全书式的大型辞书，全书分自然环境、社会、文化、经济、生活、人物、历史七部类，词条4000多条，内容涵盖香港、澳门两地自然与社会、人文方面。

宗教是香港社会的一个重要问题。东方出版社曾出版李桂玲编著的《台港澳宗教概况》一书，分别就台湾、香港、澳门的宗教，如对佛教、道教与民间信仰、天主教、基督教各派、伊斯兰教及其他教派的情况作介绍。关于介绍香港社会方面的书，还有高陶主编的《近看香港》（江西高校出版社 1996 年 4 月出版），本书从香港社会的政治、经济、文化、人情、民俗等方面介绍香港的近况。此外，北京龙门出版社 1996 年 2 月出版《金应熙香港今昔谈》，吉林摄影出版社 1996 年 6 月出版《'97 香港回归风云》。各地方出版社还出版了不少反映香港社会各个侧面的书，此处不一一作介绍了。

总之，为了香港顺利回归祖国，并使国人增强对香港回归后继续保持繁荣发展的信心，内地学者做了大量卓有成效的工作。随着各种各样介绍香港过去、现在和预测未来前景的书的出版，人们不仅进一步了解了香港的特殊地位，以及它的政治运作、经济金融政策和社会福利等各方面的问题，而且对人们进一步了解国家对香港采取特殊政策有所帮助。这就为香港回归祖国后推行"一国两制"，实行高度自治、港人治港奠定了共同的思想基础。

三

学者们普遍认为，香港"九七"回归后作为中华人民共和国的一个特别行政区，它将以前所未有的新面貌展现在世人的面前，"东方之珠"必将更加灿烂辉煌。广州中山大学港澳研究中心主办的《当代港澳》杂志（1997 年第 1 期）在本刊编辑部撰写的《继续繁荣举国欢　保持稳定人心向》一文中分析香港过去发展的情况，指出："香港已经形成了在国际经贸等方面所扮演的重要的角色……当前，香港已与世界上 200 多个国家或地区进行着紧密的经贸联合和合作。据有关资料显示，1996 年香港商品的总零售价值比 1995 年上升 60%。1996 年尽管港产品出口有所下降，然而香港的整体出口比上年同期仍增长 4%，转口货值额仍比上年增长 3%。作为国际航运中心的香港，其客、货运量均创下历史最高水平。"香港又是"著名的国际信息中心，它拥有全球第一个全数字系统电信网络，传呼机的用户数量按人口平均居世界第一位，图文传真机的数量名列世界第二位，而国际电信的使用率高居世界榜首。" 1997 年 7 月 1 日后，随着"一国两制"方针和《香港基本法》的实施，为香港特别行政区的稳定和繁荣提供了十分重要的保证；单独关税区的政策将使香港进一步加强对外贸易的联系和合作，强化其金融、贸易、航运和信息等国际中心的地位和作用；随着社会生产力水平持续高升，香港地区的教育、文化制度等将继续得到发展；中国人民解放军在香港的防务将保证香港稳定与繁荣的实现。所以，"我们有理由相信，1997 年 7 月 1 日是历史赋予香港新的发展时期的开始，是香港继续保持并发挥国际金融中心、贸易中心、航运中心和信息中心等重要作用的新起点。"①

香港的繁荣和发展,离不开勤劳勇敢的香港同胞的开拓精神,也离不开祖国大家庭的继续支持,同时也离不开和平发展的良好国际大环境。随着香港与祖国分离沦为外国管治,到回归祖国恢复行使国家主权,香港和祖国大陆虽然是实行"一国两制",但香港与祖国的关系是地方与中央的关系,继续保持香港地区的稳定、繁荣与发展是港澳台同胞、海外侨胞在内的全体中国人民的共同心愿。所以"香港珠还,前程似锦"。

有的学者还从香港平稳过渡,政治上政权的顺利交接和行政、立法、司法各系统的高效可靠运作同步实现;经济上 GDP 总体增长和各主要行业发展保持合理幅度,财政储备落实,外资流入应增不减;居民心理上信心指标继续稳定提升,主权回归与人心回归同步发生,新闻自由、言论自由的社会环境保持不变;对外形象上特区的国际认同性得到考验等方面出发撰文论证说明"一国两制"这一划时代创新构想具有强大的生命力,经得起时间的检验。香港回归祖国,香港与内地特别是广东的全面经济合作将进一步强化,互补互利、共同受益的合作伙伴关系将共同市场容量进一步扩大,使早已存在的粤港澳经济大三角进入发展的新阶段。②

也有的学者从"九七"香港回归祖国后的有利因素,探讨香港与内地旅游业的发展前景。香港谢国梁先生在《"九七"后香港旅游业的前景探讨》的文章中,就香港八方来客川流不息、旅游业兴旺发达的缘故和它的未来发展前景作了具体的探索。他指出,香港是一个弹丸之地,名胜古迹寥寥可数,也没有自然的风景,可是旅游业如此发达,堪称是一个奇迹。这主要得益于它有利的地理位置和自由港政策,荟萃中西文化,成为消费天堂,加上服务业发达,酒店设施服务质量世界一流,而中国经济的迅速发展又推动了香港服务业的进步,并使香港发挥了西方国家与祖国内地经济、文化往来的桥梁作用。7月1日香港主权回归以后,随着新机场即将投入使用,政府又采取积极措施加强旅游业建设,祖国内地旅游业迅速发展,香港作为国际旅客进入内地的中转站地位仍将保持,这又可加强香港与内地合作,共同发展旅游业,香港旅游业发展基础将更广阔,潜力也将更大。香港旅游业作为香港经济收入的高增长部门,它将大大加强香港作为亚太服务中心的地位,在本地经济发展中扮演重要角色。③

金融业对香港经济发展关系极大。"九七"后香港国际金融中心的地位前景

---

① 本刊编辑部:《继续繁荣举国欢　保持稳定人心向》,载中山大学《当代港澳》1997年第1期。
② 杨允中:《"九七"新纪元与港澳关系展望》,载《当代港澳》1997年第1期。
③ 谢国梁:《"九七"后香港旅游业的前景探讨》,载《当代港澳》1997年第1期。

如何，也成为学者关注的热点问题。有的学者就香港国际金融中心地位进行展望，认为，随着所谓香港"九七"后的"不明朗"因素的消减，而金融联系汇率又经受住了考验，港币稳定不成问题，加上香港股市具有高度的国际性，它历来就是国际资本进行证券投资的理想场所。回归后香港股市还可能会出现波动，但香港股市的抗震能力已大大加强。香港境内外经济形势良好，为银行营业提供了相对宽松的环境。香港大学饶余庆教授指出，香港国际金融中心的地位能否巩固和提高，取决于六大前提条件：一是香港主权回归能否平稳实现；二是中国能否严格遵守其在《中英联合声明》和《香港基本法》内所做的承诺；三是中国能否长期不渝地贯彻其改革开放政策；四是台湾海峡两岸关系能否稳定而不致恶化以致冲突；五是中国能否与主要发达国家特别是美国维持稳定的关系；六是香港本身能否保持过去成功的因素。[①] 广州中山大学郑佩玉教授和方奕涛先生根据饶余庆教授的分析和当前的情况认为，香港内外的政治局势将保持稳定，香港的经济制度将保持不变，加上境内和境外强劲的金融服务需求，尤其是内地需求有力地支持香港金融业的发展。由此可见，在"一国两制"条件下，香港仍然是充满活力的国际金融中心，"九七"香港回归后，香港的国际金融地位将得到维护和提高。[②] "上海尽管目前金融业发展迅猛，但要在短期内取代香港在亚太地区的金融中心地位是不可能的"，香港的金融中心地位还将继续下去。[③]

还有不少学者从香港回归后粤港澳台经贸关系的前景，构建汕（汕头）港（香港）台（台湾）经济金三角，以及对未来香港经济稳定发展及其财政政策取向，香港回归后海峡两岸和香港三地的经济关系，香港中资企业的发展，粤港经济合作的新走向，香港与内地经济合作的新特点、新机遇等方面的经济问题进行探讨。归纳各种意见，他们普遍认为，"九七"香港回归后，香港经济不会出现大波动，不会导致香港经济出现大起大落，也不会使海峡两岸的经济实力相对一加一减，香港仍将保持过往的中介和桥梁的地位和作用。但在"九七"后一段时期内，有许多因素将会影响内地、台湾和香港三地的经济关系，其中有促进因素，又有制约因素，还有未知因素。然而，海峡两岸和香港继续合作、平稳发展，大陆和台湾的直接合作增加，香港的中介作用相对削弱，但三地间的经济联系程度、互动性都会大大增加，这符合各自的利益和全球的发展趋势。

也有的学者从香港回归效应的新视角去审视香港回归祖国后对香港人心回归的影响。他们认为，香港回归祖国必将在民族精神上产生多方面巨大而深远影响

---

① 吴凤霞：《饶余庆新著香港国际金融中心地位》，载香港《经济导报》第 2504 期。
② 郑佩玉、方奕涛：《香港国际金融中心展望》，载《当代港澳》1997 年第 1 期。
③ 唐讷：《香港金融中心地位的回顾和展望》，载《广东社会科学》"庆祝香港回归祖国专集"，1997 年增刊。

的效应。首先是爱国主义精神的进一步激发和弘扬；其次是民族凝聚力的进一步集结和增强；再次是民族自信心的进一步恢复和增强。"还我中华魂，强我民族骨"，香港回归效应带动的民族精神的全面振兴、民族智慧的进一步焕发，将成为推动中华崛起的巨大精神动力和智力资源，并随着人心的回归，香港的"回归效应"将要导致的结果必然是国家的完全统一、民族的全面崛起。

香港特区首届行政长官董建华先生1997年发表的元旦贺词认为："回归后香港会更好。香港的前途是非常光明的。"董建华先生的这一观点，多数香港同胞和多数内地学者都认为非常正确。随着"一国两制"政策的实施，随着香港人心的回归，回归祖国后的香港必定会更加稳定、更加繁荣、更加兴旺。

香港能顺利回归，内地学者普遍认为：这是中国强大的结果，也与一代伟人邓小平的光辉名字和他的伟大理论，特别是"一国两制"的创造性构想密不可分。[①] 香港回归祖国是邓小平"一国两制"理论在香港实践的初步胜利，是我国和平统一的阶段性胜利，将对澳门的回归、台湾问题的解决，对实现祖国的完全统一、振奋民族精神产生极大和深远的影响。《求是》杂志社总编辑邢贲思教授在他的《"一国两制"的构想与香港回归的启示》一文中指出：香港回归祖国，"这是一件应该记入中国编年史和世界编年史的大事"。因为香港回归中国，"表明我们祖国再也不是鸦片战争年代的'东亚病夫'，而是有实力、有威望、不可侮的东方巨人。"中国收回香港，也表明殖民主义在世界东方遭到了彻底的失败，这是具有划时代意义的事件，标志着人类文明的一大进步。邢先生指出：在这个伟大胜利的日子里，"我们忘不了一代伟人邓小平的光辉名字和他的伟大科学理论，特别是他的'一国两制'的创造性构想在实现香港回归中的重要作用。"他说："70年代末，国内国际局势发生了很大变化。中美建交了，中国确立了改革开放的总方针。80年代，作为改革开放和现代化建设的总设计师邓小平同志，创造性地提出了以'一国两制'实现国家统一的伟大构想。……'一国两制'构想既从港澳台的实际出发，又抓住了我国社会的主要矛盾，还照顾了各方的利益，是正确可行的。"邓小平的"一国两制"构想首先用于解决香港问题，那就是"收回香港，制度不变，港人治港，保持繁荣"[②]。中国人民大学国际事务研究所所长高放教授在谈到"一国两制"与香港回归的关系时说："一国两制"是从实际出发，采取务实态度，对各方都有利。1984年9月24日中英草签了《中英两国政府关于香港问题的联合声明》，英国政府代表团团长理·伊文思在签字

---

① 施汉荣：《"一国两制"构想伟大实践》，载《广东社会科学》"庆祝香港回归祖国专集"，1997年增刊。

② 邢贲思：《"一国两制"的构想与香港回归的启示》，载《广东社会科学》1997年第4期。

后称赞说:"联合声明体现了'一个国家,两种制度'这个富有想象力的构想,并且证明了和平谈判是解决历史遗留下来的问题的最好方法。"撒切尔夫人也盛赞"一国两制"是"天才的创造"。高放教授指出:"事实证明,只有在共产党领导下民族独立了,国家强盛了,人民大众的爱国主义凝聚力增大了,人民政府立场坚定,态度鲜明,理论高超,方针正确,政策灵活,才能够以'一国两制'的方案促使香港和平回归祖国。"①《广东社会科学》杂志社与广东中华民族凝聚力研究会于1997年5月8日在北京共同主办"一国两制与香港回归"学术座谈会,首都北京地区知名专家学者三十多人出席会议。与会专家学者围绕"一国两制"与香港回归、香港回归与中华民族凝聚力、香港回归与祖国统一、香港回归的伟大意义、香港回归后的展望诸问题进行了热烈的探讨。中国社会科学院著名经济学家刘国光研究员作了《"一国两制"是香港回归后经济繁荣发展的可靠保证》的发言,具体分析了"一国两制"保持香港稳定、经济繁荣发展的各种因素,从而肯定"一国两制"构想的理论价值和实践意义。②中华人民共和国国务院发展研究中心李伯溪研究员在发言中也指出:"祖国统一的理论'一国两制',是中国特色的社会主义现代化理论的重要组成部分。"这个特色,"很重要的一个内容,就是对香港、澳门、台湾问题的处理,就是'一国两制'。一个国家,两种制度是从中国的实际出发,解决台湾问题、香港问题和澳门问题,实现祖国和平统一的伟大构想,是完成祖国统一大业的指导思想和理论基础。"③中国社会科学院经济研究所林泉水研究员在发言中叙述了"一国两制"的重大意义与丰富内涵。他说:"香港回归的进程,是'一国两制'从构想到基本国策及其法制化的发展过程。这一进程已展示了'一国两制'的重大意义与丰富内容。"他指出"一国两制"是实现祖国统一的最佳方式,是《中英联合声明》、《香港基本法》和筹组特区取得进展的重要因素,又是我们维护世界和平、解决国际争端的新办法。"一国两制"不是两国两制,而是我们的社会主义制度所具有的中国特色的很重要的一个内容。④中共中央党校社会科学部主任赵曜教授在谈到"一国两制"和香港回归的重大意义时强调:"理论上,它丰富和发展了马克思主义国家学说。'一国两制'和香港回归,允许在一个统一的国家有两种不同性质的社会制度长期存在,这就突破了在一个国家内部只能存在一种社会制度以及与其相适应的政权形式的传统认识,在国家结构上大大丰富了马克思主义国家学说。

---

① 高放:《"一国两制"的构想与香港回归》,载《广东社会科学》1997年第4期。
② 刘国光:《"一国两制"是香港回归后经济繁荣发展的可靠保证》,载《广东社会科学》1997年第3期。
③ 李伯溪:《"一国两制"是伟大创举》,载《广东社会科学》1997年第4期。
④ 林泉水:《香港回归与"一国两制"》,载《广东社会科学》1997年第4期。

实践上，首先增强我国的实力。香港这颗东方明珠，年国民生产总值是内地的五分之一左右，香港回归，增强了我国的经济实力和综合国力。其次，香港回归是实现祖国统一的第一步，必将促进澳门回归和台湾问题的解决，实现祖国统一。……再次，'一国两制'和香港回归为解决历史遗留问题和国际争端提供了新的思路、途径和范例。"[①] 中国人民大学经济系方生教授则指出：邓小平"一国两制"实现祖国和平统一的伟大构想最初是为解决台湾问题而提出来的，后来因香港回归提上日程而首先用于香港。既然在香港"一国两制"的构想随着香港的回归成为现实，其影响迅速在扩大。"今天在台湾越来越多的人相信'一国两制'在台湾也是行得通的，坚决反对的只是极少数分裂分子。他们在香港实行的'一国两制'的实践面前，必然越来越孤立。台湾和香港一样，终究要在一个中国原则的基础上实现统一，但两者仍有所不同。香港是我国恢复行使主权的问题，涉及中英两国政府之间的关系，而台湾是国共内战遗留下来的问题，纯属中国内政，要通过两岸中国人和平谈判实现统一。再说，中央政府要派军队驻港，而对台湾则允许其保留军队。这说明，在台湾实行'一国两制'要比香港更宽。香港人能接受'一国两制'，台湾人没有理由不能接受。"[②] 广东省社会科学院张磊研究员在1997年4月9日广东社会科学界迎接香港回归祖国学术理论座谈会上作了《爱国主义的伟大胜利》发言，他指出："一国两制"准则是解决香港问题最为理想的方案，既尊重了历史和现实诸因素，也反映了香港人民和全体中华儿女的意愿。香港回归翻开历史的新篇章。一个稳定和繁荣的香港，必将对祖国和人类做出更多的贡献[③]。

香港能按邓小平的"一国两制"构想回归，学者认为，除了"一国两制"构想既从香港实际出发，又照顾各方的利益，是一个正确可行的理论之外，更重要的是得到香港、海外华人华侨和祖国内地大多数人的拥护，也与中国国力的增强有密切的关系。所以，学者们在总结"一国两制"这个理论在解决世界性各方有争端、争议的问题时的普遍意义外，更强调从自身做起，总结经验教训：第一，落后必定挨打，弱国无外交；第二，居安思危，勿忘国耻；第三，要团结奋斗，才能开拓未来。香港回归的事实说明，中华民族的团结和统一是战胜一切敌人最强大的力量，是克服一切困难的重要的保证。因此，我们必须维护祖国的统一和民族的团结，反对任何制造民族分裂和破坏祖国统一的图谋。也有的学者在探讨香港回归与祖国统一的关系时认为，回归祖国后的香港成为加强海峡两岸政治联系的纽带和桥梁，有利于加强海峡两岸的经贸合作和各项往来，有利于消除

---

① 赵曦：《"一国两制"和香港回归的重大意义》，载《广东社会科学》1997年第4期。
② 方生：《香港回归与"一国两制"的实践》，载《广东社会科学》1997年第4期。
③ 张磊：《爱国主义的伟大胜利》，载广州《学术研究》1997年第5期。

台湾当局有关人士和台湾同胞的疑虑，增强他们对用"一国两制"解决台湾问题的信心。①

综合上述，我们得到几点结论：第一，香港是晚清时期英国用武力发动侵华战争强逼清政府签订三个不平等条约时被割让和强租去的。北洋政府和国民政府虽然曾经提出收回，但却无法也无力收回。1997年7月1日香港回归中国，这是中华民族历史上的一个空前壮举。香港回归对增强中华民族凝聚力具有重大的意义，为澳门回归和台湾问题的解决提供了范例。

第二，香港的顺利回归是全民族智慧的结晶，是包括香港同胞、海外侨胞在内的中华民族子孙共同努力的结果，而学术界的贡献也很突出。在香港回归前后，学者对香港进行全方位的研究，出版了大量介绍香港历史、政治、经济、法律、文化、教育方面的论著，为国人了解香港、香港回归后实行"一国两制"政策起了重大作用。

第三，由于香港的顺利回归、平稳过渡，"一国两制"、港人治港、高度自治政策的落实，回归后的香港会比回归前更好，香港的全面发展，尤其是在经济、文化教育、科学技术方面的发展一定会更快更辉煌。

第四，"一国两制"政策的落实增强了国人的信心，为澳门的回归和最后解决台湾问题、实现祖国的和平统一起了示范作用。

总之，回归祖国后的香港会更好、中国也将更强大、更繁荣，民族也一定会更团结、更兴旺。全中国人民在和平与发展的大势推动和鼓舞下，将会以非凡的胆识和智慧，共创明天美好的中国，中华民族将以一种新的精神面貌迈步进入21世纪，决心为中国和全人类做出更伟大的贡献。

（1998年）

---

① 黄修荣：《香港回归与祖国统一》，载《广东社会科学》1997年第4期。

后　记

近年来，我经常都在思考一个问题，即孙中山研究如何由革命范式向现代化范式回归，通过将孙中山的爱国、革命和建设国家行动联系起来研究，真实地反映孙中山不仅是一位杰出的民主革命家，而且是中国近代化的先驱；说明孙中山不仅是爱国者，也是革命家，不仅是中国建设独立、民主和富强中国的思想家，也是实践家，给孙中山一个正确的定位和评价。为此，我先后撰写了《孙中山国家建设思想研究》、《孙中山社会建设思想研究》（合著）等书，并断断续续地写了不少文章，分别收入《共和·民主·富强——孙中山与中国发展道路的历史选择》等几个集子。

《孙中山与近代中国的觉醒》这个集子曾由中山大学出版社于 2000 年 11 月初版，这次作了增订和改版，除了篇目增删外，也就文章的个别疏漏做了订正，但文章的基本观点不作改动，也没有就文章做材料的增补，这样做是为了维护文章的历史原貌。本书这次增订再版，得到中山大学出版社徐劲社长的大力支持。邹岚萍女士、责任编辑黄燕玲和出版社的其他有关同志在编校方面做了大量工作，花去许多精力和心血，借此书的出版对她们的奉献精神除表示我的真诚谢意外，也期盼读者对本书提出批评指正。

林家有
2014 年 5 月 1 日国际劳动节
于中山大学历史系